宋代西北吐蕃研究

（修订版）

刘建丽◎著

SONGDAI XIBEI TUBO YANJIU

甘肃文化出版社

甘肃·兰州

图书在版编目（CIP）数据

宋代西北吐蕃研究 / 刘建丽著. -- 2版（修订版）
. -- 兰州 : 甘肃文化出版社，2023.12
ISBN 978-7-5490-2625-8

Ⅰ. ①宋… Ⅱ. ①刘… Ⅲ. ①吐蕃—民族历史—研究
—宋代 Ⅳ. ①K289

中国国家版本馆CIP数据核字(2023)第197030号

宋代西北吐蕃研究（修订版）

刘建丽 | 著

责任编辑 | 甄惠娟　杜艳梅
封面设计 | 史春燕

出版发行 | 甘肃文化出版社
网　　址 | http://www.gswenhua.cn
投稿邮箱 | gswenhuapress@163.com
地　　址 | 兰州市城关区曹家巷 1 号　730030（邮编）

营销中心 | 贾　莉　　王　俊
电　　话 | 0931-2131306

印　　刷 | 兰州银声印务有限公司
开　　本 | 787 毫米 × 1092 毫米　1/16
字　　数 | 540 千
印　　张 | 34.25
版　　次 | 2023 年 12 月第 2 版
印　　次 | 2023 年 12 月第 1 次
书　　号 | ISBN 978-7-5490-2625-8
定　　价 | 98.00 元

序

记得20世纪80年代末，建丽女士送我一套她与汤开建合编的《宋代吐蕃史料集》（上、下册），我曾怀着十分钦佩的心情，多次翻阅和使用过这部选收精当而全面的史料集。当时我就想，作者如果能在这番扎实工作的基础上写出一部有关的专著，必将为民族史的研究做出重要贡献。将近十年后的今天，我终于看到作者的这部专著——《宋代西北吐蕃研究》问世。

我很钦佩建丽锲而不舍，扎扎实实做学问的精神。史料是史学专著的骨骼，是质量的基础，也是最费精力的工作。现今，市面上流行的一些所谓史学专著，一眼便可看出，在史料上并没有下过多少功夫。而这部书则不同。宋代有关西北地区的汉文吐蕃史料，作者几乎全部亲手翻检过，而且十分熟稔，为这部书的高质量奠定了很好的基础。

从7世纪中期开始，吐蕃势力逐渐北扩、西进，至8世纪中叶，吐蕃成为西北地区的主要统治者，藏族成为西北地区的重要民族。这在西北地区的历史上是一个具有重大意义的历史事件，它直接影响到西北地区政治、经济、社会、文化的发展，特别是对西北地区的民族构成、民族分布和民族关系有着巨大的影响。

吐蕃势力的北上，使原来仅生活于西藏地区的藏族逐渐散布于中国半壁山河，极大地密切了藏族与其他兄弟民族之间的关系，使藏族更深入地融入中华民族大家庭的行列。吐蕃在与其他各民族共同缔造广大的中国版图，创造灿烂的中华文明中，成为一支新生力量。如果再延伸一下，我们可以明显地看到，从13世纪开始，西藏地区之所以能在政治、行政上与其他地区实现统一，与这一时期藏族开始深入参与中华各民族政治、经济、文化生活有极大的关系，甚至可以说，是这一历史发展的必然结果。

在这一历史时期，藏族本身也发生了重大变化。如果说松赞干布及其父辈们逐渐统一了西藏地区的各个部落，建立起了统一的吐蕃政权，使这里的各部落逐渐融合，形成了藏族，那么，吐蕃势力北上，就使藏族本身得到了进一步的发展。进入西北各地的藏族部落，由于政治地位上的优势，逐渐在西北许多地区生根、繁衍，在西北许多地区产生了藏族的新部落。此后，就我国的藏族来说，虽然有明显的、统一的民族特性，但是，不同地区的藏族，特别是西北地区的藏族又显现出许多地方性的特色和个性，使藏族成为我国一个人口众多、分布广泛，民族文化内涵十分丰富的民族。这个过程当然是一个漫长的历史时期，从7世纪中叶开始，经过反反复复的演变、发展，到五代、北宋这段时期，应该说西北地区的藏族作为一个整体，才完全巩固和稳定，他们成为具有自己地方特色，又与整个藏族不可分割的一个重要的、基本的组成部分。

在宋代，曾立足于西藏地区、统一的吐蕃政权已经不复存在，代之而起的是一批地方势力和地方政权。而西北各地的藏族，一部分处于几个地方性小政权的控制之下，另一部分则为北宋所控制，成为当时中原王朝统治下的藏族部落，同时也有一部分逐渐融合成其他民族。总之，宋代西北地区的吐蕃情况显示出十分复杂的局面。西北地区藏族的这一段历史，无疑是整个藏族历史的一个重要组成部分。研究这一段历史，对认识藏族历史的发展是十分重要的。但是，对这一课题，研究者却并不多，究其主要原因，就是因为关于这一时期西北地区藏族的资料十分缺乏，不多的一些资料也很分散，给研究者造成很大困难。

作者出版的《宋代吐蕃史料集》已经为研究这一时期的吐蕃提供了良好的条件，在吐蕃历史的研究方面做出了贡献。现在，作者又在此基础上撰写了专著《宋代西北吐蕃研究》，这更是对吐蕃史研究的突出贡献。

这部书史料功力深厚自不必说，在体例和许多论述方面都有很多独到之处，出版后必然会受到广大读者的好评和欢迎。

楊建新

1997年12月18日

于兰州大学历史系

目　录

绪 论

两宋时期（10—13 世纪），在今青海、甘肃等地散居着许多吐蕃部族，他们“族种分散”“无复统一”。这些吐蕃部族既与青藏高原的吐蕃人有割不断的渊源关系，又与当地汉族或其他民族错居杂处，有千丝万缕的联系。西北吐蕃成为特定历史时期、特定地域的藏民族群体。

一

青藏高原是吐蕃先民繁衍生息之地，6 世纪时，吐蕃已从部落联盟发展成为奴隶制政权，君主称赞普，辅臣称大论、小论。7 世纪初，松赞干布统一青藏高原，以逻些（今西藏拉萨市）为中心，建立起强大的奴隶制吐蕃政权。随着吐蕃势力的不断增强，吐蕃王室为了巩固政权，掠夺财富，减缓内部矛盾，势必不愿封闭在青藏高原一隅，要寻找更广阔的发展空间与更优越的生存环境，发动对外战争，不断向四周扩张。在吞并吐谷浑、占领青海地区后，吐蕃又进一步东向扩张，攻占陇右、关中、河西诸地。吐蕃崛起后，向周边地区的军事扩张，从某种意义上讲，也是民族迁徙与交融的进程；是以残酷的战争方式，打破吐蕃部族在青藏高原一隅的隔绝封闭状态。大量的吐蕃人因征战的需要，辗转迁徙，走出青藏高原。北宋时期，西北吐蕃主要活动在河西走廊、黄河以南与湟水流域，这一地区特殊的地理位置、多样的生态环境、丰富的自然资源，构成了西北吐蕃生存与活动的地缘因素，为其发展、壮大提供了得天独厚的根基。

吐蕃的崛起与发展改变了西部地区各民族的历史，形成了一系列民族迁徙、民族交融的连锁反应。吐蕃对被征服地区的羊同、苏毗、白兰、吐谷浑、党项、回鹘、沙陀、嗢末、汉人等进行统治与奴役。在征服与统治的进程中，形成大规模的民族交融，众多其他民族融入吐蕃，为吐蕃的民族构成增加了新的成分，吐蕃部族在与其他民族的密切接触中，既汲取了其他民族成分，又使自身得到发展壮大。

安史之乱后，河陇防守空虚，吐蕃乘机再次向东扩张，于是迁徙到河陇地区的吐蕃部族渐趋增多，他们分布在秦凤、泾原二路，熙（治今甘肃临洮县）、河（治今甘肃临夏市东北）、兰（治今甘肃兰州市）、会（治今甘肃靖远县东北）、巩州（治今甘肃陇西县），黄河以南的积石军（治今青海贵德县西10里黄河南岸）、洮（治今甘肃临潭县）、岷（治今甘肃岷县）、叠（治今甘肃迭部县）、宕（治今甘肃舟曲县西北白龙江北岸）、阶（治今甘肃陇南市武都区）等州，黄河以北的湟（治今青海海东市乐都区）、鄯（治今青海西宁市）、廓州（治今青海化隆县西60里黄河北岸）及河西走廊等地。这些吐蕃部族名称各异，或以地名族，或以人名部，他们大多以分布地域为固定的活动地区，也有少数部族迁徙不定，居地有变。这些部名繁多、大小不等的部族及其广阔的分布区域，使西北吐蕃具有民族性与地域性的双重特色。

活跃在西北地区的吐蕃部族还曾建立过自己的政权，即西凉府吐蕃六谷联盟与青唐唃厮啰政权。西凉府吐蕃是以六谷蕃部为中心，组成了西北吐蕃的第一次联盟。“六谷”即指发源于祁连山的古浪河、黄羊河、杂木河、金塔河、西营河、东大河，这六条河流经谷地，形成了凉州地区的绿洲地带。“六谷蕃部”即居住在凉州城南这六条河谷中的吐蕃与吐蕃化的各民族部落共同体。六谷吐蕃联盟形成于五代后唐时期，从后唐天成年间（926—930年），孙超权知西凉府留后，六谷联盟开始形成，后周显德（954—959年）中期开始兴盛，潘罗支时达到鼎盛，潘罗支被杀则是六谷联盟由盛而衰的转折点，到宋真宗大中祥符八年（1015年），厮铎督投奔河湟唃厮啰政权，六谷吐蕃联盟生存了85年（930—1015年）。在长达半个多世纪的统治，以及与宋朝、党项、契丹等多方势力的角逐中，该联盟产生过一定的影响，起过一定的历史作用。

青唐吐蕃政权是河湟吐蕃建立的地方民族政权，是当时分散于河陇吐蕃的第二次联盟，也是凉州六谷吐蕃联盟的延续与发展。青唐政权初期，以宗哥联盟的面貌出现，以唃厮啰、李立遵、温布奇三位一体的形式存在。从大中祥符元年（1008年），唃厮啰名字首次出现，至宋徽宗政和六年（1116年），河湟地区全部改为宋朝州县为止，历时108年。先后经历唃厮啰、董毡、阿里骨、瞎征、陇拶、小陇拶等六代国主的执政，唃厮啰在位期间是青唐政权的鼎盛时期，他统一了河湟地区分裂割据的吐蕃部落，促进了河湟地区经济的发展与民族交融。总之，西北吐蕃政权的建立，标志着昔日孱弱分散的西北吐蕃已成为一种不可轻视的势力，对西北地区的民族关系及宋王朝的决策都产生了重大影响，其作用不可低估。

西北吐蕃的政权体制结构既受中原汉族思想文化影响，又保留自己的民族特色。西凉府吐蕃政权的政治结构,一是蕃汉联盟,汉人也曾担任过首领、主帅;二是世袭与册封官职并存。凉州六谷吐蕃联盟是由吐蕃、党项、回鹘和少数汉人组成,有精锐的军队,实行部族兵制,部落首领即为军事首领。宋真宗时,六谷吐蕃政权属下兵马分为左右两厢,游龙钵为左厢副使,崔悉波为右厢副使。青唐吐蕃政权以宗哥李立遵、亚然族温逋奇和河湟唃厮啰三位一体的形式存在,三大集团均有自己强大的军事力量。其政治制度也颇有特点,以地域为基础,部落是其基层组织,但也保留有血缘氏族的残余。"国主"与"议事厅"并存,唃厮啰为赞普,汉文献称为"国主",是青唐政权的最高统治者。"国相议事厅"和"国主亲属议事厅"是协助国主处理日常事务的机构,这表面上似乎保留有氏族军事民主制的残余,其实是两个互相平等又互相制约的办事机构。散居各地的吐蕃部民骁勇善战,成为宋代蕃兵的重要兵源。蕃兵是北宋四大军种之一,是"具籍塞下"内属诸部落,"团结以为藩篱之兵",虽是宋夏沿边的地方军,但亦属正规军系列,不仅保土安民、抗击西夏,而且在靖边戡乱、御寇镇叛、筑城建寨等方面也起了重要作用。青唐吐蕃与散居在各地的吐蕃部族均有自己独特的法律形式。吐蕃部族内有一种约定俗成的法规来处理各种矛盾纠纷,这种本俗法就是"蕃法"或"羌法","蕃法"成为解决吐蕃内部纠纷的重要依据。为了确保西北地区社会稳定,北宋政府制定了诸多对蕃民的律令法规,其中大多是以"敕""诏""制"的形式颁布,这些律令法规涉及社会稳定、生命财产、经济贸易、土地买卖等诸多内容,且不同时期有所延续、变化。这既是宋政府民族政策的贯彻执行,也是因地、因时、因事制法的具体表现。

北宋时期,甘肃南部地区洮、岷、叠、宕、阶五州及积石军等地,是西北吐蕃的一个重要聚集地,部族众多,延至南宋、金及元朝时期,这里仍散居着许多吐蕃部族。此地东邻甘、陕,西北、西南与青藏高原相接,东北与北面可至河西走廊与宁夏、内蒙古等地。元朝统一全国后,陇南地区分属陕西、甘肃两行省与宣政院管辖,元朝统治者在这里设置宣政院所属的吐蕃等处宣慰司都元帅府的下属机构,对当地的吐蕃部族实行有效的统治与管辖,促进了西北地区民族交融,有利于西北吐蕃地区社会经济的发展。

二

唐末五代以来,西北民族关系进入一个崭新的历史阶段,即西北各民族大交往、大融合的新时期。西北民族关系发生了新变化,回鹘分裂,吐蕃衰弱,契丹西迁，党项崛起，民族关系纵横交错，出现了新的格局。此时的西北地区已成为中原王朝与其他少数民族驰骋角逐之地，参与争夺的有宋朝、契丹、党项、回鹘、吐蕃、女真等诸方势力，宋王朝以其政治、军事、经济实力成为诸方的核心。

党项内迁以后，由于汲取汉族与其他民族先进的生产技术和政治、思想、文化，社会经济有所发展，党项拓跋势力日益强大。五代宋初，偏居于夏（治今陕西靖边县西北白城子）、绥（治今陕西绥德县东南50里）、银（治今陕西榆林市横山区东党岔镇大寨梁）、静（治今宁夏永宁县南望洪乡附近）、宥（治今内蒙古鄂托克前旗东南）之地的党项兴起，并不断开拓疆域。党项的崛起与建立，必然给其他各方势力造成威胁，影响到他们切身的政治、经济利益，势必与其他民族或政权之间矛盾激化，党项成为活跃在西北地区的一支强大势力，在争夺西北地区的斗争中成为矛盾的焦点。安史之乱后，唐朝逐渐衰微，吐蕃乘机攻陷了河西陇右地区，控制了西域。9世纪中期，吐蕃政权崩溃后，吐蕃衰弱，散处西北，不相统属。至宋代时，吐蕃分居三大地区，形成两个中心，六谷吐蕃联盟控制凉州地区，唃厮啰政权则占据以河湟为中心的广大地区，另有一部分吐蕃部族居住在陇东、陇西地区，居住在这三个地区的吐蕃成为宋、辽、金、西夏争取的对象。西北吐蕃在与各种势力的斗争中求生存、求发展，与其他各种势力的结好与交恶，均受宋夏战争的影响。宋夏战争成为西北民族关系发展的主线与主要矛盾，始终处于主导与支配地位，影响和制约着西北吐蕃的向背。河西陇右与熙、河、洮、岷、叠、宕、湟、鄯、廓等地是宋夏争夺的两大军事区，西北民族关系呈现出六方（宋、西夏、辽、金、吐蕃、回鹘）、一核心、一焦点、一主线的地域特点与民族特色。

北宋时期，西北地区是中原王朝及党项、吐蕃、回鹘、契丹、女真等少数民族的角逐之地，民族关系错综复杂。居住在这里的吐蕃部族处于分散与不统一的状况，这决定了他们不可能与宋、西夏、辽、金并驾齐驱，但为了生存，西北吐蕃与周边民族政权之间亦有频繁的交往与联系。凉州吐蕃抵御党项的武力征服，西北吐蕃与甘州回鹘的关系比较复杂与微妙，既相互依存，又相互斗争。西夏灭亡西凉府吐蕃后，又将军事斗争的矛头指向河湟吐蕃。河湟吐蕃在唃厮啰时期和吐蕃政权分裂后的不同时期，与西夏的关系有所变化。在唃厮啰时期，河湟吐蕃与西夏都处在发展壮大阶段，特别是西夏力图在奄有河西走廊的基础上，进一步向河湟推进，打破宋朝与唃厮啰的联盟。而唃厮啰则希望借助于宋、辽的力量与西夏周旋。因此，这一时期，西夏与河湟吐蕃的关系难以调和，双方矛盾激化，攻掠不断。在董毡执政时期，由于河湟吐蕃所处的战略地位，成为宋、夏竭力争取的对象。所以，这一时期，河湟吐蕃与西夏的关系错综复杂。随着宋对吐蕃政策的调整而变化，以抗宋为基点，以宋与吐蕃关系的变化为转移，宋、辽也想利用河湟吐蕃牵制西夏。每当宋与吐蕃关系交好时，吐蕃必然与西夏关系交恶；吐蕃与宋矛盾尖锐时就与西夏交好。西北吐蕃不仅与宋王朝有密切的政治、军事、经济联系，与辽、金也频频往来。西北吐蕃与周边政权西夏、辽、金的关系是吐蕃民族生存与发展的需要，充分反映出这一时期西北民族关系的错综复杂。

宋朝建立之初，赵匡胤制定统一天下的战略方针，采取先南后北、先易后难的策略，念念不忘收复燕云十六州，将契丹视为强敌，认真对待。此时散居于河陇地区的吐蕃部族已不能作为独立的政治力量发挥作用，因而宋初的统治者并未将他们放在心上，“置于度外，存而勿论”，就是宋初统治者对西北少数民族的歧视与漫不经心的态度，采取了“无意疆理”的政策。宋真宗景德元年（辽圣宗统和二十二年，1004年），宋辽澶渊结盟后，北方边境逐渐安定，宋王朝与契丹矛盾缓和。党项乘宋王朝无意疆理西鄙之机，收复拓跋昔日故土后，进一步扩张，将矛头指向灵州（治今宁夏灵武市西南），于宋咸平五年（1002年）攻占灵州，使宋朝西部边疆失去了屏障，对宋朝的威胁逐渐强化。面对错综复杂的西北民族关系，北宋的御边政策有所调整，由宋初的重北边轻西鄙、重契丹轻党项，转而重西轻北、重夏轻辽，防御重心由北转西，发生了根本性的变化。熙宁年间（1068—1077年），又进一步开拓熙（治今甘肃临洮县）、河（治今甘肃临夏市东北），以攻为守，兼制西夏。

宋王朝对西北的经制，基于吐蕃在宋夏战争中所具有的战略地位。宋夏战争的爆发，使西北吐蕃被宋、夏、辽所重视，成为宋王朝竭力笼络和争取的同盟者。西北吐蕃与宋王朝之间的“相互依存”关系，基于政治、经济、军事、文化等诸多方面，采用各种形式，甚至曲折地反映出来，使它成为宋王朝经制吐蕃的深层因素。宋王朝对西北吐蕃的经制，是宋王朝与西北吐蕃关系的另一种表现形态，也是宋朝军事战略的有机组成部分。

三

宋代也是我国封建经济发展的一个重要时期，地处荒远的西北吐蕃也卷入经济发展的潮流中。西北吐蕃不仅保留了本民族传统的经济构成，而且还在这个基础上有所进步。

西北吐蕃畜牧经济发达，畜牧业兴盛，牲畜品种众多，有马、牛、羊、犬、猪、骆驼等,但以饲养马、牛、羊为主。历史上的安多地区基本上是单纯的游牧区,在此地区居住的羌、戎、吐谷浑、党项等大都是“不事耕稼”的游牧民族。由于安多地区的地理、气候、土壤等自然条件都比吐蕃本土优越,加之又与汉族农业区毗邻,汉族先进的生产技术与生产工具的大量传入,使吐蕃人传统的“重牧轻农”的观念开始转变,农业生产逐渐受到重视,农业生产有所发展,并且水利、森林资源也得到开发利用。到吐蕃中后期时,安多地区已成为吐蕃王朝重要的粮食基地,公私储粮增多,军粮兵马“半出其中”。

两宋时期,西北吐蕃部落以当地的农牧业产品及丰富的矿藏为原料,因地制宜地发展了民族传统手工业。西北地区面积辽阔,矿藏资源极为丰富,有金、银、铜、铁、锡、水银、矾石、硝石、皂矾、硫黄、雄黄、硇砂、盐等,丰富的矿产资源为矿冶业发展提供了有利条件。金属加工制造是宋代西北吐蕃重要的手工业,其中兵器的制作是吐蕃人传统的手工业,久负盛名。早在吐蕃王朝时已十分重视,入宋后,吐蕃人在继承的基础上更有发展。由于吐蕃畜牧业的发展,为皮毛加工业提供了大量的原料。加之吐蕃人“衣皮毛”“衣率毡韦”,所以皮毛加工首先为满足本部落家庭内部的需要而进行生产,应视为吐蕃人的家庭手工业。宋代吐蕃部落居地多在高寒山区,饮酒可增加体内热量,抵御凛冽酷寒,于是酒便成为吐蕃人重要的生活必需品,酿酒业便成为西北吐蕃传统的手工业。西北吐蕃还有建筑、碾硙、制陶、制腊、制石等门类的其他手工业,门类众多,水平不一,但均在其经济生活中占有重要地位。西北吐蕃的手工业生产带有明显的地域性、民族性与民间性的特点,同时也受到周边汉族及其他民族的影响。

以长安为起点的丝绸之路,在陇右河湟地区形成了一张由若干条道路东西相连、南北交错的交通网。它的形成也经历了一个漫长的历史发展进程,随着时代的变迁及各地政治、军事、经济状况变化而有所改变。宋代时期,西北吐蕃地区的交通以唃厮啰政权的首府青唐(今青海西宁市)为中心,向四周辐射,形成了四通八达的交通网络,打破了封闭隔离的状况,与中原地区建立了交通联系。丝绸之路是重要的东西通道,西夏控制河西走廊后,唃厮啰所辖地区已成为西域贡使、商旅往来的必经之路,青唐成为这条东西通道的中心。以青唐为中心的交通网络是对历史上这一地区传统“河南道”的继承与发展。宋朝时期,穿越河西走廊的路线不固定,随着西夏势力的发展而有所变化,有凉州路、甘州路,而辽朝与青唐吐蕃的联系也是通过河西走廊的南北纵断路,从契丹上京道西部鞑靼区沿今内蒙古额济纳河南下,途经甘州或凉州,穿越祁连山,直抵湟水北岸。由于交通状况有所改观,西北吐蕃社会经济也有较大发展,社会安定,呈现出一派繁荣兴旺的景象，西北吐蕃的交通与社会经济的发展相辅相成。

这一时期，西北吐蕃的商贸活动以贡赐、边境、城镇市场贸易三种形式出现。贡赐贸易是一种特殊的经济活动，带有浓厚的政治色彩。这种经济活动一般来说并不是一种完全的等价交换，往往是“回赐”高于“进贡”。吐蕃与宋朝的边境贸易分为两种，一种是榷场贸易，即吐蕃商人携带商品到宋朝边境地区的榷场或博易务，进行合法的买卖；另一种则是双方商人在边境地区进行茶、盐、马的民间私市。这两种形式的边境贸易都十分活跃，而且民间私市有时更为盛行。这一时期，在西北地区兴起了许多城镇，如青涧城（今陕西清涧县）、水洛城（今甘肃庄浪县）、一公城（即循化城，今甘肃夏河县北）、摩宗城（具体地不详，约在今临洮县境内）、林金城（即宁西城、林擒城、临谷城，今青海西宁市西 40 里）、乩当城（即乩当川，今青海循化撒拉族自治县东北）、香子城（即宁和寨，今甘肃和政县）等，这些城镇大多兴建在交通便利之处，它们的出现与当时市场贸易的兴盛密切相关。临谷、青唐、邈川（今青海海东市乐都区）、熙州、秦州等成为西域商人的临时居住与货物的集散地，而吐蕃部落内部的市场“蕃市”也大量涌现，古渭寨（即巩州，今甘肃陇西县）的蕃市是吐蕃大、小马家族的市易之地，浊水寨（即浊水城，在今甘肃成县西南）的蕃市成为附近吐蕃部众交易互市的场所。宋朝时期，散居在今青海、甘肃等地的吐蕃部落与各地建立了商业贸易关系，并建立了相对稳定的共同市场，这些市场成为繁荣兴盛的商贸区域。

西北吐蕃社会经济的发展，是在继承传统经济的基础上有所发展，有所进步，是与汉族及其他民族相互学习、相互融合的结果。

四

唐末五代宋朝时期，散居在河西、陇右、河湟地区的吐蕃部族虽然已远离西藏本土，往昔吐蕃王朝鼎盛时期的辉煌已悄然隐去，但他们对佛教的信仰仍然炽热、虔诚。宋代吐蕃对佛教的尊崇，不仅是他们“佞佛”之俗的表现，也是民族文化的象征，并且融入吐蕃的政治统治之中，形成了“政教合一”的特点。

吐蕃人笃信佛教，“尊释氏”的民族文化心理被宋朝统治者利用，施行了一系列针对吐蕃的文化措施。宋代吐蕃佛教深受藏传佛教与汉地佛教的双重影响而独具特色。吐蕃人“好诵经”，其诵经方式也很独特，吐蕃人信佛而不持戒律。“蕃俗重僧”，吐蕃人“信重喇嘛”，僧侣在吐蕃社会生活中起着重要作用，还参与“立文法”的活动，具有崇高的地位。“尊佛”必然“重僧”，“佛”与“僧”成为吐蕃文化中密不可分的有机组成部分，共同构成吐蕃文化的核心。由于蕃俗佞佛，因此宋王朝统治者予以“佛事怀柔”，广建寺院，借助宗教这一精神武器来征服笃信佛教的吐蕃人民。宋王朝也利用吐蕃“信重喇嘛”的习俗，借助蕃僧为其效劳，也尽量满足吐蕃僧侣的要求，赐予紫衣、师号、法名，体现了宋统治者以佛事对吐蕃的羁縻怀柔。自两晋南北朝以来，佛教东传，泾州成为佛教传播的重要门户。北宋时期，泾州系陕西四路之一泾原路，这里吐蕃部族众多，尊崇佛教已成习俗，佛教依然繁荣昌盛。北宋统治者还在西北地区官办蕃学，招收蕃酋子弟入学，培养人才。在中央设置馆阁等机构，进行民族资料的整理与收集。为了“以夏变夷”，宋朝制定律令法规，用汉法治理蕃部，以儒家思想教化蕃部，赐姓名使蕃汉融合。诸多民族文化措施是宋朝对吐蕃施以汉文化的影响，客观上有利于促进吐蕃与中原王朝经济文化的交流，有利于不同民族间的相互学习与发展。

西北吐蕃民风习俗丰富多彩，形式多样，具有鲜明的地域性与民族性。

吐蕃人的“传箭”是独特的联系方式，“和断”是解决仇劫的方法，而“盟誓”是表示和好之心。吐蕃人的饮食习俗与其长期依水草而迁徙的游牧生活及饮食习惯、生活方式密切相关。他们喜啖生物，无蔬茹醯酱，独知用盐为滋味，“而嗜酒及茶”。饮食唯茶为最要，次青稞、炒面、酥油、牛羊乳、牛羊肉等，食米面者颇少。吐蕃人的住宅大致分为瓦屋、土屋、板屋与毡帐四种，并且唯以瓦屋处佛，这与吐蕃“尊释氏”的习俗密切相关。较之西夏唯有命者、有官爵者，“始得覆之以瓦”的规定，显得更加严格，等级更为森严。吐蕃不识天干，唯以地支、属相纪年，以金木水火土五行相配纪日，其历法纪年采用藏历阴阳历纪年法。吐蕃人好击鼓，以鼓计时，夜击三次。吐蕃人“信诅咒，或以决事，讼有疑，使诅之”，处理诉讼和刑罚方面也颇有特色，每有公事，“量大小以绵裹其讼牒，物多者为有理”。

宋代吐蕃人的服饰特色与党项人相同，即“衣皮毛”，这与其“尚虎豹”的习俗相关。吐蕃人历来尚虎，谓虎曰“大虫”，势必虎豹之皮颇受吐蕃人贵重，“用缘饰衣裳”，显然陇右河湟地区的吐蕃部民及吐蕃化的汉人衣饰皆“皮毛”。吐蕃一般妇女及僧尼、公主等上层人士虽衣饰“皆番服”，但不“衣皮毛”，则“衣锦，服绯紫青绿”。吐蕃酋长、首领等上层人士及富有者逐渐汉化，服饰多仿汉人，衣料为绢缯帛缎之类。“辫发”是吐蕃妇女生活中的重要习俗，这种习俗在宋代吐蕃中也沿袭流传。吐蕃人崇尚白色，其尚白习俗与尊佛有关，因为佛教经典以人做好事为“白业”，做坏事称为“黑业”。

生活于西北地区的吐蕃是一个能歌善舞的民族，但有关宋代吐蕃人的娱乐活动，文献记载很少，据零星记载，主要有“踏歌”与“荡秋千”。“踏歌”是一种古老的民间娱乐活动，所谓“踏歌”即成群结队，手拉手，以脚踏地，边歌边舞。自汉至唐宋，无论汉族还是少数民族都极为盛行。“荡秋千”是吐蕃人的另一种娱乐方式，“多并水为秋千戏”。今流传于岷县小寨、中寨、堡子等乡（镇）的巴当舞，是一种古老的村民集体舞。整个巴当舞中蕴有“焚柴声鼓”“连袂围绕”“踏歌”“奢酒及茶”“秋千”等宋代吐蕃的文化因素。2010 年，“岷县巴当舞”已被列入第三批国家级非物质文化遗产保护名录。“拉扎节”是流行于定西市渭源县峡城、麻家集，临洮县衙下集、潘家集、苟家滩乡镇一带的一个重要节日。历史上这里民族成分复杂，宋代时，吐蕃部族在此繁衍聚集。由于藏汉同胞长期杂居、交融，相互学习、交流，逐渐形成独具魅力与民族特色的民俗文化。流传至今且被列入第一批甘肃省非物质文化遗产保护名录的“拉扎节”及“拉扎傩舞”，蕴有宋代西北吐蕃渊源与丰富民族文化色彩。今甘肃武山的滩歌旋鼓舞等，亦为吐蕃“声鼓”演变进程中变异再现的艺术形态。

宋代吐蕃人的语言也颇具特色，谓“心顺”为“心白”，“心逆”为“心黑”，自称曰“倘”，谓僧曰“尊”，吐蕃人常以“尊”的谐音字“遵”起名，如旺遵、景遵、密卜遵、马遵、温遵、沈遵、禄遵、遵阑结毡逋、党遵叱腊青等。贡献谓“般次”“般檫”。称首领妻为“掌牟”，即吐蕃语“迷蒙”“木蒙”的异译。青海地区诸多山川、沟湾、滩坪及村落，至今仍保留有吐蕃语言的特色；甘肃境内许多地名，如庄浪、古浪、大浪、中浪、小浪、龛谷、者隆、苏都、扎麻汤阁、古古里、尖尕……至今依旧相沿，仍蕴有吐蕃语言的文化信息。吐蕃人有尊崇贵种的传统，唯畏大种，畏服贵种是其天性。对敬畏之人“合手加额”以示敬重。宋代吐蕃人“贱土贵货”，遗留有游牧民族的特点。汉人与吐蕃交易，常以田土为市易，即汉人得田，蕃部得货。

宋代吐蕃风俗的来源极为复杂，由于居地不同，“山川夷旷”，组成吐蕃的民族成分不同，加之“羌汉丛会”，错居杂处，因而“观风有殊”“俗尚不一”，形成了宋代西北吐蕃多样的风尚习俗。这种荟萃而成的丰富多彩的社会习俗，正是吐蕃与各民族交融的生动体现。

西北吐蕃的文化以佛教为核心而呈现出多元化的特征，其民风习俗内涵深厚，形式丰富多样，既保留了浓郁的民族特色，又融入了汉文化的元素，而宋王朝对吐蕃施行的民族文化政策，客观上有利于蕃汉民族的交融与交流。在这种良好的民族文化交流与学习的氛围中，民族差异逐渐缩小，诸多吐蕃部族逐渐融入汉民族之中。宋代的蕃汉融合，为元朝的大统一奠定了西北地区的民族基础。

五

宋代西北吐蕃具有以下特点：

第一，具有双重的民族特色。两宋时期的西北吐蕃在血缘、地域、宗教、文化等方面，既与西藏本土的吐蕃有渊源关系，又与当地的汉族及其他民族错居杂处，相互融合，接受汉文化的影响，在保留了吐蕃浓郁的民族特色的同时，又带有汉民族的某些特点，因而具有双重民族特色。

第二，民族构成具有开放性。宋代吐蕃是以迁徙而来的吐蕃人为主体，融入党项、吐谷浑、回鹘、沙陀、汉人等民族成分。这些民族被吐蕃奴役和统治的过程中，逐渐吐蕃化。吐蕃的民族构成是多民族融合而成，打破了单一、封闭的民族构成模式。

第三，具有鲜明的地域特点。两宋时期，众多的吐蕃部族散布在今甘肃、青海等地，他们都有自己固定的活动区域，而且还建立过地方政权。他们的社会经济结构及发展水平、生活习俗，均受当地自然地理条件的限制，而宋王朝对西北吐蕃的经制也是因地制宜，因俗而治，这一切均使西北吐蕃具有鲜明的地域特点。

两宋时期，西北吐蕃与宋王朝关系的主旨是“相互依存”，而它则是通过诸多复杂、多样的历史事件，甚至曲折的表现形式，反映出隐藏在历史表象之下的汉藏关系的实质。

本书着眼于从宏观上、深层次地把握汉藏关系的内涵，摆脱传统的“就关系论关系”的单一狭窄的思维模式，将汉藏关系的内涵拓宽加深，从而使研究思路、视野、内容跳出传统的巢臼。并采用专题研究的形式，分为九章，每章虽单独为题，但各章间也有联系，将各章连为一个整体，力图全面、系统、深入地对西北吐蕃进行探讨与研究。

对宋代西北吐蕃进行深入研究，具有重要的学术价值与现实意义。宋代西北吐蕃研究不仅是藏族史研究的重要组成部分，也是考察历史上汉藏关系史、西北民族关系史不可缺少的一部分。因征伐走出青藏高原的吐蕃人，后又缘于征伐而回归本土，在这民族迁徙、辗转的历史进程中，有众多吐蕃人散布在青藏高原周边的广袤地域，从而成为承载吐蕃民族成长发展、兴盛衰败的历史舞台。也充分证明西北吐蕃与西藏吐蕃有着渊源关系，地域相接，民族互融，血脉相承，不能割裂，青藏高原及其不同地域的吐蕃人，构成了吐蕃民族共同体，即藏民族群体。对宋代吐蕃的研究，进一步拓宽了宋史研究的领域，开阔了研究者的视野，转换了研究角度,有助于全方位、多层次地了解宋代的历史;有助于西北地区民族、历史、地理、政治、经济、军事、文化等多方面的探究;有助于加强中国史研究的薄弱环节,构建中国通史的完整性。

第一章 宋代西北吐蕃的形成

唐末五代以来，散布于河陇地区的吐蕃部落，“族种分散，大者数千家，小者百十家，无复统一”[①]。他们主要分布在今青海、甘肃、宁夏及川西北一带，史称“东吐蕃”“河陇吐蕃”或“西北吐蕃”。甘青地区自古以来就有羌人活动，代表甘青地区新石器时代古人类文化的卡约文化遗存，遍布于甘肃南部及青海的海东、海南、海北、果洛等地区。根据甘青地区的史前文化遗物与历史传说的记载，发羌、唐旄等羌人应与甘青等地的藏族有关[②]。吐蕃政权强大时向东扩张，迁徙而来的吐蕃部落与当地土民结合，形成了宋代西北吐蕃，成为特定历史时期、特定区域的藏民族群体。

一、吐蕃在青藏高原崛起

（一）吐蕃早期历史概况

7世纪中期，吐蕃在青藏高原崛起，以逻些（今西藏拉萨市）为中心建立起一个强大的政权，汉文史籍称为“吐蕃”。“蕃”是藏语bod的译音，本是藏族的自称，今天的藏族人仍自称为bodpa（博巴）。有学者认为“蕃”这个名称可能来源于古代藏族普遍信仰的本教（bon），bod、bon两字的写法在古藏文中是互通的[③]。关于“吐蕃”一词的含义，学术界有多种解释，有人认为Bon chen po为“大蕃”的音意合译，唐朝对吐蕃自称为“大唐”，而吐蕃当时也为一强国，对唐朝自称为“大蕃”。唐德宗建中二年（781年）十二月，吐蕃赞普对汉使崔汉衡说：“我大蕃与唐舅甥国耳。”[④]唐穆宗长庆元年（821年）十月，唐蕃长安会盟文中即载有“西为大蕃，东

---

① （元）脱脱等：《宋史》卷四九二《吐蕃传》，北京：中华书局，1977年，第14151页。

② 黄奋生：《藏族史略》，北京：民族出版社，1989年，第6页。

③ 王小甫：《唐、吐蕃、大食政治关系史》，北京：北京大学出版社，1992年，第14页。

④ （后晋）刘昫等：《旧唐书》卷一九六《吐蕃传下》，北京：中华书局，1975年，第5246页。

实巨唐"[①]之语。长庆二年(822 年),拉萨《唐蕃会盟碑》上刻有汉文"大蕃"与藏文的对称字样。另有学者认为"吐蕃"是藏语 stod bod(吐伯特)的音译,含有"上蕃、西蕃"的意义[②]。但这些说法均未成定论[③]。"吐蕃"一名也出现在 8 世纪上半期的和硕柴达木古突厥文碑铭上, 这是在蒙古高原鄂尔浑河流域发现的古突厥文碑铭,通常称为"鄂尔浑碑铭",其中的《阙特勤碑》与《毗伽可汗碑》均发现于和硕柴达木湖畔,学术界又统称为《和硕柴达木碑铭》,读作 tüpüt。tüp 一词在古突厥语中有"宗族" 之意。还有学者认为在突厥语言和突厥语文献中, 专称藏族和西藏地区的 tüpüt 很可能是突厥语 tüp 和藏语 bod 的合称,译成汉语意为"蕃部"或"蕃部众"[④]。

《新唐书》卷二一六《吐蕃传上》叙述吐蕃族源称:"吐蕃本西羌属,盖百有五十种,散处河、湟、江、岷间;有发羌、唐旄等,然未始与中国通。居析支水西。祖曰鹘提勃悉野,健武多智,稍并诸羌,据其地。蕃、发声近,故其子孙曰吐蕃,而姓勃窣野。""发羌"之名,最早见于《后汉书·西羌传》,东汉和帝永元十三年(101 年),金城太守侯霸以诸郡兵及羌、胡人马破迷唐羌,"迷唐遂弱,其种众不满千人,远逾赐支河首,依发羌居"[⑤]。清末地理学家杨守敬(1839—1915 年)认为:"西羌依析支而居,在今大雪山东南折北之处,故云河曲。当为今乌兰莽奈多浑岭东南境。"[⑥]"大雪山"即今青海阿尼玛卿山(大积石山),清代的"乌兰莽奈多浑岭"在今甘、青、川交界的岷代山、欧本山一带,故"赐支"或"析支"应在今青海西南和西藏地区,今甘南藏族自治州和青海地区历史上就是发羌的活动地域,也是藏族先民的生息繁衍地之一。

藏族历史记载的吐蕃早期王统,据《敦煌本吐蕃历史文书·赞普世系表》记载,从墀顿祉、墀聂墀赞、岱·聂墀赞普……经数十代传至松赞干布[⑦]。到 6 世纪时,吐蕃已由部落联盟发展成为奴隶制政权,君主称赞普,辅臣称大论、小论。到松赞干布的祖父达布聂西、父亲朗日论赞两代时, 已将势力从雅砻河流域的泽

① (宋)王钦若等:《册府元龟》卷九八一《外臣部·盟誓》,载文渊阁《四库全书》第 919 册,台北:台湾商务印书馆,1986 年,第 415 页。

② 白桂思:《中亚的吐蕃帝国》,普林思顿大学,1987 年,第 203 页。

③ 安才旦:《"吐蕃"一称语源及含义述评》,《中国藏学》1988 年第 4 期。

④ 安瓦尔:《关于"吐蕃"一词的词语考证》,《新疆社会科学》1982 年第 3 期。

⑤ (宋)范晔:《后汉书》卷八七《西羌传》,北京:中华书局,1965 年,第 2884 页。

⑥ 陈桥驿复校:《水经注疏》,南京:江苏古籍出版社,1983 年,第 124 页。

⑦ 王尧、陈践译注:《敦煌本吐蕃历史文书》(增订本),北京:民族出版社,1992 年,第 173、174 页。

当、穷结一带逐渐扩展到拉萨河流域[①]。

（二）松赞干布创立政权

敦煌所出的古藏文历史文书和汉文史籍中，将吐蕃王朝的创立者称为弃宗弄赞，而在传世的藏文史籍中均称为松赞干布。629年，松赞干布继位赞普[②]。松赞干布执政时，正是吐蕃社会由奴隶制转向封建制发展阶段，也是吐蕃社会所特有的奴隶制与封建制相结合的阶段。松赞干布实行一系列的改革措施，推广灌溉农业，开垦荒地，划分良田牧场，推进农牧业分工，发展冶铁、制造兵器、硝皮等手工业。保存了原始公社制遗留下来的军事民主制特点，鼓励与培养为社会战死的风气，建立了严格的军事制度。并且创立文字，结束了"结绳齿木为约"[③]的旧时代。使吐蕃社会出现了"黔首民庶高下尊卑不逾不越，轻徭薄赋，安居乐业"[④]的繁荣景象，并形成了"忠诚者予以表彰，贤明者得以颂扬，英勇善战者受到鼓励"[⑤]的良好社会风尚。

此时，吐蕃与唐朝之间分布着众多的部落和部族。西藏冈底斯山以北，羌塘南部的天湖附近及怒江上游地区是羊同。散居在羌塘北部，聚居在青海西南部金沙江流域，而以玉树二十五族一带为中心的是苏毗（又称孙波）。与苏毗同族的两个女系中心部落，一个是居住在阿里西部和印度河上游的拉达克、列城一带的西女国。另一个则是东女国，居于西康西部澜沧江和怒江中游，大抵相当于今昌都、察雅、类乌齐、八宿、察瓦龙、盐井、门空、贡觉，北至隆庆，西至丹达山一带，以昌都为中心。居住在青海西南部金沙江上游牦牛河一带是多弥。居住在西康北部雅砻江和金沙江流域之间，以甘孜一带为中心的是附国。据《隋书·附国传》载："附国南有薄缘夷，风俗亦同。"即居住在西康南部雅砻江理塘、巴塘一带地区的是薄绿[⑥]（即汉代的白狼）。居住在康川边境大渡河流域的靖化、丹巴、懋功一带的是嘉良夷。散居在四川茂州和岷江两岸诸山一带的是西山八国（弱水、悉董、清远、咄霸、哥邻、逋租、南水以及后来逃到此地的东女和白狗一部的总称）。散居在巴

---

① 王辅仁、常文清：《藏族史要》，成都：四川民族出版社，1980年，第8—13页。

② 关于松赞干布的生年和继位年代众说纷纭，这里取多数藏史说法，参阅《中国大百科全书·中国历史》隋唐五代史分册，第325页。

③（宋）欧阳修、宋祁：《新唐书》卷二一六《吐蕃传上》，北京：中华书局，1975年，第6072页。

④《敦煌本吐蕃历史文书》"赞普传记八"，第169页。松赞干布事迹本应在"赞普传记六"，但"赞普传记八"后附有注"以下似为松赞干布事迹错入此节者"。

⑤ 王尧、陈践译注：《敦煌本吐蕃历史文书》（增订本）"赞普传记八"，北京：民族出版社，1992年，第169页。

⑥（唐）魏徵等：《隋书》卷八三《西域传·附国》作"薄缘夷"，北京：中华书局，1973年，第1859页。

颜喀拉山一带的是白兰及大小左封、昔卫、葛延、白狗、向人、望族、林台、春桑、利豆、迷桑、婢药、大硖、北利、摸徒、那鄂、当迷、渠步、桑悟、千碉等部落。党项羌聚居在洮岷以西、且末以南、白兰以北，即以青海河曲为中心的地带（南北朝末年，岷县境内的宕昌羌，松潘的邓至羌，包括在党项羌内）[①]。居于白兰与党项之北，并以青海湖附近一带为中心的是吐谷浑。这些部落或部族主要分布在当时的藏、青、川、甘边境。

随着社会生产力的发展和军事实力的增强，在吐蕃王朝建立前后，松赞干布逐步兼并苏毗、羊同等部，使他们成为吐蕃的属部，并用传统的盟誓方法确定了臣属关系，从而结束了青藏高原分散落后的局面。633 年左右，在大臣禄东赞的协助下，松赞干布建都逻些[②]（即今西藏拉萨市），正式在逻些建立起奴隶制的吐蕃王朝。

吐蕃王朝的建立，促进了统一的发展，并且为与青藏高原外部的联系创造了条件。正如我国藏族学者多杰才旦所评述："公元 7 世纪初，藏族具有远见卓识的伟大领袖松赞干布统一青藏高原各邦后，为了民族的进步和繁荣，实行向天下开放的政策，特别是吸收唐朝，以及西域、中亚、南亚等的先进文明，促进了藏民族的发展，这是（西藏）历史上的第一次重大转折。"[③]

二、吐蕃吞并吐谷浑

此时，统一了青藏高原的吐蕃已成为人口众多、国力雄厚的大国。随着吐蕃势力的不断增强，吐蕃王室为巩固政权，掠夺财富，减少统治阶级之间的矛盾，缓和新征服部落的反抗，势必不愿封闭在青藏高原一隅，要寻找更广阔的发展空间与生存环境。吐蕃发动对外掠夺战争，向周边进行扩张，与其为邻的吐谷浑自然首当其冲。吐蕃面向西域的扩张，王小甫《唐、吐蕃、大食政治关系史》一书中已有专门研究，也不为本书所涉及范围，故不再赘述。

（一）吐谷浑政权的建立

吐谷浑是我国古代西北民族之一，4 世纪初，吐谷浑部从辽东慕容鲜卑部中

---

① 黄奋生：《藏族史略》，北京：民族出版社，1989 年，第 55、56 页。

② 对传统"迁都拉萨"的说法有质疑。巴桑旺堆：《关于吐蕃史研究中的几个定论的质疑》，《西藏研究》1983 年第 4 期；江维祝、李俊昌：《关于松赞干布迁都拉萨的质疑》，《西藏研究》1989 年第 4 期。

③ 多杰才旦：《试述十七条协议的伟大历史意义》，《民族研究》1991 年第 4 期。

分离后，吐谷浑率部由原游牧地向西迁至今内蒙古阴山（今大青山）一带[①]。这里原是匈奴本土，水草丰美，吐谷浑在这里游牧了二十多年后，又向南迁徙。西晋永嘉之末，“始度陇而西”[②]“假道上陇”“遂从上陇，止于枹罕”[③]，而《宋书·吐谷浑传》则谓：“浑即上陇，出罕幵、西零。”“罕幵”即“枹罕”，“西零”即“西平郡”，与《晋书·吐谷浑传》记载稍有差异。有学者认为吐谷浑并不止于枹罕（治今甘肃临夏市东南双城堡大夏河北岸），而是继续经枹罕向西南进入青海地区[④]。吐谷浑进入河湟地区后，以此为根据地，征服了四周众多的羌族部落，使局面发生了很大变化，也扩大自己的领地，为吐谷浑政权的建立奠定了基础。

吐谷浑开辟的疆域，据《宋书·吐谷浑传》所载：“自枹罕以东千余里，暨甘松，西至河南，南界昂城、龙涸。自洮水西南，极白兰，数千里中，逐水草，庐帐居，以肉酪为粮。”[⑤]甘松即今甘肃陇南地区和甘南藏族自治州白龙江流域以北地区；河南一般指河曲地区，即今青海黄南藏族自治州和海南藏族自治州东部；昂城即今四川阿坝；龙涸即今四川松潘；白兰地相当于今青海省果洛藏族自治州境内[⑥]，包括今青海东南部、甘肃兰州西南及四川西北部的广大地域。从此，吐谷浑及其率领的鲜卑部落就生息繁衍在这一带。到吐谷浑孙叶延时（329—351 年），开始建立政权，以其祖父吐谷浑之名作为姓氏，亦为国号和族名，形成了一个新的民族共同体，并建立了一个疆域辽阔的民族政权。其最盛时的疆域，东起今甘肃南部、四川西北，南抵今青海南部，西到今新疆若羌、且末，北隔祁连山与河西走廊相接。后期政治中心在今青海湖西 15 里的伏俟城。

（二）吐蕃向吐谷浑扩张

从新疆发现的吐蕃历史文书来看，早在与唐朝建立关系之前，吐蕃与吐谷浑这两个相邻的民族政权就有了密切友好的交往，是所谓甥舅之国。但随着双方力量的增长及其与唐朝关系的发展，二者之间的矛盾冲突必不可免。吐蕃王朝和吐

---

① 慕容涉归死于晋太康四年（283 年），吐谷浑西迁时间应于涉归死后不久。周伟洲：《吐谷浑史》，银川：宁夏人民出版社，1984 年，第 3 页。

② （唐）房玄龄：《晋书》卷九七《吐谷浑传》，北京：中华书局，1974 年，第 2537 页。

③ （唐）李延寿：《北史》卷九六《吐谷浑传》，北京：中华书局，1974 年，第 3179 页。

④ 杨建新：《中国西北少数民族通史》，银川：宁夏人民出版社，1988 年，第 224 页。

⑤ （梁）沈约：《宋书》卷九六《吐谷浑传》，北京：中华书局，1974 年，第 2370 页。

⑥ 白兰其地，史家说法不一。〔日〕松田寿男著，周伟洲译：《吐谷浑遣使考》，《西北史地》1981 年第 2—3 期；李文实：《白兰国址再考》，《青海社会科学》1984 年第 1 期。本书采李文实之说。

谷浑政权所处的特殊地理位置、地理环境及自然条件，决定了吐蕃必然首先向吐谷浑地区扩张。

吐蕃王朝兴起于"世界屋脊"青藏高原的西南部，境内山脉、河流纵横，四周群峰连绵，形成了一个具有很大封闭性的地理单元。世界上最高大雄伟的山脉——喜马拉雅山脉略成弧形，耸立于吐蕃西南界，西北隔着巍巍昆仑与西域相邻，北界因唐古拉山脉而与吐谷浑政权相连，东部是著名的藏东高原峡谷区，是由著名的横断山及其余脉高黎贡山、怒山、云岭、玉龙雪山和与其平行排列的大河，如怒江、澜沧江、金沙江等组成的一系列由东西走向逐渐转为南北走向的高山幽谷。"地利之于兵，如养生者必藉于饮食，远行者必藉于舟车。"[①]在当时的历史条件下，这样的地理特点决定了吐蕃不可能直接向西南、向东扩张，也不可能大规模直接向北扩张。随着其力量的发展、壮大，吐蕃只能首先向与其共处一地，即同居于青藏高原北方一隅的吐谷浑领地扩张。吐谷浑势力范围包括今甘肃南部、四川西北部、青海绝大部分和新疆南部地区，对吐蕃从西北界、北界和东北界形成一个弧形的包围圈。所以国势蒸蒸日上的吐蕃，其势力无论向任何方向发展，都必须首先占领吐谷浑地区，并以此为前沿基地，做进一步的扩张。

"地理环境的特性决定着生产力的发展，而生产力的发展又决定经济关系以及随在经济关系后面的所有其他社会关系的发展。"[②]吐蕃"居寒露之野，物产寡薄，乌海之阴，盛夏积雪，暑毼冬裘。随水草以牧，寒则城处，施庐帐"[③]，社会生活以游牧经济为主。而与其共居青藏高原的吐谷浑政权不仅生活环境、生存方式与其类似，而且吐谷浑政权所处的河源地区及青海环湖地区水草丰美，宜于畜牧，因而与吐谷浑政权争夺较好的生存空间，争夺草场，必然是吐蕃吞并吐谷浑的动机之一。更为重要的是，雪域高原恶劣的自然条件及游牧经济特有的不安定、动荡及强烈要求互补的特征，决定了吐蕃与我国中世纪史上崛起的其他游牧民族一样，对中原地区表现出强烈的内向性。随着与唐朝交往日益增多，中原地区富庶优越的生存条件，较高的文明生活，都对吐蕃产生巨大的诱惑力。在力量显著且对其有利的情况下，吐蕃政权力图通过武力掠夺或侵占的方式获取这一切。

吐谷浑政权不仅横亘于唐蕃之间，而且一心倾向于唐朝，与唐朝关系十分密

---

① (清)顾祖禹撰，贺次君、施和金点校:《读史方舆纪要·凡例》，北京:中华书局，2005年，第7页。

②《列宁全集》卷三八，北京:人民出版社，1959年，第459页。

③《新唐书》卷二一六《吐蕃传上》，第6076页。

切，这就使吐蕃在力量发展壮大后，一定要首先向吐谷浑发动进攻。而吐谷浑地区重要的战略地位，使唐朝也竭力想控制这一广大区域，势必激化唐蕃之间的矛盾，进而产生以吐谷浑的归属为核心的一系列激烈斗争。从这个意义上说，吐蕃向吐谷浑地区的扩张，只是吐蕃向唐朝势力范围扩张的先声，围绕着吐谷浑的归属，唐蕃之间进行的争斗，只是唐蕃大规模领土争夺的序曲而已。

吐蕃兼并吐谷浑是吐蕃与吐谷浑力量彼此消长的必然结果。被藏族人民尊称为“松赞干布”的吐蕃王朝缔造者，骁武英略，他通过一系列在内政、外交方面有深远影响的重大措施，使吐蕃社会呈现出一个欣欣向荣、生机盎然的局面。继其主掌国政的噶氏家族也才略皆备，推动吐蕃社会进入了更强盛的阶段，而唐朝先进的生产技术、生产方式和传统文化的传入，更加速了吐蕃社会的发展。吐蕃大规模的扩张兼并之际，正是吐蕃社会由氏族制向奴隶制急剧变革之时。作为一个新兴的奴隶制国家，如同我国古代诸多北方游牧民族政权兴起的初期一样，具有极强的侵略性与对外扩张的能力。通过不断兼并周围的部落、部族，奴隶主贵族不仅获得了大量的人力、物力和控制区域，增强了经济、军事实力，而且进一步激起了通过战争掠夺领土和财富，扩大奴隶来源的欲望。

吐蕃王朝建立之时，就建立起兵民合一的严密制度，其经济、政治、军事组织融为一体，部落编制准军事化，每战以部落为单位，群体出征。其统御和激励部众的法令严而有效：“其兵法严，而师无馈粮，以卤获为资。每战，前队尽死，后队乃进。”①吐蕃人“重兵死，恶病终。累代战没，以为甲门。临阵败北者，悬狐尾于其首，表其似狐之怯，稠人广众，必以徇焉，其俗耻之，以为次死”②，而对战斗中英勇杀敌立有战功者，“挂虎皮以示奖励”③。在长期发展中，吐蕃社会形成了崇勇尚武、奖勇惩懦的观念。如此，不仅使吐蕃每战有足够的兵力、军需，而且保持了强大的战斗力。

此时的吐谷浑却呈现出分崩离析、国力急剧下降之势。唐高宗龙朔三年（663年），吐蕃与吐谷浑双方相持不下，吐谷浑大臣素和贵逃入吐蕃，俱告吐谷浑之虚实，这是对吐谷浑致命的一击。吐蕃于龙朔三年占据吐谷浑领地后，通过拉拢与扶持，使部分吐谷浑王室贵族成员借吐蕃以自重，在吐谷浑上层统治集团中形成了一个很有影响力的亲蕃势力，不仅巩固了吐蕃对吐谷浑的占领，同时也成为唐

---

①《新唐书》卷二一六《吐蕃传上》，第6073页。

②《旧唐书》卷一九六《吐蕃传上》，第5220页。

③ 何峰：《从藏族谚语看藏族部落制度》，《青海社会科学》1991年第5期。

军在大非川之役中惨败的原因之一。

隋唐之初,中原人民对我国西部的情况了解不多,认识也十分模糊,对于遥远的吐蕃政权,了解得更为稀少,认识亦更为荒诞。虽自贞观八年(634年)以后,随着唐蕃交往的增加而对其了解逐渐增多,但唐朝对其凶猛的来势显然估计不足。加之唐朝正连年用兵高丽,以致对吐谷浑援助不力,失去了抵御吐蕃的有利形势与时机。唐咸亨元年(670年)四月至八月,唐与吐蕃争夺龟兹(治今新疆库车县)、疏勒(治今新疆喀什市)、于阗(治今新疆和田县)、焉耆(治今新疆焉耆县)四镇,在大非川(今青海共和县西南切吉滩,一说今青海兴海县西南苦海子大草原)展开激战。吐蕃避实就虚,不与唐军正面交锋,而断其粮草后路,集中优势兵力夺取胜利。唐军远道出征,兵力不支,供给不畅,且军中将领不和,副将郭待封擅违军令,一意孤行。虽然唐朝用兵十万,但最终惨败。总之,一系列的因素造成了吐蕃占据吐谷浑地区的必然性。

(三)吐蕃攻占吐谷浑

松赞干布建立政权之初,就通过一系列政治、经济、文化等方面的重要措施,使吐蕃社会于井井有条、安居乐业之中,显露出勃勃生机。随着向周边部落兼并扩张的进行,其经济、军事力量进一步加强,而吐蕃王朝封闭式的地理特点,决定了其无论向任何方向发展,都必须首先攻占吐谷浑地区。故谓之随着吐蕃力量的发展,其向吐谷浑地区的扩张是势所必然,而吐谷浑与唐朝关系的发展变化,则为吐蕃扩张提供了某种契机而已。

1. 唐朝征讨吐谷浑

唐太宗贞观八年(634年),唐朝除西域与青海等地外,基本上完成了统一的宏伟大业。唐太宗李世民即位之初,乘北方东突厥颉利可汗部内乱之机,遣派李靖、李勣等率兵剿灭东突厥,解除了来自北方的威胁。唐太宗吸取隋朝灭亡的教训,在国内实行一系列劝课农桑、轻徭薄赋的政策,并且澄清吏治,减轻刑罚,使生产得到迅速恢复与发展,出现了"贞观之治"的盛世。国内经济的恢复与发展,以及北方威胁的解除,使唐朝有了打通中西陆路交通,进一步向西北发展的要求及其实现的可能性。而当时占据青海、鄯善(治今新疆若羌县)、且末(治今新疆且末县)的吐谷浑表面虽与唐朝和好,实际上却不完全听命,不断寇扰唐朝边境,沿边州县均受其害。此时的唐王朝欲平定西突厥,积极经略西域,急于扫除中西陆路交通的障碍。而不断骚扰河西,企图阻断唐与西域交通的吐谷浑,给唐朝造成严重的后顾之忧,吐谷浑成为唐朝眼中钉、肉中刺。征讨吐谷浑,正是为了实现唐太宗统一全国,开通丝绸之路这一战略目标的需求。

贞观八年(634年)十一月,吐谷浑寇凉州(治今甘肃武威市凉州区),扣留行人鸿胪丞赵德楷,“太宗频遣宣谕,使者十余返”[①],但伏允“意无悛心”,拒不放还。扣押行人事件成为唐朝对吐谷浑发动战争的导火线。太宗盛怒之下,是月,颁布《讨吐谷浑诏》,历数吐谷浑“肆情拒命,抗衡上国”“上书傲狠,拘我使人”“剽掠边鄙,略无宁息”[②]等罪行,公然声明要“宜乘吊伐之机,以展鹰鹯之志,长驱克期,穷其巢穴”[③],发大军进行征讨。贞观九年(635年),太宗“特进李靖为西海道行军大总管节制诸军,兵部尚书侯君集为积石道行军总管,刑部尚书任城王道宗为鄯善道行军总管,仍并为靖副,凉州都督李大亮为且沫道行军总管,岷州都督、胶东郡公李道彦为赤水道行军总管,利州刺史高甑生为盐泽道总管”[④],并“突厥、契苾之众以击之”[⑤]。六路总管兵力不下十万,兵分三路指向青海,其规模之大,远远超过以往北魏、北周及隋朝对吐谷浑的战争。

此时的吐谷浑日趋衰落,可汗伏允年老昏愦,大权旁落,大臣天柱王弄权,诸王各据一方,势单力弱,而其东部又被兴起的党项诸部所据。贞观(627—649年)初年,党项诸部归附唐朝,吐谷浑又失去一同盟者。因此,无论从道义,还是从人力、物力等方面,吐谷浑都处于劣势,远不是唐朝的对手。唐朝军队的这次进攻,给吐谷浑造成很大损害,伏允子慕容顺杀权臣国相天柱王,举国来降,伏允自缢死,国人立顺为可汗,称臣内附。“顺既久质于隋,国人不附”[⑥],不久即为臣下所杀。慕容顺之子燕王诺曷钵在唐王朝的支持下,继立为吐谷浑王。但诺曷钵年幼,大臣争权,国中大乱,太宗遣侯君集率兵入吐谷浑,平息动乱。至此,唐朝势力进一步深入吐谷浑地区,吐谷浑名副其实地成为唐朝的属国,与唐朝的关系也进入十分密切的阶段。

2. 吐蕃攻伐吐谷浑

吐谷浑与唐朝关系的密切,势必引起雄心勃勃的吐蕃奴隶主贵族的忌恨与不

---

①《旧唐书》卷一九八《吐谷浑传》,第5298页。

②《册府元龟》卷九八五《外臣部·征讨第四》,文渊阁《四库全书》第919册,第453页。

③《册府元龟》卷九八五《外臣部·征讨第四》,文渊阁《四库全书》第919册,第453页。

④《册府元龟》卷九八五《外臣部·征讨第四》,文渊阁《四库全书》第919册,第454页;《旧唐书》卷六〇《江夏王道宗传》:“吐谷浑寇边,诏右仆射李靖为昆丘道行军大总管。”第2355页;《旧唐书》卷六二《李大亮传》:“以大亮为河东道行军总管。”第2389页。

⑤《旧唐书》卷一九八《吐谷浑传》,第5298页。

⑥《旧唐书》卷一九八《吐谷浑传》,第5300页。

满。于是贞观十二年(638 年)八月,吐蕃以吐谷浑离间唐蕃关系为由,“率羊同共击吐谷浑,吐谷浑不能亢,走青海之阴,尽取其赀畜”[①]。接着又进兵击破当时附属于吐谷浑的党项、白兰诸羌,率其众二十余万屯于松州(治今四川松潘县)西境,“寻进攻松州,败都督韩威”[②]。在此情况下,松州都督府所辖羁縻州羌酋阔州刺史别丛卧施、诺州刺史把利步利并以州叛归。在吐蕃攻松州城十余日后,被唐军败于松州城下,松赞干布惧而引退,因复请婚。唐朝经过此番与吐蕃的较量,认识到其勃勃向上的力量,答应请婚,从而开始了吐蕃与吐谷浑及唐朝二十余年的友好交往,使西北地区出现了暂时和平安定的局面。但吐蕃与吐谷浑之间的矛盾并未消除,而是依然潜在并逐渐加剧,随着吐蕃力量的进一步积聚及双方与唐朝关系的变化,这种平衡格局势必被打破。

面对新兴的吐蕃势力,唐朝极力扶持吐谷浑作为抵御吐蕃的屏障。贞观十三年(639 年)十二月,诺曷钵亲自至唐京师朝贡,太宗以宗室女弘化公主妻之。弘化公主是第一位嫁与吐谷浑王室慕容氏的公主。永徽三年(652 年)十一月,高宗以会稽郡王李道恩的第三女封为金城县主,许给诺曷钵长子慕容忠[③],双方关系更加密切。松赞干布于永徽元年(650 年)去世,禄东赞家族主掌国政半个多世纪。禄东赞姓薆氏,“虽不识文记,而性明毅严重,讲兵训师,雅有节制,吐蕃之并诸羌,雄霸本土,多其谋也”[④],其子钦陵与弟赞婆、悉多干、勃论“皆有才略”[⑤]。他们对内继承松赞干布的大业,对外积极推行领土扩张政策。经过精心准备,显庆五年(660 年),吐蕃乘唐朝连年用兵高丽,西部兵力集中平定西突厥阿史那贺鲁及处理此次事件的善后之机,发兵攻入吐谷浑。双方频相争斗,互有胜负。龙朔三年(663 年),各遣使臣到唐廷争论曲直,请求援助,但唐朝未应允。恰在此时,吐谷浑之臣素和贵因罪逃奔吐蕃,俱言吐谷浑之虚实,从而造成吐谷浑的失利,诺曷钵与唐弘化公主率数千帐逃奔凉州(治今甘肃武威市凉州区),吐谷浑领地被吐蕃占据。

吐蕃占据吐谷浑地区后,严重威胁到唐朝整个西部边疆地区的安全。但由于

---

① 《新唐书》二一六《吐蕃传上》,第 6073 页。

② (宋)司马光:《资治通鉴》卷一九五《唐纪十一》,太宗贞观十二年八月,北京:中华书局,1956 年,第 6139 页。

③ 夏鼐:《金城县主墓志铭》,载《考古学论文集》,北京:科学出版社,1961 年,第 95、96 页。

④ 《旧唐书》卷一九六《吐蕃传上》,第 5222 页。

⑤ 《资治通鉴》卷二〇一《唐纪十七》,高宗咸亨元年八月,第 6365 页。

唐朝当时正陷于辽东之役，一时抽调不出更多的兵力援助吐谷浑抵抗吐蕃，只以郑仁泰为青海道行军大总管，率军分屯凉、鄯（治今青海海东市乐都区）二州以备吐蕃攻击，以苏定方为凉州安集大使，节制诸军，为吐谷浑之援。并严厉谴责了吐蕃的这次侵占行为，两次拒绝了吐蕃于龙朔三年（663 年）、麟德二年（665 年）提出与吐谷浑和亲的请求，不承认其已奄有吐谷浑这一事实。

乾封二年（667 年），吐蕃攻占唐朝诸羌羁縻十二州，咸亨元年（670 年），又陷唐朝羁縻十八州，接着与于阗联兵攻克龟兹（治今新疆库车县城西郊皮郎旧城）拨换城。此时唐朝刚好结束对辽东的用兵，面对吐蕃的攻势，为了集中力量从青海打击吐蕃，以切断吐蕃进入西域的主要通道，解除河西、陇右之虞。咸亨元年四月，唐朝撤回西域四镇兵力，同年八月，任命薛仁贵为逻些道行军总管，率军十余万征讨吐蕃，同时援送吐谷浑回归故地。但由于这场战役是在地形复杂险远、气候恶劣的大非川（在今青海兴海县西南苦海子大草原，一说即今青海共和县西南切吉滩）进行，唐军对此处的地理环境不熟悉，指挥上因料敌不足而出现明显失误。相反，吐蕃力量强盛，而且在占据吐谷浑领地后，通过各种措施，逐渐建立了巩固的统治。在此基础上，吐蕃大将论钦陵采取避实就虚、集中优势兵力的战术，相继派出六十万大军，大败唐军，从而使其最终巩固了对吐谷浑地区的占领，而唐朝损失兵力十万，且元气大伤，不得不放弃恢复吐谷浑失地，恢复其藩属国地位的战略意图。从此，吐谷浑作为一个部族，分别归属吐蕃、唐朝统治，散居在今青海、甘肃、陕西、宁夏等地。

（四）吐蕃攻占谷浑的影响

吐蕃最终占领吐谷浑地区，直接影响到唐蕃双方战略形势的变化及彼此关系的发展演变。

1. 吐谷浑的社会发展

吐谷浑地区在吐蕃统治的 350 多年间，政治上从诸羌分散的原始社会末期阶段，发展到诸羌统一；经济上也得到长足进步，不仅畜牧业繁荣，而且发展了农业、矿业及与此相适应的商业。吐蕃得到这一广大区域后，不仅经济、军事力量得到了巨大补充，其军粮、马匹有一半出自吐谷浑，而且扩大了生存空间与势力范围，控扼了丝绸之路这一战略要地，取得了继续东入、西进、北上的立足点和主动权。从此以后，吐蕃以青藏高原广大牧区为根据地，以水草丰美的河源与青海环湖地区为战略基地，利用吐谷浑境内的羌浑部落，就近供给，正式揭开了唐蕃斗争的帷幕，不断向唐朝的河西、陇右、西域及剑南等地发动进攻，成为唐朝西北边境的劲敌。至调露（679—680 年）、永隆（680—681 年）前后，吐蕃已是“尽据羊同、党项及诸羌之地，东接凉、松、茂、巂等州，南邻天竺，西陷龟兹、疏勒等四镇，北抵突厥，地方万余里，诸胡之盛，莫与为比”[①]。

2. 唐朝控制区的退缩

咸亨三年(672 年)二月，吐谷浑王室被迫先徙于鄯州浩亹水南，后又因鄯州地狭小，惧吐蕃强盛，不安其居，离开青海，移居灵州(治今宁夏灵武市西南)，唐朝“以其部落置安乐州，以可汗诺曷钵为刺史，吐谷浑故地皆入于吐蕃”[②]。自晋至唐，在我国历史上存在了 350 余年的吐谷浑政权从此消失，从而也使唐朝失去了与吐蕃之间的屏障，其控制区域由河源退至赤岭(今青海日月山)一线的“塞内”。面对吐蕃内侵的严重威胁，唐朝被迫在河西、陇右、剑南一带重兵布防。大非川战役后不久，原兰州都督府移置鄯州(治今青海海东市乐都区)，改称鄯州都督府，河源、积石、莫门等军一级军事建制单位也同时设置。在剑南道设置安戎城(今四川理县西鹧鸪山东侧，一说马尔康市东境)，重建姚州都督府，从而形成了唐蕃前期的对峙局面。

为扼制吐蕃的东进，唐朝不得不在日月山一线与吐蕃展开一城一地的争夺。唐睿宗景云二年(711 年)以后，河西、陇右又率先设立节度使，二节度使辖区驻军近十五万人，相当于唐朝当时全国兵力总额的四分之一，是全国驻兵最多的地区。河陇地区如此强大的驻军，在一定程度上加剧了唐中期以来逐步形成的外重内轻的矛盾，从而也为安史之乱的爆发及唐王朝由盛而衰准备了条件[③]。

3. 促进了多民族交融

吐蕃王朝一系列兼并行为及其向吐谷浑地区的扩张，以强制与暴力的方式，促进了民族交融，推动了吐蕃社会的发展。目前学术界公认藏族形成于吐蕃王朝时期，吐蕃以雅鲁藏布江南岸的雅隆部落为主体和先导而兴起，伴随着其势力向整个雅鲁藏布江流域发展，到松赞干布正式建立吐蕃王朝，划定“四茹”和四十“东岱”后，原先以血缘关系为纽带的氏族部落组织已被同一部落内诸姓并存的地域部落所取代。之后，随着其控制区域的不断扩大，受其控制的部族、部落及小邦国不断增多，而且在频频的扩张战争中，每次发兵，吐蕃王朝都从各个部落中抽调一部分兵员与家属，迁往新征服的地区耕牧驻守。这种频繁的军事征调，造成部落的不断分化、增多和新的地理分布与新的组合，在统一的政权下，这无疑

---

① 《资治通鉴》卷二〇二《唐纪一八》，高宗永隆元年七月，第 6396 页。

② 《资治通鉴》卷二〇二《唐纪一八》，高宗咸亨三年二月庚午，第 6368 页。

③ 谢全堂：《试论唐蕃大非川之战》，《青海社会科学》1991 年第 4 期。

有利于各部族、部落间的交流与融合。

吐蕃占领吐谷浑地区后，在其统治集团中形成蕃浑联盟的同时，为削弱吐谷浑的反抗力量，吐蕃政权曾迁徙大批吐谷浑属部散居西藏各地，而吐谷浑人早在“永嘉之乱”迁入诸羌地区时已开始汉化，在以后统治诸羌的三百余年间，吐谷浑政权不仅以吐谷浑为中心，形成了与诸羌部落的相互结合，而且利用其地处西北，连接西南，沟通内地与西域，联系江南与塞北[①]的独特的自然地理条件，不断吸收鲜卑、氐、胡、汉等民族，发展、提高了其经济、文化水平。所以吐谷浑所统诸部的臣属吐蕃，给吐蕃民族的形成与发展注入了新鲜血液。因此，吐蕃王朝的不断兼并、征服与扩张，用血与火的方式，加速了其所属部族与其他民族的相互融合及经济文化的提高，从而促进了吐蕃民族的发展。

吐蕃王朝的崛起及其向吐谷浑地区的扩张，引起了部分西北民族的内迁，促进了我国多民族分布格局的形成，在很大程度上，影响到唐末五代、两宋时期的社会历史的发展及民族分布，也为我国元朝民族间的大融合创造了条件，奠定了民族构成的基础。

三、吐蕃向河西、陇右地区扩张

（一）唐朝与吐蕃局势的变化

吐蕃吞并吐谷浑、占领青海地区后，势必进一步将扩张矛头向东指向河西、陇右地区。吐蕃向河西、陇右地区的扩张，是以安史之乱为界线，分为前后两个阶段。

唐玄宗天宝十四载（755 年），史称“安史之乱”的一场大规模武装叛乱席卷中原大地。这场动乱从根本上动摇了唐朝的统治，是唐朝由盛而衰的转折点。其影响深远巨大，使唐朝与吐蕃的实力发生了强弱易位的历史性变化，吐蕃武功盛世的形成，均与唐朝由盛转衰有密切的内在联系。

安史之乱爆发之前，唐朝正处于“开元盛世”，其社会经济的发展达到鼎盛阶段，势力强大。此时正是弃隶缩赞（赤德祖赞）在位时期，虽然吐蕃实力不断增强，但唐朝也有实力与其抗衡。在青海湟水、甘肃洮河及四川岷江等流域，唐朝与吐蕃争夺，双方力量互有消长。

---

① 王俊杰：《吐谷浑在历史上的积极作用》，《西北师院学报》1986 年第 3 期。

安史之乱后，局势发生了变化，此时的吐蕃政权正是赤松德赞[①]（乞黎苏笼猎赞）在位时期（唐天宝十四载至贞元十三年，755—797年），亦即唐玄宗后期及肃宗、代宗二朝衰世。玄、肃二宗为了维护李氏社稷江山，确立了安内重于攘外的总方针[②]。玄宗朝由于罢废府兵，偃武修文，精兵在外，内无武备，安史叛军长驱直入。洛阳失守后，高仙芝、封常清移兵扼守潼关（今陕西潼关县东北），以固关中。而玄宗竟不顾实际形势的发展，务求必胜，杀高、封二将而以哥舒翰代之。哥舒翰所统河西、陇右劲兵，本为抗御吐蕃的主力，奉命东调后，陇右防务骤然空虚，吐蕃于是乘机东进，收复九曲之地，进而为拓土唐境创造了有利条件。代宗即位后，下诏征勤王兵马，陇右、河西、安西、北庭、朔方等诸道，皆在征召之列，边防兵力抽调一空，全力以赴平息内乱。对吐蕃则实行全面的政治妥协，缔结了“输绢帛，割土地”[③]的密约，为吐蕃拓土唐境自动敞开国门。

唐代宗即位后（宝应元年至大历十四年，762—779年），唐蕃关系发生了新的变化。唐肃宗在勘定内乱、再造唐室的过程中堪称有为之君，却也是将陇右拱手送于吐蕃的始作俑者。代宗与其父肃宗迥然不同，代宗始终将李氏社稷与唐朝的领土疆域、臣民统一联系在一起，奉行不割地、不弃民的政治原则，尽管由于蕃强唐弱的形势以及个别政策的失误，并未收复寸土，反而继续丧失了大片河西领土，但与前任君主肃宗与后任君王德宗存在本质的差别，不能与肃、德二宗相提并论。代宗即位后，“不愿再‘输绢帛，割土地’，唐蕃社稷失和”[④]，吐蕃向唐朝发动了全面的进攻。吐蕃正是利用唐朝内乱的有利时机，交替使用武力与和谈两种手段，对唐朝进行领土扩张，占领了陇右全道与河西道的大部州县，并向关中、剑南挺进，攻占长安，逗留十五日后退兵。

赤松德赞在位后期（唐大历十四年至贞元十三年，779—797年），正是唐德宗在位时期，由于德宗即位之初一系列决策失误，使吐蕃在外交与军事上接连获胜。德宗即位后，政策重心由对外转向对内，不是立即着手抗御吐蕃的侵袭，将保土保民置于首位，而是全力对内削藩，加强君主的权力，对外和蕃，缔结和约，在领土问

① 黄奋生：《藏族史略》“赤松德赞”条，北京：民族出版社，1989年，第135页。

② 薛宗正：《乞黎苏笼猎赞在位前期的吐蕃盛世与唐朝陇右、河西领疆的陷没》，《甘肃民族研究》1992年第1期。

③ 王尧、陈践译注：《敦煌本吐蕃历史文书》（增订本）“大事记年”，北京：民族出版社，1992年，第156页。

④ 王尧、陈践译注：《敦煌本吐蕃历史文书》（增订本）“大事记年”，北京：民族出版社，1992年，第156页。

题上进一步退让,这意味着“安内重于攘外”政策的重新确立。正因为德宗在位前期,抛弃了先帝代宗对吐蕃和谈中“不割地,不弃民”的政治原则,且又反复无常,致使唐朝西部领域全部葬送。赤松德赞时期,吐蕃政权达到武功盛世的顶峰,赤松德赞“统领了天地之间疆土,为直立人群与俯行兽类之君长,政绩崇巍,堪为人之楷模”[①],成为继松赞干布之后第二位著名君王。吐蕃疆域空前辽阔,包括青海、西康全部,新疆、甘肃大部,四川、云南一部,以及尼泊尔、印度、缅甸的一部分,是吐蕃极盛时期。

(二)唐朝与吐蕃争夺河湟地区

唐龙朔三年(663年),吐蕃灭亡了吐谷浑,尽据青海之地,吐谷浑绝大部分为吐蕃所统治。吐蕃占据吐谷浑地区后,对唐朝而言,失去了控制西北地区的一个重要战略基地;对吐蕃而言,占领这一地区不仅得到了大量人力物力,而且取得了东征西伐的立足点和主动权,特别是打通了进入南疆地区的通道。唐咸亨元年(670年),吐蕃大将论钦陵在大非川(在今青海兴海县西南苦海子大草原,一说即今青海共和县西南切吉滩)战败唐朝薛仁贵军队后,进一步巩固了对青海吐谷浑的统治,对唐朝构成很大的威胁,唐朝竭力与吐蕃进行争夺。

仪凤元年(676年),吐蕃军队进入鄯(治今青海海东市乐都区)、廓(治今青海化隆县西60里黄河北岸)、河(治今甘肃临夏市东北)、芳(治今甘肃迭部县东南)诸州,统治了这里的羌族,同时也迁来一部分吐蕃部落,使这里成为以吐蕃人为主体的多民族地区。仪凤二年(677年)、三年(678年),吐蕃继续向北用兵。针对吐蕃的扩张,唐朝大举讨伐吐蕃的政策始终不变。仪凤二年,吐蕃侵占扶州(治今四川九寨沟县白水江东岸安乐乡)的临河镇,擒镇将杜孝升。朝廷震动,遂令李敬玄为洮河道行军大总管、河西镇巡大使、鄯州都督。同年十二月,高宗颁发《求猛士诏》,历数吐蕃专为寇盗,侵土夺宇,掩袭唐军,攻围镇戍,驱抄羊马等罪行,“宜令关西、河东诸州,广求猛士”[②],发大兵讨伐吐蕃。仪凤三年,李敬玄破吐蕃于龙支城(今青海平安区),九月,李敬玄率军十八万与吐蕃大将论钦陵战于青海湖一带,兵败,被吐蕃围于承风岭(今青海贵德县北千户岭一带)。后依赖左领军员外将军黑齿常之夜袭吐蕃营地,李敬玄才率余部逃回鄯州。吐蕃威势更加显

---

① 王尧、陈践译注:《敦煌本吐蕃历史文书》(增订本)“赞普传记八”,北京:民族出版社,1992年,第167页。

② (宋)宋敏求编:《唐大诏令集》卷一〇二《求猛士诏》,文渊阁《四库全书》第426册,第697页。

赫，唐朝举国上下，对吐蕃锐势束手无策。

调露二年（680年），吐蕃大将论钦陵弟赞婆与原吐谷浑大臣素和贵率兵三万攻河源军（治今青海西宁市东），屯兵良非川（即古赤水，今恰卜恰河），黑齿常之率精骑三千夜袭击退，唐政府擢常之为河源军经略大使[①]，扼守河湟（今青海黄河与湟水两流域之地）一带。常之在河湟地区置烽戍七十所，开屯田五千余顷，岁收粟斛百余万石，"由是食衍士精，戍逻有备"[②]，建立起一道较牢固的边防线，吐蕃不敢犯边，唐朝与吐蕃在青海处于均衡状态。武则天天授三年（692年）二月，吐蕃"大首领曷苏率贵川部与党项种三十万降"[③]，他们归附后，被分散安置在邻近的十州地区居住。这部分吐蕃和党项人，即居住在与唐朝相邻的今甘肃、青海境内的一部分吐蕃人。

武则天时期，吐蕃的扩张活动受到一系列打击。长寿元年（692年），武威军总管王孝杰"大破吐蕃之众，克服龟兹、于阗、疏勒、碎叶四镇，乃于龟兹置安西都护府，发兵以镇守之"[④]。而吐蕃赞普器弩悉弄年渐长，与权臣禄东赞之子钦陵、赞婆兄弟矛盾日益激化。圣历二年（699年），器弩悉弄与大臣论岩密谋，执杀钦陵亲党二千余人，钦陵兵败自杀，其弟赞婆率所部千余人及其兄子莽布支等来降，钦陵子弓仁也以"所统吐谷浑七千帐来降"[⑤]。《新唐书·吐蕃传》载"赞婆即领部兵戍河源"。赞婆归唐后，先在河源（指黄河河源，在今青海曲麻莱县东境）戍守，第二年（久视元年，700年），吐蕃又遣其将曲莽布支寇凉州（治今甘肃武威市凉州区），围逼昌松县（治今甘肃武威市东南），"陇右诸军州大使唐休璟与莽布支战于洪源谷"[⑥]，吐蕃战败。长安二年（702年），吐蕃赞普器弩悉弄率万余人入寇悉州（治悉唐县，今四川茂县西北维城乡），都督陈大慈四战破吐蕃，斩首千余级。不久，吐蕃赞普器弩悉弄死，其子弃隶缩赞即位。在唐朝一系列的打击下，迫使吐蕃缓和了对河西、陇右的侵袭，不得不派使臣论弥萨等入朝求和，武则天宴之于麟

---

①《资治通鉴》卷二〇二《唐纪十八》，高宗永隆元年七月，第6395页。《新唐书》卷二一六《吐蕃传上》载："敬玄与战湟州，败绩。"《资治通鉴》卷二〇二胡三省注引《考异》辩明记载有误，故从《资治通鉴》所载："但云吐蕃寇河湟，常之击却之而已。"

②《新唐书》卷一一〇《黑齿常之传》，第4122页。

③《新唐书》卷二一六《吐蕃传上》，第6078页。据《资治通鉴》卷二〇五《唐纪二十一》载：六九二年四月，改元如意；九月，改元长寿。自四月以前，犹是天授三年。

④《旧唐书》卷一九六《吐蕃传上》，第5225页。

⑤《资治通鉴》卷二〇六《唐纪二十二》，第6540页。

⑥《旧唐书》卷一九六《吐蕃传上》，第5226页。

德殿。第二年，吐蕃又遣使向唐朝献“马千匹、金二千两”以求婚。中宗景龙二年(708年)，唐朝以邠王李守礼之女为金城公主，许嫁于吐蕃赞普为妻，唐与吐蕃的关系有很大改善。

睿宗嗣位后，护送金城公主的杨矩任鄯州都督，受吐蕃厚赂，请求睿宗将“河西九曲之地以为金城公主汤沐之所”[①]。河西九曲系指青海东南部黄河弯曲之处(今青海贵南、同德等地)，这里土地肥沃，堪顿兵畜牧，又与唐境接近。吐蕃既得九曲之地，以其为军事基地，创造进攻唐朝的有利条件，“自是复叛，始率兵入寇”[②]。玄宗开元二年(714年)，吐蕃宰相坌达延上书唐朝宰相，“请载盟文，定境于河源”[③]。唐朝遣左散骑常侍解琬莅盟，令姚崇等报书，命琬持神龙誓往，吐蕃亦遣尚钦藏、御史名悉腊献载辞。未及定，吐蕃大相“坌达延将兵十万寇临洮，入攻兰、渭，掠监马”[④]。玄宗诏薛讷为陇右防御使，与王晙等并力抵御吐蕃，在渭州西界武阶驿大败吐蕃，吐蕃退守洮河以西，唐军驻守洮河以东。

开元十七年(729年)，朔方大总管信安王李祎率兵深入，攻陷吐蕃石堡城[⑤](在今青海湟源县西南哈喇库图附近的石城山)，遂于石堡城置振武军，驻军镇守，使唐军活动范围扩大，拓境千余里，给吐蕃造成很大威胁。在此情况下，吐蕃频频遣使请和，派其重臣名悉腊入朝，并上书自称“外甥”，表称：“甥世尚公主，义同一家。中间张玄表等先兴兵寇钞，遂使二境交恶。甥深识尊卑，安敢失礼！正为边将交构，致获罪于舅；屡遣使者入朝，皆为边将所遏。今蒙远降使臣，来视公主，甥不胜喜荷。傥使复修旧好，死无所恨！”[⑥]自是吐蕃款附，唐与吐蕃和好会盟，于赤岭竖立分界碑，准予汉族与吐蕃在赤岭互市。

在短暂的和平相处之后，唐朝背约，毁赤岭界碑，双方又起战端。开元二十九

---

①《旧唐书》卷一九六《吐蕃传上》，第5228页。

②《旧唐书》卷一九六《吐蕃传上》，第5228页。

③《新唐书》卷二一六《吐蕃传上》，第6081页。

④《新唐书》卷二一六《吐蕃传上》，第6081页。

⑤ 石堡城，本吐蕃铁仞城。《唐会要》卷七八《节度使》：“吐蕃铁仞城，亦名石堡城。开元十七年三月二十四日，信安王拔之置。四月改为振武军。”文渊阁《四库全书》第607册，第188页；《资治通鉴》卷二一四《唐纪三〇》：唐开元二十九年(741年)十二月乙巳，“吐蕃屠达化县，陷石堡城，盖嘉运不能御”，第6846页；《资治通鉴》卷二一六《唐纪三二》：天宝八载(749年)，上命陇右节度使哥舒翰帅兵六万三千，“攻吐蕃石堡城。其城三面险绝，惟一径可上”，第6896页。关于石堡城址，学术界看法不一，可参阅《西北史地》1982年第1期、1983年第2期、1989年第2期相关论文。

⑥《资治通鉴》卷二一三《唐纪二十九》，开元十八年十月，第6791页。

年(741年),石堡城又被吐蕃攻占。玄宗天宝五载(746年),唐朝陇右节度使哥舒翰率军击吐蕃于积石军(治今青海贵德县西10里)。次年,再次夺回石堡城,改振武军为神武军。天宝十二载(753年),陇右节度使哥舒翰攻克吐蕃洪济、大莫门诸城(均在今青海龙羊峡南北),重新收复河西九曲之地,列郡县,于是"置神策军于临洮西、浇河郡于积石西及宛秀军以实河曲"[①]。此时唐朝在青海的势力有所恢复,吐蕃势力从这一地区被驱。

(三)吐蕃攻占陇右、关内、河西诸地

1. 吐蕃攻占陇右

吐蕃赞普赤德祖赞(弃隶缩赞)连遭挫败,威信荡尽,吐蕃内乱,赤德祖赞被杀,其子赤松德赞继为赞普。赤松德赞即位之初的基本形势,仍是唐强蕃弱,唐朝即已夺回失地,无意再与吐蕃对抗,旨在维持旧约,恢复边境和平。天宝十四载(755年)初,唐朝派遣京兆少尹崔光远兼御史中丞,以吊祭前赞普为名,出使吐蕃。而此时唐朝爆发安史之乱,使唐强蕃弱的局势发生了逆转,为吐蕃的扩张提供了良机。

唐朝与吐蕃同为大国,两国间接壤的境土有安西、河西、陇右、剑南四道,边防线绵延数千里,其中陇右东道(治鄯州,今青海海东市乐都区),统领秦、成、渭、兰、河、洮、岷、叠、宕、武、鄯、廓诸州,距吐蕃最近,在兵力部署上最为雄厚。安史之乱爆发后,"哥舒翰悉河、陇兵东守潼关"[②],而诸将各以所镇兵讨难,始号行营,边候空虚,留守之军所剩无几,且多为老弱,此时的陇右道一反而为边备最为虚弱之地。赤松德赞把握这一时机,遂以此为突破口,采用和谈与战争两种手段,实现"拓土唐境"的总方针。

天宝十四载(755年),论·绮力卜藏与尚·东赞二人率军"攻陷洮州城堡,收复黄河军衙"[③]。"黄河军衙"即河曲要塞石堡城。曾被唐将哥舒翰以惨重代价夺回的此城,又陷于吐蕃,陇右门户于是顿开。同年,吐蕃又遣将"引劲旅至洮州"[④]。至德元载(756年)八月,"回纥可汗、吐蕃赞普相继遣使请助国讨贼"[⑤],以"助国

---

①《新唐书》卷二一六《吐蕃传上》,第6087页。

②《新唐书》卷二一六《吐蕃传上》,第6087页。

③ 王尧、陈践译注:《敦煌本吐蕃历史文书》(增订本)"大事记年",北京:民族出版社,1992年,第155页。

④ 王尧、陈践译注:《敦煌本吐蕃历史文书》(增订本)"大事记年",北京:民族出版社,1992年,第155页。

⑤《资治通鉴》卷二一八《唐纪三四》,肃宗至德元年八月壬午,第6992页。

讨贼”为名，要求名正言顺地兵入唐朝内地，旨在合法地侵占唐之疆土。然而此次吐蕃未能得逞，于是改变手法，兴兵犯唐。是岁，发兵北上，再次攻占洮河以西广大地区，“陷威戎、神威、定戎、宣威、制胜、金天、天成等军，石堡城、百谷城、雕窠城”[①]。这些皆是天宝十三载（754 年），唐朝为巩固九曲之地所设置的城堡，其中定戎军在石堡城北，隔涧 7 里。廓州（治今青海化隆县西 60 里黄河北岸）西南百四十里有洪济桥、金天军，其东南 80 里有百谷城。河州（治今甘肃临夏市东北）西八十里索恭川有天成军，西百余里有雕窠城。它们的陷没，意味着九曲之地的尽失。

这一年，吐蕃又“陷巂州”[②]，巂州（治今四川西昌市）是剑南道东部重镇。吐蕃使用武力获胜后，又使用和谈方式，企图轻易获得更多领土。至德二载（757 年）二月，肃宗在凤翔（唐方镇名，治凤翔府，今陕西凤翔县），吐蕃遣使来朝，“请助讨贼”[③]。三月，吐蕃又“遣使和亲，遣给事中南巨川报命”[④]。和谈未达目的后，吐蕃对唐攻势更加猛烈。十月，“吐蕃寇陷西平郡”[⑤]，西平郡即鄯州（今青海海东市乐都区），是陇右节度使治所。哥舒翰东征后，陇右节度使空缺，任命郭英义为节度，但仍未能抗御吐蕃的攻势，陇右节度使治所被迫移至廓州（治今青海化隆县西 60 里黄河北岸）。河西地区开始暴露在吐蕃的直接威胁之下。

乾元元年（758 年）二月，吐蕃“又遣使来朝，复请盟”[⑥]。肃宗同意和盟，然而妥协求和并未换得真正的和平，吐蕃继续发兵攻唐，“取廓、霸、岷等州及河源、莫门军”[⑦]。肃宗上元二年（761 年）冬，吐蕃又大举犯唐，“论·思则卜藏等人攻陷巴高及交乡二城，尚·东赞攻陷松州及桑格尔二城”[⑧]。松州（治今四川松潘县）乃是继巂州（治今四川西昌市）后第二个陷落的剑南州郡。宝应元年（762 年）七月，吐

① 《资治通鉴》卷二一九《唐纪三五》，肃宗至德元年十二月，第 7011 页。

② 《新唐书》卷六《肃宗本纪》，第 157 页。

③ 《册府元龟》卷九七三《外臣部·助国讨贼》，文渊阁《四库全书》第 919 册，第 302 页。

④ 《旧唐书》卷一〇《肃宗本纪》，第 246 页。

⑤ 《旧唐书》卷一〇《肃宗本纪》作“十月乙已朔”，第 247 页；《新唐书》卷六《肃宗本纪》作“十月壬子”，第 159 页。

⑥ （宋）王溥：《唐会要》卷九七《吐蕃》，文渊阁《四库全书》第 607 册，第 394 页。

⑦ 《新唐书》卷二一六《吐蕃传上》，第 6087 页。

⑧ 王尧、陈践译注：《敦煌本吐蕃历史文书》（增订本）“大事记年”，北京：民族出版社，1992 年，第 156 页。

蕃大寇河陇，又入大震关(本名陇关，后改大震关，在今甘肃清水县东北小陇山)，“陷临洮，取秦、成、渭等州”[①]，后又取兰(治今甘肃兰州市)、河(治今甘肃临夏市)、鄯(治今青海海东市乐都区)、洮(治今甘肃临潭县)诸州，陇右地重陷吐蕃。肃宗宝应元年建寅月甲辰，吐蕃遣使“请和”[②]。面对如此严峻的形势，肃宗被迫承认现实，唐蕃举行鸿胪寺会盟，答应割让已被蕃军占领的州郡，以岁输绢帛换取边境和平。结合《大事纪年》所载，这次会盟的内容就是“输绢帛，割土地”，其中被割的土地主要是陇右诸州及剑南的嶲(治今四川西昌市)、松(治今四川松潘县)二州。此后，陇右节度使的建置虽然还保留了一段时间，但已名存实亡，唐朝与吐蕃的边界已由原来的九曲之地退缩到了河西。

2. 吐蕃进逼关中

宝应元年(762 年)四月，代宗即位后，唐蕃关系发生了新的变化，曾危及唐朝社稷存亡的安史之乱已近尾声，叛军已成强弩之末，代宗不愿再“输绢帛，割土地”，吐蕃向唐朝发动了全面进攻。这时陇右全境及剑南的嶲(治今四川西昌市)、松(治今四川松潘县)二州已经陷落，吐蕃遂以陇右为根据地，东攻关中，北征河西，西击碛西。赤松德赞的总体战略是以主力进攻唐朝腹地关中，以偏师伺机吞食河西，对碛西、安西、北庭则暂时不予触动，陷其为孤地。对这些地区的进攻各自有别。

宝应元年至永泰元年(762—765 年)，吐蕃以主力深入关中，一度占领长安，企图推翻代宗统治，以亲蕃政权取而代之，以实现其经济与领土要求，但愿望未曾实现。吐蕃占据陇右地区后，其边界又与唐朝腹地关中接壤。吐蕃以陇右地作为出击口，入大震关，向唐朝的政治中心关中挺进。广德元年(763 年)九月己丑，吐蕃寇泾州(以泾水为名，治今甘肃泾川县)，刺史高晖以城降，因为吐蕃乡导。十月辛未，“高晖引吐蕃犯京畿，寇奉天、武功、盩厔等县。蕃军自司竹园渡渭，循南山而东”[③]，唐军失利。丙子，代宗逃出长安。戊寅，吐蕃入京师，立广武王承宏为帝。吐蕃攻占长安后，全国立一新君，扶持一个亲蕃政权，以合法地满足其“割土地、输绢帛”的政治、经济要求。但由于人民的反抗，唐将郭子仪等军又云集长安城外，内外呼应，形成一股强大压力，吐蕃难以持久地占领长安，滞留十五日后被

---

①《新唐书》卷二一六《吐蕃传上》，第 6087 页。

②《新唐书》卷六《肃宗本纪》，第 165 页。

③《旧唐书》卷一一《代宗本纪》，第 273 页。

迫“退师”。还至凤翔(治今陕西凤翔县),围城数日,退至原(治今宁夏固原市)、会(治今甘肃靖远县东北)、成(治今甘肃礼县西南西汉水东岸)、渭(治今甘肃陇西县东南5里)诸州,安营扎寨。由此可见,这一带成为吐蕃境土。

经过这次进攻之后,吐蕃兵力已推进到关内道的平凉一带。同年,吐蕃又攻剑南,“陷松、维、保三州及云山新筑二城”[①],西川节度使高适不能救,于是剑南西山诸州亦入吐蕃。广德二年(764年)七月,吐蕃与仆固怀恩、回纥领兵十万攻关中。十月,仆固怀恩引吐蕃二万寇邠州(治今陕西彬州市)、奉天(治今陕西乾县),长安再次危殆。永泰元年(765年)三月,吐蕃遣使请和,唐蕃双方于兴唐寺会盟。然此次会盟是虚伪的和平姿态,吐蕃用以麻痹唐朝政府。九月,又大举进犯,“仆固怀恩诱回纥、吐蕃、吐谷浑、党项、奴剌数十万众俱入寇”[②]。赤松德赞欲利用仆固怀恩叛唐的有利时机,三次兵进关中,给唐廷造成威胁,以迫使唐朝割地输帛。

永泰二年至大历十三年(766—778年),吐蕃对关中地区攻掠的过程中,对唐朝战略改为采用和平谈判与军事压力相辅相成、交相使用的办法,迫使唐朝割地、弃民、输帛,而以和谈为主,武力为辅,要求重新划定疆界,企图不战而取关中、剑南之西地。永泰二年(766年)二月,唐朝命大理少卿兼御史中丞杨济“修好于吐蕃”,吐蕃也遣使“百余人随济来朝,且谢申好”[③]。大历二年(767年)二月,又派遣检校户部尚书兼御史大夫薛景山出使吐蕃,但在双方同意和谈中,吐蕃又施以军事压力。同年九月,吐蕃骑兵陷原州,“围灵州,游骑至潘原、宜禄”[④],赤松德赞向唐朝和蕃使薛景山明确提出“请以凤林关为界”[⑤],要求唐朝将凤林关(在兰州黄河侧)以西的领土全部并入吐蕃。

吐蕃的这个要求遭到拒绝后,于是调整兵力部署。大历三年(768年),吐蕃东面节度使更易主帅,先是,尚悉结自宝应后数入边,“以功高请老,而赞磨代之,为东面节度使,专河、陇”[⑥],又率吐蕃众十万复攻灵州(治今宁夏灵武市西南),略邠州(治今陕西彬州市),京师戒严,被邠宁马璘、朔方将领白元光再次击破。唐朝政府将御蕃防线由邠州西移至泾州(治今甘肃泾川县)。大历四年(769年)十

---

①《资治通鉴》卷二二三《唐纪三九》,代宗广德元年十二月丙申,第7158页。

②《资治通鉴》卷二二三《唐纪三九》,代宗永泰元年九月,第7176页。

③《旧唐书》卷一九六《吐蕃传下》,第5243页。

④《资治通鉴》卷二二四《唐纪四十》,代宗大历二年九月丁酉,第7197页。

⑤《旧唐书》卷一九六《吐蕃传下》,第5243页。

⑥《新唐书》卷二一六《吐蕃传下》,第6091页。

一月,吐蕃又进寇灵州。大历五年(770年)九月,"吐蕃寇永寿"[①],又进犯剑南,唐廷下令"徙置当、悉、柘、静、恭五州于山险要害之地,备吐蕃也"[②]。此五州之地,原为降羌部落所置,此时由平原徙至山险要地,说明这些州原先所辖地区已为吐蕃所据。大历六年(771年),唐蕃双方又进行和谈,和谈破裂后,大历八年(773年),吐蕃又大举兴兵犯唐。八月,吐蕃骚扰,"六万骑寇灵武,践秋稼而去"[③]。十月,吐蕃众十万寇泾、邠州(治今陕西彬州市),郭子仪遣朔方兵马使浑瑊将步骑五千拒之。大历十年(775年)九月,吐蕃寇临泾(治今甘肃镇原县)、陇州(治今陕西陇县东南十六里)及普润(今陕西凤翔县北),大掠人畜而去。又寇泾州(治今甘肃泾川县),被泾原节度使马璘破于百里城。大历十三年(778年),吐蕃不断进攻灵州(治今宁夏灵武市西南)、盐州(治今陕西定边县)、庆州(治今甘肃庆阳市西峰区)、银州(治今陕西榆林市横山区东党岔镇大寨梁)、麟州(治今陕西神木市西南),均被唐军击破。代宗后期,由于全力组织抵抗,吐蕃势力基本被遏制在泾、原(治今宁夏固原市)以西。

德宗即位后,恢复与吐蕃的谈判,建中四年(783年),唐蕃双方在清水(治今甘肃清水县)会盟,盟文中规定唐蕃双方疆界:

> 今国家所守界:泾州西至弹筝峡西口,陇州西至清水县,凤州西至同谷县,暨剑南西山大渡河东,为汉界。蕃国守镇在兰、渭、原、会,西至临洮,东至成州,抵剑南西界磨些诸蛮,大渡水西南,为蕃界。其兵马镇守之处,州县见有居人,彼此两边见属汉诸蛮,以今所分见住处,依前为定。其黄河以北,从故新泉军,直北至大碛,直南至贺兰山骆驼岭为界,中间悉为闲田。[④]

这就是吐蕃与唐朝直属领土的疆界划分,唐朝承认吐蕃所占有唐朝灵、泾、陇、凤四州,以及剑南西山、大渡河以西的全部领土。对于驻有大批唐军的河西孤地归属问题,则作了灵活的规定:

> 盟文有所不载者,蕃有兵马处蕃守,汉有兵马处汉守,并依见守,不得侵越。其先未有兵马处,不得新置,并筑城堡耕种。[⑤]

---

①《资治通鉴》卷二二四《唐纪四十》,代宗大历五年九月辛未,第7215页。

②《册府元龟》卷九九二《外臣部·备御五》,文渊阁《四库全书》第919册,第560页;《新唐书》卷二一六《吐蕃传下》所载,将其系于大历三年,第6091页。

③《资治通鉴》卷二二四《唐纪四十》,代宗大历八年八月己未,第7221页。

④《旧唐书》卷一九六《吐蕃传下》,第5247、5248页。

⑤《旧唐书》卷一九六《吐蕃传下》,第5248页。

然而这个以唐朝割让大量领土的盟约，对河西之地的灵活规定，仍未满足吐蕃对唐朝全部领土的要求。唐朝政府的懦弱及妥协退让，助长了吐蕃进一步夺取更多唐朝境土的欲望。由于德宗削藩，致使藩镇李希烈、田悦、李正己、朱滔、李惟岳相继叛乱。为了平叛，调泾州、安西、北庭行营军兵南下。正当清水盟约缔造之时，泾州行营士兵哗变。为了对付泾原兵变，昏庸的德宗竟借兵吐蕃助讨镇压，并答应割让安西、北庭的领土作为酬报。兵变平息后，吐蕃要求践约，修改清水盟约，众大臣竭力反对，而德宗也违约，激化了矛盾。贞元二年（786 年）二月，正式拒绝了改约要求后，吐蕃大举兴兵犯唐。八月，吐蕃寇泾、陇、邠、宁（今甘肃宁县）数州，“掠人畜，取禾稼，西境骚然”[①]。九月，“吐蕃游骑及于好畤”[②]，京师戒严，局势严重。吐蕃“二万余众又寇凤翔城下”[③]，被唐朝李晟击退。十一月，吐蕃再次发动攻势，攻陷盐州（治今陕西定边县）。十二月，又寇夏州（治今陕西靖边县西北白城子），又攻银州（治今陕西横山市榆林区东党岔镇大寨梁）。然银州素无城壁，吏民逃散，吐蕃亦放弃。又攻陷麟州（治今陕西神木市西南）。吐蕃得盐、夏州后，备留千余人戍守，吐蕃大队人马退居鸣沙（治今宁夏中宁县西北石空堡附近）[④]后，“自冬入春，羊马多死，粮运不继”[⑤]，军队供给馈养不足。

鉴于吐蕃对唐朝的军事力量征伐业已奏效，而自身又陷入困境，吐蕃欲修改界约，于是唐蕃双方同意在平凉（治今甘肃平凉市西 35 里）会盟。贞元三年（787 年）闰五月辛未，唐朝派浑瑊率兵两万如期赴盟时，吐蕃劫盟，发动军事袭击，浑瑊所统两万唐兵全军覆没。平凉劫盟后，唐蕃关系完全破裂，同年八月戊申，“吐蕃帅羌、浑之众寇陇州，连营数十里，京城震恐”。九月丁巳，“吐蕃大掠汧阳、吴山、华亭，老弱者杀之，或断手凿目，弃之而去，驱丁壮万余悉送安化峡西”[⑥]。贞元三年（787 年）九月，吐蕃又寇，以灵、夏乏食，弃之，移师泾、邠，攻陷华亭（治今甘肃华亭市）与连云堡（今甘肃泾川县西），“驱二城之民数千人及邠、泾人畜万计而

---

①《旧唐书》卷一九六《吐蕃传下》，第 5249 页。

②《旧唐书》卷一九六《吐蕃传下》，第 5249 页。

③《唐会要》卷九七《吐蕃》，文渊阁《四库全书》第 607 册，第 395 页。

④ 鸣沙县址地因朝代不同，有所变化。隋开皇十九年（599 年）置，为环州治，治所即今宁夏中宁县东北鸣沙镇。大业三年（607 年）属灵武郡。唐朝时，属灵州。《元和志》卷四“鸣沙县”载：“西枕黄河，人马行经此沙，随路有声，异于余沙，故号‘鸣沙’。”神龙二年（706 年）冬，移治废丰安城（今宁夏中宁县西北石空堡附近），大中三年（849 年）升为鸣沙县。

⑤《资治通鉴》卷二三二《唐纪四八》，德宗贞元三年三月丁酉，第 7482 页。

⑥《资治通鉴》卷二三三《唐纪四九》，德宗贞元三年八月戊申，第 7501 页。

去，置之弹筝峡西"[①]。是秋，"数州人无种麦者"，樵采路绝，致使农业生产遭到极大破坏，自此"泾州常苦乏食"[②]。十月，吐蕃攻丰义（今甘肃镇原县东南60里）、长武（今甘肃泾川县东70里泾河南岸）二城，受挫后乃城故原州（今宁夏固原市）而驻屯。贞元四年（788年）四月，"吐蕃三万余骑寇泾、邠、宁、庆、鄜等州"[③]，俘掠人畜万计而去。九月，又寇宁州（治今甘肃宁县），被击退后，转掠鄜（治今陕西富县）、坊（治今陕西黄陵县）而去。同年十月，吐蕃发兵十万欲攻四川，此时"云南内虽附唐，外未敢叛吐蕃"[④]，亦发兵数万屯于泸水之北，吐蕃的攻略重心有所转移。后至贞元八年（792年）四月壬子，吐蕃又寇灵州（治今宁夏灵武市西南），陷水口支渠，败营田。唐政府遣神策六军两千戍定远（今宁夏平罗县姚伏镇）、怀远城（在定远城南，今宁夏银川市西），吐蕃乃退兵。六月，吐蕃千余骑又寇泾州（治今甘肃泾川县），掠屯田军千余人。

清水盟约后，虽划定唐蕃双方疆界，但吐蕃恃其势力强盛，兵锋锐利，不断攻伐，致使北方战场仍是蕃强唐弱，蕃攻唐守。而西南战场则已发生变化，主动权逐渐转移到唐军方面，吐蕃在剑南、山南西道诸地接连败北。这预兆吐蕃武功的辉煌中，已逐渐呈现出黄昏的黯淡色彩。

3. 吐蕃攻占河西

唐朝极盛时期的版图，本是东抵大海，西逾葱岭，自安西、北庭、河西、陇右以迄首都长安，驿道相连，烽堠相望。安史之乱爆发后，吐蕃利用唐朝内乱的有利时机，不断扩张，先占领陇右诸州，切断安西、北庭、河西与中原的一切交通联系，从而使原来统为一体的唐朝疆域，隔断为二，后又自东向西，逐步蚕食吞并河西诸州。陇右诸州皆被吐蕃尽有后，河西的战略地位便格外突出，日益显现出重要性，以致玄宗在仓促奔蜀之中，也念念不忘要确保河西。

肃宗即位后，于至德元载（756年）七月丁卯颁制，乃以"丰王珙充武威都督，仍领河西、陇右、安西、北庭等路节度都使，以陇西太守济阴邓景山为之傅，充都副大使"[⑤]，计划将河西、陇西、伊西、北庭等唐朝西北领土，并为一个大行政区，以便统一指挥。而此时吐蕃已将河西、碛西同唐朝直辖领土切割开来，无东顾之忧，

---

①《资治通鉴》卷二三三《唐纪四九》，德宗贞元三年九月甲戌，第7506页。
②《资治通鉴》卷二三三《唐纪四九》，德宗贞元三年九月甲戌，第7506页。
③《资治通鉴》卷二三三《唐纪四九》，德宗贞元四年四月辛未，第7513页。
④《资治通鉴》卷二三三《唐纪四九》，德宗贞元四年九月甲戌，第7515页。
⑤《资治通鉴》卷二一八《唐纪三四》，肃宗至德元年七月丁卯，第6983、6984页。

河西已成为唐王朝鞭长莫及的一块“孤地”，交通、联系中断，处境日益窘困。开元十四年（726年），吐蕃“悉诺罗兵入大斗拔谷，遂攻甘州，火乡聚”①。不克后撤兵，后又“入陷瓜州，毁其城”②。乾元元年（758年），吐蕃已兵攻凉州（治今甘肃武威市凉州区），藏文史料记载：“论·墀桑、思结卜藏悉诺囊等引劲旅至凉州。”③河西防务强固，凉州未能攻下，而论·绮力卜藏、尚·东赞、尚·赞哇三人攻陷小宗喀（即今青海平安区）。吐蕃攻伊州（治今新疆哈密市），代宗宝应元年（762年）十月至广德元年（763）七月间，进行伊州保卫战④，伊州最终也陷入吐蕃。广德二年（764年），吐蕃与仆固怀恩联兵攻唐，进逼长安，身处险境的河西节度使杨志烈，采取围魏救赵的战略，发兵攻灵州（治今宁夏灵武市西南），迫使仆固怀恩还救，解长安之围，但“河西锐卒，尽于此矣”⑤。河西节度使杨志烈此举虽有“安京室之功”，但使河西主力丧殆半，吐蕃乘机攻河西，“围凉州”，杨志烈“不能守，跳保甘州”⑥，凉州于“广德二年陷于西蕃”⑦。吐蕃又派军攻甘州（治今甘肃张掖市甘州区），甘州也于“永泰二年陷入西蕃”⑧。

此时唐朝所保仅瓜州（治今甘肃瓜州县东南锁阳城）、沙州（治今甘肃敦煌市西）、肃州（治今甘肃酒泉市肃州区）、西州（治今新疆吐鲁番市东40余里高昌故城）、庭州（治今新疆吉木萨尔县北25里破城子）五州之地，其余河西领地全部陷入吐蕃。河西、北庭之间由于交通壅塞，也各自为政。在周鼎任河西节度使期间（767—777年），肃州又陷入吐蕃，唐朝所辖地区仅剩瓜、沙二州。大历十一年（776年），吐蕃又攻陷瓜州，守将瓜州刺史并御史中丞、知河西节度留后张侁殉难。大历十二年（777年），吐蕃军围沙州，周鼎守城不力，议焚城而逃，被其将阎朝杀之自代。阎朝率沙州城民守城十一年，于贞元二年（786年）被吐蕃攻陷。旧

---

①《新唐书》卷二一六《吐蕃传上》，第6083页。

②《新唐书》卷二一六《吐蕃传上》，第6083页。

③ 王尧、陈践译注：《敦煌本吐蕃历史文书》（增订本）“大事纪年”，北京：民族出版社，1992年，第155页。

④ 薛居正：《乞黎苏笼猎赞在位前期的吐蕃盛世与唐朝陇右河西领疆的陷没》，《甘肃民族研究》1992年第1期。

⑤《资治通鉴》卷二二三《唐纪三九》，代宗广德二年十月庚午，第7168页。

⑥《新唐书》卷二一六《吐蕃传上》，第6088页。

⑦（唐）李吉甫：《元和郡县志》卷四〇《陇右道下》，文渊阁《四库全书》第468册，第627页。

⑧《元和郡县志》卷四〇《陇右道下》载“永泰二年”，因十一月改元，故亦为“大历元年”，文渊阁《四库全书》第468册，第628页。

说沙州于“建中二年陷于吐蕃”[①]，其根据是建中三年（782 年）四月，吐蕃曾释放沙州僧民、将士八百余人返唐，唐朝于是追封了周鼎。事实上，建中二年（781 年），吐蕃攻陷的仅仅是沙州所属寿昌县（治今甘肃敦煌市西南破城子），沙州仍在阎朝所率唐军手中。据《新唐书》卷二一六下《吐蕃传》载：

> 始，沙州刺史周鼎为唐固守，赞普徙帐南山，使尚绮心儿攻之。鼎请救回鹘，逾年不至，议焚城郭，引众东奔，皆以为不可。鼎遣都知兵马使阎朝领壮士行视水草，晨入谒辞行，与鼎亲吏周沙奴共射，彀弓揖让，射沙奴即死，执鼎而缢杀之，自领州事。城守者八年，出绫一端，募麦一斗，应者甚众。朝喜曰：“民且有食，可以死守也”。又二岁，粮械皆竭，登城而呼曰：“苟毋徙佗境，请以城降。”绮心儿许诺，于是出降。自攻城至是凡十一年。

阎朝杀周鼎自代，守城为大历十二年（777 年），自此，往下累计 10 年，即为贞元二年（786 年），再加此前周鼎守城的一年，总共 11 年，所以史载“自攻城至是凡十一年”。再根据斯坦因 1488 号文书《书仪》所记：“自敦煌归化，向历八年。”《书仪》写于贞元九年（793 年），其所指“归化”即“陷蕃”之年，是为贞元二年，此时正是德宗即位初期，平凉劫盟前，唐朝与吐蕃求和之盛时。沙州的陷落，使唐朝失去了河西的最后一个据点。

吐蕃崛起后，向周边的军事扩张，也是吐蕃及其他民族迁徙、民族融合的过程。这种迁徙与融合的进程，是伴随着血与火的熬煎，以残酷的战争形式，打破吐蕃部族在青藏高原一隅的隔绝封闭状态。在吐蕃对唐朝开疆拓土的战争中，众多吐蕃部民散布在青藏高原以东的广大地区，完成了吐蕃民族迁徙与融合的发展历程。

四、吐蕃的民族统治与民族交融

吐蕃的崛起与兴盛，改变了西部地区各民族的历史，引发了一系列民族迁徙、民族交融的连锁反应。羊同、苏毗、白兰、吐谷浑、回鹘、党项及汉人等诸多人口归其统治，众多其他民族融入吐蕃，为吐蕃民族的构成增加了新的成分，这也是藏民族自身发展壮大的历史进程。

---

① 《元和郡县志》卷四〇《陇右道》下，文渊阁《四库全书》第 468 册，第 631 页。

(一)吐蕃对吐谷浑的统治与融合

唐高宗龙朔三年(663年),吐蕃吞并了吐谷浑,占据了青海地区。吐谷浑人大部分留居青海,只有诺曷钵等"亲信数千帐"徙居内地,留居青海的吐谷浑人只能承受吐蕃的统治与奴役。

吐蕃政权的民族统治政策有其特点，允许被吞并的民族保留原来的组织形式和权力机构。吐蕃吞并羊同后,仍保留"羊同国"的称号,使其成为吐蕃属国。吞并吐谷浑后,也实行类似的民族统治政策,基本上保留了原吐谷浑政权形式,使吐谷浑成为其奴役的属国。敦煌遗书中有一份唐人诗集残卷(伯希和2555),一位佚名陷蕃唐人所写的一首题为《冬出敦煌郡入退浑国朝发马圈之作》,其内容是写诗人从敦煌西出马圈[①],经过阳关,入青海柴达木盆地,然后到青海湖。唐穆宗长庆二年(822年),刘元鼎赴吐蕃本土会盟,途经今青海东南河源地。此地"东北去莫河延碛尾,阔五十里,向南渐狭小,北自沙州之西,乃南入吐浑国,至此转微,故号碛尾。计其地理,当剑南之直西"[②]。莫贺延碛即今新疆哈密以南至敦煌以北的大戈壁,碛尾大致在敦煌西,由碛尾南、沙州(治今甘肃敦煌市西)西,就南入吐谷浑。伯希和2962号《张议潮变文》也谓在大中十一年(857年)左右,张议潮自沙州率军向西南,"行经一千里已来,直到浑国内"。由上述文献记载可知,吐谷浑的位置大致在今青海湖西、柴达木盆地。《敦煌本吐蕃历史文书》"大事记年"载有诸多吐谷浑灭亡后,吐蕃仍在吐谷浑活动的记载,吐蕃猴年(武则天万岁登封元年,696年)"大论钦陵于吐谷浑之西古井之倭高儿征吐谷浑大料集", 兔年(开元十五年,727年)"赞普以政务巡临吐谷浑"。然而这种独立是相对局限的,仍被吐蕃统治,受其制约,并且定期向吐蕃王朝提供贡赋及所需兵力。

吐谷浑的普通民众身负双重压迫,不仅要承受吐谷浑上层的统治与奴役,而且同时还要遭受吐蕃的统治与奴役。吐蕃统治者对吐谷浑的压迫和剥削十分残酷,吐谷浑人要定期向吐蕃承担贡赋,提供军粮,驻守边防哨卡,担负许多军事性事务,并且还要为吐蕃提供兵力,冲锋陷阵,成为其扩张的工具。贞元二十年(804年),吕温出使吐蕃途经青海时,见到"退浑部落尽在,而为吐蕃所鞭挞"[③]。其在

---

① 罗振玉《敦煌石室遗书》录《沙州志残卷》,内有马圈口堰,在沙州西南25里,马圈当在此地。

②《旧唐书》卷一九六《吐蕃传》下,第5266页。

③(唐)吕温:《吕衡州集》卷二《蕃中答退浑词》,文渊阁《四库全书》第1077册,第609页。

《蕃中答退浑词》中亦云："万群铁马从奴虏，强弱由人莫叹时。"[①]可见他们已成为吐蕃的附属部落，出人出马，听命随征。从吐谷浑被吞并到吐蕃王朝崩溃，自始至终，有吐谷浑人参加吐蕃军事行动的文献记载。《新唐书·吐蕃传上》载："吐蕃以吐谷浑、党项兵二十万东略武功。"[②]显然，吐蕃军队攻入长安时，就有党项与吐谷浑人组成的军队。吐蕃内乱时，吐谷浑人也卷入。会昌二年（842 年），吐蕃尚恐热起兵，大将尚思罗"发苏毗、吐浑、羊同等兵，合八万，保洮水，焚桥拒之"[③]。安史之乱前，青海的吐谷浑人不堪忍受吐蕃的奴役，降唐事件屡屡发生，唐朝将归属的吐蕃人安置在河西等地。从安史之乱爆发到唐广德元年（763 年），吐蕃完全占据河陇地区，居住在这里的吐谷浑人又受到吐蕃的统治与奴役，河西地区的吐谷浑人也已吐蕃化。

吐蕃统治者对吐谷浑上层贵族则采取羁縻笼络的政策，并加以控制。吐蕃王室与吐谷浑王室早就有通婚联姻，吐谷浑亡后，原吐蕃王妃所生的吐谷浑王子坌达延墀松受到重用，称为"外甥"。吐蕃兔年（开元十五年，727 年），吐蕃赞普"任命外甥吐谷浑小王、尚本登忽、韦悉诺逻恭禄三人为大论"[④]。还有一些吐谷浑慕容氏后裔，被吐蕃政权封在各地镇守。唐代宗大历三年（768 年）九月，唐将李晟领兵千人出大震关，至临洮，屠吐蕃定秦堡（今甘肃临潭县东北），焚其积聚，"执其帅慕容谷钟"[⑤]而还。吐蕃志吞秦土，故在洮州筑此堡，以"定秦"为名。吐谷浑降将素和贵也被委以重任，成为吐蕃将帅，与钦陵驻守河源一带。对属国的吐谷浑王，吐蕃统治者一方面以通婚的形式竭力拉拢，《敦煌吐蕃历史文书》"大事记年"载，吐蕃牛年（永昌元年，689 年），"赞蒙墀邦嫁吐谷浑王为妻"。另一方面，吐蕃统治者又严加防范，使其完全听命，稍有不从，便予以惩罚，正如云南南诏王所说："往退浑王为吐蕃所害，孤遗受欺。"[⑥]吐蕃上层统治者在为弘扬佛教而举行的盟誓活动中，外甥吐谷浑王均被排在首位。弘扬佛法是一件大事，其中两次立誓都有吐谷浑王参加，并且被排列在前，说明吐谷浑王在吐蕃王朝的重要地位，

---

①《吕衡州集》卷二《蕃中答退浑词》，文渊阁《四库全书》第 1077 册，第 609 页。

②《新唐书》卷二一六上《吐蕃传》，第 6087 页。

③《资治通鉴》卷二四六《唐纪六二》，武宗会昌二年十二月丙戌，第 7970 页。

④ 王尧、陈践译注：《敦煌本吐蕃历史文书》（增订本）"大事记年"，北京：民族出版社，1992 年，第 152 页。

⑤《新唐书》卷一五四《李晟传》，第 4863 页。

⑥《新唐书》卷二二二《南蛮传上》，第 6273 页。

是吐蕃对其羁縻笼络的反映。吐蕃正是通过吸收吐谷浑上层进入统治集团,从而加强对广大吐谷浑人的控制。

吐蕃统治吐谷浑近二百年间,吐蕃与吐谷浑的融合是民族发展的主流。民族融合与同化具有相互性,且需有一定的主观与客观因素,吐蕃与吐谷浑具有共同的经济生活与生产方式。《旧唐书·吐蕃传上》记载,吐蕃人"或随畜牧而不常厥居,然颇有城廓"。《新唐书·吐谷浑传》中记载的吐谷浑人也"有城廓,不居也,随水草,帐室、肉粮"。这表明吐蕃与吐谷浑人均是随水草而迁徙,以游牧为主的民族。其生产方式与经济结构的相同,是二者易于融合的前提,也是他们与生俱有的天然条件。

吐蕃与吐谷浑人的关系源远流长。早在南北朝后期,吐蕃与吐谷浑就有了密切的交往。《汉藏史集》记载,松赞干布的曾祖父仲年德如为了给儿子医治眼睛,临终嘱咐让请来吐谷浑的医生。后依他的遗嘱,请来吐谷浑的医生易然医好了眼睛。在长期的交往中,彼此互相影响,相互汲取,形成了一些共同的生活习俗。《新唐书·吐谷浑传》记载吐谷浑"妇人辫发萦后,缀珠贝"。吐谷浑妇女辫发习俗就对吐蕃生活习俗产生影响,唐代吐蕃"妇人辫发而萦之"[①]。宋代时,西北吐蕃也有"辫发之俗"。藏族妇女辫发成为其民风习俗,流传下来。

吐蕃与吐谷浑人信仰相同, 这是他们在意识形态上的共同点。早在 5 世纪时,吐谷浑人开始接受佛教,佛教在吐谷浑盛行。佛教正式传入西藏是在松赞干布时期, 吐蕃吞并吐谷浑之时, 也正是松赞干布奠定佛教在吐蕃传播的基础之后。吐蕃王朝弘扬佛法,吐谷浑王积极参与、支持,位居众人之首,为佛教的发扬光大做出努力。共同的宗教信仰、文化心理,使他们之间易于沟通、交流与融合。

吐蕃王朝在松赞干布时期就已创造了文字,制定了法律,传播佛教经典。吐蕃文明程度较高,文化发达,既重视吸取外来文化,又贵在创新。著名的布达拉宫就是吸取尼泊尔的建筑艺术,又糅进自己本民族风格而建造的一座艺术殿堂。吐蕃王朝创造的富有本民族特色的文化,具有兼容性,吐谷浑人很快便被吐蕃文明所征服。黄文涣先生对现存于河西地区 7—9 世纪的藏文写本经卷的研究[②]中,发现这些经卷虽然外部特征完全是吐蕃民族形式,但写校者中,其他民族人士占六分之五或五分之一, 吐蕃人只占六分之一或五分之一, 其中有三名是吐谷浑

---

① 《新唐书》卷二一六《吐蕃传上》,第 6072 页。

② 黄文涣:《河西吐蕃卷式写经目录并后记》,《世界宗教研究》1982 年第 1 期。

人：土孔历、土佗悉秦、索和合。这一事实正如黄先生所说："有如此众多的兄弟民族人士从事吐蕃文字经卷的写制，又有那么众多的兄弟民族人士吐蕃化得简直如同吐蕃人一样，这就从一个特定的方面表明：公元7至9世纪间，吐蕃领有西域南部以及河西一带广阔地区之时，民族交流不仅存在，并且在原有基础上以自己的形式继续进行，其规模之宏大、时间之持久、方法之自然、影响之深入，都是极为动人的。"①河西地区的吐谷浑人，在吐蕃统治与奴役下，也不例外，大部分吐谷浑人吐蕃化，融入吐蕃之中。

（二）吐蕃对党项的征服与统治

"党项羌者，三苗之后也。其种有宕昌、白狼，皆自称猕猴种。"②是汉魏以来西羌的一支。他们的居住中心，起初在赐支河曲（今青海东南部的黄河之曲）一带，北周灭宕昌、邓至等羌，党项开始强大。唐初，活动范围扩展，"东距松州，西叶护，南春桑、迷桑等羌，北吐谷浑"③。其种每姓自为部落，大族有细封、费听、往利、颇超、野利④、房当、米擒、拓跋氏八族，其中以拓跋氏最为强盛。地处吐蕃王朝东北部的党项，阻碍着吐蕃向唐朝的扩张，党项成为吐蕃军事力量攻击的目标之一。

贞观十一年至十二年（637—638年），吐蕃向唐朝求婚，太宗不许，吐蕃迁怒于吐谷浑而藉行攻掠，"进破党项、白兰诸羌，帅众二十余万屯松州西境"⑤。这是见于汉文史籍记载的两族最早的接触。此时吐蕃还不是以党项为主要攻击目标，而是为了打通进围松州（治今四川松潘县）的道路，对唐朝构成威胁。松赞干布逝世后，芒松芒赞幼年继位，军政大权掌握在禄东赞家族手中。在禄东赞当政长达半个世纪的时期里，吐蕃积极对外扩张，先后发动了攻略唐朝及青藏高原诸部的战争，开始征服党项诸部，并统治了一部分党项人。唐高宗显庆元年（656年）十二月，吐蕃大将禄东赞率兵十二万攻击白兰，激战三日，"吐蕃初败后胜，杀白兰

① 黄文涣：《河西吐蕃卷式写经目录并后记》，《世界宗教研究》1982年第1期。

②《隋书》卷八三《党项传》，第1845页。

③《新唐书》卷二二一上《党项传》，第6214页。

④《新唐书》《旧唐书》所记为"野辞氏"，杜佑《通典·边防六》、马端临《文献通考·四裔考》作"野律氏"。唐宋以来文献中记载"野利氏"，是党项羌中有势力的大姓，《新五代史·四夷附录·党项》作"野利氏"，《宋史·宋琪传》以"南山野利"与"平夏拓拔"相并称，《宋史·尹宪传》作"南山野狸"。"野利""野狸"即"野律"，"辞"疑"律"字之误。

⑤《资治通鉴》卷一九五《唐纪十一》，太宗贞观十二年八月，第6139页。

千余人,屯军境上,以侵掠之”[①]。咸亨元年(670年),吐蕃攻陷唐朝西域十八州,占据龟兹、于阗、焉耆、疏勒四镇。调露二年(680),吐蕃“尽收羊同、党项及诸羌之地,东与凉、松、茂、嶲等州相接,南至婆罗门,西又攻陷龟兹、疏勒等四镇,北抵突厥”[②],疆域空前扩大,“地方万余里,自汉、魏已来,西戎之盛,未之有也”[③]。

吐蕃占据大片党项人居地后,原属松州都督府的党项羁縻州相继迁至关内道所属的银州(治今陕西榆林市横山区东党岔镇大寨梁)、灵州(治今宁夏灵武市西南)、静边州都督府(治今陕西米脂县西)。尔后还有党项部落的零散迁徙,散居于陇右北部诸州关内道的庆(治今甘肃庆阳市西峰区)、灵、银、夏(治今陕西靖边县西北白城子)、胜(治今内蒙古准格尔旗东北黄河南岸十二连城古城)诸州[④],党项故地尽陷于吐蕃,“其处者皆为吐蕃役属,更号弭药”[⑤]。

吐蕃占领党项大片土地后,继续乘胜东进,攻击唐朝,钞略党项。天宝十四载(755年),唐朝安史之乱的爆发,使唐军东调平叛,这为吐蕃的扩张侵逼提供了一个大好时机,吐蕃乘虚而入,党项各部又一次开始大规模迁徙。原在陇右北部诸州的党项向东进入关内道的庆、夏、灵等州,而原先在这些地区的党项更向东迁至绥(治今陕西绥德县)、银等州,甚至渡黄河向河东地区迁徙。陇右尽为吐蕃所据,而内迁党项迫于形势,归属吐蕃者日众。被吐蕃征服的党项人分布地域广阔,其分布区域随着吐蕃势力的强弱略有变化。唐高宗永隆元年(680年),吐蕃尽收羊同、诸羌之地后,党项人原聚居的懿、嵯、麟、可、诺、阔、奉、岩、远等州[⑥]皆为吐蕃所据。从河首大碛石山(今青海湖西南大积石山即阿尼玛卿山)以东所设置的党项羁縻府州,大多归属吐蕃管辖,吐蕃占有今四川康定、理县、松潘以西,甘肃迭部、夏河以西以南及青海湖东南原党项部落的广大居地,基本上确定了对被征服党项的统治区域。安史之乱后,吐蕃攻伐加剧,河西陇右相继陷落,静边州都督府管辖的党项羁縻府州大多被吐蕃所控制。赤松德赞时期的强大武力,使吐

---

①《册府元龟》卷九九五《外臣部·交侵》,文渊阁《四库全书》第919册,第598页。

②《旧唐书》卷一九六《吐蕃传上》,第5224页。

③《旧唐书》卷一九六《吐蕃传上》,第5224页。

④ 参阅《新唐书》卷四三《地理志七下》。

⑤《新唐书》卷二二一上《党项传》,第6215页。

⑥ 参阅谭其骧主编《中国历史地图集》第五册《剑南道北部》,《新唐书》卷四三《地理志十下》,上述诸州皆在今四川西北一带。

蕃王朝臻于全盛，向周边地区的攻伐，使“吐蕃地域增长一倍”[①]，贞元十七年(801年)七月，吐蕃攻盐(治今陕西定边县)、麟州(治今陕西神木市西南)，杀刺史郭峰，“湮隍堕陴，系居人，掠党项诸部”[②]。唐蕃之间的边界也向周边地域扩展，贺兰山以南广大地区的党项人也无疑归属吐蕃统辖。

吐蕃王朝对居住在这一广阔地域的党项人，进行奴役和统治。在党项居住区设立军事机构，派军驻防，《王者遗教》谓吐蕃在接近唐境的弭药地区设置东岱，“命令发到弥人部落(misde)之后，就将在弭药地区防守哨卡地界”[③]。其目的是防备唐军的进攻，防范弭药人的逃亡与反抗，驱使一部分党项人成为吐蕃的军事奴隶，编入军事组织，作为战斗的主力之一，为吐蕃的征伐冲锋陷阵。《旧唐书·党项传》载：“雪山党项，姓破丑氏，居于雪山之下，及白狗、舂桑、白兰等诸羌，自龙朔已后，并为吐蕃所破而臣属焉。”这些羌人“勇战斗，善作兵”，吐蕃“藉其兵为前驱”[④]，党项人成为吐蕃兵力的来源。

吐蕃还对党项部落居民征收赋税，进行经济剥削。据《旧唐书·东女国传》记载，活动在今西藏昌都至四川马尔康的东女国与白狗、哥邻、弱水、悉董、逋祖、南水、清远、咄霸等国统称为“西山八国”，系“西羌之别种”，“旧皆分隶边郡，祖、父例授将军、中郎、果毅等官；自中原多故，皆为吐蕃所役属”[⑤]。这些部落大者不过二三千户，各置县令十数人进行管理，“土有丝絮，岁输于吐蕃”[⑥]。西山诸羌与吐谷浑居地相邻，皆为吐蕃所奴役，这就使他们有了共同的命运。吐蕃吞并吐谷浑后，向吐谷浑部征收赋税，同时也要向党项征收赋税，把被征服的党项地区和人民，也视为其兵力与物资供给来源。党项人在吐蕃的征服、统治与奴役下，也逐渐吐蕃化。

吐蕃对党项居地的占领及其统治，对吐蕃和党项族的发展都具有重要意义。

第一，使吐蕃打破了封闭状态，走出了青藏高原，为吐蕃与其他民族的错居杂处创造了优越的地理环境，扩大了领土范围。据《贤者喜宴》所载：“东方之咱米

---

① 王尧、陈践译注：《敦煌本吐蕃历史文书》(增订本)“赞普传记七”，北京：民族出版社，1992年，第166页。

②《新唐书》卷二一六《吐蕃传下》，第6099页。

③《王者遗教》引自黄灏译《贤者喜宴》，《西藏民族学院学报》1981年第1期第26页注文，其中“misde”注文采用张云《吐蕃与党项政治关系初探》一文中“弥人部落”的译法。

④《新唐书》卷二二一《党项传》，第6216页。

⑤《旧唐书》卷一九七《东女国传》，第5279页。

⑥《旧唐书》卷一九七《东女国传》，第5279页。

兴米，南方之洛与门，西方之香雄及突厥，北方之霍尔及回鹘等均被收为属民，遂统治半个世界。"①

第二，吸收了新的民族成分，促进了吐蕃自身的发展与民族融合。《新唐书·党项传》载："庆州有破丑氏族三、野利氏族五、把利氏族一，与吐蕃姻援，赞普悉王之，因是扰边凡十年。"此破丑氏显然是原居于雪山之下的雪山党项破丑氏，迁徙而至庆州。野利部原为党项大姓，但迁居庆州后，野利部归服吐蕃，并与吐蕃联姻。经过吐蕃的征服与统治，以及他们之间的交往与融合，称"野利"为"吐蕃"，正是党项吐蕃化的反映。吐蕃与党项大姓的通婚及对一般党项部民的统治与奴役，促进党项与吐蕃相融合，党项人逐渐吐蕃化，这对藏民族以及独具特色的藏族文化的形成，具有重大的影响。

第三，促进了党项族的发展。吐蕃对党项的征服与统治，迫使党项人离开故土，开始了长达百余年、行程数千里的大规模迁徙。正是吐蕃的扩张，逼迫党项部众内迁后，党项族才获得更大的发展。内迁后的党项族，获得较好的生存环境与发展空间，与汉族及西北其他民族错居杂处，接受了汉族文化及先进的生产技术，使党项族摆脱了落后状态，走上了崭新的发展道路，为以后党项政权的建立、西夏文化的创立，奠定了坚实的基础。

（三）吐蕃对汉人的征服与奴役

唐德宗建中四年（783 年），唐蕃双方在清水（治今甘肃清水县）举行了隆重的会盟仪式，签署了盟誓文约。清水盟约的订立，使吐蕃疆域扩展到灵（治今宁夏灵武市西南）、泾（治今甘肃泾川县）、陇（治今陕西陇县）、凤（治今陕西凤县东）、四川，以及剑南西磨些诸蛮、大渡河之西南地区，大批汉人受到吐蕃的征服与奴役。吐蕃奄有河陇地区后，有大量汉人未曾迁徙，处在吐蕃的统治下，在湟水两岸，汉村仍然存在。吕温《经河源军汉村作》诗云："行行忽到旧河源，城外千家作汉村。樵采未侵征虏墓，耕耘犹就破羌屯。"②吐蕃在向关内的征伐中，大批汉人被俘掠，受到残酷的迫害。大量汉人融入吐蕃，吐蕃的发展、强盛离不开这些陷蕃汉人。

1. 进入吐蕃地区的汉人

唐朝时期，有大批汉人进入吐蕃地区，因其进入的途径各不相同，可分为入

---

① 巴卧祖拉陈哇著，黄灏译：《贤者喜宴》，《西藏民族学院学报》1981 年第 2 期。

②《吕衡州集》卷二《经河源军汉村作》，文渊阁《四库全书》第 1077 册，第 606 页。

蕃、亡蕃和陷蕃汉人三种，其在吐蕃的地位和作用也有明显的差异。

入蕃汉人，是指受唐朝政府派遣而入居吐蕃的汉人，他们身负重任，为了民族利益，为了蕃汉民族的和好，帮助吐蕃民族发展，不远万里入蕃，如文成公主与金城公主及大批随从人员。唐贞观十五年(641 年)，唐蕃和亲，太宗以文成公主妻之，令礼部尚书、江夏郡王李道宗主婚，持节护送公主至吐蕃。随同的有“造酒、碾、硙、纸、墨之匠”[①]及为吐蕃赞普表疏的“中国识文之人”和传教布道的僧人即“沙门之善讲者”[②]。这些汉人的入蕃，传入先进的中原文化及生产技术。文成公主入蕃时，带去“蚕种”“五谷之类”及骆驼、马匹等牲畜，还有“各色绫罗二万匹”[③]。还带去了大量的医药书籍和医疗器械，有治疗四百零八种病的药物，医疗法一百种，诊断五种，医疗器械六件，配药法四部。传说文成公主还教当地妇女以织机织布，教当地百姓制作酥油、干酪、麦酒及陶器，茶叶亦系文成公主入蕃后传入的。金成公主入蕃和亲时，也携带了一批医书，其中的《月王药诊》一书，据说系五台山僧人所编，其内容包括诊断、用药及医学理论。此外，内地的天文、历法、诗书、佛经等也都大量传入吐蕃。文成公主、金成公主及诸多入蕃的汉人，他们促进了汉蕃民族之间经济文化的交流，从而也促进了民族交融，唐蕃和亲也成为千古佳话，广为传颂。正如唐代诗人陈陶《陇西行》诗中所说：“自从贵主和亲后，一半胡风似汉家。”[④]这些汉人的入蕃，传入先进的中原文化与生产技术，为吐蕃的发展作出贡献。

亡蕃汉人，是指那些由于政治上失意，甚至遭受打击或其他种种原因而远离故土，逃亡吐蕃的汉人。早在武则天时期，就有人亡命吐蕃。《新唐书·吐蕃传下》载：“虏将徐舍人者，语俘道人延素曰：‘我乃司空英公裔孙也。武后时，家祖以兵尊王室不克，子孙奔播绝域，今三世矣。我虽握兵，心未尝忘归也，顾不能自拔耳。’”而吐蕃“得华人补为吏者，则呼为舍人”。[⑤]后来亡命吐蕃的汉人数量有所增加，引起唐朝政府的不满。开元十七年(729 年)，吐蕃赞普为了缓和唐蕃矛盾，遣其重臣

---

①《旧唐书》卷一九六《吐蕃传》上，第 5222 页。

②《册府元龟》卷九八〇《外臣部·通好》，文渊阁《四库全书》第 919 册，第 394 页。

③ 桑博渣：《藏王迎娶文成公主记》，载《中国历代民族政策研究》，西宁：青海人民出版社，1993 年，第 141 页。

④（清）曹寅、彭定求编：《全唐诗》卷七四六《陇西行四首》，文渊阁《四库全书》第 1430 册，第 387 页。

⑤（唐）赵璘：《因话录》卷四《角部之次》，文渊阁《四库全书》第 1035 册，第 488 页。

名悉猎随唐朝使臣皇甫惟明等赴唐朝，并在上表中主动提出："外甥蕃中已处分边将，不许抄掠，若有汉人来投，便令却送。"[①]唐朝中后期以后，由于内部政局不稳，加之吐蕃侵扰不断，唐人因避罪而亡命吐蕃的人数不断增多。德宗建中元年（780年），朝议城原州（治今宁夏固原市），泾州裨将刘文喜因人怨怒，众心不安，"据泾州叛，遣其子质于吐蕃以求援"[②]。从这一举动可以看出刘文喜图谋以吐蕃为后盾，联合吐蕃对抗朝廷，事败后，则逃亡吐蕃以保全性命。另外还有郭子仪之孙、郭晞之子郭钢也曾投奔吐蕃。因是单骑独叛，故"吐蕃疑之不纳"[③]。宪宗时，刘辟在四川作乱，兵败后，"辟大惧，以亲兵及逆党卢文若赍重宝西走吐蕃。吐蕃素受其赂，且将启之"[④]。这些亡命吐蕃的汉人，对吐蕃的政治、军事方面也均有一定的帮助。

人数众多、成分复杂、境遇悲惨的是陷蕃汉人，因其陷蕃途径各不相同，大体上可分为三类。

第一类，即因战败、失散而陷入吐蕃的唐军将士。

吐蕃与唐朝战争伊始，这种陷蕃汉人就已出现。唐高宗时，唐军曾与吐蕃争夺河湟地区，薛仁贵率军在大非川（今青海兴海县西南苦海子大草原，一说即今青海共和县西南切吉滩）战败，李敬玄、刘审礼在青海湖一带全军覆没。两次战役惨败，使唐人记忆犹新。武则天时期，陈子昂上书曰："国家往以薛仁贵、郭待封为虓武之将，屠十一万众于大非之川，一甲不返。又以李敬玄、刘审礼为廊庙之器，辱十八万众于青海之泽，身囚虏廷。是时精甲勇士，势如雷电，然竟不能擒一戎，馘一首，至今而关、陇为空。"[⑤]高宗朝这两次战役，均以唐军惨败而告终，必然有大批将士陷没于吐蕃。以后唐朝与吐蕃双方常有战事，特别是在唐朝中后期，战争连年发生，多是唐军失利，陷蕃将士的数量肯定不少。德宗朝，吐蕃平凉劫盟，唐朝就有大臣"（崔）汉衡及中官刘延邕、俱文珍、李清朝，汉衡判官郑叔矩、路泌，掌书记袁同直，大将扶余准、马宁及神策、凤翔、河东大将孟日华、李至言、乐演明、范澄、马弇等六十余人皆陷焉"[⑥]，被吐蕃驱掠者竟有千余人。元和五年（810年）五

①《旧唐书》卷一九六《吐蕃传上》，第5231页。
②《资治通鉴》卷二二六《唐纪四二》，德宗建中元年四月乙未朔，第7279页。
③《册府元龟》卷一三四《帝王部·念功》，文渊阁《四库全书》第904册，第420页。
④《册府元龟》卷三五九《将帅部·功一二》，文渊阁《四库全书》第908册，第266页。
⑤《旧唐书》卷一九〇中《陈子昂传》，第5022页。
⑥《旧唐书》卷一九六《吐蕃传下》，第5252页。

月，吐蕃遣使来朝，“并归郑叔矩、路泌之柩及叔矩男武延等一十三人”[①]，他们陷蕃凡二十余年。贞元八年（792年），吐蕃寇泾州（治今甘肃泾川县），又掠田军千余人。建中三年（782年）四月，吐蕃一次放还陷蕃将士、僧尼等就多达八百人。因战争失败成为战俘，而陷没吐蕃的汉人数量无法统计，但肯定为数不少。

第二类，即被吐蕃掳掠的平民百姓。

吐蕃对唐朝的战争初期阶段，采取的策略多是抢掠财物，攻城略地，对居民百姓或杀戮或驱赶。玄宗开元二年（714年）秋，吐蕃大将乞力徐等率众十余万“寇临洮军，又进寇兰、渭等州，掠监牧羊马而去”[②]。乾元（758—760年）以后，吐蕃不断进犯、寇掠边地，这里的百姓或为掳掠伤杀，或转死沟壑。数年之后，“凤翔之西，邠州之北，尽蕃戎之境，湮没者数十州”[③]。唐德宗时期，吐蕃的战争策略有所改变，开始大量地掳掠汉族地区的青壮年。贞元二年（786年），“寇泾、陇、邠、宁数道，掠人畜，取禾稼”[④]。贞元三年（787年），吐蕃至吴山及宝鸡北界，“焚烧庐舍，驱掠人畜，断吴山神之首，百姓丁壮者驱之以归”[⑤]。又大掠汧阳（治今陕西千阳县）、吴山（治今陕西宝鸡市西北县功镇）、华亭（治今甘肃华亭市）等界人庶男女万余口。吐蕃攻陇州（治今陕西陇县），并“焚庐舍，毁城壁，虏士众十三四，收丁壮弃老而去”[⑥]。攻陷连云堡（今甘肃泾川县西）后，又“驱掠连云堡之众及邠、泾编户逃窜山谷者，并牛畜万计”[⑦]。自此，泾、陇、邠（治今陕西彬州市）等地，被吐蕃俘掠殆尽。贞元四年（788年），吐蕃三万余骑又略泾、邠、宁（治今甘肃宁县）、庆（今甘肃庆阳市西峰区）、麟（治今陕西神木市西南）等州，“焚吏舍民闾，系执数万”[⑧]。吐蕃掳掠了大量汉地居民，致使有的边州为之一空。唐朝君臣从忧地之失转而为忧人之失。

第三类，即因居地沦陷而没蕃者。

吐蕃攻占青海地区后，又进一步攻占陇右、关内、河西诸地。唐德宗建中四年（783年），唐蕃双方在清水会盟。清水盟约的订立，使吐蕃疆域扩展到灵（治今宁

---

①《册府元龟》卷九八〇《外臣部·通好》，文渊阁《四库全书》第919册，第396页。
②《旧唐书》卷一九六《吐蕃传上》，第5228页。
③《旧唐书》卷一九六《吐蕃传上》，第5236页。
④《旧唐书》卷一九六《吐蕃传下》，第5249页。
⑤《旧唐书》卷一九六《吐蕃传下》，第5254页。
⑥《旧唐书》卷一九六《吐蕃传下》，第5255页。
⑦《旧唐书》卷一九六《吐蕃传下》，第5256页。
⑧《新唐书》卷二一六《吐蕃传下》，第6098页。

夏灵武市西南)、泾(治今甘肃泾川县)、陇(治今陕西陇县)、凤(治今陕西凤县东)、四川,以及剑南西磨些诸蛮、大渡河之西南地区,大批汉人被吐蕃征服与奴役。吐蕃奄有河陇地区后,有大量汉人未曾迁徙,处在吐蕃的统治下,在湟水两岸,汉人村落仍然存在。吐蕃在向关内的征伐中,大批被俘掠的汉人融入吐蕃。《建中实录》载:“初,吐蕃既得河湟之地,土宇日广,守兵劳弊,以国家始因用胡为边将而致祸,故得河陇之士约五十万人,以为非族类也,无贤愚,莫敢任者,悉以为婢仆,故其人苦之。”[①]长庆元年(821年),沈亚之直言进谏也谓:“自轮海已东,神鸟、敦煌、张掖、酒泉,东至于金城、会宁,东南至于上邽、清水,凡五十六郡六镇十五军,皆唐人子孙,生为戎奴婢,田牧种作,或丛居城落之间,或散处野泽之中。”[②]这类陷蕃的汉人数量多,范围广,但凡吐蕃奄有之地,人皆为吐蕃属民。

2. 吐蕃对汉人的征服与奴役

吐蕃对新征服的地区采用军事占领制。设巡边安抚大相一人统领于阗(治今新疆和田市西20里约特干遗址)、凉州等地几个观察使,在各占领地派驻统兵将军(即节镇),沙州、鄯州驻节度使。河州(治今甘肃临夏市东北)是陇右地区的军政中心,驻东道元帅,洛门川(今甘肃陇西县东南)是与唐朝军队对峙的前沿军镇,驻讨击使。《吐蕃历史文书》谓:“国威远播,东至陇山,皆为领地,设五道节度使以治理之。”除以上四镇外,还有松州节度使 。《唐会要》卷九七《吐蕃》载王涯奏疏,谓“故松州城是吐蕃旧置节度之所”,到唐宪宗时已裁撤。这四镇驻兵十多万。

吐蕃对陷蕃汉人进行残酷的统治与奴役,他们中有相当一部分成为吐蕃的奴隶,生活在最底层,在水深火热中煎熬、挣扎。扶余准曾为唐朝朔方河中副元帅押衙,随浑瑊盟于平凉;李骖,贞元初为殿前射生官,随神策副将护边师。贞元三年(787年)秋,二人均没于吐蕃,吐蕃“令随水草牧羊马”,偕受“苦役辱之”[③]。李骖陷没蕃中“三十三年”。吐蕃对掳掠的汉人,“其无所能者,便充所在役使,辄黥其面”[④]。对那些“粗有文艺者,则涅其臂,以候赞普之命。得华人补为吏者,则呼

---

① (宋)司马光:《资治通鉴考异》卷一七《唐纪八》,文渊阁《四库全书》第311册,第184页。

② (唐)沈亚之:《沈下贤集》卷一〇《贤良方正能直言极谏策》,文渊阁《四库全书》第1079册,第67页。

③《册府元龟》卷四四四《将帅部·陷没》,文渊阁《四库全书》第909册,第665页。

④ (唐)赵璘:《因话录》卷四《角部之次》,文渊阁《四库全书》第1035册,第488页。

为舍人”[1]。元和十五年(820年)，淮南裨将谭可则因防边为吐蕃所掠。被俘后，吐蕃因“可则以晓文字”，欲以为“知汉书舍人”，可则不愿，但其臂被涅字，译为“天子家臣”，“家臣”即为奴隶。段成式《酉阳杂俎续集》卷七记载：“永泰初，丰州烽子暮出，为党项缚入西蕃易马。蕃将令穴肩骨，贯以皮索，以马数百蹄配之。”显然，这是用绳索拴住的奴隶，其处境更为悲惨。

吐蕃由畜牧地区进入河陇农业区后，有一个逐渐由畜牧经济向农业经济适应与转变的过程。吐蕃统治者也认识到要维护和巩固在河陇地区的统治，就必须争取唐人中的世家大族、政府官员与之合作共事，于是吐蕃对汉人中的大姓、上层区别对待，羁縻笼络。在河西地区，吐蕃曾与张、曹、索、阴、阎等著姓大族合作，对他们委以官职。据《沙州文录》之《大番故敦煌郡莫高窟阴处士公修功德记》所载，阴嘉政“自赞普启关之后，左衽迁阶，及宰辅给印之初，垂祛补职，蕃朝改授得沙州道门，亲表部落大使”，其弟嘉义逡巡摄衽，俯伏前谄，“所管大番瓜州节度使，行军先锋，部落上二将”。其弟嘉珍为“大蕃瓜州行军并沙州三部落仓曹及支计等使”[2]。索家长子索清宇任“沙州防城使”。《李氏再修功德记》载河西著姓李氏家族即西凉武昭王之后裔，亡兄明达为“河西节度衙推兼监察御史”，兄明德“任沙州录军参军，操持吏理六曹”[3]，“长男使持节沙州诸军事□沙州刺史兼节度副使、检校右散骑常侍，次男使持节瓜州刺史、墨离军押蕃落等使兼御史大夫”[4]。阎朝归属后，也被授予“大蕃部落使河西节度使”。《册府元龟》也载：“沙州陷蕃后，有张氏世为州将。”[5]敦煌文书中载有“汉人部落使”“汉人千户长”“汉人都督”等官职。在河西地区，吐蕃很可能以部落的方式编组被吐蕃奴役的汉人，而这些官职显然是管理汉人的。吐蕃统治者借助这些世家大族与官员们的力量与影响，对数以万计的陷蕃庶民实行统治。

3. 陷蕃汉人的吐蕃化

在吐蕃统治下的汉人不能说汉话、穿汉服，唯正月元旦日祭祖时例外。《白氏长庆集》卷三《缚戎人，达穷民之情也》诗序：“有李如暹者，蓬子将军之子也，尝没蕃中，自云蕃法唯正岁一日，许唐人之没蕃者服唐衣冠，由是悲不自胜，遂密定归

---

①《因话录》卷四《角部之次》，文渊阁《四库全书》第1035册，第488页。

② 罗振玉辑：《沙州文录》，甲子仲冬上虞罗氏编印本，第22、23页。

③《沙州文录》，甲子仲冬上虞罗氏编印本，第36页。

④《沙州文录》，甲子仲冬上虞罗氏编印本，第37页。

⑤《册府元龟》卷九八〇《外臣部·通好》，文渊阁《四库全书》第919册，第405页。

计也。”白居易《缚戎人》诗曰：“……自云乡管本凉原，大历年中没落蕃。一落蕃中四十载，身着皮裘系毛带。唯许正朝服汉仪，敛衣整巾潜泪垂。誓心密定归乡计，不使蕃中妻子知。”[①]唐朝诗人张籍作《陇头行》诗，也谓：“一朝尽没陇西地，驱我边人胡中去。……去年中国养子孙，今著毡裘学胡语。”[②]司空图《河湟有感》诗云：“一自萧关起战尘，河湟隔断异乡春。汉儿尽作羌人语，却向城头骂汉人。”[③]吐蕃占据河西地区以后，不仅有大批吐蕃部落迁入河西地区，而且河西绝大部分汉人也已“吐蕃化”，甘凉瓜肃地区，“雉堞凋残，居人与蕃丑齐肩，衣着岂忘于左衽”[④]。吐蕃统治下的汉人被强制吐蕃化，汉民族在被吐蕃奴役与统治中，逐渐与吐蕃融合。

吐蕃统治下的汉人无论处于何种地位，都会受到不同程度的歧视与压迫，故而他们大多思念中原王朝，“没蕃被囚思汉土”[⑤]。每逢霜露降临，他们“以为岁时，必东望啼嘘，其感故国之思如此”[⑥]。浓郁的思乡情结，使他们更加怀念故乡。沙州（治今甘肃敦煌市西）陷落后，“州人皆胡服臣虏，每岁时祀父祖，衣中国之服，号恸而藏之”[⑦]。穆宗长庆二年（822年），刘元鼎为会盟使入吐蕃，“至龙支城，耋老千人拜且泣，问天子安否，言：‘顷从军没入此，今子孙未忍忘唐服，朝廷尚念之乎？兵何日来？’言已皆呜咽”。[⑧]在蕃汉人怀念故土，甚至用武力反抗吐蕃的统治。沙州人张议潮“阴结豪英归唐，一日，众擐甲噪州门，汉人皆助之，虏守者惊走，遂摄州事。缮甲兵，耕且战，悉复余州”[⑨]。大中四年（850年），张议潮以瓜（治今甘肃瓜州县东南锁阳城）、沙（治今甘肃敦煌市西）、伊（治今新疆哈密市）、肃（治今甘肃酒泉市肃州区）、鄯（治今青海西宁市）、甘（今甘肃张掖市）、河（治今甘肃临夏市东北）、西（治今新疆吐鲁番市东40里高昌故城）、兰（治今甘肃兰州市）、岷（治今甘肃岷县）、廓（治今青海化隆县西60里黄河北岸）十一州归唐。

---

① （唐）白居易：《白氏长庆集》卷三《缚戎人》，文渊阁《四库全书》第1080册，第40页。

② 《全唐诗》卷三八二《陇头行》，文渊阁《四库全书》第1426册，第655页。

③ 《全唐诗》卷六三三《河湟有感》，文渊阁《四库全书》第1429册，第336页。

④ 王重民等：《敦煌变文集》卷一《张淮深变文》，北京：人民文学出版社，1957年，第124页。

⑤ 《白氏长庆集》卷三《缚戎人》，文渊阁《四库全书》第1080册，第40页。

⑥ 《沈下贤集》卷一〇《贤良方正能直言极谏策》，文渊阁《四库全书》第1079册，第67页。

⑦ 《新唐书》卷二一六《吐蕃传下》，第6101页。

⑧ 《新唐书》卷二一六《吐蕃传下》，第6102页。

⑨ 《新唐书》卷二一六《吐蕃传下》，第6107、6108页。

吐蕃向唐朝的开疆拓土，正是民族迁徙与交融的进程。随着对河陇各地的占领，吐蕃人民与汉人错居杂处，通婚联姻，汉族人民与吐蕃交融互通。入宋后，秦州吐蕃部落就有安家族、大马家族、小马家族等，而凉州则有邢家、赖家、章家、马家、周家、赵家、王家、宗家等吐蕃部落，这些均为吐蕃化的汉人，在吐蕃的统治下，由一个家族变为一个部落。正如宋人张齐贤所说："西凉蕃部，多是华人子孙，例会汉言，颇识文字。"[①]《张氏勋德记》也载："河西创复，犹杂蕃、浑，言音不同。"北宋熙宁（1068—1077年）年间的熙河之役，"拓地千二百里，招附三十余万口"。王安石说："今三十万众若能渐以文法调驭，非久遂成汉人，缘此本皆汉人故也。"[②]这些吐蕃部族有的原为汉人融入，用其原姓氏为部族名，是汉人吐蕃化后形成的，北宋以后，又逐渐与汉族交融。

唐朝时期，吐蕃的军事扩张，从某种意义上讲也是民族的迁徙与融合。在这个民族融合的进程中，吐蕃与汉民族的融合，是以吐蕃对汉人的统治及汉人的吐蕃化这种表现方式进行的。它反映出隐藏在这种历史表象之下的实质，即汉族人民与吐蕃人民族水乳交融、相互依存。

（四）吐蕃统治下的回鹘、沙陀及其交融

1. 吐蕃与回鹘的交融

回鹘本为铁勒诸部之一，散处于漠北娑陵水（今色棱格河）、温昆河（今鄂尔浑河）、独洛河（今土剌河）流域。突厥强大时，铁勒部受其统治。唐太宗贞观初年，回鹘首领菩萨曾率五千骑与突厥战于马鬣山。贞观六年（632年），铁勒契苾部的首领契苾何力"随其母率众千余家诣沙州，奉表内附。太宗置其部落于甘、凉二州"[③]。武则天时，突厥复兴，默啜可汗夺取铁勒故地，故回纥与契苾、思结、浑三部渡碛，徙甘（治今甘肃张掖市甘州区）、凉（治今甘肃武威市凉州区）间。唐朝政府对徙居河西地区的"回纥三部"，"常取其壮骑佐赤水军"[④]。朔方名将浑释之、浑瑊父子"本铁勒九姓之浑部"[⑤]人。敦煌文书伯希和2942号卷《思结首领远来请粮事》载："思结首领，久沐熏风。比在河西，屡申忠赤。顷驰漠北，频被破伤。妻孥

---

① （宋）李焘：《续资治通鉴长编》卷五一，咸平五年三月癸亥，北京：中华书局，1985年，第1122页。

②《续资治通鉴长编》卷二三三，熙宁五年五月辛卯，第5655页。

③《旧唐书》卷一〇九《契苾何力传》，第3291页。

④《新唐书》卷二一七《回鹘传上》，第6114页。

⑤《新唐书》卷一五五《浑瑊传》，第4891页。

悉无，羊马俱尽。尚能慕义，不远归投。既乏粮储，略宜支给。”这说明思结部族已在河西地区居住并依附于唐朝。漠北回纥、契苾、思结、浑等部二次向甘、凉地区的迁徙，充分证明河西地区早已成为回鹘的徙居地。

回鹘与吐蕃原来居地相隔遥远，并无直接冲突。7世纪中叶以后，吐蕃武力日益强盛。670年，攻占了安西四镇，切断了唐朝与西域以至中亚的交通。特别是在安史之乱后，吐蕃乘虚而入，又占据了河西、陇右地区，切断了唐政府与安西（唐方镇名，治龟兹镇，今新疆库车县）、北庭（北庭都护府简称，治庭州，今新疆吉木萨尔县北25里破城子）的联系，“朝贡道隔”。致使高宗时，驻守安西四镇的节度使留后郭昕、伊西北庭节度使李元忠等人同朝廷的联系被阻断，“数遣使奉表，皆不至”[①]。正当吐蕃全力向西域推进之时，回鹘也进入了西域。贞元二年（786年），郭昕、李元忠等为了取得与唐政府的联系，不得不遣使“假道于回鹘以朝奏”[②]。道虽通，但回鹘自此占据北庭，并控制了北庭都护府。回鹘统治者“征求无厌，北庭差近，凡生事之资，必强取之”[③]。对附近游牧的其他各族也进行残酷的剥削与压迫，“沙陀别部六千帐，与北庭相依，亦厌虏裒索，至三葛禄、白眼突厥素臣回鹘者尤怨苦，皆密附吐蕃”[④]。回鹘统治者的这种做法，使自己陷入孤立，从而使吐蕃在西域的势力进一步强大。

8世纪末，雄居漠北的回鹘汗国内讧不息，直到9世纪30年代，彰信可汗被杀，可汗新立，这时回鹘内部混乱，连年天灾，羊马多亡。开成五年（840年），黠戛斯派兵十万攻回鹘汗国，回鹘各部解体，汗国灭亡。四散奔逃的回鹘部族，向西分三支迁徙，其中一支投吐蕃，即南下进入河西走廊[⑤]。当时的河西地区正处于吐蕃的控制下，这支回鹘越过戈壁，进入额济纳旗，然后沿弱水（今黑河）至河西地区，散居于甘、凉、肃诸州，与原先迁入的回鹘人结合。据《旧五代史·回鹘传》载：“余众西奔，归于吐蕃，吐蕃处之甘州，由是族帐微弱。”直至872年，张议潮死后，回鹘才逐渐占据甘州，势力强大后，以甘州为牙帐所在地，建立政权，即甘州回鹘。党项崛起后，向西开拓，甘州回鹘与党项展开了对丝绸之路的争夺，积极抗御党项的侵逼。宋仁宗天圣六年（1028年），甘州被李元昊袭破，回鹘可汗自焚，

---

① 《新唐书》卷二一七《回鹘传上》，第6124页。

② 《旧唐书》卷一九五《回鹘传》，第5209页。

③ 《旧唐书》卷一九五《回鹘传》，第5209页。

④ 《新唐书》卷二一七《回鹘传上》，第6125页。

⑤ 冯家升等：《维吾尔族史料简编》上册，北京：民族出版社，1958年，第41页。

有部分回鹘人投奔青唐唃厮啰，于是甘州回鹘融入青唐吐蕃之中。

2. 吐蕃与沙陀的交融

沙陀是一支曾活跃于西北地区的古老部族，《通典》视其为“西突厥”[①]的一支。《新五代史》)则谓唐太宗破西突厥，分其诸部置十三州，铁勒同罗部为龟林都督府（治今蒙古国色楞格省东境），铁勒仆骨部为金微都督府（治今蒙古国肯特山以北，鄂嫩河上游至俄罗斯奇科依河一带），铁勒思结部为卢山都督府（治今蒙古国杭爱山东南），铁勒拔野古部为幽陵都督府（属燕然都护府，其地在仆骨东，邻靺鞨，今蒙古国东方省一带），“未尝有沙陀府也”[②]。当时，“西突厥有铁勒、延陀、阿史那之类为最大；其别部有同罗、仆骨、拔野骨等以十数，盖其小者也；又有处月、处密诸部，又其小者也。朱邪者，处月别部之号耳”[③]。《新唐书·沙陀传》也谓“沙陀，西突厥别部处月种”。起初，突厥东西部分治乌孙故地，与处月、处蜜杂居。西突厥强盛后，内部矛盾加剧，相攻不已，大酋乙毗咄陆可汗建廷镞曷山之西，号“北庭”，而“处月等又隶属之”[④]，显然，沙陀应是西突厥属下的一支处月别部。本姓米邪氏，原居金娑山之阳，蒲类海（今巴里坤湖）之西，与北庭相依。因境内有大碛（今新疆北部准噶尔盆地之古尔班通古特沙漠），“名沙陀，故号沙陀突厥”[⑤]，又以沙陀碛地名族，称为“沙陀”部族。

贞观初年，西突厥别部处月势力尚小。据《旧五代史·武皇纪上》载：“始祖拔野，唐贞观中为墨离军使，从太宗讨高丽、薛延陀有功，为金方道副都护，因家于瓜州。”[⑥]贞观十六年（642 年），处月跟随西突厥乙毗咄陆可汗攻打伊州（治今新

---

① （唐）杜佑：《通典》卷一九九《边防一五·突厥下》：“西突厥大逻便，木杆可汗之子。初，木杆与沙钵略可汗有隙，因分为二。大逻便即阿波可汗。其国居乌孙之故地……其人杂有都陆及弩失毕、葛逻禄、处月、处密、伊吾等诸种。风俗大抵与突厥同，唯言语微异。”北京：中华书局，1988 年，第 5452、5453 页。

② （宋）欧阳修：《新五代史》卷四《庄宗本纪上》，北京：中华书局，1974 年，第 39 页。

③ 《新五代史》卷四《庄宗本纪上》，第 39 页。

④ 《新唐书》卷二一八《沙陀传》，第 6153 页。

⑤ 《新唐书》卷二一八《沙陀传》，第 6153 页。

⑥ 《旧五代史》卷二五《武皇纪上》，第 331 页。关于朱邪拔野任墨离军使之说，学者有疑。墨离军为高祖武德初置，该军位于瓜州西北千余里处。现学者普遍认为，武德初，唐朝势力还没有达到如此遥远的西北地区，而且唐朝设置军使及军大使，标志着唐代从行军制向军制的转变，其年代当在高宗中期，诸军使的设置应在仪凤及以后时期，故拔野于贞观中即任墨离军使不合史实。见李锋敏：《沙陀族的早期活动及东迁》，《西北师大学报》2000 年第 3 期。

疆哈密市)、天山县(贞观十四年置,今新疆托克逊县东北),被唐将郭孝恪击败后, 西突厥叶护贺鲁与处月朱邪阙俟斤阿厥率众降附。唐高宗永徽三年(652年),处月跟随西突厥阿史那贺鲁背叛朝廷。叛乱平息后,处月部归降,唐朝将其安置于沙陀州都督府(今新疆木垒县哈萨克自治县北部),酋长拔野为都督。高宗龙朔初,处月酋长沙陀金山跟随唐军将领薛仁贵征讨铁勒有功,授予墨离军讨击使,但其居地未有大变。至武则天时,封为张掖郡公。唐德宗贞元中,首领朱邪尽忠继任为沙陀府都督。此时,吐蕃急攻北庭,西域曾为吐蕃控制,"沙陀六千余帐与北庭相依"[①],沙陀人依附回鹘,但遭受回鹘多次侵掠,"苦于回鹘诛求"[②]。贞元六年(790年),吐蕃急攻北庭,沙陀部不能忍受回鹘的奴役,朱邪尽忠率部归附吐蕃,吐蕃徙六千帐[③]置之甘州(治今甘肃张掖市甘州区)而"役属之"[④]。"六千帐"至少也有三万余人,这对当时的甘州来说是一部分重要居民,也意味着这一部分沙陀人被吐蕃人所统治。

吐蕃封沙陀首领尽忠为军大论,并利用沙陀兵骁勇、善骑、善战的特点,每战以其为前锋。虽在战争中以其为先锋,但吐蕃统治者始终疑心重重,对其缺乏信任。元和(806—820年)初,沙陀首领尽忠受到吐蕃统治者猜忌,"疑沙陀贰于回鹘"[⑤],疑尽忠持两端,因此吐蕃准备将沙陀部徙往河外(即今青海省黄河以北之地),致使沙陀人"举部愁恐"[⑥],直接导致沙陀东迁。

此时沙陀已深受中原政治文化的影响。早在唐太宗、高宗直至德宗时期,对战败沙陀部的安置,就已将沙陀部置于唐朝的统治管辖之下,唐朝的影响已潜移默化地渗入。特别是吐蕃迁沙陀于甘州后,虽然不断受到吐蕃前锋的扰边,但就在这不断的骚扰中,加深了其对唐朝政治、经济、文化、边防的了解,为其归唐奠

---

①《资治通鉴》卷二三三《唐纪四九》,德宗贞元五年十二月戊寅,第7520页。

②《资治通鉴》卷二三三《唐纪四九》,德宗贞元六年五月,第7521页。

③《资治通鉴》卷二三三《唐纪四九》,德宗贞元五年十二月庚午:"又有沙陀六千余帐与北庭相依。"第7520页;《新唐书》卷二一八《沙陀传》:"贞元中,沙陀部七千帐附吐蕃";《旧五代史》卷二五《武皇纪》上:"曾祖尽忠,贞元中,继为沙陀府都督。既而为吐蕃所陷,乃举其族七千帐徙于甘州。"从上述文献记载可知,沙陀族人口不可能在半年之内,从"六千帐"增长至"七千帐"。我认为可能将其他民族混入一并统计。

④《新五代史》卷四《庄宗纪上》,第31页。

⑤《资治通鉴》卷二三七《唐纪五三》,宪宗元和三年六月癸亥,第7651页。

⑥《新唐书》卷二一八《沙陀传》,第6154页。

定了基础。他们自认“世为唐臣”，归附吐蕃是“不幸陷汙”，一旦时机成熟，势必归附唐朝。而此时唐朝镇守朔方的是振武军节度使范希朝，这是一位有“战守功”“治军整毅”，颇有作为的将领。他为官廉洁清正，拒受边州所献驼橐骏马，并大力加强边防设施，建堡设寨，使百姓能安居乐业。他还在边地植柳，数岁成林，使百姓赖以为生。范希朝号称“当世善将”[①]，时人将他比作西汉名将赵充国，这必然获得沙陀部尊崇。正是基于上述种种因素，促使沙陀部的东迁归唐。

元和三年（808 年），沙陀酋长朱邪尽忠与其子朱邪执宜谋划复归唐朝，决计摆脱吐蕃的役属。于是率部落三万，沿弱水北、循乌德鞬山东行，但遭吐蕃围追堵截，于是且行且战，“旁洮水，奏石门，转斗不解，部众略尽”[②]，朱邪尽忠战死，朱邪执宜也负伤。在东迁进程中，由于吐蕃的追击，几乎损失殆尽，大部战死，一部分离散逃亡，其中一部分逃入祁连山后，被称为“鹿角山沙陀”，据说系“朱邪氏之遗族也”[③]。只有小部分继续东迁，辗转跋涉，到达灵州（治今宁夏灵武市西南）时，只剩控弦之士“二千，骑七百，杂畜橐它千计”[④]。在灵州得到唐兵接应，灵盐节度使范希朝率兵迎于塞上，将沙陀安置在盐州（治今陕西定边县），置阴山府，任命朱邪执宜为府兵马使，授执宜弟葛勒阿波为左武卫大将军兼阴山府都督。唐政府采取优抚政策，资助牛羊放牧，休养生息。

元和四年（809 年），范希朝自灵、盐二州徙任河东节度使，镇守太原，朱邪执宜随从，从而导致沙陀又继续东迁。唐朝政府考虑到粮食供给及“灵武迫吐蕃，恐后反覆生变”[⑤]，于是诏令沙陀“举军从之”。迁往河东的沙陀部，一部分安置在神武川之黄花堆（即黄瓜堆，今山西应县西北 30 里黄花岭），余众则安置在定襄川（今山西定襄县）。河东地区是沙陀内迁的终点，其西接长安，南临汴州（治今河南开封市），北捍蛮夷，地理位置十分重要。经过艰难跋涉来到河东地区的沙陀部，获得了更好的发展机遇，拓宽了生存空间，在天时地利的条件下，迅速发展。

在吐蕃的统治下，留居河西沙陀人与吐蕃人融合。入宋后，散布于河西地区的吐蕃部族中有沙陀民族成分。

---

①《新唐书》卷一七〇《范希朝传》，第 5168 页。

②《新唐书》卷二一八《沙陀传》，第 6155 页。

③《新五代史》卷七四《于阗传》，第 917 页。

④《新唐书》卷二一八《沙陀传》，第 6155 页。

⑤《新唐书》卷二一八《沙陀传》，第 6155 页。

（五）唃末人的形成

从9世纪末至11世纪初，居住在河陇地区的吐蕃人与其他少数民族，由分散渐趋走向局部的统一，其中唃末人是一支不可忽视的力量。

1. 吐蕃边将混战

7世纪初期，吐蕃在青藏高原崛起，建立起强大的奴隶制政权，经过松赞干布的改革，国势强盛，此时统一青藏高原的吐蕃，已成为国力雄厚的大国。随着吐蕃势力的不断增强，势必向周边地区扩张，河西、陇右地区成为其扩张的重要目标。唐天宝十四载（755年），安史之乱的爆发，是唐朝由盛转衰的节点，唐朝调戍兵平定内乱，河西空虚，吐蕃乘虚而入，本属唐朝领地的河陇地区相继陷没，原本生活在这里的汉人、吐谷浑人、党项人，与久被吐蕃征服的羊同、苏毗等部，以及众多吐蕃本土随军征伐而来的奴隶，共同遭受吐蕃奴隶主的役属，生活悲惨，饥寒交迫。摆脱吐蕃奴隶制的羁绊，获得人身自由，成为生活在这一地区各族人民的共同心愿。

吐蕃王朝后期，赞普达磨（朗达玛）嗣位后，内部矛盾日趋激化。达磨嗜酒好猎，不理朝政，凶愎少恩，政治昏暗。开成四年（839年），国内又遭自然灾害，“地震裂，水泉涌，岷山崩”“鼠食稼，人饥疫，死者相枕藉”[①]。会昌二年（842年），达磨赞普死，国内爆发长期争夺王位的战争，部族离心，国内大乱。吐蕃大将论恐热、尚思罗、尚婢婢等相互攻伐。大中四年（850年）九月，吐蕃论巩热遣兵击尚婢婢，尚婢婢粮缺，留拓跋怀光守鄯州（治今青海海东市乐都区）。论巩热闻尚婢婢弃鄯州，“自将轻骑五千追之，至瓜州，闻怀光守鄯州，遂大掠河西鄯、廓等八州，杀其丁壮，劓刖其羸老及妇人，以槊贯婴儿为戏，焚其室庐，五千里间，赤地殄尽”[②]。持续多年的内部混战，给河陇地区人民带来无尽的灾难，也使吐蕃王朝实力消耗殆尽，吐蕃奴隶制政权即将崩溃。

在此形势下，在河陇地区与吐蕃本部先后爆发了奴隶平民大起义。869年，在吐蕃本部发生了以奴隶和平民为主体的反上暴动，藏族史家称之为“邦金洛”。据《贤者喜宴》所载：“首先韦·廓谢来丁任首领，于多康起义。此后乘没庐氏与贝氏于伍如争权之机，韦·洛波洛琼任首领，发动起义。此后尚杰赛聂赞于约如杀死官长尤聂，又因于山腰修筑水渠而不能迎奉王妃贝萨拉莫吉，于是（修渠者）说道

---

① 《新唐书》卷二一六《吐蕃传下》，第6105页。

② 《资治通鉴》卷二四九《唐纪六五》，宣宗大中四年九月丁酉，第8044页。

‘砍人颈易于砍山腰’，因此琳贡弥楚担任了（起义）首领，并说道‘去看夜间开放的核桃花吧！’遂即举火号召起义。继之工域哲纳地区使用贝莫的巧计（也举行起义）。”[①]这里所列举的起义地区，“多康”即今甘肃、青海与四川西北地区；“伍如”即以今拉萨为中心的卫地；“约如”即今西藏乃东区昌珠寺为中心的雅鲁藏布江南岸地区；“工域”即今西藏工布一带。显然，诸多起义遍及吐蕃王朝的核心地区。

2. 河陇嗢末活动

嗢末又作“温末”“浑末”，主要是指在吐蕃王朝统治下的奴隶主所役使的奴隶，系“吐蕃之奴号也”[②]。嗢末虽系“吐蕃奴部”，但不同于奴隶主贵族所占有的一般奴隶，他们主要作为吐蕃奴隶主贵族征战和镇戍的一种军事力量，且“近蕃牙者最勇，而马尤良”[③]。《新唐书·吐蕃传》谓：“虏法，出师必发豪室，皆以奴从，平居散处耕牧。及巩热乱，无所归，共相啸合数千人，以嗢末自号，居甘、肃、瓜、沙、河、渭、岷、廓、迭、宕间。”显然吐蕃富室及其奴部中必定也有嗢末众人。因是“吐蕃奴部”，必然随吐蕃军事扩张而四处迁徙流动，走出青藏高原，并在征伐战争中得到发展壮大。其中一支向北迁徙至河西地区，分居在凉州一带，后来逐渐发展，嗢末人遍及整个河陇地区。

唐宣宗大中二年（848 年），张议潮率沙州民众起义，推翻吐蕃统治，并遣使奉瓜、沙等十一州图籍归唐，在沙州置归义军，其中就有数千嗢末人参加，显然他们皆是河陇地区的吐蕃奴部。咸通二年（861 年），张议潮《收复凉州奏表并批答》中言：“咸通二年收凉州，今不知却□，又杂蕃浑。近传嗢末隔勒往来，累询状人，皆云不谬。伏以凉州是国家边界，嗢末百姓本是河西陇右陷没子将。国家弃掷不收，变成部落。昨方解辨，只得抚柔。”[④]显然张议潮沙州政权此时已入贡唐朝。嗢末占据凉州，在唐咸通八年至十三年（867—872 年）。唐人沈亚之也言：“又尝与戎降人言：‘自轮海以东神鸟、敦煌、张掖、酒泉，东至于金城、会宁，东南至于上邽、清水，凡五十六郡、六镇十五军，皆唐人子孙，生为戎奴婢。田牧耕作，或丛居

---

① 祝启源：《唃厮啰——宋代藏族政权》，西宁：青海人民出版社，1988 年，第 15 页。

②《通鉴纪事本末》卷三六下《吐蕃衰乱》，文渊阁《四库全书》第 348 册，第 804 页。

③（宋）马端临：《文献通考》卷三三四《四夷考十一·吐蕃》，文渊阁《四库全书》第 616 册，第 612 页。

④ 唐耕耦、陆宏基编：《敦煌社会经济文献真迹释录》（四）斯 6342 号《张议潮咸通二年收复凉州奏表并批答》，北京：全国图书馆文献缩微复制中心，1990 年，第 363 页。

城落之间，或散处野泽之中。'"[①]

唱末主要活动在西北地区，是吐蕃统治时期在甘肃出现的一个新的部族[②]。敦煌发现的历史文书中就明确记载："唱末百姓，本是河西、陇右陷没子孙，国家弃掷不收，变成部落。"[③]唱末的组成比较复杂，因其"居甘、肃、瓜、沙、河、渭、岷、廓、迭、宕间"[④]，故主要成分应为"吐蕃化"的被掳掠的本地汉人，另外还融入一些被吐蕃征服地区的部族，如苏毗、羊同、党项、吐谷浑等，他们大部分沦为奴隶，也被"吐蕃化"。这些陷没为奴的部族必然受吐蕃胁迫，"藉其兵为驱"，参加吐蕃的扩张战争，冲锋陷阵而来到河陇地区，逐渐与唱末融合。

此时散布在甘、肃、瓜、沙、岷、廓、叠、宕之间的唱末，已乘吐蕃衰微之际，渐趋发展，实力增长，致使"吐蕃微弱者反依附之"[⑤]。据《资治通鉴》卷二五〇所载，唐懿宗咸通三年（862 年），已成为独立势力的"唱末始入贡"。乾符元年（874 年）十二月，因回鹘王屡求册命，唐僖宗遣册立使郗宗莒至回鹘行册封之举，恰逢"回鹘为吐谷浑、唱末所破，逃遁不知所之"[⑥]。此时的唱末与吐谷浑联手打败回鹘，展现出自己的军事实力。中和四年（884 年）十二月中旬，《肃州防戍都状上》[⑦]亦载："其龙王衷私，发遣僧一人，于凉州唱末首领边充使。将文书称：我龙家共回鹘和定已后，恐被回鹘侵凌，甘州事须发遣唱末三百家已来，同住甘州，似

---

①《沈下贤集》卷一〇《贤良方正能直言极谏策》，文渊阁《四库全书》第 1079 册，第 67 页。

② 关于"唱末"，学界有不同观点。藏史学者一般皆认为"唱末"是指河陇地区的"吐蕃奴部"。唐嘉弘《一个宋代墓志铭的研究》指出："实际上'唱末'就是'赞普'，部落首领的专名变成广大部落成员的共名""鲜卑吐谷浑部、秃发氏部、吐蕃和党项、氐、羌等部落为唱末，在两《唐书》等史籍中有不少证明材料；特别是名称音读的相同，当不是偶然的巧合。西夏党项和拓跋氏（秃发氏）的'嵬名'和'弭药'，均为吐谷浑、吐蕃、氐羌中'唱末'的一音之转。"见《青海社会科学》1983 年第 2 期。

③ 唐耕耦、陆宏基编：《敦煌社会经济文献真迹释录》（四）斯 6342 号《张议潮咸通二年收复凉州奏表并批答》，北京：全国图书馆文献缩微复制中心，1990 年，第 363 页。

④《新唐书》卷二一六《吐蕃传下》，第 6108 页。

⑤《通鉴纪事本末》卷三六下《吐蕃衰乱》，文渊阁《四库全书》第 348 册，第 804页。

⑥《通鉴纪事本末》卷三六上《回鹘叛服》，文渊阁《四库全书》第 348 册，第 799页。

⑦ 据郝春文说明："此件首全尾缺，系肃州防戍都给归议军节度使报告，此件与斯 2589《中和四年十一月肃州防戍都状》均记甘州与回鹘和断事，从内容看，两件时间相互衔接，斯 2589号在前，此件在后，荣新江进一步推断此件的时间在中和四年十二月中旬。"见《英藏敦煌社会历史文献释录》第二卷，北京：社会科学文献出版社，2003 年，第 251 页。

将牢固。如若不来，我甘州便共回鹘为一家，讨你嗢末，莫道不报。”[①]此时甘州地区的龙族首领竟需凉州嗢末赴甘州协同守城，足以说明嗢末势力强盛。天祐三年(906年)正月，灵州节度使韩逊奏：“吐蕃七千余骑营于宗高谷，将击嗢末及取凉州。”[②]后梁开平二年(908年)二月，“以吐蕃入朝使嗢末首领杜论悉伽、杜论心，为左领军卫将军，同正；嗢末苏论乞禄为右领军卫将军，同正”[③]。乾化二年(912年)闰五月庚申，“嗢末首领热逋钵督、崔延没相等，并授银青光禄大夫、检校太子宾客，遣还本部”[④]。吐蕃政权灭亡后，曾为“吐蕃奴部”的嗢末与唐朝及后梁均有联系，并受册封。五代时，凉州嗢末由分散走向联合，已成为当地一支不可忽视的重要力量。

3. 嗢末进驻云南

因是“吐蕃奴部”，必然随着吐蕃扩张战争的节节胜利，不愿囿于西北地区，亦向四川、云南地区征伐，其中一支受剑南节度使高骈招致，嗢末首领鲁耨月率部向南进驻大渡河流域，协防南诏。据藏文史料所载，多康地区奴隶平民起义的首领是韦·廓谢莱丁，可能指的就是嗢末这部分义军[⑤]。《汉藏蒙土佛教史》也谓这次起义是“始自多康，继而自上部藏地之叶如，然后是伍如及约如之起义发生”。推测协防南诏的这部分嗢末义军与向西南方向征伐的义军，可能是来自吐蕃本土的“富室奴从”，后因眷恋本土，从康蕃故道返回卫藏。

隋末唐初的云南地区，曾有蒙嶲、越析、浪穹、邆赕、施浪、蒙舍六个实力较强的小国，“自号六诏”，因蒙舍在诸诏之南，称为“南诏”。在唐王朝的支持下，南诏先后征服其他五诏，统一了洱海地区。大历十四年(779年)，南诏王阁罗凤卒，其孙异牟寻嗣位。异牟寻起初欲借吐蕃势力扩张领土，“悉众二十万入寇，与吐蕃并力”[⑥]，兵分三路进攻唐朝境地，被唐军大败。异牟寻惧，更徙苴咩城(今云南大理市北26里大理古城)，筑袤十五里，吐蕃封为日东王。由于吐蕃征赋苛重，又“悉

---

① 郝春文编著：《英藏敦煌社会历史文献释录》第二卷斯三八九《肃州防戍都状上》，北京：社会科学文献出版社，2003年，第251页。

②《资治通鉴》卷二六五《唐纪八一》，昭宣帝天祐三年春正月壬戌，第8656页。

③《五代会要》卷三〇《吐蕃》，文渊阁《四库全书》第607册，第706页。

④《册府元龟》卷九七六《外臣部·褒异第三》，文渊阁《四库全书》第919册，第340页。

⑤ 祝启源：《唃厮啰——宋代藏族政权》，西宁：青海人民出版社，1988年，第4页。

⑥《新唐书》卷二二二上《南诏上》，第6272页。

夺其险立营候,岁索兵助防,异牟寻稍苦之"[1],势必与久据其地的南诏国产生矛盾,于是异牟寻复归唐,册封为南诏王。僖宗乾符元年(874 年),南诏王酋龙发兵劫略巂(治今四川西昌市)、雅州(治今四川雅安市),破黎州(治今四川汉源县北九襄镇),入邛崃关(即今四川荥经县西南 55 里大相岭上大关),掠成都。唐朝遣天平军高骈领西川节度使,高骈采用武文两种策略,既声称"我且将百万众至龙尾城问尔罪",于乾符二年(875 年)正月,败南诏于大度河;又"以其俗尚浮屠法,故遣浮屠景仙摄使往"[2]。最终使南诏"质子三十入朝乞盟,请为兄弟若舅甥"[3]。高骈又结"吐蕃尚延心、嗢末鲁耨月等为间"[4],并修筑戎州(治今四川宜宾市西北旧州坝)境内马湖(今四川宜宾市西 21 里)、沐源川(今四川沐川县)、大度河(今四川汉源县南大渡河南岸)三城,列屯据险,"缮甲训兵,蛮彝震动"[5]。显然,此时在云南的嗢末人也已具有一定的影响力。

嗢末人长期被吐蕃奴隶主所奴役,在长达百年与吐蕃人民的共同生活中,他们的子孙逐渐接受吐蕃的语言、风俗、饮食、服饰及宗教信仰,逐渐吐蕃化。故嗢末人是在与吐蕃人融合的进程中形成的。

吐蕃王朝是在开疆拓土、征服邻近民族与部落的基础上建立的政权,它的发展就是对周边民族、部落征服统治及融合的进程。历史上任何一个民族的成分,都没有绝对纯粹的,都是在与其他民族的交融中,获得更大的发展,绝对的纯而又纯,只能形成自身封闭的循环模式,使民族发展陷入困境。吐蕃就是在对吐谷浑、党项、汉、回鹘、沙陀、嗢末等民族的征服与统治中,形成大规模的民族交融,自身也获得发展与壮大。

五、西北吐蕃的地缘因素

自然地理环境是人类赖以生存的空间及其活动的平台。宋代时期,西北吐蕃主要活动在河西走廊、黄河以南与湟水流域,这一地区得天独厚的地理位置、独特的地形地貌、多样化的生态环境和丰富的自然资源,构成了西北吐蕃生存的地

---

①《新唐书》卷二二二上《南诏上》,第 6272 页。

②《新唐书》卷二二二中《南诏下》,第 6290 页。

③《新唐书》卷二二二中《南诏下》,第 6290 页。

④(清)鄂尔泰、靖道谟等:《云南通志》卷一六上《兵防·师考旅》,文渊阁《四库全书》第 569 册,第 493 页。

⑤(清)冯甦:《滇考》卷上《唐与南诏和亲》,文渊阁《四库全书》第 364 册,第 48 页。

缘因素,极大地影响了这一地区民族与历史的发展。

(一)河西走廊地区

河西走廊古属雍州,简称河西,是甘肃西北部狭长地带,位于祁连山以东,合黎山以西,乌鞘岭以北,甘肃新疆边界以南,长1000多公里,宽数公里至二百公里,为南北走向的长条堆积平原。河西南山与河西北山之间夹有一条通道,貌似走廊,又因位于黄河以西,故称河西走廊。晋朝的前凉、后凉、南凉、北凉等朝皆在此建都,自古以来就是一条联结东西的交通要道,有诸多民族在这里生息繁衍。入宋后,这里逐渐成为甘州回鹘、凉州吐蕃及内迁党项生存与活动地区,也是党项西向扩张的主要目标及西夏建立后疆域所辖之地。

1. 地理位置与地形地貌

河西走廊地区的地形构造,是以昆仑山系东端山脉及其余脉为骨架,由河流、湖泊、沼泽、湿地、平原及干山、荒漠等不同地貌共同构成。

青藏高原北缘的祁连山脉是昆仑山系向东方的延伸,在祁连山北麓,顺山势走向河西走廊绵延千里。河西走廊的北面,由西往东排列的主要有北山、马鬃山、包尔乌拉山、合黎山、龙首山等,河西走廊的南面是祁连山,称为南山。河西走廊东起乌鞘岭,西至玉门关,东西长1300公里,南北宽数十里不等。乌鞘岭是藏语"奥索"的音变,源于一古部落名称,东晋时称"洪池岭",明代称"分水岭",清朝时称"乌鞘岭"。北山山地之北是大面积的沙漠与戈壁,其地相当于今内蒙古额济纳旗和阿拉善旗境,巴丹吉林沙漠和腾格里沙漠覆盖着大部分地区,其余为干旱戈壁,植被稀疏。发源于祁连山的弱水即张掖河从这一地区中部穿过,流入居延海。居延海一带地形最低处约为851米,过居延海往北,地势渐高,往东地势亦渐升高至狼山、贺兰山。

贺兰山是祁连山北折的余脉,南北走向,把西夏全境分为东、西两部,山以西为右,以东为左,即行政区划上的左、右厢。贺兰山北端近临阴山山脉的西段狼山。阴山山脉东西千余里,背朝蒙古高原,南麓峻陡,下临河套平原,贺兰山南端偏东是黄土层堆积深厚的陇山。陇山主脉在陕西陇县境内,西北东南走向,北抵萧关(关中四关之一,在今宁夏固原市东南),南至清水县境,南段称大、小陇山,北段称六盘山,即今宁夏南部山区。六盘山的北端天都山曾被西夏长期占领,是西夏出攻陇山内外的基地。陇山顶部平坦,古称陇坻,西夏时期是党项、吐蕃与宋人错居杂处之地,也是三方竭力争夺的地区。

陇坻东侧,由北向南的马莲河谷,是宋朝输往灵州(治今宁夏灵武市西南)的粮道,夏宋间多次交兵于此。陇坻北段就是六盘山向东逸出的横山山脉,横亘于陕西北部，是当年夏宋界山。陇坻北端即是黄土高原与祁连山山地、腾格里沙漠接合部。而祁连山、北山山地与贺兰山、阴山连缀成形状大致如“√‾‾”的曲尺线[①]，则把西夏境内的荒漠地与草原农耕地区分开来。曲尺线以外即北侧西侧是荒漠，以内是耕牧区。在贺兰山以东，阴山以南，祁连山东南，陇坻与横山也可连成与上述曲尺线近似而平行的曲尺线，把汉族农业区与少数民族畜牧区或半农半牧区分隔开来。黄河在今兰州市北面入夏境，依贺兰山、阴山及山西高原的地势，走了一个“几”字形的大弯曲，给西夏形成了富庶的兴灵平原。两道曲尺线之间的区域及其流经其间的黄河大转弯，是西夏人生存的主要空间。

2. 生态环境与自然资源

环绕地球一周，宽幅在南、北纬150°~50°有一个荒漠气候带，在这个气候带内的欧亚大陆和北美大陆腹地，断断续续分布着大片沙漠、戈壁。由黑海东岸起，在乌兹别克斯坦、哈萨克斯坦境内有卡拉库姆沙漠，在中国南疆有塔克拉玛干沙漠，北疆有古尔班通古特沙漠，在内蒙古西部、河西走廊以北有巴丹吉林沙漠、库布齐沙漠，河套南部地区有毛乌素沙漠等。自新疆以东到河套内外的沙漠，正处在当年西夏的疆域内，这些大片沙漠，形成了西夏疆域的荒漠地貌和荒漠气候。从欧亚大陆两岸登陆的海洋湿温气流，几经地形抬升和长途跋涉，空气含水量减少，加之在山脉背风面有持续增湿下沉作用，就在内陆形成干燥少雨、寒暑交替的温带荒漠气候。由于气候干燥，终年少雨或无雨，气温、地温日差与年差较大，风沙活动频繁，在这种气候之下，植被稀疏，生态脆弱。这种特殊的地理、自然条件，将这一地区分为半农半牧、农业、牧业三大生态区，又可分为山林、坡谷、沙窝、平原、河泽五种自然地理类型[②]。

农牧相兼的半农半牧区，主要分布在河西走廊与东起天都山西至横山的宋夏沿边地带。

酒泉的黑山与民乐的大黄山横向断块隆起，将河西走廊分割成三个内陆平原，即疏勒河水系的敦煌平原，黑河水系的酒泉平原，石羊河水系的武威平原。发源于祁连山的数十条大小河流汇成祁连山内陆水系，其年出山总径流量约65亿立方米[③]。诸多河流使河西走廊形成了一连串的绿洲，享有灌溉之利，而一些从

---

① 王天顺主编:《西夏地理研究》，兰州:甘肃文化出版社，2002年，第5页。

② 杜建录:《西夏经济史》，北京:中国社会科学出版社，2002年，第40页。

③ 汤奇成、程天文:《河西走廊的河川径流》，载赵松乔主编《中国干旱地区自然地理》，北京:科学出版社，1985年。

祁连山向北逸出的支脉环抱绿洲构成一些小盆地，又从而形成了与荒漠气候不同的局部温湿气候。从祁连山发源经凉州境的主要河流有古浪河、黄羊河、杂木河、金塔河、西营河、东大河，这六条河流经的缓斜谷地是天然的牧场，六条河汇入石羊河，而石羊河又流注入腾格里沙漠与巴丹吉林沙漠之间的白亭海（亦名白亭水、休屠泽、西海、猪野泽，在今甘肃民勤县东北，内蒙古阿拉善左旗西北）。在今武威地区南北流向的大小河流有三十余条，这诸多河流呈扇状展开，形成享有灌溉之利的民勤绿洲。石羊河两岸与白亭海附近，历来为游牧民族的驻牧之地。西夏占领凉州之前，吐蕃六谷部就曾在此驻牧。

源出甘州（治今甘肃张掖市甘州区）、肃州（治今甘肃酒泉市肃州区）以南山中，经过这二州境的河流主要有山丹河、洪水河、黑河、北大河等，诸水在合黎山前汇入弱水，这即《尚书·禹贡》所谓"导弱水至于合黎"，然后环山北去，注入居延海。弱水因其水色深玄，又名黑水，其众多支流在甘、肃二州南部形成了面积更大的绿洲。源出祁连山的疏勒河与党河沿岸，自汉代以来就被开垦成平川之地。党河北流经西夏时的沙州境，利用党河水灌溉沙州附近的农田。

祁连山不仅为河西走廊提供了天然屏障与丰富的水源，而且自身又是优良的天然牧场。《西河旧事》谓祁连山"在张掖、酒泉二界上，东西二百余里，南北百里，有松柏五木，美水草，冬温夏凉，宜畜牧。匈奴失二山，乃歌云：'亡我祁连山，使我六蓄不蕃息；失我燕支山，使我嫁妇无颜色'"[①]。焉支山也是河西名山，一作删丹山、燕支山或胭脂山，以山上产胭脂草而得名，位于甘肃省山丹县南，东西百余里，南北 20 里，"亦有松柏五木，其水草茂美，宜畜牧，与祁连山同"[②]。西夏时期，这里生态保持良好，祁连山"山高，冬夏降雪，雪体不融。南麓化，河水势涨，夏国灌水宜农也"，而焉支山上"冬夏降雪，炎夏不化。民庶灌溉，地冻，大麦、燕麦九月熟，利羊马，饮马奶酒"[③]。因此，河西走廊曾经是甘州回鹘、凉州吐蕃的生息繁衍之地，西夏奄有河西走廊后，又成为西夏粮仓和育马牧地，它们均是构成河西走廊农牧生态区域的重要组成部分。

由酒泉西经敦煌至玉门关，地多沙碛，正如唐代边塞诗人岑参所云："酒泉西

---

①（汉）司马迁：《史记》卷一一〇《匈奴列传》，北京：中华书局，1959 年，第 2909 页。

②（宋）乐史：《太平寰宇记》卷一五二《陇右道三》，文渊阁《四库全书》第 470 册，第 435页。

③（苏）克恰诺夫、李范文、罗矛昆著：《圣立义海研究》，银川：宁夏人民出版社，1995 年，第 59 页。

望玉关道，千山万碛皆白草。”[①]瓜州（治今甘肃瓜州县东南锁阳城）“地多沙碛，不宜于稼穑，每年少雨，以雪水溉田”[②]。实际上，酒泉、敦煌是宜于农耕的沙漠绿洲。

阿拉善高原东起贺兰山，西至玉门，北与蒙古国相邻，南经合黎山、龙首山与河西走廊相接，大部分地区海拔为1000~1500米，由南向北缓倾，最低处居延海海拔620米，沙漠戈壁构成高原的主要景观。沙漠气候恶劣，冬季寒风凛冽，夏季酷暑如焚，据《蒙古志》卷一《沙漠》记载：“秋冬间劲风一起，扬沙拔木，故沙漠中无大树，惟夏雨潴低地，则刚草丛生，高至数尺，质如铁线，以能御大风，故得独存，漠中植物，此为最大。”

阿拉善高原东南部的腾格里沙漠，交错分布着湖盆、草滩、沙丘、山地、平原，其中沙丘面积占71%，湖盆、草滩占7%[③]。巴丹吉林沙漠分布于西南边缘，沙丘虽为流沙，但沙山之间仍有144个内陆湖泊[④]，湖泊四周植被分布，有海韭菜、海乳草、芦草、芨芨草等盐生草甸及白刺沙滩[⑤]，这些地区主要用于放牧，是畜牧业基地。高原东北部为乌兰布和沙漠，宋太平兴国六年（981年）五月，王延德出使高昌（都城在古高昌城，今新疆吐鲁番市东的高昌故城），经鄂尔多斯高原渡黄河，穿行“六窠沙”（乌兰布和沙漠）时，“沙深三尺，马不能行，行者皆乘橐驼。不育五谷，沙中生草名登厢，收之以食”[⑥]。表明宋朝时，这里已严重沙化。

阿拉善高原的北部是一望无际的戈壁，直到居延海景观才有所改变。发源于祁连山的弱水自南向北流，至下游分两支注入东、西居延海。从居延海湖积物的分布情况可知，历史上居延海曾达到2600平方公里，后来逐渐缩小。至20世纪40年代时，东居延海周回约150里，水色碧绿鲜明，有鱼，“海滨密生芦草，粗如笔杆，高者及丈，能没驼上之人，极似荻苇，入秋，芦花飞舞，宛如柳絮，马、牛、驼群，随处可遇”[⑦]。鸟类亦多，天鹅、雁、鹤、水鸡、水鸭等栖息海滨或水面。西居延

---

①《全唐诗》卷一九九《赠酒泉韩太守》，文渊阁《四库全书》第1424册，第750页。

②《旧唐书》卷一〇三《张守珪传》，第3194页。

③ 中国科学院中国自然地理编辑委员会编：《中国自然地理》（地貌），北京：科学出版社，1980年，第198页。

④ 杜建录：《西夏经济史》，北京：中国社会科学出版社，2002年，第36页。

⑤ 全国农业区划委员会中国自然区划概要编：《中国自然区划概要》，北京：科学出版社，1984年，第128页。

⑥《宋史》卷四九〇《高昌传》，第14110页。

⑦ 侯仁之：《历史地理学的理论与实践》，上海：上海人民出版社，1979年，第93页。

海周回约300里，水因含碱过重，其色青黑，距水滨10里，即为湿滩，人畜不能进，亦无水草，水味苦。居延海地区是西夏黑水镇燕军司所在地，根据该地出土的西夏文书可知，西夏时期，这里水草丰茂，畜牧业与农业均很发达[①]。考古调查发现额济纳河下游临近居延海的额尔古哈拉地方，有西夏时期的瓦砾与陶瓷片，说明这里曾是西夏的屯垦区，该地出土的元代屯垦文书中，就有不少从事农业生产的党项人姓名[②]。黑水地处沙碛，"地土多系硝碱沙漠石川，不宜栽种"[③]，生态环境脆弱。

总之，在这一生存区中，独特的地理位置、地形、地貌及不同的生态环境，使这一地区蕴有丰富的自然资源，给凉州吐蕃、甘州回鹘、党项的经济发展提供了一个良好环境。

(二)河湟地区

河湟地区，包括黄河以南地区和湟水流域，黄河以南地区包括洮(治今甘肃临潭县)、岷(治今甘肃岷县)、叠(治今甘肃迭部县)、宕(治今甘肃舟曲县西北白龙江北岸)、阶(治今甘肃陇南市武都区)五州及积石军(治今青海贵德县西10里)。湟水流域主要包括湟(治今青海海东市乐都区)、鄯(治今青海西宁市)、廓(治今青海化隆县西60里黄河北崖)三州与青海湖以西地区。河湟地区曾是吐谷浑的主要居地，也是宋代西北吐蕃的主要聚集地，这里吐蕃部落众多。西夏疆域最盛时，曾占据了湟水流域的西宁、积石、乐、廓等州。

1. 地理位置

宋代西北吐蕃所居住的河湟地区就是朵康六岗，其中朵康(又称朵甘或朵甘思)又分为朵堆和朵麦两部分，朵麦即安多。据《安多政教史》所载，安多之名取自巴颜喀拉山东麓的阿庆冈嘉雪山与多拉山两座山名的首字，合并起来而命名[④]。安多地区是指今四川西北部、甘肃南部、河西走廊及青海除玉树以外的全部藏族居住区。

河湟地区地处青藏高原东北部边缘，是黄河与湟水流经地区。黄河自发源地

---

① 黄振华:《西夏天盛廿二年卖地文契考释》，载白滨编《西夏史论文集》，银川:宁夏人民出版社，1984年。

② 杜建录:《西夏经济史》，北京:中国社会科学出版社，2002年，第37页。

③ 李逸文:《黑城出土文书》(汉文文书卷)，北京:科学出版社，1991年，第101页。

④ 智观巴·贡却乎丹巴绕吉著，吴均等译:《安多政教史》，兰州:甘肃民族出版社，1989年，第5页。

蜿蜒东流，绕过积石山后屈曲西北流，在今青海省兴海县境内逐渐弯向东流，入积石军（治今青海贵德县西 10 里），经廓州（治今青海化隆县西 60 里黄河北崖）、河州（治今甘肃临夏市东北）境，出今青海省境流入今甘肃省永靖县，再从兰州城北进入西夏境内。湟水自大通山南麓牛堆心曲折向东流，经鄯、湟二州后，汇入黄河。黄河与湟水流经的地区，宋时称为河湟地区。这一地域南接川西高原，东接黄土高原，北邻内蒙古高原。河湟地区北面越过祁连山与河西走廊相连，东面越过大通河，沿庄浪河通凉州（治今甘肃武威市凉州区）、会州（治今甘肃靖远县东北）。西面限于日月山，南面限于小积石山。日月山位于青海湖东，今青海省西宁市湟中区南，是青海牧区与农业区的天然分界。小积石山在今甘肃临夏西北，其南则为大积石山，黄河上游即在大、小积石山间东西南北环绕。这一地区地势起伏较大，地势险峻，崇山峻岭，纵横交错，深涧峡谷，回绕其间，道路险阻，交通不便，自古以来为羌戎所居之地。东汉张衡《西京赋》谓："右有陇坻之隘，隔阂华戎。"[①]

战国时期，秦向西开疆拓土，在今临洮置陇西郡，以此为起点，筑长城防遏匈奴。秦的统治西及洮河河谷，洮河以西则鞭长莫及。安史之乱后，吐蕃强大，向四周扩张，其势力曾西越陇山，北入河套。唐朝末年，吐蕃势力衰弱，种落分散，散居在河湟地区的吐蕃人则以青唐城（故址在今青海西宁市）为中心建立起唃厮啰政权。其下属部落主要聚居、耕牧在河湟地区，黄河河谷与湟水河谷地带是其主要农牧区，湟水河谷也是连接青唐与陇右地区的通道。北宋时期，河西走廊被西夏阻塞，青唐城便成为宋朝与吐蕃及西域交通的枢纽，行人及贡使由渭水河谷经巩州（治今甘肃陇西县）、熙州（治今甘肃临洮县）、河州（治今甘肃临夏市东北）至湟州（治今青海海东市乐都区），循湟水河谷抵青唐再转而西去。而凉州至青唐须渡大通河后，进入湟水河谷而西行。西夏攻凉州、青唐，就是循此路线进军，先取邈川城（今青海海东市乐都区），后再攻青唐。若从甘州（治今甘肃张掖市甘州区）出兵，则可过扁都口（今青海祁连县东南扁都沟），翻越祁连山直接进攻青唐。显然，青唐是具有战略地位的形胜扼要之地。

2. 农耕畜牧生态区

河湟地区独特的地理位置及自然条件，决定了这一地区既有农耕生态区，

---

① （清）严可均：《全上古三代秦汉三国六朝文》第一册《全后汉文》卷五二，北京：中华书局，1958 年，第 761 页。

也有畜牧生态区。河湟地区生态环境较好，平均海拔高度达3000米，气候寒冷，草场面积分布广泛，有各种类型的草场，如高寒草甸型、荒漠草原型、山地草原型、草甸草原型、沼泽化草甸型，另外，灌木丛林等遍布各地，大部分地区牧草茂盛，品种质量均为上乘，这一切皆为畜牧业生产提供了优越的自然条件。

湟、鄯、廓、积石、熙、河、洮、岷、叠、宕等州，自古以来就是农业发达地区，沿河地带成为吐蕃人的主要农业区。"武威之南，至于洮、河、兰、鄯，皆故汉郡县，所谓湟中、浩亹、大小榆、枹罕，土地肥美，宜五种者在焉。"[①]湟州与鄯州地处湟水河谷平原，地险而土沃。湟水又称洛都水，发源于祁连山，由三股泉水南流20里后汇为一水，继续南流30里后，又汇入二水后转向东南方向，又纳入诸多支流，水势大增，折向东流40里后，入西宁界，称为西宁河。流经今青海乐都、民和东与大通河会合后，在今兰州西入黄河。湟水两岸水利灌溉发达，尤适以农耕，农业生产发展，粮食产量高。大通河源出青海湖西北的大通山，东南流800里，与湟水会合。大通河两岸草场宽阔，适于畜牧。西夏占领之前，大通河是阻挡西夏西进的天然屏障。大通河出山后，与湟水汇合后古称浩门水，因渡河处有山隘如门而得名。在鄯州西北有北川河注入湟水，沿北川河谷西北行，入祁连山，穿扁都口，就可抵甘州。濒临湟水南岸的湟州（即邈川，治今青海海东市乐都区）和鄯州（治今青海西宁市）之间有渴驴岭（今青海海东市乐都区西湟水之北）、戴星岭、狭口堡等险要。唃厮啰击退西夏进攻，与其占据湟水河谷的有利地形密切相关。

积石军（治今青海贵德县西10里）辖区在今青海省贵德县，濒临黄河，金朝占领北宋熙州地区后，另设积石州，辖区在今青海省循化撒拉族自治县境内，与积石军毗连而地望不同。廓州辖区在今青海尖扎县北，积石州与廓州东西相距150里，廓州（治今青海化隆县西60里黄河北岸）在黄河东，而积石州在黄河南。沿河谷地皆可耕牧。《水经注》卷二载："河水又经允川，而历大榆、小榆谷。"大、小榆谷在今青海省贵德县东河曲一带，东汉时，曾是先零、迷唐等羌族部落聚集地，土地肥美，又近塞内，"北阻大河因以为固，又有西海鱼盐之利，缘山滨水，以广田畜，故能强大"[②]。东汉永元五年（93年），东汉政府破迷唐羌，"收麦数万斛"[③]。平定西海（今青海湖一带）设郡后，采纳大臣曹凤的建议，"规固二榆，广设屯田，隔塞羌胡交关之路，遏绝狂狡窥欲之源。又殖谷富边，省委输之役，国家可以无西方

①《宋史》卷三二八《王韶传》，第10579页。

②《后汉书》卷八七《西羌传》，第2885页。

③《后汉书》卷八七《西羌传》，第2883页。

之忧”[1]。当年的大榆谷、小榆谷,正是宋、夏、金、吐蕃竭力所争之地。总之,由于河湟地区得天独厚的地理位置与优越的自然条件,因而在政治、军事和中西交通方面,具有重要地位和战略意义,因而对宋、夏、辽、金均产生极大的诱惑力,势必竭力争夺。

宋代时期,西北吐蕃主要活动的河西走廊、黄河以南与湟水流域,其地域广袤,地理位置特殊,生态环境多样,自然资源丰富,为其发展、壮大提供了得天独厚的条件,极大地影响了这一地区民族的发展。

---

①《后汉书》卷八七《西羌传》,第 2885 页。

第二章　西北吐蕃部族及其分布

9世纪40年代，吐蕃发生内混乱，王位争夺激烈，吐蕃政权灭亡。此时，已迁徙到河陇地区的吐蕃“族种分散，大者数千家，小者百十家，无复统一”[①]。其居地正如宋人何亮所言：“西戎既剖分为二，其右乃西戎之东偏，为夏贼之境，其左乃西戎之西偏，秦、泾、仪、渭之西北诸戎是也。”[②]大体说来，陇山、六盘山以东、以北为党项居地，陇山、六盘山以西、以南为吐蕃居地。“吐蕃本西羌属”[③]，其族种“百有五十种”，因此居住在“河、秦、邈川、青唐、洮、岷以至阶、利、文、政、绵、威、茂、黎、移州夷人，皆其遗种”[④]。韩琦亦谓：“泾原、秦凤两路，除熟户外，其生户有蹉鹘、者谷、达谷、必利城、腊家城、鸱枭城、古渭州、龛谷、洮河、兰州、叠、宕州，连宗哥、青唐城一带种类，莫知其数。”[⑤]而“自灵州渡黄河至于阗，往往见吐蕃族帐”[⑥]。从上述可知，宋代吐蕃部落主要分布在秦（治今甘肃天水市秦州区）、凤（治今陕西凤县）、泾（治今甘肃泾川县）、原（治今甘肃镇原县）、仪（治今甘肃华亭市）、渭（治今甘肃平凉市崆峒区）、兰（治今甘肃兰州市城关区）、熙（治今甘肃临洮县）、河（治今甘肃临夏市东北）、洮（治今甘肃临潭县）、岷（治今甘肃岷县）、叠（治今甘肃迭部县）、宕（治今甘肃舟曲县西北）、阶（治今甘肃陇南市阶州区）、成（治今甘肃成县）、文（治今甘肃文县）、湟（治今青海海东市乐都区）、鄯（治今青海西宁市）、廓（治今青海化隆县西60里黄河北岸）等州以及通远军（治今甘肃陇西县）、

---

① （元）脱脱等：《宋史》卷四九二《吐蕃传》，北京：中华书局，1977年，第14151页。

② （宋）李焘：《续资治通鉴长编》卷四四，咸平二年六月戊午，北京：中华书局，1979年，第947页。

③ （宋）欧阳修、宋祁：《新唐书》卷二一六《吐蕃传上》，北京：中华书局，1975年，第6071页。

④ （宋）邵伯温：《闻见录》卷一三，载文渊阁《四库全书》第1038册，台北：台湾商务印书馆，1986年，第792页。原文中所载“奉”疑为“秦”。

⑤ 《续资治通鉴长编》卷一四九，庆历四年五月壬戌，第3607页。

⑥ （宋）欧阳修等：《新五代史》卷七四《四夷附录第三·于阗》，北京：中华书局，1974年，第919页。

积石军(治今青海贵德县西10里)乃至凉州(治今甘肃武威市凉州区)以西等地区。《宋史·吐蕃传》对吐蕃居地,“自仪、渭、泾、原、环、庆及镇戎、秦州暨于灵、夏皆有之”记载并不全面。又据《宋史·党项传》所载党项居地,“今灵、夏、绥、麟、府、环、庆、丰州、镇戎、天德、振武并其族帐”,经对比分析,可知环(治今甘肃环县)、庆(治今甘肃庆阳市西峰区)、灵(治今宁夏灵武市西南)、夏(治今陕西靖边县西北白城子)、镇戎军(治今宁夏固原市)等地系吐蕃、党项杂居地区。

一、秦凤、泾原二路吐蕃部族

北宋时的陕西路,即“《禹贡》雍、梁、冀、豫四州之域,而雍州全得焉”①,其地西接羌戎,东界潼、陕,南抵蜀汉,北际朔方。北宋时期有陕西沿边,即今陕西、甘肃、青海、宁夏一部分地区。甘肃所在的陕西沿边深受宋夏战争的影响,其行政建制有所调整,使陕西沿边既成为行政区,又成为御夏军事区。庆历元年(1041年),分陕西沿边为秦凤、泾原、环庆、鄜延四路。陕西四路是党项、吐蕃生熟户杂居之地,其中鄜延、环庆二路以党项为主,而秦凤、泾原二路则以吐蕃为主。秦凤、泾原二路蕃部族帐有生、熟户之分,“接连汉界、入州城者谓之熟户,居深山僻远、横过寇掠者谓之生户”②。文彦博曰:“臣切见秦凤、泾原沿边熟户番部比诸路最多。”③治平年间(1064—1067年),四路大小部族共有1130个,其中秦凤、泾原二路就有800多个部族,约占四路部族的四分之三④。

(一)秦州吐蕃

秦州天水郡,“本秦初封之地,在汧渭之间,诸羌杂处”⑤,自秦汉以来,历属于各政权管辖,亦为蕃夷错居杂处之地。唐武德初置都督府,天宝后陷于吐蕃,至宣宗时为内地。土地辽旷,尤宜畜牧。其东入陇州(治今陕西陇县)界故关山路,至蕃界190里,南凤州界180里,东北陇州界140里。入宋后,秦州属秦凤路,下府,天水郡,雄武军节度,治成纪县。旧置秦凤路经略安抚使,统秦州、陇州、阶州、成州、

---

① 《宋史》卷八七《地理志三》,第2170页

② 《宋史》卷二六四《宋琪传》,第9129页。

③ (宋)文彦博:《潞公文集》卷一七《乞令团结秦凤泾原番部》,文渊阁《四库全书》第1100册,第686页。

④ 据《宋史》卷一九一《兵志五》统计。

⑤ (宋)曾公亮:《武经总要》前集卷一八上《秦陇凤翔阶成州路》,文渊阁《四库全书》第726册,第532页。

凤州、通远军(治今甘肃陇西县),凡五州一军。其后割通远军属熙河,凡统州五。秦州"扼巴蜀之境,陷河湟之城"①,其西又控党项、吐蕃,系"陇右山之外,今之一都会"②。崇宁年间,有"户四万八千六百四十八,口一十二万三千二十二"③。辖成纪、天水、陇城、清水四县,太平监及甘谷、伏羌二城。

陕西四路中,秦凤路是吐蕃的重要分布地区,据《宋史·兵志五》统计,秦凤路十三寨共有部族 632 个,其中大部族 123,小部族 509。秦州是吐蕃重要聚居地,"吐蕃族帐四路惟秦号最盛"④。河西回鹘也"多缘互市家秦、陇间"⑤。显然,宋代秦州吐蕃部落居多,也有回鹘人在此定居。

北宋时期,活动在秦州地区的吐蕃主要有以下部族:

尚波于部　亦作"尚巴约部",活动在秦州夕阳镇(今甘肃天水市西北新阳镇),此地为古伏羌县地,"西北接大薮,材植所出,戎人久擅其利"⑥。当时秦州夕阳镇至临洮抹邦山一带,皆是盛产材木的茂密林区,宋朝政府所需材木皆仰取于此。尚书左丞高防知秦州时,在渭北置采造务,辟地数百里,筑堡据要害,并以渭河划界,"自渭而北则属诸戎,自渭而南则为吾有"⑦。据渭河以北的诸戎即吐蕃部族。高防派戍卒防守,强取材木,"岁获大木万本,以给京师"⑧,因与边民争利,引起吐蕃人反抗。吐蕃酋长尚波于率众来争,杀伤士卒,高防捕其党四十余人。宋太祖不欲边境生事,建隆三年(962 年)六月,颁布《安抚秦州蕃部尚波于诏》,谓其"久怀忠顺,谨守封陲,昨缘事出于一时,致此纷扰"⑨。于是撤换高防,命枢密使吴廷祚为雄武军节度使、知秦州,令其招抚渭北蕃部。吴廷祚奉诏至秦州,示以怀柔,"各从宽宥",赦尚波于等罪,释放被捕的戎人,罢采造务,采取开明的民族政

①《武经总要》前集卷一八上《秦陇凤翔阶成州路》,文渊阁《四库全书》第 726 册,第 532 页。

②《武经总要》前集卷一八上《秦陇凤翔阶成州路》,文渊阁《四库全书》第 726 册,第 532 页。

③《宋史》卷八七《地理志》三,第 2154 页。

④(宋)韩琦:《韩魏公集》卷一一《家传》,载《丛书集成新编》第 74 册,台北:台湾新文丰出版公司,1986 年,第 176 页。

⑤《续资治通鉴长编》卷一一一,明道元年七月甲戌,第 2584 页。

⑥《续资治通鉴长编》卷三,建隆三年六月辛卯,第 68 页。

⑦《续资治通鉴长编》卷三,建隆三年六月辛卯,第 68 页。

⑧《续资治通鉴长编》卷三,建隆三年六月辛卯,第 68 页。

⑨佚名:《宋大诏令集》卷二四〇《政事九三·诸番》,北京:中华书局,1962 年,第 942 页。

策，于是戎人悦服，“是年秋，来献伏羌地”[①]而内附，北宋政府于其地特置伏羌寨（今甘肃甘谷县）戍守，熙宁三年（1070年）升为城。据《西夏语同藏语词汇之比较》[②]所载：唐蕃通婚后，吐蕃称唐为舅，因而吐蕃贵族官员名字前面要加上“尚”。“舅父”在卫藏方言和藏文书面语中读作“尚波”或“象波”，安多方言读作“央波”，口语中称舅父为“阿央”。由此可知“尚波于”无疑为吐蕃大族，是秦州以西第一个内附部族，其居地在伏羌县（治今甘肃甘谷县）。

大石、小石族　《宋史·吐蕃传》《续资治通鉴长编》均记载，开宝八年（975年）十二月，“秦州戎人大石、小石族寇土门，略居民”[③]，被知州张柄击走。《方舆纪要》卷五九“宁远县”载：石门山“四围皆峡，仅容一门，曰石门，山口为要隘”。石门山在今甘肃武山县东北50里，大石、小石族即以“石”名族。据《宋史·地理志三》所载，土门即“土门寨”，系秦州成纪县三十九寨之一，系三阳寨（今甘肃天水市北40里三阳川）领属十四堡之一。大石、小石族当居武山县东北一带。

安家族　太平兴国二年（977年）三月，秦州“戎人安家族寇长山寨，巡检使韦韬击走之”[④]。据《元丰九域志》卷三所载，长山堡（今甘肃秦安县西南），系静戎寨所领九堡之一。据《甘肃通志》卷一一《秦州·清水县》载，静戎寨在“清水县西北四十里长山岭下”。《宋史·地理志三》载：陇城有“静戎、永固、定平、长山、白榆林、郭马、安塞七寨”。长山堡（寨）在秦安县西南，以近长山而得名，属秦州陇城县七寨之一。安家族居长山寨一带。

内属戎人三族　史籍无明确记载三族名称。宋初多次寇边，宋廷采取抚绥与镇压的政策。宋太宗太平兴国三年（978年）春正月，宋廷颁布《秦州内属戎人敢肆侵掠者吏捕之诏》，诏书中谓秦州内属三族戎人，“克慕华风，聿求内附，俾之安辑，咸遂底宁”。并分析了蕃部寇边的原因，“岂朕信之未孚，而吏抚之不至”[⑤]，要求边官对戎人“宜蠲旧过，以儆将来”，而今后或更剽掠，“吏捕之置于法，不须以闻”。

药令族　亦作“裕勒凌族”，即《宋史·吐蕃传》与《续资治通鉴长编》所载“药令族”，系秦州较大蕃部之一。景德元年（1004年）八月，党项李继迁曾率众寇永宁寨

---

① （宋）王称：《东都事略》卷一二九《附录》七，文渊阁《四库全书》第382册，第831页。
② 陈庆英：《西夏语同藏语词汇之比较》，《青海民族学院学报》1992年第4期。
③《续资治通鉴长编》一六，开宝八年十二月丁卯，第356页。
④《宋史》卷四九二《吐蕃传》，第14153页。
⑤《宋大诏令集》卷二一八《政事七十一·讨伐》，第832页。

(今甘肃甘谷县西四十里铺附近),被药令族首领“合苏击败之,斩首百余级”[①]。据《甘肃通志》卷五《伏羌县》载:“永宁河在县西四十里,源出南山,北流入渭。”显然永宁寨与永宁河同在伏羌县西,永宁寨以永宁河命名。宋太祖建隆二年(961 年)筑永宁寨,系秦州属寨,为药令族居地。

野儿和尚族 《宋史·吐蕃传》中并无记载,而将此部族列入《党项传》[②]。秦州是吐蕃聚居地,基本上无党项族,野儿和尚族应是秦州一大蕃部。知秦州杨怀忠曾言:“野儿和尚族蕃落尤大”能禀朝命,“凡诸族为寇盗者,辄遏绝之”[③]。鉴于该蕃部助宋有功,知秦州杨怀忠“请加旌别”,宋廷下诏将其首领补为三寨都首领。

隆中族 秦州蕃部。由于秦州地处东西交通要道,常有西域或吐蕃唃厮啰等诸族贡使商队经过。大中祥符八年(1015 年)八月,隆中族部就曾“来劫般擦”[④],“般擦”即进贡商队。据《元丰九域志》记载,庆历五年(1045 年),宋政府曾筑达隆堡。此堡在州西北 150 里,即今甘谷县大石镇以西 30 里处的礼辛镇,南距盘安镇 40 里[⑤]。取名“达隆”是抵达隆中族居地之意。故推断隆中族居地在今甘谷县礼辛镇一带。

默星族 亦作“末星族”。大中祥符八年(1015 年)八月,默星族首领郢成斯纳曾与打劫商队的隆中族进行战斗。宋真宗天禧元年(1017 年)十月,秦州修大、小洛门两寨,“元献地人蕃官军主末星族郢成斯纳等,望补本族都军主”[⑥]。默星族与隆中族战斗,两族居地应相近。据《武经总要》前集卷一八载,大落门寨“在伏羌寨西,有落门谷,良木所产,东至永宁寨三十里”,小落门寨“东至永宁寨三十里,西南至威远寨八十里,北至来远寨二十里”,皆是秦州属寨。此地原是默星族捐献,默星族居地在今甘肃武山县洛门镇、鸳鸯镇一带,是秦州较大的部落。

王泥猪部 《续资治通鉴长编》载为“王宁珠”,《宋史》《钦定续通志》载为“王泥猪”。太平兴国三年(978 年)三月壬寅,戎人寇八狼寨,杀掠吏民,巡检刘崇让

---

① 《宋史》卷四九二《吐蕃传》,第 14157 页;《续资治通鉴长编》卷五七,景德元年八月乙亥,第 1253 页。

② 《宋史》卷四九一《党项传》载:“秦州言野儿和尚族部落尤大”,第 14146 页。

③ 《续资治通鉴长编》卷六四,景德三年九丁卯,第 1428 页。

④ 《续资治通鉴长编》卷八五,大中祥符八年八月丙戌,第 1945 页。

⑤ 陈守忠:《北宋时期秦陇地区吐蕃各部族及其居地考》,《西北师范大学学报》1996 年第 2 期。

⑥ 《续资治通鉴长编》卷九〇,天禧元年十月辛卯,第 2084 页。

率兵击败，“擒其帅王宁珠，枭首以徇”[①]。八狼寨系秦州属寨，王泥猪部居住在秦州八狼寨一带。

大、小马家族　居于秦州近边，“人马颇众，依倚朝廷”[②]。太宗淳化元年（990年），“秦州大、小马家族献地内附”[③]。天禧元年（1017年）二月甲午，“永宁寨大马家族军主阿斯铎等，捕得宗哥蕃部卓萨沁格”[④]，曹玮因其立有战功，“请授以刺史”。《武经总要》前集卷一八载：宁远寨，“南至马家族二十里”[⑤]。由此可知，大、小马家二族居住在秦州永宁寨（今甘肃甘谷县西四十里铺附近）至宁远寨（今甘肃武山县治）一带。

丁家族　秦州大蕃部，人马颇多，分为“上丁”与“下丁”二族。宋真宗大中祥符八年（1015年）十二月，侍禁杨承吉出使唃厮啰归来，“言蕃部甚畏秦州近边丁家、马家二族”[⑥]。皇祐中，宋政府筑古渭寨（即巩州，今甘肃陇西县），而“上丁、下丁断绝广吴堡路”[⑦]。宁远县西30里有广吴山，广吴堡位于广吴山下，故以名堡。《武经总要》前集卷一八载：“宁远寨，北至丁家族二十里。”[⑧]丁家族与大、小马家族同居于永宁寨（今甘肃甘谷县西四十里铺附近）至宁远寨（今甘肃武山县治）渭河南北两岸百里之内。

朵藏、枭波二族　秦州地区历来俗杂羌戎，有大小马家、朵藏、枭波等部，唐末以来，居住在渭河以南，大、小落门寨多产良木，为其所据。大落门即今甘肃武山县鸳鸯镇，小落门即今武山县洛门镇。宋真宗大中祥符七年（1014年）八月，宋政府“改秦州大落门枭蓖寨名威远”[⑨]。威远寨即今甘肃武山县南、山丹河上游的滩歌镇，距旧武山县城（即宁远寨）30里。韩琦所言秦凤、泾原两路生户有蹉鹘、者谷、达谷、必利城、腊家城、鸱枭城等，鸱枭城就是枭蓖城，枭波即枭蓖。可知枭

① 《续资治通鉴长编》卷一九，太平兴国三年三月壬寅，第424页。

② 《续资治通鉴长编》卷八五，大中祥符八年十二丁亥，第1958页。

③ 《宋史》卷四九二《吐蕃传》，第14154页。

④ 《续资治通鉴长编》卷八九，天禧元年二月甲午，第2045页。

⑤ 《武经总要》前集卷一八上《秦陇凤翔阶成州路》，文渊阁《四库全书》第726册，第534页。

⑥ 《续资治通鉴长编》卷八五，大中祥符八年十二丁亥，第1958页。

⑦ 《续资治通鉴长编》卷二一二，熙宁三年六月丙寅，第5146页。

⑧ 《武经总要》前集卷一八上《秦陇凤翔阶成州路》，文渊阁《四库全书》第726册，第534页。

⑨ 《续资治通鉴长编》卷八三，大中祥符七年八月丙寅，第1891页。

波族居住在以威远寨为据点的今甘肃武山县南部，朵藏部与枭波部相邻，同居于此。

郭厮敦部　亦作“郭干苏都部”。《宋史·吐蕃传》载：“秦州曹玮言熟户郭厮敦、赏样丹皆大族。”郭厮敦与赏样丹（尚杨丹）在哩旺族谋立文法，起兵反宋。宋边将曹玮闻悉后，厚结郭厮敦，尝解宝带赐予。郭厮敦感激求自效，曹玮使郭厮敦斩赏样丹，郭厮敦献地筑南市（使）城，赐名静边寨（今甘肃静宁县东南）。天禧元年（1017年）六月，曹玮言“南市归顺蕃部都首领郭厮敦举家居冶坊寨”[①]。冶坊寨即冶坊堡（今甘肃清水县东北40里黄门乡），在秦州东北120里，太平兴国二年（977年）置，郭厮敦部族居此地。

赏样丹部　亦作“尚杨丹部”，与郭厮敦部同为秦州吐蕃大族。《宋会要辑稿·西凉府》载：“西凉蕃部样丹求市弓矢归蕃。”原属西凉潘罗支政权，是宗哥吐蕃首领唃厮啰（嘉勒斯赉）之舅。样丹“辄作文法谋叛”[②]，被郭厮敦密告斩杀。从其活动推断其居地在秦州一带。

者龙族　吐蕃大族，下分十三部，隶属于凉州潘罗支政权。《宋会要辑稿·西凉府》称者龙居地“心山”，“心山”地望无考，而又与王家族并称。据《武经总要》前集卷一八所载，水洛城西有“熟户王家族”。据此，者龙族居地亦在水洛城西。《续资治通鉴长编》卷八六载：“今规度自永宁寨西城掘壕堑至搒啰咙，凡五十一里。……搒啰咙，蕃部要害地也。”[③]“搒啰咙”与“者龙”同音异译，“者龙”即以地名族。西凉政权灭亡后，有厮铎督部属迁居秦州一带，宋王朝称其首领为“者龙族首领”。者龙族居住在秦州永宁寨（今甘肃甘谷县西四十里铺附近）至搒啰咙一带。

俞龙潘部　秦州蕃部。《元宪集》卷二四《熟户俞龙潘可银青光禄大夫检校国子监祭酒兼监察御史武骑尉制》载：“秦州永宁寨熟户俞龙潘，乃父以祇服世劳，奉承边略，奄遗绪业，属尔后昆，继轸沦亡，次须绍袭。宜擢升于军簿，俾保训于族人，仍视官荣，且谨吾圉。可。”从这一“转官制文”，可知俞龙潘部居住在秦州永宁寨一带。

离王族　亦作“哩旺族”。大中祥符九年（1016年）三月，宗哥吐蕃首领唃厮

---

①《续资治通鉴长编》卷九〇，天禧元年六月壬申，第2068页。

②《宋史》卷四九二《吐蕃传》，第14159页。

③《续资治通鉴长编》卷八六，大中祥符九年四月丙戌，第1982页。原文为“永庆寨”，今据《宋史·地理志三》改为“永宁寨”，第2155页。

啰使其舅赏样丹与郭厮敦"谋立文法于离王族"①。离王族与赏样丹、郭厮敦同为秦州吐蕃大族，居地在秦州。《武编后集》卷二《伐交》载："唃厮啰使其舅赏样丹与厮敦立文法于离土族，谋内寇。""离土"即"离王"之讹。

陇波、他厮麻族　亦作"隆博、图沙玛族"。《宋史·吐蕃传》载："永宁寨陇波、他厮麻二族召纳质不从命，率兵击之，斩首二百级。"大中祥符九年九月，曹玮言："宗哥昨遣马波叱腊率兵到大、小洛门胁诱熟户，寻呼集令纳质于永宁寨，有陇波、他厮麻二族不至。"②这二族均居于永宁寨（今甘肃甘谷县西四十里铺附近）。"陇波"与"陇逋"当为一族，陇逋族后迁居河南地。

厮鸡波族　秦州蕃部。大中祥符九年（1016年）八月壬申，"伏羌寨蕃部厮鸡波与宗哥族连结为乱"③。《宋史·曹玮传》载："伏羌首领厮鸡波、李磨弄私立文法，玮潜兵灭其帐。"《宋史·吐蕃传》亦载："伏羌寨厮鸡波与宗哥族李磨论聚为文法。"由此可知，厮鸡波族居住在秦州伏羌寨（今甘肃甘谷县）。

空俞族　与厮鸡波同为秦州蕃部。《宋史·吐蕃传》载："诸寨羌族及空俞、厮鸡波等纳质者凡七百五十六帐。"由此可知，空俞族与厮鸡波族居地同在秦州。

鬼留族　秦州蕃部。一作"圭律""果庄""鬼章"族。《宋史》《皇宋十朝纲要》《续资治通鉴长编》皆作"鬼留族"，《稽古录》作"果庄族"。《稽古录》卷一八载：天禧元年（1017年）十一月，"曹玮奏破果庄族，平之"。《宋史·吐蕃传》载："鬼留家族累岁违命"，天禧元年十一月，曹玮"率所部及寨户、蕃兵讨平之"④。原存于秦安县旧学署的《凉飕阁记》载："陇城寨距秦一百二十里，本黠羌鬼留等穹庐所止之地。"⑤鬼留族居住在秦州陇城寨（今秦安县东北90里陇城乡）。

药家族　秦州蕃部。庆历元年（1041年）七月，陕西经略安抚招讨副使曹琮招诱居住在堪坡界、青鸡川等地的戎人内属。宋英宗治平（1064—1067年）初，枢密直学士李参知秦州，时逢"蕃酋长药家族作乱"，李参"讨平之，得良田五百顷，以募弓箭手"⑥。治平四年（1067）闰三月，陕西路缘边宣抚使郭逵言："秦州青鸡

①《续资治通鉴长编》卷八六，大中祥符九年三月乙巳，第1974页。

②《续资治通鉴长编》卷八八，大中祥符九年九月己酉，第2015页。

③《宋史》卷八《真宗纪三》，第160页。

④《续资治通鉴长编》卷九〇，天禧元年十一月辛丑，第2085页。

⑤《陇右金石录》卷三《凉飕阁记》，民国三十二年（1943年）校印本，第16043页。

⑥《宋史》卷三三〇《李参传》，第10619页。

川蕃官首领药断哥愿献青鸡川地土。”[①]请于“青鸡川南牟谷口修置城寨，募招置弓箭手”。熙宁年间开拓熙河，“王师定武胜，首领药厮逋邀劫于阗贡物”[②]。王君万率军征讨，斩杀药厮逋。药断哥、药厮逋均为药家族人，居地在青鸡川等地。

李宫八族　秦州蕃部。庆历三年（1043 年）六月，知秦州文彦博言：“本州西路蕃部李宫等八族寇永宁、来远寨。”都监冯诰于“来远寨北八里野勺口筑堡以扼其要冲”[③]。蕃部窘困，于是“入献甲器，愿纳质内附”。《河南集》卷二四《秦州申本路招讨使状》也载：“所有某等即元不奉招讨指挥，领兵破荡作过李宫族帐，只是奉指挥于寨北约五里以来操立堡子。”来远寨（今甘肃武山县西南 30 里滩歌乡）是秦州属寨，在威远寨（今甘肃武山县南）以西。由此可知，李宫八族居住在秦州以西，即今武山县马力镇及以北榜沙河（在鸳鸯镇注入渭河）两岸。

颇忠族　秦州蕃部。大中祥符七年（1014 年）八月，永宁寨监押杨光习被除名，配隶邓州（治今河南邓州市），其罪名为“坐擅领兵出寨与颇忠族斗，又诬军中谋杀司马张从吉故也”[④]。颇忠族居地当在秦州永宁寨（今甘肃甘谷县西四十里铺附近）一带。

樊诸族　秦凤路吐蕃部族。皇祐三年（1051 年）十一月，秦凤经略司言：“樊诸族首领阿裕尔等二十六人内附，并补本族军主。”[⑤]宋之秦凤路领秦、凤、成、阶、陇五州及凤翔一府，故樊诸族具体居地不详，暂置于秦州以待考，其居地在秦凤路当无疑。

心波三族　秦州蕃部。熙宁三年（1070 年）六月三日，宋政府筑甘谷城（今甘肃通渭县西南）时，怕拘占当地土地过当，诏秦州李师中勘察。师中上报曰：“准诏勘会昨展置甘谷城所拘占汤谷内田地，系与不系心波等三家，仍令王韶、刘希奭与同蕃部首领标定界至，具诣实以闻。”[⑥]标定的结果，将入官土地“元献纳内三分给还一分”。所占汤谷土地属这三族所有，由此可知，心波三族居住在秦州甘谷城汤谷地界内。“汤谷”“甘谷”来源于水名，《甘肃通志》卷五“伏羌县”载：“散渡河

---

① （清）徐松辑，刘琳等点校：《宋会要辑稿》蕃夷六《吐蕃》，北京：中华书局，1957 年，第 9910 页。

② 《宋史》卷三五〇《王君万传》，第 11070 页。

③ 《续资治通鉴长编》卷一四一，庆历三年六月壬寅，第 3387 页。

④ 《续资治通鉴长编》卷八三，大中祥符七年八月丙辰，第 1890 页。

⑤ 《续资治通鉴长编》卷一七一，皇祐三年十一月壬申，第 4118 页。

⑥ 《宋会要辑稿》方域八《甘谷城》，第 9437 页。

在县东北五里,即通渭之西河。”今通渭县散渡河发源于通渭、安定区交界处的牛营大山,通渭人称牛谷水,流至通渭城南,发源于西南山区的温泉水(今名汤池河)也汇入,故宋人称之为汤谷。此水甘甜,既可饮用,又可溉田,故又名之曰“甘谷水”。大甘谷口寨(即甘谷城)、甘谷城(即筚篥城,今甘肃通渭县西南)等均以此水而得名。

延厮铎等部 秦州蕃部。熙宁元年(1068)八月,秦凤路走马承受王有度言:“生户延厮铎并青唐家首领余龙珂等与熟户相杀,延厮铎累寇边,今又勾引青唐族劫掠熟户药令家等族帐。缘青唐一族人马颇众,窃虑别生边患。”[①]由此可知,延厮铎部居住在秦州。

张朴令孤部 秦州清水县蕃部。《苏魏公文集》卷三一载有“秦州东路弓门寨界蕃巡检副都军主张朴令孤可银酒监武充本族都军主”的制文,表彰其“职于边候,号有才谋,俾式遏于诸戎,且无虞于外境,藩臣列奏,宠命惟行,进膺帅领之荣宠,尽封陲之效”。据《宋史·地理志三》载,清水县有弓门等29寨。弓门寨(即弓川寨,今甘肃张家川回族自治县东南恭门乡)系太平兴国三年(978年)置。显然,张朴令孤部居住在秦州清水县境内。

筚篥部 秦州生户。韩琦谓秦凤路、泾原路生户有“蹉鹘、者谷、达谷、必利城、腊家城、鸱枭城、古渭州、龛谷、洮河、兰州、叠、宕州连宗哥、青唐城一带种类,莫知其数。然族帐分散,不相君长,故不能为中国之患”[②]。《宋史全文》卷一一《宋神宗一》载:熙宁元年秋七月乙亥,“诏秦州新筑大甘谷口寨曰甘谷城,即筚篥城也”。“必利城”即“筚篥城”,是以居住的部族命名,后居住在此的吐蕃部族有心波三族。

者谷、达谷部 韩琦所言秦凤、泾原二路生户中之部族,均以居地名族。甘谷城峻功后,熙宁元年(1068年)六月七日,韩琦又委派杨文广于擦珠谷(今甘肃通渭县古城川常家河)筑一大堡,堡筑成后,赐名通渭堡。擦珠谷上源有二支,一为者谷,另一为达谷,居者谷者为者谷族,居达谷者为达谷族。宋政府在其间筑者达堡(今甘肃通渭县文树乡),取两族之名各一字而名堡,其地名保存至今[③]。者谷、达谷二族居地在秦州擦珠谷一带。

陇城川蕃部 秦州蕃部。庆历三年(1043年),宋边将“李中和又屈伏陇城川

---

① 《宋会要辑稿》蕃夷六《吐蕃》,第9911页。

② 《续资治通鉴长编》卷一四九,庆历四年五月壬戌,第3607页。

③ 陈守忠:《北宋时期秦陇地区吐蕃各部族及其居地考》,《西北师大学报》1996年第2期。

蕃部,各补职名为属户"[①]。庆历四年(1044 年),于陇城县故址修筑陇城(今甘肃秦安县东北 90 里陇城乡)等大寨,庆历五年五月辛未,宋政府赏赐修陇城川堡的使臣、役卒银绢。陇城川在今甘肃秦安县东北,由陇城向西至莲花城的王营河川谷,居住在此地的吐蕃以地名部族。

策拉部　秦州蕃部。天圣三年(1025 年)十月庚申,"秦州蕃官军主策拉等请于来远寨置佛寺,以馆往来市马人"[②]。宋政府接受了其请求。来远寨(今甘肃武山县西南 30 里滩歌乡)系秦州属寨,"至秦州一百九十里,东至永宁寨二十里,西至宁远寨郢南谷一十一里,南至威远掘埚一十里,北至渭河穷边"[③]。策拉部居住在秦州来远寨一带。

(二)渭州吐蕃

渭州(治今甘肃平凉市崆峒区)旧治襄武县,秦伐义渠戎置郡,唐为渭州,至德后陷于吐蕃,元和中置州于平凉。州内境地坦平无险,利于驰突。其东至泾州 130 里,西至镇戎军 140 里,南至仪州、北至原州均为 70 里。入宋后,渭州系下府,陇西郡,平凉军节度,旧置泾原路经略、安抚使,泾州、原州、渭州、仪州、德顺军、镇戎军皆属。熙宁五年(1072 年),废仪州,元符二年(1099 年),增置西安州,崇宁三年(1104 年),又以熙河路会州来属,大观二年(1108 年),又增置怀德军,凡统五州三军。崇宁年间,有户 26584,口 63512,辖平凉、潘原、安化、崇信、华亭五县以及靖夏城、甘泉堡[④]。

渭州是吐蕃部族聚集区,在渭州地区活动及居住的吐蕃主要有以下部族:

党宗族　亦作"当宗",原属渭州蕃部。景德三年(1006 年)正月,宋政府"诏以西凉者龙族合穷波等七人、渭州党宗族业罗并为检校太子宾客,本族首领"[⑤]。党宗族原居渭州,首领为业罗。《宋史·吐蕃传》载,者龙族合穷波、党宗族业罗"皆铎督外姻也"。《宋会要辑稿·西凉府》载:景德三年五月,"西凉府龛谷、懒家、宗家、者龙、当宗、章迷等十族朝见,进马,犒以酒食,赐与有差"。显然,宋真宗时,党宗族已归属西凉府六谷吐蕃政权。

---

①《续资治通鉴长编》卷一四五,庆历三年十二辛丑,第 3513 页。

②《续资治通鉴长编》卷一百三,天圣三年十月庚申,第 2390 页。

③《武经总要》前集卷十八上《秦陇凤翔阶成州路》,文渊阁《四库全书》第 726 册,第 534 页。

④《宋史》卷八七《地理志》三,第 2157 页。

⑤《宋会要辑稿》方域二一《西凉府》,第 9708 页。

绰克宗部　大中祥符三年(1010年)八月,“渭州吐蕃部署绰克宗来贡马”[①]。绰克宗“自言本属西凉府,及为李继迁所破,逐徙居康谷”。初以马二百余匹入贡,至天都山(今甘肃兰州市南30里)与万子太保相遇,劫而夺之,只“余三十匹”。绰克宗部后移居渭州。

党留族　亦作“党罗族”。庆历三年(1043年)十月,刘沪先以右侍禁、瓦亭寨监押、权静边寨(今甘肃静宁县城)主,“击破党留等族”[②]。然后于当年筑章川堡(今甘肃静宁县威戎堡以东30里古城川),章川堡亦作“漳川堡”,其“东北控扼西峡口戎马来路,地名漳川,顷因生户求内附,筑城,赐今名。东南结公城,西静边寨捺龙川一路,南秦州白石堡,北林堡熟户地”[③]。据《武经总要》前集卷一八上载:结公城(今甘肃庄浪县西北),“南至水洛三十五里,北至漳川堡二十里,东至制胜关百里,西至静边寨六十里,西南至秦州百里”。由此可知,党留族居地在渭州。

大卢、小卢十族　系渭州吐蕃大族。渭州平凉县东北有两条平行的河流,即小卢河、大卢河,自西北往东南流,至潘原县(今甘肃平凉市东)东,次第汇入泾河。这两条河流周围居住的是小卢族、大卢族,是内属的较大部落。咸平三年(1000年),“延州钤辖张崇贵等破蕃贼大卢、小卢等十族,禽获人口、羊马二十万”[④]。《宋史·李继和传》言:“自青石岭东南去,则由小卢、大卢、潘谷入潘原县。”由此可知,大卢、小卢十族居住在潘原县西北。

格隆族　系渭州吐蕃。庆历三年(1043年),渭州再经大战,内属蕃部纷纷溃逃,不可遏制。渭州属户格隆族首领延正虽屡受诱惑而“不从”。宋政府授延正为“三班借职、本族巡检”[⑤],以示奖赏。

狸家族　系渭州一带蕃部。《宋史·吐蕃传》载:“泾原路言,陇山县王、狸、延三族归顺。”王、延即“王家”“延家”二族。“陇山县”当为“陇山西”之误,亦指渭州地区,狸家族居住在此。

延家族　是内属较早的蕃部。咸平六年(1003年)六月,知渭州曹玮言:“陇

---

①《续资治通鉴长编》卷七四,大中祥符三年八月丁巳,第1684页。

②《续资治通鉴长编》卷一四四,庆历三年十月甲子,第3486页。

③《武经总要》前集卷一八上《泾原仪渭镇戎德顺军路》,文渊阁《四库全书》第726册,第531页。

④《续资治通鉴长编》卷四七,咸平三年十月丙寅,第1030页。

⑤《续资治通鉴长编》卷一三九,庆历三年二月甲子,第3355页。

山西延家族首领秃逋等纳马立誓，乞随王师讨贼，以汉法治蕃部，且称其忠。”[①]于是宋政府授以本族军主。《宋史·吐蕃传》又载：“以仪州延蒙八部都首领溷哥领化州刺史，首领秃逋等为怀化郎将。”[②]“延蒙”即为“延家”之误，“透逋”即“秃逋”。《宋史·真宗纪二》也载：咸平六年(1003 年)八月辛未，“原渭州等言西蕃八部二十五族纳质来归”。此“西蕃八部”就是“延家八部”，居住在仪州(治今甘肃华亭市)。

大王家族　《宋史·吐蕃传》作“生户大王族”，《宋会要辑稿·西凉府》称为“心山王家”，《续资治通鉴长编纪事本末》卷四六作“生户大王家族”，《武经总要》前集卷一八载“制胜关百里西熟户王家族”，庆历元年(1041 年)元月，王尧臣论边事时，又称为“八王族”。庆历三年(1043 年)十月，陕西四路经略安抚招讨使郑戬言：“德顺军生户大王家族元宁等以水洛城来献。”[③]水洛城(今甘肃庄浪县)西占陇坻，通秦州往来道路。有二水环城西流，“川平土沃，又有水轮、银、铜之利，环城数万帐，汉民之逋逃者归之，教其百工商贾，自成完国”[④]。此地经济发展水平较高，其吐蕃族帐不应称为“生户”。其居地在“陇山西”[⑤]，由漳川堡(今甘肃静宁县威戎堡以东 30 里古城川)向东北越过六盘山到仪州的制胜关(今宁夏泾源县西北 4 里)一带。据甘肃庄浪县韩店镇出土的《大宋王家城新建城隍庙之记》碑[⑥]载：“(刘沪)促发土工，复城水逻，百堵偕作，一呼而就。于是西设石门堡，以为外关；东起王家城，而生重堑。”显然，刘沪修筑水洛城后，还在该城西设石门堡为外关，东筑王家城，并开掘壕堑，成为水洛城东西两个门户。这与《宋史·地理志三》“德顺军”所载“水洛，领王家城、石门堡”相符。碑文载：“今民食于此土，安于此土，一荷刘公之力，一愧里域之灵。”当地人民永世感念刘沪修城之恩，“祈福于万千祀千龄”。王家城遗址即今庄浪韩店镇所在地，石门堡遗址在今庄浪县朱店镇小湾村石门口水洛河南岸的半山上，城址依山而建，距水洛镇 34 里。石门口是今庄浪

---

①《宋史》卷四九二《吐蕃传》，第 14156 页。

②《宋史》卷四九二《吐蕃传》，第 14155 页。

③《续资治通鉴长编》卷一四四，庆历三年十月甲子，第 3486 页。

④《宋史》卷三二四《刘沪传》，第 10494 页。

⑤《宋史》卷四九二《吐蕃传》，第 14156 页。

⑥ 2000 年 5 月，此碑于甘肃庄浪县韩店镇西门村出土，现保存于韩店镇西门村庙院内。碑高 185 厘米、宽 88.5 厘米、厚 16 厘米，红砂岩石质。碑首呈半圆形，碑体呈长方形，碑边沿阴刻花草纹一周，全文 749 字。见李晓斌《庄浪文物》第 251、252 页。

县通往天水的必经之路，北宋在此筑堡，控扼了水洛城至秦州的通道。

苏温啰族　据《武经总要》前集卷一八上《泾原仪渭镇戎德顺军路》所载："苏温啰等族献山林，连延数百里，去水洛城三十里。"苏温啰族献山林内附，其居地当与大王族、铎厮那部居于同一地区。今庄浪县仍保留水洛镇地名，说明今庄浪县水洛镇无疑乃是北宋水洛城所在地。

铎厮那部　系蕃部大族。刘沪进筑漳川，收善田数百顷，"密使说其城主铎厮那令内附"，于是"铎厮那及戎落尊属来献结公、水洛、露罗甘地，乞冠带为属户"[①]，刘沪遂筑水洛城（今甘肃庄浪县）。漳川、结公、水洛、罗甘等地均在德顺军（治今甘肃静宁县）境内。水洛城川原地带至以北35里的结公城（今甘肃庄浪县西北南湖镇），是厮铎那蕃部的居地。水洛城西沿河一带，是以穆宁为首十余氏族部落所居地。

郭厮敦部　原为德顺军地区蕃部，居住在南市城（即静边寨，今甘肃静宁县东南）。南市城即唐代牧马监的南使，"蕃语讹谓之南市，西南距州百五十里，东北距笼竿城八十里，秦渭相接，扼西戎要处也"[②]。大中祥符九年（1016年），当地蕃部首领郭厮敦献地内属，知秦州曹玮立即请筑南市城。因献地有功，乃授"厮敦顺州刺史"。郭厮敦举家迁冶坊寨（今甘肃清水县东北40里黄门乡），也系在秦州地区活动和居住的蕃部。

阿克节部　居住在德顺军静边寨（即南市城，今甘肃静宁县东南）西南的捺龙川治平寨（今甘肃静宁县西南80里治平乡）。熙宁八年（1075年）十二月，泾原路经略司言："治平寨蕃部阿克节探报西界人骑烧劫投汉蕃部有实。"[③]诏补阿克节为本族副兵马使，仍赐绢二十匹。

麻毡族　亦作"玛展族"。庆历元年（1041年）五月，"麻毡、党罗百余帐处近寨为暴"，通事舍人、招讨使都监赵珣率兵二万，"自静边历揆吴抵木宁袭贼，俘获数千计"[④]。由此可知，麻毡族居住在德顺军静边寨（今甘肃静宁县东南）一带。

章埋族　亦作"章迷族"，系同音异译，当为一族。曹玮知渭州时，曾"与秦翰破章埋族于武延川"[⑤]。武延川本系羌戎居地，在隆德县西北70里，"昔有姓武名

---

①（宋）曾巩：《隆平集》卷一九《武臣》，文渊阁《四库全书》第371册，第193页。

②《续资治通鉴长编》卷八六，大中祥符九年三月丙午，第1974页。

③《续资治通鉴长编》卷二七一，熙宁八年十二月辛卯，第6636页。

④《宋史》卷三二三《赵珣传》，第10463页。

⑤《宋史》卷二五八《曹玮传》，第8985页。

延者在此居住，故名”[①]。武延川在镇戎军（治今宁夏固原市）境内，其居地在镇戎军一带。

剥波族　《南阳集》卷一八载有《蕃官德顺军静边寨剥波族都军主扒令征亲男祝扒可银酒监武充本军主制》文：“敕某尔父，纠帅其族，为国捍边，老不忘忠，请子自代。今予所以命汝者，皆乃父之旧，善继其事，毋替厥勤。”由此文可知剥波族居德顺军静边寨（今甘肃静宁县东南）。

李奇济部　原为德顺军（治今甘肃静宁县）一蕃部。熙河开边，知河州景思立要求“以德顺军降羌李勇济等五十五人为洮西安抚司蕃勇敢”[②]，于是李勇济等便被招募到洮西地区。

妙娥族　亦作“密鄂克族”。景德三年（1006年），渭州言：“妙娥、延家、熟嵬等族率三千余帐、万七千余口及羊马数万款塞内附。”[③]“熟嵬族”系党项，《宋史·党项传》载：景德元年“九月，镇戎军言，先叛去熟魏族酋长茄罗、兀赃、成王等三族应诏抚谕，各率属来归”。《宋史·真宗纪二》也载：“景德三年五月，渭州妙娥族三千帐内附。”《武经总要》前集卷一八载：“三川寨在捺龙川、天麻川、武延川之间，因名三川。西控妙娥山一带，西北入天都山路，可至灵武。地宽平，美水草，西天麻川，北至定川寨，去好水川一百里。”三川寨（今宁夏固原市西北30里彭堡乡隔城子古镇）在镇戎军境内，妙娥族是以居妙娥山附近而得名，其居地在镇戎军（治今宁夏固原市），属渭州，故也称为“渭州妙娥族”。元符二年（1099年），以南牟会新城置西安州，治所在今宁夏海原县西北西安乡西安州。哲宗元符二年（1099年），“又诏西安州灵平寨妙娥山湫神，以灵祐庙为额”[④]。显然宁夏海原也有妙娥山。

卫狸族　系镇戎军蕃部。知镇戎军李继和言：“昨自天麻川杀卫狸族后，近界蕃部颇甚震慑。”[⑤]《宋史·李继和传》载：“（咸平）五年，继和领兵杀卫狸族于天麻川。”《永乐大典》卷一三五〇七引《夏文庄公集》载有《西蕃魏狸族首领潘般可银青光禄大夫、检校国子祭酒兼监察御史、武骑卫充本族军主制》文，敕：“某性秉忠

---

①（清）许容、李迪等监修：《甘肃通志》卷五《山川·隆德县》，文渊阁《四库全书》第557册，第207页。

②《续资治通鉴长编》卷二四五，熙宁六年六月丁亥，第5968页。

③《宋史》卷四九二《吐蕃传》，第14158页。

④《续资治通鉴长编》卷五一四，元符二年八月丁亥，第12221页。

⑤《续资治通鉴长编》卷五一，咸平五年二月己卯，第1115页。

纯，志怀刚果，来归德化，达朕听闻，宜霈殊恩，族忠效可。”[①]从《武经总要》前集卷一八所载，可知三川寨在捺龙川、天府川、武定川之间，故名三川。“西天麻川，北至定州寨，去好水川一百里。”[②]天圣八年（1030 年），置三川寨（今宁夏固原市西北 30 里彭堡乡隔城子古城），显然天麻川属镇戎军（治今宁夏固原市）。“卫狸”“魏狸”同名异译，“卫埋”则是“卫狸”之误。由此可知，卫狸族居地在镇戎军境内。

潘薛族　亦作“潘家族、薛家族：。景德三年（1006 年）六月，“叶市、潘、保、薛等四族来投镇戎军，秦翰出兵援之。德明诉其事于朝，愿举刑章。翰言四族本皆熟户，兹还旧居，非新有所招纳也”[③]。《宋史·党项传》中载有“叶市”“保族”，而“潘家”“薛家”《宋史·党项传》不载，而《宋史·吐蕃传》中亦不载。其族属尚疑，暂以吐蕃部属论。其居地在镇戎军（治今宁夏固原市）境内。

伊普、才迭三族　《宋史·吐蕃传》《文献通考·吐蕃》作“移逋、擦父族”。景德三年（1006 年）九月，知镇戎军曹玮言：“伊普、才迭三族首领率其族来归，欲发兵接应。”[④]宋真宗以“德明输贡效款，议加朝命”，诏令曹玮“如旧系熟户，则依例安置，自余勿为发兵”。“移逋、擦父”即“伊普、才迭”之异译。其居地在镇戎军（治今宁夏固原市）境内。

裕勒萨部　德顺军蕃部。《郧溪集》卷七载有《治平寨杨奘川蕃部裕勒萨等献土地可本族军主制》文：“尔等相率款塞，挈地而来附。朕以四海为疆场，奚取乎寻尺之田地哉！盖嘉尔面内诚信明白，宜申显命，以主其军事。尔其奋励忠节，绥缉夷部，永为我保塞之臣，可。”[⑤]其献地之举，受到宋朝的称赞。从该制文可知，裕勒萨为其蕃部首领，居住在德顺军治平寨（今甘肃静宁县西南 80 里治平乡）。

烟景云部　笼竿川熟户蕃部。《苏魏公文集》卷五四《陇干姚将军神道碑铭》中载陇干城一带有“烟景云等蕃部”。陇干城即“笼竿城”（今宁夏隆德县城东的烽台镇）[⑥]，属德顺军（治今宁夏隆德县）。据《武经总要》前集卷一八所载：“旧笼竿

---

①《永乐大典》卷一三五〇七《制》，北京：中华书局，1986 年，第 5861 页。

②《武经总要》前集卷一八上《泾原仪渭镇戎德顺军路》“镇戎军”，文渊阁《四库全书》第 726 册，第 529 页。

③《续资治通鉴长编》卷六三，景德三年六月戊戌，第 1409 页。

④《续资治通鉴长编》卷六四，景德三年九月庚戌，第 1425 页。

⑤（宋）郑獬：《郧溪集》卷七《治平寨杨奘川蕃部裕勒萨等献土地可本族军主制》，文渊阁《四库全书》第 1097 册，第 168 页。

⑥ 陈守忠：《陇山左右宋代城寨遗址调查》，载《河陇史地考述》，兰州：兰州大学出版社，1993 年，第 216 页。

城也，在六盘山外。”大中祥符中，知渭州曹玮在笼竿川筑城，后建为军，赐名德顺。《宋史·真宗本纪三》载，大中祥符四年（1011 年）九月丁丑，“泾原钤辖曹玮言笼竿川熟户蕃部以闲田输官，请于要害地募兵以居”。烟景云部即是笼竿川蕃部，居住在德顺军陇干城一带。

（三）原州吐蕃

宋代的原州，治临泾（今甘肃镇原县），取其高平曰原为名。唐天宝末，河西、陇右尽陷吐蕃，元和中，始修临泾城为原州，自是西界无犯边者。四封之地，羌戎杂居，北捍蕃境，置十一镇寨守之。东北至宁州（治今甘肃宁县）70 里，西至镇戎军（治今宁夏固原市）界，南至渭州（治今甘肃平凉市崆峒区）界，北至庆州（治今甘肃庆阳市西峰区）界，均为 130 里。

原州吐蕃主要有以下部族：

拨藏族　《宋史·真宗本纪三》载，大中祥符六年（1013 年）十二月庚申，泾原钤辖曹玮言：“发兵讨原州界拨藏族违命者，捕获甚众。”《宋史·曹玮传》也载：“分兵灭拨藏于平凉。”《临川文集·彰武军节度使侍中曹穆公行状》载：“初章埋骄于武延咸泊，拨藏掘强于平凉，公皆诛之，而汧渭之间，遂无一羌犯塞。”平凉即渭州，拨藏族居地在原（治今甘肃镇原县）、渭（治今甘肃平凉市崆峒区）二州界。

明珠、灭臧、康奴三族　系原州吐蕃大族。明珠亦作“敏珠尔”，灭藏亦作“密桑”“嘉勒藏”，康奴也作“康努卜”。《涑水记闻》卷九载：“环、原之间，属羌有明珠、密藏、康诺三种最大。”《续资治通鉴长编》卷一三八庆历二年（1042 年）十月戊辰又载：“原州属羌明珠、灭藏二族兵数万。”明确记载明珠、灭藏为原州属羌。《范文正公奏议》卷下《再奏乞蒋偕转官知原州》的奏文中，有“原州管下有明珠、灭藏、康奴等蕃部常与西贼相连作过”的记载。《续资治通鉴长编》卷五六则载：“先是，李继隆援送灵武军储，唐努族辄出抄掠，居迫萧关，与大虫巉诸族为唇齿，恃险及众，桀黠难制。”[①]此言康奴居环、原之间。庆历三年（1043 年），陕西宣抚使王尧臣亦言及原州，“其西有柳泉镇，路通佛空坪、细腰城至环州定边寨，与明珠、灭藏及环州苏家等族一带蕃部相接”[②]。据《武经总要》前集卷一八上《边防》所载，原州柳泉镇“旧名鹁鸽泉，今名柳泉镇，西即熟户明珠、灭藏、康奴等族帐”。据西北师范大学陈守忠先生勘查，镇原县三岔乡上堡村有柳泉镇城址，当地群众称为柳州

①《续资治通鉴长编》卷五六，景德元年二月己巳，第 1230 页。

②《续资治通鉴长编》卷一三九，庆历三年正月丙子，第 3340 页。

城，其北有两川，一为发源于环县境内的黑泉河，南流至环县演武镇，名康家河，再南至柳朱镇的石咀，汇入蒲河（泾河支流）。另一川在康家河西面，名白家川河，亦源于环县境内，南流经镇原的殷家城，至三岔镇汇入蒲河。康家镇因康奴族所居而得名，康奴族居住在今柳泉镇以北的康家河谷。明珠、灭藏两族则分布在柳泉镇西北，三族居地均在原州（治今甘肃镇原县）柳泉镇一带。

野狸族　原州吐蕃大族。一作“野利”“野离”“拽利”等，均为同音异译。《新唐书·党项传》《新五代史·四夷附录·党项》均将“野利族”作为党项大姓，但又有其他一些文献将“野利”作为吐蕃记载。《资治通鉴》卷二七六记载康福赴朔方河西节度使任途中，“行至方渠，羌胡出兵邀福，福击走之；至青刚峡，遇吐蕃野利、大虫二族数千帐”[①]。《册府元龟》卷九八七《外臣部·征讨第六》记载：“西蕃寇边，泾州节度使张彦泽获其大首领野离王子罗虾独。”《五代会要》卷三〇《吐蕃》载，后唐天成二年（927 年）十二月，“遣使野利延孙等入贡”。三年正月，“以入朝使野利延孙等六人并为归德将军”。后唐长兴三年（932 年）三月，“以朝贡使左厢首领野利闾心为归德大将军”。《唐大诏令集》卷一二九《洗雪平夏党项德音》载：“平夏南山，虽云有异，源流风俗，本贯不殊。”淳化二年（991 年），宋边官宋琪上书谓：“大约党项、吐蕃风俗相类，……从银、夏至青、白两池，地惟沙碛，俗谓平夏；拓拔，盖蕃姓也。自鄜延以北，多土山柏林，谓之南山；野利，盖羌族之号也。”[②]将党项“拓拔”氏称为“蕃”，野利氏称为“羌”，反映了二者不同属一族，野利族当属吐蕃。《宋史·党项传》载：“原州野狸族首领厮多逋丹卒。”今甘肃华池县东山公园中的县博物馆北侧，存有后唐长兴《野利李延玉碑》[③]，残存碑文中载有“身出戎虏之名”“故镇将李延玉出自戎虏，心怀忠赤”“伏为亡父镇边使李延玉制造坟营处立碑”等文字，可知原州有野狸族。

大虫族　是以大虫巉之地而名族。《续资治通鉴长编》卷一二六康定元年（1040）三月庚申载：“泾原康奴、灭藏、大虫数族，久居内地，常有翻覆之情，傥不剪除，恐终为患。”《资治通鉴》卷二七六《后唐纪五》也载康福至青刚峡（即青冈岭，在今甘肃环县西北），遇吐蕃野利、大虫二族数千帐。《宋会要辑稿》载，庆历三年正月，泾原安抚使王尧臣论备御轻重之策时，奏言：“泾州虽为次边，然缘泾河大川，

---

① （宋）司马光：《资治通鉴》卷二七六《后唐纪五》，明宗天成四年十一月壬辰，第 9035 页。

② 《宋史》卷二六四《宋琪传》，第 9129 页。

③ 吴景山：《安多藏族地区金石录》七《野利李延玉碑》，兰州：甘肃文化出版社，2015 年，第 19 页。

道路平易，当贼骑之冲。西北八九十里是大虫前后巉，其东北接原州彭阳县及本州长武寨，俱有径路，与明珠、灭臧等族相通。此实近里控扼之会。”[①]大虫族居地近原州彭阳县（今宁夏彭阳县）。

水令逋族　原州大族。张守约以荫主原州截源寨时，曾“招羌酋水令逋等十七族万一千帐”[②]。水令逋族内部落、族帐众多，居住在原州截源寨一带。

白家族　原州蕃部。元符二年（1099年）闰九月四日，“心牟钦毡乞师夏国，夏国遣监军白呇牟、人多保忠。白呇牟本吐蕃首领，夏国以女妻之”[③]。《苏魏公文集》卷三一载《原州之安寨白家族都虞候薛乙可银酒监武充本族副军主制》文，称其“职于边候，号有才谋，俾式遏于诸戎，且无虞于外境。藩臣列奏宠命，惟行进膺帅领之荣冞，尽封陲之效可”[④]。文中所载“原州之安寨”，即为《武经总要》前集卷一八所载“原州平安寨”（在今甘肃镇原县西80里），亦作“安平寨”，《甘肃通志》卷一〇《关梁镇原县》载：“安平寨在县西八十里，天圣五年置。”《甘肃通志》卷二二《古迹·固原州》载：“平安寨在开城东一百二十里。”平安寨“东至开远寨三十里，西至彭阳城二十里，南至铁原寨三十里，北至绥宁寨八十里”[⑤]。由此可知，白家族居住在原州平安寨，西夏监军白呇牟疑出自白家族。

羊嘱族　原州蕃部。《武经总要》前集卷一八上《泾原仪渭镇戎德顺军路》载：“（原州）靖安寨，地名胡卢泉，地有二路，一入蕃界故威州，一入新门寨，庆历中修筑，赐今名，得守御之要。东南至州百三十里，东北至绥宁三十里镇戎军乾兴寨，北羊嘱族帐戎马来路。”由此可知，羊嘱族居原州靖安寨（今宁夏彭阳县北草庙乡）。

巴沟族　原州大蕃部。天圣四年（1026年）正月，泾原路走马承受公事、入内供奉官王从德与知镇戎军王仲宝、泾原路都监李道、史能“破原州界唐奴卜族，焚巴沟首领布阿等六门帐子七百余所，斩首七十九级，获牛羊马驴、器甲千计，赐器币有差”[⑥]。

---

①《宋会要辑稿》兵二七《备边一》，第9199页。

②《宋史》卷三五〇《张守约传》，第11072页。

③《宋会要辑稿》兵九《出师三·青唐》，第8778页。

④（宋）苏颂：《苏魏公文集》卷三一《外制》，文渊阁《四库全书》第1092册，第368页。

⑤《武经总要》前集卷一八上《泾原仪渭镇戎德顺军路》，文渊阁《四库全书》第726册，第528页。

⑥《续资治通鉴长编》卷一〇四，天圣四年正月己亥，第2400页。

（四）泾州吐蕃

泾州（治今甘肃泾川县），安定郡，唐平薛仁杲置州泾渭之间。地形平敞，正当西塞之口。至德以后，河湟尽陷，西鄙之地极于潘原，遂屯重兵，升州为方镇。又谓散地不足守御，乃建平凉为渭州，盐泾县为行原州，外张蕃翼之卫。入宋后，“建戎军以通陇右，置德顺军以制山林，渐复襟带之固”[①]。太平兴国六年（981年），改彰化军节度。东到邠州界60里，西至渭州界30里，南至凤翔府界百里，西至原州界35里。

泾州吐蕃主要有以下部族（其中也包括居住在泾原，但具体居地不详以及环州吐蕃也归入泾州一并叙述）：

斯铎伦部　赵珣《聚米图经》亦作“撒陀龙部”。是以斯铎伦为诸族帐首领，居住在泾州（治今甘肃泾川县）的吐蕃大族。天圣三年（1025年）六月，“泾州蕃部首领斯铎伦有过逃去复归”，泾原都钤辖周文质与部署王廉、钤辖史崇信共议，斩斯铎伦，且加凌迟。“诸族帐皆惊疑，遂传箭相结，钞掠堡栅。”[②]由此可知，斯铎伦为诸族帐首领，率诸族帐居住在泾州（治今甘肃泾川县）界。

野龙十九族　泾州大族。《册符元龟》卷九九九载，周太祖广顺元年（951年）十月，泾州言：“招到蕃部野龙十九族，有马赴市私货卖。”野龙十九族当居住在泾州附近。

折密桑　一作“章埋族”。《宋史·曹玮传》载：“与秦翰破章埋族于武延川。”景德元年（1004年）八月，泾原部署陈兴言：“率兵与熟户折密桑等族掩击伪署万子军主族帐于武延咸泊川。”[③]擒俘300余人，斩首253级，虏获牛马、器杖31000计。武延咸泊川在镇戎军西北。据《武经总要》前集卷一八所载，武延川（即宁夏西吉县南之葫芦河）在镇戎军境内。折密桑为泾原路熟户，但具体住地不详。

下杏家族　系泾原路熟户。天圣元年（1023年）十二月，泾原路副都部署王谦言：“咩迷、卡杏家族都指挥使杏友信、都监吹济鄂罗克等三百九十八人纳质子内附。”[④]宋廷下诏补杏友信为军主。吹济鄂罗克为副军主。《宋史·仁宗纪一》也

① 《武经总要》前集卷一八上《泾原仪渭镇戎德顺军路》，文渊阁《四库全书》第726册，第531页。

② 《续资治通鉴长编》卷一〇三，天圣三年六月丙寅，第2383页。

③ 《续资治通鉴长编》卷五七，景德元年八月乙卯，第1251页。

④ 《续资治通鉴长编》卷一〇一天，圣元十二月辛巳，第2344页。

载:“是岁,甘沙州来贡,泾原咩迷、卞杏家族纳质内附。”[①]“卞”“下”当为“下”之讹,“下杏家”则表示杏家族有上下之分,如同秦州的上丁家、下丁家一样。杏家族居泾原路,但具体住地不详。

生户六族　天圣三年(1025年)十月乙卯,泾原路钤辖司言:“生户六族首领潘征等二千余帐内附,诏补征本族军主。”[②]《宋史·仁宗纪一》亦载:“补泾原降羌首领潘征为本族军主。”由此可知,生户六族居住在泾原路,但具体住地不详。

张绍志部　《续资治通鉴长编》卷四九二记载,熙河兰岷路经略司言:“昨泾原防修筑陷殁蕃官宫苑使张绍志,有男索诺木卜凌斡等七人,骐骥使包忠有男萨纳坦等八人。诏索诺木卜凌赐名续,为右班殿直,余并为三班借职。萨纳坦赐名遵,为三班奉职,余并为三班借职,皆赐以名。”[③]张绍志部居泾原路,但具体住地不详。

角撒部　治平四年(1067年)四月,泾原路经略司言:“德顺军静边寨界熟户蕃部都虞候角撒与西贼相杀,捉到部落子四十九人,斫夺到人头、骆驼、弓箭手等,乞优与酬奖。”[④]是居住在静边寨(今甘肃静宁县东南)的蕃部。

樊家族　《续资治通鉴长编》卷一七一记载,宋仁宗皇祐三年(1051年),“泾原经略司言,樊家族蕃密斯噶内附”[⑤]。《宋史·仁宗纪四》也载:“是岁,泾原樊家族密斯歌内附。”天禧二年(1018年)二月,权泾原路都钤辖郝荣言:“樊家族九门都首领客厮铎并其族来归。”[⑥]宋政府诏补客厮铎为都军主,余署职有差。北宋的泾原路领泾、原、仪、渭四州及德顺、镇戎二军,樊家族系泾原路蕃部,但具体住地不详。

那龙部　皇祐二年(1050年)十二月甲申,“泾原路生户都首领那龙男阿日丁内附”[⑦]。那龙部居住在泾原路,但居地不详。

咩迷族　亦作“密克默特族”。天圣元年(1023年)十二月,泾原路副都部署王谦言:“咩迷、卞杏家族都指挥使杏友信、都监吹济鄂罗克等三百九十八人纳质

① 《宋史》卷九《仁宗纪一》,第179页。

② 《续资治通鉴长编》卷一〇三,天圣三年十月乙卯,第2390页。

③ 《续资治通鉴长编》卷四九二,绍圣四年十月癸未,第11678页。

④ 《宋会要辑稿》蕃夷六《吐蕃》,第9910页。

⑤ 《续资治通鉴长编》卷一七一,皇祐三年十月庚辰,第4111页。

⑥ 《续资治通鉴长编》卷九一,天禧二年二月丙戌,第2103页。

⑦ 《宋史》卷一二《仁宗本纪》四,第230页。

子内附。”[①]咩迷族首领为吹济鄂罗克,宋朝下诏补为副军主。由这条史料可以看出咩密族与下杏家族住地邻近,均在泾原路界,但具体居于何地不详。

拽罗钵、鸠令结部　治平四年(1067年)二月,泾原路经略司言:“西蕃首领拽罗钵、鸠令结等二人,前后共招呼过顺汉不顺汉蕃部共三百余帐归投西界,又于静边寨招诱人户。其蕃部喝装与芭撒鸠令光以告,巡检弓箭手指挥使麻英掩捕获之。”[②]这二部均隶属泾路,居住在泾州、原州、渭州、镇戎军界。

折平族　宋太宗淳化五年(994年),“折平族大首领、护远州军铸督延巴率六谷诸族马千余匹来贡”[③]。其部族曾受李继迁侵扰,至道二年(996年)四月,折平族首领握散上言,因“部落为李继迁所侵,愿会灵州以备讨击”[④]。天圣三年(1025年)六月,原、环州属羌内寇,“别部首领撒布渴又率其族数千帐以叛,环州诸族咸起应之,大为边患”[⑤]。《文献通考·吐蕃》《宋史·吐蕃传》皆载:“以折平族首领撒逋渴为顺州刺史,充本族都军主。”《宋史·赵振传》也载:“泾原属羌胡萨逋歌等叛。”折平族为凉州大族,其首领有铸督延巴、握散、撒逋渴等。撒逋渴即萨逋歌、实布格,为折平族首领,居住在泾原路界。

二、熙、河、兰、会、巩州吐蕃部族

熙州本武胜军,熙宁五年(1072年)收复,改为熙州(治今甘肃临洮县);河州(治今甘肃临夏市),熙宁六年(1073年)收复;兰州(治今甘肃兰州市),元丰四年(1081年)收复;会州(治今甘肃靖远县东北),元丰二年(1079年)进筑修复;巩州(治今甘肃陇西县)旧称古渭寨,后改通远军为巩州。韩琦知秦州时曾说:“秦州古渭之西,吐蕃部族散居山野,不相君长,耕牧自足。”[⑥]张载也言:“窃见古渭州一带生熟蕃户,据地数百里,兵数十万,土壤肥沃,本汉唐名郡。自来以头项不一,无所统属。”[⑦]这一地区吐蕃部族繁盛,仅古渭一地,就有吐蕃“兵数十万”。熙河地区

---

①《续资治通鉴长编》卷一〇一,天圣元年十二月辛巳,第2344页。

②《宋会要辑稿》蕃夷六《吐蕃》,第9910页。

③《宋史》卷四九二《吐蕃传》,第14154页。

④《宋史》卷四九二《吐蕃传》,第14154页。

⑤《续资治通鉴长编》卷一〇三,天圣三年六月癸酉,第2383页。

⑥(宋)韩琦:《宋文鉴》卷四四韩琦《答诏问北边地界》,文渊阁《四库全书》第1350册,第463页。

⑦(宋)张载:《张子全书》卷一三《泾原路经略司论边事状第八》,文渊阁《四库全书》第697册,第305页。

吐蕃原来受唃厮啰政权的控制，唃厮啰政权分裂后，这一带吐蕃部落摆脱了唃厮啰所立的“文法”。青唐族控制了古渭一带，木征弟董古（董裕）控制了武胜军（治今甘肃临洮县）一带，唃厮啰的长子瞎毡居龛谷（即康古，今甘肃榆中县南 20 里小康营）地区，瞎毡子木征又占据了河州，兰州、会州地区则为禹藏花麻所控制。

（一）古渭州吐蕃

“古渭州，陇西郡，汉阳有坂，名曰陇坻，今州城处西，故曰陇西，领夷道等十一县。风俗尚武，力习战射，西汉六部良善。广德中，西戎犯边，洮、兰、秦、渭尽为外域。”[①]至皇祐（1049—1054 年）中始得其地，因建为寨。古渭州旧称古渭寨，原属秦州。宋神宗时，欲恢复河陇，故命建军，为开拓之渐。熙宁五年（1072 年）改为通远军（治今甘肃陇西县），后割通远军属熙河，崇宁三年（1104 年）升为巩州。崇宁年间有“户四千八百七十八，口一万一千八百五十七”[②]。有陇西、永宁、宁远三属县；有永宁、宁远、通渭、熟羊、盐川、通西六寨；有三岔、榆木岔、熨斗平、者达、七麻、本当、扑麻龙七堡。

古渭州的吐蕃主要有以下部族：

青唐族　是古渭州吐蕃大族。吐蕃之“青唐”并非专指唃厮啰政权都城“青唐”一族，古渭寨之北亦有“青唐”。熙宁二年（1069 年）二月至三年（1070 年）十二月，王安石由参知事拜相，雷厉风行地推行新法，力主王韶建议，提升“韶为太子中允、秘阁校理、兼管勾秦风路缘边安抚司、兼营田市易”，并“置洮河安抚司，自古渭寨接青唐武胜军应招纳蕃部、市易、募人营田等事，并令韶主之”[③]。马仲甫知秦州时，也谓“古渭介青唐之南，夏人在其北，中通一径，小警则路绝”[④]。显然古渭之“青唐”绝非河湟之“青唐”，文献中的“青唐族”并非仅指居于“青唐城”（今青海西宁市）的吐蕃，而是包括住在古渭寨（今甘肃陇西县）境内的青唐族。其首领讷芝蔺毡世居古渭州（今甘肃陇西县），“蔺毡先世跨有九谷，后浸衰，仅保三谷，余悉为他族所据”[⑤]。在诸族中，“青唐族最强，据其盐井，日获利可市马

---

①《武经总要》前集卷一八下《边防·西蕃地界》，文渊阁《四库全书》第 726 册，第 547、548 页。

②《宋史》卷八七《地理志》三，第 2164 页。

③《续资治通鉴长编》卷二二六，熙宁四年八月辛酉，第 5501 页。

④《宋史》卷三三一《马仲甫传》，第 10647 页。

⑤《续资治通鉴长编》卷一七五，皇祐五年闰七月己丑，第 4225、4226 页。

八匹”[①]。青唐族为吐蕃大族，“人马颇众”，其中“蕃部俞龙珂在青唐最大”[②]，也为最强者，有十二万口。熙宁四年(1071 年)八月，王韶率数骑巡边，直抵蕃部大首领俞龙珂(亦作“裕啰格勒”)帐，谕以成败，俞龙珂即率其族帐十二万口举族内附。自谓“平生闻包中丞拯朝廷忠臣，某即归汉，乞姓包”[③]。宋神宗遂如其请，据《宋史·神宗纪二》载，于熙宁五年五月庚寅，维持“以青唐大首领俞龙珂为西头供奉官，赐姓名包顺”。俞龙珂之兄瞎药鸡罗也颇有势力，起初，“木征为瞎药鸡罗所诱，据近寨青唐族立文法，至是内附”[④]。熙宁五年(1072)十一月，“河州首领瞎药等来降，以为内殿崇班，赐姓名包约”[⑤]，为“青唐族酋”[⑥]，后殁于河州踏白城(今甘肃积石山保安东乡撒拉族自治县南)之战。与包顺同在岷州的还有包诚，绍圣四年(1097 年)六月，包诚奉命赴泾原，陷没。俞龙珂兄弟均赐包姓，包诚之子有包海、包明、包喜、包猛、包文等[⑦]，其子孙世袭首领，后又分领各部，大多在河、岷地区。《韩魏公集》卷一五《家传》称瞎药为“秦州上丁族首领”。《续资治通鉴长编》卷二一二所引《李师中本传》称：“皇祐中筑古渭寨，上丁下丁断绝广吴堡路。”[⑧]指出有“上丁下丁”二族。瞎药是否为上丁族，俞龙珂为下丁族，居秦州近边的“丁家族”就是指俞龙珂部，尚需考究。

沙克精谷部　至和元年(1054 年)四月，秦凤路经略司言：“昨古渭州沙克精谷蕃部相攻，而吐蕃瞎毡尝领众以援官军。今遣人贡马，颇有向化之心。”[⑨]该蕃部以住地沙克精谷为部族名，系古渭州蕃部。

掌乌族　郭恩为秦凤路兵马都监时，曾“开古渭州路，为前锋，斩首九百余级，擢崇仪副使。会掌乌族叛，又率兵攻讨，斩首八十五级，迁六宅副使”[⑩]。开古渭州路时，逢掌乌族叛，由此可知，掌乌族居古渭州。

讷支蔺毡　亦作“纳支临占”，世居古渭。“古渭寨乃秦州属地，张纳支临占世

---

①《续资治通鉴长编》卷一七五，皇祐五年闰七月己丑，第 4226 页。
②《宋史》卷三二八《王韶传》，第 10579 页。
③《续资治通鉴长编》卷二三三，熙宁五年五月庚寅，第 5653 页。
④《宋会要辑稿》蕃夷六之《唃厮啰》，第 9909 页。
⑤《宋史》卷一五《神宗纪二》，第 282 页。
⑥《续资治通鉴长编》卷一八八，嘉祐三年十月辛丑，第 4529 页。
⑦《续资治通鉴长编》卷四八九，绍圣四年六月己酉，第 11605、11606 页。
⑧《续资治通鉴长编》卷二一二熙宁三年六月丙寅，第 5146 页。
⑨《续资治通鉴长编》卷一七六，至和元年四月己未，第 4258 页。
⑩《宋史》卷三二六《郭恩传》，第 10521 页。

为蕃官。”[①]《宋史·张升传》也载：“青唐蕃部蔺毡，世居古渭。”其“先世跨有九谷，后浸衰，仅保三谷，余悉为他族所据”。讷支蔺毡虽仅保三谷，但占有城池，乃为古渭州大部族。“古渭密迩夏境，夏人牧牛羊于境上，蔺毡掠取之。”[②]由于与夏冲突而力不能敌，于是蔺毡献地内附，希望得到宋朝的援助。时陕西转运使范祥权领秦州事，得报后，派兵兴役城古渭。然而未附的其他青唐诸部，恐宋朝占土地及盐井，与蕃部争利，因而聚众起事，致使宋政府内部出现兴筑与罢筑古渭的争论。为此，宋廷命户部副使傅求以“秦凤路制置粮草”的名义前往视察。经过调查后，傅求上言：“今弃弗城，夏人必据其地，更为秦州患，且已得而弃之，非所以强国威。按临占父祖皆受汉官，其地非夏人所有，明甚。但当更名古渭寨，不为州。”[③]同时召集诸族首领宣谕：“朝廷今筑城，实为汝诸族守卫。”许诺各族“今不取汝盐井及地，则如何？”于是“众皆喜，听命，遂罢兵”[④]。骚动平息，卒城古渭（即通远军，今甘肃陇西县）。自皇祐五年（1053 年）三月开始筑古渭寨，至第二年即至和元年（1054 年）十一月，秦凤路经略安抚司言“城秦州古渭寨毕功”[⑤]。宋政府授讷支蔺毡为左班殿真、本地分巡检，又诏令秦凤部署刘涣每半年一巡古渭寨，以抚辑蕃部，增兵五千人驻防，备御夏人进犯。古渭寨遂成为以后开拓熙河的基地。讷支蔺毡蕃部的内附，有助于宋政府对西北地区的开拓经营。

张族　亦作“张香儿族”“张家族”。大中祥符元年（1008 年）九月，“吹麻城张族都首领张小哥以功授顺州刺史”[⑥]。天禧二年（1018 年），秦州部署又言“吹麻城及河州诸族皆破宗哥文法来附”[⑦]。《续资治通鉴长编》卷九一天禧二年闰四月庚子则载：“缘边诸寨蕃部纳质者七百五十六帐，自吹麻城文法破散之后，其空俞、厮鸡波等族先投赏样丹者悉来归。”《宋史》与《续资治通鉴长编》所载天禧二年事相同，而“吹麻城”即“吹莽城”，系同名异译。《武经总要》前集卷一八下又载，故渭州“废城在秦州永宁寨北七十里，熟户张香儿族帐之所”。《乐全集》卷二二《秦州奏唃厮啰事》载：“鱼角蝉遂留古渭，欲招集蕃部，玮令首领张小哥（今讷支

---

①《续资治通鉴长编》卷一八三，嘉祐元年八月壬子，第 4431 页。
②《续资治通鉴长编》卷一七五，皇祐五年闰七月己丑，第 4225 页。
③《续资治通鉴长编》卷一七五，皇祐五年闰七月己丑，第 4226 页。
④《续资治通鉴长编》卷一七五，皇祐五年闰七月己丑，第 4226 页。
⑤《续资治通鉴长编》卷一七七，至和元年十一月己巳，第 4291 页。
⑥《宋史》卷四九二《吐蕃传》，第 14159 页。
⑦《宋史》卷四九二《吐蕃传》，第 14160 页。

蔺毡祖)挠散之。"《续资治通鉴长编》卷一八三则言:"古渭寨乃秦州属地,张讷支蔺毡世为蕃官。"[①]讷支蔺毡亦系张姓,即张小哥之孙。张族亦为古渭青唐族中一大姓,张小哥、张纳支临占、张香儿均为张族首领,张族三代居住在古渭。

党令征　治平四年(1067年),陕西宣抚使郭逵平息反叛的党令征部,驻兵捺吴川,"进师讨诸未下者,大破之"[②]。并筑捺吴川、青鸡川二堡,后赐捺吴川堡曰治平寨(今甘肃静宁县西南80里治平乡),青鸡川堡曰鸡川寨(今甘肃通渭县东南鸡川镇南5里)。捺吴川、青鸡川均在秦州境,后割属通远军(治所古渭寨,今甘肃陇西县)。党令征部系通远军界的蕃部。

鱼角蝉　亦作"裕木扎卜沁"部。天禧二年(1018年)四月,曹玮言:"蕃僧鱼角蝉先于故渭州吹麻城聚众立文法,今悉已破散。"[③]《宋史·吐蕃传》也载,曹玮"破鱼角蝉,戮赏样丹二酋"。《乐全集》卷二二《秦州奏唃厮啰事》谓:"鱼角蝉遂留古渭,欲招集蕃部。"鱼角蝉部居住在古渭州吹麻城(即吹莽城),故渭州后改为通远军(今甘肃陇西县)。

(二)兰州吐蕃

兰州,"古西羌地"[④],秦属陇西郡,汉属金城、陇西二郡,东汉、魏晋因袭。前凉张实分置广武郡,张骏又分置武始郡,后为西秦乞伏国仁、南凉秃发乌孤所分据,元魏、后周属武始郡。隋开皇初郡废,置兰州,大业初州废,复置金城郡。唐武德二年(619年)平薛举,置兰州,以皋兰山为名。天宝元年(742年)曰金城郡,领五泉、金城二县。广德元年(763年)陷吐蕃。宋朝元丰四年(1081年)收复,领兰泉一县。"东北会州二百里,鄯州四百九十里,南故渭州四百里,北凉州五百五十里,城北渡金城关二十驿至凉州。"[⑤]崇宁年间,"有户三百九十五,口九百八十一"[⑥]。属县兰泉,有龛谷一寨,东关堡、阿干堡、定西城、定远城、京玉关、金城关、通川堡。宋仁宗景祐三年(1036年)十二月,西夏元昊"再举兵攻回纥,陷瓜、沙、肃三

---

①《续资治通鉴长编》卷一八三,嘉祐元年八月壬子,第4431页。

②(宋)范祖禹:《范太史集》卷四〇《检校司空左武卫上将军郭公墓志铭》,文渊阁《四库全书》第1100册,第442页。

③《续资治通鉴长编》卷九一,天禧二年四月己卯,第2108页。

④(宋)欧阳忞:《舆地广记》卷一六《陕西秦凤路下》,文渊阁《四库全书》第471册,第363页。

⑤《武经总要》前集卷一八下《边防·西蕃地界》,文渊阁《四库全书》第726册,第548页。

⑥《宋史》卷八七《地理志》三,第2165页。

州，尽有河西旧地。将谋入寇，恐唃厮啰制其后，复举兵攻兰州诸羌，南侵至马衔山，筑城瓦川、凡川会，留兵镇守，绝吐蕃与中国相通路”[①]。于是兰州、榆中等地皆为西夏占有，当地蕃部役属于西夏。

兰州地区的吐蕃主要有以下部族：

巴令谒三族　《续资治通鉴长编》卷三一六“元丰四年九月辛丑”载，作“巴令渴”。元丰四年（1081年）九月，熙河经制李宪令“兰州新顺首领巴令谒等三族率所部兵攻夏人撒甫宗城”[②]。巴令谒三族系兰州地区蕃部。

龛波给家二十二族　兰州地区的吐蕃大族。元丰四年（1081年）七月，熙河路经制使李宪率领熙河、秦凤两路兵越过马衔山向西夏进攻，“八月庚辰，李宪驻兵女遮谷，遣汉蕃将士袭击余党于山谷间，斩百级，获马牛孳畜甚众，降龛波给家等二十二族首领，凡千九百余户”[③]。“女遮谷”在兰州东，李宪进军途中，八月，先驻兵于此，九月二日，李宪率兵入兰州。龛波给家二十二族是西夏占领时期，居住在女遮谷（今兰州市东35里）一带的吐蕃部族。

懒家族　兰州地区蕃部。景德元年（1004年）十月十七日，时押赐西凉府六谷都大首领潘罗支国信使臣焦赞上言：“昨离渭州，至龛谷、懒家族，问得都首领尊毡磨壁余龙及诸路族首领便嘱等言。”[④]《宋史·吐蕃传》也载：“渭州言龛谷懒家族首领尊毡磨壁余龙及便嘱等献名马。”“龛谷”亦作“康谷”（今甘肃榆中县南20里小康营），在兰州东南，懒家族居于此。

章家族　《宋会要辑稿·西凉府》称为“小龛谷章家”。小龛谷也在兰州东南，章家族本系西凉府六谷吐蕃所属，但其居地在兰州地区。

渴龙族　《宋会要辑稿·西凉府》称为“马咸山渴龙”。“马咸山”即“马衔山”（即今甘肃临洮县北马啣山，接榆中界），山以北即今甘肃榆中县境。渴龙族系西凉六谷族系蕃部。

乞当族　亦作“欺当族”“锡丹族”。《宋会要辑稿·西凉府》称“乞当族”在纳迷水。《续资治通鉴长编》也载：“马衔山后锡丹族蕃部达克博，说谕赵醇忠及母、妻来降。”[⑤]宋政府授达克博三班差使。熙宁五年（1072年），王韶“遣将破耳金、欺当

---

①《续资治通鉴长编》卷一一九，景祐三年十二月辛未，第2813页。

②《宋史》卷一六《神宗本纪》三，第305页。

③《续资治通鉴长编》卷三一六，元丰四年九月乙未，第7640、7641页。

④《宋会要辑稿》方域二一《西凉府》，第9707页。

⑤《续资治通鉴长编》卷二六二，熙宁八年四月甲申，第6408页。

二族，进次宁河”[①]。“乞当”“欺当”“锡丹”均为同音异译，是西凉府六谷吐蕃系蕃部，其活动地区在兰州与通远军（治古渭寨，今甘肃陇西县）之间。

马波族　《宋会要辑稿·西凉府》有“纳迷水马波”之称谓。嘉祐三年（1058年），“擦罗部阿作等叛唃厮啰归谅祚，谅祚乘机引兵攻掠境上，厮啰与战败之，获酋豪六人，收橐驼战马颇众，因降陇逋、公立、马颇三大族”[②]。“马颇”即“马波”，唃厮啰部的马波叱腊当出自此族。纳迷水位于兰州与通远军之间，马波族当居于此地区。

刑家族　《宋会要辑稿·西凉府》谓：“又以厮铎督蕃部马咸山澙龙、刑家、纳迷水马波、乞当、龛谷、懒家、小龛谷、章家、心山、王家、者龙诸族及李波逋等四十九人，并为检校太子宾客，兼监察御史，充本族首领并郎将。”[③]厮铎督诸部族中就有刑家。“马咸山”在兰州东南，刑家族系西凉府六谷吐蕃系，其居住在兰州地区。

公立族　《宋史·吐蕃传》中称“降陇逋、公立、马颇三大族”。马颇有“纳迷水马颇”之称，公立与马颇同降，推断其居地也相近，同居于纳迷水地区。

绰克宗族　本属西凉府，“及为李继迁所破，遂徙居康古”[④]。“康古”即“龛谷”（今甘肃榆中县南20里小康营），绰克宗后来徙居渭州。

注丁、擦令归族　元丰四年（1081）十一月，宋朝边将李浩言：“兰州新招到西使城界归顺西蕃注丁、擦令归等三族大首领斯多罗福等三百余户，千三百余口。”[⑤]西使城（亦西市城，即定西城，今定西市南27里）在兰州东南，注丁、擦令归等族居住在此地。

李巴毡部　兰州蕃部。据《续资治通鉴长编》卷二六四载：“巴毡居黄河北，领部族甚众，地挡西夏，为所诱胁，故以职名羁縻之。”[⑥]宋政府诏令补蕃僧李巴毡为三班差使，依本族蕃巡检。以黄河北之地度之，其居地当属兰州。

葩俄族　《通鉴长编纪事本末》卷一四〇引《青唐录》载：“廓州招到大首领洛施军令结并葩俄族阿撒四等计一千余人，管户二十万。”金宣宗贞祐三年（1215年），金枢密使仆散端遣纳兰伴僧招谕“兰州葩俄族都总管汪三郎等”[⑦]。

---

①《东都事略》卷八二《王韶传》，《文渊阁四库全书》第382册，第532页。

②《宋史》卷四九二《吐蕃传》，第14162页。

③《宋会要辑稿》方域二一《西凉府》，第9708页。

④《续资治通鉴长编》卷七四，大中祥符三年七月丁巳，第1684页。

⑤《续资治通鉴长编》卷三一九，元丰四年十一月己亥，第7716页。

⑥《续资治通鉴长编》卷二六四，熙宁八年五月乙亥，第6466页。

⑦（元）脱脱等：《金史》一〇一《仆散端传》，北京：中华书局，1975年，第2232页。

廓州(治今青海化隆县西60里黄河北岸)、兰州均有葩俄族。葩俄族宋时居廓州,入金后,由廓州迁居兰州。

阴波族 金元光二年(1223)秋七月丁巳,"阴波族之骨鞠门等叛归夏,元帅夹谷瑞发兵讨之,以捷闻"①。《金史》卷一五《宣宗本纪》中载:"兴定二年秋七月辛未,夏人犯龛谷,提控夹谷瑞及其副赵防击走之。""甲午,夏复犯龛谷,夹谷瑞大破之。"《金史·夏国传》也载兴定二年(1218年)七月,夏人"犯龛谷,夹谷瑞、赵防败之"。兴定四年(1220年)八月,夏人"复犯龛谷,夹谷瑞连战败之"。从上述记载可知,夹谷瑞为"龛谷提控"。由此推断,阴波族居于兰州境内。

(三)会州吐蕃

会州(治今甘肃靖远县东北),会宁郡,"古西戎城"②,领会宁、乌兰二县。秦并天下,属金城郡,汉昭帝分天水、陇西、张掖各二县为金城、安定二郡,此为栎阳县地,属金城郡。后魏置会宁县,西魏立会州,后废。唐复建州,广德后陷入吐蕃。宋元丰五年(1082年),熙河路加"兰会"时并未得到会州。元符二年(1099年),始进筑修复,割安西城以北六寨隶会州。崇宁二年(1103年),置敷文县。东至故原州400里,西至凉州600里,南至兰州420里,北至灵州600里。这一地区早被西夏占领。

会州地区的吐蕃主要有以下部族:

禹藏六族 又称"裕勒藏六族",是会州(治今甘肃靖远县东北)的吐蕃大族。"禹藏"系吐蕃大族,宋仁宗时归降西夏。元丰四年(1081年)十月乙亥,李宪率军进至屈吴山(今甘肃靖远县境内),招降以禹藏颖沁萨勒为首的蕃部,进至打啰城川下营,打啰城后讹为打拉池(原名大麻川,今甘肃白银市平川区东南共和乡),屈吴山也属会州。《续资治通鉴长编》卷四七〇载:"纳迷之蔽裕勒藏六族。"③宋将苗授"出古渭取定西,荡禹藏花麻诸族,降户五万"④。宋政府在定西城与通渭寨之间,修筑努扎、纳克密、聚卜结隆三寨及置护耕七堡,以固藩篱。"纳克密"系所建的三寨之一,是对禹藏族起庇护作用的堡寨。"通远军以北定西一带,元系夏国婿花麻所据之地。"⑤"花麻"即"禹藏花麻",系其首领,蕃部大首领禹藏郢成四

---

①《金史》卷一六《宣宗本纪下》,第367页。

②《武经总要》前集卷一八下《边防·西蕃地界》,文渊阁《四库全书》第726册,第548页。

③《续资治通鉴长编》卷四七〇,元祐七年二月辛巳,11230页。

④《宋史》卷三五〇《苗授传》,第11068页。

⑤《续资治通鉴长编》卷三四二,元丰七年正月丁未,第8222页。

及汪家等族首领六人并其部归附，宋廷授以内殿崇班及三班差使等职，遣家属老小“复归西使城”。西使城（在今甘肃定西市南27里）当时为会州辖地，被西夏占领，元丰四年改名定西城。郢成四归降，交回西夏的“伪印并伪宣告数道”，世为这一地区酋豪，族望最大。禹藏族首领还有禹藏纳克凌结、禹藏结迷药等，其族帐在西使城至打啰城川等地。

汪家族　元丰四年（1081年）十一月，禹藏郢成四与“汪家等族大首领六人并蕃部及母妻男三十余人来降，各赍伪印并伪宣告数道”[①]。郢成四授以内殿崇班，其余六人授予右班殿直及三班差使，“遣家属老小复归西使城及龛谷堡族帐”[②]。西使城即定西城，系会州辖地，被西夏占领，龛谷堡与西使城均在兰州东南。“复归”此地，说明汪家族系禹藏族所属，是会州吐蕃，均居住在西使城至打啰城川一带。

乩遇四族　西夏占领前，会州（治今甘肃靖远县东北）住有以乩遇为首的四个部族。《续资治通鉴长编》卷四九真宗咸平四年（1001年）七月乙亥记载：“以会州刺史乩遇为保顺郎将，苏家族屈尾、白马族埋香、韦移族都香并为安化郎将。”“乩遇”亦作“伽裕勒”，“屈尾”亦作“齐都尔齐”，“埋香”亦作“密香”，“韦移”即亦作“威伊特施”，“多香”亦作“都香”，他们均为较早归顺宋朝的吐蕃，其族帐皆在会州。

熟仓族　西夏占领前，系会州蕃部。宋端拱二年（989年）十月，党项首领李继迁率兵攻熟仓族，首领咩悉素恶继迁，于是“率来离诸族兵击走”，继迁不胜，败退。

（四）熙州吐蕃

熙州，“春秋战国皆为西羌”[③]。秦置陇西郡，西汉、东汉、晋因之。惠帝分置狄道郡，前凉张骏置武始郡，元魏置临洮郡。隋开皇初，废武始郡，属兰州，唐因之。天宝三载（744年）分置临州，后陷吐蕃。号武胜军，本唐临洮之地。北宋熙宁五年（1072年）收复后，改为熙州（治今甘肃临洮县），属县狄道，辖康乐一寨，通谷、庆平、渭源、结河、南川、南关、临洮、广平九堡。崇宁年间，有“户一千八百九十三，口五千二百五十四”[④]。其地理，“东京二千五百二十五里。东至本州界一百五里，自

---

①《续资治通鉴长编》卷三一九，元丰四年十一月丁亥，第7707页。

②《续资治通鉴长编》卷三一九，元丰四年十一月丁亥，第7707页。

③《舆地广记》卷一五《陕西秦凤路上》，文渊阁《四库全书》第471册，第358页。

④《宋史》卷八七《地理志》三，第2162页。

界首至通远军六十八里。西至本州界六十里，自界首至河州一百里。南至本州界九十里，自界首至岷州一百四里。北至本州界六十里，自界首至兰州一百一十六里。东至本州界一百五里，自界首至通远军六十八里。西南至洮州三百六十里。东北至马衔山四十里。西北至本州界六十里，自界首至河州一百里”①。

熙州地区的吐蕃主要有以下部族：

玛勒族　《宋会要辑稿》作“武胜马禄族”。熙宁五年（1072年）五月，宋廷诏令“割秦州宁远等四寨属通远军，仍于青唐、武胜军并新招降玛禄族三处地分各建一堡寨”②。熙州旧名武胜军（治今甘肃临洮县），玛勒族居地在熙州。

苽黎五族　金宣宗贞祐三年（1215年），尚书左丞相兼枢密使仆散端遣纳兰伴僧“招谕临洮苽黎五族都管青觉儿”③。金之临洮即宋之熙州。苽黎五族居地在熙州。

突门族　《金史·乌古论长寿传》载：“乌古论长寿，临洮府第五将突门族人。”“乌古论长寿”是宋代吐蕃俞龙珂（赐名包顺）之后裔。金贞祐三年（1215年）九月癸酉，赐“包世显、包疙疸为乌古论氏”④。“乌古论长寿”即“包长寿”。金之临洮即宋之熙州，其所在突门族应为吐蕃部族。

冷鸡朴族　熙州蕃部。苗授知河州时，协助李宪“讨生羌于露骨山，斩首万级，获其大酋冷鸡朴，羌族十万七千帐内附，威震洮西”⑤。《宋史·王韶传》载：熙宁六年（1073年），“瞎征以其间据河州，韶进破诃诺木藏城，穿露骨山，南入洮州境”⑥。露骨山，一名雪山，亦作白石山，即今临夏县南、夏河县北的太子山，石如骨露，故名。《舆地广记》卷一五也载“熙州有白石山，在东”。冷鸡朴亦作“隆吉卜”，宋时在熙州狄道县境内。

温布察克置部　熙宁五年（1072年），知熙州王韶言：“招纳穆楞川东抹邦一带大首领温布察克置等及所部首领三百八十七人，各补副军主等职名，仍第支料钱。”⑦“抹邦山”亦作“玛尔巴山”，在今甘肃临洮县东南30里。熙宁五年七月，王

---

①（宋）王存：《元丰九域志》卷三《秦凤路》，北京：中华书局，1984年，第125、126页。

②《续资治通鉴长编》卷二三三，熙宁五年五月壬寅，第5664页。

③《金史》卷一〇一《仆散端传》，第2232页。

④《金史》卷一四《宣宗本纪上》，第313页。

⑤《宋史》卷三五〇《苗授传》，第11068页。

⑥《宋史》卷三二八《王韶传》，第10581页。

⑦《续资治通鉴长编》卷二四〇，熙宁五年十一月乙丑，第5834页。

韶“举兵城渭源堡,遣将破蒙罗角,遂城乞神平,破抹耳水巴族。……乃径领师至抹邦山逾竹牛岭”[①]。《甘肃通志·山川》载,竹牛岭在狄道县东。穆楞川即今临洮城以东店子街一带大南川,东及于抹邦山。均在当时熙州境内,该部族居住在此地区。

蒙罗角族　亦作“蒙罗觉族”。熙宁五年(1072年),王韶“举兵城渭源堡,遣将破蒙罗角”[②]。同年闰七月,秦凤缘边安抚司上报“破荡作过蕃族蒙罗角及瑞巴等族,得功将校可速进呈取旨酬奖”[③]。渭源堡(今甘肃渭源县)系熙州属堡,蒙罗角族居熙州。

抹耳水巴族　亦作“穆耳瑞巴族”。熙宁五年,王韶“遂城乞神平,破抹耳水巴族”[④]。《续资治通鉴长编》也载王韶“举兵城渭源堡,遣将破蒙罗角,遂城乞神平,破抹耳水巴族”[⑤]。秦凤缘边安抚司上报“破荡作过蕃族蒙罗角及瑞巴等族”的奏报中,所提及的“瑞巴”就是“穆耳瑞巴”族。“乞神平”亦作“策撒丕勒”,在今甘肃渭源县西南,系熙州。抹耳水巴族与蒙罗角族同居熙州。

鄂特凌部　熙宁五年,王韶“招纳洮、河、武胜军一带蕃部鄂特凌等千余人,乞补都虞候、指挥使等职名,仍第给俸”[⑥]。武胜军治所熙州(今甘肃临洮县),鄂特凌为熙州蕃部,居于熙州一带。

托硕、隆博二族　熙宁三年(1070年)六月,“隆博、托硕相仇杀”“董裕助兵万人,相去才二十里”[⑦]。董裕为当地吐蕃首领。先是“蕃僧结吴叱腊及康藏星罗结两人潜迎董裕,诣武胜军,立文法,谋姻夏国”[⑧]。董裕在武胜军界,则托硕、隆博二族亦居住在这里。

结吴叱腊、康藏星罗部　据《续资治通鉴长编》卷二一三记载,熙宁三年(1070年)七月丙辰,蕃僧结吴叱腊与康藏星罗结两人“潜迎董裕,诣武胜军,立文法,谋姻夏国,有并吞诸羌意”。《东都事略·王韶传》载:“蕃僧结吴叱腊、康尊新罗结潜迎

---

①《续资治通鉴长编》卷二三七,熙宁五年八月甲申,第5764页。
②《东都事略》卷八二《王韶传》,文渊阁《四库全书》第382册,第531页。
③《续资治通鉴长编》卷二三六,熙宁五年闰七月乙卯,第5731页。
④《东都事略》卷八二《王韶传》,文渊阁《四库全书》第382册,第531页。
⑤《续资治通鉴长编》卷二三七,熙宁五年八月甲申,第5764页。
⑥《续资治通鉴长编》卷二三二,熙宁五年四月丙寅,第5632页。
⑦《续资治通鉴长编》卷二一二,熙宁三年六月丁亥,第5161页。
⑧《续资治通鉴长编》卷二一三,熙宁三年七月丙辰,第5188页。

董容，诣武胜军，立文法，谋姻夏国。”熙宁（1068—1077 年）中，王韶谋取青唐（今青海西宁市），上言蕃族重僧，“而僧结吴叱腊主部帐甚众，请智缘与俱至边”[1]。智缘有口才，善辩，于是径入蕃中，说服结吴叱腊归化。“结吴叱腊”亦作“结斡恰尔”，“康藏星罗”亦作“康尊新罗”，“董容”亦作“董裕”，为木征弟，均为同音异译。二部皆居于武胜军界。

曲撒四王阿珂部　亦作“吹斯伞王阿噶”。熙宁五年（1072 年）七月，王韶“潜师由东谷路径趋武胜。未至十里，遇贼破之，瞎药等弃城夜遁，大首领曲撒四王阿珂出降，遂城武胜”[2]。曲撒四王阿珂部居住在武胜军一带。

还有一些熙河吐蕃蕃部，具体住地不详，且附于熙州。

兀冷部　原为熙河部族。元丰初归宋。据《曾公遗录》卷七所载，元符二年八月壬申，“熙河部族兀冷投汉已十六年，近被西人擒去，遂率其父携家属、邻里二百余口归汉”。元符初，被西夏掠去后，又率其部帐归来。兀冷部属熙河地区蕃部，但居地不详。

汪洛施族　元祐六年（1091 年）六月，熙河兰会路经略司言：“汪洛施族蕃部斯多格等探报西界信实，携老小前来归顺，乞与推恩。”[3]其首领斯多格授了副军主，另一首领鄂尔为都虞候。汪洛施族居地为熙河或兰会不详，姑且作为熙河蕃部族。

兰山族　熙宁五年（1072 年），王安石“请即用韶帅秦，徙逵他处”。宋神宗以为“韶轻易，如兰山族才来请料钱，便言举属内附”[4]。王韶于熙宁元年（1068 年）上《平戎策》三篇后，被任命为秦凤路经略司机宜文字、缘边安抚使等官职，一直在熙河边地。“兰山族才来请料钱”，说明兰山族当为熙河部族，具体住地不详。

杓吹逋族　熙宁八年（1075 年）三月四日，熙河路言：“招呼到杓吹逋族首领机哥比叱。”[5]宋朝诏补奉职充巡检。杓吹逋族居于熙河地区，具体住地不详。

李奇崖部　熙宁九年（1076 年），熙河经略司言：“蕃官赵思忠乞与李奇崖印信，及洮西安抚司请以李奇崖为部落本族同巡检。勘会奇崖有功，前已推恩。”[6]

---

①《宋史》卷四六二《智缘传》，第 13524 页。

②《续资治通鉴长编》卷二三七，熙宁五年八月甲申，第 5764 页。

③《续资治通鉴长编》卷三八〇，元祐元年六月戊申，第 9238 页。

④《续资治通鉴长编》卷二二九，熙宁五年正月己亥，第 5571 页。

⑤《宋会要辑稿》蕃夷六《吐蕃》，第 9913 页。

⑥《续资治通鉴长编》卷二七五，熙宁九年五月辛酉，第 6723 页。

宋政府诏:“自今蕃官有劳当旌奖,并从经略司保明闻奏,毋得因借首领保荐,以立私恩。”李奇崖属熙河蕃部,具体住地不详。

星斯珪部　熙宁八年十一月,熙河路经略司言:“蕃部星斯珪昨因作过,所弃地百六十余顷,欲迁部落居之。”[①]其地距通远军(治所在古渭寨,今甘肃陇西县)200余里。星斯珪部居住在熙河地区,但具体住地不详。

(五)河州吐蕃

河州(治今甘肃临夏市东北),安乡郡,亦雍州之域,“古西羌地”[②],《禹贡》导河积石在金城西南之所经。秦属陇西郡,汉属陇西、金城二郡,东汉属陇西郡,汉末宋建据此自称河首,平汉王聚众枹罕,曹公遣夏侯渊讨平。晋惠帝时,置晋兴郡。前秦苻坚置河州,西秦乞伏乾归又占据此地。元魏亦置河州,后周置枹罕郡。隋开皇初郡废,大业初州废,复置枹罕郡。唐武德二年(619年)平定李轨,置河州。天宝元年(742年)曰安昌郡。广德元年(763年)陷吐蕃。熙宁六年(1073年)收复,置枹罕县,七年省之。“东兰州三百里,西廓州三百九十里,南洮州三百里,北鄯州三百里,自州北百里过风林关,渡黄河,百四十里至鄯州龙支县,又百六十里至廓州镇西军。”[③]风林关,在今甘肃临夏市东北黄河南岸。崇宁年间有“户一千六十一,口三千八百九十五”[④]。属县宁河,本为寨,崇宁四年(1105年)升为县。辖通会关、安乡关、定羌、循化、大通、怀羌、来羌、讲朱、错凿、彤撒、东迎等城,南川、东谷、阎精、西原、北河、安疆、宁河、通津、南山、临滩等堡寨。河州是青唐唃厮啰赞普的长子瞎毡的领地,瞎毡死后,由其子木征继领,宋朝曾授予河州刺史。

河州地区吐蕃部族众多,主要有以下部族:

剡毛、鬼驴、耳金、星罗述四族　元丰四年(1081年)十一月十九日,“兰州节次招到西使监军司管辖顺夏国西蕃剡毛、鬼驴、耳金、星罗述等四部族大首领、蕃钤辖药熟等二百三十余户,千余口,寻犒设,第等支给例物,各令归族”[⑤]。《续资治通鉴长编》卷三二〇则载:“西蕃音摩、古勒、额勒锦、星罗舒克等四部族大首

① 《续资治通鉴长编》卷二七〇,熙宁八年十一月己巳,第6621页。

② 《舆地广记》卷一六《陕西秦凤路下》,文渊阁《四库全书》第471册,第362页。

③ 《武经总要》前集卷一八下《边防·西蕃地界》,文渊阁《四库全书》第726册,第548页。

④ 《宋史》卷八七《地理志》三,第2163页。

⑤ 《宋会要辑稿》蕃夷六《吐蕃》,第9916、9917页。

领、蕃钤辖约苏等二百三十余户，二千余口。”[①]《金史·结什角传》称：“鬼芦族长京臧居临洮。”“鬼芦”即“鬼驴”的异译，即古勒。金之临洮即宋之熙州。“鬼芦叱逋”是鬼芦族首领。熙宁七年（1074年），王韶率兵“直趋定羌，遣将破耳金、欺当两族”[②]。崇宁二年（1103年）八月，王厚奉诏措置河南诸羌，率大军自五牟谷（今甘肃临潭县东北）进至西蕃界名为分水岭（今甘肃岷县南）之地。统领官冯瓘、姚师闵受“郎家等族大首领角四结、角四瞎令并鬼驴等部族大首领斯鸡彪龙哥令等降”[③]。又据《续资治通鉴长编》卷二五二所载：“遣王君万等先破结河川额勒锦族，以断通夏国径路，斩千余级。”[④]《甘肃通志》卷五《山川·临洮府》载，结河川在狄道“县北六十里，有三带水交结流入洮河”。《宋史纪事本末·熙河之役》则载：“直趋定羌城，破西番结河川族，断夏国通路。”此“结河族”即上文《长编》所述及“结河川额勒锦族”。“额勒锦”即“耳金”的同音异译。定羌城（今甘肃广和县太子寺）、结河川均在河州境内，西夏西使监军司在兰州东南，这四族居住在熙州、河州境内，曾归附西夏，属西使监军司管辖。

乔家族　吐蕃大族。《宋史·地理志三》载：“河州循化城南至下桥家族地分一百余里。”而洮州“西至乔家族生界二百里”。金朝移剌成曾任临洮尹，“招降乔家等族首领结什角”[⑤]。乔家族居地当在洮州（治今甘肃临潭县）之西，河州西南。《岷州志》卷三也载有“乔家族”。《兰州府志》卷二载：“河州西南有乔家关，当以乔氏得名。”乔氏即唃厮啰第三妻出自乔家族。《续资治通鉴长编》卷二八二熙宁十年五月癸亥载：“右军蕃官军主乔巴裕等四十四人各斩获下溪首级，赐银有差。”其中“乔巴裕”亦当出自乔家族。

布沁巴勒　熙宁七年（1074年）四月，王韶“进兵宁河寨，分遣诸将入南山，破布沁巴勒等族，复斩千余级”[⑥]。宁河寨（今甘肃和政县）系河州属寨，布勒沁巴族居于河州地区。

岱尔族　亦作“呆儿族”。庆历四年（1044年）六月，“朝廷以契丹发兵会元昊

---

①《续资治通鉴长编》卷三二〇，元丰四年十一月辛丑，第7720页。

②《东都事略》卷八二《王韶传》，文渊阁《四库全书》第382册，第532页。

③（清）黄以周辑注，顾吉辰点校：《续资治通鉴长编拾补》卷二二，崇宁二年八月己巳，北京：中华书局，2004年，第768页。

④《续资治通鉴长编》卷二五二，熙宁七年四月丁酉，第6179页。

⑤《金史》卷九一《移剌成传》，第2016页。

⑥《续资治通鉴长编》卷二五二，熙宁七年四月丁酉，第6179页。

讨呆儿族，路出河东境外，疑其变诈，恐为河东之患”[①]。契丹与元昊生隙，在元昊边境筑威塞州（治今河北逐鹿县），“呆儿族累杀威塞役兵”，契丹以为是元昊所使。元昊建立政权的当年，“党项等部与夹山部落岱尔族八百户皆叛辽归元昊”[②]，辽朝要求元昊遣返，元昊不还，于是辽兴宗率兵十万讨伐西夏。《摛文堂集》卷六载有《河州岱尔族首领斯多特经与礼宾副使制》文，表彰其“忠勇武材，雄于种族，捍敌取胜，积有战多，用加超升，以示奖激，惟克祗服，尚有宠荣”。从上述文献记载可知，岱尔族原系西夏部族，居地在与辽接壤的河东地区，后亡入契丹，又自辽归夏。推断以后迁徙到河州地区，但具体迁徙时间及其过程，不见文献所载，有待探究。岱尔族成为河州蕃部，居于河州。

郎家族　河州大族。熙宁九年（1076 年），熙河经略司奏：“河州山后首领结毡、鬼驴、叱逋巴角言，鬼章令结毡等攻河州，结毡等心欲内附，与甥欺巴温同谋杀鬼章，未发而鬼章觉，走归塔南城，结毡率本族首领百二十一人来降。”[③]元丰元年（1078 年）九月，熙河路走马承受长孙良臣言：“郎、珪两族共六百余人，虽从来借地耕种，终非己所有。乞于河州或南川寨侧近，根括空闲及弓箭手田内，标拨二十顷分给。”[④]南川寨，属河州，据《甘肃通志》卷五《山川·临洮府》载，南川水在“狄道县南 90 里，山水雄秀，有大南川、小南川”。南川寨以南川水命名。熙宁七年（1074）由南山堡改为南川寨（今甘肃临夏县东南）。“郎”即“郎家族”，“珪”即“鬼”的异译，即“鬼驴族”。《东都事略·姚兕传》载：“熙河用兵，以兕策应攻破河州，大酋木征聚兵于郎家山，兕又破之。”“郎家山”在河州，“郎家族”是以地名族，本族首领 121 人，其中有“河州首领郎结毡”[⑤]“郎家等族大首领角四结、角四瞎令结”[⑥]等。郎家族属部众多，居地在河州地区。

日珠族　熙宁八年（1075 年）十二月，熙河路经略司言：“摩宗城首领结布投宗哥，诱定羌城熟户日珠族青斯巴皆往，青斯巴不从，潜斩结布首来献，乞优补官职。”[⑦]青斯巴因功授予下班殿直、本族巡检。据《宋史·神宗纪二》记载，熙宁八

---

①《续资治通鉴长编》卷一五〇，庆历四年六月戊午，第 3638 页。

②（清）嵇璜、曹仁虎等：《续通志》卷六百四《西夏载记上》，文渊阁《四库全书》第 401 册，第 267 页。

③《续资治通鉴长编》卷二七二，熙宁九年正月丙寅，第 6658 页。

④《续资治通鉴长编》卷二九二，元丰元年九月丙戌，第 7135 页。

⑤《宋会要辑稿》蕃夷六《吐蕃》，第 9913 页。

⑥《续资治通鉴长编拾补》卷二二，崇宁二年八月己巳，第 768 页。

⑦《续资治通鉴长编》卷二七一，熙宁八年十二月甲寅，第 6653 页。

年十二月甲寅,“熙河路木宗城首领结彪谋叛，熟羌日脚族青斯扒斩其首来献”。《宋会要辑稿·西凉府》也载有“日姜族首领铎论”[①]。“日脚”“日珠”“日姜”均为同音异译。日珠族原属西凉府吐蕃,居住河州定羌城(今甘肃广河县太子寺)。

结彪部　亦作“结布部”,系河州蕃部。熙宁八年(1075年)十二月甲寅,“熙河路木宗城首领结彪谋叛”。《续资治通鉴长编》也载:“摩宗城首领结布投宗哥,诱定羌城熟户日珠族青斯巴皆往。”[②]日珠族居于河州定羌城。熙宁七年(1074年),改珂诺城置,即今甘肃广河县(太子寺)。摩(木)宗城属河州。结彪部与日珠族同居河州地区。

耸昌厮均部　《宋史·吐蕃传》称为河州大姓,曾以“厮啰居移公城,欲于河州立文法”。《东都事略》卷一二七《附录七·西蕃》也载:“大姓耸昌厮均等迎唃厮啰至河州,欲立文法。”移公城,亦作“一公城”,在甘肃夏河县北,属河州。北宋崇宁二年(1103年)改移公城为循化城。耸昌厮均为河州大姓。

何郎业贤部　河州吐蕃。《宋史·吐蕃传》载:“河州羌何郎业贤客高昌,见厮啰貌奇伟,挈以归,置㢢心城。”何郎业贤拥立唃厮啰,应为该吐蕃部首领。

常家族　熙宁六年(1073)八月,宋廷“赐熙河路讨蕃部常家族及泾原路会合禁军等特支钱有差”[③]。同年十一月,熙河路经略司奏,“诸将收复河州,破常家族及随王韶往露骨山下,先登,用命斗敌,效首级计三千余人”[④]。元祐二年(1087年)三月,吐蕃大酋阿里骨使其将果庄“举兵寇洮州”“驻兵常家山”[⑤]。据《明一统志》卷三六《临洮府》载:“常家山,在府城西南六十里,与西倾山相连。”《甘肃通志·山川》载:“上有龙湫,深广凡九曲十八湾。”“常家族”是以“常家山”名族,其居地在河州、洮州一带。

杓家族　熙宁七年(1074),“董毡将青宜结鬼章数扰河州属番,诱胁赵、常、杓家等三族,集兵西山,袭杀河州采木军士,害使臣张普等七人”[⑥]。王韶“并兵讨

---

① 《宋会要辑稿》方域二一《西凉府》载:“咸平六年四月二十四日,以西凉府厮邦族首领兀佐、马家族首领渴东、周家族首领厮邦邦叱、的流族首领箇罗、赵家族首领阿厮、嗟厮波、日姜族首领铎论并为怀化郎将,从潘罗支之请也。”第9706页。

② 《续资治通鉴长编》卷二七一,熙宁八年十二月甲寅,第6653页。

③ 《续资治通鉴长编》卷二四六,熙宁六年八月甲午,第5997页。

④ 《续资治通鉴长编》卷二四八,熙宁六年十一月戊申,第6044页。

⑤ 《续资治通鉴长编》卷三九八,元祐二年四月丁亥,第9699页。

⑥ 《续资治通鉴长编》卷二五〇,熙宁七年二月甲申,第6098页。《宋会要辑稿·西凉府》载有“赵家族”,《续资治通鉴长编》卷二四七载有“常家族”及“黄河勺家族”,《续资治通鉴长编》卷二五〇有“赵家山”,卷三九八有“常家山”,故断为“赵、常、杓家等三族”。

荡杓家、摩雅克族”[①]。杓家族“去河州百余里”[②]，邈川蕃部温讷支郢成居河州之北，“西接董毡，南距黄河勺家族”[③]。杓家族系河州蕃部。

羊家族　元祐二年(1087)五月，阿里骨即位后，派遣吐蕃大将鬼章“引步骑七万围河州南川寨，焚庐舍二万五千区，发窖粟三万斛，胁从杓、羊家二族六千余口，并导夏人数万众攻定西城，败官军，杀都监吴猛而去”[④]。据《甘肃通志》卷五《山川·临洮府》载，南川水在“狄道县南九十里，山水雄秀，有大南川、小南川”。南川寨以南川水命名。南川寨属河州，熙宁七年(1074)，由南山堡改为南川寨(今甘肃临夏县东南)。《道乡集》卷一八载有《蕃官羊声唛等补官制》，表彰其功绩，声称“褒恤死事，国有彝章，录尔以官，以为忠勤，往承先志，勿怠恭勤”。羊声唛疑出自羊家族。羊家族与杓家族均居于南川寨附近，系河州蕃部。

赵家族　熙宁七年(1074)二月，青宜结果庄诱河州熟羌赵、常、杓三族集兵西山，“赵家山采木并防拓使臣殿侍、军将孙贵等及厢捕兵、弓箭手二百九十三人，马五十四匹，为贼所掳”[⑤]。真宗咸平六年(1003 年)四月二十四日，“赵家族首领阿斯铎、嗟厮波”[⑥]与西凉府厮邦、马家、周家、的流、赵家、日姜等族首领并为怀化郎将。“赵家族”系以居地“赵家山”名族。宋政府元丰二年(1079)“筑河、岷州，蕃官赵醇忠、赵结成玛皆以夫助城”[⑦]。蕃官赵结成玛、“岷州蕃兵将赵惟吉”[⑧]当出自赵家族。

拶家族　一作“咱家族”。《续资治通鉴长编》卷二四七熙宁六年十月丁亥称，邈川蕃部温讷支郢成居河州之北，“东界拶家族”。拶家族在邈川(治今青海海东市乐都区)蕃部之东，约在河州境内。

摩雅克族　熙宁八年(1075)八月丁酉，熙河路洮西安抚司言：“熟户摩雅克族麦熟，宗哥引兵钞掠。”[⑨]摩雅克族亦“去河州百余里”[⑩]。由此可知，摩雅克族与

---

①《续资治通鉴长编》卷二五二，熙宁七年四月己卯，第 6157 页。
②《续资治通鉴长编》卷二五二，熙宁七年四月丁酉，第 6179 页。
③《续资治通鉴长编》卷二四七，熙宁六年十月丁亥，第 6026 页。
④《续资治通鉴长编》卷四〇〇，元祐二年五月癸丑，第 9743—9744 页。
⑤《续资治通鉴长编》卷二五〇，熙宁七年二月丙子，第 6087 页。
⑥《宋会要辑稿》方域二一《西凉府》，第 9706 页。
⑦《续资治通鉴长编》卷二九六，元丰二年二月辛丑，第 7204 页。
⑧《续资治通鉴长编》卷三四八，元丰七年八月戊辰，第 8341 页。
⑨《续资治通鉴长编》卷二六七，熙宁八年八月丁酉，第 6547 页。
⑩《续资治通鉴长编》卷二五二，熙宁七年四月丁酉，第 6179 页。

杓家族同居于河州地区。

沈千族　《历代名臣奏议》卷三二九《御边》载："沈千族首领常尹丹波等屯结河。"王韶建议"洮水自北关下结河，泝流至香子城，可通漕"[①]。"结河"在河州，汉代称为大夏水，即古漓水，今洮河支流广通河。沈千族系河州蕃部，居于河州境内。

结河族　亦作"结河川族"，即蔺毡纳支部，又作"楞占纳芝"。熙宁五年（1072年）十二月，河州归顺蕃部首领蔺毡纳支为右侍禁，充结河一带蕃部巡检。熙宁七年（1074年），河州被围，王韶驰至，率兵直趋定羌城，"破西蕃结河川族，断夏国通路，进临宁河，分命偏将入南山"[②]。宋人所称"结河"即今之广通河。据《甘肃通志》卷五《山川·临洮府》载，结河川在狄道县"北六十里，有三带水交结流入洮河"。结河族居地结河川，在今广河川（包括今甘肃广河、和政两地），系宋河州境内。

伦布宗族　元祐二年（1087）七月，刘舜卿"命大将姚兕部洮西，领武胜正兵，合河州熟户，捣讲朱城，胁取伦布宗部族"[③]。八月十六日，"兕破伦布宗，百里间焚荡九千道，斩首千余级。十七日，攻讲朱城"[④]。"嘉木卓城"即"讲朱城"（今甘肃临夏市南），在河州境内。伦布宗族即为河州地区蕃部。

磋藏、丹贝、叶公诸族　元祐二年（1087年）九月，宋政府令刘舜卿"先抚纳河南生羌，若讲朱城未可下，先以祸福晓谕阿里骨。其朗格占仍许以诸司使，令诱致磋藏、丹贝、叶公诸族，其间首领即次第补授一官"[⑤]。"磋藏"即"错凿"（今甘肃临夏市西南），"丹贝"即"丹巴"，又作"当标"（今青海循化县南），"叶公"即"一公"（即循化城，今甘肃夏河县北），均为河州之南的三座城。元符二年（1099年）六月，"西蕃大酋边厮波结等与鬼章妻桂摩及其妻孥并鬼章河南旧部族皆叩河州、岷州境上，乞以讲朱、一公、错凿、当标四城来降"[⑥]。未几，王赡进据这四城。磋藏、丹贝、叶公三族是以地名族，均为河州蕃部。

---

①《续资治通鉴长编》卷二三九，熙宁五年十月壬辰，第5811、5812页。

②（清）徐乾学：《资治通鉴后编》卷八一《宋纪八一》，熙宁七年三月乙亥，文渊阁《四库全书》第343册，第504页。

③《续资治通鉴长编》卷四〇四，元祐二年八月戊戌，第9841页。

④《续资治通鉴长编》卷四〇四，元祐二年八月戊戌，第9841页。

⑤《续资治通鉴长编》卷四〇五，元祐二年九月辛酉，第9868页。

⑥《续资治通鉴长编》卷五一一，元符二年六月己亥，12171页。

章罗、谒兰冬、铎精三族　贞祐三年(1215年),金枢密使仆散端遣纳兰伴僧招谕"积石州及铎精族都管阿令结、兰州葩俄族都管汪三郎等,皆相继内附"[①]。《金史·仆散端传》中,"章罗谒兰冬"没有断开,为一族。疑章罗、谒兰冬为二族,阿令结为其管。此三族为金积石州(治今青海贵德县西10里黄河南岸)蕃部,则在北宋的河州境内。

巴勒斯丹部　熙宁九年(1076年)五月,熙河路经略司言:"正月癸酉,生户冷鸡朴等领兵围郭莽寺,蕃僧巴勒斯丹、首领哲卜尊等率蕃兵拒却之,获十三级。"[②]巴勒斯丹因功"充本族巡检",哲卜尊"同巡检"。康定元年(1040)八月,刘涣出使青唐,"出古渭州,循木邦山至河州国门寺,绝河,踰廓州,抵青唐城"[③]。"郭莽寺"即"国门寺",在河州。巴勒斯丹部系河州蕃部。

三、黄河以南吐蕃部族

黄河以南地区包括洮(治今甘肃临潭县)、岷(治今甘肃岷县)、叠(治今甘肃迭部县)、宕(治今甘肃舟曲县西北)、阶(治今甘肃陇南市武都区)五州及积石军(治今青海贵德县西10里黄河南岸)。南宋时期,这一地区的吐蕃部族逐渐向南发展到黎州(治今四川汉源县)、雅州(治今四川雅安市)等地。至明朝时,仍有许多部落,据《明史·西番卫》载,有"岷州十八族、洮州十八族之属,大者数千人,小者数百"。这里是宋代吐蕃的重要分布地区,文献记载说"洮岷蕃族繁盛"[④],古叠州"有四十三族、十四城,三十余万户,东邻宕昌,北接临洮、积石,南行十日至箅竹大山,盖蛮境也"[⑤]。这一地区吐蕃部落众多。

(一)积石军吐蕃

积石军,本溪哥城(今青海贵德县西10里),原系汉之金城郡河关县地,唐置军,隶陇右节度府,后陷吐蕃。元符年间为吐蕃溪巴温所据。大观二年(1108年),臧征朴哥以城降,即在其地建军。"东至廓州界八十里,西至青海一百余里,南至盖龙峞八十里,北至西宁州界八十里。"[⑥]辖怀和(北宋崇宁三年以丁零

①《金史》卷一〇一《仆散端传》,第2232页。
②《续资治通鉴长编》卷二七五,熙宁九年五月戊辰,第6726页。
③《续资治通鉴长编》卷一二八,康定元年八月癸卯,第3035页。
④《续资治通鉴长编》卷二四七,熙宁六年十月辛卯,第6029页。
⑤《金史》卷九八《完颜纲传》,第2175页。
⑥《宋史》卷八七《地理志》三,第2169页。

谷置，在今青海贵德县北）、顺通（在今青海贵德县东）、临松（在今青海尖扎县西北）等堡寨。

积石军的吐蕃主要有以下部族：

扎实庸咙部　是河南地区的核心部族。起初，“唃斯啰兄扎实庸咙为河南诸部所立，与唃斯啰分地而治”[①]。唃斯啰控制了黄河以北的吐蕃部落，而扎实庸咙则控制了以积石军（治今青海贵德县西10里）为中心的黄河以南的吐蕃部落。扎实庸咙死后，其子必鲁匝纳立，必鲁匝纳死后，子溪巴温（亦作溪巴乌）立，其舅郎结戬辅佐。后来部属首领鬼章（即果庄）势力渐盛，与郎结戬有隙，溪巴温被鬼章驱逐出走。阿里骨（鄂特凌古）死后，溪巴温据溪哥城自称王子。溪巴温有六子：陇拶、杓拶、溪赊罗撒（锡罗萨勒）、昌三、顺律坚戬、尼玛丹津（益麻党征）。陇拶、溪赊罗撒先后入主青唐。陇拶归宋后，赐姓名赵怀德。杓拶据溪哥城（即积石军，今青海贵德县西10里），后被鬼章子阿苏所杀。益麻党征，宣和年间归宋后，赐姓名赵怀恩，封陇右郡王。南宋后，移居成都，有三子：“长曰某，秉义郎，叙州兵马监押；次安国，成忠郎，皆先卒；次宁国，敦武郎，威州兵马都监。”[②]《长编纪事本末》卷一四〇引《青唐录》：“溪哥城伪王子臧征朴哥欲与官军斗。”称为王了的臧征朴哥疑为杓拶之子。《方舟集》卷一六《赵郡王墓志铭》将益麻党征误作温溪心之孙，唃斯啰之曾孙。

鬼章部　亦作“果庄部”，又名“青宜结鬼章”“青宜结果庄”，为河南吐蕃大酋，阿里骨属部大首领。“桀黠有智谋，数为边患”，后“与夏人解仇为援，筑洮州居之”[③]。元祐二年（1087年）。四月十九日，岷州行营将官种谊收复洮州，生擒鬼章青宜结。因“听招其子及部属归附以自赎”[④]，宋政府授鬼章为陪戎校尉，秦州居住，死于秦州。其子结斡磋，元祐二年（1087年）四月六日，“遣人马入寇”。结斡磋子为边斯波结，鬼章之孙。边斯波结系“西蕃近上酋首，世族名望，所管部族人马强盛”[⑤]。元符二年（1099）六月，西蕃大酋毕斯布结等与鬼章妻桂摩及其妻孥并鬼章河南旧部族归附宋朝。鬼章曾驱逐溪巴温，其叔父（鬼章子）阿苏又曾杀杓拶，溪巴温又杀阿苏，世有仇怨。闻溪巴温起，河南诸部多归之，边斯波结不自安，

---

①《续资治通鉴长编》卷五〇七，元符二年三月庚午，第12091页。

②（宋）李石：《方舟集》卷一六《赵郡王墓志铭》，文渊阁《四库全书》第1149册，第722页。

③《宋会要辑稿》蕃夷六《吐蕃》，第9920页。

④《宋会要辑稿》蕃夷六《吐蕃》，第9920页。

⑤《续资治通鉴长编》卷五一三，元符二年七月丙寅，第12202页。

故请内附宋朝，“愿将部族地土，献与汉家”[①]。所管地分，“西至黄河，北至克鲁克、丹巴国，南至隆科尔结一带，东至庸咙城、额勒济格城。当标城至斯丹南一带，甚有部族人口，见管蕃兵六千一百四十人”[②]。其地约在积石军境内。

木波部　《金史·结什角传》载：“乔家族首领播逋与邻族木波、陇逋、庞拜、丙离四族耆老大僧等立结角为木波四族长，号曰‘王子’。其地北接洮州、积石军。”而“其南陇逋族，南限大山，八百余里不通人行。东南与叠州羌接。其西丙离族，西与卢甘羌接。其北庞拜族，与西夏容鲁族接”[③]。木波族在陇逋族与庞拜族之间，“陇逋、庞拜二族与齐家族相邻，遂归结什角”[④]，亦在积石军境内。南宋以后，木波为吐蕃大部，辖地广阔。《山右石刻丛编·梁秉钧碑》载：“都元帅重整三军，谈笑而定，直抵雕门、黎、雅、木波国界”，而“苏木特将自木波界窥我西蜀”[⑤]。此时木波部南境已达黎（治今四川汉源县）、雅（治今四川雅安市）二州。

庄浪四族　金天会中，以旧积石地予夏人，夏人谓之“祈安城”，有庄浪四族：吹折、密臧、陇逋、庞拜，虽属夏国，叛服不常。大定六年（1166 年），夏人破吹折、密臧二族，陇逋、庞拜二族与齐家族相邻，就归附结什角。结什角死后，齐家等族部众原以结什角侄赵师古为首领，于是金朝诏以赵师古为木波齐家、丙离、陇逋、庞拜四族都钤辖。金世宗时期，“西羌吹折、密臧、陇逋、庞拜四族恃险不服”[⑥]，身任临洮尹兼熙秦路兵马都总管的张仲彦亲自至“积石达南寺，酋长四人来，与之约降”[⑦]，事遂平定。《宋会要辑稿·丰州》及《宋史·党项传》均有“河北黑山庄浪族宁远将军龙移为安远大将军”的记载，丰州（治今陕西府谷县北 115 里）党项也有庄浪族。此庄浪四族为吐蕃大部，其居地均在积石军界。

（二）岷州吐蕃

岷州（治今甘肃岷县），秦属陇西郡，西汉、东汉、晋因袭，西魏置岷州及同和郡。隋开皇初郡废，大业初州废，属临洮郡。唐复为岷州，天宝元年（742 年）曰和政郡。唐广德（763—764 年）后陷入吐蕃。宋熙宁六年（1073 年）收复，熙宁七年

---

①《续资治通鉴长编》卷五一三，元符二年七月丙寅，第 12202 页。

②《续资治通鉴长编》卷五一三，元符二年七月丙寅，第 12202 页。

③《金史》卷九一《结什角传》，第 2017 页。

④《金史》卷九一《结什角传》，第 2017 页。

⑤（宋）袁甫：《蒙斋集》卷六《陈时事疏》，文渊阁《四库全书》第 1175 册，第 398 页

⑥《金史》卷七九《张仲彦传》，第 1790 页。

⑦《金史》卷七九《张仲彦传》，第 1790 页。

(1074年),以大潭、长道二县属岷州。崇宁三年(1104年),复置祐川县(治今甘肃宕昌县西北48里理川镇),辖临江、荔川、床川、闾川、宕昌五寨,遮羊、谷藏、铁城三堡及滔山监(熙宁九年置,铸铁钱)。崇宁(1102—1106年)年间有户"四万五百七十,口六万七千七百三十一"[①]。

岷州也是吐蕃重要分布区,主要有以下吐蕃部族:

罗斯结、贝斯结二族　熙宁九年(1076年)十一月,"鬼章又以兵三万据铁城,收贝斯结、罗斯结族以临青唐"[②]。知岷州种谔乃出兵二千,出其不意,破鬼章于铁城,"斩首八百余级"。淳熙十六年(1189)七月二日,西和州奏:"祐州县所管地分,界外洮州铁城界讷斯结族,及叠州陇逋、青厮逋、心搒等三族蕃部,累次出没过,掩杀立功官兵,乞行推赏。"[③]祐川属岷州,崇宁三年(1104年)复置,铁城即铁城堡(今甘肃岷县东北80里),熙宁十年(1077年)置,系岷州属堡。淳熙十六年(1189年)七月二日,"洮州铁城界讷斯结族"与叠州青厮逋、心搒等族多次出没。南宋的洮州辖地包括北宋岷州一部分,南宋洮州铁城界正在北宋岷州境内,贝斯结、罗斯结二族居地当在岷州。《摛文堂集》卷八《鲁斯结族蕃官侍禁节斡结可特与转一官制》,表彰其"忠义不渝,奋身内附,捕获奸细,达于朕闻,褒进一官,庸示奖激,往加励勉"。鲁斯结、罗斯结、讷斯结均为同音异译。湟州也有"禄斯结族",疑为同一族。

哈鲁、斯纳、蕃城、凌珪四族　其祖上为古渭州青唐番部俞龙珂,熙宁四年(1071年)八月,归属宋朝,赐俞龙珂姓名包顺。后迁至岷州,与包顺同在岷州的还有包诚,绍圣四年(1097年)六月己酉,熙河兰岷路经略司言:"本路蕃官东上閤门使、登州防御使、岷州一带蕃部钤辖包诚,昨赴泾原陷没,有子一十三人,长如京使海,哈鲁结族巡检,并岷州一带蕃部巡检;次内殿承制明,斯纳族;次右班殿直喜、次猛,并蕃城族;次三班奉职,文除凌珪族;八人未有职名。"[④]包诚之子包海、包明、包喜、包猛、包文分别为这四族首领,四族均为岷州吐蕃大族。

青龙族　熙宁六年(1073年)二月,王韶克河州。得河州后,以景思立知州事,

---

①《宋史》卷八七《地理志三》,第2165页。

②《续资治通鉴长编》卷二七九,熙宁九年十一月壬午,第6827页。

③《宋会要辑稿》兵一九《军赏二》,第9021页。

④《续资治通鉴长编》卷四八九,绍圣四年六月己酉,第11605—11606页。在此史料中,原文"长如京使",无"海"字。今据后文"诏包海特与转一官,除遥郡刺史,差充岷州一带蕃部同巡检。"故补为"长如京使海"。

自率军穿露骨山，“入岷州，分兵破青龙族于绰罗川，通熙州路”①。绰罗川在岷州，青龙族为岷州蕃部。

本琳沁部　亦作“木令征部”。熙宁六年（1073 年），王韶率军攻陷宕州（治今甘肃舟曲县西北），通洮山路，“岷州本琳沁以城降，遂入岷州”。《皇宋十朝纲要》卷九也载：“岷州首领木令征以州来献。”本琳沁为岷州吐蕃部族。据学者田野调查，岷县本氏人很少，岷县攒都沟中寨村，基本都姓本。攒都沟还有 1000 多人，但是否为本令沁（本令征）后裔，还不敢定论②。

固密族　熙宁六年（1073 年）十二月，熙河路经略司言：“固密族首领六人助包顺、瞎吴叱等战有功，诏各转一资。”③固密族首领纳克通身死，其子结斡沁兼本族巡检。包顺、瞎吴叱均为岷州蕃部，助其战的固密族也为岷州蕃部，同居一地。

瞎吴叱部　亦作“辖乌察部”。瞎吴叱系木征（摩正）母弟，属唃厮啰族系。据有岷州，为岷州都首领。王韶率军入岷州后，于是瞎吴叱以城内属，宋政府任命为崇仪副使，赐姓名赵绍忠。

固云沁巴部　熙宁六年（1073 年）十一月，“王韶遣本琳沁、固云沁巴诣阙”④，这二人皆为“岷州归顺首领”。显然，固云沁巴为岷州蕃部，居地在岷州。

衣彪族　绍圣二年（1095 年）五月，“岷州管下衣彪族首领当征结等四十户，投西蕃结兀捉”⑤。衣彪族当征结等“旧属汉户，因事逃避，朝廷已放罪”⑥，系汉人吐蕃化蕃部。

容、李、龙三族　熙宁七年（1074 年）二月，吐蕃首领木征与董毡部将青宜结鬼章联合集兵二万，以投降为名，诱景思立于踏白城，将其包围，景思立等人战死。吐蕃又“乘景思立踏白之败，围岷州，蕃僧温遵率容、李、龙族应之，道路不通者几月”⑦。高遵裕谓“容、李、龙三族应贼，而龙氏寔破和尔川寨”⑧。容、李、龙三

①《续资治通鉴长编》卷二四七，熙宁六年十月庚辰，第 6022 页。

② 李稳、杨海帆：《宕昌县理川区域史研究》，兰州：甘肃人民出版社，2015 年，第 62 页。

③《续资治通鉴长编》卷二四八，熙宁六年十二月壬午，第 6059 页。

④《续资治通鉴长编》卷二四八，熙宁六年十一月庚申，第 6047 页。

⑤《宋会要辑稿》蕃夷六《吐蕃》，第 9925 页。

⑥《宋会要辑稿》蕃夷六《吐蕃》，第 9925 页。

⑦《续资治通鉴长编》卷二五二，熙宁七年四月己卯，第 6156 页。

⑧《续资治通鉴长编》卷二五二，熙宁七年四月己卯，第 6156 页。

族"破和尔川寨""围岷州"的行动,可说明容、李、龙三族均系岷州蕃部,其居地在岷州界。

十八族　宋理宗端平三年(1236年)三月,"阶、岷、叠、宕十八族降"[①]。《昭忠录·曹友闻》载:"汪世显麾下回回、西夏、十八族之不归附者,颇甚畏之。"《鹤林集》卷二〇载:"其所以坏蜀之故,四境不治,而交秦、巩,三军不结,而结十八族。"[②]《蜀文辑存》卷二八又载:"已至渭节村、凤林村,十八族多已投降。"元朝设置吐蕃等处招讨使司时,其属附有"岷州十八族周回捕盗官二员"[③],有"岷州十八族"之称。"十八族"为大族,散居在岷、洮、叠、宕一带。

萨底族　文献记载说朵儿只班,其先波忒国人,后居岷州为萨底族,祖先堪布底节,于金泰和三年(1203年)从征西夏,后命镇抚叠州(治今甘肃迭部县)。《岷州乡土志》也载:"其先有堪卜底节者,萨底族蕃人,为宋都元帅。"[④]萨底族为宋时岷州蕃部。

(三)洮州吐蕃

洮州(治今甘肃临潭县),号临洮城,"古为诸羌之地,后为吐谷浑所居"[⑤]。至后周武帝逐吐谷浑,置洮阳郡,兼置洮州。隋开皇初郡废,大业初州废,置临洮郡。唐武德二年(619)置洮州,天宝四载(745年)曰临洮,领临潭一县。唐广德后陷吐蕃。熙宁五年(1072),宋政府"诏以熙河洮岷通远军为一路"时,并未得洮州。元符二年(1099年)收复后不久,又弃之不守。大观二年(1108年)收复,改临洮城仍为"洮州"。东至岷州界113里,西至乔家族生界200里,南至鲁黎族生界105里,北至河州界120里。

洮州吐蕃主要有以下部族:

瓜家族　熙宁九年(1076)十一月,吐蕃大酋鬼章"聚兵令丁谷,胁属羌瓜家族以叛"[⑥],诸部族皆动摇。种谔出轻兵,掩其不备,击败之,"戮瓜家族叛党二百余人,诸部乃定"[⑦]。鬼章当时在洮州(治今甘肃临潭县),瓜家族为其属部,系洮

---

①《宋史》卷四二《理宗本纪》,第810页。

②(宋)吴泳:《鹤林集》卷二〇《论坏蜀四证及救蜀五策札子》,文渊阁《四库全书》第1176册,第193页。

③《元史》卷八七《百官志》三,第2196页。

④《岷州乡土志》,见《陇右稀见方志三种》,上海书店,1984年。

⑤《舆地广记》卷一六《陕西秦凤路下》,文渊阁《四库全书》第471册,第366页。

⑥《续资治通鉴长编》卷二七九,熙宁九年十一月壬午,第6827页。

⑦《续资治通鉴长编》卷二七九,熙宁九年十一月壬午,第6827页。

州吐蕃。

密迭、强扬　元祐二年(1087年)八月,知岷州种谊复洮州,擒果庄。起初,种谊捐金帛结好果庄部下首领卦斯什宁,使刺探果庄动静,“会遣人来报,鬼章驻洮州,巴罗桑、阿克衮等军马已放归族,惟以密迭、强扬等数族军马自随,犹万人”[①]。密迭、强扬等族系洮州蕃部。

逋撒孝赠部　《曾公遗录》卷九作“庞逋撒孝赠”。元符三年(1100年)四月五日,三省、枢密院同进呈熙河路奏,“姚雄追还王赡以下兵将回河州,及附带到青唐物数,已支三伪公主以下妆粉钱,特支秦凤路洮州首领逋撒孝赠”[②]。逋撒孝赠为洮州蕃部首领,居住在洮州界。

巴毡角部　亦作“巴珍觉部”,是洮州吐蕃大族。巴毡角是木征之弟,系唃厮啰族属,占据洮州,王韶既得河州,以景思立知州事,自率军穿露骨山南入洮州,巴毡角“亦以其族自归”。熙宁六年(1073年)十二月二十六日,宋神宗诏“以岷州都首领瞎吴叱、洮州都首领巴毡角并为崇仪副使,董谷为礼宾副使,瞎吴叱岷州、巴毡角洮州、董谷河州蕃部钤辖”[③]。巴毡角被赐姓名赵醇忠,系洮州蕃部。

把羊族　《续资治通鉴长编》作“把扬族”。元丰三年(1080年),洮西缘边安抚司言:“经略司使臣刘告同宗哥首领阿星等,送出先掳劫入蕃把扬族二十户,首领四人,丁壮妇女老幼九十六,马十,牛百五十,羊三百十二外,有三十余户,凡百余人。”[④]《金史·结什角传》载:“(赵世昌)为左武大夫,遥领莱州防御使,袭把羊族长。……既而鬼芦族长京臧杀世昌,朝廷遣兵执京臧,斩之临洮市,以世昌子铁哥为把羊族都管。大定四年(1164年),宋人破洮州,铁哥弟结什角与其走入乔家族避之。”由此可知,把羊族属洮州蕃部。

郭厮敦部　亦作“卦断敦”。熙宁六年(1073年)十月,王韶率兵攻洮州,“叠州钦令征、洮州郭厮敦皆相继诣军中,以城听命,巴毡角亦以其族自归”[⑤]。郭厮敦部居地在洮州。

默锡勒罗密克部　《初寮集》卷六《定功继伐碑》载:“移师收青藏川,以为洮州,大首领默锡勒罗密克部率户五万来归。”默锡勒罗密克部为洮州大族,部属

---

①《续资治通鉴长编》卷四〇四,元祐二年八月戊戌,第9840页。

②《宋会要辑稿》蕃夷六《吐蕃》,第9930页。

③《宋会要辑稿》蕃夷六《吐蕃》,第9912页。

④《续资治通鉴长编》卷三〇九,元丰三年闰九月庚子,第7496页。

⑤《续资治通鉴长编》卷二四七,熙宁六年十月庚辰,第6022页。

众多。

巴凌部　熙宁八年(1075年),熙河路经略司“诱洮州巴凌酋首居岷州城北,遂成蕃市”[①]。而锡丹族首领达克博说谕赵醇忠及母、妻等归宋,归顺宋王朝,达克博被诏补为三班差使,巴凌巡检,“专管勾巴凌一带蕃商往来”[②]。巴凌部系洮州蕃部,而酋首居岷州城北经营蕃市。

(四)阶、叠、宕州吐蕃

阶州(治今甘肃陇南市武都区),古为白马氐国,西戎之别种,汉武帝开,设置武都郡,东汉、晋因袭,后没于氐杨茂搜。元魏置武街郡,西魏置武州,隋开皇(581—600年)初郡废,大业(605—617年)初州废,置武都郡。唐武德元年(618年)置武州,天宝元年(742年)曰武都郡,唐代宗大历年间(766—779年)陷于吐蕃而废。大历二年(767年)复置为行州。咸通(860—873年)中始得故地。龙纪(889年)初遣使招葺,景福元年(892年)改为阶州。

叠州(治今甘肃迭部县),山多重迭,历代为诸羌所居。晋属汶山郡,宋、齐因之,后为西魏、后周据有。周武帝立西疆、恒香二郡,兼立叠州。隋开皇(581—600年)初二郡并废,大业初(605—617年)州废,入临洮、同昌二郡。唐武德二年(619年)复立叠州,天宝元年(742年)曰合川郡。北宋时有叠州城(今甘肃迭部县),在洮州界,熙宁十年(1077年)收复。领合川、常芬二县。

宕州(治今甘肃舟曲县西北白龙江北岸),怀道郡,山峦叠嶂,为诸羌之地。元魏武帝时内附,封为宕昌王。后周武帝天和元年(566年)置宕州,隋大业(605—617年)初州废,为宕昌郡。唐武德元年(618年)复为宕州,天宝元年(742年)曰怀道郡。领怀道、良恭二县。

阶、叠、宕州均是吐蕃重要的聚集地区,主要有以下吐蕃部族:

大罗苏木嘉族　熙宁七年(1074年),知甘谷城张诜将开边,遣侍禁王世文“往阶州峰贴峡,集蕃酋犒设而诱说之”[③]。蕃部以为要夺取他们的土地,陇逋族“即啸聚大罗苏木嘉族,攻焚峰贴峡寨,杀寨官军民”[④]。宋政府派刘昌祚知州以臣服。峰贴峡寨(今甘肃舟曲县西北峰迭城)是阶州属寨,系戍守要地,“捍吐蕃并

①《续资治通鉴长编》卷二六二,熙宁八年四月甲申,第6408页。
②《续资治通鉴长编》卷二六二,熙宁八年四月甲申,第6408页。
③《续资治通鉴长编》卷二五五,熙宁七年八月己巳,第6231页。
④《续资治通鉴长编》卷二五五,熙宁七年八月己巳,第6231页。

控宕州路,南宕州七十七里,北至州二百里"[①]。由此可知,大罗苏木嘉族与陇逋族同居于峰贴峡一带,系阶州蕃部。

陇逋族　亦为"陇卜族""陇波族",系迁徙不定的部族,曾一度在秦州永宁寨(今甘肃甘谷县西四十里铺附近)居住。熙宁七年(1074年)八月,宋朝奖"赏讨阶州峰贴峡陇逋族蕃部之劳"[②],则言其居住在阶州峰贴峡。《金史·结什角传》中谓结什角立为木波四族长,"其地北接洮州、积石军,其南陇逋族。南限大山,八百余里不通人行"。陇逋族在积石山(一名大积石山,即今青海阿尼玛卿山)地区,1942年调查贵德县还有"陇卜族"。《宋会要辑稿》既载叠州有陇逋族[③],又载有西海"陇逋"[④]。陇逋族居地不定,正说明其为迁徙不定的吐蕃部族。北宋时,从秦州迁到阶州(治今甘肃陇南市武都区)、叠州(治今甘肃迭部县),金时又迁到积石地(即积石州,治今青海贵德县西10里,辖境相当今青海循化、尖扎、贵德、同仁,甘肃临夏市、夏河县等地)。《读史方舆纪要·西宁卫》载,"隆卜族居于塞外",有"上下"二族。

浪黎厮江诸族　《青唐录》载"自收复浪黎厮江诸族之后,有结毡庞前籛者,帅羌兵万余逼峰贴峡寨"。峰贴峡寨(今甘肃舟曲县西北峰迭城)在阶州,浪黎厮江诸族居住在阶州境内。

毋家族　亦作"穆济族"。刘昌祚知阶州时,曾"讨平毋家等族,又平叠州"[⑤]。毋家族系阶州蕃部。《续通志》卷三六二《刘昌祚传》载:"知阶州,讨平穆济等族,又平叠州。"《宋史》与《续通志》所载为同一事,而族名不同,"毋家""穆济",系同名异译。

梦阿郎部　《皇宋十朝纲要》卷一六载:"阶州宕昌界蕃部首领梦阿郎等寇峰贴峡。"梦阿郎系阶州蕃部。

戡陀孟迦十族　《元史·按竺迩传》载:按竺迩"领炮手兵为先锋,破宕昌,残

---

①《武经总要》前集卷一八上《秦陇凤翔阶成州路》,文渊阁《四库全书》第726册,第535页。

②《续资治通鉴长编》卷二五五,熙宁七年八月己巳,第6231页。

③《宋会要辑稿》兵一九《军赏二》载:"淳熙十六年七月二日,西和州奏:'祐川县所管地分,界外洮州铁城界讷厮结族及叠州陇逋、青厮、逋心拶等三族蕃部,累次出没作过,掩杀立功官兵,乞行推赏。'"第9021页。

④《宋会要辑稿》蕃夷六《吐蕃》载:"元祐七年六月二十二日,熙河路经略司言:'董毡侄瞎养兀儿自西海率吐蕃、回纥人马,去青唐城一二百里驻兵,有洗纳、心拶、陇逋三族归之。'"第9922页。

⑤《宋史》卷三四九《刘昌祚传》,第11053页。

阶州。攻文州，守将刘禄，数月不下”。在攻文州（治今甘肃文县）时，“因招徕吐蕃酋长勘陀孟迦等十族，皆赐以银符”[①]。按竺迩率兵攻文州时为南宋，此勘陀孟迦十族当在阶州一带。

钦令征部　《续资治通鉴长编》作“策凌扎卜”部。熙宁六年（1073 年）二月，王韶克河州，以景思立知州事，自率军穿露骨山南入洮州，又入岷州，“叠州钦令征，洮州郭厮敦皆诣军以城听命”[②]，二部皆相继以城内属。钦令征系叠州蕃部，居地在叠州（治今甘肃迭部县）界。北宋后期，从崇宁二年六月开始至崇宁三年四月底（1103—1104 年）结束，宋政府再次发动河湟之役，取得“开拓疆境，幅员三千余里”的战果。据《续资治通鉴长编拾补》所载王厚耀武巡边路线：“王厚过湟州，沿兰州大河并夏国东南境上，耀兵巡边，归于熙州。厚所克复三州及河南地土，自兰州京玉关沿宗河而上，取湟州临宗寨乳酪河之西，入鄯州界管下宣威城青海洗纳、木令波族，东南过溪哥城，至河州循化城入洮州，复自洮州取庞公原，循山后出怀羌、来羌城，沿黄河过来宾城，上巴金岭镬南谷，抵京玉关。”[③]宋朝疆域得到进一步扩展，正北及东南至夏国界，西过青海至龟兹国界，西至卢甘国界，东南至熙、河、兰、岷州，连接阶、成州界。据《陇右金石录·威远楼铜钟》载：“据县志：崇宁三年八月，叠州番落来降，升通远军为巩州以处之。”此钟四周刻“皇帝圣寿，万岁，重臣千秋，法输常转，国泰民安”十八个大字，下题“大宋丙戌岁崇宁正月”。铸于“丙戌岁崇宁”，即崇宁五年（1106 年）。“此钟之铸或以远人新服欤。”王厚巡边耀武是对熙、河、洮、岷、阶、成州界的吐蕃部族以武力威慑，并将叠州地区的吐蕃部民迁徙至巩州（治今甘肃陇西县）。今存陇西县威远楼铜钟，正是崇宁河湟之役“耀武”的历史明证。

青厮逋、心拶二族　淳熙十六年（1189 年）七月二日，西和州奏：“祐川县所管地分，界外洮州铁城界讷结厮族，及叠州陇逋、青厮逋、心拶等三族蕃部，累次出没掩杀立功官员，乞行推赏。”[④]陇逋为迁徙不定蕃部，青厮逋、心拶二族同居于叠州。

彭布锡卜萨部　《曾公遗录》卷八作“庞布斜肆”部。元符二年（1099 年）闰

---

①《元史》卷一二一《按竺迩传》，第 2984 页。

②《东都事略》卷八二《王韶传》，文渊阁《四库全书》第 382 册，第 532 页。

③《续资治通鉴长编拾补》卷二三，崇宁三年四月庚午条，第 806 页。

④《宋会要辑稿》兵一九《军赏二》，第 9021 页。

九月戊子，秦凤路奏："叠、宕一带部族大首领彭布锡卜萨等乞纳土归顺。"[①]彭布锡卜萨部系叠、宕一带部族。

鲁黎诸族　大观二年（1108年）四月二十三日，童贯遣统制官辛叔献、冯瓘等统大军"自岷州入洮州南境，逼鲁黎诸族。其首领结毡迎拒官军，以蕃字与臣，其辞倨甚"[②]。《金史·完颜纲传》也载："青宜可者，吐蕃之种也。宋取河湟，夏取河西四郡，部落散处西鄙，其鲁黎族帅曰冷京，据古叠州，有四十三族、十四城、三十余万户，东邻宕昌，北接临洮、积石，南行十日至笋竹大山，盖蛮境也。"鲁黎为叠州大族，其首领有结毡、冷京、耳骨延、青宜可等。

四、黄河以北湟、鄯、廓州吐蕃部族

湟、鄯、廓三州及青海湖以西地区是宋代西北吐蕃的最大聚集区，也是宋代吐蕃政治、经济、文化的中心区。《宋史·兵志》言："盖鄯、湟乃西蕃之二小国，湟州谓之邈川，鄯州谓之青唐，与河南本为三国，其地滨河，多沃壤。"[③]邈川以独立政权自称是阿里骨以后的事，唃厮啰、董毡时期均为青唐所辖。唃厮啰死后，青唐政权分裂，"厮啰地既分，董毡最强，独有河北之地"[④]。"河北之地"就包括湟（治今青海海东市乐都区）、鄯（治今青海西宁市）、廓（治今青海化隆县西60里黄河北岸）三州，也就是青唐之地。青唐政权辖境广远，部族甚众，据《曾公遗录》卷八元符二年十一月乙亥记载："青唐管下部族有去青唐马行六十三日者。"崇宁三年（1104年），宋收复三州时，招纳到湟州管下部族并户口"大首领膝令等二十一族，户口约十余万"[⑤]。据《通鉴长编纪事本末》卷一四〇载，鄯州归顺户"三十余万"，廓州归顺"户二十余万"，开拓疆境幅员三千余里，其"四至：正北及东南至夏国界，西过青海至龟兹国界，西至卢甘国界，东南至熙、河、兰、岷州，连接阶、成州界，计招降到首领二千七百余人，户口七十余万，前后六战，斩获一万余人"[⑥]。

---

①《续资治通鉴长编》卷五一六，元符二年闰九月，第12284页。

②《续资治通鉴长编拾补》卷二八，大观二年五月壬子，第940页。

③《宋史》卷一九〇《兵志四》，第4718页。

④《宋史》卷四九二《吐蕃传》，第14163页。

⑤《续资治通鉴长编拾补》卷二一，崇宁二年六月辛未，第754页。

⑥《续资治通鉴长编拾补》卷二三，崇宁三年四月庚午，第806页；《九朝编年备要》卷二六则载"幅员疆境五千余里，计二十万户"。文渊阁《四库全书》第329册，第722页。

共招降到“首领二千七百余人，户口七十余万”，足见这一地区吐蕃部族繁盛。

（一）湟州吐蕃

湟州（治今青海海东市乐都区），古雍州地，汉晋后属西平郡，唐属鄯州。邈川系古湟中之地，元符二年（1099 年）收复，建为湟州，建中靖国元年（1101 年）弃守，崇宁二年（1103 年）又复，大观三年（1109 年）加向德军节度，宣和六年（1124 年）改为乐州。“东北控夏国右厢、甘、凉一带，西接宗哥、青唐巢穴。部族繁盛，形势险要。南距河州一百九十余里，东至兰州二百余里，请建为湟水军。”[①]至今现住乐都的藏族“共有 38 族（部族），传统习惯上南山以住地为族名，北山以姓氏部落为姓名”[②]。

湟州吐蕃主要有以下部族：

亚然家族　亦作“雅仁结族”。《九朝编年备要》卷九载：“授唃厮啰、温逋奇官，邈川亚然家二部首领也。”唃厮啰与李立遵不和，曾徙居邈川（今青海海东市乐都区），宝元元年（1038 年），宋廷授其为“保顺军节度使，仍兼邈川大首领”[③]，故亦称亚然家，其实为他族。温逋奇则为亚然家族最早的首领。明道（1032—1033 年）中，唃厮啰集兵杀温逋奇，徙居青唐。温逋奇死后，其子温郢成俞龙（亦作一声余龙）继立，与唃厮啰结为世仇，并与西夏相结，叛唃厮啰。嘉祐四年（1059 年），温郢成俞龙死，其子温讷支郢成[④]继立，仍为河湟地区大族。唃厮啰三子董毡率兵攻邈川，邈川又附青唐。至董毡时，仍称“独有河北之地”。但温讷支郢成继续不断反叛，要求归宋。熙宁六年（1073 年）十月十八日，“邈川温讷支郢成四乞授官给俸”，宋廷诏令“除庄宅副使，充邈川一带蕃部都巡检使，并依汉官请授”[⑤]。元丰三年（1080 年）正月，“邈川城主温讷支郢成遣首领阿笃等款塞”归附，宋廷诏“补温讷支郢成为会州团练使、邈川蕃部都巡检使”[⑥]，其叔邈川蕃部都巡检使温溪心为内殿崇班、温声腊抹为右班殿直。元丰七年（1084 年）后，温逋奇第二子、温讷支郢成之叔温溪心夺取了邈川亚然家族领导权。

---

①《续资治通鉴长编》卷五一四，元符二年八月己卯，第 12212 页。

② 乐都县志编纂委员会编：《乐都县志》，西安：陕西人民出版社，1992 年，第 496 页。

③《宋史》卷四九二《吐蕃传》，第 14162 页。

④“温讷支郢成”之名，文献记载有异，《乐全集》作“温埸波讷令支”，《宋史·吐蕃传》《续资治通鉴长编》作“温讷支郢成”，《宋会要辑稿》作“温讷支郢成四”。

⑤《宋会要辑稿》蕃夷六《吐蕃》，第 9912 页。

⑥《续资治通鉴长编》卷三〇二，元丰三年正月癸巳，第 7350、7351 页。

亚然家族见于文献记载的有温逋奇；温逋奇子有温郢成俞龙、温溪心、温阿格旺；温逋奇孙有温讷支郢成、乐斯波温、巴温、阿罗、阿令京、觉勒玛斯多卜、阿敏、温声腊抹；温逋奇曾孙有集星衮等。《续资治通鉴长编》卷三〇五"元丰三年六月戊戌记事"，"诏补邈川城主会州团练使温讷支郢成叔溪心、弟阿令京为西头供奉官，溪心男乐斯波温，弟阿罗为右班殿直"。《续资治通鉴长编》卷四二一元祐四年（1089年）正月壬申记载："邈川温溪沁男觉勒玛斯多卜为本族都军主。"《续资治通鉴长编》卷四五五元祐六年（1091年）二月丁巳载："西蕃阿里骨男都军主溪邦彪篯为化外庭州团练使，邈川首领、瓜州团练使温锡沁男巴温为化外胜州刺史，同管当邈川蕃部。"

亚然家族主要有以下部族首领：

阿笃，邈川蕃部首领，《续资治通鉴长编》卷三〇二载，元丰三年（1080年）正月癸巳，受邈川城主温讷支郢成遣派，赴熙河经略司乞补官职，与温溪心等同受宋廷诏，补阿笃为本族副军主。

温声腊抹，亦作"温僧拉摩"，为邈川蕃部首领。元丰三年（1080年）正月癸巳，与邈川城主温讷支郢成、温溪心等同受宋廷诏，补为右班殿直，并为邈川蕃部同巡检。

溪心、阿京令、乐斯波温、阿罗、溪巴温、搭令波，因温讷支郢成款寨自附，要求录用其族人及首领。元丰三年（1080年）六月，宋政府"诏补邈川城主、会州团练使温讷支郢成叔溪心、弟阿令京为西头供奉官，溪心男乐斯波温、弟阿罗为右班殿直，族弟溪巴温为三班奉职，妹婿搭令波为借职，月给茶彩有差"[①]。

觉勒玛斯多卜、溪毡（溪展）、遵博斯吉，皆为邈川蕃部首领。熙河经略司奏报："自鬼章作过，后来阿里骨并温溪心累遣下项人将蕃字出汉，报乞通和夏国，备见向汉用心勾当，乞与推恩。"[②]温溪心男觉勒玛斯多卜为本族副军主，副军主溪毡为本族副都指挥使，军主遵博斯吉为本族副都军主，并授银青光禄大夫、检校国子祭酒兼监察御史、武骑尉。《元丰类稿》卷二二《阿怜官捉厮鸡并本族副军主制》中所载的"官捉厮鸡"，疑为溪毡（溪展）。

钦驴脚四，亦作"顺律觉依"，温锡沁属下首领，元祐四年（1089）十二月戊戌，"西蕃阿里骨并温溪心下大小首领钦驴脚四等补职名、支请各有差"[③]。

---

①《续资治通鉴长编》卷三〇五，元丰三年六月戊戌，第7417页。

②《续资治通鉴长编》卷四二一，元祐四年正月壬申，第10183页。

③《续资治通鉴长编》卷四三六，元祐四年十二月戊戌，第10499页。

另外还有“次首领华儿河笃等四十三人”“勾当本族杨征溪心”[①]等，均为邈川蕃部大小首领。

温讷支郢成四时，亚然家族仍为河湟地区大族，“住河州之北，所管二十八部族，有兵约六万四千人。西接董毡，南距黄河勺家族，东界拶家族，北邻夏国。所居至河州四驿，今与夏国通好，董毡即不相往来”[②]。

齐暖族　亦作“钱南族”。元祐二年（1087 年）十二月，“西蕃齐暖城首领兀征声延父母妻子内附”[③]。兀征声延有“部族兵七百人、妇女老幼万人”[④]。宋政府令刘舜卿措置，并供给粮食衣物，“仍谕兀征声延勿失河北地，或据讲珠城哩恭宗堡”[⑤]。元祐七年（1092 年），齐暖族供备库副使兀征声延向熙河兰岷路经略司报告阿里骨的情况。据《青唐录》载：“邈川东界齐暖城等处大首领兀征声延闻鬼章已擒，部族震恐，以为汉兵朝夕及己也，遂请知兰州王文郁乞同父母妻子部落一万口内附。”[⑥]《宋会要辑稿·蕃夷六》元祐二年十二月二日枢密院言：“西蕃钱南城首领兀征声延举其家内附。”[⑦]《宋会要辑稿》与《续资治通鉴长编》所记事内容相同，“齐暖城”即“钱南城”，“乌戬新雅克”即“兀征声延”。齐暖族居于邈川东界齐暖城，以地名族。《道乡集》卷一七有“蕃官兀征兰毡角”[⑧]，疑也出自齐暖族。

多罗巴族　元符二年（1099 年）十二月乙卯，《曾公遗录》卷八载：“新归顺结绝洛吴击败多罗巴族，杀伤其父子。”崇宁二年（1103 年），童贯率统领官李忠等以前军趋巴金城。巴金城“旧名安川堡，在巴金岭上，多罗巴使其三子长曰阿令结，次曰厮铎麻令，次曰阿蒙率众拒守”[⑨]。另据《通鉴长编纪事本末》卷一三九载：“多罗巴据守膘哥城堡。”“膘哥堡”属湟州，元符二年收复，在巴金岭上，也称

---

①《宋会要辑稿》蕃夷六《吐蕃》，第 9912 页。

②《宋会要辑稿》蕃夷六《吐蕃》，第 9912 页。

③《续资治通鉴长编》卷四〇七，元祐二年十二月庚辰，第 9905 页。

④《续资治通鉴长编》卷四〇七，元祐二年十二月壬辰，第 9907 页。

⑤《续资治通鉴长编》卷四〇七，元祐二年十二月壬辰，第 9907 页。

⑥《续资治通鉴长编》卷四〇七，元祐二年十二月庚辰，转引《青唐录》，第 9905 页。

⑦《宋会要辑稿》蕃夷六《吐蕃》，第 9920 页。

⑧（宋）邹浩：《道乡集》卷一七《蕃官兀征兰毡角补官制》：“尔父年高，以尔为请，矧惟忠勇，久已彰明，特优寘于官联，仍就司于警捕，勉承父志，图报殊恩。”文渊阁《四库全书》第 1121 册，第 310 页。

⑨《续资治通鉴长编拾补》卷二一，崇宁二年六月甲子，第 748 页。

为“巴金城”，元符三年(1100年)，赐名“安川堡”(在今甘肃永靖县西南)。东至湟州界70里，西至来宾城界40里，南至安乡关30里，北至宁川堡40里。多罗巴族居地在湟州巴金岭一带，巴金岭在湟州城南80里。

聂农族　王厚先在湟州时，镇抚境内，颇见畏怀，“禄厮结族首领巴金城主遵巴，及聂农族首领羌贼用事者乢当多罗巴之副结令乾等大种名豪，相继出降。各补授官爵，给以财物，使其党归，广布恩威”[①]。湟州境内巴金(安川堡，今甘肃永靖县西南)、乢当、把拶宗(今青海海东市乐都区东南湟水南岸)等处形势险扼，羌人据以固守。“乢当”为湟州一地名，即“乢当川”，后筑城据守，崇宁三年(1104年)赐名“来宾城”(今青海民和回族土族自治县南)。“东至安川堡分界七十里，西至青丹谷三十里，南至黄河一十里，北至安陇寨七十里。”[②]《大清一统志》卷二〇七《西宁府》谓来宾城“在碾伯县西南”。

浪家、禄厮结家、乞平家、尹家四族　大中祥符五年(1012年)正月，杨知进与翻译杨敏伴送翟符守荣般次赴甘州，“缘路为浪家、禄斯结家、乞平家、尹家所钞夺之，角斗及和断，至八月十九日达甘州，行李平安”[③]。据《长编纪事本末》卷一三九载，湟州有“禄斯结族首领巴金城主遵巴”。“巴金城”位于湟州城南80里的巴金岭上，形势险要。杨知进赴甘州所走的路线是青海道，途经湟州，浪家、乞平家、尹家三族与禄斯结家同居湟州境内。

潘罗溪部　《摛文堂集》卷五《潘罗溪除忠州刺史充湟州管界蕃部都巡检制》载：“尔天资武勇，雄于邈川，效款元符，尝加命秩，中遭弃外，识节不玭，国而忘家，兹复来附，宜优奖擢，以励远臣，领刺名邦，俾察蕃部，无忘忠报，嗣有宠嘉。”由此可知，潘罗溪系湟州蕃部，居湟州。

溱令族　又作“添令族”“添令下族”。元符二年(1009年)十一月二十三日，熙河兰会路经略司言：“邈川管下新归顺朴心族首领巴把瓦、青宜赊罗、添令下族蕃部邦毡与蕃贼斗敌，射死甚多。”[④]崇宁二年(1103年)六月，宋军入湟州，“前后招纳湟州境内溱令等族大首领潘罗谿兼鎈七百五十人，管户十万，厚具捷书以闻”[⑤]。崇宁年间(1102—1106年)，宋王朝前后共“招纳到湟州管下部族并户口大

---

①《续资治通鉴长编拾补》卷二一，崇宁二年四月己巳，第740页。

②《宋史》卷八七《地理志》三，第2167页。

③《宋会要辑稿》蕃夷四《回鹘》，第9771页。

④《宋会要辑稿》蕃夷六《吐蕃》，第9928页。

⑤《续资治通鉴长编拾补》卷二一，崇宁二年六月辛未，第753页。

首领膝令等二十一族，户口约十余万，计大首领余樊等五十余人，小首领把班等四百余人"[①]。漆令族与朴心族均居于湟州境内。

六心、谿丁族　崇宁二年(1103 年)六月二十二日，王厚奉朝旨招纳西蕃部族，"远近羌众相继归款，遂为青唐酋长所知，遣多罗巴等据守，并六心、谿丁等族分据要害，隔绝降羌"[②]。六心、谿丁等"据守把拶宗，在湟水之南，傍有通道，却稍平易"[③]。把拶城(今青海海东市乐都区东南湟水南岸)在邈川城东，邈川城"东至把拶宗六十里"[④]。六心、谿丁族均在湟州境内。

朴心族　亦作"布新族"。元符二年(1099 年)，熙河兰会路经略司奏："邈川管下新归顺朴心族首领巴把氐、青宜赊罗、添令下族蕃部邦毡与蕃贼斗敌，射死甚多。"[⑤]《宋会要辑稿》所载事与《续资治通鉴长编》同，但族名、人名不同。"朴心"即"布新"，"巴瓜尔"即"巴把氐"，"青宜赊罗"即"青宜奢罗"，"邦战"即"邦毡"，均为同音异译。朴心族系湟州蕃部，居邈川。

归丁族　治平二年(1065 年)夏，羌邈奔及阿叔溪心以陇、珠、阿诺三城叛谅祚归唃斯啰，唃斯啰不礼。于是邈奔、溪心又复归谅祚，要求派兵取回所献给唃斯啰的土地。西夏李谅祚派万骑随邈奔、溪心去取，"不能克，但取邈川归丁家五百余帐而还"[⑥]。归丁族系湟州吐蕃，居邈川。

丹波秃令结部　崇宁二年(1103 年)六月，宋将高永年等先到湟州，"陈于东坂之上"，诸将各率所部环城列旗帜、鸣钟鼓，遣人约降。"大首领丹波秃令结尽拘城中欲降者，据城不下。"[⑦]其部还有"大首领苏南抹令氐潜遣人缒城送款，请为内应"[⑧]。丹波秃令结系湟州城内吐蕃。

结药部　"结约"系邈川首领，其地位仅次于温锡沁，"统众五千"。曾派遣"蕃部怯凌出汉，报鬼章筑洮州城事，为阿里骨所得，虑谋泄，领妻子归顺"[⑨]。元祐二年

---

①《续资治通鉴长编拾补》卷二一，崇宁二年六月辛未，第 754 页。原文中无"余"字，据《通鉴长编纪事本末》卷一三九补为"余樊"。

②《续资治通鉴长编拾补》卷二一，崇宁二年六月甲子，第 750 页。

③《续资治通鉴长编拾补》卷二一，崇宁六年六月甲子，第 750 页。

④《宋史》卷八七《地理志》三，第 2167 页。

⑤《续资治通鉴长编》卷五一八，元符二年十一月辛卯，第 12337 页。

⑥《宋史》卷四九二《吐蕃传》，第 14162 页。

⑦《续资治通鉴长编拾补》卷二一，崇宁二年六月己巳，第 752 页。

⑧《续资治通鉴长编拾补》卷二一，崇宁二年六月庚午，第 752 页。

⑨《续资治通鉴长编》卷四〇二，元祐二年六月丙午，第 9789 页。

(1087年)六月,宋政府"以邈川首领结约为三班奉职"[①]。

郎阿章、缅什罗蒙　元符三年(1100年)三月,陇拶归顺宋朝,赐名赵怀德,拜河西节度使还邈川,而溪赊罗撒谋袭陇拶,陇拶惧而逃亡河南。崇宁二年(1103年)正月,郎阿章及缅什罗蒙等乘机"挟以令众种落"[②]。由此可知,郎阿章及缅什罗蒙部均为湟州吐蕃部族。

捺罗部　亦作"纳克垒"。嘉祐三年(1058年),"捺罗部阿作等叛厮啰归谅祚"[③]。《续资治通鉴长编》卷一八八嘉祐三年九月乙亥亦载:"唃厮啰捺罗部阿作等叛归夏国。""捺罗""纳克垒"皆为同音异译。当时唃厮啰部在河湟地区,捺罗部当在湟、鄯二州境内。

杓鲁新等族、珪罗族　元祐五年(1090年),范育上言:"近阿里骨再召温溪心,愈怀疑惧,邈川人情也不安,又杀珪罗族四人,馘其酋首,及勾隆博、乔家族首领,徙杓鲁新族,其人户不从,遂拘执首领,致有五百余户走入河州界,约栏未去。"[④]珪罗族与杓鲁新族均在湟、鄯州境内。

青丹谷部　系吐蕃大族。崇宁三年(1104年)正月,王厚弟王端去湟州(今青海海东市乐都区)招纳蕃部,宗哥城首领结毡将文字遣亲弟结菊来归顺,愿"候大军到开城门迎降,及乞心白旗"[⑤]。又有"青丹谷首领阿丹三人亦称候大军到迎降"[⑥]。青丹谷部族恃险最为强硬,"今皆通诚款,情意如此,鄯、廓当可坐致"[⑦]。同年四月,王厚率军入廓州,大军屯驻在城西。青丹族系大蕃部,其首领有"阿丹""阿撒四"等,"青丹大首领阿撒四率众诣军前降"[⑧]。《读史方舆纪要》谓乐州"城西三十里有青丹谷"[⑨]。青丹谷部族原居住在湟州境内青丹谷,以地名族,后也曾在廓州活动。

邈龙、拘掠　崇宁二年(1103年)八月壬申,"河北首领洛施军令结、阿撒四

---

①《续资治通鉴长编》卷四〇二,元祐二年六月丙午,第9789页。
②《续资治通鉴长编拾补》卷二一,崇宁二年正月丁未,第732页。
③《宋史》卷四九二《吐蕃传》,第14162页。
④《续资治通鉴长编》卷四四四,元祐五年六月辛酉,第10685页。
⑤《续资治通鉴长编拾补》卷二三,崇宁三年正月丁酉,第785页。
⑥《续资治通鉴长编拾补》卷二三,崇宁三年正月丁酉,第785页。
⑦《续资治通鉴长编拾补》卷二三,崇宁三年正月丁酉,第785页。
⑧《续资治通鉴长编拾补》卷二三,崇宁三年四月辛酉,第803页。
⑨(清)顾祖禹撰,贺次君、施和金点校:《读史方舆纪要》卷六四《陕西十三·西宁镇》"乐州城"条,第3016页,北京:中华书局,2006年。

等领廓州邈龙、拘掠等族五千余众，自青丹谷出攻来宾城”①。青丹谷在湟州境内，“来宾城”旧名乩当川（今青海民和回族自治县南），在湟州。出青丹谷攻来宾城，说明邈龙、拘掠等族居住在湟州界。

还有一些部族居地无从考辨：

锡默族　《摛文堂集》卷五载有《锡默族大首领伦珠卜补左藏库副使带本族巡检使制》。表彰其“骁勇之资，雄于种族，输忠内附，志节可嘉”。其居地不详。

辖木沁扎实锡喇卜族　《摛文堂集》卷五载有《辖木沁扎实锡喇卜策进奉人大首领军主奔巴凌阿衮转军都指挥使小首领三人节斡存温伯奇军主制》。表彰“尔等奉其方物来贡阙廷，载考乃成，宜有褒赏，特加迁叙，往惟钦承”。该族居地不明。

齐勒巴族　《摛文堂集》卷五载有《齐勒巴族东头供奉官本族巡检阿琼男伦布与右班殿直制》文，谓：“尔父奋武戎行，委身徇国，有司具奏，悼念不忘，录而以官。”②该族居地不明。

策凌博族　《摛文堂集》卷七载有《策凌博族首领嘉勒斡进补皇城副使制奉圣旨特与转两官制》。表彰“尔躬冒矢石，追袭寇攘，诛斩既多，仍有俘获，帅司条上功状为优，擢进两官，以示甄奖”③。该族居地不明。

（二）鄯州吐蕃

鄯州（治今青海西宁市），乃原西宁州，古西羌所居之地。汉武帝时，西逐诸羌，乃渡河湟，筑令居塞（今甘肃永登县城附近）。昭帝时属金城郡，东汉末置西平郡。晋因之，永嘉后秃发乌孤初称西平王，其弟利鹿孤复都西平，即在此地。后魏置鄯州，后周置乐都郡，隋开皇（581—600 年）初废郡，大业（605—617 年）初废州，置西平郡。唐武德二年（619 年）平薛举，置鄯州，天宝元年（742 年）称西平郡，领湟水、龙支、鄯城三县。鄯州，故青唐城，元符二年（1099 年）陇拶降，建为鄯州，仍为陇右节度，元符三年放弃，崇宁三年（1104 年）收复，建陇右都护府，改为西宁州，加宾德军节度，辖龙支、宁西、清平、保塞、宣威、绥边、怀和、制羌等城寨。鄯州“东至保塞寨五十七里，西至宁西城四十里，南至清平寨五十里，北至

---

①《续资治通鉴长编拾补》卷二二，崇宁二年八月壬申，第 769 页。

②（宋）慕容彦逢：《摛文堂集》卷五《齐勒巴族东头供奉官本族巡检阿琼男伦布与右班殿直制》，文渊阁《四库全书》第 1123 册，第 354 页。

③《摛文堂集》卷七《策凌博族首领嘉勒斡进补皇城副使奉圣旨特与转两官制》，文渊阁《四库全书》第 1123 册，第 369 页。

宣威城五十里”[①]。

鄯州吐蕃主要有以下部族：

唃厮啰族　亦作“嘉勒斯赉族”，是以唃厮啰命名的吐蕃大族。唃厮啰“盖唐吐蕃之裔”[②]，本名欺南陵温钱逋，“钱逋”犹“赞普”。《宋史·吐蕃传》谓“生于高昌磨榆国”，《乐全集》则谓生于“西域武三咩”[③]。十二岁时，河州羌何郎业贤客居高昌，见唃厮啰相貌奇伟，携他同归，置𠓨心城，而大姓耸昌厮均又以唃厮啰居移公城（亦作“一公城”，即循化城，今甘肃夏河县北），欲于河州立文法。河州人谓佛“唃”，谓儿子“厮啰”，自此名唃厮啰[④]。《群书考索后集》卷六四《四夷方贡》载有唃厮啰族名，称“宗哥族、唃厮啰二族最盛”。《续资治通鉴长编》则认为唃厮啰系“渭州蕃族”。大中祥符七年（1014 年），宋廷“以渭州蕃族首领唃厮啰为殿直充巡检使”，因为当时“唃厮啰率其帐下来归，给以土田，未及播种，求俸给赡用，故有是命”[⑤]。此时唃厮啰尚未被李立遵略取。由此可知，唃厮啰始居渭州（当为故渭州，即古渭寨，后改为通远军，今甘肃陇西县），所以多次在秦州（治今甘肃天水市秦州区）边境立文法，进扰秦州。三都谷（今甘肃甘谷县西）之战，唃厮啰被宋将曹玮击败，又袭西凉未胜，唃厮啰与李立遵分裂，徙居邈川，依靠邈川大酋温逋奇，以温逋奇为论逋，有兵六七万，与赵德明抗衡。后温逋奇作乱，囚唃厮啰于阱（即地牢）中，唃厮啰脱逃后，“集兵杀逋奇，徙居青唐”[⑥]。唃厮啰家族定居青唐后，家族内部出现分裂，长子瞎毡率部众曾“居龛谷”[⑦]，也在河州居住。次子木征居河州之安乡城（即安乡关城，今甘肃临夏市北莲花乡），木征母弟瞎吴叱居银川（在河州西南 60 里）聂家山。银川即今甘肃积石山保安、东乡、撒拉族自治县东南银川河，源出小积石山东麓，东北流入黄河。巴毡角居洮州（治今甘肃临潭县），董古据河州与武胜军之间，结吴延正居地不明。到南宋时，董古一支迁往成都，巴毡角一支居河南，有结什角等。

---

①《宋史》卷八七《地理志》三，第 2168 页。

②（宋）张方平：《乐全集》卷二二《秦州奏唃厮啰事》，文渊阁《四库全书》第 1104 册，第 216 页。

③《乐全集》卷二二《秦州奏唃厮啰事》，文渊阁《四库全书》第 1104 册，第 216 页。

④《宋史》卷四九二《吐蕃传》，第 14160 页。

⑤《续资治通鉴长编》卷八二，大中祥符七年五月己酉，第 1877 页。

⑥《宋史》卷四九二《吐蕃传》，第 14161 页。

⑦《宋史》卷四九二《吐蕃传》，第 14163 页。

唃厮啰下属本族首领主要有以下数人：

灼蒙曹失卑陵，亦作“嘉木磋沙卜哩”。乾兴元年（1022 年），泾原部署司言：“宗哥唃厮啰、立遵蕃部灼蒙曹失卑陵赍文字及马一匹至本司，欲求内附。”[①]

李波末里瓦，亦作“李博木喇斡”。《续资治通鉴长编》卷一二三载，宝元二年（1039 年）三月甲寅，“唃厮啰遣李波末里瓦等贡方物”。

安子罗，景祐二年（1057 年），元昊率兵“又攻青唐、安二、宗哥、带星岭诸城，唃厮啰部将安子罗以兵绝归路，元昊昼夜角战二百余日，子罗败，遂取瓜、沙、肃三州”[②]。

董毡下属首领主要有以下数人：

宗哥族是北宋中期河湟地区影响最大的一个部落，初隶属于凉州六谷吐蕃联盟，以其居地在宗哥河（湟水）一带而得名。李立遵为首领时，势力发展迅速，号称“劲兵数万”，全盛时，“聚众数十万”。后因李立遵与唃厮啰不和，李立遵势力衰弱，宗哥族也随之衰微。

结凌与其子董纳芝临占，元丰五年（1082 年）二月，宋廷诏：“董毡首领结凌死，其朝辞物给其子董纳芝临占，增赐绢百匹。”[③]

萨卜塞置罝木沁，元丰七年（1084 年）六月，宋御史中丞、右班殿直皇甫旦“入蕃，为首领经沁伊达木凌节、萨卜塞置罝木沁所给，止冢山寺，不得前”[④]。

给逋厮结四，原系董毡首领，董毡死后，事阿里骨。元祐元年（1086 年）三月，权管勾熙河兰会路经略司公事赵济选奉职高升押赐，“亲见阿里骨坐董毡厅，大首领鬼章并给逋厮结四等二人并在左右，与从来应事董毡之人尽事阿里骨”[⑤]。

景青宜党令支，元丰二年（1079 年），董毡“遣景青宜党令支贡方物”[⑥]“宋廷授令支为珍州刺史，赐董毡钱万缗，银彩千计”[⑦]。

铺撒四，系董毡“进奉大首领”，元丰七年（1084 年）十二月十八日，死于都亭

---

①《续资治通鉴长编》卷九九，乾兴元年十一月甲戌，第 2302 页。

②《宋史》卷四八五《夏国传上》，第 13994 页。

③《续资治通鉴长编》卷三二三，元丰五年二月辛酉，第 7782 页。

④《续资治通鉴长编》卷三四六，元丰七年六月己巳朔，第 8302 页。《通鉴张编纪事本末》卷八六载：“（皇甫）旦入蕃，为青宜等所遏，止冢山寺”。《西夏书事》卷二七载：“（皇甫）旦至青唐，羌酋鬼章留之冢山寺”。与《续资治通鉴长编》所载相同，今一并附之。

⑤《续资治通鉴长编》卷三七二，元祐元年三月癸酉，第 9013 页。

⑥《宋史》卷四九二《吐蕃传》，第 14164 页。

⑦《宋史》卷四九二《吐蕃传》，第 14164 页。

驿(按:系北宋设于东京开封府接待外蕃使者的馆驿,在今河南开封市内),宋廷“诏赙绢百匹,仍与朝辞例物,附给其家”[①]。

阿里骨下属首领有以下数人:

结厮鸡,元丰八年(1085年)十二月,权管勾熙河兰会路经略赵济收到“西蕃阿里骨差首领结厮鸡赍到蕃字,译称:‘蕃家王子结毡揽哥邦彪篯阿里骨文字,送与熙州赵龙图,探缅药家煞点集人马,告汉家边上做大准备,早奏知东京阿舅官家著。’”[②]结厮鸡系阿里骨属下首领。

李赊罗抹、沈阿当令,亦作“李沙勒玛”“沈鄂特凌”。元祐元年(1086年)四月,宋廷赐阿里骨袭衣、金带、银器等物品,并且“又赐大首领李赊罗抹、沈阿当令钱二万九千五百四十贯”[③]。元祐三年(1088年),阿里骨又遣李沙勒玛进贡。这二人均为阿里骨属下大首领。

苏南党征,阿里骨弟。瞎征性嗜杀,属下怨恨,大酋心牟钦毡之属心怀异志,“忌瞎征季父苏南党征雄勇多智,共诬其谋逆,瞎征不能察而杀之,尽诛其党,独篯罗结逃奔溪巴温”[④]。“季父”即“叔父”,苏南党征为瞎征叔父,也即阿里骨之弟,系其部属首领。

扶麻、结叱兀,亦作“布玛”“结察斡”,二人均系阿里骨部属首领。扶麻是阿里骨弟,结叱兀系其侄。元祐七年(1092年)六月,“阿里骨遣弟扶麻、侄结叱兀等率兵追捕,为瞎养兀儿所败”[⑤]。瞎养兀儿系董毡侄。乃洗纳、心牟、陇逋族征召,欲以继董毡。

经斡穆,阿里骨属下大首领,皇城使。元祐二年(1087年)四月,曾率数千人“驻兵常家山,分筑洮州以两城以居”[⑥]。

李阿温、陇谕药四、溪毡、结兀、叱纳、党令支、结麻、令一缩,亦作“李阿旺隆”“伦约斯”“溪展”“结瓦”“且鼐丹淋心”“令支”“结玛”“哩伊磋”,《宋会要辑稿》作“李阿温、陇心谕药四、溪毡、结兀、叱纳、党令支、结麻”。这些均为阿里骨属下首领,系其派遣的进奉人,宋王朝均授以官爵。元祐六年(1091)九月,宋廷下诏:“李

---

①《宋会要辑稿》蕃夷六《吐蕃》,第9918页。

②《续资治通鉴长编》卷三六三,元丰八年十二月丙子,第8676页。

③《续资治通鉴长编》卷三七四,元祐元年四月甲午,第9077页。

④《宋史》卷四九二《吐蕃传》,第14166页。

⑤《续资治通鉴长编》卷四七四,元祐七年六月甲戌,第11312页。

⑥《续资治通鉴长编》卷三九八,元祐二年四月丁亥引《青唐录》,第9699页。

阿温、陇谕药四仍并充本族副军主，溪毡充本族指挥使，结兀充本族军主，叱纳、党令支、结玛、令一缩并充本族副军主。”[①]

纳麻抹毡、沈党征注彪，系阿里骨进奉大首领。绍圣元年（1094年）五月十八日，宋廷诏令他们二人“充本族副军主”[②]，并授银青光禄大夫、武骑尉等官爵。

渴失纳余龙、密官捉作、冼京比啰厮鸡，均为阿里骨属下首领、进奉人。绍圣三年（1096年）正月二十九日，宋廷下诏“渴失纳余龙充本族副军主，密官捉作、冼京比啰厮鸡并充本族副军主”[③]。

瞎征属下首领有以下数人：

兰毡只鸡，系瞎征属下进奉首领。元符元年（1098年）七月七日，“瞎征下进奉首领兰毡只鸡等辞，令大小首领少留，上命中使宣谕及赐战袍一，内副使仍赐束带”[④]。

心牟钦毡，瞎征属下首领，妒瞎征叔父苏南党征雄勇多智，诬陷其谋叛，致使瞎征误杀其叔父。

纳麻抹毡、阿驴，亦作“纳玛密戬、阿鲁”。纳麻抹毡原系阿里骨首领，阿里骨病卒后，又事瞎征，均为瞎征属下首领，纳麻抹毡为进奉大首领，阿驴系进奉小首领。元符元年（1098年）五月九日，宋廷授二人“并为银青光禄大夫、检校国子祭酒、兼监察御史，充本族副都军主、军都指挥使”[⑤]。

瞎毡子归宋后赐姓赵，唃厮啰孙、瞎毡子木征为赵思忠，木征弟董谷名继忠，结斡延正名济忠，母弟（《宋会要辑稿》作木征弟）瞎吴叱（辖乌察）名绍忠，巴毡角（巴珍觉）名醇忠，巴毡抹名存忠。木征长子邦辟丁兀（巴尔丕勒鄂丹斡）名怀义，次子盖兀（噶斡）名秉义，并为右侍禁[⑥]。巴毡角之子皆赐名为赵永寿、永顺、永吉、永福、永保；赵永寿之子阿凌赐名赵世长。北宋后期，崇宁二年（1103年），有“青唐大首领赵蔺毡厮鸡贡方物”[⑦]。唃厮啰家族后代均赐姓赵，所以唃厮啰后裔又称为“赵家族蕃部”[⑧]。

---

①《续资治通鉴长编》卷四六六，元祐六年九月辛亥，第11135页。

②《宋会要辑稿》蕃夷六《吐蕃》，第9923页。

③《宋会要辑稿》蕃夷六《吐蕃》，第9924页。

④《宋会要辑稿》蕃夷六《吐蕃》，第9926页。

⑤《宋会要辑稿》蕃夷六《吐蕃》，第9926页。

⑥《续资治通鉴长编》卷二五四，熙宁七年六月丁亥，第6212—6213页。

⑦《宋会要辑稿》蕃夷六《吐蕃》，第9931页。

⑧《续资治通鉴长编》卷二五八熙宁七年十二月丁卯，第6295页。

宗哥族　这是北宋中期河湟地区影响最大的一个吐蕃部落。最初隶属于凉州六谷吐蕃联盟，以其居地在宗哥河（湟水）一带而得名。宗哥之族名，最早见于景德元年（1004 年）。《宋史·吐蕃传》载："西凉府既闻罗支遇害，乃率龛谷、兰州、宗哥、觅诺诸族攻者龙六族，六族悉窜山谷中，诏使者安集之。"大中祥符年间（1008—1016 年），史籍上首次出现了宗哥族首领的姓名温逋，大中祥符元年（1008 年）十一月，"宗哥族大首领温逋等来贡"①。三年（1010 年），"西凉府觅诺族瘴疫，赐首领温逋等药"②。约在大中祥符九年（1016 年）之前，宗哥族的领导权握在僧人李立遵之手。"遵一名立遵，一名郢成蔺逋叱，初为僧，后自还俗，佐唃厮啰，制裁蕃族，甚有威名"，李立遵"辄求赞普，欲居唃厮啰上，而厮啰顾无所求。遵骄恣甚矣，然不可不纳"③。李立遵时期，宗哥族势力发展极为迅速，号称"劲兵数万"，全盛时号称"聚众数十万"。宋王朝以李立遵为保顺军节度使。大中祥符九年（1016 年）九月，宗哥族唃厮啰蕃部入寇，至伏羌寨（今甘肃甘谷县）三都谷，被宋将曹玮领兵击败。三都谷在今甘肃甘谷县西，《水经注》载："渭水又东，径落门西山东流三谷水注之。"④"三谷"后讹为"三府谷"，即今"三都谷"。自此以后，唃厮啰与李立遵不和，李立遵势力衰弱，宗哥族也随之衰微。李立遵有子李都克占，孙李临占纳芝。

宗哥族属下首领有以下数人：

景遵，天禧三年（1019 年）二月，宗哥唃厮啰、李立遵遣僧景遵等来贡。

溪鼐谙邦，熙宁八年（1075 年），"宗哥族首领溪鼐谙邦复欲入寇"⑤，被蕃官三班奉职长摩萨格率领部众邀击，因功擢为右侍禁。

斡遵，宗哥族大首领。天禧二年（1018 年），治兵于润努川，欲谋寇掠，曹玮派遣蕃部散其众，杀斡遵。《续资治通鉴长编》卷八九作"斡遵"，《宋史·曹玮传》则作"甘遵"。"润努川"亦作"任努川"，均为同名异译。

阿星，元丰年间（1078—1085 年），宗哥族首领。元丰三年（1080 年）闰九月，洮西经略司使臣刘告同宗哥族首领阿星护送出先掳劫入寨把扬族人口。

李摩拉木，大中祥符九年（1016 年）八月，伏羌寨（今甘肃甘谷县）蕃部斯吉特布与宗哥族李摩拉木私立文法，被曹玮领兵击溃，夷其族帐。

---

①《宋史》卷四九二《吐蕃传》，第 14159 页。

②《宋史》卷四九二《吐蕃传》，第 14159 页。

③《续资治通鉴长编》卷八七，大中祥符九年三月辛酉，第 1979 页。

④（北魏）郦道元：《水经注》卷一七《渭水》，文渊阁《四库全书》第 573 册，第 275 页。

⑤《续资治通鉴长编》卷二六〇，熙宁八年二月乙酉，第 6345 页。

马巴咱尔，宗哥族首领。天禧元年（1017年）二月，马巴咱尔等领众在雅尔乌谷设寨。

卓萨沁格，天禧元年（1017年）二月，宗哥部卓萨沁格被永宁寨（今甘肃甘谷县西四十里铺附近）大马家族军主阿锡达等捕获。

斯多正，天圣二年（1024年）十二月，“宗哥唃厮啰、李立遵遣大首领斯多正来贡方物”[①]。

洗纳、心牟、陇逋三族 据《宋会要辑稿》记载，元祐七年（1092年）六月二十二日，熙河经略司言：“西蕃洗纳等族背阿里骨奔夏国、回纥两界，往来谋取董毡侄溪巴温儿董菊为主。又兰州沿边安抚司探到董毡侄瞎养兀儿自西海率吐蕃、回纥人马，去青唐城一二百里驻兵，有洗纳、心牟、陇逋三族归之。”[②]同年九月，宋廷令选派“有心力善辩之人往谕阿里骨。大约欲包容瞎养兀儿，招安洗纳等族，早致安帖，无致缅药窥伺生心”[③]。“洗纳”又译作“斯纳”“萨纳”，明时译为“洗拏”，今作“西纳”。据《安多政教史》所载，“斯纳”姓氏源于西藏四大姓氏之一的董氏。“他又分白色天董为萨迦，黄色日董为斯纳，淡红色地董为郭冷。曾有这样的说法，人们的一半属于董氏，董氏的一半属于斯纳。”[④]《宋会要辑稿》中有“洗纳阿结”的人名，《安多政教史》中论述湟水南岸政教发展情况时，也提及“斯纳多杰坚赞”及其子“纳兰巴”与“斯纳格西”，他们从湟水南岸到了西藏。《青唐录》也载：“洗纳等大首领阿厮结等悉来降。阿厮结在青唐海住坐，连夏国、龟兹，羌之最远者也。”[⑤]《九朝编年备要》卷二六载：崇宁二年（1103年）六月，熙河措置边事司奏报，收西宁州“招降到锡木阿尔大首领、青唐伪宰相贵鄂雅等千余人，自兰州至关，沿宗河而上，取湟州临宗寨、乳洛河，至西宁州管下宣威城、青海萨纳、克威、朗博雅，东南直趋溪哥城……”[⑥]在此奏报中，提到青海萨纳（洗纳）等部族。顾炎武《天下郡国利病书·陕西下》中也谓“西纳族，洪武十三年中招抚”“居西纳川河北黑咀儿”。从这些记载中可知洗纳族居住在西宁的宣威城（今青海西

---

①《续资治通鉴长编》卷一〇二，天圣二年十二月庚午，第2370页。

②《宋会要辑稿》蕃夷六《吐蕃》，第9922页。

③《宋会要辑稿》蕃夷六《吐蕃》，第9923页。

④ 智观巴·贡却乎丹巴绕吉著，吴均、毛继祖、马世林译：《安多政教史》，兰州：甘肃民族出版社，1989年，第161页。

⑤《续资治通鉴长编拾补》卷二三，崇宁三年四月辛酉，第803页。

⑥（宋）陈均：《九朝编年备要》卷二六，崇宁二年六月“复湟州”条，文渊阁《四库全书》第328册，第721、722页。

宁市北50里)及青海等地。“心牟”又作“森摩”,《续资治通鉴长编》卷四七六载:“阿里骨疑心牟族党叛己者,杀其大首领溪论儿、驴彪等三人。”[①]《宋会要辑稿·吐蕃》载有“青唐心牟钦毡”“心牟冷麻钦”[②]等人名,《通鉴长编纪事本末》卷一三九有“心牟掩提”之名,这均为“心牟”部族中的首领。“陇逋”又作“陇波”“隆博”“隆卜”等。《续资治通鉴长编》卷四七二载有“隆博罗要”,系属“隆博族”。《宋史·吐蕃传》载,嘉祐三年(1058年),“捺罗部阿作等叛厮啰归谅祚,谅祚乘此引兵攻掠境上,厮啰与战败之,获酋豪六人,收橐驼战马颇众,因降陇逋、公立、马颇三大族”。陇逋族是一迁徙部族,根据史料可知,陇逋族曾在秦州永宁寨(今甘肃甘谷县西四十里铺附近)居住与活动,被曹玮击败后归附西夏,后又归属唃厮啰,迁居于青唐与青海之间,以后陇逋族又迁徙到其他地方。

容鲁族　据《金史·结什角传》所载,其北“庞拜族,与西夏容鲁族接”。“容鲁族”居地与“庞拜族”相邻,居地在西夏境。“庞拜”属庄浪四族之一,居积石军(治今青海贵德县西10里),而且庞拜在四族之中,居地最远。由此可知,容鲁族居地在鄯州境。金时,鄯州(治今青海西宁市)已属西夏境。

钦厮鸡部　《长编纪事本末》卷一三九载,崇宁二年(1103年)九月,“胜宗首领钦厮鸡率众来降”。胜宗城在鄯州,钦厮鸡系鄯州蕃部。

习令波族　又作“木令族”“木令波”。《宋史·地理志三》载:“保塞寨,东至龙支城界二十二里,西至西宁州界三十里,南至廓州界二十里,北至青归族一十五里。”[③]保塞寨旧名安儿城(今青海互助土族自治县东南),在西宁城东30里,属鄯州。《通鉴长编纪事本末》卷一四〇有“青唐宰相青归兀耶”。《续资治通鉴长编》卷五一九载有“青归论征结”,而《宋会要辑稿·蕃夷六》则作“青归论结”。《摛文堂集》卷五载有“青贵裕勒叶”[④]和“青贵论征结”转遥郡刺史的制文。“青贵裕勒叶”

---

①《续资治通鉴长编》卷四七六,元祐七年八月己卯,第11350页。

②《宋会要辑稿》蕃夷六《吐蕃》载:元符二年八月二十一日,熙河兰会经略使孙路言:“宗哥大首领等献纳本城,已令王瞻差使臣同蕃官李蔺毡纳支带汉、蕃人马前去占守。又据李蔺毡纳支称:‘青唐心牟钦毡、青论归征等来请心白旗归汉。’已差都钤辖王愍领兵赴宗哥城应接招纳。”十月九日,知鄯州王瞻奏:“有大首领结兀龊、心牟钦毡、蔺逋叱、巴金符、心牟冷麻钦……等九人。”第9926、9927页。

③《宋史》卷八七《地理志》三,第2169页。

④《摛文堂集》卷五《青贵裕勒叶与皇城使遥郡刺使制》:“敕具官某,惟尔骁勇之勤,著于族部。奋身效顺,朕心所嘉。正使隆名,加以郡跋,赐兹恩典,以示褒荣。往其钦承,勿忘报称可。”文渊阁《四库全书》第1123册,第346页。

即“青归兀耶”,“青贵论征结”即“青归论征结”,这二人均属青归族,其居地在鄯州。

山南族　元符二年(1099年)闰九月十二日,“会李宾讨山南族帐,解安儿围,至是始还,与羌军转战,城内军士闻之,驰赴,羌遂奔溃”[1]。“安儿”即“安儿城”,又名保塞寨(今青海互助土族自治县东南),《宋史·地理志三》载其地“东至龙支城二十二里,西至西宁州界三十里,南至廓州界二十里,北至青归族一十五里”,在西宁城东。山南族居地在鄯州。

阿莊部　《通鉴长编纪事本末》卷一四〇载有林金城首领“河莊”,《皇宋十朝纲要》卷一六作“阿莊”。崇宁三年(1104年),林金城赐名“宁西城”,“东至汤斯甘二十里,西至斯哥罗川一百里,南至京雕岭二十里,北至金谷峗四十里”[2]。“阿莊部”居住在鄯州林金城(即历精城、林擒城,今青海西宁市西40里)。

吹厮波族　《续资治通鉴长编拾补》卷二三载,崇宁三年四月,攻下青唐城后,城里有人言吐蕃酋首谿赊罗撒尝留一宿而去,童贯始懊悔,于是遣“冯瓘统轻锐万骑由州之南青唐谷入谿兰宗,贼复觉之,遁于青海之上,追捕,不获,因讨其余党,抚定吹厮波部族”[3]。由此可知,吹厮波族居住在青海湖附近。

(三)廓州吐蕃

廓州(治今青海化隆回族自治县西60里黄河北岸),古西羌地,东汉延禧中,护羌校尉段颎追烧何大豪至河首积石山,出塞2000余里,即此地。汉末属西平郡,前凉置湟河郡,元魏属鄯州。后周武帝逐吐谷浑,置廓州及洮河郡。隋开皇(581—600年)初。州、郡并废,大业(605—617年)初,置浇河郡,唐武德二年(619年)置鄯州,天宝元年(742年)称宁塞郡,领广成、达化、米川三县。唐末陷入吐蕃,宋元符二年(1099年),以廓州为宁塞城,崇宁三年(1104年)又弃守,后收复,仍为廓州。城下置一县,崇宁五年(1106年)罢废,大观三年(1109年)升为防御。有肤公城、绥平城、米川城、宁塞寨、同波堡等所属城、寨、堡。廓州“东至宁塞寨一十七里,西至同波北堡不及里,南到黄河不及里,北至肤公城界十五里”[4]。

廓州的吐蕃主要有以下部族:

洛施军令结部　崇宁三年(1104年)四月二十四日,“王厚等帅大军自鄯州

---

①《宋会要辑稿》兵九《出师三·青唐》,第8778页。

②《宋史》卷八七《地理志》三,第2168页。

③《续资治通鉴长编拾补》卷二三,崇宁三年四月乙卯,第802页。

④《宋史》卷八七《地理志》三,第2166页。

趋保敦谷，过晒斯温岭南入廓州界，本州大首领洛施军令结率其众降”[①]。《宋会要辑稿·兵一四》也载：“王厚等统率大兵自鄯州趋山南，至结啰城，主管廓州界蕃族大首领洛施军令结迎降。”[②]结啰城（今青海化隆回族自治县西），崇宁三年（1104年）收复后，改为肤公城。据《宋史·地理志三》载：“结啰城至廓州约三十余里，东至来宾城界一百三里，西至怀和寨界五十七里，南至同波北堡界一十三里，北至绥平堡界二十五里。”结啰城距米川城不远，米川城即旧米川县，崇宁三年修筑。王厚云：“米川沿河西至廓州约六十里，过河取正路至结啰城约三程，本城至廓州约三十余里。”[③]洛施军令结部居地在廓州结啰城（今青海化隆回族自治县西）。

青丹谷部　系吐蕃大族。《读史方舆纪要》谓乐州“城西三十里有青丹谷”[④]。青丹谷部族原居住在湟州境内青丹谷，以地名族。青丹谷部族恃险最为强硬，“今皆通诚款，情意如此，鄯、廓当可坐致”[⑤]。后也曾在廓州活动。同年四月，王厚率军入廓州，大军屯驻在城西。青丹族系大蕃部，其首领有“阿丹”“阿撒四”等，“青丹大首领阿撒四率众诣军前降，河南部族日有至者”[⑥]。

邈龙、拘掠　崇宁二年（1103年）八月壬申，“河北首领洛施军令结、阿撒四等领廓州邈龙、拘掠等族五千余众，自青丹谷出攻来宾城”[⑦]。青丹谷在湟州（治今青海海东市乐都区）境内，“来宾城”旧名乩当川（今青海民和回族自治县南），在湟州。出青丹谷攻来宾城，说明邈龙、拘掠等族原居地在湟州界，也在廓州活动，因而被洛施军令结率领。

溪丁朴令骨　《通鉴长编纪事本末》卷一四〇引《青唐录》所载：“山南大首领溪丁朴令骨及洛施军令结诸族诣军前降。”洛浛军令结居于廓州结啰城（今青海化隆回族自治县西），溪丁朴令骨既与洛施军令结部同降，其居地也当同在廓州。

鲁遵部　《宋史·吐蕃传》载：元祐二年（1087年），“廓州主鲁遵欲焚拆河桥归汉”。《续资治通鉴长编》亦载：“廓州主鲁尊遣立章来，欲焚拆河桥归汉。”[⑧]“鲁

①《续资治通鉴长编拾补》卷二三，崇宁三年四己未，第803页。

②《宋会要辑稿》兵一四《兵捷》，第8890页。

③《宋史》卷八七《地理志》三，第2167页

④《读史方舆纪要》卷六四《陕西十三·西宁镇》“乐州城”条，第3016页。

⑤《续资治通鉴长编拾补》卷二三崇宁三年正月丁酉，第785页。

⑥《续资治通鉴长编拾补》卷二三崇宁三年四月辛酉，第803页。

⑦《续资治通鉴长编拾补》卷二二崇宁二年八月壬申，第769页。

⑧《续资治通鉴长编》卷四二六，元祐四年五月癸酉，第10299页。

遵”即“罗遵”，其居地在廓州。

五、西凉府吐蕃部族

西凉府，亦河西军，即古凉州（治今甘肃武威市凉州区），自古以来为戎狄之地，秦时属匈奴，使休屠王居其地。汉武帝太初四年（前101年），立武威郡，东汉魏晋因袭，兼立凉州。前凉张轨、后凉吕光皆据其地，北凉沮渠蒙逊亦自张掖徙居。元魏后周亦称武威郡。隋开皇（581—600年）初废郡，大业（605—617年）初废州，立武威郡。唐武德二年（619年）平李轨，立凉州。天宝（742—755年）初曰武威郡，后为河西节度。安史之乱后，由于唐朝军队东调，无暇西顾，河西防务空虚，吐蕃乘机而入，大量进入这一地区。唐代的河西地区，成为吐蕃的重要迁徙地，吐蕃部族聚集。自唐末，河西地区“虽为吐蕃所隔，然其地也自置牧守，或请命于中朝”[①]。后唐天成（926—930年）中，权知西凉府留后孙超遣大将“拓拔承诲来贡”，明宗召见，承诲云：“凉州旧有郓人二千五百为戍兵，及黄巢之乱，遂为阻绝。超及城中汉户百余，皆戍兵之子孙。”[②]而凉州城外数十里，“尚有汉民陷没者耕作，余皆吐蕃”[③]。至五代时，后晋彰武军节度判官高居诲从灵州渡黄河至于阗，还“往往见吐蕃族帐”[④]，仍有大量的吐蕃部落散布于河西地区。凉州“东至故原州千五百里，南至雪山、吐谷浑、兰州界三百五十里，西至甘州同城界六百里，北至部落三百里。周回平川二千里。旧领姑臧、神鸟、蕃禾、昌松、嘉麟五县，户二万五千六百九十三，口十二万八千一百九十三。今有汉民三百户。城周回十五里，如凤形，相传李规旧治”[⑤]。河西地区灵（治今宁夏吴忠市北）、凉（治今甘肃武威市凉州区）、甘（治今甘肃张掖市甘州区）、瓜（治今甘肃瓜州县）、沙（治今甘肃敦煌市）五州，均为吐蕃的重要居地。文献中可见的只有西凉府吐蕃。

西凉府吐蕃有以下部族：

灵武五部、来离八族　《宋史·吐蕃传》载：建隆二年（961年），“灵武五部以橐驼良马致贡，来离等八族酋长越嵬等护送入界，敕书奖谕”。灵武五部、来离八

① 《宋会要辑稿》方域二一《西凉府》，第9703页。

② 《宋史》卷四九二《吐蕃传》，第14152页。

③ 《宋史》卷四九二《吐蕃传》，第14152页。

④ 《新五代史》卷七四《附录第三·于阗》，第919页。

⑤ 《宋史》卷四九二《吐蕃传》，第14155页。

族均系吐蕃部族，其居地不详，均在灵武境内。

宗家族　据《太平寰宇记》卷三六载：灵州黄河南岸“清远镇管蕃部九，青天门一族、泥悉逋一族、罗泥一族、罗泥磨庞一族、禁埋一族、嗓你也移一族、封家一族、宗家一族、越邦一族”[①]。清远镇（后改为清远军，治今宁夏同心县东，一说在今同心县预旺附近）所管九蕃部中有“宗家一族”。《宋史·吐蕃传》也载：景德三年（1006年），“宗家、当家、章迷族来贡”。《宋会要辑搞·西凉府》也载：景德三年五月，“西凉府毚谷懒家、宗家、者龙、当宗、章迷等十族朝见”。宗家族居住在灵州，但属西凉府吐蕃。

当尊族　亦作“当宗族”。至道元年（995年），“凉州蕃部当尊以良马来贡”[②]，朝廷加赐当宗虎皮一张，当尊欢呼致谢。景德三年（1006年），当宗部又与者龙等其他蕃部十族朝贡宋朝，宋廷以“当宗族业罗为本族首领、检校太子宾客”[③]。

阎藏部　景德元年（1004年）三月，西凉府六谷首领潘罗支上言：“本道蕃族首领阎藏请赐虎皮翻披。”[④]宋廷赐之。西蕃之俗，凡受此赐者，族人推崇。阎藏系潘罗支属下部族首领。今甘肃天祝县赛斯镇大小拉干一带的雅尔加族，是否与阎藏部有关，待考。

潘毒石鸡部　大中祥符四年（1011年）三月，“西凉府吐蕃潘毒石鸡等来贡”[⑤]。显然潘毒石鸡部居地在凉州。

觅诺族　《宋史·吐蕃传》与《宋会要辑稿》均载，大中祥符三年（1010年）五月，“西凉府觅诺族瘴疫，赐首领温逋等药”[⑥]。

厮邦族　《宋会要辑稿·西凉府》载，咸平六年（1003年）四月二十四日，宋廷“以西凉府厮邦族首领兀佐”为怀化郎将。

的流族　《宋会要辑稿·西凉府》载，咸平六年四月二十四日，宋廷授“的流族首领个罗”与厮邦邦族、马家族等首领并为怀化郎将。

马家族　《宋会要辑稿·西凉府》载，咸平六年四月二十四日，宋廷授马家族

---

① （宋）乐史：《太平寰宇记》卷三六《关西道十二》“灵州”，文渊阁《四库全书》第469册，第312页。

② 《宋史》卷四九二《吐蕃传》，第14154页。

③ 《宋史》卷四九二《吐蕃传》，第14158页。

④ 《宋会要辑稿》方域二一《西凉府》，第9707页。

⑤ 《宋会要辑稿》方域二一《西凉府》，第9709页。

⑥ 《宋史》卷四九二《吐蕃传》，第14159页。

首领渴东与的流族、周家族等首领并为怀化郎将。

周家族　据《宋会要辑稿·西凉府》所载，其首领为斯那支（一作厮那叱），有智勇，戎人畏服。宋政府曾接受潘罗支的请求，咸平六年四月，授为怀化郎将。景德二年（1005年）二月，授斯那支为六谷都巡检使，并赐茶彩。

赵家族　《宋会要辑稿·西凉府》载：咸平六年四月二十四日，宋政府授赵家族首领阿斯铎嗟厮波与日姜、的流等族首领并为怀化郎将。

日姜族　《宋会要辑稿·西凉府》载：咸平六年四月二十四日，宋政府授日姜族首领铎论与周家等族首领并为怀化郎将。

样丹族　为西凉府吐蕃大族。"自作文法，素不属夏州。"[①]景德二年（1005年）三月二十四日，"西凉蕃部样丹族求市弓矢归蕃"[②]。宋朝有关部门规定，"弓矢兵器不入外夷"。但宋帝因样丹族"宣力西陲，委以捍寇，特令渭州给赐"[③]。样丹族居地在凉州境，秦州则有吐蕃大族"赏样丹"。

阳妃谷部　《五代会要》卷三〇载："阳妃谷大首领沈念般授怀化大将军。"凉州地区有古浪河、黄羊河、杂木河、金塔河、西营河、东大河，这六条河流均发源于祁连山，六条河流经的谷地，称为六谷，阳妃谷（在今甘肃武威市南）系六谷之一，居有吐蕃部族，首领为沈念般。

逋速、鹘鹦部　《宋会要辑稿·西凉府》载，景德三年（1006年）十二月，厮铎督遣吐蕃左、右厢副使逋速、鹘鹦等来贡马。逋速、鹘鹦为其部族首领。

吴福圣腊部　咸平六年（1003年）二月，潘罗支派遣蕃官吴福圣腊来进贡，上表言："感朝廷恩信，愤继迁倔强，已集骑兵六万，乞会王师收复灵州。"[④]宋王朝授吴福圣腊为安远将军。吴福圣腊为蕃罗支属下首领，其部居地在凉州境。

督六族　亦作"都罗族""多罗族"。据《宋会要辑稿·西凉府》载，咸平四年（1001年）十一月，以折逋游龙钵属下的"督六族首领褚下箕等三人并为怀化将军"。《宋史·吐蕃传》载，淳化五年（994年）春，"知西凉府左厢押蕃落副使折逋喻龙波、振武军都罗族大首领并来贡马"。"振武军"当为"振武城"（今甘肃天祝藏族自治县境内）。据《大清一统志》卷二〇六《凉州府》所载，凉州有"振武城"，胡三省《通鉴》注："振武在姑臧城南，广武西北。"督六族居凉州境内。

---

① （清）吴广成著，李蔚整理：《西夏书事》卷九，济南：泰山出版社，2000年，第56页。

②《宋会要辑稿》方域二一《西凉府》，第9708页。

③《宋会要辑稿》方域二一《西凉府》，第9708页。

④《宋史》卷四九二《吐蕃传》，第14156页。

崔家族　亦作“崔悉波部”“促勒锡卜部”。据《宋会要辑稿·西凉府》载：“六谷部分左、右厢，游龙钵为左厢副使，崔悉波为右厢副使。”后梁乾化二年(912年)闰五月庚申，“嗢末首领热逋钵督、崔延没相等并授银青光禄大夫、检校太子宾客”[①]。《五代会要》卷三〇《吐番》载有“吐番左厢押番副使折逋支，右厢崔虎心，并授银青光禄大夫、检校工部尚书”。崔家族居住在凉州。崔延没相、崔虎心皆为崔家族首领，居住在凉州境内。

折逋族　系凉州土著，长期生活在凉州地区。《新五代史·吐蕃传》《旧五代史·吐蕃传》《宋史·吐蕃传》《册府元龟》《五代会要》等均有记载。据《宋史·吐蕃传》载，后汉乾祐(948—950年)初，权知西凉府孙超死后，“州人推其土人折逋嘉施权知留后”[②]。后周广顺三年(953年)，“以申师厚为河西节度。师厚初至凉州，奏请授吐蕃首领折逋支等官”[③]。乾德四年(966年)，折逋葛支知西凉府。淳化二年(991)，权知西凉府、左厢押蕃落副使折逋阿喻丹来贡。淳化四年(993年)，阿喻丹死后，其弟游龙钵为保顺郎将代其任。咸平元年(998年)十一月，“河西军左厢副使、归德将军折逋游龙钵来朝。游龙钵四世受朝为酋，虽贡方物，未尝自行，今始至，献马二千余匹”[④]。宋诏以游龙钵为安远大将军。据文献记载，其首领有折逋钵、折逋嘉施、折逋穷罗、折逋葛支、折逋阿喻丹、折逋游龙钵(结布伊朗布、喻龙波、俞龙波)等。折逋族系凉州大族。

咩逋族　亦作“密本族”。咸平六年(1003年)，“潘罗支遣咩逋族蕃官成逋驰骑至镇戎军，请会兵讨继迁”[⑤]。咩逋族系六谷蕃部，其首领有尼玛，尼玛子成逋(沁布)，其族弟为吹资克。

没暇拽于部　至道二年(996年)七月，曾与折逋游龙钵会六谷蕃众赴宋朝进贡[⑥]。

卑宁族　《续资治通鉴长编》卷五〇载，咸平四年(1001年)闰十二月戊子，镇

---

① (宋)王钦若等:《册府元龟》卷九七六《外臣部·褒异第三》，文渊阁《四库全书》第919册，第340页。

②《宋史》卷四九二《吐蕃传》，第14152页。

③《宋史》卷四九二《吐蕃传》，第14152页。

④《宋史》卷四九二《吐蕃传》，第14154、14155页。

⑤《宋史》卷四九二《吐蕃传》，第14156页。

⑥《宋会要辑稿》方域二一《西凉府》：“至道二年七月，折逋俞龙波上言，蕃部颇为继迁侵略，乃与吐蕃都总管没暇拽于会六谷蕃众来朝，且献名马。”第9704页。

戎军言:“凉州卑宁族首领埒班珠尔归附,仍贡名马,自称有精骑三万愿备驱策。”“埒班珠尔”亦作“喝邻半祝”。卑宁族系凉州吐蕃大族,居住在凉州境内。

六谷部　西凉府吐蕃大族。以居住在凉州城南六条河谷地区而名部族。《续资治通鉴长编》卷四九谓:“六谷者,西北之远蕃也,羌夷之内,推为雄豪。”[①]六谷部分左右厢,左厢副使为折逋游龙钵,右厢副使为崔悉波,六谷都首领、大首领为潘罗支、厮铎督兄弟二人。潘罗支与宋朝结好,“愿戮力讨继迁”[②]。景德元年(1004年)六月,潘罗支被李继迁部属迷般嘱及日逋吉罗丹二部杀害,六谷诸酋豪议立罗支弟厮铎督为首领。宋朝加授厮铎督为朔方军节度、押蕃落等使、西凉府六谷大首领。

其家族有潘罗支兄邦逋支(亦作“帕勒布齐”),景德元年(1004年)六月,潘罗支“又遣其兄邦逋支入奏,且欲更率部族及回鹘精兵直抵贺兰同讨除残孽,愿发大军援助”[③]。潘罗支外甥厮陀完(厮满),景德元年二月,“遣其甥厮陀完来献捷”[④]。厮铎督外甥呵昔(格布锡),景德二年(1005年),“厮铎督遣其甥呵昔来贡,仍上与赵德明战斗功状”[⑤]。潘罗支子失吉,景德二年,宋朝“追录潘罗支子失吉为归德将军,厚赐器币”[⑥]。

六谷部属下首领有以下数人:

李万山,系潘罗支属下首领,咸平四年(1001年),潘罗支遣部下李万山率兵攻讨党项李继迁,“贻书(李)继和请师期”[⑦]。

周斯那支,厮铎督属下蕃部首领,有智勇,久参谋议。厮铎督派遣其外甥呵昔向宋朝上言,请求“授以六谷都巡检使”[⑧]。

路黎奴,亦作“鲁哩努”,厮铎督属下首领。景德三年(1006年),“厮铎督遣安化郎将路黎奴来贡”[⑨]。后黎奴生病,宋朝还特派良医诊治。及卒,宋廷怜悯,厚加赠给。

---

①《续资治通鉴长编》卷四九,咸平四年十月丁未,第1077页。

②《宋史》卷四九二《吐蕃传》,第14155页。

③《宋史》卷四九二《吐蕃传》,第14156页。

④《宋史》卷四九二《吐蕃传》,第14156页。

⑤《宋史》卷四九二《吐蕃传》,第14157页。

⑥《宋史》卷四九二《吐蕃传》,第14158页。

⑦《宋史》卷四九二《吐蕃传》,第14155页。

⑧《宋史》卷四九二《吐蕃传》,第14158页。

⑨《宋史》卷四九二《吐蕃传》,第14158页。

李波逋，斯铎督属下首领。景德三年（1006年），宋朝加赐斯铎督下属族帐首领李波逋等四十九人为检校太子宾客，充本族首领。

波机，斯铎督属下首领。景德三年（1006年），斯铎督遣"遣所部波机进卖马，因言积官奉半岁，乞就京给赐市所须物"[①]，宋朝允其要求。

增蔺毡单，系斯铎督属下首领。大中祥符四年（1011年），斯铎督遣他来进贡，获宋廷赠紫方袍。

秃儿篴厮哥，系斯铎督姨弟，属下首领。景德三年（1006年）正月，宋廷诏令为安化郎将。

宋代西北地区特别是甘肃、青海两地，是吐蕃聚集繁衍之地，部族众多，他们分布在秦凤、泾原二路，熙、河、兰、会、巩地区，黄河以南的洮、岷、叠、宕、阶州及积石军地区，黄河以北的湟、鄯、廓州及河西走廊等五大区域，甚至在宋夏交界的环、庆、镇戎军与西夏境内的灵、夏州等吐蕃与党项杂居之地，也有吐蕃部族分布。这些部族名称各异，或以地名族，或以人名部，或以姓氏为族名。这些吐蕃部族大多以分布地域为其固定的活动地区，但也有少数部族迁徙不定，居地有变。这些种类繁多、五花八门的部族及其广泛的分布地域，构成了独具特色的西北吐蕃群体。

---

① 《宋史》卷四九二《吐蕃传》，第14158页。

第三章　西凉府吐蕃六谷联盟

五代、宋朝时期，西凉府(凉州)地区曾是吐蕃与其他少数民族的生息繁衍之地。西凉府吐蕃以六谷蕃部为中心，组成了西北吐蕃的第一次联盟。"六谷"即指发源于祁连山的六条河流，从南往北依次为古浪河(洪源谷)、黄羊河、杂木河(闸渠河)、金塔河(阳妃谷)、西营河、东大河，这六条河流经的谷地，构成了凉州地区的绿洲地带。六谷蕃部就是指居住在凉州城南这六条河谷中的吐蕃和吐蕃化的各民族部落联合体。其称谓有"六谷蕃部"[①]"六谷蕃众"[②]"六谷部族"[③]等。

一、凉州地域与水系

凉州武威郡，古雍州之域，西戎之地。汉初为匈奴右地，以属凉州部。后"多以关中报冤悖逆无赖之人，徙于彼以实之"[④]，改雍州为凉州。《释名》云："西方寒凉，或谓河上田亦薄，故曰凉。"[⑤]自汉武帝设置河西四郡后，凉州一直处于重要地位，三国时期，凉州成为十三州之一，统领河西五郡，成为西北地区的政治中心。十六国时期，凉州又成为前凉、后凉、北凉的首都。唐朝时期，凉州发展到鼎盛阶段，成为河西都会，襟带西蕃、葱右诸国，商旅往来，无有停绝。地接四境，控扼三边冲要，为内地关中的屏障，历来为兵家必争之地。凉州东接河套，北邻沙漠，南连祁连山脉。土地肥沃，水草丰美，可耕可牧。原为河西节度使治所，东近长安，西通西域，是丝绸之路东端的门户，位于襟带要害之地。河西即古凉州，"东至故原州千五百里，南至雪山、吐谷浑、兰州界三百五十里，西至甘州同城界六百里，北至部

---

①《宋史》卷四八五《夏国传上》、《续资治通鉴长编》卷五六、《隆平集》卷二〇《外国》等所载。

②《宋史》卷四九二《吐蕃传》、《文献通考》卷三三五《四夷考考一二·吐蕃》所载。

③《宋史》卷四九二《吐蕃传》、《续资治通鉴长编》卷五四、《东都事略》卷一二九《附录七·西蕃》所载。

④(宋)乐史:《太平寰宇记》卷一五二《陇右道三·凉州》，文渊阁《四库全书》第470册，第429页。

⑤《太平寰宇记》卷一五二《陇右道三·凉州》，文渊阁《四库全书》第470册，第429页。

落三百里，周回平川二千里。旧领姑臧、神鸟、番和、昌松、嘉麟五县，户二万五千六百九十三，口十二万八千一百九十二”[①]。

凉州位于黄土高原、青藏高原、蒙新高原的交界地带，南依祁连山，北邻腾格里、巴丹吉林沙漠，地处甘肃中部与河西走廊东端。河西走廊内陆河流域有石羊河、黑河、疏勒河（含苏干湖区有哈尔腾河等）三个水系，各自形成独立完整的生态系统。位于今天祝县境的乌鞘岭横亘东西，是古丝绸之路的咽喉要道，河西走廊的门户，也是内陆河与外流河的分水岭。这里河流密布，水资源丰富，分为石羊河与黄河两个水系。

石羊河流域诸河皆发源于祁连山北麓冷龙岭北侧的大雪山，是河西走廊内流水系的第三大河，古名谷水[②]，全长500里。这里河流短促，无主次之分，自东向西较大的河流有大靖（景）河、古浪河、黄羊河、杂木河、金塔河、西营河、东大河、西大河八条河流。古浪河（松峡水）既是石羊河水系的主要河流，也是古浪县最大的河流。“古浪”藏语“黄羊”，发源于祁连山脉支脉乌鞘岭主峰毛毛北麓，全长274里，古浪河流经古浪峡。

古籍文献中有关于“六谷水”的记载：

《水经注》卷一七《渭水》载：

瓦亭水又东南得大华谷水，又东南得折里溪水，又东得六谷水，皆出近溪谿峡，注瓦亭水。

《水经注》卷二《河水》载：

《十三州志》曰：“湟水河在南门前东过，六谷水自南，破羌川自北，左右翼注湟水。”

《水经注笺刊误》卷一《河水篇》载：

乱流东出六山，名也。（赵）一清按：“六山名当作六谷山，下云六谷水自南，破羌川自北，水出此山，故名。”

《武经总要》前集卷一八下《西蕃地界》载：

浩亹水，出西塞外，东至允吾入湟水。兰州有浩亹故城。

《皇朝通志》卷二九《水道二·黄河》载：

---

①（清）徐松辑，刘琳等点校：《宋会要辑稿》方域二一《西凉府》，北京：中华书局，1957年，第9704页。

②《太平寰宇记》卷一五二《陇右道三·凉州》载：“姑臧县，元十乡，本汉旧县也。《地理志》云属武郡南威山谷水所出。”文渊阁《四库全书》第470册，第431页。

湟水即洛都水，源出西宁府西北边外，当青海之东，东流入西宁，边有北川河，即古破羌水，南川河即古六谷水，并会，东南流经碾伯县，至大通县与大通河会。大通河即古浩亹水，源出青海之西北境，包青海，而东会甘州府之满楚客河，东南流经大通县来会，又东南入黄河。

浩门河流域包括今青海祁连、大通、门源、互助及甘肃的天祝、永登、红古等地区。

上述文献记载有两个“六谷水”，其一“六谷水”系瓦亭河支流，与凉州地域、水系无关。另一“六谷水”在青海境内，系黄河支流。故以为五代、宋朝时期的“六谷”，是泛指石羊河水系众多的河流谷地，构成了凉州地区的绿洲地带。其中必然包括庄浪河、黄羊河、杂木河等众多河流谷地，青海“六谷水”、浩门河谷地并张掖黑河流域亦旁及在内。

二、六谷联盟的民族构成

凉州历来是多民族聚集地区，秦汉以来，月氏、匈奴、鲜卑、氐、羌和汉人在这里错居杂处。南北朝时期，中亚的粟特商人亦来贸易，以凉州为根据地，然后北出长城，南下江淮，足迹遍及长城内外、大江南北。唐朝时，凉州大小七城，粟特商人即占据其中五城。唐朝初期，回鹘、契苾、思结、浑等部落迁居凉州，使凉州地区的民族成分更为复杂。

（一）吐蕃进入凉州

早在7世纪末，已有吐蕃人归属唐朝，入居唐境。古籍文献记载了吐蕃内讧、相互残杀的事件。《旧唐书》卷一九六《吐蕃传上》载：

圣历二年，其赞婆器弩悉弄年渐长，乃与其大臣论岩等密图之。时钦陵在外，赞普乃佯言将猎，召兵执钦陵亲党二千余人，杀之。发使召钦陵、赞婆等，钦陵举兵不受召，赞普自率众讨之，钦陵未战而溃，遂自杀，其亲信左右同日自杀者百余人。赞婆率所部千余人及其兄子莽布支等来降，则天遣羽林飞骑郊外迎之。授赞婆辅国大将军、行右卫大将军，封归德郡王，优赐甚厚，仍令领其部兵于洪源谷讨击。寻卒，赠特进、安西大都护。[①]

此事件导致吐蕃大将赞婆、莽布支与钦陵子弓仁归属唐朝。归属后的情况，

---

①（后晋）刘昫等：《旧唐书》卷一九六《吐蕃传上》，北京：中华书局，1975年，第5225、5226页。

各文献也有记载。

《新唐书》卷二一六《吐蕃传上》载：

> 钦陵专国久，常居中制事。诸弟皆领方面兵，而赞婆专东境几三十年，为边患。……赞婆即领部兵戍河源，死，赠安西大都护。[①]

《资治通鉴》卷二〇六《唐纪二十二》载：

> 圣历二年夏四月，"赞婆帅所部千人来降"。胡三省注："明年，吐蕃将曲莽布支寇凉州，与唐休璟战。""钦陵子弓仁，以所统吐谷浑七千帐来降，拜左玉钤卫将军、酒泉郡公。"[②]

《旧唐书》卷一九六《吐蕃传上》载：

> 久视元年，吐蕃又遣其将曲莽布支寇凉州，围逼昌松县。陇右诸军州大使唐休璟与莽布支战于洪源谷，斩其副将二人，获首二千五百级。[③]

从上述记载可知，赞婆归唐后，先在河源（黄河河源，在今青海曲麻莱县东境）戍守，第二年，吐蕃曲莽布支攻掠凉州，于是赞婆率部属与唐军在洪源谷共同抗击吐蕃。洪源谷在凉州界昌松县境内，而昌松县在凉州东南、庄浪西北，赞婆所率军队是最早进入此地的吐蕃人。

安史之乱（755—763年）后，河西戍兵东调平叛，吐蕃乘机扩张，向凉州地区进兵。唐肃宗至德三载（758年），吐蕃首领"论·墀桑、思结卜藏悉诺囊等引劲旅至凉州城"[④]，此时河西防务尚且强固，吐蕃攻取凉州未能获胜。唐代宗广德（763—764年）以后，吐蕃仗恃自己的军事力量，攻占河西地区，"凉州广德二年陷于西蕃"[⑤]。自此吐蕃统治凉州长达一百余年。在吐蕃攻占河西的过程中，大量吐蕃部落迁入河西，高居诲《使于阗记》记载了吐蕃部落在河西的分布，"自灵州渡黄河至于阗，往往见吐蕃族帐"[⑥]，吐蕃部落星罗棋布于河西地区，数量很大。唐末五代初，凉州地区渐为吐蕃所倚重，凉州城外成为吐蕃人聚居的重

---

① （宋）欧阳修、宋祁：《新唐书》卷二一六《吐蕃传上》，北京：中华书局，1975年，第6080页。

② （宋）司马光：《资治通鉴》卷二〇六《唐纪二二》，北京：中华书局，1955年，第6540页。

③ 《旧唐书》卷一九六《吐蕃传上》，第5226页。

④ 王尧、陈践译注：《敦煌本吐蕃历史文书》（增订本）"大事记年"，北京：民族出版社，1992年，第155页。

⑤ （唐）李吉甫：《元和郡县志》卷四〇《陇右道下》，文渊阁《四库全书》第468册，第627页。

⑥ （宋）欧阳修、徐无党：《新五代史》卷七四《四夷附录第四·于阗》，北京：中华书局，1974年，第919页。

要地区。

（二）吐谷浑迁居凉州

自北魏以来，吐谷浑一直生息繁衍在青海地区。吐蕃兴起后，向周边扩张，不断进犯吐谷浑。唐高宗显庆三年（658年），吐蕃再次大规模攻讨吐谷浑，吐谷浑王诺曷钵无力抵抗，带着弘化公主与数千帐逃到凉州，要求唐朝保护。唐朝总章年间，唐朝又曾"议徙吐谷浑部于凉州旁南山"[①]。7世纪末，吐蕃内讧，相互残杀，钦陵子弓仁率领"吐谷浑七千帐"归属唐朝。吐蕃占领了吐谷浑地区后，有吐谷浑人辗转迁徙到与其邻近的凉州地区。唐至德年间，吐谷浑因被吐蕃攻伐，部族分散，"其内附者，唐处之河西"[②]。显然，有大量吐谷浑人迁徙至凉州地区，成为凉州重要的民族构成。

2019年9月25日，凉州地区唐代吐谷浑墓葬的考古发掘，亦可说明吐谷浑人在凉州的生存状况。此墓位于祁连镇岔山村北的山顶上，东、西、南三山环绕。后经发掘确认，系唐朝武周时期吐谷浑王族成员慕容智墓。据出土的墓志内容显示，墓主为"大周云麾将军守左玉钤卫大将军员外置喜王"慕容智，因病于"天授二年三月二日薨"[③]，终年42岁。20世纪40年代和80年代，曾发掘了大唐金城县主、慕容曦光及唐弘化公主、青海国王慕容忠、唐武氏墓志、唐李深墓等九座唐早、中期吐谷浑王族墓葬。这诸多墓葬分布于武威市青咀湾与喇嘛湾的诸多小山岗上，坐南朝北，与慕容智墓特征相同。该地在墓志中提及为"凉州城南之山岗""凉州南阳妃谷北岗""凉州神乌县界""神乌县阳妃谷之西原"[④]，这诸多凉州城南地名，说明吐谷浑人曾在此地活动居住，也反映出五代宋初，这里是六谷吐蕃联盟的区域，也是六谷蕃部的生息繁衍之地。

（三）凉州汉人与其他民族

六谷吐蕃联盟的民族构成虽以吐蕃人为主，但也有少数汉人存在。唐朝开成（836—840年）之际，唐朝遣使归还过凉、肃、瓜、沙诸地，见城邑如故，而汉人见汉旌使"齐夹迎泣诉"。这些汉人"虽语言小讹而衣服未改，至今凉州汉户犹称上

---

①《新唐书》卷二一六《吐蕃传上》，第6075页。

②《新五代史》卷七四《四夷附录·吐浑》，北京：中华书局，1974年，第910页。

③ 天祝藏族自治县文学艺术联合会编：《文物天祝》，北京：中国文史出版社，2020年，第124、125页。

④ 天祝藏族自治县文学艺术联合会编：《文物天祝》，北京：中国文史出版社，2020年，第126页。

代是郓州戍卒”[①]。咸通二年(861 年),归义军节度使张议潮率兵收复凉州,又请调山东郓人二千五百,戍守凉州。《宋史·吐蕃传》与《宋会要辑稿·西凉府》皆载:“旧有郓人二千五百为戍兵,及黄巢之乱,遂为阻绝。”戍兵沦落成百姓。凉州城内则为汉民,入宋以来,仅剩“汉民三百户”。唐末五代初,凉州地区渐为吐蕃所倚重,凉州城外是吐蕃人聚居的重要地区。但“凉州郭外数十里,尚有汉人陷没者耕作”[②]。郓城戍兵是凉州汉人的重要族源。

张议潮收复凉州时,其地“又杂蕃浑”。蕃即吐蕃,浑即浑末,亦曰“嗢末”,嗢末百姓“本是河西、陇右陷没子孙,国家弃掷不收,变成部落”[③]。吐蕃法令规定“出师必发豪室,皆以奴从”[④]。嗢末成为吐蕃的奴部,有众多人在这里留居。《五代会要》卷三〇《西番》载有吐蕃右厢押蕃落使“崔虎心”,崔家居于凉州,原为陇右河西陷没吐蕃的唐朝戍边将士后裔,此时也已吐蕃化。

河西地区还有众多党项部族,高居诲《使于阗记》曰:“自灵州过黄河,行三十里,始涉沙入党项界,曰细腰沙、神点沙,至三公沙,宿月氏都督帐。由此沙行四百余里,至黑堡沙,沙尤广,遂登沙岭。沙岭,党项牙也,其酋曰捻崖天子。”[⑤]居留在此的党项人受吐蕃奴役,融入吐蕃之中。如凉州折逋氏与灵(治今宁夏灵武市西南)、夏(治今陕西靖边县西北白城子)、麟州(治今陕西神木市西南杨家城)的折氏同出一源,原为党项羌,因长期受吐蕃的统治,显然已吐蕃化了。长期受吐蕃奴役,居住在这里的汉、吐谷浑、回鹘等,亦皆吐蕃化。

凉州六谷蕃部势力最大的应是左厢吐蕃化的党项羌与右厢吐蕃化的汉人。根据《宋会要辑稿·西凉府》载:“六谷分左、右厢,游龙钵为左厢副使,崔悉波为右厢副使。”景德四年(1007 年)五月,“厮铎督遣六谷十八首领兰逋赤等来朝贡”[⑥]。显然六谷蕃部的左、右两厢共有十八位首领,分统督六、者龙、野马、觅诺尔、卑宁、样丹、当尊、厮邦、心山王家、马家、周家、的流、赵家、日羌、星多、沈念般、崔悉波、吴福圣腊等十八部落。除此之外,还有众多蕃部可供调遣、支配,除心山王家

---

① (宋)王溥:《五代会要》卷三〇《吐番》,文渊阁《四库全书》第 607 册,第 706 页。

② 《宋史》卷四九二《吐蕃传》,第 14152 页。

③ 唐耕耦、陆宏基编:《敦煌社会经济文献真迹释录》(四)斯 6342 号《张议潮咸通二年收复凉州奏表并批答》,北京:全国图书馆文献缩微复制中心,1990 年,第 363 页。

④ 《新唐书》卷二一六《吐蕃传下》,第 6108 页。

⑤ 《新五代史》卷七四《四夷附录·于阗》,第 917 页。

⑥ 《宋会要辑稿》方域二一《西凉府》,第 9708 页。

为吐蕃化的汉人外，还有马衔山渴龙、刑家、懒家、章家、周家、赵家、乞当、纳迷水马波、宗家、章迷等吐蕃化的党项羌人与汉人家族。“刑家”即“邢家”，“懒家”即“赖家”，与章、马、周、赵、宗家皆为吐蕃化的汉人。总之，这里民族众多，成分复杂，诸多民族与吐蕃高度融合，“吐蕃化”是其现状。从此，河西吐蕃便以凉州为中心，组成了吐蕃地方集团。

三、六谷联盟的形成

凉州吐蕃六谷联盟的形成，大约是从五代后梁开平二年（908 年）开始，凉州吐蕃纷纷朝贡，任命孙超为凉州刺史、权知西凉府留后，至申师厚任职凉州，这是六谷吐蕃联盟的形成阶段。

（一）遣使朝贡请帅

此时吐蕃已微弱，回鹘、党项虽“分侵其地”，时逢中原衰乱，不能抚有，“惟甘、凉、瓜、沙四州常自通于中国”[①]，犹称唐官，数来请命。显然凉州与其他三州已脱离了吐蕃的羁绊，各自独立。凉州六谷蕃部的治“城周回五十里，如凤形”[②]，相传沿袭“李轨旧治”。显然，此时的凉州吐蕃已逐渐发展为独立的政治集团。

凉州自唐末陷入吐蕃后，虽为吐蕃所隔，“然其地亦自置牧守，或请命于中朝”[③]。后梁开平二年（908 年）正月，凉州吐蕃遣使朝贡，后梁即以入朝使“嗢末首领杜论悉伽社论心为左领军卫将军，同正；嗢末首领苏论乞禄为右领军卫将军，同正”[④]。乾化元年（911 年）十一月，凉州又遣使来朝，梁太祖召见于朝元殿，赐金帛遣还。后唐天成二年（927 年），凉州吐蕃又遣使野利延孙等入贡，有蕃僧四人同来，“持蕃书两封”，但无人识其字。天成三年（928 年）正月、九月、十二月，连续三次遣使入朝，后唐赐入朝使野利延孙等六人并为归德将军，阎薛罗等三人并为归德司戈，“又以入朝使薛谒薛王子拨遭为归德郎将”，首领十人并为归化司戈。天成四年九月、十月，西凉府蕃官撲心、吐蕃首领掇里忙布蔺遭等来朝，皆授归德司戈，长兴三年（932 年）二月、三月、七月，又接连遣使，在这些朝贡使中，有北厢首

---

① 《新五代史》卷七四《四夷附录·吐蕃》，第 914 页。

② （宋）李焘：《续资治通鉴长编》卷四三，咸平元年十一月丙辰朔，北京：中华书局，1985 年，第 921 页。

③ 《宋会要辑稿》方域二一《西凉府》，第 9703 页。

④ 《五代会要》卷三〇《吐番》，文渊阁《四库全书》第 607 册，第 706 页。

领野利闾心、右厢首领钱心，后唐皆分别授予“归德大将军”与“归化郎将”“中厢首领季读等并为归德司”[①]。

诸多吐蕃首领纷纷朝贡，说明此时凉州吐蕃有众多部落集团，他们各自遣派使臣，主动与中原王朝联系，以“朝贡”的方式向中原王朝展示自己的实力及对中原王朝的友好，借此获取中原王朝的认可。这即为凉州吐蕃六谷联盟形成的初期状况，也是凉州诸多部落集团渐趋结盟、局部统一的发展阶段。

后唐天成（926—930 年）中，权知西凉府留后孙超遣使入贡，并谓其城“今方辐数里，中有县令、判官、都押衙、都知兵马使”[②]。此时凉州吐蕃已初具国家机器规模与职能。后唐清泰元年（934 年），又有“留后李文谦来请命”[③]，后数年，凉州人又“逐出文谦”。后晋天福七年（942 年），“灵武冯晖遣牙将吴继兴代文谦为留后”[④]。第二年，晋高祖遣泾州押衙陈延晖赍诏书安抚凉州，“凉州人共劫留延晖，立以为刺史”[⑤]。后汉乾祐（948—950 年）初，孙超卒，州人推举当地吐蕃酋豪折逋嘉施权知留后。汉隐帝时，折逋嘉施遣使朝贡请命，即授为节度使。

（二）申师厚任主帅

此时折逋嘉施在六谷蕃部和汉人中还没有建立起权威，不能制驭蕃部。因此，数年之后，折逋嘉施遣人市马京师，再次向中原王朝提出以汉人为主帅的要求。此时，后唐枢密使王峻操持权柄，申师厚与峻友善，是其故人，而申师厚“少起于盗贼，为兖州牙将”[⑥]。折逋嘉施等来请帅，峻即建言：“凉州深入夷狄，中国未尝命吏，请帅募府率供奉官能往者。”[⑦]月余，无应募者，于是奏报申师厚为左卫将军，任命为河西节度使。后周广顺二年（952 年），“始以申师厚为河西节度使”[⑧]。于是凉州统治权又落入汉人手中。

申师厚初至凉州时，即“奏请授吐蕃首领折逋支等官”[⑨]。显然，申师厚已清楚认识到，在吐蕃部落众多的凉州，单凭自己的力量无法统治，必须借助吐蕃人

---

①《五代会要》卷三〇《吐番》，文渊阁《四库全书》第 607 册，第 707 页。

②《宋会要辑稿》方域二一《西凉府》，第 9703 页。

③《新五代史》卷七四《四夷附录第三·吐蕃》，第 914 页。

④（宋）薛居正：《旧五代史》卷一三八《吐蕃传》，北京：中华书局，1976 年，第 1840 页。

⑤《旧五代史》卷一三八《吐蕃传》，第 1840 页。

⑥《新五代史》卷七四《四夷附录·吐蕃》，第 914 页。

⑦《旧五代史》卷一三八《吐蕃传》，第 1840 页。

⑧《宋会要辑稿》方域二一《西凉府》，第 9703 页。

⑨《宋会要辑稿》方域二一《西凉府》，第 9704 页。

及当地吐蕃化汉人的力量。不仅授折逋支、崔虎心等众多吐蕃首领官爵，而且还荐举"中国留人子孙王廷翰、温崇乐、刘少英为将吏"[①]。据《册府元龟》卷一七〇记载："王庭澈授监察御史里行，充河西军节度掌书记摄节度推官；温崇业试秘书省校书郎，充河西节度推官摄录事参军：刘少英为凉州录事参军。"又自"泾州安国镇至西凉府沿路三处控扼，各立州名，欲补大首领为刺使，又管蕃界部落大首领三十余人，各赐空名告身"[②]。安国镇即唐胡谷堡(今甘肃平凉市西北35里安国乡)，贞元七年(791年)三月，泾原节度使刘昌筑胡谷堡，改名彰义堡，北宋属平凉县。此亦系御戎重地，"四达冲途，实为要镇"[③]。后周广顺(951—953年)中，申师厚"自安国镇至凉州以控扼诸羌，三州，临、河、兰也"[④]，即在临洮、河州、兰州三要地实行管控。申师厚控扼了"回鹘、西凉六谷、咩逋、贱遇、马臧梁家诸族"从凉州东去由"弹筝峡入渭州安国镇"[⑤]的通道。

申师厚在凉州岁余，然而"凉州夷夏杂处"，民族关系复杂，而"师厚小人，不能抚有"[⑥]。申师厚亦"以所部艰食、蕃情反复"[⑦]，要求返回。但是，此时凉州吐蕃势力渐强，已不允许非吐蕃族人占据首领地位，进行统辖与管理。不久，"师厚为其所迫"，留其子而"擅还朝廷"，中原王朝对"凉州亦不复命帅"[⑧]。凉州吐蕃政权在吐蕃联盟的初期阶段，由于缺乏封建统治经验，于是学习和利用汉族官员的统治经验为自己的政权服务。

四、六谷联盟的兴盛

六谷吐蕃联盟的兴盛时期，是从后周显德(954—959年)中申师厚离开凉州，折逋氏担任领袖为转折点，至潘罗支时达到鼎盛阶段。

---

①《旧五代史》卷一三八《吐蕃传》，第1840页。

②《五代会要》卷三〇《吐番》，文渊阁《四库全书》第607册，第707页。

③(清)许容、李迪等监修：《甘肃通志》卷一〇《关梁·平凉府》，文渊阁《四库全书》第557册，第327页。

④《甘肃通志》卷二二《古迹》，文渊阁《四库全书》第557册，第567页。

⑤《续资治通鉴长编》卷五〇，咸平四年十二月乙卯，第1091页。

⑥《旧五代史》卷一三八《吐蕃传》，第1840页。

⑦《旧五代史》卷一一四《世宗纪第一》，第1518页。

⑧《宋会要辑稿》方域二一《西凉府》，第9704页。

（一）游龙钵担任领袖

申师厚被迫离开凉州后，六谷蕃部首领折逋葛支很快就掌握了凉州的统治权，成为六谷蕃部大首领，被拥立为凉州刺史。自此后，凉州吐蕃联盟的统治权就牢牢地掌握在吐蕃人手中。宋朝建立伊始，折逋氏就遣使汴京，向宋太祖奏报凉州城内发生的事件。乾德四年（966 年），知西凉府折逋葛支上言："有回鹘二百余人、汉僧六十余人，自朔方路来，为部落劫略。僧云欲往天竺取经，并送达甘州讫。"[①]甘州（治今甘肃张掖市甘州区）此时已是回鹘牙帐所在地，六谷蕃部护送回鹘僧人与汉僧至甘州，说明此时六谷蕃部与甘州回鹘关系密切。

宋太宗淳化二年（991 年），"权知西凉州、左厢押蕃落副使折甫阿喻丹来贡"[②]。折逋葛支死亡时间虽未有明确记载，但从阿喻丹来贡的时间，可以断定其死于淳化二年以前。其死后，他的儿子阿喻丹继位，即以"权知西凉府"的身份向宋朝进贡。折逋阿喻丹在位时间不长。淳化四年（993 年）去世后，其弟游龙钵（喻龙波、俞龙波、伊朗布）取而代之，宋太宗正式册命为"保顺郎将"。关于此事，《宋会要辑稿》记载的较为详细："（淳化）四年闰十二月，以西凉府都总管、权知军府事游龙钵为保顺郎将。以阿喻丹死，奏乞真命也。"[③]宋朝对折逋游龙钵的册命，是在折逋游龙钵提出请求后，正式同意册封的。咸平元年（998 年）十一月丙辰，河西军右厢副使、归德将军结布伊郎布来朝，授予安远大将军。折逋氏受命为当权者，即折逋嘉施、折逋葛支（折逋支）、折逋阿喻丹、折逋游龙钵四人。折逋游龙钵统治时期，势力强盛，影响面广，"东至故原州千五百里，南至雪山、吐谷浑、兰州界三百五十里，西至甘州同城界六百里，北至部落三百里。周回平川二千里。旧领姑臧、神乌、蕃禾、昌松、嘉麟五县，户二万五千六百九十三，口十二万八千一百九十三。今有汉民三百户"[④]。这一时期，凉州吐蕃政权以凉州为中心，其影响已达张掖黑河以东、祁连山北麓及河西走廊、渭水上游等地。

此时党项亦已崛起，军事实力已渐趋强大，党项贵族李继迁并不满足于恢复故土，而要进一步向西扩张，凉州便成为党项攻掠的首要目标。党项不断侵掠六谷蕃部的人畜，六谷蕃部损失惨重。党项的进攻，使六谷蕃部的生存面临严重威胁，六谷蕃部与党项结为仇敌。面临强敌压境的险恶局势，折逋游龙钵清楚地认

---

① (元)脱脱等：《宋史》卷四九二《吐蕃传》，北京：中华书局，1977 年，第 14153 页。

②《宋史》卷四九二《吐蕃传》，第 14154 页。

③《宋会要辑稿》方域二一《西凉府》，第 9704 页。

④《宋史》卷四九二《吐蕃传》，第 14155 页。

识到，要进一步加强对吐蕃部落的统治，必须借助宋朝的实力与威望，此时重新提出要求，请宋朝派遣凉州主帅。至道二年(996年)，凉州复来请命，“诏以丁惟清知州事，赐以牌印”[①]。丁惟清原是宋朝派往凉州市马的官员，因“惟清至而境大丰稔”，为吐蕃人所挽留。而此时灵州(治今宁夏灵武市西南)已被党项人围攻，“吐蕃卖马还过灵州，为党项所略”[②]，请留惟清至来年同入朝。此时丁惟清已滞留在凉州，宋王朝为了顺应六谷蕃部首领的请求，便顺水推舟，就近任命丁惟清为凉州主帅，总统六谷蕃部和凉州地区的军事。宋真宗咸平元年(998年)十一月一日，河西军左厢副使、归德将军折逋游龙钵也乘宋太宗去世、真宗即位之际，不顾路途艰险，亲自入朝进贡，“献马二千匹”[③]。折逋游龙钵“四世受朝命为酋，虽贡方物，未尝自行”[④]。此时折逋游龙钵亲自赴京朝贡，具有明显的政治、军事目的，即为了向宋朝表忠心，结好宋朝以抵抗党项的军事进攻。

(二)潘罗支执掌军政

党项的崛起与西向扩张，使凉州局势恶化。由于折逋游龙钵不能组织凉州各部，对西夏的侵扰进行有效的抵抗，其威信与地位已经下降，不足以威服众人。险恶的形势也造就了人才，致使另一位首领也崭露头角，脱颖而出，即出身贵族的潘罗支(博罗齐)。《明史》卷三一一《四川土司一》“潘州卫”载：“松潘，古氐羌地。西汉置护羌校尉于此。唐初置松州都督，广德初，陷于吐蕃。宋时，吐蕃将潘罗支领之，名潘州。元置吐蕃宣慰司。”洪武十二年(1379年)，平羌将军、御史大夫丁玉定其地，“敕之曰松蕃，僻在万山，接西戎之境”[⑤]。显然松州(治今四川松潘县)在宋朝时期，“仍为吐蕃地”[⑥]。又谓“松、茂、叠溪所辖白草原坝等寨，番羌聚众五百人，越龙州境剽掠。白草番者，唐吐蕃赞普遗种，上下凡十八寨”[⑦]。清乾隆《通鉴辑览》[⑧](《御批通鉴辑览》)卷八〇，崇宁三年四月记事条小注载：“潘州，宋初

---

①《宋史》卷四九二《吐蕃传》，第14154页。

②《宋史》卷四九二《吐蕃传》，第14154页。

③《宋会要辑稿》方域二一《西凉府》，第9704页。

④《宋史》卷四九二《吐蕃传》，第14154、14155页。

⑤(清)张廷玉等：《明史》卷三一一《四川土司一·松潘卫》，北京：中华书局，1974年，第8028页。

⑥(清)和珅等：《大清一统志》卷三一九《松潘厅》，文渊阁《四库全书》第481册，第458页。

⑦《明史》卷三一一《四川土司一·松潘卫》，第8028页。

⑧《通鉴辑览》又名《御批通鉴辑览》，成书于乾隆年间，书正文前有乾隆御笔序，是为“丁亥秋月间”，即乾隆三十二年(1767年)，可知此成书早于《四库全书》。

吐蕃巴喇齐地，故名松潘卫，旧有上、中、下三潘州，路接洮岷，今漳腊营即故下潘州地。”日本学者山口瑞凤考证认为，潘罗支为唐代吐蕃贵族囊氏后人，据松潘[1]。潘是“今西藏潘隅的潘，是地方名称”“其祖是潘隅人”[2]。潘姓人及地名都和今西藏潘隅有关。

潘氏家族迁徙事迹文献不载，推断即为吐蕃军事扩张时，潘氏祖上随军至潘州，后不断迁徙，五代末宋初时来到凉州。《宋史·吐蕃传》载：“时西凉使来，且言六谷分左右厢，左厢副使折逋游龙钵实参罗支戎事。”据《宋会要辑稿·西凉府》载：“咸平四年十月，以西凉府六谷大首领潘罗支为盐州防御使兼灵州西面都巡检使。”这是文献首次记载其名与官职，如何出任六谷蕃部大首领，则无法知悉。咸平四年（1001 年）十一月，“朝廷所降符命，龙钵悉掌之，庶事与首领潘罗支同共裁制”[3]。潘罗支不但取代了游龙钵，成为凉州地区蕃部都总管，而且超越了凉州刺史丁惟清，主管凉州地区的军事和民政，成为一位大权独揽的吐蕃新领袖。

这时，西夏不但加紧侵扰凉州，而且夺取宋朝灵州（治今宁夏灵武市西南）的四郊之地，长期围攻灵州。潘罗支为联宋抗夏，多次遣使赴宋，愿意配合宋朝大军“戮力讨继迁”。宋朝一些边官如张齐贤、李继和等都主张封授潘罗支，与六谷蕃部共制党项。

据《续资治通鉴长编》卷四九咸平四年十月乙卯载：

> 以西凉府六谷都首领潘罗支为盐州防御使、兼灵州西面都巡检使。初，知知镇戎军李继和请授潘罗支刺史，仍赐廪给。张齐贤又请封为六谷王、兼招讨使、灵州西面都巡检使，俟其立功，则授以节钺。上命宰臣议其事，咸曰：“潘罗支已为酋帅，况藉其戮力共讨继迁，傥授以刺史，则名品太轻，未付节旄而加王爵，则典制非顺，招讨使号不可假于外夷，请授防御使，俾兼都巡检之职。”从之。[4]

年终，潘罗支又“贻书李继和，言将发兵讨李继迁，愿闻朝廷出师之期”[5]。希望能与宋朝共同出兵，东西夹击。由于宋朝怯弱畏战，未能答应潘罗支的请求。咸平五年（1002）三月，党项首领李继迁大集蕃部，全力以赴攻灵州，致使灵州陷落。

---

①〔日〕山口瑞凤：《白兰和孙波囊氏》，《东洋学报》1969 年第 52 卷。

② 洲塔、乔高才让：《甘肃藏族通史》，西宁：青海人民出版社，2004 年，第 158 页。

③《宋会要辑稿》方域二一《西凉府》，第 9705 页。

④《续资治通鉴长编》卷四九，咸平四年十月乙卯，第 1079 页。

⑤《续资治通鉴长编》卷五〇，咸平四年闰十二月戊寅，第 1101 页。

党项攻陷灵州后，下一个目标就是凉州。李继迁企图不费一兵一卒，轻而易举地占有这块交通要地与军事重镇，于是采用招降的手法。咸平五年(1002)十月，李继迁派人送铁箭引诱潘罗支部属，潘罗支不仅严厉拒绝，而且“戮一人，挚一人，以听朝旨”[①]。潘罗支又向宋朝进贡大量马匹，以供军需，一次贡马多达“五千匹”[②]，这也是六谷蕃部对宋朝的大力支援。由于六谷蕃部处于党项攻击的险境之中，一方面潘罗支组织兵力，抵御李继迁的侵扰，另一方面争取与宋朝结盟，联合夹击党项。潘罗支对宋朝兵士侮辱其部属成逋事件，也以大义为重，不计前嫌，再次遣使赴京，愿意为宋朝效力。咸平六年(1003)四月十四日，“遣使铎论来贡，且言六谷聚兵，愿会王师击继迁”[③]。潘罗支的忠心得到宋朝的好感，给他加官赏赐，“潘罗支为朔方节度使、灵州西面都巡检使，仍遣使赍国信及铠甲赐之”[④]。咸平六年四月甲戌，宋政府允应丁惟清所请，“给西凉州印”，一方面表明西凉府六谷吐蕃与宋政府结好，已从属于宋朝政府，共同抵御党项；另一方面，则说明此时丁惟清已无实权，实质上则是潘罗支获得更大的权力空间，潘罗支的势力已超越丁惟清。

宋政府虽然表面上赏识潘罗支的忠心，但其实对以潘罗支为首的六谷蕃部并无诚意，对潘罗支提出的“会兵”之议予以刁难，诏“所请会兵，如至乌白池、盐州已来，即为进师”[⑤]。盐州在今陕西定边县，《元和郡县志》记载，盐州(治今陕西定边县)境内有四个盐池，乌池和白池产盐尤为丰盛。而从凉州到盐州，必须越过党项境地，这意味着六谷蕃部只有扫平党项后，宋朝才能出兵，其条件苛刻且愚蠢。宋朝对六谷蕃部示以亲近，予以封赏，只不过利用其牵制和消耗党项实力，实施“以夷制夷”的政策而已。

咸平六年(1003年)元月，党项李继迁集中全部兵力，围攻宋朝麟州(治今陕西神木县西南杨家城)，死亡一万余人，惨败而归。李继迁并没有因麟州之败而松懈斗志，放弃既定目标，反而乘自己新败，六谷放松警惕之机，于同年十二月，出其不意，率兵突袭凉州，攻陷凉州城，杀死宋朝任命的凉州刺史丁惟清，六谷蕃部伪降，“继迁受之不疑”。突袭的成功，使李继迁也得意忘形，陶醉于暂时的胜利之

---

①《续资治通鉴长编》卷五三，咸平五年十月丙寅，第1155页。

②《宋史》卷四九二《吐蕃传》，第14156页。

③《宋会要辑稿》方域二一《西凉府》，第9706页。

④《续资治通鉴长编》卷五四，咸平六年二月庚辰，第1181页。

⑤《宋会要辑稿》方域二一《西凉府》，第9706页。

中。潘罗支与其弟铎督“遽集六谷蕃部及者龙族合击之，继迁大败，中流矢”“景德元年正月二日卒，年四十二”[①]。景德元年（1004 年）六月，潘罗支又遣其兄邦逋支使宋入奏，“且欲更率部族及回鹘精兵直抵贺兰山讨除残孽，愿发大军援助”[②]。对于潘罗支的这次奏请，宋真宗于景德元年六月己卯予以赐诏，《宋大诏令集》完整地保存了这份诏书。

赐潘罗支诏

渭州引送卿凡（原文作凡，当为兄之误）邦逋支并教练使杨超到京，览卿等蕃书奏状，言去年十二月二十八日，与李继迁斗敌，大段杀下蕃贼，却被贼人劫去牌印、官告、衣服、器械等，再乞颁赐，并望差筑城人给畚锸，令使臣到彼。其隔过迁贼处人却投来者，并乞押来。其进奉马价乞支绢等事，并已依奏别降宣命指挥。卿忠顺朝廷，保庇部族，誓杀凶狂之党，益坚臣子之心。远率种人，同拒贼党，战斗斯久，杀获颇多，每念尔诚，不忘朕意。此外卿所奏，欲取七月共回鹘并六合（当为谷之误）蕃部，宜往贺兰山，掩杀贼众。乞大兵来灵州会合，管杀迁贼者。朝廷近知继迁已死，未经殡葬，所以未欲讨除。今卿等既领师徒，远平仇敌，免为后患，甚是良图。所乞会兵，即缘地理稍遥，月日未定。今朝议候卿等才集诸族人马起离西京，即差心腹人走马赍文字，报泾原镇戎军部署司，已令至时，不候朝旨，率兵前进，直至咸泊、萧关、天都山以来，牵制贼徒，伏截道路贼界，定须两面救应，如此邀击，必可成功。彼中诸事，更切审详，伫静边陲，永保富贵。[③]

潘罗支率六谷部成功击退了党项李继迁的进攻，使宋朝对他刮目相看。这标志着西凉府六谷蕃部地方政权的政治和军事达到了鼎盛阶段。

五、六谷联盟的衰亡

六谷联盟的鼎盛时期是在潘罗支时期，而潘罗支被杀则成为六谷联盟由盛而衰的转折点。

---

①《宋史》卷四八五《夏国传上》，第 13989 页。

②《宋史》卷四九二《吐蕃传》，第 14156 页。

③ 佚名：《宋大诏令集》卷二四〇《政事九十三·诸蕃》，北京：中华书局，1962 年，第 943、944 页。

（一）潘罗支中计身亡

李继迁死后，其子德明继位，继承父志，念念不忘凉州之败，时刻伺机反扑。李德明深知自己新立，根基未稳，唯恐宋朝与六谷蕃部、甘州回鹘联兵进攻，东西夹击。于是采用缓兵之计，力图争取东山再起，因而千方百计地麻痹宋朝，折散宋朝与六谷蕃部、甘州回鹘的军事同盟，使凉州吐蕃处于孤立无援的境地。李德明遣使宋朝，佯装请和，态度诚恳，一再声明"父有遗命"①，遵循其父继迁遗嘱，"尔当倾心内属，一表不听则再请，虽累百表，不得请，勿止也"②。这时，正值宋辽交战后，澶渊之盟订立不久，怯弱的宋朝统治者惊魂未定，唯恐西边再挑事端，战火重燃。李德明的请和，恰似给如坐针毡、忐忑不安的宋统治者一颗定心丸，于是喜出望外，求之不得，不但册封他为定难军节度使、西平王，而且竟然以战败国的姿态，赠送"袭衣、金带、银鞍勒马、银万两、绢万匹、钱三万贯、茶二万斤"③。同时，还一再下令六谷蕃部、甘州回鹘等，让他们也"坚守和议"，不得出兵攻扰党项。

李德明的缓兵之计，为自己赢得了充足的准备时间，等待时机成熟。宋真宗景德元年（1004 年）五月。出兵进攻凉州，反被潘罗支联合兰州、龛谷、宗哥、觅诸诸族击败。再度失败，使李德明不敢贸然举兵，决意设法智取，离间潘罗支与其他诸族的关系。迷般嘱、日逋吉罗丹是李继迁的亲族，是党项羌中的两个氏族。六谷左厢蕃部中，者龙族系其强族，是吐蕃化的党项羌，共有十三个部落，一直与六谷其他蕃部共同抗击党项，深为潘罗支信任。李德明利用者龙族与迷般嘱、日逋吉罗丹二族同源于党项的关系，指使二族公开叛投者龙族，又在者龙族中做了分化瓦解工作，在很短的时间内，策反了其中六个部落，"者龙凡十三族，其六族附迷般等。迷般阴请德明遣兵攻者龙"。潘罗支不明底细，率百骑急赴者龙族地，商议兵击。"议事间，二族猝起戕罗支于帐下。"④

（二）厮铎督继任首领

潘罗支被害后，其弟厮铎督率兵平息内乱，六谷诸部拥立他为首领。宋王朝追封潘罗支为武威郡王，同时又面对厮铎督被拥立六谷新首领这一既成事实，于景德元年十月癸卯颁布诏书，予以承认。《宋大诏令集》也完整地保存了这份诏书内容：

---

①《宋史》卷四八五《夏国传上》，第 13989 页。

②（清）吴广成著，李蔚整理：《西夏书事》卷八，济南：泰山出版社，2000 年，第 51 页。

③《宋史》卷四八五《夏国传上》，第 13989、13990 页。

④《西夏书事》卷八，第 52 页。

斯铎督朔方节度制

河湟右地，朔汉奥区，襟带华裔，藩捍王国。眷怀邦杰，以续旧勋。厮铎督，唯尔之兄，素倾城□。保封疆而不耸，奉正朔以惟寅。式遏外虞，勤宣乃力。固已锡之车服，宠以麾幢，俾翰塞垣，式康部落。遽兹徂谢，弥用蠹伤。唯尔棣萼联华，金行禀气，善膺顾讬，颇震威名。宜陟师坛，嗣专方伯，侯氏之职，尽以授之。期著茂勋，光于旧服。长抚西夏，为吾信臣。可金紫光禄大夫、检校太尉、灵州刺史、充朔方军节度、灵州管内观察处置营田押蕃落等使、兼灵州西面缘边都大巡检校使、西凉府六谷都大首领、封西平郡开国侯、食邑一千户、□□□命，用伸眷倚。[①]

厮铎督继任六谷部大首领后，即率吐蕃属部进击党项，并取得胜利。为遏制党项吞并西凉府的野心，六谷蕃部不断扩军备战，加强实力，不断向宋朝求购弓矢等武器。宋朝旧制规定："弓矢兵器不入外夷。"[②]而对于六谷蕃部，以其"宣力西陲，委以捍蔽"[③]，宋朝破例让渭州（治今甘肃平凉市）给赐。六谷蕃部不但与西夏抗争，而且每年向宋王朝进贡马匹，甚至吐蕃首领还千里迢迢入朝汴京，以表赤胆忠心。

（三）六谷联盟的灭亡

六谷蕃部与宋朝的友好往来，并不能遏制党项吞并西凉府的雄心壮志。党项首领李德明一刻不忘父亲"继迁因攻西凉为其所毙"，要报父仇，"意欲阻绝六谷，使不得预缘边属户"[④]。大中祥符元年（1008 年）三月，德明遣万子等四军主悉其族兵取六谷，进图甘州。万子军主"至西凉，见六谷兵盛，不敢攻，径趋甘州，袭回鹘"[⑤]。党项出兵原想先取西凉，后取甘州。但六谷蕃部得到宋朝的预报，早做好迎战的准备，党项不敢发动攻击。偷袭甘州惨败，全军覆没。凉州未克，德明誓不罢休。大中祥符四年（1011 年）九月，又大举进攻西凉府，"德明遣军校苏守信领蕃骑袭击六谷，大首领斯铎督会诸族御之，大败守信兵"[⑥]。苏守信原是西凉府人，投归西夏，主领蕃兵，熟悉西凉府情。这次虽然未攻下凉州，但是派遣西凉人

---

①《宋大诏令集》卷二四〇《政事九十三·诸蕃》，第 944 页。

③《续资治通鉴长编》卷五九，景德二年三月壬申，第 1326 页。

③《续资治通鉴长编》卷五九，景德二年三月壬申，第 1326 页。

④《续资治通鉴长编》卷六五，景德四年三月癸丑，第 1448 页。

⑤《西夏书事》卷九，第 54 页。

⑥《西夏书事》卷九，第 56 页。

苏守信领兵征战，却是值得注意的现象，这意味着六谷蕃部的堡垒已开始从内部攻破。

关于西夏进攻六谷蕃部，西凉府陷落的事实，宋朝史籍皆无记载，因而不知确切的时间和详细经过。《续资治通鉴长编》卷八四载："大中祥符八年五月乙未，西凉府厮铎督遣使来贡。"《宋会要辑稿》蕃夷六之二载："大中祥符八年八月二十九日，曹玮上言：'唃厮啰所部刘王叔遣帐下青波来告，近遣西凉厮铎督部兵十万掩杀北界部落，胜捷续遣人献首级次。'"又载："大中祥符八年十月，宗哥蕃部厮铎督遣使求贡。"《西夏书事》卷一〇载："大中祥符九年冬十月，凉州守将苏守信死。"根据以上史料分析推断，大中祥符八年（1015年）五月以前，厮铎督仍为西凉府首领，大中祥符八年八月，厮铎督已确系唃厮啰部属，受其派遣。曹玮的奏章是八月二十九日，厮啰的报捷应在此日之前，而战事发生在七月或八月初，厮铎督不可能一投奔唃厮啰即挂帅出征。合理的推断应是大中祥符八年六月，党项首领李德明再次派遣苏守信率兵出征，一举攻下西凉府，六谷蕃部大首领厮铎督投奔河湟唃厮啰，六谷吐蕃联盟灭亡。

早在八年前（即在大中祥符元年），宋朝熟悉边事的大臣张齐贤就曾预料到西凉府失陷的危险性，他曾上疏言：

> ……近知赵德明依前攻劫六谷，兼闻曾破却西凉府，所有节度使并副使，折逋游龙钵及在府户民，并录在部下。万一不谬，则德明之心又似不小。况其人悉是唐末陷蕃华人，兼折逋游龙钵等谙熟西南面入远蕃道路，六谷田牧之远近，川泽之险易，尽知之矣。若使胁制却六谷之后，即虑瓜、沙、甘、肃、于阗诸处，渐为控制。缘此以四蕃中州郡，旧属灵州总统，即今在夏州，画说者必以此为计。所以继迁在日，方欲吞灭六谷，今来德明又以父仇为名，志在通甘、伊、瓜、沙道路，必要统制。唐朝嘉木布破灭之后，便不相统一，所以五代以来，西蕃安静。今仪、渭、秦、陇山后，虽大段部族，苟或渐被侵扰，则他时边患非轻。将来圣驾东幸，臣必虑德明乘便去攻六谷。向使潘罗支尚在，则德明未足为虞，今潘罗支已亡，厮铎督恐非其敌。伏望委两府大臣谋议，早为经制。[1]

张齐贤识透了西夏的战略方针，是要完全控制丝绸之路，增强自己的经济和军事实力，亦了解厮铎督的能力与威信远不如潘罗支，不是李德明的对手，建议

① 《续资治通鉴长编》卷六八，大中祥符元年四月己未，第1538页。

宋真宗对六谷部和西夏制定一个长远而又积极稳妥的政治、军事和经济的战略方针。然而这只是张齐贤等人的一厢情愿，是一种良好的建议罢了，宋朝不可能采纳。即便宋朝制定了如此有效的战略方针，也无力阻止党项的崛起，只能延缓六谷蕃部的灭亡，而不能从根本上予以挽救。党项自身实力的增强，使他与宋、吐蕃的角逐中逐渐占据优势，而宋王朝的怯弱与无能，更助长了党项勃勃进取的锐势。党项吞灭六谷蕃部，占据凉州，这是党项民族自身发展壮大的必然。

六、六谷联盟的作用

从梁开平二年(908年)正月，凉州吐蕃部落首领纷纷朝贡，后又任命孙超权知西凉府留后，到宋真宗大中祥符八年(1015年)，厮铎督逃离西凉府，投奔河湟唃厮啰政权，六谷吐蕃联盟共存在了108年。即便从后汉隐帝时(948—950年)，吐蕃首领折逋嘉施受命为凉州刺史兼河西节度使算起，吐蕃人担任六谷联盟首领，经理凉州地区，也长达六十五年。在长达半个多世纪的统治中，在党项、契丹、回鹘、吐蕃、宋王朝等多方面的角逐中，吐蕃六谷联盟都产生过一定的影响，起过一定的历史作用。

(一)民族融合、团结的第一个西北吐蕃部落联盟

自从9世纪中叶吐蕃政权崩溃后，各地吐蕃部落处于极为分散的状态。五代宋初，凉州地区出现的六谷吐蕃政权，可以说是西北地区形成的第一个吐蕃部落联盟。它的形成和出现，为宗哥族部落联盟、青唐吐蕃部落联盟的形成，以及唃厮啰政权、董毡政权的建立创造了条件。

六谷吐蕃联盟是由吐蕃人与吐蕃化的汉人、党项羌人、回鹘人及少数汉人组成，这些吐蕃人与吐蕃化的各民族，在一个共同的地域环境中，在长期的共同生活中，具有了共同的文化心理、生活习惯，他们共同抵御党项的侵袭，共同捍卫自己的生存环境，他们出于自己的切身利益而共同拥戴折逋施、潘罗支、厮铎督等为首领，这是一个民族交融、和睦相处的吐蕃地方政权。六谷吐蕃联盟中，世袭首领与册封官爵并存，这正是吐蕃人接受中原封建政权的结果，其民族政权所具有的双重政治特色，亦即民族自治的雏形与尝试。

六谷联盟中，吐蕃化的现象却值得注意。在民族交融问题上，传统的观点都是生产方式和文化水平落后的民族被先进的民族融合和同化，甚至把这种现象作为民族交融的普遍规律。其实民族之间是一个相互交融的过程，凉州六谷蕃部的形成和兴盛，就是吐蕃与汉人相互交融的历史明证。

(二)维护了丝绸之路河西道的畅通

六谷蕃部占据着丝绸之路的枢纽及东端的门户凉州(治今甘肃武威市凉州区),甘州回鹘、西州回鹘、于阗、喀喇汗王朝、大食、拂菻等贸易商队,都必须经过凉州地区。宋王朝向东输出货物,也要经过凉州中转。这种丝路贸易方面所获得的巨大利益,是六谷强盛的原因之一。巨大的贸易利益,也促使六谷蕃部为维护这条联结东西的商道而进行不懈的斗争。

西夏李继迁在巩固了对银(治今陕西榆林市横山区东党岔镇大寨梁)、夏(治今陕西靖边县西北白城子)、绥(治今陕西绥德县东南50里)、宥(治今内蒙古鄂托克前旗东南)、静(治今宁夏永宁县南望洪乡附近)五州的统治后,向西扩张,迫切地想控制丝绸之路。但六谷蕃部占据凉州,横于当道,成为扩张的障碍,使其梦想无法实现。为此李继迁不顾困难,不怕挫折,一次次地西征凉州,不惜将鲜血抛洒于此。德明继位,承袭其父既定方针,继续与六谷蕃部交兵十一年,终于夺取凉州。后又以凉州为前哨,终于攻占河西地区,使丝路贸易之利大部归于西夏。六谷蕃部多次抵抗党项的进攻,从某种意义上讲,也是争夺丝路交通控制权的斗争。六谷蕃部政权在其存在的时期,始终为维护丝绸之路河西道的畅通进行不懈的斗争。

(三)发展了凉州地区的社会经济

吐蕃人是凉州地区居民的主要成分,汉人只是少数。由于生产与生活方式的不同,凉州地区吐蕃人与汉人形成了各自不同的生活圈。凉州地区具有优越的自然地理环境,这为六谷吐蕃社会经济的发展提供了有利的条件。

凉州地区地广民稀,水草丰茂,适宜畜牧,畜牧业得到迅速发展,马的产量很高,又不乏名马,“六谷马”即今天祝藏族自治县所产的岔口驿马,据《华锐地名文化探源》所载:岔口驿马,实际上是指出自松山的达隆骏马,是在岔口驿茶马市场上交易所得,藏族情歌中有“好马出自松山滩”的词语。“六谷马”为全国名马之一,被誉为活着的“天马”,至今仍很有名气。六谷蕃部向宋朝进贡马匹动则即是“二千匹”“五千匹”[①],其民间交易马匹数额尚不在统计内。由此可以说明,当时凉州吐蕃的养马规模很大,养马业兴盛。凉州地区农业也有发展,而白塔河、白亭河、南沙河、北沙河、郭河等许多河川及其支流周围,又形成许多适宜农耕的

①《续资治通鉴长编》卷五三,咸平五年十一月甲午,第1162页。

绿洲地带，为农业生产提供了优越的条件。唐人王建《凉州行》诗中称道："蕃人旧日不耕犁，相学如今种禾黍。"这反映了唐朝后期，凉州吐蕃中有部分吐蕃人也接受汉族先进的生产技术，从事农业生产的状况。至五代宋初，小麦种植更为普遍，宋人刘攽《熙州行》诗，描写从熙州启程前往凉州西行途中所见到的景象，"岂知洮河宜种稻，此去凉州皆白麦"[①]。由于畜牧业生产的发展，商业贸易兴盛，以马作为商贸活动的重要产品。历史上的凉州吐蕃已不自觉地卷入了商品流通之中，而商业贸易活动则是促进各民族之间相互联系、相互交融的有效途径。凉州吐蕃以自己的辛勤劳动开发了凉州，促进了凉州地区社会经济的发展。

（四）西夏、宋朝的物资基地，影响了宋夏双方力量的变化

凉州地区六谷吐蕃社会经济的发展，特别是养马业的发达，为宋朝提供了大量战马，成为宋王朝战马的主要供给者之一。宋朝建立后，与辽国抗衡，需要建立庞大的骑兵队伍，马匹成为首要的军需物资。起初，宋王朝是向西北吐蕃和党项购买战马。党项割据后，使宋朝失去了党项这一战马供给者，因而宋朝所需马匹来源，主要依靠六谷蕃部和甘州回鹘的供给，其中以六谷蕃部供给为主，宋朝从凉州所得战马，几乎占每年购马总数的一半以上。宋咸平二年(999)六月，永兴军通判何亮在上奏《安边书》中指出："冀之北土，马之所生，自匈奴猖狂之后，无匹马南来，备征带甲之骑，取足于西域。西戎既剖分为二，其右乃西戎之东偏，为夏贼之境，其左乃西戎之西偏，秦、泾、仪、渭之西北诸戎是也。夏贼之众，未尝以匹马货易于边郡，是则中国备征带甲之骑，独取于西戎之西偏，如舍灵武，复使西戎合而为一，夏贼桀黠，服从诸戎，俾秦、泾、仪、渭之西，戎人复不得货马于边郡，则未知中国战马从何而来？"[②]显然马匹贸易已成为宋与吐蕃联系的重要纽带。

六谷蕃部政权灭亡之后，党项占据凉州，宋朝失去了战马的重要来源，虽然宗哥、青唐吐蕃也向宋朝进马，但距离遥远，路途艰险，所贡马匹有限。宋朝由此出现马荒，只得转而购买川马。川马矮小，战斗力和负载力不能与六谷部的岔口驿马相提并论。因此，宋朝的骑兵深受影响，战斗力急剧下降。相反，西夏奄有凉州后，从凉州源源不断地取得战马，军事实力大增，成为宋王朝的劲敌，而且丝路贸易之利，大都被西夏据有，西夏经济得到发展，使西夏出现了元昊至乾顺统治

①（宋）刘攽：《彭城集》卷八《熙州行》，文渊阁《四库全书》第1096册，第82页。
②《续资治通鉴长编》卷四四，咸平二年六月戊午，第947页。

的全盛时期(1031—1139年)。凉州的得失,不仅直接关系着六谷蕃部的命运,也影响着西夏的强弱,也制约了北宋的军事力量。六谷蕃部政权的灭亡,是宋夏双方力量发生变化的一个重要转折点。

第四章 青唐吐蕃政权

从9世纪中期吐蕃王朝崩溃，至13世纪元朝统一中国，这四百多年间是吐蕃历史上的分裂时期，青唐吐蕃政权与西藏阿里地区的古格王国，就是这一时期，由吐蕃人建立的两个最有影响的地方政权。其中青唐吐蕃政权是我国北宋时期，河湟吐蕃建立的一个少数民族地方政权，从宋真宗大中祥符元年(1008年)，唃厮啰的名字首次出现，至宋徽宗政和六年(1116年)，河湟地区全部改为宋朝州县为止，这个政权历时108年，先后经唃厮啰、董毡、阿里骨、瞎征、龙拶、小龙拶等六代国主的执政。唃厮啰在位期间，是青唐吐蕃政权的鼎盛时期。

一、河陇地区局势

河陇地区自古以来，就是多民族聚焦、繁衍之地，氐、羌、鲜卑、吐谷浑、沙陀、回鹘等曾在这里活动。唐朝安史之乱后，吐蕃乘机扩张，奄有河西陇右后，使这里的形势发生巨大变化，民族问题变得更为错综复杂。经过唐末五代时期民族的迁徙、交融，宋初，河陇地区的民族成分混杂的状态逐渐得到改观，变得清晰明了，许多曾在唐末五代时活跃在这一地区的民族，如吐谷浑、龙族、突厥、嗢末等逐渐消失，他们分别被党项、回鹘、吐蕃这三大集团所同化。河陇地区成为这三方角逐驰骋的场所。

(一)平夏党项实力剧增

南北朝时期，党项羌主要聚居在析支河曲(今青海黄河河曲)一带，北周灭宕昌、邓至羌后，党项开始强大。隋末唐初时，其活动范围扩展，分布在“东距松州，西叶护，南春桑、迷桑等羌，北吐谷浑”[①]，方圆“大抵三千里”的广大地域。形成细封、费听、往利、颇超、野利、房当、米擒、拓跋等八部，其中以拓跋部最为强盛。唐朝时，党项内附更为频繁，唐贞观三年(629年)，党项羌细封部首领细封步赖举族归

① (宋)欧阳修、宋祁:《新唐书》卷二二一上《党项传》，北京:中华书局，1975年，第6214页。

附,唐朝置轨州(治今四川松潘县西北),授步赖为轨州刺史。受此影响,党项首领纷纷内附,以其地为崌(治今四川松潘县西北)、奉(治今四川松潘县西)、岩(治今四川松潘县西)、远(治今四川松潘县西)四州,其首领各为刺史。贞观九年(635年),党项首拓跋赤辞与从子思头率众归附唐朝,唐朝以原居地分设懿、嵯、麟、可等32个羁縻州,以松州为都督府(治今四川松潘县),自河首积石山以东地区,俱属唐王朝管辖。

吐蕃强大后,不断进行军事扩张,占据了党项大片居地,迫使党项各部大规模内迁,逐渐形成六大部落集团,即平夏党项,居银(治今陕西榆林市横山区东党岔镇大寨梁)、夏州(治今陕西靖边县西北白城子)以北;东山党项居庆州(治今甘肃庆阳市西峰区);南山党项居灵(治今宁夏灵武县西南)、盐州(治今陕西定边县)以南;渭州党项,居原(治今甘肃镇原县)、渭州(治今甘肃平凉市);河曲党项,居鄜(治今陕西富县)、坊(治今陕西黄陵县)、麟(治今陕西神木市西南)、府(治今陕西府谷县)以至太原;河西党项,居河套地区[①]。拓跋乞梅居庆州(治今甘肃庆阳市西峰区),因庆州在陇山(六盘山)以东,他所率领的党项部落称“东山部”。六府以党项野利部为主,芳池州都督府主要为野利部。永泰元年(765年),迁至绥(治今陕西绥德县)、延(治今陕西延安市)州一带,因“绥、延以北,多土山柏林,谓之南山”[②],居于这里的党项野利部亦称“南山野利”。拓跋朝光居银(治今陕西榆林市横山区东党岔镇大寨梁)、夏州,夏州以北,“则平沙漠漠鹅林阻,见百十里而遥,匹马一人不能隐”[③],又是南北朝时赫连勃勃所建夏国的领地,地惟沙碛俗称“平夏”,所以拓跋朝光所统党项部落也以地得名为“平夏部”。居夏州的平夏部发展迅速,后来建立西夏的大姓拓跋氏出自平夏部。

五代时期,僻居西北一隅的党项夏州李氏,为了维护自己的切身利益,充分利用各种矛盾增强势力,一方面,相继臣属于中原的梁、唐、晋、汉、周与北汉政权;另一方面,又竭力摆脱中原王朝的束缚。后唐长兴四年(933年),李仁福死,子彝超继为“留后”,后唐明宗以调任延州节度留后之计,遣军至夏州城下,并攻城,企图迫使彝超离开夏州,以便吞并。在遭到李氏的军事抵抗后,乃撤军,授李

---

① 汤开建:《关于河西回鹘、河西党项与河西杂虏诸问题考释》,《甘肃民族研究》1991年第1、2期。

② (元)脱脱等:《宋史》卷二六四《宋琪传》,北京:中华书局,1977年,第9129页。

③ (清)顾炎武:《天下郡国利病书》第26册《陕西上·延绥镇志》,上海:商务印书馆《四库丛刊三编》,1936年。

彝超检校司徒，充定难军节度使。后唐清泰二年（935年），李彝超死后，弟李彝殷袭其位。后晋时，李彝殷被授为契丹西南面招讨使，后周显德元年（954年），封为西平王。

自唐朝末年拓跋思恭占据夏州（治今陕西靖边县西北白城子）以来，历经五代，党项拓跋部利用封建军阀割据混战的时机，逐渐发展壮大自己的力量，至后周末年，已形成一个以夏州为中心的地方割据势力。在其辖区内，发展生产，征收赋税，任命官吏，正如史臣评论："夏虽未称国，而王其土久矣！"[①]

宋太祖建隆元年（960年），宋朝建立后，李彝殷遣使奉表贺宋太祖赵匡胤即皇帝位，并避赵匡胤之父赵弘殷之讳，改名彝兴。其死后被追封夏王，子光睿、孙继筠相继为定难军节度使。宋太平兴国七年（982年），党项内部因承袭而产生矛盾纠纷，新任定难军节度留后的李继捧率族人入朝，并自陈"诸父昆弟多相怨怼，愿留京师"[②]，遂献所管四州八县之地。于是宋朝轻而易举地获得了党项李氏世代承袭管辖的领地，致使党项内部急剧分裂。时任定难军节度使李继捧族弟的李继迁不愿内迁，后率亲信家族数十人，亡走地斤泽（即铁斤泽，今内蒙古伊金霍洛旗西南），以此为根据地，独立抗宋。后与辽结盟、通婚，接受辽的册封，联辽抗宋，势力发展很快。宋咸平五年（1002年）三月，攻占灵州（治今宁夏灵武市西南）后，更是如虎添翼，实力急骤膨胀，将拓展目标对准西部地区，企图"西取秦、成之群蕃，北掠回鹘之健马，长驱南牧"[③]。

（二）党项攻灭甘州回鹘

河西地区历来为兵家必争之地，早在西汉时，窦融就深知其战略地位的重要，尝谓"河西殷富，带河为固，张掖属国，精兵万骑，一旦缓急，杜绝河津，足以自守，此遗种处也"[④]。晋张氏世有其地，其后张掖为段业、沮渠蒙逊所都。唐垂拱时，"甘州积谷至四十万斛，瓜、沙以西皆仰其餫"[⑤]。

唐末五代以来，由于吐蕃政权的崩溃以及漠北回鹘汗国的灭亡，回鹘率部西

---

①《宋史》卷四八六《夏国下》，第14030页。

②（宋）李焘：《续资治通鉴长编》卷二三，太平兴国七年五月己酉，北京：中华书局，1979年，第520页。

③《宋史》卷二五七《李继和传》，第8971页。

④（南朝宋）范晔：《后汉书》卷二三《窦融传》，北京：中华书局，1965年，第796页。

⑤（清）许容、李迪等：《甘肃通志》卷四《疆域·甘州府》，文渊阁《四库全书》第557册，第144页。

迁，在宋初的河西地区形成了几个大的割据政权，即以凉州（治今甘肃武威市凉州区）为中心的吐蕃六谷联盟，占据瓜沙州的归义军曹氏政权，以甘州为中心的甘州回鹘政权。北宋初期，回鹘分为甘州（治今甘肃张掖市甘州区）、沙州（治今甘肃敦煌市西）、西州（治今新疆吐鲁番市东40里高昌故城）数种，甘州则是甘州回鹘牙帐所在，地处凉州西北，“东据黄河，西阻弱水，南跨青海，北控居延，绵亘数千里。通西域、扼羌瞿，水草丰美，畜牧孳息”[①]。早为党项李继迁、李德明所垂涎。

河西走廊三政权遣使入宋的道路，因陇右诸吐蕃、党项部落的阻隔，多走灵州经旱海、青冈峡、环州（治今甘肃环县）、庆州（治今甘肃庆阳西峰区），由长安而至宋朝京师汴京，这就是五代宋初中西交往的丝绸之路[②]。河西地区水草丰美，土地肥沃，且处于中西交通要道上。党项的崛起，使其成为诸方角逐中的头号劲旅。因此自李继迁开始，夏州党项势力向西扩展的主要目的是与甘州回鹘、凉州吐蕃争夺对河西地区的控制权。李德明继立后，曾于大中祥符元年（1008年）正月至二年十二月，先后五次发兵攻讨甘州，均以失败告终。但从不气馁，积聚力量，寻找时机，准备再战。宋天圣四年（1026年），辽朝西北招讨使萧惠攻甘州，被回鹘击败后返回，使辽朝攻占河西的企图破灭，这就为党项最后夺取河西走廊创造了时机。辽天圣六年（1028年）五月，李德明遣子元昊率兵突袭甘州回鹘，都城陷落，回鹘灭亡。而瓜州王曹延顺也迫于形势，在宋天圣八年（1030年），主动率部归附西夏。

攻取甘州后，党项恃其形势，制驭吐蕃，欲其成为“灵夏之右臂”。宋咸平六年（1003年）十一月，李继迁进攻西凉府，与凉州吐蕃激战，杀知府丁惟清，并将西凉府改为凉州。宋景德元年（1004年）六月，凉州吐蕃联盟领袖潘罗支，被党项李继迁属部迷般嘱及日逋吉罗丹二族设计杀害，李继迁子李德明报了杀父之仇。李德明乘六谷联盟首领新亡，人心未定，西凉大乱之际，率兵第二次攻破凉州，党项声威大振。正如张浦所说：“今兵复西凉，国威已振。”[③]由于党项实力增强，打破了党项、回鹘、吐蕃三大民族集团，长期以来实力基本均衡的格局，吐蕃、回鹘受到党项的步步紧逼，生存面临威胁。

---

① （清）吴广成著，李蔚整理：《西夏书事》卷一一，济南：泰山出版社，2000年，第60页。

② 周伟洲：《五代时期的丝绸之路》，《文博》1991年第1期。

③《西夏书事》卷八，第52页。

(三)吐蕃六谷政权衰弱

潘罗支去世后,六谷蕃部政权的实力虽暂时还没有完全消亡,但其衰弱却由此开始。面对群龙无首的局面,六谷诸酋豪推选潘罗支之弟厮铎督为六谷大首领。厮铎督“刚决平怒,每会戎首,设觞豆饮食必先卑者,犯令虽至亲不贷,数更战讨,威名甚著”[①],在部落中也享有很高的声誉与威望,于是宋王朝很快就承认了厮铎督的领袖地位。景德元年(1004年)十月丁酉,以厮铎督为盐州防御使、灵州西面缘边都巡检使。宋真宗又“以迁党未平,藉其腹背攻制”[②],加授厮铎督朔方军节度使、灵州西面巡检、西凉府六谷大首领,并在经济、军事上予以大力支持。景德元年底,厮铎督又收复了凉州,并同宋王朝保持密切的联系。从1004—1028年西夏占领凉州的这二十多年,厮铎督遣使朝贡不断。但是他在吐蕃部落中的威望及个人才干,毕竟不如潘罗支。

景德元年五月,党项李德明曾乘“凉州乱,遣兵攻之,不克”[③]。“凉州乱”的详细情况无文献记载,但据张齐贤上疏所言:“近知赵德明依前攻劫六谷,兼闻曾破却西凉府,所有节度使并副使,折逋游龙钵及在府户民,并录在部下。万一不谬,则德明之心又似不小。况其人悉是唐末陷蕃华人,兼折逋游龙钵等谙熟西南面入远蕃道路,六谷田牧之远近,川泽之险易,尽知之矣。”[④]由此已隐约透露出折逋游龙钵已归属党项,其归属李德明的时间,肯定是在大中祥符四年(1008年)之前,故而推断“凉州乱”肯定与折逋游龙钵的投奔党项有关。折逋游龙钵是凉州六谷蕃部中有影响、有实力的人物,其率部归属党项,从内部削弱了六谷吐蕃的力量,对六谷政权影响很大。

厮铎督时期,六谷政权的实力已远不如潘罗支时期。宋朝吏部尚书张齐贤对此忧心,谓“臣必虑德明乘便去攻六谷。向使潘罗支尚在,则德明未足为虞,今潘罗支已亡,厮铎督恐非其敌”[⑤]。尽管厮铎督竭尽全力率领六谷吐蕃曾多次击退党项对凉州的进攻,凉州六谷联盟名义上还维持了十多年,但此时的六谷联盟实际上已岌岌可危,自身难保。

---

①《宋史》卷四九二《吐蕃传》,第14157页。

②《续资治通鉴长编》卷五八,景德元年十月癸卯,第1278页。

③《西夏书事》卷八,第51页。

④《续资治通鉴长编》卷六八,大中祥符元年四月己未,第1538页。

⑤《续资治通鉴长编》卷六八,大中祥符元年四月己未,第1538页。

（四）河陇吐蕃趋于分散

六谷吐蕃联盟是河陇吐蕃的第一次联盟，而它的削弱必然使原已统一的吐蕃部落又处于一个分散、无中心的状况。

被吐蕃人称为"华热地区"（据《安多政教史》所载，系指今甘肃天祝藏族自治县及青海乐都、互助北山地区）的六谷部领袖厮铎督，再也无法对河陇吐蕃部落进行有效控制，一些部落纷纷脱离六谷联盟。河湟地区的宗哥族从六谷联盟中分离出来，其影响最大。景德元年（1004 年）十月十七日，押赐罗支国信使臣焦赞上奏朝廷言："西凉府既闻罗支被害，遂率毚谷、兰州、宗哥、觅诺诸族来攻者龙六族，六族悉投窜山谷。"[①]景德元年时，宗哥族还是西凉六谷政权下属的一个部落，与六谷政权所属的其他部族，共同攻击杀害潘罗支的者龙六族。至景德三年（1006 年）五月，当"西凉府毚谷、懒家、宗家、者龙、当宗、章迷等十族朝见，进马"[②]时，其中已不见宗哥族名。此时的宗哥族已开始独立，并以本族名义直接对外活动。《宋会要辑稿》对此事有所记载："怀远驿，景德三年置，掌西南蕃、交州、西蕃、大石、龟兹、于阗、甘州、宗歌等贡奉。"[③]怀远驿（位于今河南开封市东南）是职掌外族贡奉的机构，后周显德五年（958 年）设置，宋朝建立后，于景德三年改置于古汴河北，继续沿用。《宋会要辑稿》"怀远驿"的记载，说明景德三年时，宗歌（即宗哥）族已单独向宋王朝进贡，并受到宋王朝的重视，将宗哥族与甘州回鹘政权、于阗政权等置于同一地位，同等对待。这表明作为河湟地区吐蕃大部族的宗哥族，已从凉州六谷政权中分裂出来，开始走上自己独立发展的道路。

除了宗哥族以外，还有许多吐蕃部族也纷纷脱离凉州六谷政权。《续资治通鉴长编》卷七四大中祥符三年（1010）八月丁巳条载："渭州吐蕃绰克宗来贡马。绰克宗自言本属西凉府，及为李继迁所破，遂徙居毚谷。"还有河南（今青海黄河以南地区）诸部亦脱离了凉州六谷政权的控制，正如《续资治通鉴长编》所载："初，唃厮啰兄扎实庸咙为河南诸部所立，与唃厮啰分地而治，不相能也。"[④]

这一切均说明原有的吐蕃联盟虽尚未解体，但实际上已无力对河陇地区的吐蕃部落进行有效的控制，其统治权在逐渐丧失。拥有强大实力的党项步步进

① （清）徐松辑，刘琳等点校：《宋会要辑稿》方域二一《西凉府》，北京：中华书局，1957 年，第 9707 页。

② 《宋会要辑稿》方域二一《西凉府》，第 9708 页。

③ 《宋会要辑稿》方域一〇《怀远驿》，第 9468 页。

④ 《续资治通鉴长编》卷五〇七，元符二年三月庚午，第 12091 页。

逼，那些“族种分散，大者数千家，小者百十家，无复统一”[①]的河陇吐蕃部落，别无选择，也别无出路，只有重新统一起来，形成一个凝聚力较强的政权与之抗衡，否则，只能被党项吞并。青唐吐蕃政权即在这种形势下产生。

二、青唐吐蕃政权兴起

青唐吐蕃政权是当时分散于河陇一带吐蕃部落的第二次结盟，也是以潘罗支、厮铎督为领袖的凉州六谷吐蕃联盟的延续与发展。它的兴起绝非偶然，是由诸多因素决定的。

（一）优越的地缘因素

青唐政权所控制的地区，“北占河湟间二千余里。河湟间有鄯、洮、河、岷、叠、宕、廓州”[②]，沈括谓：“有汉陇西、南安、金城三郡之地，东西二千里。宗哥、邈川，即所谓三河间也。”[③]崇宁三年（1104年），宋朝再度克河湟，《续资治通鉴长编拾补》载此役“开拓疆境，幅员三千余里。其四至：正北及东南至夏国界，西过青海至龟兹国界，西至卢甘国界，东南至熙、河、兰、岷州，连接阶、成州界”[④]。具体来说，其疆域大致包括宋代的熙、河、洮、岷、叠、宕、湟、鄯、廓等州和积石军，但其统治的主要地区是地形险要、土壤肥沃、水草丰美的河湟地区，其政治中心则在青唐（今青海西宁市）。

河湟地区历来是兵家必争的襟要之地，清人顾祖禹论述这一地区历史概况时言：

> 西宁镇，古西羌所居，谓之湟中。汉属金城郡，后汉因之，建安中分置西平郡。……镇河、湟环带，山峡纡廻，志云：西宁万山环抱，三峡重围，红崖峙左，青海潴右。扼束羌、番，屹为襟要。汉武使霍去病破匈奴，因斥逐诸羌，不使居湟中。宣帝时赵充国留屯金城，尽平诸羌，关、陇宁谧。后汉建武十一年，马援等击破先零诸种羌，时议者以金城破羌之西，途远多寇，欲弃之。援因上言：“破羌以西，城多坚固，易可依固，其田土

① 《宋史》卷四九二《吐蕃传》，第14151页。

② （宋）李远：《青唐录》，上海：上海古籍出版社《说郛三种》，1988年，第602页。

③ （宋）沈括：《元刊梦溪笔谈》卷二五《杂志二》，北京：文物出版社，1975年，第32页。

④ （清）黄以周辑注，顾吉辰点校：《续资治通鉴长编拾补》卷二三，崇宁三年四月庚午，北京：中华书局，2004年，第805、806页。

肥壤，灌溉流通；如令羌在湟中，则为害不休，不可弃也。”从之。……其后北凉、西秦互相争逐于河、湟间。西秦之亡，其地没于吐谷浑，后周皆规取之，以藩蔽秦、陇。隋大业中勤兵远略，地亦益斥。唐贞观中平吐谷浑，开元中又建雄镇于鄯州，其时兵威震垒，薄于西海。天宝以后，吐蕃乘中国之乱，蚕食河湟，东及秦陇，于是唐之边备近在邠、岐、泾、原之境，西平诚西面之保障矣。宋关中戍守不越秦、凤，熙宁以后，始务远略，图复河、湟以制西夏。议者谓河湟复而宋祚倾，夫岂探本之论乎？[①]

顾氏关于河湟历史的论述，无非是向我们强调：河湟地区形势险要，易守难攻，水草丰美，适宜农牧业的发展。

宋人李复登元丰二年（1079 年）进士，历官熙河转运使，绍圣年间（1094—1098 年）曾为西边使者，多次赴边公干上书。他在《又上章丞相书》中言：“闻青唐苦无粮储，道路艰涩，难于般运。自河州至邈川四程，邈川至青唐约四程，过三隘，路此最可虑。盖守地必以城，守城必以兵，聚兵必以钱粮。一日无粮，城不能守也，仍更虑别有缓急。”[②]

宋人王愍、李远曾到过河湟地区，对这里地形的险要，更有清醒的认识。元符二年（1099 年）闰九月，青唐国主瞎征、陇拶虽相继出降，“然其种人本无归汉之意”[③]。他二人对是否坚守青唐，自有一番独到的见解。他们声称：

今王师不先修邈川以东城壁而取青唐，非计也。王赡不顾后患，遽入其地，可谓无策。以今日计之，青唐有不可守者四：自炳灵寺渡河至青唐，凡四百里，道险地远，缓急声援不相及，一也；羌若断炳灵之桥，塞星章之隘，我虽有百万之师，仓卒不能进，二也；提孤军以入，四向无援兵，羌人窥伺，必生他变，三也；设遣大军，而青唐、宗哥、邈川，食皆止可支一月，内地无粮可运，难以久处，四也。[④]

王愍、李远对青唐“不可守”的四点分析，是以青唐形势险要、道险地远、援兵难继、无粮可运为核心，可以说是比较客观公正，实事求是。

从顾祖禹的论述及李复“聚兵必以钱粮”，王愍、李远“青唐四不可守”的见

---

①（清）顾祖禹撰，贺次君、施和金点校：《读史方舆纪要》卷六四《陕西一三》“西宁镇”，北京：中华书局，2005 年，第 3005、3006 页。

②（宋）李复：《潏水集》卷三《又上章丞相书》，文渊阁《四库全书》第 1121 册，第 22 页。

③《续资治通鉴长编》卷五一六，元符二年闰九月壬辰，第 12286 页。

④《续资治通鉴长编》卷五一六，元符二年闰九月壬辰，第 12286 页。

解，都说明河湟地区是一块丰腴宝地，但“道路艰涩，难于般运”。自汉武帝以来，诸如先零羌、北凉、西秦、吐谷浑、吐蕃等诸多民族及其政权，都曾在这里角逐驰骋。河湟地区自然地理环境，为青唐唃厮啰政权的兴起，提供了有利的地缘因素。

（二）河陇佛教的兴盛

青唐政权的兴起与河陇地区吐蕃佛教的兴盛，有极其密切的关系。

7世纪，松赞干布在青藏高原建立了统一的吐蕃奴隶制政权，结束了部落纷争。社会经济的发展，比较稳定的生活，使人民有了一种未曾有过的安全感，趋向于统一，祈求一个强大保护者庇护的心愿更加强烈。这为佛教入藏具备了物质基础和精神因素。而藏文字的发明，为吐蕃文化的发展提供了有利的条件，为佛教的传入起了很大的促进作用。吐蕃邻近国家和地区也都信奉佛教，印度是佛教发源地；唐朝对佛教也很尊崇；西北的于阗也深受佛教文化的影响，这皆为佛教入藏提供了良好的文化氛围。吐蕃政权与唐朝、尼泊尔的政治、经济、文化交流，成为佛教正式传入的途径，文成公主与尺尊公主的入藏，就是佛教正式入藏的标志。①

佛教虽然在松赞干布时传入西藏，但它的规模、传播及所起的作用却很微弱，其发展仍然经历了一个相当长的艰难时期，直到赤松德赞时，才开始盛行。赤松德赞以后的几代赞普仍继续倡佛，使佛教得到极大发展。唐武宗会昌（841—846年）初年，西藏盛极一时的佛教受到了当时吐蕃赞普赤祖德赞之兄朗达玛（即达磨赞普）的致命打击。朗达玛发动了第二次禁佛运动，利用手中掌握的权力，开始了大规模的灭佛，大批僧侣遭驱逐，桑耶寺、大昭寺等佛寺被封闭，焚烧佛经，逼迫佛教僧侣改变信仰。在朗达玛的高压政策下，“整个吐蕃特别是在乌斯藏四如，连释迦牟尼教法的声音也不存在，戒律的传授中断”②。据《西藏政教史略》所载：“当时藏中大法高僧纷纷避难，远至阿里（藏名俺日）、青海（藏名鄂多）、西康（藏名喀木）等地，西藏佛教几至绝迹。”

但由于河陇地区远离西藏腹地，因此，朗达玛的灭佛，给这个地区并没有带来影响，相反却成为西藏佛教僧侣避难之地，致使许多虔诚的佛教僧侣千里迢迢来到这里。王森《关于西藏佛教史的十篇资料》记载，当朗达玛灭佛时，在曲卧日（今西藏曲水县雅鲁藏布江南岸）地方有三名僧人（马尔·释迦牟尼、约格迥、藏饶

① 央珍：《关于西藏佛教研究的几个问题》，《西藏研究》1992年第4期。

② 达仓宗巴·班觉桑布著，陈庆英译：《汉藏史籍》，拉萨：西藏人民出版社，1986年，第111页。

赛)得知灭佛情况后,遂携带经书,逃往阿里,适遇阿里佛教僧侣也遭劫难,无法立身,又经阿里北部来到今新疆和田,但也无法活动,只好由此辗转来到青唐一带。他们晚年收了公巴饶赛(892—975年)为徒,公巴饶赛二十岁时,其师到青唐请来两名汉僧,凑足五人,为他受了比丘戒①。后来公巴饶赛应丹底(今青海化隆县境)地方首领邀请,去弘扬佛法,并在丹底建寺收徒,成为当地的一个佛教中心。

10世纪晚期,有所谓"西藏十人"来这里跟随公巴饶赛的再传弟子仲·意希坚赞受戒,他们返回卫藏后,建寺度僧,从此佛教又在卫藏地区开始传播。对此,藏传佛教称之为"下路弘传"。《王统世系明鉴》也载:"从曲卧日山中首先逃出者为玛、约、藏三位,接着又有瓜·鄂乔扎巴、戎敦·森格坚赞和拉拢·贝多尔等先后逃出。"拉拢·贝多尔后又潜入西藏,刺杀了朗达玛后逃到青海黄南地区的尖扎地方隐居,后来与西藏逃往青海化隆的越格琼(约格迥)、藏饶赛(藏惹赛)等人收徒传法。②从这些文献记载可知,河陇地区是西藏佛教僧侣的逃亡之地,他们辗转来到这里传播佛教。在9世纪中期至11世纪初,当西藏本土佛教遭到致命打击,完全处于衰落状况时,而河陇地区的佛教却依然保持发展的势头,具有一定的规模。

11世纪初,随着印度等地的僧侣不断来西藏弘扬佛法,西藏本土的佛教得以再度复兴,"此时各派争立寺院,大有取各地独立土王而代之的趋势"③。这在西藏佛教史上被称为"后宏期"。这一时期,河陇地区的佛教也得到迅速发展,青唐"城中之屋,佛舍居半","城之西,有青唐水注宗河水,西平远,建佛祠,广五六里,缭以冈垣,屋至千余楹。为大像,以黄金涂其身,又为浮屠三十级,以护之"④。甚至在边远的青海湖心山岛上,也有寺院一座,蓄僧十余人。习禅者"赢粮居之"。不仅青唐佛教盛行,而且整个河陇地区的佛教也普遍兴盛。吐蕃首领"阿里骨尤好营塔寺,勤于土功。瞎征代父,役民滋甚"⑤。湟州省章峡"崖壁间多唐人镌字。中途过平地,绝广数亩,羌因之卓帐建寺焉"⑥。凉州有大云寺、洪元寺,"修

① 祝启源:《试论唃厮啰时期的文化与宗教》,《甘肃民族研究》1985年第3、4期。
② 唐景福:《中国藏传佛教保僧录》,兰州:甘肃民族出版社,1991年,第10页。
③ 李安宅:《拉卜楞寺的护法神——佛教象征主义举例》,《边政公议》第八卷第1期。
④《青唐录》,上海古籍出版社《说郛三种》,第602页。
⑤《续资治通鉴长编》卷五〇七,元符二年三月庚午,第12091页。
⑥《青唐录》,上海古籍出版社《说郛三种》,第602页。

洪元、大云寺”时，宋王朝诏令赐金箔物彩。见于史籍的寺院有香子城“积庆寺”，时逢“降羌反变，复围香子，而诸羌结集，屯积庆寺以应之”[①]。熙宁九年“正月癸酉，生户冷鸡朴等领兵围郭莽寺”[②]。康定元年（1040 年）八月，屯田员外郎刘涣出使邈川，“出古渭州，循木邦山至河州国门寺，绝河，逾廓州，抵青唐城”[③]，告谕唃斯啰助宋攻讨西夏。寺院多，出家僧侣也多，而在泾水、渭水流域，部族首领以蕃僧居多。元符二年（1099 年）八月，孙路奏报说：“前后招到西蕃大小首领、蕃僧等三千余人。”[④]吐蕃崇佛重僧，“尚浮屠法”，佛教成为河陇地区吐蕃的一种精神支柱，它对青唐政权的建立起着凝聚力的作用。

（三）相对稳定的政治环境

青唐吐蕃政权兴起之前，时逢中原地区经历唐末五代封建割据，军阀纷争，自顾不暇，各自抢夺地盘，西北河陇地区则成为“中原多故，王命不及”之地。宋朝建立后，北有强大契丹族建立的辽国，宋朝全力应对辽人的南下进攻，对沿边的少数民族“来则不拒，去则不追”[⑤]，对西部地区采取“无意疆理”的政策。太平兴国八年（983 年），吐蕃部落向宋朝献马，宋太宗在崇政殿召见其酋长，厚加慰抚，赐以束帛。太宗对宰相曰：“吐蕃言语不通，衣服异制，朕以化外视之。自唐室以来，颇为边患，以国家兵力雄盛，聊举偏师，便可驱逐数千里外。但念其种类蕃息，安土重迁，傥加攘却，必致杀戮，所以寘于度外，存而勿论也。”[⑥]党项崛起后，不囿于已占据的夏（治今陕西靖边县西北白城子）、绥（治今陕西绥德县东南 50 里）、银（治今陕西榆林市横山区东党岔镇大寨梁）、宥（治今内蒙古鄂托克前旗东南）、静（治今宁夏永宁县南望洪乡附近）五州之地，要向外扩张，势必矛头首先指向河西走廊及河湟地区，对河湟地区构成潜在的威胁。但党项要进入河湟地区，中间有宋朝的秦、渭及甘州回鹘、凉州吐蕃的阻隔，亦非唾手可得。而甘州回鹘、凉州吐蕃两个政权，也由于力量有限，心有余而力不足，也无力南下占领河湟地区。

从吐蕃奴隶制下获得解放的河湟吐蕃，散居各地，不相统属，各自以部落为

①《续资治通鉴长编》卷二四三，熙宁六年三月丁未，第 5912 页。

②《续资治通鉴长编》卷二七五，熙宁九年五月戊辰，第 6726 页。

③《续资治通鉴长编》卷一二八，康定元年八月癸卯，第 3035 页。

④《续资治通鉴长编》卷五一四，元符二年八月甲午，第 12228 页。

⑤《宋史》卷四八五《夏国传上》，第 13981 页。

⑥《续资治通鉴长编》卷二四，太平兴国八年九月庚午，第 553 页。

单位，进行政治、经济活动。10世纪下半期至11世纪初，河湟地区虽然出现了几个较大的部落，如河州耸昌厮均、邈川温逋奇、宗哥李立遵等，但他们也都各自为政。由于没有统一的政权，各部落间常常出现纠纷，互相掠夺，甚至械斗不止，当地部民的生命财产得不到保证。生活在这里的吐蕃人渴望能有一个统一政权，有更大号召力、有威望的领袖人物，能制止部落间的混战，维护社会秩序，使人民安居乐业，能抵御外族的侵扰，保护吐蕃部民的切身利益。

自唐末五代至宋初这百余年间，河湟一带成为政治真空地域。这一相对稳定的政治环境，以及人民对统一政权的渴望，为河湟吐蕃的重新振兴，提供了有利条件，逐渐发展了自己的势力。

三、吐蕃势力集团的崛起

青唐政权的形成，与宗哥族李立遵集团、亚然族温逋奇集团的发展及唃厮啰的出现，有着极为密切的关系。宋真宗景德三年（1006年），宗哥族从凉州六谷联盟分裂以后，走上了自己独立发展的道路，各部族陆续加入宗哥族，使其势力急剧膨胀。到宋真宗大中祥符年间（1008—1016年），宗哥族已成为河湟地区的吐蕃大族，吐蕃人称为华热地区的六谷蕃部，在河陇吐蕃中的盟主地位，已为宗喀（今青海平安境）地区的宗哥族取而代之，这已成为必然的发展趋势。宗哥族有两大宗族，一即居住在宗哥城（今青海平安县城）的李立遵集团，另一则为居住在邈川城（今青海海东市乐都区南湟水南岸）的亚然家族温逋奇集团。

（一）李立遵宗哥集团

宗哥城，是唐时吐蕃在青海龙支县地所置，位于丝绸之路青海道，李立遵以宗哥城一带为其基地与势力范围，竭力经营，成为实力强盛的吐蕃部族集团。李立遵即为宗哥族首领，也为佛教领袖。其出生地及如何成为宗哥大首领，文献史籍记载缺略。仅彭百川《太平治迹统类》载“嘉勒斯赉，本西域胡僧李立遵携来吐蕃立文法”[①]，显然李立遵本是“西域胡僧”。藏文史料称西域于阗为“李域”或“李国”[②]。李立遵又称李遵，藏语“遵”为“僧人之义”，故李遵可理解为西域李国的僧人。李立遵采取一系列措施，使宗哥族势力迅速发展，实力增强。

---

① 彭百川：《太平治迹统类》卷一六《神宗开熙河》，文渊阁《四库全书》第408册，第424页。

② 祝启源：《唃厮啰——宋代藏族政权》，西宁：青海人民出版社，1988年，第43页。

第一，以佛教影响招附众人。僧人出身的李立遵深知佛教的影响，以武力将唃厮啰劫持至廓州（治今青海化隆县西60里黄河北岸），“立文法”，尊立为赞普。后又将王城廓州迁至宗哥城（今青海平安县城），自立为论逋（相），挟赞普以令诸部，与其他部族首领争夺领导权。李立遵以“佛子”唃厮啰为旗帜，以佛教的影响为号召，招附众人，遂使这一带部民逐渐归附，致使“部族寖强”。据《文献通考》卷三三五《四裔考十二·吐蕃》记载，“族帐甚盛，胜兵六七万”，全盛时号称“聚兵数十万”。有六七万精兵，只是宗哥兵力的一部分，其全部兵力显然超过此数。如按每帐六口抽一兵计算，其拥众约40万。《续资治通鉴长编》卷八六大中祥符九年正月乙丑条记载，宋真宗与大臣们谈论宗哥族李立遵、唃厮啰时，王旦说：“顷睹奏章，称立文法，统众三十万。”这可能是李立遵集团鼎盛时有30万人的实力。

第二，政治联姻，通婚嫁女。李立遵以通婚方式，将自己的女儿嫁于唃厮啰。《宋史·吐蕃传》载：“其二妻皆李立遵女也，生瞎毡及磨毡角。”从而更进一步加强对唃厮啰的控制。

第三，睦邻友好，化解矛盾。唐末五代初，吐蕃在河西走廊地区势力衰弱，回鹘占据甘州，建立政权，逐渐发展壮大，乾化元年（911年），金山国归附后，甘州回鹘更加强盛。屡与党项激战，遏止党项西向扩张。回鹘在抗击党项的斗争中，为了获得宋朝的支援，常遣使赴宋进贡，但故道捷径灵州道常为夏人控制，“其贡奉多为夏州抄掠”[①]。宗哥族感悦朝廷恩化，“乃遣人援送其使，故频年得至京师”[②]。自此，甘州回鹘赴宋贡使改走南路宗哥道。由于与北部边境的甘州回鹘建立友好关系，消除了来自北边的威胁。后来，李立遵“欲娶可汗女”与唃厮啰为妻，拿不出聘礼被可汗拒绝后，又相互结为仇敌。后经甘州可汗多方沟通，与宗哥的关系有所缓和。

李立遵也采取各种办法争取宋朝的支持，巩固自己的地位与统治。秦渭地区具有优越的地域环境与经济优势，对戎马衣裘的吐蕃部民有极大的吸引力，且这里吐蕃部族众多，子孙繁盛，是河湟吐蕃进入秦渭地区的广阔社会基础。建隆三年（962年）六月，宋政府为了获取材木，派尚书左丞高防知秦州，“因建议置采造务，辟地数百里，筑堡据要寨，戍卒三百人”[③]。在渭河以北设采造务，

---

①《续资治通鉴长编》卷八五，大中祥符八年九月丙子，第1951页。

②《续资治通鉴长编》卷八五，大中祥符八年九月丙子，第1951页。

③《续资治通鉴长编》卷三，建隆三年六月辛卯，第68页。

强取材木,引起蕃人反抗。大中祥符七年(1014 年),知秦州张佶在渭水一带筑大洛门设寨立栅,置采木场,与民争利,致使纠纷不断。同年(1014 年)五月,蕃族首领唃斯啰率其族帐来归,宋政府"给以土田,未及播种,求俸给赡用"。于是宋政府"以渭州蕃族首领唃斯啰为殿直、充巡逻使"[①]。此时,宋王朝还未认识到唃斯啰的价值,致使李立遵"挟佛子斯啰"以"表求赞普"的意愿未能实现。大中祥符九年(1016 年)五月甲子,李立遵对使臣杨知进曰:"秦州大人部领军马,直入拶啰咙,虑蕃部有斗。谍者还日,幸为我言,愿罢兵。且令蕃汉作一家,即不辍贡奉。"[②]宋政府也"诏唃斯啰、立遵有事宜至渭州者,亦令玮管勾之"[③]。显然,李立遵竭力结好宋朝,增强自己的实力,以实现自己"求赞普号"的欲望,而宋朝也接受了李立遵的示好。

(二)温逋奇邈川集团

邈川,系古湟中之地,在今西宁市东南二百余里。汉宣帝神爵二年(前 60 年),始置破羌、浩门、白石等县,隶属金城郡,后汉因之,建安中分置西平郡,前凉在此置城,后凉吕光因置乐都郡。东晋隆安三年(399 年),秃发乌孤自西平徙治乐都。义熙六年(410 年),秃发傉檀自姑臧(武威郡治,今甘肃武威市凉州区)返乐都。义熙十年(414 年)西秦乞伏炽磐袭乐都,傉檀世子虎台拒守,城溃后,乞伏炽磐入乐都,置凉州刺史镇守。宋元嘉五年(428 年),河西王蒙逊攻乐都,克其外城,后被乞伏元基攻败退却。其后被吐谷浑占据,城废。隋文帝开皇十八年(598 年)置湟水县,属西平郡,唐仍为湟水县,属鄯州,五代时为湟州(治今青海海东市乐都区)。《水经注·河水》曰:"湟水迳乐都城南,又东迳破羌故城南。"可知邈川城位于湟水南岸、破羌(治今青海海东市乐都区东南湟水北岸)之西。邈川地处湟水河谷,水草丰美,土地肥沃,适宜发展农牧经济,是繁衍部族、聚集力量的良好地域;又地处交通要道,是青海通往兰州、河州的门户,历来为兵家必争之地。

居住在邈川城(今青海海东市乐都区南湟水南岸)的亚然家族温逋奇集团的实力发展迅速,也成为河湟地区与宗哥族李立遵集团旗鼓相当、势力均衡的吐蕃大族。温逋奇也是一位有雄心壮志的吐蕃部族首领,曾与李立遵共同将唃斯啰劫至廓州(治今青海化隆县西 60 里黄河北岸),尊立为赞普。温逋奇与李立遵有隙

---

①《续资治通鉴长编》卷八二,大中祥符七年五月己酉,第 1877 页。

②《续资治通鉴长编》卷八七,大中祥符九年五月甲子,第 1992 页。

③《续资治通鉴长编》卷八七,大中祥符九年五月甲子,第 1992 页。

后，与唃厮啰迁徙至邈川城，身为论逋，辅佐唃厮啰。温逋奇积极壮大自己的势力，招纳部族，发展力量，与宋通好，并单独对外联系。早在大中祥符元年（1008年），宗哥族大首领温逋奇就遣使入贡宋朝，来往密切，关系日益融洽。温逋奇孙子温讷支郢成四继立为邈川大首领时，"住河州之北，所管二十八部族，有兵约六万四千人"[①]。吐蕃部族"每帐（户）口数平均6人"[②]，如按藏族一帐出一兵，亚然家族温逋奇集团拥众约36万，其实力与李立遵不相上下。显然，此时邈川部势力的强大与后来李立遵集团的衰微有关。

（三）结盟的深层因素

宗哥族李立遵与亚然家族温逋奇这两个最强大的集团，各自信奉的宗教迥然相异，也可说是两个不同的宗教信仰集团，但他二人曾共同拥戴唃厮啰为赞普，且为其论逋。

宗哥李立遵集团是一个信奉佛教的集团，李立遵即为宗哥族首领，"又曰郢成蔺逋叱"[③]，亦即"仁波齐""仁布且"，也为佛教领袖，"遵"是藏语对僧人的尊称。孔平仲《谈苑》卷一云："吐蕃谓僧曰'尊'。"还称为"郢成蔺逋叱"，"蔺逋叱"也是藏语对活佛的尊称。李立遵"初为僧，后自还俗，佐唃厮啰，裁制蕃族，甚有威名"[④]。大中祥符九年（1016年），甘州回鹘可汗遣首领李吉等九人，护送滞留于甘州的宋朝奉职杨知进回归汉境，三月二十九日到达宗哥，"见僧立遵已还俗，娶蕃部十八人为妻"[⑤]"又娶立遵侄女"。这是宋朝使臣所见的情况，对此产生了误会。实际上，此时的李立遵并未还俗，他娶蕃部十八女为妻，正是反映出这一时期吐蕃佛教所具有的特点。两宋时期，正是吐蕃佛教后弘期，密宗盛行。密宗不讲求戒行，僧侣可娶妻生子，宋岷州《广仁禅院碑》就真实地记载了吐蕃佛教的状况，"虽然其人多知佛而不知戒，故妻子具而淫杀不止，口腹纵而荤酣不厌"[⑥]。宋人以为李立遵娶妻就是还俗，实际上李立遵始终信奉佛教，李立遵集团是一个由佛

---

①《宋会要辑稿》蕃夷六《吐蕃》，第9912页。

② 白自东、任树民：《宋代藏族人口蠡测》，载《宋史研究论文集》，开封：河南大学出版社，1993年，第134页。

③《宋史》卷四九二《吐蕃传》，第14160页。

④《续资治通鉴长编》卷八六，大中祥符九年三月辛酉，第1979页。

⑤《宋会要辑稿》蕃夷四《回鹘》，第9771页。

⑥ 张维：《陇右金石录》卷三《宋上》，民国三十二年（1943年）校印本，第16038页；吴景山：《安多藏族地区金石录》十《新修广仁禅院记碑》，兰州：甘肃文化出版社，2014年，第25页。

教领袖掌控的吐蕃集团。

邈川温逋奇集团是一个苯教集团，安多藏语“温逋”即“温布”（本布）之对音。清光绪七年浙江书局刻本《续资治通鉴长编》中，清人也将“温逋”译为“温布”，“温布且”即“温逋奇”“温布奇”“温布且”之“温布”，如同李立遵之“遵”一样，皆在其名中表明了自己的宗教信仰。

苯教亦为苯波教，是汉地佛教传入以前，藏族古代盛行的一种宗教，崇奉鬼神和自然物。根据藏文史料记载，认为它最早发源于象雄[①]，后沿雅鲁藏布江自西向东传入雅隆河谷地区。苯教相信万物有灵，崇拜天、地、日、月、星辰、雷霆、雪雹、山川、陵谷、土石、草木、禽兽乃至万物等幽灵鬼神，以祈福禳灾为事。它将世界划分为天、地、地下三部分，天是天神的居地，地是人类的居地，而地下则是神魔鬼怪凶煞的居地。同时苯教又认为世界是由许多相互联系的方格组成，无论天上的神，地上的人类，还是地下的魔鬼，都生活在这特定的方格中。为了解决天神、人类、魔鬼之间的矛盾，使三者更好地相处，就必须有特个能通“鬼神之路”的巫师，这个介于神鬼之间的巫师，就被称为“苯波”。原始苯教在当时的社会中享有支配地位。佛教传入后，经过艰难的发展，终于取代了苯教占据的统治地位，但并不意味着苯教自此销声匿迹，在青藏高原的边缘地区，如青海、甘肃等地，苯教依旧存在。宗喀地区本是佛苯并行之地，佛教势力受到严重打击以后，苯教乘机抬头，有所发展，这种影响一直到现在还有遗迹可寻。苯教在今青海省的海东、海南、黄南、果洛等地区还有一定的社会基础，民间广泛的信仰具有佛苯相杂的特点。

这两个信仰不同的集团貌似对立，但这两种宗教却有相通之处，佛教与苯教经过长期的文化冲突，相互吸收，相互发展，相互融合，最后交融成为藏传佛教。藏传佛教本身与苯教就有相通之处，到藏传佛教后弘期时，许多佛教教派都吸收了许多苯教神祇和宗教仪式。藏传佛教注重密教，因为密教本身的真言仪规近似苯教，其巫咒幻术仪式也比较符合“重鬼右巫”的传统信仰心理。藏传佛教盛行的活佛转世制，也与苯教的“万物有灵”论与“天神与人君合一”论，即“天人相通”契合。此外，藏传佛教还具有尊奉多种偶像的特点，这使它能与苯教结合并适应吐蕃社会。总之，藏传佛教与苯教两种文化的相通，乃是以李立遵为首的宗哥佛教

---

① 象雄，原为古代西藏部族名，古译称为羊(扬)同，分大、小羊同二部，大羊同在今西藏阿里北部及毗邻克什米尔拉达克地区，小羊同在今西藏阿里地区南部扎达、普兰等县境。今象雄指小羊同。

集团与温逋奇为首的邈川亚然家族苯教集团，最终能结盟的深层文化因素。

四、青唐吐蕃政权的建立

宗哥李立遵与亚然温逋奇这两大集团，迫切需要一种能制衡的力量。恰逢此时，一位被称为“吐蕃赞普苗裔”的唃厮啰来到河州地区，给正处于兴盛时期的宗哥联盟带来新的发展契机。

（一）唃厮啰的出现

唃厮啰（997—1065年），清朝人译为置勒斯赍、嘉勒斯赍，关于其身世与唃厮啰名字的由来，史籍记载简略且疑点甚多，散见于史籍中关于唃厮啰的零星史料有以下数种。

《宋史》卷四九二《吐蕃传》载：

> 唃厮啰者，绪出赞普之后，本名欺南陵温篯逋。篯逋犹赞普也，羌语讹为篯逋。生高昌磨榆国，既十二岁，河州羌何郎业贤客高昌，见厮啰貌奇伟，挈以归，置𠢐心城，而大姓耸昌厮均又以居移公城，欲于河州立文法。河州人谓佛“唃”，谓儿子“厮啰”，自此名唃厮啰。

《续资治通鉴长编》（光绪七年浙江书局刻本）卷八二大中祥符七年五月己酉载：

> 嘉勒斯赍者，绪出吐蕃嘉木布，本名齐囊凌衮沁布，沁布犹嘉木布也，羌语讹为沁布，生高昌磨榆国，既十二岁，河州羌哈喇额森客高昌，见斯赍貌奇伟，挈以归，至多僧城，而大姓松察克斯戬又以斯赍居叶公城，欲于河州立文法。河州人谓佛“嘉勒”，谓儿子“斯赍”。

《续资治通鉴长编》（中华书局点校本）卷八二大中祥符七年五月己酉载：

> 唃厮啰者，绪出吐蕃赞普，本名欺南陵温篯逋。篯逋犹赞普也，羌语讹为篯逋。生高昌磨榆国，既十二岁，河州羌何郎业贤客高昌，见厮啰貌奇伟，挈以归，至𠢐心城，而大姓耸昌厮均又将厮啰居移公城，欲于河州立文法。河州人谓佛“唃”，谓儿子“斯赍”。

张方平《乐全集》卷二二《秦州奏唃厮啰事》载：

> 唃厮啰，据译佛为唃，儿为厮啰，汉语佛儿也。本名欺南陵温篯逋，西域武三咩人，盖唐吐蕃之裔。吐蕃在唐为大国，威长夷狄，大中以后，部族衰微。然其种贵，羌戎至今尊服。武三咩去今唃厮啰所居青唐城，经隔诸番，极远。其祖父名字未详，但传自唐已来，世袭为结逋。据译结逋，天子之号，乃僭也。太宗朝，李继迁大为边患，西鄙不堪其扰，设重购以

募诸戎讨贼。既而西凉府首领潘罗支应募杀继迁，赏典未行，而德明纳款，朝廷受之，潘罗支竟为德明所破，盖无遗类。以故西蕃无主，蕃部耸昌厮均等远赴三咩迎温钱逋，以保其地。时年十二岁，欲就河州起立文法。起立文法，盖施设号令，统众之意。有宗哥城蕃僧李立遵与邈川首领温逋奇，诱略温钱逋入国州城，即唐廓州。遂成立文法，渐次蕃部归顺，赴宗哥城住坐，娶李遵女，以遵为论逋，论逋，汉语宰相也。

曾巩《隆平集》卷二〇《外国》载：

唃厮啰，初名欺南陵温钱逋，生磨榆国，盖吐蕃赞普之苗裔也。同羌西部族，未有服属。大姓耸昌厮均等咸平中迎到河州，欲立文法，请更其名曰唃厮啰。河州人谓佛为"唃"，谓儿子为"厮啰"。于是宗哥僧李立遵与邈川温逋哥略厮啰如郭州立文法，部族稍归之，因徙居宗哥城，以立遵为辅。

沈括《梦溪笔谈》卷二五《杂志二》载：

青唐羌本吐蕃别族，唐末蕃将尚巩热作乱，率众归。中国境内离散。国初，有胡僧立遵者，乘乱挟其主钱逋之子唃厮啰，东居宗哥城、邈川城。唃厮啰，人号瑕萨钱逋者，胡言赞普也。唃厮，华言"佛"也，啰，华言"男"也。自称佛男，犹中国之称天子也。

彭百川《太平治迹统类》卷一六《神宗开熙河》载：

河州大首领辖穆珍者，邈川大首领嘉勒斯赉之孙也。嘉勒斯赉本西域胡僧李立遵携来吐蕃立文法，言是佛种，由是吐蕃咸皆信服之。吐蕃之俗俱辫发，谓佛为"嘉勒"，谓儿子为"斯赉"，故称嘉勒斯赉。

从上述有关唃厮啰的文献记载中，我们可以看出，对其身世、名称之缘起，说法比较一致。唃厮啰本名欺南陵温，号瑕萨，是吐蕃赞普的后裔。对于这点，藏文史料可以佐证。《王统世系明鉴》谓：吐蕃赞普朗达磨(朗达玛)被弑后，其长妃有子永丹，次妃生子俄松。后来俄松的儿子贝考赞的长妃子吉德尼玛衮到了阿里，发展成阿里王系；次妃子札西巴贝的次子沃德有子帕巴德赛、赤德、赤穷、娘德四人。而赤德的后裔，为东方宗喀之王，京俄顿钦等，现今的安多王等也是其后裔。《贤者喜宴》也谓："约德之次子赤德到了多康，宗喀十八区等多麦之大部地区由其统治，因之遂有所谓'下部王权如靴子大'之说，坚阿屯钦等等王系即出身该地。"[1]根据上述史料推测，唃厮啰当属俄松支系的后裔，或曰朗达玛五世孙赤德

① 黄颢译注：《贤者喜宴》，《西藏民族学院学报》1985年第2期。

的后人[①]。

唃厮啰先人在河湟与西域地区活动的情况，汉文史籍记载缺略，无从稽考。唃厮啰的先人从吐蕃本土进入河湟地区的路线大约有两二条：一是东北方向沿传统的唐蕃古道进入今青海西南部，逐渐迁徙至河湟地区；另一则是西北方向由阿里进入新疆，辗转至河湟地区。若据《太平治迹统类》记载，"西域胡僧李立遵"携嘉勒斯赉至"吐蕃立文法"，则其迁徙路线可能是由阿里进入新疆再至河湟。

唃厮啰这一代的家族成员，史籍略有披露。《续资治通鉴长编》卷八六大中祥符九年三月乙巳条载："秦州蕃部尚扬丹者，唃厮啰之舅也。""尚"即汉语舅之意，是母族人[②]，《续资治通鉴长编》卷五〇七元符二年三月庚午条载："初，唃厮啰兄扎实庸咙为河南诸部所立，与唃厮啰分地而治，不相能也。扎实庸咙死，子必鲁匝纳立，必鲁匝纳死，子溪巴温立，其舅郎结戬辅之。"显然，唃厮啰在河湟地区并非孤身一人，而是形成了唃厮啰家族。

关于唃厮啰的出生地，上述文献记载简略混乱，相互矛盾，疑点甚多。《宋史·吐蕃传》与《续资治通鉴长编》认为生于"高昌磨榆国"；《隆平集》载"生于磨榆国"；《乐全集》则载生于"西域武三咩"；《青唐录》则载"唃厮啰本名欺南陵温，因其出生于吐蕃赞普之后，所以被称为'鑯逋'。他出生在高昌磨榆国"；《方舟集》载："君（著者按：指益麻党征，唃厮啰兄扎实庸咙之曾孙）世宁州，君之世在本朝者为温希结，生二子，曰温希、锡勒。"[③]《方舟集》记载与前五种文献所记完全矛盾。

有学者认为今西藏地区历史上有"芒域"与"玛尔域"二地，"芒域"是指今日喀则地区吉隆南部一带。"玛尔域"是指今阿里地区狮泉河（森格藏布）下游和克什米尔（古称拉达克）接壤的一片地域，都是俄松后人曾繁衍生息之地[④]。范成大《吴船录》卷上载：沙门僧人往天竺求经，"……又至磨逾里，过雪岭，至三耶寺，由故道自此入阶州"，即经磨逾里和三耶寺返回内地。疑"磨榆国""磨逾里"是"芒域"之异译，"三耶寺"即"桑耶寺"。另据《太平治迹统类》记载，"西域胡僧李立遵"携嘉勒斯赉至"吐蕃立文法"，而藏文史籍"于阗"即谓"李域"，磨榆国是否即"李

---

① 祝启源：《唃厮啰——宋代藏族政权》，西宁：青海人民出版社，1988年，第26页。

②《新唐书》卷二一六《吐蕃传》下所载母后党人有"尚延力""尚恐热""尚婢婢"等，第6105页。

③（宋）李石：《方舟集》卷一六《赵郡王墓志铭》，文渊阁《四库全书》第1149册，第720页。

④ 祝启源：《唃厮啰——宋代藏族政权》，西宁：青海人民出版社，1988年，第30页。

域"[1],待考。

对于吐蕃王室后裔唃厮啰出生地、家族世系及其活动范围问题,藏文史籍则与汉文文献的记载有较大出入。藏文史籍康嘎尔·慈诚噶桑《佛教前宏期时期历代吐蕃王族史考释》一书记载:"赤南木得温赞普出生于阿里芒域郭仓朵地方。"芒域指今西藏阿里普兰至昂仁、吉隆一带,与尼泊尔接壤的藏文古地名。[2]也有学者认为"唃厮啰出生于阿里芒域郭仓朵地方"[3]。"郭仓朵"意为上郭仓,指今西藏阿里狮泉河附近的噶尔地方,现为噶尔县所在。根据藏文古籍记载,9世纪吐蕃王朝崩溃后,达玛赞普之子俄松、贝考赞、尼玛贡之系当时西逃阿里,留居芒域,世代相传。传至第五代赤德时,赤德得二子,一为扎实庸龙,另一为唃厮啰,排行第二,出生于芒域郭仓朵。[4]后来,河州蕃人索南娘贤(即《宋史·吐蕃传》中的"河州羌何郎业贤"),认为正可利用其高贵的身份,以号令和统一河湟一带的吐蕃诸部,便将他请回河州(治今甘肃临夏市东北)。依据藏文史籍所载,宋代河湟吐蕃首领唃厮啰并非出生于今新疆高昌之磨榆国,而是出生于"阿里芒域郭仓朵地方"。《宋史·吐蕃传》中出现上述谬误的主要原因,可能是音译不准,而后人未加考释或注释又讹所致。

(二)唃厮啰为赞普

宋真宗大中祥符元年(1008年),唃厮啰十二岁时已来到河州地区,先是河州羌何郎业贤将他带到剶心城(多僧城,今甘肃临夏境内),后大姓耸昌厮均又将唃厮啰徙居到移公城(又称一公城、叶公城,后改为循化城),"欲于河州立文法"。《元和郡县志》卷二九《凤林县》载:此地"本汉白石县地",属金城郡,有白石山,也是河州通往青海与西南蕃的要道隘口。唃厮啰在河州立文法,应视为政权的最初时期。今甘肃夏河县甘加乡的"八角城"疑即"斯柔城"(即"厮啰"之变音)。据《甘南藏族自治州文物保护单位名录》载,八角城址位于甘肃省夏河县甘加滩偏东的台地上,距县城约66里。此城结构独特,平面呈空心十字形,在八个角各筑角墩,形成八角三十六个面,防御毫无死角,故此名城。藏文史书称"卡尔雍仲",译为"字城"。八角古城与佛教坛城思想完全吻合,是佛菩萨和历代僧人修行道场,佛教徒心中防御"魔众入侵"的圣地"坛城"。城中出土有汉、晋及唐、宋、明以来的条砖、板瓦、筒瓦、础石等文物。

---

① 祝启源:《唃厮啰——宋代藏族政权》,西宁:青海人民出版社,1988年,第30页。

② 张怡荪:《藏汉大辞典》,北京:民族出版社,1985年,第2055页。

③ 洲塔、乔高才让:《甘肃藏族通史》,西宁:青海人民出版社,2004年,第175页。

④ 洲塔、乔高才让:《甘肃藏族通史》,西宁:青海人民出版社,2004年,第174、175页。

然而唃厮啰在河州并没有久留，就在同一年，“宗哥僧李立遵、邈川大首领温逋奇略取厮啰如廓州，尊立之”①。大中祥符元年(1008 年)十一月壬申，宗哥族、唃厮啰族“并贡名马”②。这条史料向我们透露出一个信息，此时的唃厮啰已正式加入宗哥族中，并以宗哥族首领的身份向宋朝进贡，这就意味着唃厮啰的名字，从此成为吐蕃政权的名称，标志着唃厮啰政权于宋真宗大中祥符元年正式建立。自此后入贡遣使不断，曾于“祥符八年二月甲寅，九年正月乙丑，天禧元年九月丁未并贡名马。三年二月丁酉，遣使来贡。仁宗天圣元年二月戊戌岁一入贡，二年十二月庚午，景德四年十一月癸亥，宝元二年三月甲寅，并遣使来贡方物”③，以后唃厮啰被尊称为“斯南陵温赞普”，汉意即“继承王位的业运赞普”。

李立遵与温逋奇拥立十二岁的唃厮啰为赞普，是斗争与形势发展的需要。青唐吐蕃政权是吐蕃部落第二次结盟，其建立初期以宗哥联盟的形式出现。在同一联盟中，两个实力相当的集团，任何一方首领充当联盟的领袖，都会使对方心理上产生不平衡，并给对方带来一种失重感。李立遵与温逋奇两大集团中间迫切需要一种能制约平衡的力量，即谓第三势力出现，这是出于制衡的需要。李立遵与温逋奇两大集团实力相当，但信奉的宗教却各不相同，如果没有外界的压力与威胁的存在，这两大集团势必要鼎峙对立，或明争或暗斗。而这两大集团的结盟，是由于党项的进逼，给他们生存带来威胁。由于他们之间实力的均衡，都不易使对方折服，面临这样的形势与斗争，于是谁出任领袖便成为很棘手的问题。唃厮啰是吐蕃赞普后裔，由他充当宗哥联盟领袖名正言顺，李立遵与温逋奇都能接受。另外，唃厮啰还只是一个十二岁孩子，易于被操纵或控制，无须担心会削弱和控制其他二人各自的实力，不会造成威胁，所以他们乐于拥立唃厮啰为主。此时的唃厮啰起了平衡两大集团势力的作用。

拥立唃厮啰是宗哥联盟自身对外发展的需要。唐宣宗大中(847—859 年)以后，“吐蕃部族衰微，然其种贵，羌戎至今畏服”④。王韶奏议中也说“西蕃种类皆

---

①《宋史》卷四九二《吐蕃传》，第 14160 页。

②(宋)章如愚：《群书考索》后集卷六四《财赋门·四夷方贡》，文渊阁《四库全书》第 937 册，第 902 页。

③《群书考索》后集卷六四《财赋门·四夷方贡》，文渊阁《四库全书》第 937 册，第 902、903 页。

④(宋)张方平：《乐全集》卷二二《秦州奏唃厮啰事》，文渊阁《四库全书》第 1104 册，第 216 页。

尊大族，重故主”[1]。利用吐蕃贵种、尊大姓的习俗，以唃厮啰这位吐蕃赞普的后裔作为一面旗帜，对于分散自立的诸多吐蕃部落有着极大的号召力，既可以加强吐蕃各部的向心力和凝聚力，又可以发展和壮大已兴起的宗哥吐蕃联盟。唃厮啰成为宗哥领袖后，声名鹊起，得到吐蕃各部的尊崇，“渐次蕃部归顺”[2]，部族强盛。西夏党项攻占凉州后，六谷联盟首领斯铎督也率领十余万六谷蕃部投靠唃厮啰，加入宗哥联盟之中，促进了唃厮啰政权的迅速发展。

五、青唐吐蕃政权的兴衰

青唐吐蕃政权建立的初期，是以宗哥联盟的面貌出现，其联盟的领导结构是以唃厮啰、李立遵、温逋奇三位一体的形式存在。表面上的一体联盟，实际上却是由三种势力组成，这种构成本身就潜伏着不稳定的因素。而唃厮啰只是平衡李、温两大势力的砝码，长大成人后的唃厮啰自然不甘心受制约、受摆布。青唐政权从建立伊始，对外发展的力量与内部不稳定、分裂的危险并存。在青唐政权发展的全程中，这种危险的不稳定因素贯穿始终。青唐政权既历了大的发展阶段，也经历了大分裂时期，三盛三衰，起伏不定，不稳定性是青唐政权的一大特征。

（一）“一盛”与“一衰”

从大中祥符元年（1008 年）至天圣二年（1024 年），这是青唐政权唃厮啰时期经历的第一次发展与分裂。

大中祥符元年（1008 年），李立遵、温逋奇用武力把唃厮啰劫持到廓州（治今青海化隆县西 60 里黄河北岸），第一次开始“立文法”，尊立唃厮啰为“欺南陵温赞普”。李石撰写的《赵郡王墓志铭》中，则谓唃厮啰本“锡勒”[3]，改称“唃厮啰”，是因为这一名字在藏语中蕴有“佛种”与“王子”的双重含意，是一个统治者的尊号，正如宋人沈括所说“犹中国之称天子也”[4]。宗哥联盟以唃厮啰这面旗帜为号召，河陇吐蕃部落望风归附，发展迅速，成为“帐族甚盛、胜兵六七万”[5]的大族。实力的

---

①（宋）赵汝愚编：《宋朝诸臣奏议》卷一四一《边防门·青唐》，上海：古籍出版社，1999 年，第 1590 页。

②《乐全集》卷二二《秦州奏唃厮啰事》，文渊阁《四库全书》第 1104 册，第 216 页。

③《方舟集》卷一六《赵郡王墓志铭》，文渊阁《四库全书》第 1149 册，第 720 页。

④《元刊梦溪笔谈》卷二五《杂志》，第 32 页。

⑤（元）马端临：《文献通考》卷三三五《四裔考十二》，文渊阁《四库全书》第 616 册，第 617 页。

增长，使唃厮啰政权要进一步扩展自己的统治辖区，而廓州（治今青海化隆县西60里黄河北岸）作为一个政权的王城，偏离交通要道，远不如地处丝绸之路青海道上的宗哥地理位置优越。史载宗哥城（今青海平安县城）四至："宗哥城东南至永宁寨九百一十五里，东北至西凉府五百里，西北至甘州五百里，东至兰州三百里，南至河州四百一十五里，又东至龛谷五百五十里，又西南至青海四百里，又东至新渭州千八百九十里。"[①]从宗哥城往西过今日月山是青海大草原，往北行，则有高耸的祁连山阻隔，道路艰险；往东南，沿湟水、黄河而下，由地势渐趋平缓，可达陇右、秦渭间。宗哥城是李立遵集团发祥地、大本营，于是在大中祥符七年（1014年）迁徙到湟水北岸宗哥城。从廓州迁居宗哥，这对唃厮啰政权具有重要意义，使唃厮啰政权拥有了天时、地利、人和的有利因素，对发展极为有利。

迁居宗哥城（今青海平安县城）后，又以李立遵"为论逋佐之"[②]。"论逋"，吐蕃宰相称号。迁居宗哥后，李立遵又与唃厮啰联姻，唃厮啰赴宗哥城住坐，"娶李遵女"[③]。《宋史·吐蕃传》也载"其二妻皆李立遵女也"。唃厮啰娶李立遵两个女儿为妻，生瞎毡及磨毡角。这种婚姻是政治联姻，实际上是出自两方面的需要。李立遵以女嫁唃厮啰，则依附于吐蕃赞普后裔，既可使李氏家族名声显赫，与吐蕃王室关系亲密，又可借此控制这位赞普，使唃厮啰成为自己掌中之物，成为傀儡。而对逐渐成长起来的唃厮啰来说，在自己羽毛未丰、势力未强之际，他更需要像李立遵这样一位有实力的集团来支撑自己的政权，以便更有力的行使对宗哥联盟的统治。双方的政治需要则成为联姻的基础，婚姻成为政治的纽带。政治上的联姻，使唃厮啰政权的重心倾向于李立遵集团。宗哥联盟中，李立遵与温逋奇两大集团，由于唃厮啰的倾向李立遵而发生力量上的变化，平衡被唃厮啰的联姻打破，李立遵与唃厮啰集团实力明显强于温逋奇，李立遵成为宗哥联盟中手握实权的显赫人物与"谋主"。

李立遵势力的急剧膨胀，使他骄横贪婪，"峻酷专姿，已失部族心"[④]。正如宋人王旦所评议："大抵好杀则敛怨，弄权则败亡，虽在蕃夷，亦不可不戒。"[⑤]由于

---

①《续资治通鉴长编》卷八五，大中祥符八年十二月丁亥，第1958页。

②《宋史》卷四九二《吐蕃传》，第14160页。

③《乐全集》卷二二《秦州奏唃厮啰事》，文渊阁《四库全书》第1104册，第216页。

④《续资治通鉴长编》卷八五大中祥符八年九月甲寅，第1949页。

⑤《续资治通鉴长编》卷八五大中祥符八年九月甲寅，第1949、1950页。

李立遵的暴虐,吐蕃部族都以他“持权自任,不平其事”[①],李立遵人心丧尽。自恃实力强大的李立遵,野心勃勃,已不满足于只当宰相,他觊觎赞普地位,竟屡次上书,要求宋王朝封他为赞普,企图借宋朝的权威将唃厮啰取而代之。此时的宋朝政府意识到“赞普,可汗号也,使遵一言得之,则何以处唃厮啰耶!”虽然没有满足李立遵的欲望,却册封他为“保顺军节度使,袭衣、金带、器币、鞍马、铠甲等”[②]。在此之前,宋王朝对唃厮啰才封为“殿直、充巡检使”[③]的卑微官职。这种稀里糊涂的册封,只能说明当时的宋朝官员,对于刚刚兴起的宗哥联盟内部情况,还根本不了解,只知道李立遵是这一地区吐蕃部落中的显赫人物。

而此时唃厮啰已当赞普七八年之久,“众渐归之”,逐渐培养了自己的实力,并在吐蕃部落中享有很高的声誉。唃厮啰实力的增长,孕育了以后不稳定的因素,播下了分裂的种子。对于宋朝这种本末倒置的册封,年轻气盛的赞普唃厮啰感到一种蔑视,自尊受到伤害,对宋朝产生不满与怨恨。而李立遵则因向宋朝求赞普号未准而心怀不满,于是共同进犯宋朝边境秦渭地区。陇右秦渭地区经济发达,“闾阎相望,桑麻翳野”,素有“天下称富庶者无如陇右”[④]的美称。秦渭地区吐蕃族帐众多,子孙繁盛,与河湟吐蕃族属相同,文化心理一致,这为河湟吐蕃进入此地提供了社会基础。

《乐全集》卷二二《秦州奏唃厮啰事》载,大中祥符八年秋,“唃厮啰遣蕃部杜作往秦州东北断头山,扇动蕃部,欲别立文法。至九年春,南市蕃部郭厮敦引唃厮啰,复遣李遵、鱼角蝉等领众寇边”。《续资治通鉴长编》卷八七大中祥符九年六月辛卯条载:“唃厮啰遣人至渭州缘边,扇摇熟户,且令纳质,不尔,则破其聚落。”《宋史·吐蕃传》也载:“宗哥唃厮啰、羌族马波叱腊、鱼角蝉等率马衔山、兰州、龛谷、毡毛山、洮河、河州羌兵至伏羌寨三都谷。”《隆平集》卷二〇也载:“大中祥符末,厮啰命立遵率众十八万袭秦州生熟户。”唃厮啰与李立遵这一次对宋边境秦州的进犯,遭到知州曹玮的痛击,三都谷(今甘肃甘谷县西)一战,曹玮击败唃厮啰、李立遵率领的吐蕃部队,“逐北二十余里,斩首千余级,生擒七人,获马牛、杂

①《续资治通鉴长编》卷八五大中祥符八年九月甲寅,第1949页。

②《续资治通鉴长编》卷八六大中祥符九年三月辛酉,第1979页。

③《续资治通鉴长编》卷八二大中祥符七年五月己酉,第1877页。

④(宋)司马光:《资治通鉴》卷二一六《唐纪三二》,玄宗天宝十二载八月戊戌,北京:中华书局,1955年,第6919页。

畜、衣服、器仗三万三千计”[①]。曹玮“又破宗哥将马波叱吒于野吴谷,诛叛者鬼留族夷之”[②]。又派人暗杀了在任奴川治兵的宗哥大首领甘遵,破“鱼角蝉所立文法于吹麻城”[③]。

宋朝用武力击溃了吐蕃的进犯,加速了吐蕃宗哥联盟的崩溃。在宋朝的严厉打击下,宗哥联盟元气大伤,唃厮啰、李立遵威望降低,“于是河、洮、兰三州,安江、妙敦、邈川党通等羌皆破散宗哥所立文法,纳质内属”[④]。宗哥文法的破散,即宣告了宗哥联盟的瓦解,不少部族脱离了李立遵的控制,成为宋朝熟户。进犯秦、渭地区的失败,使唃厮啰、李立遵部族离散,势力稍衰,于是又谋求与宋和解。天禧元年(1017 年)九月,唃厮啰向宋朝贡马,乞和断。宋朝诏释其罪,仍给马直。返回宗哥后的唃厮啰、李立遵休养生息,与宋通贡修好。天禧三年(1019 年)二月,派遣僧人景遵等 10 人赴宋入贡。天禧五年(1021 年),李立遵、唃厮啰派人来和谈。乾兴元年(1022 年)十一月,泾原路部署司言,唃厮啰、李立遵遣蕃部灼蒙曹失卑陵赍文字及马一匹至本司,欲求内附。天圣元年(1023 年)二月,宋朝允许李立遵、唃厮啰“岁一入贡”。虽然直到天圣二年(1024 年),李立遵与唃厮啰还入贡宋朝,但实质上宗哥联盟的瓦解也导致了唃厮啰与李立遵之间的矛盾激化,以致彻底分裂,唃厮啰彻底摆脱了李立遵,与他分道扬镳,率部前往邈川投靠邈川大酋温逋奇。

(二)“二盛”与“二衰”

从天圣三年(1025 年)至明道元年(1032 年),是唃厮啰政权经历的第二次发展与分裂时期。

据《续资治通鉴长编》卷一〇二天圣二年十二月庚午条记事:“宗哥唃厮啰、李立遵遣大首领斯铎督来贡方物。”天圣三年(1025 年)正月,李立遵单独向泾原路总管司“乞给俸钱”,宋朝“诏渭州月给衣着五十疋,茶五十斤”[⑤]。这是文献记载与宋王朝最后一次往来,尔后也未见到李立遵名字的出现,显然李立遵与唃厮啰已经分裂。

---

①《续资治通鉴长编》卷八八,大中祥符九年九月丁未,第 2012 页。

②(宋)曾巩:《隆平集》卷九《枢密·曹玮》,文渊阁《四库全书》第 371 册,第 96 页。

③《宋史》卷二五八《曹玮传》,第 8986 页。

④《隆平集》卷九《枢密·曹玮》,文渊阁《四库全书》第 371 册,第 96 页。

⑤《续资治通鉴长编》卷一〇三,天圣三年正月乙未,第 2375 页。

邈川是温逋奇的势力范围，唃厮啰到邈川后，一方面“以温逋奇为论逋”①，利用温逋奇的力量，重新恢复和发展自己的势力，另一方面又谋求第二次政治联姻。《续资治通鉴长编》卷一一九景祐三年（1036年）十二月辛未记事：“初，唃厮啰娶李立遵女，生二子，曰瞎毡，曰磨毡角。又娶乔氏，生子曰董毡。”又据《续资治通鉴长编》卷一二七康定元年（1040年）四月辛亥条记事：“以邈川首领唃厮啰子董毡为会州刺史。董毡方九岁，其父为请之，乔氏所生也。”据此可知董毡生于宋仁宗天圣九年（1031年），进而推断唃厮啰娶乔氏是在天圣八年（1030年）以前。这正是唃厮啰与李立遵分裂后，进入邈川寻找发展的时候。乔氏当为乔家族人，系吐蕃大族，起先居历精城（即林擒城、林金城、哩沁城、临谷城，宋人改称宁西城，今青海西宁市西40里），“所部可六七万人，号令明肃，人惮服之”②，后居河州循化城（即原一公城、移公城，今甘肃夏河县北）。与乔家族的联姻，毫无疑问壮大了唃厮啰的力量，而对于邈川政权实力派掌权人温逋奇来说，却成为一种潜在的威胁。唃厮啰与乔家族的联姻，壮大了自己的力量，却再次播下了分裂的种子，孕育了第二次分裂的因素。

然而当他们之间的矛盾尚未完全激化时，共同的利益驱使他们一致行动，向宋修贡通好。天圣九年（1031年）十二月，“温逋奇遣外甥赍番字、鞍马、乳香入汉，告称唃厮啰乞通和”③。唃厮啰清醒地认识到，以他目前的实力与处境，如得不到宋朝的承认与支持，就不可能成为河陇吐蕃部族真正的统治者，也无法控制河陇众多吐蕃部民，所以唃厮啰“数使人至秦州求内属”④。宋朝因为对西夏的战争，需要吐蕃马匹，也派人入蕃，“往邈川招诱唃厮啰羌人入汉，上京进马乞官职”⑤。宋朝也以封官赐物羁縻，“授嘉勒斯赉、温逋奇官”⑥。宋仁宗明道元年（1032年）八月，正式册封“邈川大首领唃厮啰为宁远大将军、爱州团练使，亚然家首领温逋奇为归化将军”⑦。

就在封官授爵不久，温逋奇发动宫廷政变，逮捕了唃厮啰，文献上对此事作

---

①《宋史》卷四九二《吐蕃传》，第14160页。

②《续资治通鉴长编》卷一二七，康定元年四月辛亥，第3008页。

③《乐全集》卷二二《秦州奏唃厮啰事》，文渊阁《四库全书》第1104册，第217页。

④《宋史》卷四九二《吐蕃传》，第14161页。

⑤《宋会要辑稿》蕃夷六《唃厮啰》，第9908页。

⑥（宋）陈均：《九朝编年备要》卷九，明道元年八月，文渊阁《四库全书》第328册，第231页。

⑦《续资治通鉴长编》卷一一一，明道元年八月辛酉，第2587页。

了简略记载，《宋史·吐蕃传》与《续资治通鉴长编》记载基本相同。《续资治通鉴长编》卷一一一明道元年八月辛酉条记事："已而，逋奇作乱，囚厮啰置阱中，出收不附己者，守阱人间出，厮啰集卒杀逋奇，徙居青唐。"《宋史》卷四九二《吐蕃传》载："已而逋奇作乱，囚厮啰置阱中，出收不附己者，守阱人间出之，厮啰集卒杀逋奇，徙居青唐。"《乐全集》卷二二《秦州奏唃厮啰事》载："温逋奇复叛，幽唃厮啰，置阱中防守，而身领兵他出。防守人同谋出唃厮啰，收集人马以拒逋奇，闭城相持，温逋奇败死。"

对于这次政变的原因，史籍文献虽无记载，但可从两方面来分析。一方面，这是唃厮啰的第二次政治联姻，即与乔家族联姻壮大了自己的力量，给温逋奇带来了严重威胁；另一方面，与温逋奇暗中投靠党项有关。身为皇太子的元昊已袭父德明位，继承父志，欲成就霸王之业。明道元年（1032年），此时党项已攻陷甘、凉州后，势力南下，攻占河湟地区。元昊善用离间之计，也曾对唃厮啰行过此计："元昊闻厮啰二子怨其父，因以重赂而间之，且阴诱诸酋豪。"[①]党项兵临河湟之前，也会故伎重演，"阴诱"握有实权的温逋奇集团。

从温逋奇的儿子温郢成俞龙与西夏的关系，可以窥出蛛丝马迹。《续资治通鉴长编》卷一一九景祐三年十二月辛未载："温逋奇之子一声金龙者，拥众万余，阴附元昊。"当唃厮啰势力削弱，迁居历精城后，"元昊益得自肆"，从而进一步说明此次政变与党项有千丝万缕的联系。在党项强大的军事压力与重赂之下，面对唃厮啰对自己地位的严重威胁，温逋奇很可能暗中投降党项，发动了这场政变，这就是唃厮啰政权内部出现的第二次分裂。这次政变尽管时间短暂，"厮啰集兵杀逋奇"，很快平息，却使唃厮啰又失去了邈川温逋奇集团的力量，唃厮啰实力削弱。自此"厮啰势蹙，更与乔氏自宗哥西徙历精城"[②]。唃厮啰与乔氏率领本部人马，再一次将王城由邈川向西迁至青唐（今青海西宁市）。

（三）"三盛"与"三衰"

这一时期，是从明道二年（1033年）唃厮啰迁居青唐，至宋仁宗嘉祐四年（1059年），唃厮啰及其子各统部族，合并为一。

唃厮啰迁居青唐后，主要依靠力量是乔家族，乔家族的基地是"历精城"（即林擒城、林金城、哩沁城、临谷城，宋人改称宁西城），在青唐西40里。为了稳定和巩

---

①《续资治通鉴长编》卷一一九，景祐三年十二月辛未，第2814页。

②《续资治通鉴长编》卷一一九，景祐三年十二月辛未，第2814页。

固自己的政权,防止反叛势力再度复兴,唃厮啰率部居青唐城,其妻乔氏率部居历精城,成掎角之势。这样一方面,可以防备攻占凉州的西夏南下及温逋奇集团的报复;另一方面,历精城地处中西交通要道,控制历精城,就等于控制了当时的这条商道。《宋史·吐蕃传》载:"厮啰居鄯州,西有临谷城通青海,高昌诸国商人皆趋鄯州贸卖,以故富强。"迁居青唐后的唃厮啰,利用得天独厚的地理条件发展商业贸易,奠定了一定的物质基础,又继续以赞普后裔的声望扩充自己的实力。明道元年(1032年),元昊攻占西凉府,"唃厮啰并厮铎督之众十余万,回纥亦以数万归焉"[①]。六谷蕃部十余万,再加上回纥数万,这近20万人的力量,一次性地归附,使唃厮啰实力大大增强,有力地抵御了党项的侵扰。"元昊遣苏奴尔将兵二万五千攻唃厮啰,败死略尽,苏奴尔被执。"[②] 当元昊派兵"又攻青唐、安二、宗哥、带星岭诸城,唃厮啰部将安子罗以兵十万绝归路"[③]。仅其部将安子罗就拥兵10万,这一时期,唃厮啰的军事力量急剧膨胀,兵力有二三十万,"其势遂强于诸羌"[④]。

宋仁宗景祐二年(1035年)十二月,唃厮啰徙居青唐后的第三年,党项首领率兵大举南下攻略河湟,先攻下牦牛城(即宣威城,今青海西宁市北50里),又攻安二(又作安儿,即保塞寨,今青海互助土族自治县东南)、宗哥(今青海平安县城)、带星岭(今青海海东市乐都区西)诸城。唃厮啰率领吐蕃诸部进行殊死抵抗,"昼夜战,三百余日"[⑤],最终还是被党项军队战败,元昊率军兵临青唐城下。唃厮啰见党项军队强大,自知不敌,坚守青唐城不出,以逸待劳,又"阴间元昊,颇得虚实"[⑥],元昊率军渡湟水,"插旗帜识深浅",啰唃厮"潜使人移植深处以误元昊",当元昊军队师劳兵疲之时,唃厮啰率部出战,一鼓作气将党项军队击败。党项军队败退渡河时,"士识帜渡,溺死十八九,所虏获甚众"[⑦]。这一战,不仅击退了党项军队的进攻,维护了重建的唃厮啰政权,而且极大的提高了唃厮啰在吐蕃诸部中的威望,增强了唃厮啰的号召力。

就在唃厮啰势力重新发展时,其政权内部又出现了第三次大分裂,这次分裂

---

① (宋)王称:《东都事略》卷一二九《附录七》,文渊阁《四库全书》第382册,第833页。
② 《续资治通鉴长编》卷一一七,景祐二年十二月壬子,第2765页。
③ 《续资治通鉴长编》卷一一七,景祐二年十二月壬子,第2765页。
④ 《东略东都》卷一二九《附录七》,文渊阁《四库全书》第362册,第833页。
⑤ 《续资治通鉴长编》卷一一七,景祐二年十二月壬子,第2765页。
⑥ 《续资治通鉴长编》卷一一七,景祐二年十二月壬子,第2765页。
⑦ 《续资治通鉴长编》卷一一七,景祐二年十二月壬子,第2765页。

爆发在唃厮啰家族之中。以政治为附庸的联姻,固然是为了获得政治上的实际利益,但必然也会在内部孕育弊端。早在唃厮啰与李立遵集团联姻之时,就开始酿就了宗族分裂的苦酒。唃厮啰娶李立遵两女为妻,生瞎毡、磨毡角。随着李立遵的失势及李氏集团的分裂,唃厮啰与前二妻的关系必然会恶化。而后娶的乔家族之女乔氏,颇有姿色,精明能干,手握重兵,李氏的失宠自然在预料之中。唃厮啰命李氏出家为尼,将她安置在廓州(治今青海化隆县西60里黄河北岸)居住,并"锢其二子"。"瞎毡及磨角毡结母党李巴全窃载其母奔宗哥。"[①]唃厮啰与其二子反目为仇。"瞎毡居河州,磨毡角据邈川城,抚有其众,唃厮啰不能制。"[②]唃厮啰家族内部的分裂,使党项有隙可乘。元昊悉知厮啰二子怨其父,"因以重赂间之,且阴诱诸酋豪"[③]。唃厮啰势蹙,与乔氏"自宗哥西徙历精城"。

元昊攻占河西瓜、沙、肃三州,"尽有河南故地"[④]。恐唃厮啰制其后,先下手为强,并兵南下,击败兰州地区的吐蕃部落。拥有五万户的兰州吐蕃大族首领禹藏花麻降附元昊,"元昊以女妻之"[⑤],成为西夏的女婿,"羁縻役属"。党项军队又南侵马衔山(即今甘肃临洮县北马啣山,接榆中县界)一带,又筑城瓦川(兰州西南120里马啣山)、凡川会,重兵镇守,"绝吐蕃与中国相通路"[⑥]。唃厮啰陷入三面受敌的不利境地,北面党项又占领了凉州,东面扼制了兰州,宗哥城由唃厮啰的政敌李氏集团所掌握。邈川重镇掌握在手握重兵且与唃厮啰有杀父之仇的温郢成俞龙(一声金龙)手中,黄河南部则是唃厮啰长子瞎毡所掌握,唃厮啰的青唐王城完全陷入其政敌的三面包围之中,于是唃厮啰被迫放弃青唐而西迁乔氏根据地历精城自保。宋人田况《上仁宗兵策十四事》中谓:"……自昊贼破牦牛城,筑瓦川会,而唃厮啰远窜历精城,偷安苟息。其子忙毡角、瞎毡自立,皆为仇敌,尚不能制,矧能为昊贼轻重邪?温逋其乃唃厮啰亲信首领之豪,其子一声余龙有众万余,最为强盛,乃与昊贼结姻,唃厮啰日益危弱。"[⑦]这正是唃厮政权第三次大分裂后所面临的状况。

---

①《宋史》卷四九二《吐蕃传》,第14163页。
②《续资治通鉴长编》卷一一九,景祐三年十二月辛未,第2814页。
③《续资治通鉴长编》卷一一九,景祐三年十二月辛未,第2814页。
④(清)戴锡章著,李蔚整理:《西夏纪》卷六,济南:泰山出版社,2000年,第194页。
⑤《太平治迹统类》卷二〇《哲宗弃四寨》,文渊阁《四库全书》第408册,第510页。
⑥《续资治通鉴长编》卷一一九,景祐三年十二月辛未,第2813页。
⑦《宋朝诸臣奏议》卷一三二《边防门》,第1469页。

这种状况一直维持了二十余年，直至宋仁宗嘉祐三年(1058年)，瞎毡、磨毡角死后，局势才有所改变，磨毡角男瞎只欺丁及祖母李氏已与诸首领归顺唃厮啰。“当年十二月，唃厮啰遂离本住青唐，即日见在宗哥耶卑城与李氏并瞎只欺丁同居。”[①]嘉祐四年(1059年)四月，邈川城大首领郢成俞龙(一声金龙)亦“因患亡殁”。唃厮啰少子董毡不断率兵马攻略邈川集团领地，“收降通斫令等城并人口孳畜不少，见更侵迫邈川城”[②]，邈川亦为唃厮啰所有。其长子瞎毡曾居龛谷(今甘肃榆中县南20里小康营)，与宋朝通贡友好。瞎毡死后，其子木征不能自立，于是“青唐族酋瞎药鸡罗及僧鹿遵迎之居洮州，欲立以服洮岷叠宕、武胜军诸羌。”“秦州以其近边，逐之，乃还河州，后徙安江城。”[③]母弟瞎吴叱，别居银川聂家山。银川即今甘肃积石山保安东乡撒拉族自治县东南的银川河，源于小积石山东麓，东北流入黄河。唃厮啰的诸子虽然仍在河、洮、武胜军诸地活动，但名义上似乎都归附了唃厮啰。宋人张方平说：“向时唃厮啰、瞎毡、磨毡角分据地界，各统部族，今既并合为一，力量足见强盛。”[④]唃厮啰政权经过二十多年的分裂，终于在唃厮啰晚年又重新统一。然而此时的唃厮啰年老体衰，而少子董毡“骁悍善斗战，已为众所服，而又连婚契丹，合从夏戎”[⑤]。青唐吐蕃政权的实际权力开始转移到其少子董毡手中。

唃厮啰生存的年代，正是宋、辽、西夏政权鼎峙时期，在他五十多年的统治中，把河湟地区分裂割据的吐蕃部族基本统一起来，促进了河湟地区经济的发展与民族交融。以唃厮啰为首的西北吐蕃成为崛起的另一股新势力，加入宋、辽、西夏、金、回鹘的角逐中，对这一时期的历史发展产生了重大的影响。

---

①《乐全集》卷二二《奏第二状》，文渊阁《四库全书》第1104册，第218页。

②《乐全集》卷二二《奏第二状》，文渊阁《四库全书》第1104册，第218页。

③《宋史》卷四九二《吐蕃传》，第14167页。

④《乐全集》卷二二《奏第二状》，文渊阁《四库全书》第1104册，第219页。

⑤《乐全集》卷二二《奏第二状》，文渊阁《四库全书》第1104册，第219页。

第五章 宋朝的御边政策

宋代西北地区是中原王朝与其他少数民族角逐之地，他们之间的关系纵横交错，出现了新的格局。这种格局，宏观上是以西北地区民族关系的大背景为基础而呈现出局部性的变化。宋代御边政策的调整，正是西北民族关系变化的体现。

一、宋代西北民族关系的新格局

唐末五代以来，西北民族关系进入一个崭新的历史阶段，即西北各民族交往、交流、交融的新时期。西北民族关系发生了新的变化，回鹘分裂，吐蕃衰弱，党项兴起，契丹西迁。不可否认，这四种新变化，“总体上构成了西北民族关系发展变化的四根主线”[1]。受这种新变化的影响，甘青地区成为中原王朝与其他少数民族角逐之地，民族关系呈现出地域特点及民族特色。

(一)争夺西北地区的各种势力

两宋时期，参与西北地区争夺的势力主要来自六方。

后周显德七年（宋建隆元年，960 年），后周禁军都点检赵匡胤发动陈桥兵变，北宋王朝建立。这是一个以汉族为主体的政权，立国于中原，以汴京(今河南开封市)为都，靖康二年(建炎元年，1127 年)被金朝灭亡。北宋建立之初，将西部边疆视为化外之地，对吐蕃、回鹘、党项等少数民族漠然视之。随着吐蕃、党项等势力的发展，才逐渐有所重视，并采取羁縻笼络的策略。北宋灭亡后，于建炎元年(1127 年)五月一日，康王赵构正式即位，年号建炎，以杭州为都，史称“南宋”，宋祚南移，偏安江南，祥兴二年(1279 年)亡于蒙古。南宋时期，疆土退缩至长江以南，只有陇南一隅系南宋辖区，成为南宋抗金的基地，也是其与吐蕃、西夏联系的通道，秦陇地区出现宋、金并存的格局。两宋王朝的建立，在周边民族中具有举足

---

① 杨建新、马曼丽:《西北民族关系史》，北京:民族出版社，1990 年，第 271 页。

轻重的地位，特别是北宋，成为西北民族关系的核心。

与宋王朝同时并存的还有辽朝。契丹族是我国古代北方古老的民族之一，属东胡族系，源出鲜卑，是鲜卑宇文部的别支，分布在辽水流域以北，北魏时，开始活跃于北方。唐朝末期，统治削弱，契丹社会有了飞跃发展，国家的出现已是历史的必然。契丹迭剌部贵族耶律阿保机乘机而起，于神册元年（916年）建立政权，与北宋、西夏鼎足而立，辽保大五年（1125年）被金朝灭亡。辽朝的建立，使它与西北的党项、回鹘、吐蕃发生联系。早在夏州政权时期，辽朝就与西夏有政治接触。宋朝建立后，由于拓跋政权内部的矛盾斗争，李继迁起兵抗宋自立，附辽为援，自此至辽朝灭亡，辽夏之间虽有战争，但和平友好，相互援助是夏辽关系的主流。河湟吐蕃曾遣使赴辽朝贡，辽朝与吐蕃也有和亲，曾"遣使送女妻"[①]吐蕃董毡，促其与西夏议和。辽朝与河湟吐蕃政治、经济联系不断加强。

女真族是黑水靺鞨的后裔，长期生活在松花江、黑龙江中下游及长白山一带。五代时期，靺鞨人始改称为女真，女真人原出自黑水靺鞨。10世纪末至11世纪初，女真人在原始社会解体的过程中，社会生产力有了显著发展。至11世纪中期，完颜部已成为统一女真诸部的核心，渐具国家建立的条件。至11世纪末，完颜部统一了生女真各部，政令统一，奠定了建国的基础。在其首领完颜阿骨打领导的反辽战争中，于辽天庆五年（1115年）正月，完颜阿骨打仿汉族制度，称帝建国，国号"大金"，蒙古太宗六年（1234年）被蒙古灭亡。金政权与西夏、南宋鼎峙而立，并且也涉足于西北，原系北宋疆域的秦陇地区被女真占据。北宋灭亡后，吐蕃聚集的河湟地区被夏、金瓜分，以黄河为界，西夏占有河北，金朝占有河南。河南一带居住着庄浪、乔家、鬼卢、木波、把羊、丙离等诸多吐蕃大族，而结什角被拥立为木波四族酋长，势力最为强盛，一直归附金朝，遣使进贡，关系密切。

党项羌是汉魏以来西羌的一支，北周灭宕昌、邓至等羌，党项开始强大。吐蕃兴起后，强盛的势力与军事扩张，迫使党项族不断向内迁徙，党项拓跋部最终迁至庆（治今甘肃庆阳市西峰区）、夏（治今陕西靖边县西北白城子）等地。由于这一地区与中原毗邻，内迁的党项族获得较好的生存环境，与汉族及其他西北少数民族错居杂处，接受汉族文化与先进的生产技术，生产关系与生产力发展水平均有很大提高，原有的氏族制渐趋瓦解，以姓氏为主体的部落逐步被以地域为中心的部落组织取代，平夏部、东山部、南山部、横山五族、十州部落等，就是在此基础上

---

① (元)脱脱等:《宋史》卷四九二《吐蕃传》，北京:中华书局，1977年，第14162页。

逐步发展起来的部落群体。唐末五代之际，中原内乱，僻居西北一隅，以夏州拓跋部为核心的党项势力不断发展，建夏州为“定难军”，统夏（治今陕西靖边县西北白城子）、绥（治今陕西绥德县东南50里）、银（治今陕西榆林市横山区东党岔镇大寨梁）、灵（治今宁夏灵武市西南）、宥（今内蒙古鄂托克前旗东南）、静（治今陕西米脂县西）五州之地。至宋代时，酋长李继迁叛服无常，渐以强大，而“西人以李氏世著恩德，往往多归之”[①]。西夏天授礼法延祚元年（宋宝元元年，1038年），李元昊建立西夏，成为与宋、辽、金、吐蕃、回鹘争夺西北地区的一股重要势力。

7世纪前期，吐蕃在青藏高原崛起，以逻些（今西藏拉萨市）为中心，建立起强大的奴隶制政权。安史之乱后，乘唐朝衰弱之际，控制了西域，并攻陷了河西陇右地区。吐蕃王朝从松赞干布迄，至末代赞普朗达玛，历经八代，共二百余年。[②]唐开成四年（839年），朗达玛继位后，吐蕃王政权内部阶级矛盾与民族矛盾激化，朗达玛镇压佛教，引起佛教势力的强烈反抗。唐武宗会昌二年（842年），朗达玛被刺身亡后，卫藏地区的吐蕃贵族分别挟持朗达玛的两个儿子永丹与欧松，形成两个集团，进行争夺赞普权位的斗争，相互残杀，争斗不息，致使卫藏地区出现了较长时期分散混乱的局面。而在朵甘地区（mdo-khams）的吐蕃将官们，也因家族派系不同，彼此征战。[③]吐蕃政权崩溃后，吐蕃衰弱，其部落散居于西北地区，不相统属。至宋代时，吐蕃分居三大地区，形成两个中心，以潘罗支为首的吐蕃六谷联盟控制着凉州（治今甘肃武威市凉州区）地区；以唃厮啰为首的青唐（即青唐城，今青海西宁市）吐蕃政权，则奄有以河湟为中心的广大地区；另有一部分吐蕃散居在秦凤、泾原二路及熙（治今甘肃临洮县）、河（治今甘肃临夏市东北）、洮（治今甘肃临潭县）、岷（治今甘肃岷县）、叠（治今甘肃迭部县西北26里益哇乡卜岗古城）等地。居住在这三大地域的吐蕃，成为宋、辽、金、西夏争取的对象。

840年，漠北回鹘汗国崩溃后，回鹘分三支迁徙，一支进入新疆地区的回鹘，活动在高昌（今新疆吐鲁番市东哈拉和卓堡西南）等地，唐灭高昌后，以其地置西州，史称“西州回鹘”。“一支南下迁河西走廊。”[④]这支迁入河西走廊的回鹘，以甘州（治今甘肃张掖市甘州区）为牙帐建立政权，史称“甘州回鹘”。历经五代，统辖

---

①《宋史》卷四八五《夏国传上》，第13986页。

② 段克兴等编：《西藏历史年表》，西北民族学院研究室，1980年铅印本，第1—2页。

③ 王森：《西藏佛教发展史略》，北京：中国社会科学出版社，1997年，第23页。

④ 冯加昇、程溯洛、穆广文：《维吾尔族史料简编》上册，北京：民族出版社，1958年，第41页。

部落甚多，秦州、凉州、贺兰山、合罗川、肃州、瓜州、沙州等地回鹘，皆听命于甘州回鹘。甘州回鹘利用当地优越的自然条件，发展壮大，曾一度活跃在河西走廊。甘州回鹘与西北吐蕃的关系比较复杂且微妙，既相互依存，又相互斗争。回鹘与辽朝政治关系密切，是辽朝羁縻的属国，早在辽朝建立之前，就与契丹有经济往来，辽政权建立后，贡赐贸易更为频繁。金灭辽之后，回鹘诸部与金朝建立了贸易关系。党项崛起后，向西开拓，甘州回鹘积极抗御党项的侵逼，与党项展开了激烈的争夺，成为与西夏竞争、控制河西走廊的一股重要势力。宋天圣六年(1028年)，甘州回鹘被西夏攻灭。甘州回鹘与党项争夺的过程，即甘州回鹘由盛而衰，党项由弱而强，进而建立西夏的进程。

在参与西北地区争夺的宋、辽、金、西夏、吐蕃、回鹘六方势力中，宋王朝以它的政治、经济、军事实力，成为六方之中的核心力量。

(二)西北民族关系的矛盾焦点

党项族自内迁以后，因与先进的汉族经济文化相接触，生产技术有了提高，社会经济有了发展。唐中叶以后，随着中央统治势力的削弱，党项拓跋部落势力日益强大。五代至宋初，偏居于夏、绥、银、宥、静之地的党项羌在纷乱中崛起，并不断开拓疆域。宋太宗太平兴国七年(982年)，李继迁率众在地斤泽(即铁斤泽，今内蒙古伊金霍洛旗西南)集合武装，公开与宋抗衡。后又攻取灵州(治今宁夏灵武市西南)，给宋朝形成西顾之忧。党项族向外扩张的一个重要目标即向西进取，攻占河西走廊，势必要“西掠吐蕃健马，北收回鹘锐兵，然后长驱南牧”[①]。唐末五代以来，灵武以西的河西走廊一直被各民族政权所割据，吐蕃、回鹘、党项、吐谷浑、鞑靼等族以及瓜沙曹氏各占一隅之地，相互争斗不休，斗争的结果均被削弱，从而给党项扩张以可乘之机。党项虽然实力增强，但毕竟人力、物力、财力有限，要向北发展，无法征服强大的辽朝；若向东发展，也不能彻底击溃宋朝。所以主、客观因素都促使西夏向西扩张，占领河西走廊地区。若占领河西走廊，就势必与“先有其地”的甘州回鹘矛盾尖锐，只有与甘州回鹘展开激烈的斗争，才能实现党项的战略目标。

凉州历来是多民族聚集地区，自汉以来，月氏、匈奴、鲜卑、氐、羌和汉人在这里错居杂处。南北朝时期，中亚的粟特商人亦来贸易，以凉州为根据地，足迹遍及长城内外、大江南北。唐末五代时，位于河西走廊东部的凉州(治今甘肃武威市凉

---

① (清)吴广成著，李蔚整理：《西夏书事》卷七，济南：泰山出版社，2000年，第47页。

州区）地区，更为吐蕃重视，吐蕃部落大规模向凉州集结。凉州地区民族众多，成分复杂，有吐蕃、嗢末、吐谷浑、汉人、回鹘、党项等，总之，诸多民族与吐蕃高度融合，"吐蕃化"是其现状。湟、鄯、廓三州及至青海湖以西地区，是唃厮啰政权所辖区域，即是宋代西北吐蕃的最大聚居地，也是宋代吐蕃政治、经济、文化中心区。而党项西向扩张，势必对居于凉州的吐蕃六谷等部族及河湟吐蕃自身的安全造成威胁，影响到他们切身的政治、经济利益，党项与吐蕃也展开了争夺凉州的斗争。

党项的扩张也引起了宋、辽的不满，在宋、辽面前，西夏要与他们一样平起平坐，独立称帝，这对于任何一方都不会允许。元昊建立政权后，对宋朝上表称臣，希望得到宋朝的承认，能够"许以西郊之地，册为南面之君"①。但宋朝对元昊的做法极为不满，决心要歼灭这个"叛逆"，揭榜于边，"募人能擒元昊若斩首献者，即为定难军节度使"②。宋朝对西夏这种不平等的民族政策，导致宋夏战争的爆发。

辽也是一个强大的军事政权，无论从疆域、人力、财力等各方面来看，西夏在他面前犹如一颗"弹丸"。在李继迁、李德明时期，辽为控制西夏，曾给予不少援助，西夏也接受过辽的册封。元昊嗣位后，自称"大夏皇帝"，且以"西朝"自居，称辽为"北边"，引起辽朝的极度反感，加之元昊对辽桀骜不驯，收容辽朝的反叛党项部落，于是辽夏之间，战争迫在眉睫。

总之，党项的崛起与建立，在自身求生存与发展的过程中，向周边扩张，必然给其他各种势力造成威胁，势必与其他民族或政权之间矛盾激化。党项成为活跃在西北的一支强大势力，在争夺西北地区的斗争中成为矛盾的焦点。

（三）西北民族关系的主线

宋代西北地区是中原王朝及党项、吐蕃、回鹘、契丹、女真等少数民族的角逐之地，民族之间关系错综复杂。在各种矛盾之中，宋夏战争是主要矛盾，始终处于主导与支配地位，影响和制约着其他诸多矛盾。

咸平五年（1002 年），党项李继迁攻陷灵州（治今宁夏灵武市西南）后，进一步向河西走廊推进，这就使宋朝与党项统治者的矛盾激化，特别是元昊建立西夏政权后，对宋朝造成西顾之忧，北宋王朝的军事防御重心发生转移，从北边移到

---

①《宋史》卷四八五《夏国传上》，第 13996 页。

②《宋史》卷四八五《夏国传上》，第 13996 页。

西北，于是宋夏矛盾成为影响和制约西北民族关系的一条主线。宋朝、西夏与吐蕃的关系就受宋夏战争的影响，吐蕃成为宋、夏双方争取的同盟者。当党项锐意进取，向河西走廊及河湟地区推进时，宋夏交恶，宋朝就与西凉府吐蕃结好以牵制西夏。

吐蕃与西夏关系的发展，是以抗宋为基点，以宋与吐蕃关系的变化而转移。宝元元年（1038 年），元昊起兵反宋，宋遣左侍禁卢经赴边，"持诏谕厮啰，使背击元昊以披其势"[①]。康定（1040 年）中，元昊屡寇边，"既虏刘平，遂约吐蕃毋与中国通，阴相为援"[②]。宋王朝患吐蕃与党项相结，"择能使绝域者"，于是尚书屯田员外郎刘涣应诏出使青唐，以恩信结好吐蕃。唃厮啰向宋示好，请以死捍边，刘涣尽图其地形并誓书还归。显然，每当宋与西夏关系交恶时，必然与吐蕃关系交好；宋与吐蕃矛盾尖锐时，就与西夏关系和缓。李继迁、李德明时期，对西凉府吐蕃的战争，是党项自身发展壮大的需要，同时在客观上削弱了宋联吐蕃以制西夏的作用。元昊、谅祚时期，从地缘政治的需要出发，在准备进攻北宋的同时，总是以军事手段威慑河湟吐蕃，尽管不能制服，但也足以使吐蕃不能与宋联合夹击西夏，从而在一定程度上缓解了西夏的后顾之忧。在秉常、乾顺时期，充分利用宋与吐蕃之间的矛盾，通过大力支持配合吐蕃的抗宋斗争，以求自保。每当宋与吐蕃矛盾激化之际，也即西夏用兵频繁之时，而宋对吐蕃取得军事胜利之时，也是西夏主动要求息兵之日[③]。同样，西夏为了抗宋，也笼络西凉府吐蕃，送铁箭诱潘罗支部族，并向吐蕃首领赐物、授官、封爵。而吐蕃也利用宋夏矛盾，采取灵活的外交政策周旋其中，维护自身安全，从宋夏双方获取政治、经济的实际利益。总之，吐蕃与西夏的关系，深受宋夏战争的影响。

西夏与辽朝的关系，也是以抗宋为基础。夏州政权时期，就与辽朝有政治接触。夏辽结盟，主要在李继迁、李德明时期，李继迁以为"北方耶律氏方强，吾将假其援助，以为后图"[④]，即结辽抗宋。李德明在位时期，为图发展，小心谨慎地处理与辽朝的关系，即向辽朝请封，又遣使宋朝请和，即倚辽惠宋。元昊即位后，因忙于建立政权及对宋战争，夏辽之间往来逐渐冷落。西夏自建立之初，即"自河北至

① 《宋史》卷四九二《吐蕃传》，第 14162 页。

② （宋）王辟之：《渑水燕谈录》卷二《名臣》，载王云五主编《丛书集成初编》，上海：商务印书馆，第 209 册，1935 年，第 12 页。文渊阁《四库全书》第 1036 册，第 480 页。

③ 李华瑞：《宋夏关系史》，石家庄：河北人民出版社，1998 年，第 411、412 页。

④ 《西夏书事》卷四，第 39 页。

午腊箬山七万人,以备契丹"[1]。李元昊诱纳辽朝境内的岱尔族及党项部落,使辽夏关系急剧恶化,致使边境上屡有战事纷争。

辽与吐蕃也加强了联系。辽朝为了钳制西夏,以大军压宋,迫使宋朝疏远西夏,在辽夏关系上保持中立,然后西联青唐(今青海西宁市)吐蕃唃厮啰为外援。辽开泰七年(1018年)闰四月戊午,"吐蕃王并里尊奏,凡朝贡,乞假道夏国,从之"[2]。说明在辽圣宗时,吐蕃遣使赴辽朝贡,与辽朝有联系。辽兴宗、道宗时期,吐蕃遣使一直未断,契丹学者耶律庶成"使吐蕃凡十二年,清宁间始归"[3]。

总之,西北吐蕃在与各种势力的斗争中,求生存、求发展。吐蕃与其他各种势力的结好与交恶,主要受宋夏矛盾的影响,宋夏矛盾是西北民族关系发展的一条主线。

辽宋夏金时期,在西北民族关系中,存在着六方、一核心、一焦点、一主线的新格局。各种势力在西北地区的角逐中,形成了具有鲜明地域性、民族性的西北民族关系。

二、西北沿边军事地理概况

这里所谓西北沿边,主要是宋、辽、夏、金、吐蕃、回鹘等诸种势力竭力争夺的地区,分为河西陇右及河湟两大地域。唐末五代时,整个河西地区基本上被吐蕃、回鹘瓜分殆尽,陇山以西地区直至河湟流域,则是散居的吐蕃部族。入宋后,吐蕃一分为二,以潘罗支为首的西凉府吐蕃六谷联盟控制着凉州(治今甘肃武威市凉州区)一带,直至河湟流域。而青唐吐蕃唃厮啰政权则奄有以河湟为中心,东至秦陇的广大地区。这两大地域具有重要的战略意义。

(一)河西陇右军事区

河西陇右沿边军事区包括陇右与河西走廊两部分。

陇右,泛指陇山以西地区,其具体范围历来尚无定论,一般指甘宁交界处的六盘山(本为陇山的一部分)以西,黄河以东一带。唐初,全国划为十道,陇右道辖境即陇山以西、青海湖以东,河西走廊及新疆东部地区。唐开元中,置陇右节度

---

①《宋史》卷四八五《夏国传上》,第13995页。

②(元)脱脱等:《辽史》卷一六《圣宗纪七》,北京:中华书局,1974年,第183页。

③《辽史》卷八九《耶律庶成传》,第1350页。

使，其治所在鄯州（治今青海海东市乐都区）[①]，辖境相当于今甘肃省东南部及青海湖以东地区。这样，陇右地区包括宋人所称的河湟地区（今青海东部黄河上游河曲与湟水流域）在内，西夏所占兰州（治今甘肃兰州市）、会州（治今甘肃靖远县东北）及天都山（今宁夏海原县南）一带，仅是习惯上称为陇右的一小部分地区。但这一小块地盘，对宋、夏双方都很重要，是一块交通咽喉要地。

咸平四年（1001 年），宋朝再建镇戎军（治今宁夏固原市）时，党项军抢先占据了镇戎军西北的天都山（今宁夏海原县南），建天都寨[②]，西夏称东牟会。此地正当镇戎军西通凉州之路。元昊攻取甘、凉州后，即举兵攻兰州吐蕃诸族，南侵至马衔山一带。马衔山又称马啣山、马寒山，位于今甘肃榆中县南，为祁连山余脉，横亘于今甘肃临洮县（宋时熙州）和榆中县之间，山势高峻，夏人利用谷口险隘筑堡防守。西夏占据此地后，既梗塞了宋朝通往河西走廊的道路，又使北宋与青唐斯啰唃政权来往交通也受到阻碍，使这一小块陇右地区与河西走廊连成一体，在战略上对西夏极为有利。

针对西夏这一战略，宋边将王韶献计献策，主张出兵熙（治今甘肃临洮县）、河（治今甘肃临夏市东北）州，进取河湟地区，招抚吐蕃诸部，从西南侧背面攻击西夏，图谋收复河西走廊，这正是伸出宋朝左臂，切断西夏右臂的战略[③]。宋朝自熙宁至元符、崇宁年间半个多世纪里，对西夏所采取的积极防御、迂回折逼、互为掎角、两面夹击等一系列军事行动，均是在“断西夏右臂”这一战略思想的指导下进行。宋朝虽未实现“断西夏右臂”这一预定目标，但是元丰五年（1082 年），李宪取兰（治今甘肃兰州市）、会（治今甘肃靖远县东北），攻占天都山，将西夏逼退出陇右，使西夏军事上渐趋于被动与不利，起到削弱西夏的作用。

河西走廊以其形似走廊而又地处黄河以西而命名，位于今甘肃省西北部祁连山以北，合黎山、龙首山（合称北山山地）以南，东起乌鞘岭，西止甘新两省区交

---

① 北魏孝昌二年（526 年），改鄯善镇置，治所在西都县，今青海海东市乐都区。辖境相当今青海西宁市及湟中、平安、乐都等县。隋大业初，改为西平郡，改县为湟水县。唐武德二年（619 年）复为鄯州，天宝初又改为西平郡，乾元初，复为鄯州，治在今青海西宁市，曾为陇右道采访使与陇右道节度使治所。上元二年（761 年）陷于吐蕃。唐末至北宋，吐蕃占据，称为邈川城。北宋元符二年（1099 年），宋取青唐，置鄯州，治所在今青海西宁市，而以邈川置湟州，治所在今青海海东市乐都区。次年，青唐又陷于吐蕃，崇宁三年（1104 年）收复，改为西宁州。

② 此寨系北宋元符二年（1099 年）改洒水平新寨置，属西安州，即今宁夏海原县南，西夏称东牟会。

③ 王天顺：《西夏战史》，银川：宁夏人民出版社，1993 年，第 39 页。

界处，长1000多公里，宽数公里至二百公里。地势自东向西，由南向北倾斜，大部海拔在1500米左右。大部为祁连山北麓冲积—洪积扇构成的山前倾斜平原。扇形地上部多由砾石组成，多沙碛、戈壁。扇形地中下部，地面物质较细，大多为黄土状物质，便于引用河水灌溉，形成绿洲农业区。河西走廊的河流全属于发源于祁连山的内陆水系，这里水资源丰富，数十条大小河流汇合为石羊河、弱水（黑河）与疏勒河三大水系，绿洲农业发达，自古以来就是东西交通的必经之路。

从河西走廊东端门户凉州（治今甘肃武威市凉州区）东南行，过乌鞘岭，沿庄浪河谷可至兰州境内，由凉州沿古长城东行，至今甘肃景泰县过黄河入会州境，经会州（治今甘肃靖远县东北）可到达西夏的天都山（今宁夏海原县南）。宋真宗咸平五年（1002年），党项李继迁攻占灵州（治今宁夏灵武市西南）后，开始将进攻的矛头指向河西走廊。首先派遣使臣欲招诱西凉府吐蕃六谷部，被拒绝后，亲自率兵攻打，结果战败身亡。以后其子德明、其孙元昊都曾与吐蕃、回鹘交战，竭力攻取。李氏三代，不屈不挠，进行了三十多年的扩张战争，直至宋景祐三年（1036年），才全部占据河西走廊，将西夏疆域扩展到古玉门关外。凉州陷落后，"潘罗支旧部往往归厮啰"[①]，吐蕃六谷部族越祁连山，投奔河湟流域的吐蕃唃厮啰政权，使唃厮啰"得厮铎督之众十余万"[②]。元昊领兵攻破甘州（治今甘肃张掖市甘州区）后，战败的回鹘人退出沙州（治今甘肃敦煌市西），向今柴达木盆地以北发展，在青海湖以北、阿尔金山与祁连山之南，建立黄头回鹘政权。在西夏的西南方向，与西夏之间隔着另一个游牧民族政权——草头鞑靼。

河西走廊是著名的"丝绸之路"的咽喉地段，其中灵州道、泾原道、熙兰道都以凉州为总汇之地，然后途经河西走廊。宋朝失灵州后，灵州道阻绝。西夏占据灵州后，可以傍贺兰山，沿黄河南下，经鸣沙州（治今宁夏中卫市东北鸣沙镇）、应理（治今宁夏中卫市），过黄河，直抵凉州；也可以自灵州渡黄河，出贺兰山口，穿腾格里沙漠，到今甘肃民勤县，沿白亭河（亦名石羊河）谷，抵凉州城下，再由凉州穿越河西走廊而行。泾原道是由关中沿泾河河谷西北行，至渭州（治今甘肃平凉市崆峒区）北上入葫芦河谷，傍六盘山东麓，经今宁夏固原、三营、石门关、天都山入会州（治今甘肃靖远县东北），至五佛寺渡口，至甘肃景泰县、裴家营、土门子等抵

---

①《宋史》卷四九二《吐蕃传》，第14161页。

②（宋）曾巩：《隆平集》卷二〇《外国·唃厮啰》，文渊阁《四库全书》第371册，第200页。

凉州。西夏军占据会州，扼泾原道通凉州之路，不但能藩蔽凉州，而且便于攻宋朝之陇右。熙河道是从长安出发，沿渭河西上，经今凤翔、宝鸡，越大震关（本名陇关，后改今名，在今甘肃清水县东北小陇山），至秦安县西北行，经通渭寨（今甘肃通渭县西南什川乡古城）、巩州（治今甘肃陇西县）、渭源县、熙州（治今甘肃临洮县）、兰州（治今甘肃兰州市），越乌鞘岭到凉州。

乌鞘岭高峻挺拔，素称河西走廊的门户，四周群峰纠结，是河西走廊天然屏障。乌鞘岭西北有古浪峡，峡两面峭壁千仞，中有隘道通过。这里是扼守兰州至凉州的咽喉，素有“金关银锁”之称。凉州被吐蕃六谷部扼守，六谷蕃部耕牧于古浪河、黄羊河、杂木河、金塔河、西营河、东大河等诸多河流谷地中。夏广运三年（1036年），元昊举兵攻破回鹘，全部占有了河西走廊，又攻占兰州，尽据兰、凉之间的严关险隘。元昊以凉州为西凉府，在乩六岭（今甘肃、青海两省界山）北侧筑卓啰城，设置卓啰和南监军司（简称卓罗监军司，治今甘肃永登县南红城镇附近），凉州成为卓啰和南监军司的供给地与可靠后方。

甘州（治今甘肃张掖市甘州区），《禹贡》雍州之地，自汉以前为月氏之地，后为匈奴所据。武帝时，并置张掖等郡，以断匈奴右臂。北魏以其地属凉州，西魏又置西凉州，后改为甘州。后周复置张掖郡。隋炀帝时，改甘州为张掖郡。唐武德二年（619年）复置甘州，天宝初亦称张掖郡。位于河西走廊中段，地处凉州西北，是河西走廊的第二大镇。甘州“东据黄河，西阻截弱水，南跨青海，北控居延，绵亘数千里。通西域、扼羌瞿，水草丰美，畜牧孳息”[1]。祁连山在张掖西南百里，甘浚山在西南80里，合黎山在张掖西北40里。青唐道行至西宁，由扁都口越祁连山到甘州，与古丝绸之路东段灵州道、泾原道、熙兰道汇合于甘州，甘州回鹘牙帐设在甘州。凉州陷落后，甘州回鹘与宋朝通使，只能从甘州越扁都口走青唐道。凉州六谷政权崩溃后，吐蕃余部从扁都口越祁连山，投奔青唐唃厮啰。

由于河西走廊负山阻河，地理环境特殊而且优越，易守难攻，具有重要战略地位，西夏势必要与据有此地的吐蕃、回鹘拼死争夺，而凉州吐蕃与甘州回鹘为了生存，也势必寻求大国支持，积极靠拢宋朝，共御西夏。北宋与西夏进行战争，最终能收复兰、会二州，蚕食横山，围困灵州，却不能攻陷河西走廊，这与西夏尽据河西，奄有优越地利的关系极大。正如顾祖禹在《读史方舆纪要》中所谓：“宋时

---

① 《西夏书事》卷一一，第60页。

河西没于夏，夏以富强。”[①]此评论确为中肯恰当。

（二）熙河兰廓路军事区

宋政府在陕西沿边设立了鄜延、环庆、泾原、秦凤四路防区之外，又新增设了一个军事防御区，即熙河兰廓路，其目的是从宋朝边防的西南侧面，对西夏施加军事压力，战略上起牵制作用，具有积极的防御性。

熙宁元年（1068 年），王韶向宋神宗上《平戎策》三篇，以为“西夏可取。欲取西夏，当先复河湟，则夏人有腹背受敌之忧”[②]。宋神宗采纳了他的建议，于熙宁五年（1072 年），筑古渭寨为通远军（治今甘肃陇西县），向西用兵，相继开拓熙、河、洮、岷等州，升通远军为熙河路。元丰四年（1081 年），李宪收复兰州、会州后，将熙河路扩建为熙河兰会路。后割会州属泾原路，元祐四年（1089 年），改为熙河兰岷路，元符二年（1099 年）至崇宁二年（1103 年），宋朝先后对河湟地区用兵，收复湟、鄯、廓、震武城（原古骨龙城，后改为军）、积石军（原吐蕃溪哥城，宋攻取后即地建军，治今青海贵德县西 10 里），又改通远军为巩州（治今甘肃陇西县），与熙河兰会路所辖共九州二军（会州除外），共建为一路，即熙河兰廓路[③]。其辖境相当于今甘肃东南部、青海省东部黄河上游，以及洮河、湟水流域。

熙河兰廓路地处青藏高原东北部边缘，是黄河与湟水流经地区。黄河自发源地蜿蜒东流，绕过积石山后屈曲西北流，在今青海省兴海县境内逐渐弯向东流，入积石军，经廓州、河州境，出今青海省境，流入今甘肃永靖县，再经兰州城北而入夏境。湟水自大通山南麓牛堆心曲折向东流，经鄯、湟二州后，汇入黄河。黄河与湟水流经的熙河兰廓路辖区，宋时称为河湟地区。南接川西高原，东接黄土高原，北邻内蒙古高原。这里地势高峻，崇山峻岭，纵横交错，深涧峡谷，回绕其间，道路险阻，交通不便，自古以来为羌戎之地。东汉张衡《西凉赋》谓“右有陇坻之隘，隔阂华戎”[④]。战国时，秦向西开疆拓土，在今临洮置陇西郡，以此为起点，筑长城防遏匈奴。秦的统治西及洮河河谷，而洮河以西则鞭长莫及。安史之乱后，吐蕃强大，向四处扩张，其势力曾西越陇山，北入河套。唐朝末期，吐蕃势力衰弱，种落

---

①（清）顾祖禹撰，贺次君、施和金点校：《读史方舆纪要》卷六三《陕西十二·甘肃镇》，北京：中华书局，2006 年，第 2973 页。

②《宋史》卷三二八《王韶传》，第 10579 页。

③《宋史》卷八七《地理志》三，第 2162 页。

④（唐）欧阳询：《艺文类聚》卷六一《居处部一》“后汉张衡西京赋”条，文渊阁《四库全书》第 888 册，第 390 页。

分散，泾（治今甘肃泾川县）、原（治今甘肃镇原县）、仪（治今甘肃华亭市）、渭（治今甘肃平凉市崆峒区）、环（治今甘肃环县）、庆（治今甘肃庆阳市西峰区）、镇戎（治今宁夏固原市）、灵（治今宁夏灵武市西南）、夏（治今陕西靖边县西北白城子）等州皆有，而河西走廊及熙（治今甘肃临洮县）、河（治今甘肃临夏市东北）、兰（治今甘肃兰州市）、廓（治今青海化隆县西 60 里黄河北岸）一带，更是吐蕃的主要分布区。散布于河西走廊的吐蕃人，逐渐形成凉州六谷吐蕃联盟，散居在河湟地区的吐蕃人，则以青唐（今青海西宁市）为中心，建立起唃厮啰政权。这两个吐蕃地方政权为了生存，都积极联宋抗夏。党项占领河西走廊后，又向河湟地区扩张，遇到唃厮啰政权的顽强抵抗。

唃厮啰政权属下部落主要聚居、耕牧于河湟地区，黄河河谷与湟水河谷地带是其主要农牧区，湟水河谷也是连接青唐与陇右地区的通道。北宋时期，河西走廊被西夏阻塞，青唐城便成为宋朝与吐蕃及西域交通的枢纽，各国行人由渭水河谷经巩州、熙州、河州至湟州（治今青海海东市乐都区），循湟水河谷抵达青唐（今青海西宁市）再转而西去。而凉州至青唐须渡大通河后，进入湟水河谷上而西行。西夏攻凉州、青唐，就循此路线进军，先取邈川城（今青海海东市乐都区南湟水南岸），后再攻青唐。若从甘州出兵，则可过扁都口，翻越祁连山直接进攻青唐。显然，青唐是具有战略地位的形胜扼要之地。

熙宁五年（1072 年），宋政府升古渭寨（今甘肃陇西县）为通远军，作为开拓熙河的根本，割秦州永宁（甘肃甘谷县西四十里铺附近）、宁远（今甘肃武山县城）、威远（今甘肃武山县南）、熟羊（今甘肃陇西县北 40 里）、来远（今甘肃武山县西南 30 里滩歌乡）等七寨隶属，以王韶知军。王韶领兵筑渭源堡（今甘肃渭源县）与乞神平堡（今甘肃渭源县西南）。渭源堡东至通远军[1]，西至熙州，是进兵熙河的前哨。乞神平堡在渭源堡西北，周围平旷，宋军击降吐蕃族帐筑堡以镇抚。渭源堡西有鸟鼠山，山之西有东峪河，西北流向熙州，在熙州东流入洮水。由渭源堡出发，越鸟鼠山，入东峪谷赴熙州，是一条捷径。渭源堡西有竹牛岭，循此山南坡西行，入洮河河谷，为通熙州的大道。王韶率军西进，击破吐蕃蒙巴觉、马尔水巴诸族，木征引兵自河州东渡洮水为援。王韶令部将御竹牛岭趋熙州以张军势，率军

---

① 五代后周显德四年（957 年）降环州为通远军，治所在通远县，即今甘肃环县，辖境相当于今甘肃环县及庆阳市西北部。北宋淳化五年（994 年），又升为环州。北宋熙宁五年（1072 年）置通远军，治所在古渭寨，今甘肃陇西县，辖境相当于今甘肃陇西、武山、漳县、定西、通渭等县地。崇宁三年（1104 年）升为巩州，金皇统二年（1142 年）复置通远军。正大中改为巩昌府。

越鸟鼠山，入东峪河谷，直趋武胜军（即熙州，吐蕃建为军，号武胜）而攻克，改名镇洮军。熙宁五年（1072 年）冬十月，升镇洮军为熙州（治今甘肃临洮县），以熙州为经营洮西的根本。熙州“东至本州界一百五里，自界首至通远军六十八里。西至本州界六十里，自界首至河州一百里。南至本州界九十里，自界首至岷州一百四里。北至本州界六十里，自界首至兰州一百一十六里”[①]，是连接陇右与河西诸州的重镇，是历代中原王朝西陲戍守要地。

王韶巩固熙州根据地以后，即向西推进，筑康乐城（今甘肃康乐县）及“刘家川、结河二堡，以通饷道”[②]，又攻破吐蕃阿纳城即珂诺城（今甘肃广河县），进筑香子城（今甘肃和政县）以屯辎重。改珂诺城为定羌城（今甘肃广河县），珂诺城与香子城均处在夏军南下援吐蕃的要道上，自熙州到河州必经这两座城。宋攻取香子城后，改名宁河寨（今甘肃和政县）。王韶命部将景思立屯兵香子城，自领兵穿露骨山南进。露骨山亦称白石山，为石灰岩结构，远望白石如骨裸露，因而得名。据《甘肃通志》卷五《山川·渭源》所载，在渭源县“南五十里，与平顶山相连，宋王韶穿道入洮州即此山”。在河州西南“一百五十里有雪山”，“接洮州蕃界，四时积雪，石如露骨，一名露骨山”[③]。宋熙宁六年（1073 年），木征据河州，王韶克之，“穿露骨山南入洮州境，山径陡峻狭隘，释马徒行”[④]。王韶率军进入洮水流域，断木征后援，然后回军，攻取河州。河州收复后，又南下收复岷州、洮州、宕州。宋军势力自通远军（治今甘肃陇西县）西进到洮水以西，抵达黄河上游，与湟水地区相接，对西夏所占据的兰州构成威胁。

兰州地区位于西夏南端一隅，如一把利刃插入河湟与陇右地区的接合部位，扼断宋朝通甘、凉之路，阻塞宋朝内地与西陲交通。开拓熙河的成功，势必要将收复兰州列入日程。从熙州到兰州，水路可沿洮河河谷北上，在今永靖县入黄河顺流而下，抵达兰州。陆路则必越马衔山，经榆中到达兰州。马衔山为熙、兰二州界山，山势高峻，为兰州以南屏障。榆中位于兰州东南，是兰州门户，夏人筑的西市新城（今甘肃榆中县东北 10 里三角城）在兰州东南 70 里，用以拱卫兰州。女遮谷（汝遮谷，今兰州市东 35 里），位于西市新城西北，夏人军队在此驻扎，后人称为

---

① （宋）王存《元丰九域志》卷三《陕西路·秦凤路》，北京：中华书局，1984 年，第 125 页。

② （宋）李焘：《续资治通鉴长编》卷二四四，熙宁六年四月己亥，北京：中华书局，1985 年，第 5945 页。

③ （清）许容、李迪等：《甘肃通志》卷五《山川·河州》，文渊阁《四库全书》第 557 册，第 171 页。

④《甘肃通志》卷五《山川·河州》，文渊阁《四库全书》第 557 册，第 171 页。

夏官营。西市新城南有龛谷寨(亦即康古,今甘肃榆中县南20里小康营),为夏军驻守处,与马衔山连成一道防线。宋元丰四年(1081年)八月,李宪总领大军北上合攻兰州,越马衔山,先至龛谷寨。“龛谷城坚窖积,夏人号为‘御庄’。”[①]宋军过龛谷川,“分兵发窖取谷及防城弓箭之类”[②]。进至西市新城,破夏兵二万余骑,进驻汝遮谷,“遣汉蕃将士袭击余党于山谷间”[③],获取大批马牛牲畜。修整装备后,继续进取兰州。收复兰州后,扩建州城,设置帅府,“以兰州为帅府,以镇洮为列郡”[④],在兰州“驻兵逾十日”,大兴版筑,“安置戍垒”[⑤],设置了龛谷寨(今甘肃榆中县南小康营)、吹龙寨(今甘肃兰州市南)、东关堡(改巩哥关置,今甘肃兰州市东18里)、胜如(今甘肃兰州市东)、质孤堡(今甘肃兰州东50里)[⑥]等,又增筑阿干堡、西关堡(今甘肃兰州市西20里)[⑦]。阿干堡在兰州南40里,有阿干水,修筑此堡,可控制阿干河谷。这样兰州北枕黄河,东、西、南三面皆有险隘城堡拱卫,以后成为历代军事重镇。

夏人不甘心失去兰州,不断派兵围攻,宋军也不断加强对兰州的守御,向北扩展州城,直通黄河岸边,又在北岸筑金城关以屏藩兰州。李宪收复兰、会州后,北宋军事势力越过马衔山,防线向北推进到黄河边,与夏军隔河相峙。宋政府建熙河兰会路,将势力向西扩展到河湟东境地区。从宋哲宗元符二年(1099年)开始,继续向河湟用兵,攻占湟(治今青海海东市乐都区)、鄯(治今青海西宁市)、廓(治今青海化隆县西60里黄河北岸)、积石(治今青海贵德县西40里)等州军。后吐蕃余部不断反抗,直到宋徽宗崇宁三年(1104年),才由王韶之子王厚最终略定河湟地区。

三、西北沿边的军事战略意义

河西陇右与河湟两大军事区得天独厚的地理位置与自然条件,以及在政治、军事和中西交通方面具有的重要性,使它具有重要的战略意义,在宋夏对峙时

---

① 《西夏书事》卷二五,第103页。
② 《续资治通鉴长编》卷三一六,元丰四年九月乙未,第7641页。
③ 《续资治通鉴长编》卷三一六,元丰四年九月乙未,第7640页。
④ 《续资治通鉴长编》卷三一六,元丰四年九月丙申,第7641页。
⑤ 《续资治通鉴长编》卷三一六,元丰四年九月辛丑,第7646页。
⑥ 《宋史》卷八七《地理志》三,第2165页。
⑦ 《元丰九域志》卷三《陕西路》,第135页。

期，势必成为宋夏双方竭力争夺的目标。

（一）优越的自然地理条件

河西走廊与熙河湟鄯地区宜农宜牧，是历代中原王朝屯田畜牧的重要地域。河西走廊气候干燥，雨量稀少，每年春夏，融化的雪水从祁连山北麓流入走廊，灌溉良田沃野，这样河西走廊既是绿洲地带，又有天然牧场，既适宜农耕，又适宜放牧。其物产丰饶，“畜牧甲天下”[①]。河湟地区系黄河九曲之地，土壤肥沃，水草丰美，有得天独厚的天然牧场，畜牧业素来发达。《青唐录》也谓：“自墨城西，下坡十余里，始得平川，皆沃壤，中有流水，羌多相依水筑屋而居。激流而硙。”四十里出峡，屈曲下至大川城，又谓：“川也长百里，宗河行其中，夹岸皆羌人居，间以松篁，宛如荆楚。”[②]这里农业生产尤为突出，粮食产量高。

这一地区也是历代中原王朝的军马供给地。汉唐以来，河西走廊地区盛产良马，宋初，其军马来源仍由河西诸蕃部供给。北宋统一后，吐蕃、回鹘向宋朝所贡马匹，每次多至千匹，少则数十匹。宋朝官员陈次升曾向皇帝上疏说：“兵家制胜莫如马，步兵虽多，十不当马军之一。故自古论兵，必以马为先焉。今西戎既叛，马不出市，国家每岁所失二万余匹，数年之后，马必甚阙。万一夏人与青唐解仇，连衡入寇，并力冲突，其将何及？”[③]可见战马对宋朝的重要性。宋仁宗时，由于长期对西夏作战，战马的需求量剧增，每年所需军马最高时达四万匹，最低时也“以二万匹为额”[④]，但所需战马仍供不应求，今天下马军“大率十人无一二人有马”[⑤]。坊监养马费用浩繁，得不偿失，于是设立专门机构，与少数民族开展茶马贸易。河湟地区也盛产良马，其中熙河地区也是良马的重要产地，“今秦州接连熙、河州及青唐羌界，乃自古产良马之地，宋朝以茶易马于秦州，置提举茶马司，凡中国战马，皆自此路得之”[⑥]。如果北宋政府能够据有河湟地区，就能源源不断地获得大量战马，河西、河湟地区成为宋朝军事物资基地。

---

①（元）脱脱等：《金史》卷一三四《西夏传》，北京：中华书局，1977 年，第 2877 页。

②（宋）李远：《青唐录》，上海：上海古籍出版社《说郛三种》，1988 年，第 602 页。

③（宋）赵汝愚：《宋朝诸臣奏议》卷一二五《马政·上徽宗论西蕃市马》，上海：上海古籍出版社，1999 年，第 1386 页。

④（清）徐松辑，刘琳等点校：《宋会要辑稿》职官四三《都大提举茶马司》，上海：上海古籍出版社，2014 年，第 4135 页。

⑤（明）杨士奇等：《历代名臣奏议》卷二四二《马政》，文渊阁《四库全书》第 439 册，第 833 页。

⑥（宋）吕颐浩：《忠穆集》卷八《燕魏杂记》，文渊阁《四库全书》第 1131 册，第 333 页。

(二)重要的军事战略地位

北宋立国之初,虽经赵匡胤、赵光义兄弟二人的努力,并没有完成王朝的大一统,北方的燕云十六州之地,有强大的辽朝,契丹族骑兵纵横驰骋;西北方党项崛起,建立西夏政权,对宋王朝构成极大的威胁。河西走廊是古代中原地区通往西域的咽喉地段,具有重要的军事战略意义。入宋以来,称雄于河西地区的吐蕃、回鹘等诸族势力,如果臣服于辽和西夏,就会从西、北两面对北宋形成夹击之势,使宋王朝顾此失彼,难于应付;反之,如果臣服于宋朝,则可与宋形成犄角之势,从西、南两面夹击契丹或党项,牵制其南下的力量。宋太宗清醒地看到"蕃部中族盛兵众,可以牵制继迁者,唯西凉而已"[①],使六谷部族"近塞捍御,与官军合势,亦国家之利"[②]。牢牢掌握对河西诸蕃部的控制权,是宋朝对夏、辽战争获得主动权的重要前提。

地处黄河九曲之地的河湟一带,对宋夏双方同样也十分重要。唃厮啰政权奄有"汉陇西、南安、金城三郡之地,东西二千余里"[③],其辖地范围以河湟为中心,东至秦州(治今甘肃天水市秦州区),北临西夏。西逾青海,南界蛮夷。河湟地区地形险要,"山峡迂回","扼束羌番屹为襟要"[④],素为兵家必争之地,历代各民族政权都竭力经营。这种险要的地理形势,北宋时,已有人清醒地认识到:"自炳灵寺渡河至青唐,凡四百里,道险地远,缓急声援不相及。"[⑤]当地吐蕃"若断炳灵之桥,塞星章之隘,我虽有百万之师,仓卒不能进"[⑥]。

北宋对西夏战争的形势,也迫切要求控制河湟地区。宋真宗景德元年(1004年),西凉府吐蕃首领潘罗支被"继迁种落迷般嘱及日逋吉罗丹二族"[⑦]所杀,德明攻占凉州,西凉府吐蕃六谷联盟瓦解,凉州被党项占领后,潘罗支弟斯铎督率领吐蕃余部投归湟水流域的唃厮啰,与河湟势力会合,组成了第二次吐蕃联盟,唃厮啰实力增强。凉州陷入西夏后,河湟地区就成为宋与西夏之间的要冲,第二

---

①(宋)魏泰:《东轩笔录》卷一五,载《唐宋史料笔记丛刊》,北京:中华书局,1983年,第172页。

②《宋史》卷四九二《吐蕃传》,第14156页。

③(宋)沈括:《元刊梦溪笔谈》卷二五《杂志二》,北京:文物出版社,1975年,第32页。

④(清)顾祖禹:《读史方域纪要》卷六四《陕西·西宁镇》,北京:中华书局,2006年,第3005页。

⑤《续资治通鉴长编》卷五一六,元符二年闰九月壬辰,第12286页。

⑥《续资治通鉴长编》卷五一六,元符二年闰九月壬辰,第12286页。

⑦《宋史》卷四九二《吐蕃传》,第14157页。

次结盟的吐蕃势力，便成为一股不可忽视的力量。西夏如果奄有河湟，控制吐蕃势力，联合契丹抗宋；宋朝如果能以唃厮啰为同盟者，则可以从两方“胁制河西”[①]。北宋统治者鉴于军事形势的需要，采纳边将曹玮“宜厚唃厮啰以扼德明”[②]的建议，联合河湟吐蕃以制西夏，加紧笼赂唃厮啰以为己用。显然，河湟地区对北宋具有重要的战略意义。

（三）连贯东西的交通要道

河西走廊与河湟地区都是重要的东西交通要道，这与它们独特的自然地理条件密切相关。

河西走廊形似一条狭长的走廊，走廊的南端是著名的祁连山（又称河西南山），终年白雪皑皑，不易翻越，而祁连山以南地区亦是崇山峻岭，道路艰难。走廊的北面则是龙首山、合黎山、马鬃山（又称河西北山），这些山脉之外就是腾格里及巴丹吉林等渺无人烟的沙漠地区，远在交通工具不甚发达的情况下，全靠人走马行，翻山越岭、穿越沙漠是极其艰险的。而中间则地势平坦，祁连山融化的雪水灌溉土地，形成了一个水草丰美、可农可牧的区域。由于这种独特的地理位置，优越的自然条件，所以东来西往的行人商队，大多通过走廊这条天然的平坦通道。自汉武帝置河西四郡后，河西走廊开始兴盛，成为联结东西方的丝绸之路咽喉地段，中原王朝由此道与西域各地通商，进行经济文化交流。

地处河西走廊之南的河湟地区也位于这条东西交通要道上。早在秦汉时期，居住在这里的羌族与漠北、河西的匈奴，黄河流域的汉族有密切联系。青海湟水流域出土了大量新石器时代的遗物，考古学家裴文中先生据此推测，由祁连山南沿湟水至青海湖，再经柴达木盆地到南疆，是一条主要的东西交通要道[③]。十六国南北朝时期，战乱频发，河西走廊群雄割据，道路不畅，行人难以平安通过，便改道青海地区。

11世纪以后，由于西夏的崛起，党项统治者控制了以河西走廊为通道的传统的中西商路，西夏对于过境商旅征收高额商税，“十而指一”，并且“必得其最上品”[④]，甚至过境商贾还要遭到羁留、勒索或劫掠，生命财产得不到保障。由于传

---

①《宋朝诸臣奏议》卷一四一《上神宗论进筑河州》，第1590页。

②《续资治通鉴长编》卷八三，大中祥符七年十二月甲戌，第1907页。

③ 裴文中：《史前时期之东西交通》，《边政公论》1948年第4期。

④（宋）洪皓：《松漠纪闻》卷一，文渊阁《四库全书》第407册，第697页。

统的丝绸之路受阻，来往于宋朝与西域、中亚的各国商贾、贡使，考虑到自身的利益和安全，避开河西走廊这一传统的东西商道，纷纷绕道河湟，走四五世纪曾繁盛一时的"吐谷浑路"（青海道）进行贸易。由于东西商路的改道，"高昌诸国商人皆趋鄯州贸卖"[①]，所以青唐（今青海西宁市）吐蕃唃厮啰政权统治区逐渐兴盛，在商路所经之处，修建了一公、摩宗、敦巴、巴金、巩令、结罗、斫龙、讲朱、错凿、当标、珂诺等许多城镇。丝绸之路的改道，从而使河西走廊这条传统的东西商道渐渐荒凉、阻塞。河湟地区还有穿越河西走廊的南北纵断道，一是即由凉州西赤泉，横穿河西走廊与祁连山进入青海地区；另一则由甘州南下穿越祁连山扁都口（大斗拔谷）至青唐（今青海西宁市）。青唐以南地区的"河南道"，即吐谷浑地区在张掖之南、陇西之西、黄河之南，故称为"河南"或"河南国"，穿越吐谷浑地区这条道路称为"河南道"。从青唐城东南出发，便到陇南蜀北。青唐、邈川等地因为交通缘故，繁荣兴盛，成为各国商贾辐辏的贸易中心，形成了以唃厮啰吐蕃政权的首府——青唐为中心的四通八达的交通网络。

总之，河西走廊、河湟地区在经济、政治、军事、地理等方面具有重要地位，因而对宋、夏、辽等政权均产生了极大诱惑力，无论哪一方占领和控制这两个地域，都意味着掌握了军事上的主动权。在这种形势下，展开对河西、河湟地区的争夺势在必行，不可避免。

四、宋朝开边政策的理论基础

北宋中期熙宁（1068—1077年）年间，始有开边之议，着力开拓西部边疆，经制吐蕃。王韶是宋江州德安（今江西德安县）人，字子纯。嘉祐进士，调新安主簿、建昌军司理参军。熙宁初，所上《平戎策》与《和戎六事》，对宋朝的开边政策影响极大，是宋神宗与后继嗣立者制定对吐蕃政策的依据。

（一）《平戎策》

宋神宗即位后，王安石执政，因"试制科不中，客游陕西，访采边事"[②]的王韶，

---

① 《宋史》卷四九二《吐蕃传》，第14161页。

② 《宋史》卷三二八《王韶传》，第10579页。

到京师上《平戎策》三篇,《宋史·王韶传》记载了《平戎策》[①]的主要内容:

西夏可取。欲取西夏,当先复河、湟,则夏人有腹背受敌之忧。夏人比年攻青唐,不能克,万一克之,必并兵南向,大掠秦、渭之间,牧马于兰、会,断古渭境,尽服南山生羌,西筑武胜,遣兵时掠洮、河,则陇、蜀诸郡当尽惊扰,瞎征兄弟其能自保邪?今唃氏子孙,唯董毡粗能自立,瞎征、欺巴温之徒,文法所及,各不过一二百里,其势岂能与西人抗哉!武威之南,至于洮、河、兰、鄯,皆故汉郡县,所谓湟中、浩亹、大小榆、枹罕,土地肥美,宜五种者在焉。幸今诸羌瓜分,莫相统一,此正可并合而兼抚之时也。诸种既服,唃氏敢不归?唃氏归则河西李氏在吾股掌中矣。且唃氏子孙,瞎征差盛,为诸羌所畏,若招谕之,使居武胜或渭源城,使纠合宗党,制其部族,习用汉法,异族类虽盛,不过一延州李士彬、环州慕恩耳。为汉有肘腋之助,且使夏人无所连结,策之上也。

《宋朝诸臣奏议》卷一四一《边防门》文彦博《上神宗论进筑河州》奏议中,也载有王韶《平戎策》的主要内容。先是,神宗即位初,前耀州司户参军王韶上书言:

国家必欲讨平西贼,莫若先以威令制服河、湟。欲服河湟,莫若先以恩信招抚沿边诸族。盖招抚沿边诸族,所以威服唃氏也 。威服唃氏,所以胁制河西也。陛下诚能择通财明敏之士,能周知其意者,令往来出入于其间,推恩信以抚之,使其倾心向慕,欢然有归附之意。但能得大族首领五七人,则其余小种皆可驱迫而用之矣。诸种既失,则唃氏君臣其敢复简慢而不归心于我耶?唃氏既归于我,即河西李氏在吾股掌中矣。急之可以荡覆其巢穴,缓之可以胁制其心腹,此所谓见形于彼而收功在此也。今木征诸族数款塞面内,为中国之用者久矣。此其意欲假中国爵命以威其部内也。而边臣以董毡故,莫能为国家通恩意以抚之。此所谓弃近援而结远交,贪虚降而忘实附,使董毡得市利而邀功于我,诚非取胜之术也。今木征与青唐族首领瞎药等在河州,瞎征与其舅李笃毡及沈千族首领常尹丹波等屯结河,欺巴温与龙川首领罗结在黄河头。三者皆唃

---

① 王韶向朝廷上《平戎策》《宋史·王韶传》谓三篇,且仅载其重点。《太平治迹统类》卷一六《神宗开熙河》记事条载《平戎策》,只载王韶以《平戎策》献朝廷,未及“三篇”,并言他献《平戎策》后又献《和戎六事》。

氏子孙，各立文法。汉界远者不过四五百里，近者二三百里，皆可以并合而兼抚之也。

两种文献所载《平戎策》的内容详略不一，但二者综合起来，可以显现《平戎策》的梗概。

王韶《平戎策》的分析是切合实际的。此时孱弱分散的吐蕃诸部，如无宋朝的援助，则或附于西夏，或被西夏吞并。西夏倘若占领河陇，将会截断宋朝与西方的交通，宋朝的西北边防将会出现一片混乱，不堪收拾。就连王安石的十三岁小儿王雱"得秦卒言洮、河事"后，也慨然叹息说："此可抚而有之，使西夏得之，则吾敌强而边患博矣。"①

（二）《和戎六事》

王韶进而又献《和戎六事》②，提出实施恢复河湟，断西夏右臂这一战略方针的六项具体措施。

第一，泾原、秦凤两路及洮（治今甘肃临潭县）、河（治今甘肃临夏市）、宕（治今甘肃舟曲县西北白龙江北岸）、叠（治今甘肃迭部县）、武胜军（治今甘肃临洮县）等地的部族，皆吐蕃之遗种，"自唃厮啰死，董毡继立文法，只能安集河湟间，而近边诸族自为种落，其在疆场之外者，皆强梗顽硬，不为吾用。在内地者，又分离散处，不相统一。此议者所以谓西蕃诸族皆微弱而不足用也"③。根据这种情况，王韶认为"惟其微弱，然后可以并合而有"，建议朝廷"必欲合西戎诸族而用之"，选择"通材明敏之士，心虑轩豁，能周知羌人情意者，令朝夕出入于其间，往来巡行，察其疾苦，平其冤滥，治其郁结，如汉护羌校尉之比。有不服者，即稍以恩信以绥之，身与之为帅，使其倾心向慕，欢然有归附之意，然后激作而用之，则十数万之兵，不出疆场而可集矣"④。

第二，吐蕃人"皆尊大族，重故主。诸族有承唃氏之后者，羌人皆畏服尊之"⑤。

---

①《宋史》卷三二七《王雱传》，第10551页。

②《宋朝诸臣奏议》卷一四一《边防门·上神宗论进筑河州》中所引王韶上疏，将《平戎策》与《和戎六事》作为一事记载。《宋史·王韶传》中记载的《平戎策》的主要内容，在该奏议中均已言及，又有"谨具和戎六事，条例如左"之语。此奏议见《潞公文集》卷二〇，题作《言洮河》，但未引王韶《和戎六事》。

③《宋朝诸臣奏议》卷一四一《边防门·上神宗论进筑河州》，第1590页。

④《宋朝诸臣奏议》卷一四一《边防门·上神宗论进筑河州》，第1590页。

⑤《宋朝诸臣奏议》卷一四一《边防门·上神宗论进筑河州》，第1591页。

但唃厮啰死后，其地一分为三，子孙各据地而治，力量分散，“唃氏诸孙今在洮、河间者，皆孱弱不能自立”，已难成为助宋抗夏的有力臂膀。如木征以往居洮山，有青唐族首领鸡罗瞎药及胡僧鹿尊事之，欲立文法，收复洮、河、宕、叠等州及武胜军诸羌。而木征孱弱，终不能自立。时逢秦州遣人逐去，致使“今洮、河间诸州并无大族为主。虽有瞎征及欺巴温之徒，各恃众自立，然文法所及者，俱不过一二百里。此其势正可以并合而兼抚之也”[①]。王韶建议“遣人往河州与木征计议，令人居武胜军或渭源城，与汉界相近，辅以汉法”。选择一员有文武才略的官员，令与木征同居，渐以恩信招抚沿边诸羌。“有不从者，令木征挟汉家法令以威之。其瞎征及欺巴温之徒，既有分地，亦宜稍以爵命制其心腹，使其习用汉法，渐同汉俗，于汉界实有肘腋之助，且使西贼不得与诸羌结连。此乃制贼之上策也。”[②]

第三，鄜延、环庆两路番兵，为宋朝守边御夏，“自来各有成法，使之战斗与守境，皆与汉兵无异，往往御敌杀将，立功塞外。此两路藩篱所以益固也。今四路番兵并是羌夷旧种，虽有吐浑、党项及吐蕃之别，然其种姓，实皆出于西戎而已。何独在鄜延、环庆皆可用，在泾原、秦凤则不可用？岂天地之所生育，与人材性分之所授者，绝然相异耶？”[③]王韶曾询问得知曹玮在西边时，所用环庆兵皆不及泾原、秦凤，只因经略使范仲淹在庆州时，与种世衡等处置得当，各尽其宜，故今四路中，唯环庆路蕃兵号为得力。由此得知，“教之在人，而不在其性分之相异也”。于是建议朝廷“宜择朝臣有文武材略者，往泾原、秦凤择蕃兵可教者教之，固其部族，合其心力，使劝勉奋励，乐为吾用。则十万余蕃兵，不费官中粒食而可以为心腹之用矣！”[④]

第四，加强对泾原、秦凤两路蕃兵的管理，“欲其可用，须令有合有离，离之所以弱其势，合之所以齐其力”[⑤]。沿边诸族附塞而居住者，皆分散，无大首领。势既离弱，又须团合，所以要“均其志趣，齐其心力，使其勤勉奋励”，相率成为宋朝边臣。王韶主张将泾原、秦凤两路蕃兵分为十部，每部置都巡检一人，“以蕃官有材能识略、为众所服者统之，而汉官一员为都大提举以总之”。这样“蕃人畏其首领

①《宋朝诸臣奏议》卷一四一《边防门·上神宗论进筑河州》，第 1591 页。
②《宋朝诸臣奏议》卷一四一《边防门·上神宗论进筑河州》，第 1591 页。
③《宋朝诸臣奏议》卷一四一《边防门·上神宗论进筑河州》，第 1591 页。
④《宋朝诸臣奏议》卷一四一《边防门·上神宗论进筑河州》，第 1591 页。
⑤《宋朝诸臣奏议》卷一四一《边防门·上神宗论进筑河州》，第 1591 页。

而以汉官总其权任,自然不敢作过,而久远并为吾用矣"[①]。

第五,要使"沿边蕃部欲其可用,莫若使其与汉人杂居"[②]。在沿边蕃部地区招置弓箭手,是最切实可行的办法。今沿边蕃部有极多未耕垦的畸零田地,但官府要求"须顷亩相连、地段相接者",方可招添弓箭手。王韶认为不须地段相连,一段二三十亩以上者,即三五段便可招一名弓箭手,"沿边诸族不下十余万帐,大约十余万帐可招弓箭手一万人"[③],以一万人散居十余万帐之间,不患其"心腹不一,思虑不专"。招添弓箭手一万人,便可获蕃兵十余万人之用。

第六,改变原蕃人献地方法,实行随其地段献纳。宋政府原先要求蕃民献地招置弓箭手,多是令其"全段献纳、尽帐起离",故蕃人顾恋而不肯献,所以献纳者甚少。改变献纳办法后,若田地狭隘,可令熟户随其地段多少,大约耕百亩者即献十亩给官府,用以招添弓箭手。这样"随其地段割令以献,则山原高下,所献者广"[④]。又令弓箭手分散在沿边族帐之间,使中原羁游无事之民耕蕃部荒闲之地,而可以禁其背叛,结其心腹,语其利害,使蕃部为宋朝所用。国家以恩信招抚,其土地皆可交易而得。从古渭州一带至洮、河、兰、廓之间,是汉陇西、南安、金城三郡地,所谓湟中、浩亹、临羌、枹罕、大小榆谷,土地肥饶,宜谷者皆在洮河兰廓之间,"诚得而耕之,其利岂止威伏羌戎而已耶?"[⑤]

总之,王韶的《平戎策》是从宏观上、总体上制定御蕃政策,是纲领,而《和戎六事》则为实现这一政策所制定的具体措施。其主旨是希望宋朝吸取以往与西夏长期战争而又不能制服西夏的教训,重点开拓这一地区,招抚当地蕃部为宋所用。同时抓住河湟吐蕃内部分裂、力量削弱的有利时机,进取熙河,切断西夏伸向河湟地区的触角,并以其为基地,组织力量,夹击西夏。王韶的建议得到宋神宗的赞赏,也迎合了王安石等革新派开拓边疆的主张。正如宋人邵伯温所言:"上书者王韶也,宰相力行者王介甫也。知秦州李师中者,郓州名臣李诚之待制也。介甫主王韶之说,为熙河之役,天下之士无敢言其不可者。"[⑥]王安石以为王韶之《平戎策》是奇谋,"乃有熙河之役"[⑦]与北宋后期的河湟之役。

---

①《宋朝诸臣奏议》卷一四一《边防门·上神宗论进筑河州》,第1591页。
②《宋朝诸臣奏议》卷一四一《边防门·上神宗论进筑河州》,第1591页。
③《宋朝诸臣奏议》卷一四一《边防门·上神宗论进筑河州》,第1591页。
④《宋朝诸臣奏议》卷一四一《边防门·上神宗论进筑河州》,第1591页。
⑤《宋朝诸臣奏议》卷一四一《边防门·上神宗论进筑河州》,第1591页。
⑥(宋)邵伯温:《闻见录》卷一三,文渊阁《四库全书》第1038册,第790页。
⑦《闻见录》卷一三,文渊阁《四库全书》第1038册,第792页。

五、宋朝御边政策的调整

立国于中原地区的北宋王朝，与辽、西夏鼎足而立，其边防线从北至西绵延千里，为巩固封建政权，维护统治秩序，受政治、经济、军事等因素的制约，北宋政府的御边政策在不同时期（初期、中期、后期），均有所变化与调整。

（一）重北边轻西鄙

这一时期，是从立国之初至灵州失陷之前（960—1000 年），重点防御北边的契丹辽国，对党项兴起及其威胁认识不足，掉以轻心。

建隆元年（960 年），北宋建立后，宋太祖赵匡胤立即着手制定统一天下的战略方针，采取先南后北、先易后难的策略，这个策略显然是将所谓“弹丸黑子之地”的契丹辽国予以重视，视为强敌，认真对待。因此在南向用兵，进行统一战争的同时，对北方强敌辽国暂时采取和好之态，持防御之势，以免两面受敌。此时的契丹辽国适值辽穆宗后期，国内斗争尖锐，新君景宗即位初期，因忙于内部事务，也愿与宋朝通好，所以宋太祖时期，北部边境基本保持安宁稳定，辽宋双方使臣往来密切。然而宋太祖赵匡胤对北边“惟念远图”，始终念念不忘收复燕云之地，曾多次“巡幸边陲，亲抚士卒”[①]，并不断颁发《幸河北诏》《幸边陲诏》《敕北边州军诏》，同时还在北部边境河朔之地，“岁屯重兵”[②]，对辽朝备边御戎，始终保持高度警惕。

宋太平兴国元年（976 年）十月，宋太宗赵光义即位。他继承太祖收复燕云的遗志，在次第平定了南方诸国及北汉后，即将矛头指向北方的辽国。太平兴国四年（979 年）六月，宋军乘战胜北汉之余威，欲伐辽取幽蓟。结果在高粱河之役中，遭到重创，全线溃败。宋雍熙三年（986 年）正月，宋太宗又乘辽主年幼、母后专权之际，再次北伐，颁布《幸边谕幽州诏》曰：“眷此北边之地，本为中国之民，晋、汉以来，契丹窃据，迨今不复，垂五十年。国家化被华夷，恩覃动植，岂可使幽燕奥壤，犹违礼义之乡；冠带遗民，尚限边荒之俗。”宣称要“爰兴师律，以正封疆，拯弱救焚，聿从于民望”，并要“亲临寇境，径指西楼之地，尽焚沙漠之庭”[③]。并兵分三路北伐，兵力不下 30 万。这次声势浩大的北伐战争，又遭失败，宋太宗元气耗

① 曾枣庄等主编：《全宋文》卷六《幸边陲诏》，成都：巴蜀书社，1988 年，第 148 页。

② 佚名：《宋大诏令集》卷一八七《谕河北诸州诏》，北京：中华书局，1962 年，第 685 页。

③《全宋文》卷六《幸边陲诏》，第 148 页。

尽，自是“不敢北向”[①]。从此后，北宋放弃了以武力收复燕云的企图，采纳张洎“缮修营垒，依凭险阻，训戒，聚谷，分屯塞下，来则备御，去则勿追”[②]，固守备边御戎的建议，对辽采取守势。于是在河北中部西起顺安军（治今河北高阳县东25里旧城镇），东至泥姑寨（今天津市东南东西泥沽村一带，后改名河平寨）海口东西300里，南北50~70里的地区，“资其陂泽，筑堤贮水为屯田”[③]，设寨铺戍守，阻止辽朝骑兵奔轶南下。而“顺安军以西，抵西山百里许，无水田处”[④]，也选兵戍守。由此，宋朝将战略进攻改变为战略防御，重点防御北边强邻契丹辽国。

宋朝在制定“先南后北”“先易后难”的策略时，却对陇山以西地区掉以轻心，没有作统一边疆的打算，正如宋人张方平所言“太祖不勤远略”[⑤]。而宋太宗更是把西部边疆视为化外，对西部党项、吐蕃、回鹘等少数民族漠然视之。此时迁居到夏（治今陕西靖边县西北白城子）、绥（治今陕西绥德县东南50里）、宥（治今内蒙古鄂托克前旗东南）、银（治今陕西榆林市横山区东党岔镇大寨梁）、静（治今宁夏永宁县南望洪乡附近）等地的党项已逐渐兴起，但宋朝并没有将此时的党项视为劲敌。宋太平兴国七年（982年），党项首领李继捧举族入朝，纳四州八县之地。其族弟李继迁率数十人奔走地斤泽（今内蒙古伊金霍洛旗西南），以恢复故土相号召，举起反宋的旗帜，开始了与宋争夺夏州的战争。但当时党项对西北边境的威胁，远不如汉唐时期匈奴、突厥、吐蕃所造成的边患那么严重。宋朝一些臣僚对来自党项的威胁也认识不足，尤其对李继迁的不断骚扰，断言只不过是“怀恋父祖旧地，别无他心”[⑥]，认为“党项号为小蕃，非是劲敌，诚如鸡肋”[⑦]。所以在宋初的一段时间里，尽管西北有党项崛起，但还没有形成与宋朝争霸称雄的势力，对宋也尚未构成威胁。

9世纪中期，吐蕃政权崩溃，迁徙到河西、陇右地区的吐蕃族种分散，不相统一，虽然局部地区出现了重新联合的趋势，也形成了凉州六谷潘罗支政权与青唐唃厮啰政权，宋初的统治者对他们也未放在心上。宋太平兴国八年（983年），当

---

①《辽史》卷八三《耶律休哥传》，第1301页。

②《续资治通鉴长编》卷三一，淳化元 年六月丙午，第701页。

③《宋史》卷二七三《何承矩传》，第9328页。

④《宋史》卷二七三《何承矩传》，第9328页。

⑤《宋史》卷三一八《张方平传》，第10357页。

⑥《宋史》卷二六五《张齐贤传》，第9157页。

⑦《续资治通鉴长编》卷三五，淳化五年春正月甲寅，第769页。

吐蕃诸族遣使入贡献马时，太宗表面上厚加抚慰，赐以束帛，但对臣僚却说："吐蕃言语不通，衣服异制，朕以化外视之。自唐室以来，颇为边患，以国家兵力雄盛，聊举偏师，便可驱逐数千里外。但念其种类蕃息，安土重迁，傥加攘却，必致杀戮，所以置于度外，存而勿论。"①足见宋太宗对吐蕃兴起与发展缺乏应有警惕性。

宋真宗即位后，按照其父的既定方针，对西北地区仍是漫不经心，无意经理。主张"令屯兵于内地，且简其闲冗，转饷当逐减省"②，目的在于"欲罢出兵，自固吾圉，非务攻略"③。因此，"置于度外，存而勿论""自固吾圉，非务攻略"，便成为宋初统治者对西北少数民族歧视及漫不经心的态度，也是对陇山以西地区采取"无意疆理"④的指导思想。正如清人顾祖禹所言："宋关中戍守，不越秦凤，熙宁以后，始务远略。"⑤

北宋王朝"无意疆理"西北的政策与其对内政策的演变密切相关。以"陈桥兵变"立国的北宋王朝，未经过农民起义暴风骤雨的冲击，立国伊始，就面临尖锐的阶级矛盾。宋端拱二年(989 年)，宋太宗诏文武群臣言备边御戎之策时，知制诰田锡主张"欲理外，先理内，内既理则外自安"⑥。随着阶级矛盾的发展，宋淳化二年(991 年)，宋太宗对大臣们说："国家若无外忧，必有内患。外忧不过边事，皆可预防。惟奸邪无状，若为内患，深可惧也。帝王用心，常须谨此。"⑦在这种守内虚外思想的指导下，必然将防范与镇压人民群众的反抗置于极其重要的地位，作为头等大事来抓，这就势必对西部防御掉以轻心，其军事防守自然就会轻视西鄙。

(二)防御重心西移

这一时期，是从灵州(治今宁夏灵武市西南)失陷至宋夏"庆历和议"(1001—1044 年)的签订。党项攻占灵州，北宋设防西边，防御重心由北边转向西北，实施积极防御措施，西北沿边防御渐现局部优势。

辽圣宗统和二十二年(1004 年)闰四月，辽军大举南征，兵临澶州(治今河南

---

①《续资治通鉴长编》卷二四，太平兴国八年九月庚午，第 553 页。"朕以化外视之"，《太宗皇帝实录》卷二六中则载为"朕常以禽兽畜之"。

②《续资治通鉴长编》卷四二，至道三年九月丙子，第 880 页。

③《续资治通鉴长编》卷四二，至道三年九月丙子李焘注，第 880 页。

④ 李华瑞：《论宋初的西部边疆政策》，《西北史地》1993 年第 1 期。

⑤《读史方舆纪要》卷六四《陕西十三·西宁镇》，第 3006 页。

⑥《续资治通鉴长编》卷三〇，端拱二年正月癸巳，第 678 页。

⑦《续资治通鉴长编》卷三二，淳化二年八月丁亥，第 719 页。

濮阳县)城下。在军事形势对辽国有利的情况下,宋辽双方达成和议,订立“澶渊之盟”,这是宋辽双方力量均衡的产物。“澶渊之盟”以后,“三边罢警,俱息于战争”[①],正式形成宋辽南北对峙的局面,结束了双方长期的战争状况。宋朝北方边境“自景德以来,四方无事,百姓康乐,户口繁庶,田野日辟”[②]。随着北方边境的安定,与辽国友好往来,北宋王朝与契丹辽国的矛盾也相对减轻,而与党项的矛盾逐渐上升为主要矛盾。党项攻占灵州(治今宁夏灵武市西南)以及元昊建立政权后,北宋王朝与党项的关系渐趋恶化,宋夏之间的矛盾日益尖锐,始终处于主导与支配地位,并影响与制约着其他诸多矛盾。北宋开始设防西鄙,防御重心由北边转向西北边陲,西北沿边防御逐渐出现局部优势。

党项李继迁恢复了夏(治今陕西靖边县西北白城子)、银(治今陕西榆林市横山区东党岔镇大寨梁)、绥(治今陕西绥德县东南 50 里)、宥(治今内蒙古鄂托克前旗东南)、静(治今宁夏永宁县南望洪乡附近)等拓跋氏昔日故土后,进一步扩张势力,由原先横山地区南推到绥、延(治今陕西延安市)、保安军(治今陕西志丹县)一线,向东猛攻麟(治今陕西神木市西南杨家城)、府(治今陕西府谷县)一线,向西则将矛头指向灵州,对灵州的争夺则成为宋夏战争的一个焦点。灵州位于夏州西侧,倚负贺兰山,带引黄河,“地方千里,表里山河,水深土厚,草木茂盛,真牧放耕战之地”[③],是唐宋时期西北边疆重镇。灵州西面是我国古代通往西域的重要通道——河西走廊,灵州地区当时散居着回鹘部落,灵州西南吐蕃部落分布,灵州也成为宋朝、回鹘、党项、吐蕃各势力争夺的焦点。如果李继迁得灵州,将得地坐大,增强实力,而宋朝若弃灵州,则等于撤去了一道屏障,并将失去军马的供给地。但灵州地区经过长期战争破坏,经济凋敝,粮饷给养不足,戍守十分艰难。正当宋王朝臣僚议论纷纷,对灵州的弃守举棋不定时,李继迁已组织动员军力,对灵州展开猛烈进攻。宋真宗咸平五年(1002 年)三月,攻占灵州,灵州的失陷,也使宋朝不得不对党项刮目相看。此时的党项今非昔比,成为一股重要的政治、军事力量,对宋朝的威胁逐渐强化。

李继迁奄有灵州后,升灵州为西平府,“借此为进取之资,成霸王之业”[④],立即

---

①《宋大诏令集》卷一八七《谕河北诸州诏》,第 685 页。

②《宋史》卷一七三《食货志上一》,第 4163 页。

③《续资治通鉴长编》卷四四,咸平二年六月戊午,第 947 页。

④《西夏书事》卷七,第 49 页。

向河西走廊扩张，与凉州吐蕃发生激烈的战争，李继迁败死凉州，凉州得而复失，被回鹘占领。其子李德明继承父志，但改变策略，与辽、宋结好，党项势力日益强大。宋天圣九年(1031年)，李德明病故，子李元昊继位，执政数年间，尽占河西走廊之地。经过李氏三代不懈努力，终于实现了控制河西走廊的战略目的。正如吴广成所言："盖平夏以绥、宥为首，灵州为腹，西凉为尾，有灵州则绥、宥之势张，得西凉则灵州之根固。"[①]

西夏天授礼法延祚元年(1038年)，元昊建立西夏政权，其疆域"东据河，西至玉门，南临萧关，北控大漠，延袤万里"[②]。元昊"既悉有夏、银、绥、宥、静、灵、盐、会、胜、甘、凉、瓜、沙、肃"[③]等州，又新升部分重要的洪(治今陕西靖边县西南)、定(治所定远镇，今宁夏平罗县南姚伏镇)、威(治今宁夏中宁县东北鸣沙镇)、龙(治今陕西靖边县东南)诸堡镇为州，以兴庆府(治今宁夏银川市)为首都。西夏已与宋、辽平起平坐，形成鼎足之势，此时的党项如虎添翼，其势一发而不可止，与宋朝的矛盾日益尖锐激烈。西北沿边成为宋朝重点防守地区，御夏成为宋朝的头等大事。

奄有广阔地域的党项进行扩军备战，"置十八监军司，委酋豪分统其众"[④]，在沿边地区布军设防。"自河北至卧啰娘山七万人以备契丹；河南洪州、白豹、安盐州、罗洛、天都、惟精山等五万人，以备环、庆、镇戎、原州；左厢宥州路五万人，以备鄜、延、麟、府；右厢甘州路三万人，以备西蕃、回纥；贺兰驻兵五万人，灵州五万人，兴庆府七万人为镇守，总三十余万。"[⑤]显然，元昊在与宋朝相邻的河东、陕西沿边驻扎10万大军。面对这种严峻的军事形势，北宋王朝的统兵体制及布署有所变化。庆历元年(1041年)，"分陕西沿边为秦凤、泾原、环庆、鄜延四路"[⑥]，并且设置经略安抚司，陕西、河东的经略安抚使，其"职在绥御戎夷，则为经略安抚

---

①《西夏书事》卷七，第50页。

②《读史方舆纪要》卷七《历代州域形势》七《宋上辽夏附》，第320页。关于西夏疆域，吴广成:《西夏书事》卷一二，元昊大庆元年夏五月:"东尽黄河，西界玉门，南接萧关，北控大漠，地方万余里。"《宋史》卷四八六《夏国传下》:"夏之境土，方二万余里"。

③《宋史》卷四八五《夏国传上》，第13994页。

④《续资治通鉴长编》卷一二〇，皇祐四年十二月癸未，第2845页。

⑤《续资治通鉴长编》卷一二〇，皇祐四年十二月癸未，第2845页。

⑥《宋史》卷八七《地理志三》，第2143页。

使兼都总管以统制军旅，有属官典领要密文书，奏达机事”[①]。将陕西沿边一分为四个军事区，是针对西夏的设防及战争情况所采取的应对措施，便于各路军队相互配合、策应，更好地抵御西夏的进攻。

随着军事部署与统兵体制的变化，宋王朝在这四路屯驻重兵。北宋的正规军是禁军，即“天子之卫兵”，亦称禁兵，“守京师，备征戍”[②]。禁军的屯驻采取内外相制的政策。“澶渊之盟”以前，河北驻兵最多，之后又以陕西沿边驻兵最多。永兴军路 78 指挥，鄜延路 42 指挥，环庆路 45 指挥，秦凤路 66 指挥，泾原路 98 指挥，河东路 160 指挥[③]。庆历年间，由于宋夏战争的需要，北宋军队数量急骤膨胀，“庆历之籍总一百二十五万九千，而禁军马步八十二万六千”[④]。部署在“鄜延路屯兵六万八千，环庆路五万，泾原路七万，秦凤路二万七千”[⑤]，仅在陕西沿边禁军兵力就有 21.5 万人。

西北沿边地区除屯驻禁军外，还有厢军、乡兵、蕃兵、弓箭手等。厢兵是“诸州之镇兵，以分给役使”[⑥]。北宋初，各地藩镇军中的精兵强将抽调中央后，剩下年老体弱者，“留本城，虽无戍更，然罕教阅，类多给役”，充当厢兵役使，显然厢兵是地方军兼杂役军。厢兵数额庞大，宋仁宗景祐年间（1034—1037 年），为“四十三万八千”，到治平三年（1066 年）“乃五十万”。西北地区由于宋夏战争的需要，也招募百姓为厢军。治平初，在永兴、河中、泾、原、仪、渭、鄜、庆、陕、耀、坊、华、丹、同、陇、乾、解、镇戎、德顺等“陕西州军悉置壮城如河北，以备缮完城垒之役”[⑦]。

乡兵是“选自户籍，或土民应募，在所团结训练，以为防守之兵”[⑧]。唐朝以募兵取代府兵后，五代和宋朝的乡兵又保留和恢复征兵制。后周广顺中，“点秦州税户充保毅军”。北宋因袭后周遗制，又陆续设置了多种乡兵。在西北沿边一带，陕西有强人、寨户、保毅、强人弓手、弓箭手、义勇、护塞；麟州有义军等。宋康定初，元昊起兵反宋，因宋军屡败，正兵不足，就籍陕西之民，三丁选一以为乡弓手。又

---

①《宋史》卷一六七《职官七》，第 3960 页。
②《宋史》卷一八七《兵志一》，第 4569 页。
③ 李华瑞：《宋夏关系史》，保定：河北人民出版社，1998 年，第 140 页。
④《宋史》卷一八七《兵志一》，第 4576 页。
⑤《续资治通鉴长编》卷一三七，庆历二年闰九月癸巳条，第 3303 页。
⑥《宋史》卷一八七《兵志三》，第 4639 页。
⑦《宋史》卷一八九《兵志三》，第 4643 页。
⑧《宋史》卷一九〇《兵志四》，第 4705 页。

“刺充保捷，为指挥一百八十五，分戍边州”[①]，并在陕西点籍义勇，“得十三万八千四百六十五人”[②]。治平末，“陕西十州军并寨户总为四万六千三百”[③]。

西北边地羌戎种落诸多，不相统一，保塞者谓之熟户，余谓之生户。蕃兵是乡兵的一种，是西北沿边地区少数民族熟户蕃部丁壮组成的军队，具有地域性与民族性。《宋史·兵志五》载：“蕃兵者，具籍塞下内属诸部落，团结以为藩篱之兵。”[④]宋初，就已渐次设置，由部族首领统辖，其大首领为都军主，百帐以上为军主，其次首领为副军主、都虞候、都指挥使、副兵马使，以功次补者为刺史、诸卫将军、诸司使副使、承制、崇班、供奉官至殿侍。宋代西北蕃兵组织“一律以乡兵之制”[⑤]。蕃兵主要分布在陕西的秦凤、泾原、环庆、鄜延四路，以及河东的石（治今山西离石区）、隰（治今山西隰县）、麟（治今陕西神木市西南杨家城）、府（治今陕西府谷县）诸州。庆历年间，泾原路熟户蕃兵 177 族，13341 人，马 5500 匹；秦凤路熟户兵马 147 族，35600 人，马 22470 匹；环庆路熟户蕃兵 247 族，44000 人，马 4390 匹；鄜延路领熟户蕃户蕃兵九大族 12700 人，马 1490 匹[⑥]。英宗即位后，对蕃部加强组织与建设，“籍城寨兵马，计族望大小，分队伍给旗帜，使各缮堡垒，人置器甲，以备调发”[⑦]。经过整编后，秦凤路有“强人四万一千一百九十四，壮马七千九百九十一”[⑧]。泾原路有“强人一万二千四百六十六，壮马四千五百八十六，为一百十甲，总五百五队”[⑨]。环庆路有“强人三万一千七百二十三，壮马三千四百九十五，总一千一百八十二队”[⑩]。鄜延路有“蕃兵一万四千五百九十五，官马二千三百八十二，强人六千五百四十八，壮马八百十”[⑪]。到英宗治平年间，陕西四路有蕃民 106526 人，再加上弓箭手数，共计 16 万余人，蕃兵成为北宋西北地区军事力量的重要组成部分，是“备塞御戎之至要”。

---

①《宋史》卷一九〇《兵志四》，第 4706 页。
②《宋史》卷一九〇《兵志四》，第 4708 页。
③《宋史》卷一九〇《兵志四》，第 4713 页。
④《宋史》卷一九一《兵志五》，第 4750 页。
⑤《宋史》卷一八七《兵志一》，第 4569 页。
⑥《武经总要》前集卷一八上《边防》，第 726 册，第 526、532、523、519 页。
⑦《宋史》卷一九一《兵志五》，第 4752 页。
⑧《宋史》卷一九一《兵志五》，第 4752 页。
⑨《宋史》卷一九一《兵志五》，第 4753 页。
⑩《宋史》卷一九一《兵志五》，第 4754 页。
⑪《宋史》卷一九一《兵志五》，第 4753 页。

西北沿边地区大量军队的集结，充分说明宋朝防御重心从北边抗辽转为西北御夏，其战略方针有所变化。然而此时的宋政府，对于政权初建的西夏军事力量并没有足够的认识，自恃为大国，又有重兵屯聚，在战术上采取进攻与速战速决的策略，企图轻而易举地剿灭西夏，结果导致军事上的惨败。

今陕西北部横山为宋夏界山，宋夏双方都利用这一地形扼守险要。该地区分布着众多党项部族，他们或附宋或附夏，为宋、夏所用，西夏和宋朝"各以边人为强"[①]。夏建立政权后，以横山作为跳板，南侵宋朝，横山地区自然也成为宋朝防御西夏的前哨。从西夏广运元年（1034 年）到天授礼法延祚二年（1039 年），元昊多次进攻府（治今陕西府谷县）、环（治今甘肃环县）、庆（治今甘肃庆阳市西峰区）、泾（治今甘肃泾川县）、原（治今宁夏固原市）等州，但均被宋军击退。经过几年试探性的进攻后，元昊摸清了宋朝沿边各地的防御状况。横山以东以南，宋朝河东路、陕西路一带"备御完固"，"环庆路边寨排密"[②]。而鄜延路的边境"地阔而寨栅疏，近者百里，远者二百里，士兵寡弱，又无宿将为用"[③]。延州既是宋朝西北边境的军事要地，也是西夏出入的要冲，而知延州范雍怯弱无谋。因此延州（治今陕西延安市）便成为元昊攻宋的突破口，元昊对宋战争的第一个目标。鄜延环庆路副都部署刘平认为陕西四路兵马及蕃汉弓箭手、步骑可"得精兵二十万"[④]，是元昊军队的三倍多，"不出一月，可坐致山界洪、宥等州"[⑤]。正是这种盲目轻敌与冒进，造成惨败。康定元年（1040 年）正月，西夏元昊声称攻延州，在三川口（今陕西延安市西北）设伏，宋全军覆没，西夏军队控制了横山以南至延州一带。

三川口战败后，宋政府调整防务，以范仲淹知延州。范仲淹采取积极防御战略，宋朝覆延路防线基本稳固下来。元昊在充分准备后，又向宋朝发动战争，企图消灭宋朝在泾原路的主力。庆历元年（1041 年）春，西夏又发动第二次大规模的进攻，元昊亲率十万大军向宋朝渭州（治今甘肃平凉市）推进。宋军骄傲轻敌，盲目冒进，在好水川又一次中伏，士卒死伤万人，数十名大将阵亡。名好水者，即今宁夏隆德县境之渝河，又名甜水河，在今隆德县西北下六盘山路支山北。《皋兰载

---

①《续资治通鉴长编》卷一四九，庆历四年五月壬戌，第 3600 页。

②《西夏书事》卷一三，第 67 页。

③《宋史》卷二八八《范雍传》，第 9679 页。

④《续资治通鉴长编》卷一二五，宝元二年闰十二月壬子，第 2957 页。

⑤《续资治通鉴长编》卷一二五，宝元二年闰十二月壬子，第 2957 页。

笔》谓“县西及固原之水皆味浊而此独甘”[①]，故名好水。消息传来，关右震动，宋仁宗为之旰食。从此宋朝廷改变策略，很少大部队进攻，对夏采取持重守御之策。

好水川之战惨败后，使宋朝君主认识到持久防御的正确性，采用以防主的策略，对西北边防进行了重新调整，将陕西分为秦凤、泾原、环庆、鄜延四路，起用韩琦知秦州，王沿知渭州，范仲淹知庆州，庞籍知延州，各兼本路马步军都部署经略安抚缘边招讨使，分统各路军务。庆历四年（1044年）五月壬戌，枢密副使韩琦、参知政事范仲淹并对于崇政殿，上四策。其主张与要求，《续资治通鉴长编》卷一四九中有所记载：

昨元昊叛命，王师数出不利，而北敌举数十万众，谓元昊是舅甥之邦，中国不当称兵。……其三曰：元昊巢穴，实在河外，河外之兵，懦而罕战。惟横山一带蕃部，东至麟、府，西至原、渭，二千余里，人马精劲，惯习战斗之事，与汉界相附，每大举入寇，必为前锋。故西戎以山界蕃部为强兵，汉家以山界属户及弓箭手为善斗。以此观之，各以边人为强。所以秦、陇驱逐西戎，必先得西界之城，彼既远遁，然后以河为限，不能深入。傥元昊归款，则请假和策以抚之，用守策以待之。或顺而翻变，则有可攻之策。窃计陕西四路之兵，几三十万，非不多也。然分守城寨，故每路战兵，大率不过二万余人，坐食刍粮，不敢轻动。盖不知贼人果犯何路，其备常如寇至。彼则不然，种落散居，衣食自给，或忽尔点集，并攻一路，故其众动号十余万。以我分守之兵，拒彼专举之势，众寡不敌，遂及于败。且彼为客，当劳而反逸，我为主，当逸而反劳。我若复用此计，使彼劳我逸，则取胜必矣。臣等请于鄜延、环庆、泾原路各选将佐三五人，使臣一二十人，步兵一万，骑兵三千，以为三军，训以新定阵法。俟其精勇，然后观贼之隙，使三军互掠于横山，降者纳质厚赏，各令安土，拒者并兵急击，必破其族。假若鄜延一军先出，贼大举来应，我则退守边寨，或据险要，勿与之战。不越旬日，彼自困疲，势将溃归，则我复出环庆之军，彼必再点兵而来，即又有泾原之师，乘间而入，使贼奔命不暇，部落携怨。我则兵势自振，如宥、绥二州，金汤、白豹、折亹等寨，皆可就而城之。其山界蕃部去元昊且远，救援不及，又我以坚城守之，以精兵临之，彼既乐其土，复逼以威，必须归附，以图自安。三二年间，山界可以尽取。此春秋时

---

① （清）陈奕禧：《皋兰载笔》，载《小方壶斋舆地从钞》第六帙，第九册，杭州：杭州古籍书店，1985年，第258页。

吴用三师破楚之策也。元昊若失横山之势，可谓断其右臂矣。引汉、唐之旧疆，岂今日之生事？此攻策之得也……[①]

范仲淹、韩琦"日夜计议，选练兵将，渐复横山，以断贼臂"[②]，制定了以防御为主，防中有攻，积极进取横山的战略，并招纳蕃部，修筑堡寨，作久守之计，有效地加强了北宋的防御力量。

经过范仲淹、韩琦等官员的努力，鄜延、环庆、秦凤三路的防务得到改善，但是泾原路由于地据夏军南下的要冲之地，其地形对西夏骑兵有利。"自镇戎军至渭州，沿泾河大川直抵泾、邠，略无险阻。虽有城寨据平地，贼径交属，难以捍防。"[③]因此西夏将大规模入侵的矛头对准了渭州，其进军路线是从天都山（今宁夏海原县南）出发，南攻镇戎军（治今宁夏固原市），兵分两路，一出刘燔堡（今宁夏海原县西南），一出彭阳城（今宁夏固原市东南），准备经渭州东南入关中。宋庆历二年（1042 年）闰九月，元昊采用诱敌深入、聚而歼之的战略，将宋军主力吸引到定川寨（今宁夏固原市西北）中，重兵围困，宋军将领葛怀敏战死，9400 余人、600 余匹马皆被夏人所俘获，西夏军队长驱直入渭州。环庆经略使率兵六千驰援，"邠泾以东，皆固垒自守"[④]。此时元昊虽胜，但夏军也疲困不堪，无力再向前推进。

旷日持久的战争给宋夏双方带来极大损失，两国的统治者都无力再将战争进行下去，均产生了尽快结束战争的愿望。而此时宋、辽、夏三方关系也出现新的变化，辽夏交恶，联盟破裂，元昊恐两面受敌，愿与宋息兵议和。在数次大战之后，庆历四年（1044 年），宋夏双方签订了和约，史称"庆历和议"。自康定元年（1040 年）至庆历二年（1042 年）年，三年之间，元昊发动了三次大规模的进攻，均以掠夺财富为目的，每次虽皆获胜，劫掠后匆匆退走，但无法占领北宋大片领土，就是因为宋朝已对西北沿边进行重点防守，"鄜延路兵屯六万八千，环庆路五万，泾原路七万，秦凤路二万七千，以牵制其势也"[⑤]。精兵强将云集西北，各路屯驻重兵，西北沿边防御渐现局部优势。

（三）以攻为守兼制西夏

嘉祐三年（1058 年），王安石上《仁宗皇帝言事书》（《万言书》）揭开变法序

---

①《续资治通鉴长编》卷一四九，庆历四年五月壬戌，第 3597、3600、3601 页。

②《续资治通鉴长编》卷一三八，庆历二年十一月辛巳，第 3322 页。

③《宋史》卷二九二《王尧臣传》，第 9774 页。

④（宋）陈均：《九朝编年备要》卷十一《元昊寇边》，文渊阁《四库全书》第 328 册，第 294页。

⑤《宋会要辑稿》兵八《出师二·夏州》，第 8767 页。

幕，至宣和元年（1119年），“改湟州为乐州，又改为熙河兰乐路，寻复改为熙河兰廓路”[①]，河湟地区成为宋朝辖地。

宋朝自立国后，就与辽、西夏鼎峙对立，北宋王朝在东起河北，南至陇西的千里边防线上，时刻遭受到游牧民族强悍骑兵的进扰。宋夏之争激化时，散处于河陇地区的吐蕃政权的兴起，恰似第四股势力加入辽、夏与宋朝的角逐之中。宋朝发君臣意识到其举足轻重的作用，先是采用羁縻怀柔政策，“当以绥怀为务”[②]，对吐蕃要“抚宁部落，务令安集”[③]。后来由于西夏不断攻宋，宋王朝西北边防压力随之增大，进而对吐蕃发展为笼络联合，不断加封吐蕃各部首领，并在经济上不断进行援助，用各种手段结其欢心。正如职方员外郎、秘阁校理吴淑上疏所言：“夫蕃戎靡不贪慕财贿，国家诚不爱重币珍玩以啖之，爵赏荣耀以诱之，则西戎宜其为用矣。”[④]主张“宜示之以中国强盛，喻之以中国富厚，待之以至诚，临之以威重，夷落岂敢不服从哉”[⑤]。吏部尚书张齐贤则进一步提出“以蛮夷攻蛮夷，中夏之上策也”[⑥]，主张结好吐蕃以攻西夏。这就是熙河之役前，北宋对吐蕃的基本政策。这种政策在当时确曾获得收效，凉州潘罗支、青唐唃厮啰等均在一定程度上成为宋王朝的盟友，牵制了西夏的兵力，宋王朝初步达到了利用吐蕃钳制西夏的目的。

宋王朝中期，积贫积弱日益严重，危机四伏，统治集团中的一部分有识之士发出了要求改革的呼声，并进行了改革的初步尝试。嘉祐三年（1058年）春，新到京城任三司度支判官的王安石写了著名的《上仁宗皇帝言事书》，指出了宋王朝内部潜伏的种种矛盾与危机，并针对这些问题提出了改革的意见与文法。但王安石的《上仁宗皇帝言事书》并没有引起仁宗皇帝的注意与执政大臣的重视。

宋神宗即位后，宋朝国内及西夏、吐蕃的局势发生了很大变化。宋神宗是一位年轻有为、奋发进取的皇帝，锐意改革。他继位之前，曾与侍臣议论天下大事，赞赏王安石的《上仁宗皇帝言事书》。继位后，起用王安石任参知政事，并支持他在政治、经济、军事诸方面进行一系列的改革。当时的宋廷，革新时弊，渴望富国

---

①《宋史》卷八七《地理志》三，第2162页。
②《宋史》卷二六六《温仲舒传》，第9183页。
③《宋史》卷四九二《吐蕃传》，第14152页。
④《续资治通鉴长编》卷五〇，咸平四年十一月辛巳，第1088页。
⑤《续资治通鉴长编》卷五〇，咸平四年十一月辛巳，第1088页。
⑥《续资治通鉴长编》卷六八，大中祥符元年四月己未，第1537页。

强兵的思想占据了主导地位，因此经略河湟，兼制西夏，收复汉唐旧境，开拓经营西北连贯，成为王安石等革新派的一项重要的战略目标。此时的宋朝经历了近百年的对夏战争，付出了沉重的代价，防卫体系已渐趋完固，军事上已显示出对夏步步进逼的势态，而西夏却失去了昔日元昊时期的军事鼎盛之势，谅祚年幼继位，母族没藏讹庞控制朝政，内乱已在肘腋之间。谅祚死后，幼子秉常新立，母后梁氏摄政，独揽大权，穷兵黩武，经济困乏，人民愤懑。此时的西夏王朝，由于长期对外战争，国力虚耗，加之政局不稳，军事力量已大大削弱，再也不能大举攻宋，不得不收缩战线，渐渐转入被动防守。这正是对西夏进讨的千载难逢的良机。

此时的吐蕃由于西夏的威逼已渐趋衰弱，其内部矛盾也逐渐显露。李立遵与唃厮啰之间的斗争一刻不息，而唃厮啰父子之间的矛盾也日益激化，唃厮啰长子瞎毡，次子磨毡角皆叛其父。瞎毡在河州，磨毡角与其母李氏在宗哥耶卑城，各自抚有部族，“分据土地、部族，各立文法”[①]。而磨毡角与西夏通好，又与其父早年所杀的温逋奇子邈川首领温郢成俞龙解仇。唃厮啰家族分裂为三部，“分牵制事，力不得齐一”[②]，削弱了牵制西夏的力量。唃厮啰后期，宋夏订立“庆历和议”，西夏对宋边境压力减轻，宋夏关系暂时缓和，宋王朝放松了对吐蕃的笼络与联合，于是吐蕃开始进犯宋朝边境。嘉祐二年（1057 年），“瞎药、木征、唃厮啰连衡更出，岁为边患”[③]。而且木征、瞎药“谋立文法”“阴与夏人通款”[④]。就连唃厮啰宠幸的乔氏所生之子董毡，虽被立嗣，也表示出亲夏的态度，娶契丹女为妻，“连婚契丹，合从夏戎”[⑤]。这一切使宋朝廷忧虑重重。

在此形势下，宋王朝一反过去对吐蕃一味笼络联合的政策，转而展开对秦陇以西吐蕃诸部武力开拓经营。熙宁五年（1072 年），以熙（治今甘肃临洮县）、河（治今甘肃临夏市东北）、洮（治今甘肃临潭县）、岷（治今甘肃岷县）五州及通远军（治今甘肃陇西县）为一路，置兵马步军都总管、经略安抚使，后又“以熙河等五州军为一路，通旧鄜延等五路，共三十四州军”[⑥]，这样在西北沿边形成了五个军事

① （宋）张方平：《乐全集》卷二二《奏第二状》，文渊阁《四库全书》第 1104 册，第 218 页。

② 《乐全集》卷二二《奏第二状》，文渊阁《四库全书》第 1104 册，第 218 页。

③ （宋）刘敞：《公是集》卷五一《王开府行状》，文渊阁《四库全书》第 1095 册，第 856 页。

④ （宋）韩琦：《韩魏公集》卷一六《家传》，载《丛书集成新编》第 74 册，台北：台湾新文丰出版公司，1986 年，第 235 页。

⑤ 《乐全集》卷二二《奏第二状》，文渊阁《四库全书》第 1104 册，第 219 页。

⑥ 《宋史》卷八七《地理志》三，第 2143 页。

区。因熙河地区“连岁用兵，仰给支度，费用不赀”[①]，于是在熙宁末年，开始在熙河地区设置经制边防财用司，主要职责为“掌经画钱币、粮以供边费，凡榷易货物、根括耕地及边部弓箭手等事，皆奏而行之”[②]。熙河路的设置是西线战场的开辟，是宋朝实施两面夹击西夏的重要举措。从熙宁五年开始的熙河之役，到熙宁六年八月，王韶再次攻克河州，用了不到两年时间，取得“修复熙州、洮、岷、叠、宕等州，幅员二千余里，斩获不顺蕃部万九千余人，招抚大小蕃族三十余万帐”[③]的重大胜利。不言而喻，宋朝对秦陇以西吐蕃诸部的开拓经营，是伴随着刀光剑影、血与火的残酷洗劫而进行的，正如史籍所载：“杀蕃部老弱不可胜数，军以首级功。”[④]焚荡帐户更是不计其数，致使熙河一路“自用兵以来，诛斩万计，遗骸暴野，游魂无依”[⑤]。

开拓熙河的胜利，使宋神宗飘飘然产生轻敌之心，欲乘胜一举吞灭西夏。元丰四年（1081 年），神宗调集陕西、河东五路之师大举伐夏：种谔出鄜延，高遵裕出环庆，刘昌祚出泾原，李宪出熙河，王忠正出河东为种谔后援，五路大军草率出兵，招致失败。仅李宪一路以偏师出西夏侧背，夺取兰州（治今甘肃兰州市）、会州（治今甘肃靖远县东北），使宋朝边境越过马衔山推进至黄河边，远抵天都山（今宁夏海原县南），扩大了开拓熙河的成果，不仅将熙河路扩展为熙河兰会路，而且开拓了宋朝由内地通往西部地区的另一通道。原来的交通只能循丝绸之路，由京兆府（今陕西西安市），经扶风（治今陕西扶风县）、凤翔（治今陕西凤翔县）、汧阳（治今陕西千阳县）、陇州（治今陕西陇县），过大震关（今甘肃清水县东陇山东坡），至清水（治今甘肃清水县）、秦州（治今甘肃天水市秦州区），然后循渭河河谷至通远军（治今甘肃陇西县）、渭源城（今甘肃渭源县）、熙州（治今甘肃临洮县）、河州（治今甘肃临夏市东北），由河州炳灵寺渡河到达湟水流域的青唐（今青海西宁市）地区，与通往西域的青唐道连接。宋元丰五年（1082 年）占领兰、会州后，可由熙州至兰州西市城（今甘肃榆中县东北 10 里三角城）、定西城（即西使城，今甘肃定西市安定区南 27 里）、平西寨（今甘肃定西市北）、打罗城（即打拉池，原名大

---

① 《宋史》卷一六七《职官》七，第 3972 页。

② 《宋史》卷一六七《职官》七，第 3972 页。

③ 《续资治通鉴长编》卷二四七，熙宁六年十月辛巳，第 6022、6023 页。

④ （清）毕沅：《续资治通鉴》卷七六，神宗元丰四年六月己卯，北京：中华书局，1957 年，第 1893、1894 页。

⑤ 《续资治通鉴长编》卷二四七，熙宁六年十月丁酉，第 6032 页。

麻川，在今甘肃白银市平川区东南共和乡）至天都寨（今宁夏海原县，西夏称东牟会），南下到德顺军（治今甘肃静宁县），东向经笼竿城（今宁夏隆德县），过六盘山，至渭州（治今甘肃平凉市崆峒区），即可沿泾河河谷抵达京兆府；或由天都寨至镇戎军（治今宁夏固原市），南下至瓦亭寨（今宁夏泾源县东北）至渭州，以达京兆府。这样，宋朝西北边境鄜延、环庆、泾原、秦凤、熙河五个军事区就有南北两道贯通，两道均可至炳灵寺通青唐，相互间联系更加紧密。

瞎征（毡）统治时期，唃厮啰政权分崩离析，属下部众自立，割据一方，宋朝也对他颇感失望，渐失信心。西夏崇宗年幼登基，梁氏一家二后，操纵国柄，对宋连年用兵，无力西顾青唐。此时，宋朝回光返照，呈现出灭亡前微弱的勃勃生机。宋朝哲宗亲政，决心绍述先帝神宗业绩，改“元祐”为“绍圣”，起用变法派人物，继承神宗积极推进的方针，向西夏发动新的进攻。命总管王愍为统军，王赡为副统军，于元符二年（1099年）七月，率兵进取湟水流域，攻占邈川（今青海海东市乐都区南湟水南岸）、宗哥城（即龙支城，今青海平安县城），瞎征统治地区的历史宣告结束。由于河湟吐蕃的强烈反抗，宋军处境艰难，宋朝廷决定分期撤兵。建中靖国元年（1101年）三月，宋军最后一批撤出湟州（治今青海海东市乐都区）。

宋徽宗即位后，也决心“绍述先志”，效法熙宁之治，起用早年追随王安石变法的蔡京为相。蔡京对内变新法以营私，对外欲以边功炫耀。然而此时的宋朝已处于崩溃的边缘，政治黑暗腐败，实力大为削弱，不堪一击，若与辽、西夏交锋，未易取胜。好大喜功之心，驱使他将视线转向神宗、哲宗二帝曾建功立业的河湟地区，于是又一次发动河湟之役。崇宁二年（1103年）六月，王厚率军向湟州进发，陆续攻占湟州（治今青海海东市乐都区）、鄯州（治今青海西宁市）、廓州（治今青海化隆县西60里黄河北岸），控制了今青海东南部的黄河以北地区，宋王朝收复河湟的目的已基本达到。从崇宁二年（1103年）开始到崇宁四年（1105年）四月底结束河湟之役，“开拓疆境，幅员三千余里”“招降到首领二千七百余人，户口七十余万，前后六战，斩获一万余人”[①]，将鄯州改为西宁。吐蕃青唐政权自1032年建立，到1104年王厚、童贯再次攻下青唐，这个政权宣布瓦解，退出了宋、辽、西夏的多方角逐之中。

宋朝自神宗起，进一步调整御边政策，开拓熙河，经略河湟，这是对西夏战略

---

① （清）黄以周辑注，顾吉辰点校：《续资治通鉴长编拾补》卷二三，崇宁三年四月庚午，北京：中华书局，2004年，第806页。

的组成部分之一，重点在遏制西夏，是对西夏的侧面出击，主动防御。西线战场的开辟，这是宋朝实施两面夹击西夏的重要步骤，意味着宋夏双方战略地位发生了变化。

总之，北宋政府的御边政策具有一定的阶段性，从北宋初期的重北边轻西鄙，到中期防御重心开始转移，从北边转到西北，自熙宁变法后，又以攻为守兼制西夏。这种政策的不断变化与调整，主要受北宋国内政治、经济、军事等因素的影响，也与周边党项、契丹、吐蕃等少数民族政权的兴衰有密切关系，它是北宋、辽、西夏、吐蕃等势力相互消长，相互制衡的产物，也是北宋时期民族关系的另一种表现形态。

第六章　宋朝经制西北吐蕃

北宋立国后与辽、西夏鼎足而立，党项的崛起，使北宋的战略重心由北边防辽，转移到西北沿边的御夏。由于宋夏战争的需要，散布在河陇地区的吐蕃便成为宋朝竭力争取的一股重要力量。宋朝与西北吐蕃之间的相互依存关系，成为宋朝经制吐蕃的深层因素。宋朝对西北吐蕃展开了全面、持久、深入的经制，对宋王朝及西北吐蕃的经济、政治、军事及民族交融等方面，都产生了一定的影响。

一、西北吐蕃对宋朝的依存

北宋时期，西北吐蕃处于"族种分散""无复统一"的状况，不可能成为一支独立的力量与宋、辽、西夏并驾齐驱。自身实际利益的需要，决定了其政治上的倾向性。吐蕃对归属宋朝表现出较强的积极性、主动性，其根本原因，在于经济、政治、军事上对宋朝强烈的依赖，以及文化心理上对中原王朝的认同。

（一）西北吐蕃的经济依赖

西北吐蕃以畜牧经济为主，这种类型的经济，以其对自然地理条件的高度依赖和经济结构的相对单一，决定了西北吐蕃在经济生活与经济发展中，都对宋朝存有强烈的依附性。

1. 经济生活的依赖

位于青藏高原东部边缘地区的河陇地区，以其高寒的自然地理特点及吐蕃民族传统经济的影响，位于我国游牧经济文化圈中。这一地区的吐蕃人，以畜牧经济为主，他们自身需要农业经济的补充。吐蕃王朝自 7 世纪初开始，就与唐朝发生了日益密切的经济联系。经济上的交往，最初为互通有无，但随着交往时间的持久及交往密切程度的增加，对某些物品的消费则会逐渐成为生活习俗的一部分，从而对这些物品产生愈益强烈甚至不可或缺的需求。

唐朝时期，丝绸大量输入吐蕃、回鹘等地，不仅使唐王朝"竭力蚕织，西输贿币，北偿马资”[①]，而且使西部各族对丝绸锦缎产生了强烈的喜好。至宋朝时期，丝绸绢帛依然是吐蕃民族非常喜好的物品。宝元元年（1038 年），屯田员外郎刘涣奉诏出使青唐（今青海西宁市），见唃厮啰“冠紫罗毡冠，服金线花袍、黄金带、丝履”[②]，俨然一副汉家天子的装扮。而且吐蕃对丝绸织物的使用更为普遍，以致汉文史籍中对吐蕃服饰的记载，由唐代的“衣率毡韦”[③]，转而为“妇人衣绵，服绯紫青绿”[④]。同时，由于西北吐蕃与中原王朝之间发生了非常密切的关系，北宋对西北吐蕃众多的部落首领的回赐、赏赐及蕃官的月俸中，丝绸绢帛成为最重要的物品之一。宝元元年，“时以元昊反，遣左侍禁鲁经持诏谕厮啰，使背击元昊以披其势，赐帛二万匹”[⑤]。北宋始终将丝绸织物的供给，作为羁縻笼络西北吐蕃的手段之一而长用不懈。西北吐蕃为得到这些物品而频频入贡，甘愿接受册封，甚至请求得到宋朝的官爵。这从另一角度说明西北吐蕃对丝绸绢帛的需求之甚，喜好之深。

唐朝时期，与丝绸同时输往西北地区的还有茶叶，但其数量毕竟有限，茶叶在少数民族中尚属高级珍品。但茶叶以其性凉、微苦等特点及能够清热解毒、助消化、解油腻的特殊功能，是食肉饮酪的牧业民族生活必需品。明清之际著名学者顾炎武说：“茶之为物，西戎、吐蕃古今皆仰给之。”[⑥]吐蕃人喜食肉类，“以其腥肉之食，非茶不消，青稞之热，非茶不解”[⑦]，所以吐蕃人势必依赖于此。而且茶叶不像丝绸那样珍贵难得，随着茶叶逐渐传入西北，其功能、好处渐被认识，加之饮茶习惯日渐形成，对茶叶的需求量日益增多，至宋时，已是“夷人不可一日无茶以生”[⑧]。茶叶已成为西北各少数民族生活中不可缺少的必需品，以致有“茶米”之称。上至王公贵族，下至庶民百姓，饮茶成风，嗜茶成性，对茶叶竞相需求。以至宋

---

① （后晋）刘昫：《旧唐书》卷一三九《陆贽传》，北京：中华书局，1975 年，第 3806 页。

② （元）脱脱等：《宋史》卷四九二《吐蕃传》，北京：中华书局，1977 年，第 14162 页。

③ （宋）欧阳修、宋祁：《新唐书》卷二一六《吐蕃传》上，北京：中华书局，1975 年，第 6072 页。

④ 《宋史》卷四九二《吐蕃传》，第 14163 页。

⑤ 《宋史》卷四九二《吐蕃传》，第 14162 页。

⑥ （清）顾炎武：《天下郡国利病书·四川备录》第二八册《四川·王廷相严茶议》，上海：商务印书馆《四部丛刊三编》，1936 年。

⑦ 《天下郡国利病书·四川备录》第二八册《四川·王廷相严茶议》，1936 年。

⑧ （清）嵇璜等：《续文献通考》卷二二《征榷考·榷茶》，文渊阁《四库全书》第 626 册，第 517、518 页。

朝商贾将茶叶“转致于西北，以致散于夷狄，其利又特厚”[①]。其首领每次向宋朝贡献马、牛、羊、驼和各种土产，都渴望以金、银、帛、茶叶回赐。而且随着吐蕃与北宋交往的日益密切及交往时间的持久，吐蕃人口增多，对茶叶的需求量日益增大，以至北宋后期，茶马贸易取代了以往的金银、绢帛、茶叶相杂的马贸易，成为汉族人民与兄弟民族商品交换中最主要的经济活动。

宋代西北吐蕃对丝织品、茶叶有如此强烈的需求，但蚕桑、茶叶的生长都需要湿润温暖的自然气候条件，而地处高寒的西北吐蕃地区，不适宜蚕桑、茶叶的生长，其经济生活中这两种大量需求物品的获得，必须依赖于宋朝。但此时的西北吐蕃早已失去了昔日吐蕃王朝时的辉煌，与北宋力量悬殊，使其无法用雄厚的武力来掠夺，只能以臣属或直接乞属于宋王朝，或偶尔小规模的掠夺来获取。

2. 经济发展的依赖

西北吐蕃所居住的地区就是朵康六岗，其中朵康(又称朵甘或朵甘思)又分为朵堆和朵麦两部分，朵麦即安多地区，就是指今四川西北部、甘肃南部、河西走廊及青海除玉树以外的全部藏族居住区。安多地区位于青藏高原东北部，故亦称之为“东吐蕃”。这里平均海拔高度达3000米，气候寒冷，草场面积分布广，且牧草茂盛，品种、质量均属上乘。这一切皆为畜牧业生产提供了优越的自然条件。

宋代西北吐蕃主要依靠畜牧业为主，但牲畜如羊、马、牛等生存，高度依赖于自然、草场、气候等条件，而一定地区的草场有限，况且草场的载畜量随季节、气候的变化而增减幅度较大，人力无法掌控。但在正常情况下，牲畜的自然增殖量却是较大的。西北吐蕃地区，自古以来就是著名的畜牧区，安多地区的马颇有盛名，藏文史籍中称为“安多马区”[②]，而历来人们皆谓“凉州之畜为天下饶”[③]，而“熙河出马最多”[④]，养马业在吐蕃的经济生活中占有重要地位。宋人吕颐浩谓：“今秦州接连熙、河州及青唐羌界，乃自古产良马之地。”[⑤]宋人亦皆知“青唐之马

---

① (元)马端临:《文献通考》卷一八《征榷考五·榷茶》，文渊阁《四库全书》第610册，第403页。

② 智观巴·贡却乎丹巴绕吉著，吴均、毛继祖、马世林译:《安多政教史》，兰州:甘肃人民出版社，1989年，第5页。

③ (汉)班固:《汉书》卷二八下《地理志八》，北京:中华书局，1962年，第1645页。

④ (宋)李焘:《续资治通鉴长编》卷二五四，熙宁七年六月丁卯，北京:中华书局，1985年，第6205页。

⑤ (宋)吕颐浩:《忠穆集》卷八《燕魏杂记》，文渊阁《四库全书》第1131册，第333页。

最良"[1]。北宋每年所买战马,一般为二万匹,最多时竟达四万匹,多来自凉州、河湟等地区。熙河之役后,其战马全依赖于熙河湟鄯地区吐蕃部族。而且吐蕃诸部频繁的进贡中,以马匹为主要贡品,最多时一次达"五千匹"[2]。这一切说明西北吐蕃地区,自然环境适宜马匹的生长。在这种优越的环境下,马匹增殖迅速,这就出现了一定的草场载畜量与不断增长的畜牧产品量之间的矛盾。要解决这一矛盾,就必须将这些相对于一定草场而显得"过剩"的畜牧产品外销或消费了。

但在生产力较低的古代,从事畜牧业的人口,对畜牧产品的消费也是有限的,这些"过剩"的畜产品的解决,只能依赖向非畜牧人口的销售。而西北吐蕃地区,绝大部分人口以畜牧为业,如此单一的社会经济构成,决定了其内部不可能转化这些大量的"过剩"产品。其结果,这些"过剩"产品只能销售到外部市场。而与西北吐蕃相邻的西夏、辽、回鹘等地区经济结构与西北吐蕃地区相似,亦农亦牧,但以牧业为主,不可能收购其大量畜牧产品,因而,其寻求畜牧产品销售市场的目光,只能投向于自身产战马极少而又大量需求战马的宋朝。剩余产品的生产,财富的积累和占有,是社会发展的必要条件,而且剩余产品只有通过交换才能实现其价值,才能促进这些产品的扩大再生产,并进而刺激、调节、推动整个社会经济的正常发展。不仅如此,对于西北吐蕃而言,由于其经济结构的单一,货币经济的不发达,某些生活必需品与奢侈品,如茶叶、丝织品的获得,在很大程度上源于其"过剩"产品的换取,所以对"惟恃卖马获利"[3]的西北吐蕃而言,宋朝这一马匹销售市场的保有与否,不仅影响其经济的发展,也直接决定着其能否生存。由此可见,无论是满足西北吐蕃对某些生活必需品、奢侈品的大量需求,还是实现其对"过剩"畜牧产品的大量外销,都需要西北吐蕃与宋朝进行密切的经济联系,才能维持其生存,方可调节、刺激其畜牧经济的正常发展。

在古代生产力水平较低的情况下,西北吐蕃因其所处的自然地理环境及传统经济的影响,以对中原农业经济存有强烈依赖的畜牧经济为主,而西北游牧经济与中原农业经济的长期密切交往,更加强了这种依赖性。北宋时,西北吐蕃与宋朝力量的悬殊,决定了其不可能以大规模的掠夺来获取其生活必需品,也不可能以平等的地位与北宋建立理想的商业关系,只能以政治上的依附,从北宋获取

---

①(宋)赵汝愚编:《宋朝诸臣奏议》卷四五《上钦宗论慧星》,上海:上海古籍出版社,1999年,第481页。

②《宋史》卷四九二《吐蕃传》,第14156页。

③《续资治通鉴长编》卷五一,咸平五年三月癸亥,第1122页。

其经济上的所需。而且在周围所有的政权中,“唯中国者羊马毡毯之所输,而茶彩百货之所自来也,故其人如婴儿而中国乳哺之”[①]。归属北宋,无疑最为实惠,最为有利可图。政治是经济的集中体现,是经济的继续。西北吐蕃在经济上对宋朝强烈的依赖性,成为其政治上依附于宋朝的最根本因素。宋朝对西北吐蕃经济方面进行的种种招诱、羁縻、笼络,都是以西北吐蕃对宋朝在经济上的强烈依赖性为基础。

(二)西北吐蕃的政治军事依赖

西北吐蕃在政治方面也依附于宋朝,期望得到宋政府的封授与赏赐。唐末五代,西北吐蕃经历了分散的状态后,逐渐形成以凉州六谷部为中心的吐蕃联盟,得到宋朝的大力支持,宋曾封潘罗支为“朔方军节度使、灵州西面都巡检使”,从而大大提高了潘罗支的威望,使其势力得以更快发展,兵力最盛时,达数万人之多。曾击败侵扰的党项军队,使李继迁中箭身亡,潘罗支六谷部达到鼎盛阶段。景德元年(1004 年),宋政府“赐西凉府首领阎藏虎皮翻披”,今天祝县赛斯镇大小拉干一带还居住有稚尔加族,即“阎藏”的音转。因“蕃俗受此赐者,族人推奉之”[②],即欲借宋朝权威以赢得族人的“推奉”,这样既能提高首领在本部族中的权威,也能增强本部族的势力。大中祥符八年(1015 年),“侍禁杨承吉使西蕃唃厮啰还,言蕃部甚畏秦州近边丁家、马家二族”。因为“此二族人马颇众,倚依朝廷”[③]。秦州也谓李立遵“自作威福,虑恃朝廷恩宠,凌轹边部”[④]。西北吐蕃就是借北宋的支持,来提高本部族的权威,达到统一吐蕃诸部的目的。

景德以后,西凉六谷联盟渐趋衰弱,日益失去其原有的号召力。此时河湟地区却形成了几个势力较大的集团,宗哥(今青海平安县)的李立遵,邈川(今青海海东市乐都区)的温逋奇,河州(治今甘肃临夏市东北)的耸昌厮均等。他们为了争夺统一河湟地区的领导权,一方面迎请吐蕃王朝“赞普苗裔”唃厮啰到河湟地区“立文法”,尊其为赞普,并争相控制,以便“挟天子”以令诸蕃族;另一方面,则寻求宋朝的支持。李立遵在挟“赞普”以令诸族属,势力膨胀后,便向宋“屡祈朝廷

① (宋)司马光:《温国文正司马公文集》卷五〇《论西夏劄子》,上海:商务印书馆《四部丛刊初编》,第 838 册,1935 年。

② 《续资治通鉴长编》卷五六,景德元年三月乙酉,第 1231 页。

③ 《续资治通鉴长编》卷八五,大中祥符八年十二月丁亥,第 1958 页。

④ 《续资治通鉴长编》卷八五,大中祥符八年九月甲寅,第 1950 页。

爵命”，又“求赞普，欲居唃厮啰上”[1]。也正因为李立遵的这种举动及三都谷（今甘肃甘谷县西）战役的惨败，使得他与唃厮啰之间裂痕日深，于是唃厮啰在1023—1024年投靠温逋奇。并且为了加强、巩固自己的权威，“数使人至秦州求内属”[2]，宋遂授唃厮啰为宁远大将军、爱州团练使等官爵。后唃厮啰捕杀了作乱的温逋奇，并于1032年举族徙居青唐（今青海西宁市），西北吐蕃的第二次联盟政权开始进入鼎盛时期。

西北吐蕃在军事方面也依附于北宋。吐蕃与党项都是以畜牧为业的游牧民族，争夺水草牧场是其生存的根本。党项势力增强以后，势必向西扩张，与吐蕃争夺生存空间。地处丝绸之路要道，且适宜农牧的凉州（治今甘肃武威市凉州区）、河湟地区便成为党项扩张的目标，身处这些地区的吐蕃面对党项的军事进攻，势必在军事上对宋朝产生依附。随着党项政权势力的日益强大，不仅阻碍着西北吐蕃与北宋的贸易通道，而且对西北吐蕃不断侵扰，欲以吞并。西北吐蕃为了维护自己的政治、经济利益及生命安全，期望得到宋朝的援助与保护，联宋抗夏，抵御党项的吞并。正因为如此，西北吐蕃保持与宋朝的政治、经济联系，对其自身的生存、发展具有非常重要的意义，尤其是与宋朝贸易通道的畅通与阻碍，如同经济命脉一样决定其兴亡盛衰。党项也深谙此理，故每每欲制服西北吐蕃，不但频频侵略其人畜，而且总要截断其贸易道路。

咸平（998—1003年）初，党项乘机恢复祖先故土后，在其势力尚不足以抗衡宋朝的情况下，积极图谋向西发展。不但加紧侵略凉州蕃部，而且从宋朝夺得灵州（治今宁夏灵武市西南）四郊之地，长期围困凉州吐蕃与北宋贸易往来的交通要道灵州。在这种情况下，凉州吐蕃为了保护自己，打击党项势力，维护商路畅通，多次向宋廷上言“蕃部频为继迁侵略”[3]，并屡次请求宋朝出兵，共同夹击西夏。但由于宋统治者的昏庸软弱，对蕃部援助不力，以至坐失灵州，不仅使党项截断了凉州吐蕃与宋的贸易通道，而且六谷吐蕃政权中心凉州也成为党项势力进攻的直接目标。鉴于这种情况，凉州吐蕃屡次“乞会王师收复灵州”[4]。景德元年（1004年），在凉州吐蕃首领潘罗支率军重创党项李继迁后，又“欲更率部族及回

---

①《续资治通鉴长编》卷八六，大中祥符九年三月辛酉，第1979页。

②《续资治通鉴长编》卷一一一，明道元年八月辛酉，第2587页。

③《宋史》卷四九二《吐蕃传》，第14154页。

④《宋史》卷四九二《吐蕃传》，第14156页。

鹘精兵,直抵贺兰山讨除残孽"[1],愿宋朝"发大军援助"[2]。但因宋廷一直"迁延未许",加之凉州吐蕃政权自身的弱点及党项势力的发展壮大,不仅使收复灵州化为泡影,而且使凉州六谷联盟也分崩离析。

(三)西北吐蕃的文化心理认同

西北吐蕃对中原王朝有一种文化心理上的认同，这成为其政治上依附于宋朝的文化心理因素,也成为一种向心力。

中原政权历来皆为东方文明的中心而为周边民族所瞩目。河陇地区及青藏高原外围"民族走廊"地带,自古以来就与中原地区发生了密切的联系,尤其是汉唐的重点经略,使这些地区的人民逐渐形成了对中原王朝日益强烈的向心力。西藏原始文化在形成过程中，与黄河上游氐羌系统的原始文化存在着密切的渊源关系。7世纪初,吐蕃王朝崛起后,与唐王朝发生了更为密切的多种联系。7—9世纪,吐蕃王朝大规模向外扩张,将原分布于西藏外围地区众多的氐羌部落及北方鲜卑系统的吐谷浑,乃至河陇地区的大量汉人,都纳入吐蕃王朝的版图。经过吐蕃王朝的统治,虽大部分已吐蕃化,但对中原王朝的向心力日益加强。

吐蕃王朝崩溃后,乘河陇军阀混战遂相纠合而起的吐蕃奴部嗢末势力,因本是陷蕃百姓后裔,故而对故国感情深厚,于咸通三年(862年),即遣使入贡于唐。唐末中原大乱,嗢末又转而朝贡于沙州归义军政权。经河陇各民族的斗争、迁徙,唐末五代,凉州形成嗢末势力和少量唐代戍兵后裔联合的民族分布格局。五代时期,这两大势力共推汉人孙超、李文谦等任西凉府留后。后晋天福八年(943年),又强行截留后晋派来巡抚凉州的押牙陈延晖,并推立为凉州刺史。在这期间,嗢末首领不断接受中原王朝的官爵。随着嗢末势力的不断壮大,后汉隐帝乾祐元年(948年),陈延晖卒后,嗢末人折逋嘉施被推选为凉州留后,并来汉"请命",汉即授以节度使,从而开始了嗢末势力对凉州的操控。后周广顺二年(952年),嗢末首领又来周"请帅",周派申师厚为河西节度使,继而"吐蕃首领折逋支等请加恩命"[3]。自五代始,吐蕃各部也不断向中原王朝遣使入贡,以"朝贡"的方式向中原王朝展示自己的实力,以及对中原王朝的友好,借此获取中原王朝的认可。

由此可见,唐末五代,无论是河陇吐蕃还是已吐蕃化的嗢末,不但频频入贡,

---

①《续资治通鉴长编》卷五六,景德元年六月丁丑,第1240页。

②《宋史》卷四九二《吐蕃传》,第14156页。

③(宋)王溥:《五代会要》卷三〇《吐番》,文渊阁《四库全书》第607册,第707页。

接受中原王朝的官爵，而且主动向中原王朝“请帅”“请加恩命”，强行截留中原王朝的使者，推立为刺史，甚至称“阿舅天子”，表明“心白向汉”[①]等。这些情况反映了自唐末五代至宋这一历史时期，河陇吐蕃势力和已吐蕃化的嗢末集团，与中原地区的汉文化有一种潜在的相通与认同。在不断的民族纷争中，为加强自身的权威以维系自己的存在和发展，始终想获得中原王朝政治上的认可和支持，这就说明西北吐蕃与中原王朝长期密切的联系，在文化心理上形成对中原王朝日益增强的认同及向心力。

西北吐蕃对北宋这种依附关系，正是宋朝经制吐蕃，而吐蕃也愿意归属的深层因素。宋朝对西北吐蕃展开了全面、持久、深入的经制，对宋王朝和西北吐蕃的经济、政治、军事及民族交融等方面，都产生了一定的影响。

二、西北吐蕃对宋朝的军事影响

在北宋与辽、西夏鼎峙的历史条件下，西北吐蕃的向背，对北宋在经济、政治、军事等方面都有着较大的影响，北宋为拥有战略上的相对优势，维护边鄙安宁，并最大限度地利用吐蕃部族人力、物力，以助宋朝国势。特别是在北宋与辽、西夏的争夺中，西北吐蕃在军事方面对宋朝影响更大，这是导致宋朝经制西北吐蕃的一个重要因素。

（一）军事形势的影响

北宋承五代格局，政治重心东移，北失军事天险长城，从而使“畿甸无藩篱之限，本根无所庇也”[②]，来自北方辽朝的威胁，成为其心腹之患。加之唐末以来，丝绸之路衰落，西部尚无独立的政治力量与宋朝一决高低，故宋初，西北吐蕃地区战略地位下降，而宋太祖一朝与宋太宗初期，忙于“先南后北”战略的实施。太宗两次伐辽惨败后，军事上，失败主义抬头，进而导致统治集团苟且偷安，守内虚外；政治上，过于偏向整饬内政，甚至认为西部无用等主观原因，使宋初对西北吐蕃地区采取了“无意疆理”的政策[③]。随着李继迁叛宋自立及党项势力日益壮大，北宋王朝与党项的矛盾逐渐上升为主要矛盾，西北吐蕃地区战略地位随之也日

① 《续资治通鉴长编》卷五一五，元符二年九月癸丑，第 12244 页。

② （宋）张方平：《乐全集》卷二三《论京师军储事》，文渊阁《四库全书》第 1104 册，第 228 页。

③ 李华瑞：《宋初的西部边疆政策》，《西北史地》1993 年第 1 期。

益重要，尤其是“澶渊之盟”后，宋王朝的边防重心西移，西北吐蕃地区的战略地位尤显突出。

河陇吐蕃地区，处于我国半月形游牧经济文化圈上，又是蒙古高原、黄土高原、青藏高原三者接壤之处，自古为游牧民族驰骋往来的场所。周秦以前，正因我国西北部这一游牧地区连为一体，处于这一漫长广阔地区的各游牧民族东西呼应，两面包抄，不断南侵东犯，使中原王朝北筑长城天险，统治势力不断向西推移。时至西汉，幸有张骞“凿空”之举，汉武帝击败匈奴，建置河西四郡，移民屯戍，才首次实现了伸汉人之左臂，隔绝羌胡的目的。此后直到唐朝中期，历代中原王朝无不北恃长城，西则将重点经营河陇作为以固根本的国策，以至有“河西者，中国之心腹”[①]“欲保秦、陇，必固河西；欲固河西，必斥西域”[②]之说。而汉唐盛世的出现，与其成功地经营河陇有着更密切的关系。

8世纪中期，正因河陇驻军的大批东调平叛，以致吐蕃趁机占领整个河陇及剑南大部分地区，威逼唐廷。9九世纪中期，吐蕃王朝虽土崩瓦解，但大量东迁而来的吐蕃部落与吐蕃化的其他部族，并未随吐蕃势力的退出而撤走。经唐末五代至宋初，所形成的凉州六谷吐蕃联盟虽较为分散，但有一定的政治影响和军事实力，尤其是它所据的重要地理位置与政治影响，使其在宋、辽、党项力量的争夺中，犹如第四股势力，其向背归属对任何一方都有至关重要的影响。澶渊之盟后，辽国虽与宋朝多处于和好状态，但这是二者势均力敌的结果，并非辽国甘愿如此。直至北宋末，虽再无大规模的武力入侵，但时时不忘对北宋的控制与胁迫，并经常支持党项政权与宋朝为敌，以便从中渔利。而党项政权则与宋朝处于频繁的交战争夺中，尤其是咸平（998—1003年）初攻占灵州（治今宁夏灵武市西南）后，便以“西掠吐蕃健马，北收回鹘锐兵，然后长驱南牧”[③]为目的。

在此情况之下，倘若河陇吐蕃归向于辽或西夏，则处于我国西部与北部地区的游牧民族又将连为一体，形成“西北合从，以掎角中国之势”[④]。而且河陇以东地区分布着大量的吐蕃、党项等部落，因族源相同，也很可能会联合起来，这样，

---

①（宋）司马光：《资治通鉴》卷一九六《唐纪十二》，太宗贞观十六年九月癸酉，北京：中华书局，1955年，第6178页。

②（清）顾祖禹撰，贺次君、施和金点校：《读史方域纪要》卷六三《陕西十二·甘肃镇》，北京：中华书局，2005年，第2972页。

③（清）吴广成著，李蔚整理：《西夏书事》卷七，济南：泰山出版社，2000年，第47页。

④《续资治通鉴长编》卷一三八，庆历二年十月戊辰，第3318页。

历代中原王朝所凭恃的两处最重要的形胜之地，即关中与川蜀藩篱尽失。何况北宋又北失长城天险，从太宗后期开始，积贫积弱之势渐成并日益严重，其所面临的疆场之忧将百倍于前，军事形势将不堪设想。反之，若向西，则可与宋形成犄角之势，从西、南两方面夹击党项，分其备御，牵制、削弱其南侵的力量，而且还可使“缘边兵势自雄，则鄜延、环庆之浅蕃，原、渭、镇戎之熟户，自然齐心讨贼，竭力圣朝”[①]，并影响河陇以东吐蕃等民族的归向。因此，使河陇吐蕃归属，就是拥有战略上相对优势的重要前提。而北宋对这一问题的认识，是随其边防形势的变化而逐步深入，随之为争取战略上的相对优势，对河陇吐蕃的经制也同时展开。

伴随着北宋与党项矛盾的升级，河陇以东地区，成为宋朝的国防前线与竭力争夺的战略要地。由于北宋政府的昏庸腐朽与党项自身的不断发展，李德明时，党项已奄有银（治今陕西榆林市横山区东党岔镇大寨梁）、夏（治今陕西靖边县西北白城子）、绥（治今陕西绥德县东南50里）、宥（治今内蒙古鄂托克前旗东南）、静（治今宁夏永宁县南望洪乡附近）、灵（治今宁夏灵武市西南）、盐（治今陕西定边县）、会（治今甘肃靖远县东北）等异常重要的攻守要地，而且使党项占据了横山地区。横山“延袤千里，多马宜稼，人物劲悍善战，且有盐铁之利，夏人恃以为生”[②]，是“控险”“守御”的战略要地。从此党项势力“居高以临我”，凭险据守，聚兵就粮，化劣势为优势，变主动为被动，使宋朝的秦（治今甘肃天水市秦州区）、渭（治今甘肃平凉市崆峒区）、泾（治今甘肃泾川县）、原（治今甘肃镇原县）、环（治今甘肃环县）、庆（治今甘肃庆阳市西峰区）、延（治今陕西延安市）等州，均暴露在夏人的眼皮底下，北宋的西北前线，相应退至大量吐蕃居住的秦凤、泾原、环庆，以及党项部落为主的鄜延一带。

这一带与关中唇齿相依，自古即为兵家必争之地。渭州，山川险阻，控扼边陲，屹为要会。汉时曾以“安定”名郡，其“外阻河朔，内当陇口，襟带秦、凉，拥卫畿辅，关中安定，系于此也”[③]。泾州，山川环带，水陆流通，岭北有事，此地实为通道，系“近里控扼之会”[④]，“连络中外，翼带东西，诚关中襟要”[⑤]之地。这些地区由以前的内地变为前沿，战略地位则更为上升，不仅成为以“长驱南牧”为总目标的西

①《续资治通鉴长编》卷四九，咸平四年十月丁未，第1076页。

②《宋史》卷三三五《种谔传》，第10747页。

③《读史方舆纪要》卷五八《陕西七·平凉府》，第2774页。

④《续资治通鉴长编》卷一三九，庆历三年正月丙子，第3340页。

⑤《读史方舆纪要》卷五八《陕西七·泾州》，第2792页。

夏频频入侵掠夺之地,也是其南下必经的最大障碍之地。对北宋而言,这些地区以黄土高原特有的地貌,成为其阻碍西夏南下,抵御西夏侵袭的唯一可恃的有利地形,也是其主动出击党项势力的前沿基地。

北方及西北天险的丧失,使宋王朝所面临的形势比以往任何中原王朝都更为严峻。正因如此,西北吐蕃的向背,对北宋军事形势的影响更显突出。

(二)边防力量的影响

随着宋王朝与党项政权矛盾的发展,宋王朝边防线大为延长,需驻守的军事地区急骤增多,加上宋王朝日益严重的积弱之势,使得北宋为加强自身的边防力量,同时抵御西夏党项的入侵,经制西北吐蕃成为当务之急。

北宋立国后,由于党项崛起,宋王朝与党项的矛盾逐渐激化,对西夏党项的防御,使宋朝的战区扩大,因而宋王朝的兵力显得严重不足,北宋政府不得不寻求广大西北吐蕃人力的援助与配合,"以夷制夷"。

宋咸平初(998—1003 年),李继迁趁机恢复故土后,虽对宋表面称臣纳贡,但实际上却抄掠不绝。此时,北宋与辽正忙于在北边争夺,因而在西北的兵力非常有限。为尽可能地抵御、遏制党项的进一步发展,确保灵州重镇的稳固,一些宋朝臣僚提出利用西北吐蕃等少数民族遏制党项的建议。咸平四年(1001 年),张齐贤在上疏中,主张"激励自来与继迁有仇蕃部,招诱远处大族首领,啖之以官爵,诱之以货财,推恩信以导其诚,述利害以激其志。若山西蕃部响应,远处族帐倾心,则凶丑之势减矣"①。同时宋廷下诏"西番诸族有能生擒李继迁者,当授节度使,赐银彩茶六万;斩首来献者,授观察使,赐物有差"②。宋宝元元年(天授礼法延祚元年,1038 年),李元昊建立党项政权,这不仅使北宋从此面临"合从以掎角中国"的辽、夏两大政权,而且由于北方及西北无天险可守,从河北白沟河一线起,西至河东之代州(治今山西代县)、雁门(郡、县,治所均在今山西代县)、麟府路,再延至陕西之鄜延、环庆、泾原、秦凤四路,广袤数千里,无数城堡关寨都需派兵戍守,陕西沿边更是重点防守地区,使宋朝的防御重心由北边转向西北沿边一带。

北宋兵员虽空前增多,庆历年间,兵额"总一百二十五万九千,而禁军马步八十二万六千"③。但北宋一贯奉行守内虚外、内外相制的政策,加上边防线漫长,真

---

①《宋朝诸臣奏议》卷一三〇《上真宗论陕西事宜》,第 1438 页。

②《续资治通鉴长编》卷五〇,咸平四年十一月甲午,第 1089 页。

③《宋史》卷一八七《兵志一》,第 4576 页。

正能够投入西北边防的军队并不多。宝元元年（1038年），陕西四路有精兵20万，至庆历二年（1042年）后，四路之兵不过205000，再加上河东军队，大概不超过30万，以30万军队分布在东西2000余里的宋夏防线共24个州军，近200个城寨堡，实际上分到每一个据点的兵员则更少。“故吾兵虽众，不得不分，所分既多，不得不寡。”[①]加之宋被动防守，兵力分散，很难在短时间内集中大量兵力，而夏军“彼众虽寡，聚之为多”，动则十余万，以夏军之多，击宋军之寡，必然要败。“以我分守之兵，拒彼专举之势，众寡不敌，遂及于败”[②]。为改变这种败局，北宋将目光投向了广泛分布在这一边防地区众多的吐蕃、党项等民族，希望从这些沿边蕃部中既得到人力，又节省军费开支，从而改变西北边防线上兵力严重不足的状况。另外，招募沿边蕃部，还可以减轻庞大军费的压力。因宋朝正规军队以招募为主，随着军队数量的成倍增长，军费成为国家沉重负担，以至占到国家收入十分之八九，若再大量增加正规军，仅军费就会使以“积贫”著称的宋朝不堪负担。相反，“以养正兵万人一岁之费，为招抚之具，则事无不济”[③]，故而提出“羁縻属羌，以为藩篱”[④]的主张。

宋朝在军事上的过度集权，造成宋军低劣的素质，而这严重地影响了禁军的战斗力。“澶渊之盟”和景德年间，党项归顺称臣，使宋廷陶醉于表面的承平之中，以致军纪废弛。在近三十年的和平中，“人不习战，虽屯戍之兵，亦临敌难用”[⑤]。士兵久不临战阵，平日素无训练，“出入无时，终日嬉游廛市间，以鬻伎巧绣画为业，衣服举措，不类军兵，习以成风，纵为骄情”[⑥]。仁宗时，陕西募二十营神捷兵，而所募多市井无赖，不足以备守。而京师来的禁军，虽称魁头，大部分不能吃苦耐劳，更不擅长冲锋陷阵。骁胜、云武二军的骑兵，力不能挽弓，每教射皆凌空而发，马前一二十步即已坠地。宋朝正规军队如此“临敌难用”，以致夏军一见宋禁军上阵，则拍手以贺，认为不堪一击。相反，沿边吐蕃等部族以其勇悍善斗，而为宋政府刮目相看。沿边蕃部“劲悍，使习险阻，利其田产，乐其室家。以战若守，一可当

---

①《续资治通鉴长编》卷二〇四，治平二年春正月丁卯，第4938页。

②《续资治通鉴长编》卷一四九，庆历四年五月壬戌，第3600页。

③《续资治通鉴长编》卷一三二，庆历元年五月甲戌，第3134页。

④《宋史全文》卷七下《仁宗二》，文渊阁《四库全书》第330册，第216页。

⑤《续资治通鉴长编》卷二〇四，治平二年二月丙午，第4948页。

⑥（宋）苏舜钦：《苏学士集》卷一〇《谘目二》，文渊阁《四库全书》第1092册，第68页。

正兵之十，敌惮之”[①]。如对他们抚驭有术，“优复田畴，安其庐舍”[②]，不仅可防托边界，还可以“减屯戍而省供馈”[③]。

吐蕃是一个剽悍善斗、以战死为荣的民族，在唐代虎啸边陲，威逼唐廷，拓土万里，号称强盛，对中国为患最久。入宋以来，大量分布在河陇地区的吐蕃部民皆吐蕃遗种，保留了崇勇尚武的优良传统。他们才气勇悍，不惧战斗，善弓射，耐艰苦，习跋涉，“上下山如平地”，遇有战斗，“则同恶相济，传箭相率，其从如流”[④]。不仅如此，出于保家卫乡的主观愿望，一遇侵犯，战斗力则更强，正如范仲淹所言：“熟户恋土田，护老弱、牛羊，遇贼力斗，可以藩蔽汉户。”[⑤]正因为蕃部具有如此强大的战斗潜力，故而成为西夏竭力争夺的对象。在此情况下，若这些蕃部归属于西夏，则不仅使“贼势转盛而边堠无复捍蔽”[⑥]，边人失其所恃，而且使西夏入寇之时，“可以通行无碍”。反之，若宋朝“抚驭之间恩威得所，大可防托边界，减得兵马”[⑦]，大量减去那些不堪战斗而又耗费甚巨的禁军，从而既加强了自己的国防力量，同时减少了北宋军费开支，故仁宗年间，对西夏三次战役惨败后，北宋恩威并施，诸种手段并用，展开了对沿边吐蕃等民族的大规模经制，使其“力耕死战，世为边用”[⑧]，成为边陲之屏翰，宋朝之藩篱。北宋后期不惜大动干戈，武力开拓河湟，亦有“其民可役而使”的理由与动机。

西北沿边蕃部以其“习知山川道路及诸蕃情状，每有擒逐，常为先锋”[⑨]，而且他们“解羌人语，耐寒苦，有警可参正兵为前锋”[⑩]，从而成为北宋对西夏斗争中寻求向导、前锋与间谍的主要对象。宋夏矛盾的发展，使大量吐蕃居住的泾原、环庆、秦凤及以党项为主的鄜延等四路，成为宋夏经常交锋的区域，也是北宋进攻西夏必经的地区和前沿基地。“地利之于兵，如养生者必借于饮食，远行者必资于

---

①《续资治通鉴长编》卷二三八，熙宁五年九月壬申，第5803页。
②（宋）吕祖谦编：《宋文鉴》卷四五《论边事》，文渊阁《四库全书》第1350册，第476页。
③《宋文鉴》卷四五《论边事》，文渊阁《四库全书》第1350册，第476页。
④《续资治通鉴长编》卷三五，淳化五年正月癸酉，第768页。
⑤《续资治通鉴长编》卷一三五，庆历二年三月丁卯，第3229页。
⑥《续资治通鉴长编》卷一三二，庆历元年五月甲戌，第3133页。
⑦《宋朝诸臣奏议》卷一二五《兵门·上仁宗乞令陕西主帅划带押蕃部使》，第1378页。
⑧《宋文鉴》卷四五《论边事》，文渊阁《四库全书》第1350册，第476页。
⑨《续资治通鉴长编》卷七七，大中祥符五年四月甲寅，第1762页。
⑩《续资治通鉴长编》卷六〇，景德二年五月癸丑，第1337、1338页。

舟车也。”[①]地形、地貌及交通路线对于战略部署及军事行动有着非常重要的影响，而北宋在西北边防地区的力量薄弱，对山川、地理、交通并不熟悉。为了有效地打击西夏势力，早在宋太宗时，曹玮就提出了招用这些“最为精锐”，又“习障塞蹊隧”[②]的蕃部为行军向导及前锋的主张，并付诸实施。太宗淳化五年(994年)，宋琪上言：

> 从延州入平夏有三路：……一西北历万安镇经永安城，出洪门，至宥州四五百里，是夏州西界。我师如入夏州之境，宜先招到接界熟户，使为向导，其强壮有马者，令去官军三五十里，踏白先行。缘此三路，土山柏林，溪谷相接，而复隘狭不得成列，蹑此向导踏白，可使步卒多持弓弩枪锯随之，以三二千人登山侦逻，俟见坦途宁静，可传号勾马，遵路而行，我皆严备，保无虞也。[③]

另外在东起麟(治今陕西神木市西南)、府(治今陕西府谷县)，西尽秦、陇，地长2000余里的宋夏边界，漫长曲折，犬牙交错，而且居住成分以吐蕃、党项等蕃部为主。“知己知彼，百战不殆”，而对敌情的了解，最重要的是间谍，所以宋朝臣僚认为“自古用兵，未有不由间谍而能破敌者”[④]。这些长期生活在边境地区，熟悉山川道路的蕃部，无疑是充当间谍的最佳人选。

沿边广大吐蕃、党项等部族既有强大的战斗潜力，又“晓识山川险易，习知蕃戎情态”[⑤]，从而成为宋夏竭力诱胁的对象。“初，元昊反，阴诱属羌为助，而环庆酋长六百余人，约为乡道。”[⑥]西夏对所用间谍，也厚其赏赂，极其尊宠。正因如此，故北宋展开对广大蕃部的招纳，使其不为西夏所用，这样蕃部既成为自己篱落屏翰，又可减少边患，成为抵御西夏的精兵。

(三)战马来源的影响

在宋、辽、夏鼎峙的情况下，北宋为保障重要的战略物资军马的供给，必须对西北吐蕃实行有效的经制。马以其奔腾疾驰，猛勇顽强，吃苦耐劳，人可骑乘，货

---

①《读史方舆纪要·凡例》，第7页。

②《续资治通鉴长编》卷六〇，景德二年五月癸丑，第1337页。

③《续资治通鉴长编》卷三五，淳化五年正月癸酉，第768页。

④《续资治通鉴长编》卷一三二，庆历元年五月甲戌，第3133页。

⑤(明)杨士奇：《历代名臣奏议》卷三二九《御边》，文渊阁《四库全书》第442册，第222页。

⑥《宋史》卷三一四《范仲淹传》，第10271页。

可载驮等特性，在交通运输落后的古代，成为先进的战争与交通工具，决定战争胜负的重要力量，所以“自古论兵，必以马为先”[①]。历代王朝无不将马政当作一项重要的军国大事来抓，同时各政权之间争斗时，也往往把马匹的掠夺及限制输出，作为扼制对方的一项基本政策。但马性耐寒畏热，生长繁殖均受气候、土壤的强烈影响，我国良马产于西北高寒草原地区。在统一的、幅员辽阔的中央王朝时代，产马之地属于中央政府管辖或羁縻统治，中央政府尚可通过行政手段征发购买，或在此地区置牧监养，战马来源并不十分缺乏。但北宋时期，北方先后被辽、金所据，而西北则被西夏、党项、吐蕃、回鹘等部所占。而辽、金及西夏与宋长期对峙，不但经常限制、阻碍战马输入北宋，而且在战斗中，还掠夺宋朝战马。太平兴国五年(980年)，契丹以书遗丰州(治今内蒙古赤峰市北)刺史王承美，“令毋与中国市马。承美不从，具奏其事，契丹怒，率众掠丰州关以西部族三百余帐”[②]。而西北吐蕃地区，以其丰茂的水草，寒冷的气候，自古即为盛产良马的区域，唐代“牧马三十万匹”的“八监”[③]主要设在这里。

宋朝立国伊始，即重视养马。唐时同州(治今陕西大荔县)有沙苑二监，建隆初，葺故地为监，后改为牧龙坊。咸平六年(1003年)十一月，分为二监，“每监牧马四千五百匹”[④]。景德二年(1005年)七月，又改为沙苑监。至庆历五年时，“同州沙苑一监见管草地一万一千四百六十余顷，所管马才及一千八百余匹”[⑤]。显然，宋朝沙苑官监马匹严重缺乏，远远满足不了需要，势必将目光转向西北边地。

9世纪中期，河陇吐蕃边将混战所造成的赤地千里的惨状，经唐末五代时期的恢复与发展，至宋朝时，西北吐蕃的畜牧经济，尤其是养马业已相当发达。如六谷蕃部、河湟吐蕃政权都曾多次向宋进贡大量马匹，宋廷多次遣使至河西招致良马。另外，从北宋市马、招马地点愈来愈着重于西北吐蕃地区，亦可看出其畜牧业的发达，产马的丰盛，同时也反映了宋廷在马源上对西北吐蕃地区的依赖日益增强。宋真宗咸平元年(998年)，“市马之处，河东则府州、岢岚军，陕西则秦渭泾原

---

①《宋朝诸臣奏议》卷一二五《上徽宗论西蕃市马》，第1386页。

②《续资治通鉴长编》卷二一，太平兴国五年九月丙寅，第479页。

③(宋)欧阳修：《新五代史》卷七四《四夷附录第三·吐蕃》，北京：中华书局，1974年，第913页。

④(清)徐松辑，刘琳等点校：《宋会要辑稿》兵二一《诸州监牧》，上海：古籍出版社，2014年，第9051页。

⑤《宋会要辑稿》兵二一《诸州监牧》，第9052页。

仪环庆阶文州、镇戎军,川陕则益黎戎茂雅夔州、永康军"[①]。仁宗时期,"自赵德明据有河南,其收市唯麟府泾原仪渭秦阶环州、岢岚火山保安保德军"[②]。不久,宋廷依据各市马场的收益,又进一步调整,"止环庆延渭原秦阶文州、镇戎军置场"[③]。招马之处,主要是"秦渭阶文之吐蕃、回纥,麟府之党项,丰州之藏才族,环州之白马、鼻家、保家、名市族,泾仪延鄜、火山保德保安军、唐龙镇、制胜关之诸蕃"[④]。

熙河开边以后,由于熙河产马最多,宋朝在新建的熙河路设置买马司,并以秦州买马司隶属,后又在熙河路"置买马坊六",而原渭德顺诸场皆废,后又设置熙州、河州、岷州、通远军永宁寨等场,将马贸易完全转移到宋王朝的吐蕃地区,以致在很长一段时期内,宋廷"买马岁二万匹,而青唐十居七八"[⑤]。缺乏天然牧场的北宋王朝,基于以下认识:"有百万之兵,无马以壮军势,而用其胜力于追奔逐北之际,与无兵同。"[⑥]而兵家制胜马匹尤为重要,"步兵虽多,十不当马军之一"[⑦]。在军事形势空前严重,战争连绵不断的情况下,为防止西夏货马于边郡,使北宋战马无从供给,起初对凉州吐蕃"但以市马须示羁縻"[⑧]。河西地区陷于西夏后,又势不得已而"优抚青唐一族"[⑨]。北宋后期的武力开拓河湟,更有防止已孱弱的河湟吐蕃归附于西夏,而使北宋"和市善马不复出"[⑩],富国强兵无从实现的缘由。

(四)西北边境的影响

沿边居民的叛服,直接影响着一个国家边境的安宁与稳定,并进而影响到其他诸多方面。据学者考察估测,北宋时,居于今甘肃、青海境内的吐蕃人口总数当在150万[⑪]。如此众多的蕃部人口,成为北宋边境安定的一大潜在威胁。

---

①《续资治通鉴长编》卷四三,咸平元年十一月戊辰,第921、922页。

②《续资治通鉴长编》卷一〇四,天圣四年九月戊申,第2421页。

③《续资治通鉴长编》卷一〇四,天圣四年九月戊申,第2421页。

④《续资治通鉴长编》卷四三,咸平元年十一月戊辰,第922页。

⑤《宋朝诸臣奏议》卷一四一《上徽宗论湟鄯》,第1594页;《宋代蜀文辑存》卷三〇亦载。

⑥《历代名臣奏议》卷二四二《马政》,《文渊阁四库全书》第439册,第841页。

⑦《宋朝诸臣奏议》卷一二五《马政·上徽宗论西蕃市马》,第1386页;

⑧《宋朝诸臣奏议》卷一三〇《边防门·上真宗论陕西事宜》,第1438页;

⑨《宋朝诸臣奏议》卷一二五《马政·上徽宗论西蕃市马》,第1386页;

⑩《宋朝诸臣奏议》卷一四一《边防门·上徽宗乞诱谕青唐》,第1594页;

⑪ 白自东、任树民:《宋代藏族人口蠡测》,载《宋史研究论文集》(1992年年会编刊),开封:河南大学出版社,1993年。

北宋熙宁(1068—1077年)以前,“关中戍守,不越秦凤”[①]。秦陇以东的吐蕃部族“虽各有鞍甲,无魁首统摄,并皆散漫山川”[②],相对于辽、夏而言,“居常不以为患”。但他们对宋边境却有一定程度的威胁,因为在宋政府恩威并济之下,出现大量所谓“熟户”,这些“熟户”虽然接受宋的统治,但这种顺服是极其不稳定的。由于边官的抚绥不当,宋政府对当地资源的掠夺,或吐蕃以虏获为荣的传统习俗的影响,或西夏的诱胁,他们往往叛服无常,对沿边城寨居民的掠夺时有发生。太平兴国三年(978年),秦州内属戎人为寇,都巡检使周承缙与田仁郎、梁崇赞、韦韬、马知节等皆受诏,屯兵清水县。皇祐末,“古渭州熟户反,增秦州戍兵甚多”[③]。熟户对北宋边疆安危的影响,由此可见一斑。而为数众多、不接受宋朝统治的“生户”,出于自身利益的需要,更是经常侵扰,而且更容易被西夏所胁而共为边患。

秦陇以西吐蕃的向背,对宋边疆安危的影响更大,因其政治上逐渐出现了局部的统一,各种力量强盛远甚于秦陇以东分散的个体蕃部。每当宋政府不能满足其要求时,便率兵入侵,而且因相同的族属,很容易与秦陇以东的吐蕃联合犯宋。在大中祥符(1008—1016年)年间,李立遵请求宋廷册封“赞普”,遭拒绝后,便常遣人“至渭州缘边扇摇熟户,且令纳质”[④]。并于大中祥符九年(1016年)九月,宗哥唃厮啰联合马波叱腊、鱼角蝉等部,“率马衔山、兰州、康古、龛谷、毡毛山、滔河、河州兵三万余人入寇”[⑤]。而嘉祐三年(1058年),宋王朝因“唃氏木正交易阻绝,颇有入寇之萌”[⑥],故命王凯与主帅以恩信抚绥,逐复常贡。北宋后期,武力开拓河湟后,为保持新开辖区的安定,面对蕃部如火如荼的反叛浪潮,更是机关算尽。

终北宋之世,宋王朝的军事形势十分严峻,仅来自辽、夏的威胁,就使宋朝应接不暇。在这种情况下,若再出现西北吐蕃的反叛入寇,则无疑是给北宋雪上加霜,而且给辽、夏以更多的可乘之机,所以宋朝为解除西北吐蕃对边疆的威胁,而对其展开了全面的经制。

---

①《读史方舆纪要》卷六四《陕西路十三·西宁镇》,第3006页。

②《续资治通鉴长编》卷三五,淳化五年正月癸酉,第768页。

③《续资治通鉴长编》卷一九七,嘉祐七年十月癸未,第4774页。

④《续资治通鉴长编》卷八七,大中祥符九年六月辛卯,第1996页。

⑤《续资治通鉴长编》卷八八,大中祥符九年九月丁未,第2012页。

⑥《续资治通鉴长编》卷一八七,嘉祐三年正月乙未,第4502页。

三、恩威并施的经制措施

北宋经制西北吐蕃，是为了与辽、夏的争夺中拥有战略上的相对优势，并最大限度地利用其人力、物力，同时维护边境安宁和陆地丝绸之路的畅通。要达到这些目的，首先必须使西北吐蕃部族归顺。为此，北宋王朝以西北吐蕃对中原王朝的依赖及文化心理的认同为客观前提，以相对雄厚的实力为后盾，一方面以宋廷奖赏来鼓励蕃部，以恩惠笼络西北吐蕃归属于宋；另一方面，亦用"刑法以威之"。宋对吐蕃采用恩威并施、刑赏并举的经略措施，使吐蕃乐为宋用，愿为宋竭尽其力。

(一)结以恩信，施以赏赂

1. 诱以爵赏荣耀

宋王朝以西北吐蕃政治上对自己的依赖性为前提，根据其"尊大姓""重故主"的习俗，以部落为社会基本组织形式的特点，"擢其酋豪，授以节钺，第其首领，等级命官"①。对凡主动投诚归属于宋朝，或纳质归化的吐蕃部落首领，都"啖之以官爵"②。从而既满足了这些蕃部对宋朝在政治上的需要，又使宋朝以此为诱饵，通过赢得这些蕃部首领的信任，来达到其整个部落成员的归顺。

宋初，对凉州吐蕃"但以市马，须示羁縻"③。淳化四年(993年)闰十二月，折逋阿喻丹死，折逋俞龙波(游龙钵)"奏乞真命"④，宋王朝封俞龙波为"保顺郎将"。自咸平(998—1003年)年间起，伴随着党项的频频扰边，北宋政府采用吴淑建议，"遣使谕秦陇以西诸戎使攻李继迁"⑤，以"蛮夷伐蛮夷"，不断给吐蕃首领加封官爵。咸平四年(1001年)，封凉州六谷部首领潘罗支为盐州防御使、灵州西面都巡检使，其左厢副使折逋俞龙波为宥州刺史，又以其督六族首领褚下箕等三人为怀化将军。咸平六年(1003年)，又封潘罗支为朔方军节度使、灵州西面都巡检使，以吴福圣腊为安远将军，兀佐等七人为怀化将军。潘罗支死后，宋政府追认

---

①(清)黄以周辑注，顾吉辰点校:《续资治通鉴长编拾补》卷二六，崇宁五年八月癸未，北京:中华书局，2004年，第891页。

②《续资治通鉴长编》卷四九，咸平四年十月丁未，第1075页。

③《续资治通鉴长编》卷四九，咸平四年十月丁未，第1077页。

④《宋会要辑稿》方域二一《西凉府》，第9704页。

⑤《续资治通鉴长编》卷五〇，咸平四年十二月丁未，第1090页。

为武威郡王，并对其弟厮铎督“悉授以罗支故官”[①]。对河湟吐蕃政权首领，宋政府同样授以众多的官爵。明道（1032—1033年）初，即授唃厮啰归化将军，宝元元年（1038年），又加授保顺军节度使，仍兼邈川大首领。唃厮啰死后，宋王朝对其子仍封授官爵，董毡嗣为保顺军节度使、检校司空，宋神宗即位，加太保进太傅。

不仅如此，对众多归附的较小吐蕃部落，宋朝也以官爵授其首领。景德元年（1004年），“陇山外至王家、狸家、延家三族归顺，诏授其首领官”[②]。天禧二年（1018年），樊家族九门都首领客厮铎并其族来归，诏“补客厮铎为都军主，余署职有差”[③]。熙宁五年（1072年），招纳穆楞川东抹邦一带大首领“温布察克置等及所部首领三百八十七人，各补副军主等职名”[④]。一时间，在西北沿边一带，形成了众多的“蕃官”，而且宋政府为了使这些蕃部更好地为宋王朝效命出力，凡有功于宋者，皆迁补蕃官。大中祥符九年（1016年），曹玮言：“三阳、定西、伏羌、静戎、冶坊、三门、床穰等七寨熟户蕃部都首领已下凡一百四十六人有功，乞赐告身。”[⑤]宋政府诏令“二人授都军主，四十一人授军主，五十七人授指挥使，余悉补蕃官”[⑥]。同时，为了达到使“熟羌之心皆知异日子孙不失旧职，世为我用”[⑦]的目的，宋廷允许蕃官世袭。在宋政府官爵的诱惑下，众多蕃部归附于宋，且乐为宋用，成为宋王朝抗击西夏，护卫边疆安全的劲旅。

2. 贿以赐资赉帛

宋王朝以西北吐蕃在经济方面对自己的强烈依赖性为前提，基于“蕃戎靡示贪慕财贿”[⑧]的认识，对西北吐蕃“诱之以货财”[⑨]。一是对北宋封授的大小蕃官，一律发给俸禄。天圣二年（1024年），诏渭州月给李立遵俸钱，“衣着五十匹、茶五十斤”[⑩]。二是对诸蕃的“入贡”，北宋“结其欢心，啖以厚利”[⑪]。除厚赏其值

①《续资治通鉴长编》卷五八，景德元年十月癸未，第1278页。
②《续资治通鉴长编》卷五六，景德元年正月辛卯，第1225页。
③《续资治通鉴长编》卷九一，天禧二年二月丙戌，第2102页。
④《续资治通鉴长编》卷二四〇，熙宁五年十一月乙丑，第5834页。
⑤《续资治通鉴长编》卷八八，大中祥符九年十一月丁未，第2026页。
⑥《续资治通鉴长编》卷八八，大中祥符九年十一月丁未，第2026页。
⑦《宋史》卷一九一《兵志五》，第4756页。
⑧《续资治通鉴长编》卷五〇，咸平四年十一月辛巳，第1088页。
⑨《续资治通鉴长编》卷四九，咸平四年十月丁未，第1075页。
⑩《续资治通鉴长编》卷一〇三，天圣三年正月乙未，第2375页。
⑪《续资治通鉴长编》卷五一，咸平五年三月癸亥，第1122页。

外，还给以优厚的回赐，而且回赐物品主要是吐蕃最需要的丝帛、茶叶等。咸平五年（1002 年）十一月，潘罗支遣使“贡马五千匹”，宋朝除“厚给马值”外，“别赐彩百段，茶百斤”[①]。三是北宋对西北吐蕃“示之以中国强盛，喻之以中国富厚，待之以至诚，临之以威重”[②]，从而使其“悦服”。建隆二年（961 年），秦州吐蕃首领尚波于杀伤采造务卒，知州高防捕系其蕃部众人，宋廷乃以吴廷祚代高防安辑，并赐以锦袍银带。是年秋，尚波于等因感悦而献伏羌地。四是北宋内为战守计，外加“抚绥之恩”[③]，对西北吐蕃动辄给以优厚的赏赐与援助。宝元二年（1039 年），为表彰唃厮啰护卫西陲之功，赐袭衣、金带、绢二万多匹。熙宁七年（1074 年）夏秋，洮西一带发生旱灾，“羌户殍死者众”[④]，北宋立即采取赈饥措施，“官为糜粥，赈其饥急”[⑤]。熙宁八年（1075 年）二月至五月，“给米千五百石”[⑥]。此外，北宋为增强诸蕃抗击西夏的力量，打破“弓矢兵器不入外夷”[⑦]的传统政策，破例给以武器资助。景德二年（1005 年）、三年，二次将弓矢铠甲给予凉州吐蕃，以示恩意。元祐八年（1093 年），北宋再次打破铜禁条例，特赐阿里骨熟铜千斤。

3. 文化心理招诱羁縻

在文化心理上，西北吐蕃对中原王朝地区繁荣发达的汉文化有倾向性，宋王朝以此向心力为依据。

首先，赐汉姓以示旌宠。为“酬功德，别忠勤”，对内属归诚或与西夏战斗中立有战功的蕃部首领，不仅赐以金帛爵命，还赐以汉姓。熙宁四年（1071 年），洮岷豪酋俞龙珂率众 12 万内附，北宋“宠以阶勋”，赐姓名包顺，授为西头供奉官。熙宁七年（1074 年），河州吐蕃首领木征举洮（治今甘肃临潭县）、河（治今甘肃临夏市东北）二州来降，宋赐姓名赵思忠，拜荣州团练使，其弟董谷赐名继忠，补六宅副使，而且所赐名字意，反映出宋王朝强烈希冀这些蕃部首领效忠于自己的一种心态。由于得到宋王朝的赐姓是一种很高的荣誉，以致出现了众多蕃官无故私改汉姓，而宋屡禁不止的现象，这从另一个角度反映这些蕃官对这种旌宠希求之甚。

---

①《宋史》卷四九二《吐蕃传》，第 14156 页。
②《续资治通鉴长编》卷五〇，咸平四年十一月辛巳，第 1088 页。
③《续资治通鉴长编》卷五一，咸平五年三月癸亥，第 1122 页。
④《续资治通鉴长编》卷二五九，熙宁八年正月己未，第 6324 页。
⑤《续资治通鉴长编》卷二五九，熙宁八年正月己未，第 6324 页。
⑥《续资治通鉴长编》卷二五九，熙宁八年正月己未，第 6324 页。
⑦《续资治通鉴长编》卷五九，景德二年三月壬申，第 1326 页。

其次，设立蕃学，加以汉化。北宋用血与火的方式开拓熙河后，为了从文化心理上彻底消弭蕃部的反抗，除了用佛教羁縻外，还实行了以"中国法教驭之"[①]的政策，即用中国传统的儒家经典"诗书礼乐"进行教化，使之渐习汉法，渐变习俗，"非久遂成汉人"[②]。熙宁六年（1073 年）十二月，宋政府在熙州西罗城"已置蕃学，晓谕蕃官子弟入学"[③]。次年九月，在岷州"许建州学"，乞赐国子监书，"已立解额"[④]。同时知河州鲜于师中要求在河州"置蕃学，教蕃酋子弟"[⑤]，宋政府允此要求，并赐地十顷，岁给钱千缗，并且"增解进士为五人额"[⑥]。

另外，以"佛事羁縻"。宋王朝抓住吐蕃人民"最重佛法"的文化心理，"以佛事怀柔之"[⑦]。一是广建寺院。凡是吐蕃为修建佛寺所提的要求，宋朝一概给予满足，特别是占领熙河地区以后，在短短的数年间，"大威德禅院""广仁禅院"等一座座宝刹拔地而起，既满足了吐蕃人民崇佛的文化心理，又实现了宋王朝统治者想用"塔庙尊严"来改变吐蕃叛逆之风的目的。二是重用僧侣。宋王朝根据吐蕃"信重喇嘛""蕃俗重僧"的心理，利用僧侣为其服务，同时招诱笼络僧侣，羁縻蕃部。乾兴元年（1022 年），唃厮啰、李立遵遣蕃部灼蒙曹失卑陵携文字及马一匹到泾原路部署司，欲求内附，宋持有戒心，于是"已遣蕃僧一人及先捕得谍者抹啰，与来使同入宗哥"[⑧]刺探虚实，以预为边备。而一些有功于宋廷的僧侣，宋皆给赏赐。三是赐紫衣师号。北宋时蕃僧在吐蕃中具有很高的权威，所以宋政府用紫衣、师号这种名誉地位的象征赏赐蕃僧，从而达到笼络怀柔的目的，又间接地实施了对其部族成员的招诱。大中祥符四年（1011 年）七月，西凉府六谷部首领斯多特遣锡喇卜萨木丹来贡，宋朝赐方袍。天禧三年（1019 年），宋王朝赐永宁寨蕃僧策凌班珠尔、伊朗颇斡二人紫衣。而元符二年（1099 年）闰九月，熙河奏"乞降空名

---

① 吴景山：《安多藏族地区金石录》十《新修广仁禅院记碑》，兰州：甘肃文化出版社，2014 年，第 25 页。

②《续资治通鉴长编》卷二三三，熙宁五年五月辛卯，第 5655 页。

③《续资治通鉴长编》卷二四八，熙宁六年十二月壬午，第 6059 页。

④《续资治通鉴长编》卷二五六，熙宁七年九月戊戌，第 6248 页。

⑤《续资治通鉴长编》卷二六一，熙宁八年三月戊戌，第 6357 页。

⑥《续资治通鉴长编》卷二六一，熙宁八年三月戊戌，第 6357 页。

⑦ 吴景山：《安多藏族地区金石录》十《新修广仁禅院记碑》，兰州：甘肃文化出版社，2014 年，第 25 页。

⑧《续资治通鉴长编》卷九九，乾兴元年十一月甲戌，第 2302 页。

宣札各一百五十,紫衣师号牒一百,以待新羌”[①]。北宋用紫衣、师号招诱吐蕃归附的目的,显而易见。

(二)刑诛惩罚,纳质控制

北宋统治者出于政治军事需要,对吐蕃加以羁縻笼络,共同对抗西夏。但是,宋朝统治者对吐蕃并不信任,并非“待之以诚”,他们认为“蕃戎之情,诚伪相伴”“戎狄之性,本无仁义”[②]“大率蕃情黠诈,畏强凌弱”[③]“非刑诛不足以制其骄”[④],羁縻笼络的同时,“既资德泽”,亦用“威刑”惩罚。

1. 威以甲兵刑罚

首先,以兵威慑服。西北边境地区,蕃汉杂处,分布着大量吐蕃部落,宋政府为维护边鄙安定,在沿边设立州军、堡寨,驻守戍军,以威慑蕃部。但宋初,分布于西北边鄙的兵力毕竟有限,因而这些蕃部不断劫掠寨户,杀伤戍卒。尤其是随着边防重心的逐渐西移,这些蕃部的向背对宋朝影响更大,宋朝遂于沿边控扼之地,又兴建大量城关堡寨,增加戍兵,以迫使这些蕃部归服。太平兴国三年(978 年),“秦州内属戎人为寇,都巡检使周承缙与田仁朗、刘文裕、王侁、梁崇赞、韦韬、马知节等皆受诏屯兵清水县”[⑤]。庆历三年(1043 年),秦州西路蕃官李宫八族劫掠永宁寨(今甘肃甘谷县西四十里铺附近)、来远寨(今甘肃武山县西南 30 里滩歌乡),于是秦州通判冯诰于来远寨北八里野勺口筑堡,以扼其要冲,致使李宫八族“入献甲器”“纳质内附”[⑥]。庆历四年(1044 年),宋朝官员认为“修水洛城不惟通两路援兵,亦要弹压彼处一带蕃部”[⑦]。开拓河湟后,北宋为慑服蕃部,在新开辟地区又置州军,兴建堡寨,广招弓箭手,使吐蕃各部处于宋王朝的控制之下。

其次,用武力征服。宋王朝对那些用恩怀、威慑还不足以使其归服的蕃部,则采用暴力方式,使其变为熟户。宋初,西北沿边蕃部多次寇边,宋王朝在抚绥的同时,对那些不听朝命、寇山寨、掠居民的部族,率兵攻讨。开宝元年(968 年),宋廷

---

①《续资治通鉴长编》卷五一六,元符二年闰九月庚辰,第 12275 页。

②《续资治通鉴长编》卷五一,咸平五年二月己卯,第 1115 页。

③《续资治通鉴长编》卷一三五,庆历二年三月丁卯,第 3229 页。

④《续资治通鉴长编》卷一三二,庆历元年五月甲戌,第 3133 页。

⑤《续资治通鉴长编》卷一九,太平兴国三年五月乙巳,第 430 页。

⑥《续资治通鉴长编》卷一四一,庆历三年六月壬寅,第 3387 页。

⑦《续资治通鉴长编》卷一四九,庆历四年五月壬戌,第 3606 页。

以董遵诲守通远军(治今甘肃环县),董遵诲先用威德使酋长悦服,后数月,复入寇,“率兵深入,击走之,俘斩甚众,获羊马数万,夷落以定”[①]。庆历三年(1043年)十月,刘沪率兵接收铎厮那及其酋属所献结公、水洛、罗甘地时,情况突变,蕃族聚兵数万合围,夜纵火呼啸,期尽杀官军。刘沪指挥进退,“一战氐溃,追奔至石门,酋皆稽颡请服”[②]。韩琦亦上奏称刘沪昨已杀降水洛城一带生户,“李中和降陇州城一带蕃部,各补署职,各充熟户”[③]。北宋中后期进行的熙河之役、河湟之役,更是伴随着血与火的洗劫。熙河之役,“斩获不顺蕃部万九千人,招抚小大蕃族三十余万帐”[④],杀蕃部老弱不可胜数。洮西香子城(今甘肃和政县城)之役,宋军贪赏,甚至“有斩巴毡角部蕃兵以效级者”[⑤]。河州之役,宋军围河州(治今甘肃临夏市东北),蕃部开门请降,宋军入城,竟“夜杀降者二千余人”[⑥],焚荡帐户更是不计其数,就连支持王韶熙河之役的宋神宗也哀叹“熙河一路,自用兵以来,诛斩万计,遗骸暴野,游魂无依”[⑦]。元符(1098—1100年)河湟之役,攻陷青唐城(今青海西宁市),“悉捕城中诸羌斩之,积级如山”[⑧]。崇宁(1102—1106年)湟鄯之役,王厚率军攻巴金城,“斩首二百一十二,擒九十八,降五百余户,遂克其城”[⑨]。前后六战,“招降到首领二千七百余人,户口七十余万,斩获一万余人”[⑩]。

最后,以刑诛制其骄。北宋对西北蕃部奖赏的同时,为了有效地维护宋政府

①《续资治通鉴长编》卷九,开宝元年七月乙未,第204页。

②《续资治通鉴长编》卷一四四,庆历三年十月甲子,第3487页。

③(宋)司马光:《涑水记闻》卷一一,文渊阁《四库全书》第1036册,第412页。

④《续资治通鉴长编》卷二四七,熙宁六年十月辛巳,第6023页。

⑤《续资治通鉴长编》卷二四五,熙宁六年六月丙子,第5964页。

⑥《续资治通鉴长编》卷二四七,熙宁六年十月庚午,第6018页。

⑦《续资治通鉴长编》卷二四七,熙宁六年十月丁酉,第6032页。

⑧《续资治通鉴长编》卷五一六,元符二年九月闰九月壬辰,第12287页。

⑨《续资治通鉴长编拾补》卷二一,崇宁二年六月甲子,第749页。

⑩《续资治通鉴长编拾补》卷二三,崇宁三年四月庚午,第806页。《九朝编年备要》卷二六崇宁二年六月“复湟州”条:“先是王厚、童贯合诸道兵十余万乞进兵,上止之。……明年春,上御端门纳怀德降,封安化郡王。蔡京言,熙河措置边事司奏,收西宁州,招降到锡木阿尔大酋领,青唐伪宰相贵鄂雅等千余人。自兰州至关,沿宗河而上,取湟州临宗寨、乳洛河至西宁州管下宣威城、青海萨纳、克威朗博雅,东南直趋溪哥城,至河州循化城入洮州。自洮州取庞公原,循山后出怀羌、来羌城,沿黄河至来宾城,过策凌沁、纳木沁,南抵京玉关。幅员疆境五千余里,计二十万户。今怀德将蕃界一带人户并诸处城寨献纳,共二十七处,各相去四五程,或七八程,并乞纳土归朝,率百官表贺。”文渊阁《四库全书》第328册,第721、722页。此与《续资治通鉴长编拾补》所载异,今附录于此。

与熟户的关系，惩罚犯罪、反叛的蕃部、蕃官，一般蕃官犯罪，则罚以一定数量的牛羊，或削降其职名。仁宗天圣六年（1028年），因陕西秦凤等路蕃部使臣首领侵占汉民耕地，掠夺民物等，仁宗即令陕西缘边部署司对犯罪蕃官罚以牛羊等，并令"躬自送纳，毋得却于族下科敛入官"[①]。对已经政府处理后，仍继续犯罪蕃户蕃官，则掩杀之。天圣九年（1031年）八月下诏："秦州自今蕃户犯罪已断而不悛者，即掩杀之，勿复奏禀。"[②]由于宋夏之间的长期对峙，所以蕃部蕃官的向背，也成为宋廷对其奖惩的重要依据，真宗天禧元年（1017年）十一月，秦州熟户鬼留家族"累岁违命"，不愿征伐西夏，曹玮即"率所部及寨户、蕃兵讨平之"[③]。

2."纳质"控制蕃部

北宋以相对强大的武力为后盾，对西北吐蕃等实行"纳质"政策，使蕃部长期顺从、效命于宋廷。在西北沿边诸府、州、军、监，几乎都设纳质院。如秦州"有质院，质诸羌百余人，自少至老，扃系之，非死不出"[④]。诸蕃有钞劫为恶、尝经和断者，"恐异时复叛，故收其子弟为质，乃有禁锢终身者"[⑤]。乾德二年（964年）六月，刘熙古知秦州（治今甘肃天水市秦州区），"州接戎境"，多被寇害，刘熙古上任后，"谕以朝廷恩信，取其酋豪子弟为质，戎人不敢犯法"[⑥]。以后随着宋夏矛盾的升级，西北吐蕃的向背对宋影响增大，为了使更多的吐蕃部族归顺而不惜动用武力，强迫纳质。咸平六年（1003年）年八月，原、渭等"州界戎人示附者八部二十五族，今悉诣吏纳质"[⑦]。大中祥符七年（1014年）八月，"永宁寨陇波、他斯麻二族召纳质不从命，率兵击之，斩首二百级"[⑧]。在北宋的威胁利诱下，沿边众多的蕃部如"原、渭蕃部三十二族纳质来归"[⑨]。正因北宋用扣押人质作为威服蕃部的一种手段，故而释放质子又成为其怀柔的措施之一。咸平四年（1001年），马知节知秦州后，悉放还"殆逾二纪"的秦州"质羌酋支属二十辈"。蕃部因而"感其惠，讫受代，

①《续资治通鉴长编》卷一〇六，天圣六年十一月庚子，第2484页。
②《续资治通鉴长编》卷一一〇，天圣九年八月辛丑，第2566页。
③《续资治通鉴长编》卷九〇，天禧元年十一月辛丑，第2085页。
④《宋史》卷三二八《蔡抗传》，第10578页。
⑤《宋史》卷四九二《吐蕃传》，第14158页。
⑥《续资治通鉴长编》卷五，乾德二年六月乙卯，第128页。
⑦《续资治通鉴长编》卷五五，咸平六年八月辛未，第1210页。
⑧《宋史》卷四九二《吐蕃传》，第14159页。
⑨《宋史》卷四九二《吐蕃传》，第14156页。

无犯塞者”[①]。蔡抗知秦州时，将质院的百余人质羌“皆纵释，约毋得擅相仇杀”[②]。

3. 擅山泽，专障管

为了使吐蕃各部均处于宋朝的控制下，为了镇压不顺蕃部的反抗，宋王朝派遣王韶、高遵裕、种谔等率军驻扎在熙河地区，还多次派人分行诸路招募勇士赴熙河，并且广招蕃兵弓箭手，加强熙河的防务。为了解决熙河边防的军粮供给，宋朝在秦（治今甘肃天水市秦州区）、古渭（治今甘肃陇西县）州以西至洮（治今甘肃临潭县）、岷（治今甘肃岷县）两州间，广招弓箭手营田，并在熙河路设置弓箭手营田蕃部司，加强对蕃部营田的管理。

“擅山泽，专障管”，也是宋王朝开拓经营的一项重要内容。将这一地区的山泽、障管之利收归政府，对原有的盐井、酒坊、矿产业，一方面采取赎买政策，继续经营，另一方面，进行新矿业的开采。

宋代吐蕃部族饮食“独知用盐为滋味”[③]。由于用盐的需要，因而对盐井之利极为重视。西北地区有蕃部经营盐井，吐蕃大酋讷芝蔺毡世居古渭州（治今甘肃陇西县），其先世据有九谷，拥有盐井之利。其衰弱后，青唐族最强，据其盐井，仍“日获利可市马八匹”[④]，可见盐井规模之大，产量之高，由此可显示出此地吐蕃人盐井业的发达。岷州（治今甘肃岷县）也有盐井生产，盐井川的盐井原属豪酋包顺所有，熙河开边后，在盐井川筑城寨，即盐川寨（今甘肃陇西县西南 50 里，后改为镇），王韶采用重价赎买政策，“旧日收十千，今日与十五千扑买”[⑤]，将盐井之利收归公有。

“嗜酒”是宋代吐蕃的重要生活习俗，所以酒坊酿造业在西北地区有一定的规模。环州（治今甘肃环县）蕃族酿酒，“召内属户饮之，欲诱其背畔”[⑥]。熙宁（1068—1077 年）年间，吐蕃在“熙州新堡寨合置酒场”[⑦]，听由蕃部自募人酿酒。宋朝曾在河州黄河渡口置浮桥，在河之北筑堡曰安乡城（今甘肃临夏县北莲花乡），此系鄯廓通道，吐蕃首领木征之妻包氏要求在“安乡城开酒场”[⑧]，在此置酒

①《续资治通鉴长编》卷四九，咸平四年十月癸卯，第 1075 页。

②《宋史》卷三二八《蔡抗传》，第 10578 页。

③《宋史》卷四九二《吐蕃传》，第 14163 页。

④《续资治通鉴长编》卷一七五，皇祐五年闰七月乙丑，第 4226 页。

⑤《续资治通鉴长编》卷二四五，熙宁六年六月乙未，第 5971 页。

⑥《续资治通鉴长编》卷七三，大中祥符三年五月癸卯，第 1672 页。

⑦《续资治通鉴长编》卷二四二，熙宁六年二月己卯，第 5901 页。

⑧《续资治通鉴长编》卷二六五，熙宁八年六月丁未，第 6488 页。

场，显然便于获利，未允。宋政府将酒坊之利收归公有，在熙河开边中，王韶言接收蕃部“酒坊三十余处”[①]。

开发利用西北地区的矿产资源，也是宋朝经营开拓的一项内容。熙宁年间，新收复的岷州吐蕃部族地区“有金、银、铜、锡苗脉”[②]，宋王朝派遣左藏库使刘惟吉兼管银铜坑冶，并在通远军威远寨（今甘肃武山县南）置铸钱监。后因“岷州铁冶暴发”，又在岷州置铸钱监，“岁可得缗钱四十万”[③]，并且调发“秦凤、永兴两路配军充工役，以五百人为额”[④]，人数不够，即从邻路选调。后赐岷州监为“滔山监”。由于缺乏有技术的坑冶工匠，又从“商虢州应副”征调。宋王朝对西北地区的山泽之利、障管之收，尽归于公，实行国家经营。显然，这皆为封建政府用暴力经营的具体表现，是“威”的施展。

总之，宋王朝统治者对广大吐蕃人民施行文武两手策略，一方面，施以恩惠，加以笼络，正如宋岷州《广仁禅院碑》中所言“鸟惊兽骇，则文告期会以束之”[⑤]，即对“窜入山林”的蕃部，为了防止再度反叛，进行招抚，下诏“示以恩信，许令复业”[⑥]。对于吐蕃豪酋，则进行笼络，“或赋或禄以易之”“金帛爵命以宠之”[⑦]。对归顺的蕃部首领一律授爵，月颁俸禄，并赐以房舍、土田。包氏兄弟三人先后归顺，多次给以赏赐，宋政府于盐川筑城寨，“就新城造廨舍两所，为七十间”[⑧]，赐予包顺、包诚。还在熙、河等州设蕃学，招收蕃官子弟入学读书。另一方面，则以“甲兵刑罚以威之”“塔庙尊严以示之”[⑨]，这就是宋统治者对吐蕃采用恩威并施的统治措施。

---

①《续资治通鉴长编》卷二三三，熙宁五年五月辛卯，第5655页。

②《续资治通鉴长编》卷二五〇，熙宁七年二月庚午，第6082页。

③《续资治通鉴长编》卷二六八，熙宁八年九月庚午，第6562页。

④《续资治通鉴长编》卷二六八，熙宁八年九月庚午，第6562、6563页。

⑤ 吴景山：《安多藏族地区金石录》十《新修广仁禅院记碑》，兰州：甘肃文化出版社，2014年，第25页。

⑥《续资治通鉴长编》卷二四四，熙宁六年四月乙亥，第5931页。

⑦《安多藏族地区金石录》一〇《新修广仁禅院记碑》，兰州：甘肃文化出版社，2014年，第25页。

⑧《续资治通鉴长编》卷二四五，熙宁六年六月乙未，第5971页。

⑨《安多藏族地区金石录》一〇《新修广仁禅院记碑》，兰州：甘肃文化出版社，2014年，第25页。

四、秦州蕃部与堡寨

秦州天水郡，“本秦初封之地，在汧渭之间，诸羌杂处”[①]。自秦汉以来，历属各政权管辖，亦为蕃夷错居杂处之地。7世纪初，吐蕃在青藏高原崛起，建立起强大的吐蕃政权，其后不囿于封闭在西南一隅，不断向周边扩展，吐蕃部族的迁徙移动也随之开始。安史之乱的爆发，为吐蕃的迁徙创造了一个客观有利的条件。吐蕃乘河西、陇右防务空虚之机，大量进入这一地区，于是陇右之地尽陷吐蕃。唐武宗会昌二年（842年），洛门吐蕃讨击使论恐热举兵击破吐蕃大相尚思罗、鄯州节度使尚婢婢。唐宣宗大中二年（848年），张议潮率众沙州（治今甘肃敦煌市西）起义，奉瓜（治今甘肃瓜州市东南锁阳城）、沙州等十一州归唐后，男女老幼千余人至长安，“解胡服，袭冠带”[②]。这些史实均说明秦州地区是吐蕃迁徙居地之一。伴随着吐蕃的扩张，吐蕃部族的迁徙呈现出更深入、更广阔的格局，吐蕃与其他民族的融合，亦随之进入了一个崭新的阶段。

入宋后，秦州属秦风路，下府，天水郡，雄武军节度，治成纪县。旧置秦风路经略安抚使，统秦州、陇州、阶州、成州、凤州、通远军，凡五州一军，其后割通远军属熙河，凡相统州五。崇宁（1102—1106年）年间有“户四万八千六百四十八，口一十二万三千二十二”，辖“成纪、陇城、清水、天水四县，太平监及甘谷、伏羌二城”[③]。地处边陲的秦州堡寨林立，地位日益重要，既是宋代吐蕃聚集地之一，也是抗击西夏的前沿，是宋王朝的重要经营地区，而秦州吐蕃则成为宋朝防御西夏的一股重要力量。总之，北宋对秦州吐蕃部族依其对宋朝的向背、逆顺，来确定对他们的措施，而这基于宋夏战争的大背景及对西夏的总体策略。

（一）堡寨的构筑

宋代的地方行政区划基本上是两级制，即府、州、军、监为一级，县为一级。府、州、军、监之上有路，而县之外，另有城、寨、堡、关。据《宋史·地理志》所载，其中河东路（今山西与陕西一部分），鄜延路（今陕西境），环庆、秦凤、泾原路（以上三路均在今甘肃境内），熙河路（今甘肃南部与青海一部分），皆是北宋与西夏经

---

①（宋）曾公亮：《武经总要》前集卷一八上《秦陇凤翔阶成州路》，文渊阁《四库全书》第726册，第532页。

②《资治通鉴》卷二四八《唐纪》六四，大中三年八月乙酉，第8039页。

③《宋史》卷八七《地理志》三，第2155页。

常作战的地区。沿边各路的州、军都统辖着许多堡、寨、关、城，它们均为该地的防守重心。宋太祖时，李谦溥守隰州（属河东路，治今山西隰县），筑保安（今山西左云县东北60里保安村）、平同等堡寨，“敌人十年不敢犯境”①。宋仁宗康定（1040—1041年）时，延州诸寨失守，以致“东西四百里无藩篱”②。哲宗元祐七年（1092年），游师雄请自兰州李诺平（后赐名定远，今甘肃榆中县西北定远镇）东抵通远定西、通渭之间，建汝遮（即今甘肃定西市）、纳迷、结珠龙三寨及护耕七堡，亦称“以固藩篱”③。显然堡寨有保障边境的作用，而西夏犯边，攻击目标亦为堡寨。

随着西夏的兴起，北宋边防重心逐渐西移，大量蕃部分布的秦凤、泾原、环庆、鄜延一带，成为西夏频频入侵之处，也成为北宋抵御西夏的前沿阵地。而这一带漫长曲折，又无山海峻深之险，只能依靠在众多的控扼要冲之地，构筑城关堡寨。而这时西夏的入侵，已非昔日游牧民族飘忽不定的纵横抢劫，而是以攻城略地为主要目标，因而构筑堡寨不仅是慑服、抚驭沿边蕃部的需要，而且更成为威慑、攻御西夏的必要。同时受这一变化的影响，在沿边兴筑护卫堡寨，成为北宋争夺、保护蕃户，以固藩篱，实施“以夷制夷”的一项重要举措。因而从宋太宗时起，就在宋夏边界构筑以城关堡寨为主干的防御体系。自党项德明称臣后，宋边备废弛，以致仁宗年间三次惨败，沿边“熟户屡经杀掠，亡失大半”④。之后，韩琦、范仲淹等经营沿边，“修完城垒”“整辑蕃汉熟户弓箭手”，从而使“藩篱既成，贼来无所得，故元昊复臣”⑤。

北宋后期，对夏转入战略反攻，北筑横山，西开河湟，展开了大规模的兴筑浪潮。这样，在北宋一百六十多年历史中，在西北沿边一带构置了近五百个城关堡寨⑥。其分布受军事形势和地理条件的影响，以陕西五路最多，而陕西五路又以鄜延路的延州、秦凤路的秦州和泾原路的镇戎军为最多。由堡、寨设置分布的地

---

① （宋）王称：《东都事略》卷二九《李谦溥传》，文渊阁《四库全书》第382册，第198页。

② 《东都事略》卷五九上《范仲淹传》，文渊阁《四库全书》第382册，第368页。

③ 《宋史》卷四八六《夏国传下》，第14016页。

④ （宋）司马光《传家集》卷四一《论横山疏》，文渊阁《四库全书》第1094册，第381页。此奏另见《宋朝诸臣奏议》卷一三六，题作《上神宗论纳横山非便》；《历代名臣奏议》卷三四三《四裔》，题作《论纳横山非便》，文渊阁《四库全书》第442册，第609页。

⑤ 《宋史》卷一九〇《兵志》四，第4726页。（元）马端临：《文献通考》卷一五三《兵考五·兵制》，作“元昊服臣”，文渊阁《四库全书》第613册，第447页。

⑥ 据《宋史》卷八七《地理志三》统计。

区，足以表明澶渊之盟后，宋辽结好，化干戈为玉帛，北方息兵，而西夏的崛起，边塞烽火重燃，边防重心西移。

秦州地区修筑的堡寨很多，据《宋史》卷八七《地理志三》载：

> 成纪，上。有渭水、三阳、上蜗牛、下蜗牛、堡子、伏归、小三阳、照川、土门、四顾、平戎、赤崖湫、西青、远近湫、定西、小定西、下硖、注鹿原、上硖、圆川、伏羌、得胜、榆林、大像、菜园、探长、新水谷、旧水谷、怪林、丙龙、石人铺、驰项、永宁、盐泉、小永宁、冷水泉、双泉、新土、旧土等三十九寨。陇城，中。有静戎、永固、定平、长山、白榆林、郭马、安寨七寨。清水，中。有弓门、铁窟、矿鞍、堡子、小弓门、坐交、得铁、冶坊、桥子、李子、古道、永安、四顾、威塞、床穰、镇边、和戎、安远、挟河、定川、中城、东城、西城、静边、临川、德威、广武、宁远、长樵二十九寨。天水。监一：太平。城二：伏羌、甘谷二城。伏羌城，熙宁三年废丹山、纳迷、乾川三堡，增伏羌寨为城，有得胜、榆林、大像、菜园、探长、新水、怪林、丙龙、石人、驰项、旧水十一堡。甘谷，熙宁元年置，有吹藏、大甘、陇诺三堡。四年置尖竿、陇阳二堡。寨七，定西领宁西、牛鞍、上硖、下硖、注鹿原、园川六堡。三阳领渭滨、武安、上下蜗牛、闻喜、伏归、硖口、照川、土门、四顾、平戎、赤崖湫、西青、远近湫十四堡。弓门领东鞍、安人、矿鞍、上下铁窟、坐交、得铁、冶坊七堡。静戎领白榆林、长山、郭马、静塞、定平、永固、邦、宁塞、长樵九堡。安远、陇城、鸡川。堡三，床穰领白石、古道、中城、东城、西城、定戎、定安、雄边、临川、德威、广武、定川、挟河、镇边等十四堡。冶坊领桥子、古道、永安、博望、威塞、李子六堡。达隆堡。堡川城，甘泉堡，安远，定边，绥远，小落门，保安，弓钟，董哥平堡。

上述堡、寨或属于州、军，或属于县，甚至有属于大城寨的，所以许多大城寨之下领有若干小寨。如甘谷城管小堡 5，伏羌城管小堡 11，定西寨领 14 堡，弓门寨领 7 堡，静戎寨领 9 堡，床穰寨领 14 堡，冶坊寨领 6 堡，还有许多堡、寨互领，如得胜、榆林、大像、菜园、探长、新水谷、柽林、丙龙、石人、驰项、旧水谷等堡既被伏羌城领，又属成纪县辖。上蜗牛、下蜗牛、伏归、照川、土门、四顾、平戎、赤崖湫、西青、远近湫既被三阳寨领，也属成纪县辖，又被巴顿门寨领。弓门、铁窟、矿鞍、坐交、得铁、冶坊等堡属清水县辖，又被弓门寨领。大抵城最大，寨次之，堡又次之。城、堡、寨的设置、隶属不是固定的不变的，城、寨、堡是同类型的军事地区，故城、堡可改为寨，寨、堡亦可改为城，寨亦可改为堡。如熙宁三年（1070 年），增修伏羌寨南城，遂改为伏羌城。熙宁六年（1073 年），改秦州通渭堡为通渭寨。城寨可升为州、军或县、镇，也可改变隶属。熙宁五年（1072年），以秦州古渭寨为通远军，属熙河路，遂割秦州的永宁、宁远、威远、通渭、熟羊六堡隶之，崇宁三年（1104年）升为巩州。熙宁六年（1073年）收复岷州，乃割秦州临江寨隶之，熙宁八年（1075年），改秦州定边寨为陇西镇。

这些城、关、堡、寨虽大小不同，名称各异，但都是性质相同的军事关寨，并无严格区分，随着军事形势的发展，以及这些关寨边防重要性的增加，其隶属升降时有变换。

这些堡寨一般选在具有战略地位的形胜控扼之地。庆历元年（1041年）七月，陕西经略安抚招讨副使曹琮，请求在"三都谷至渭州静边堡路置堡寨，控扼贼马"①。于是，曹琮招诱堪坡界青鸡川等处戎人内属，青鸡川蕃部献青鸡川土地以修筑城寨，后赐名鸡川寨（今甘肃通渭县东南吉川乡南5里）。宋政府在此置寨，主要考虑到这里与南牟谷口修置城寨，则秦州与德顺军（治陇干城，今宁夏隆德县）沿边堡寨相接，足以断西夏来路。庆历六年（1046年），宋政府因秦州夕阳上镇（今甘肃天水市西北）地"当伏羌、永宁两路之隘"②，于是在此置寨。北宋政府在秦州修筑堡寨，多采用招诱内属蕃部献地与拘占蕃部土地的方式，而招诱所献与拘占的土地，均在形胜扼要之处，而堡寨就建在这些控扼要地。

熙宁三年（1070年），修筑甘谷城（今甘肃通渭县西南），拘占了与贝、实勒、新伯等三族在汤谷地界的土地。这种诱致蕃部献地与拘占而设置堡寨，必然引起蕃民不满。皇祐三年（1051年）十月，宋廷下诏禁止"诱致生户蕃部献地，以增置堡寨"③。恰好从反面证明这种修筑堡寨的方式曾普遍存在。这些堡寨外有围墙，依山带水，宜于增展，尽量利用山水形胜之便。其规模"寨之大者周九百步，小者五百步；堡之大者二百步，小者百步"④。

修筑于绍圣四年（1097年）的平西寨，"地本青石峡，属熙河路"⑤，现遗址位于定西市鲁家沟镇东北300米的关川河西岸。城略呈正方形，系黄土夯筑，东西长375米，南北宽322米，城墙残高6~8米，城基宽约7~9米，夯层厚10~12厘米。南面与北面城墙呈东西向，各有一城门与瓮城，南瓮城门朝东，北瓮城门朝

①《续资治通鉴长编》卷一三二，庆历元年七月辛酉，第3151页。

②《续资治通鉴长编》卷一五八，庆历六年五月辛卯，第3828页。

③《续资治通鉴长编》卷一七一，皇祐三年十月己卯，第4111页。

④《宋史》卷三三四《徐禧传》，第10723页。

⑤《宋史》卷八七《地理志三》，第2159页。

西。两座瓮城东西各长37米，南北宽26米。东、西面的城墙呈南北向，各有马面五个；南、北面城墙呈东西向，各有马面四个。城的四角均筑有方形角墩。古城四周护城壕仅西南和北面的迹象可见，其余皆被平整为耕地。壕沟宽40米，与古城边墙相距32米。

城则较大，安西城，“旧名汝遮，绍圣三年进筑，赐名，属熙河路”[①]。现汝遮堡遗址犹存，该城呈长方形，系夯土板筑，顶部已呈马脊梁状，东西长472米，南北宽295米，城墙残高6~120米，基宽约为6~8米，夯层厚10~12厘米。南、北面城墙呈东西向，各有一城门及瓮城，北瓮城门朝西，南瓮城门朝东。两座瓮城南北各宽26米，东西长37米。东、西面城墙呈南北向，各有马面五个；南、北面城墙呈东西向，各有马面四个，城的四角均筑有方形角墩。护城河（壕）环绕四周，宽约40米，与古城边墙相距约30米。永乐城位于陕西米脂县（宋米脂寨）西北50里的无定河西岸马湖峪口，东墙残存310米，南墙长约400米，城东尚有“水寨”遗址[②]。

（二）堡寨的作用

秦州地区的堡寨与蕃部关系极为密切，堡寨成为宋朝实施“以夷制夷”政策的据点，起着招纳、安抚蕃部的效能。堡寨的兴筑与蕃部的招纳互为因果，堡寨与蕃部互为依存，从而构成统一的整体。

秦州蕃部堡寨具有以下功能：

1. 抗御西夏的军事据点

北宋为抵御西夏，保护边鄙安宁，在西北沿边一带构筑了多如繁星的堡寨，其最突出的功能便是聚集兵力，加强防守，成为宋朝防御的“藩篱”，进攻的基地。宋代的兵制有禁兵、厢兵、乡兵、蕃兵之分，而蕃兵实为乡兵的一种。蕃兵“始于国初，具籍塞下，团结以为藩篱之兵”[③]，其后“分队伍，给旗帜，缮营堡，备器械，一律以乡兵之制”[④]。而乡兵者，“选自户籍，或土民应募，在所团结训练，以为防守之兵”[⑤]。熙宁以后，尤重蕃兵，蕃兵与堡寨紧密结合在一起。

---

①《宋史》卷八七《地理志三》，第2159页。此城的修建时间与主建者，文献有不同记载。《范忠宣集》附恭献遗文《奏乞那差将兵》载：“绍圣二年，吕大忠乞赴阙，愿早降指挥。始朝廷札下，熙河范纯粹预行措置建汝遮堡。”《甘肃通志》卷二二《陇西县》载：“在县北三十里，宋志旧名汝遮堡，绍圣三年，经略章楶进筑。”

② 李健超：《北宋西北堡寨》，《西北历史资料》1983年第2期。

③《宋史》卷一八七《兵志一》，第4569页。

④《宋史》卷一八七《兵志一》，第4569页。

⑤《宋史》卷一九〇《兵志四》，第4705页。

宋人以堡寨为沿边地方“藩篱”，而以蕃兵为“藩篱”之兵，故蕃兵皆驻守在堡寨之内。置堡的方法，则是“诸屯并力，自近及远筑为堡以备寇至，寇退则悉出掩击”[①]。这些蕃兵因“习其川原，识其形势”[②]，保卫自己的家园故土，具有较强的战斗力，“以战则力，以守则固”[③]。蕃兵因来自内属部落，故战斗力最强，虽遇劲敌，亦无退却之患。因此宋军临阵御敌之际，须首用蕃兵，次用乡兵继之，蕃兵成为北宋日益重视的一种力量，宋廷经常凭借这支劲旅对付西夏，威慑缘边生、熟户。蕃兵的来源皆为“塞下内属诸部落”。景德二年（1005年），镇戎军曹玮就在河东地区招募边民为弓箭手，“给以闲田，蠲其徭赋”[④]。大中祥符三年（1010年），知秦州李浚招得黑谷寨民“九百余人，驻小洛门诸寨防边”[⑤]。德顺军静边寨（今甘肃静宁县东南）壕外弓箭手尤勇悍，“夏人利其地”，数来争占，宋政府在此地“筑堡戍守”[⑥]。庆历六年（1046年）五月，秦凤路经略司奉诏修秦州夕阳镇（今甘肃天水市西北），夕阳有上下两镇，夕阳上镇地当伏羌、永宁两路之隘，古有城基尚存，若在上镇置寨，“置兵戍守，缓急有警，收傍近蕃汉老幼孳畜而入保之，实为经久之利”[⑦]。熙宁五年（1072年），宋政府在鄜延路“以其地万五千九百顷，募汉蕃弓箭手四千九百人”[⑧]。元丰四年（1081年），泾原路经略司“渭州陇山一带川原陂地四千余顷，可募弓箭手二千余人”[⑨]。弓箭手属于蕃兵类。

据《宋史》卷一九一《兵志五》所载：

> 秦凤路：寨十三，强人四万一千一百九十四，壮马七千九百九十一。三阳寨，十八门、三十四大部族、四十三姓、一百八十族，总兵马三千四百六十七。陇城寨，五门、五大部族、三十四小族、三十四姓，总兵马二千五十四。弓门寨，二大门、十七部族、十七姓、十七小族，总兵马一千七百四。冶坊寨，二大门、二大部族、九姓、九小部族，总兵马三百六十。床穰寨，二大门，二大部族、十一姓、十一小族，总兵马一千八十。静戎寨，门

① 《宋史》卷一九〇《兵志四》，第4713页。
② 《乐全集》卷一三《民兵》，文渊阁《四库全书》第1104册，第106页。
③ 《乐全集》卷一三《民兵》，文渊阁《四库全书》第1104册，第106页。
④ 《宋史》卷一九〇《兵志四》，第4712页。
⑤ 《续资治通鉴长编》卷七四，大中祥符三年十二月辛酉，第1679页。
⑥ 《宋史》卷一九〇《兵志四》，第4713页。
⑦ 《续资治通鉴长编》卷一五八，庆历六年五月辛卯，第3828页。
⑧ 《宋史》卷一九〇《兵志》四，第4713页。
⑨ 《宋史》卷一九〇《兵志》四，第4715页。

三,计大部族十、六姓、十六小族,总兵马六百二十五。定西寨,四门、四大部族、十六姓、二十八族,总兵马六百。伏羌寨,二门、二大部族、三十二姓、三十三小部族,总兵马一千九百九十二。安远寨,二十三门、二十三大部族、一百二十六姓、一百二十六小族,总兵马五千三百五十。来远寨,八门、八大部族、十九姓、十九小族,总兵马一千五百七十四。宁远寨,四门、四大部族、三十六姓、三十六小族,总兵马七千四百八十。古渭寨,一百七十二门、一百七十一姓、十二大部族、一万六千九百七十小帐,兵七千七百、马一千四百九十。

鄜延路:军、城、堡、寨十,蕃兵一万四千五百九十五,官马二千三百八十二,强人六千五百四十八,壮马八百十。

泾原路:镇、寨、城、堡二十一,强人一万二千四百六十六,壮马四千五百八十六,为一百十甲,总五百五队。

环庆路:镇、寨二十八,强人三万一千七百二十三,壮马三千四百九十五,总一千一百八十二队。

宋王朝在西北沿边"借城寨兵马,计族望大小,分队伍,给旗帜,使各缮营垒,人置器甲,以备调发"[①]"置屯列堡,以为战守计"[②]。筑堡以备寇至,"寇退则悉出掩击"[③]。使堡寨成为聚集兵力,抵御西夏,构成了北宋整个防御体系中的一个重要环节,而如此众多的沿边蕃部堡寨,成为御边抗夏的重要军事力量。

2. 蕃民屯种与聚集之区

宋代的堡寨有守御、照护、耕种、护耕等不同名称,从诸多名称即可反映其屯种与聚集的功能。

堡寨附近的田地拨给蕃部耕种,以安定他们的生活,因而堡寨又成为寨户、蕃民的庇护场所,具有庇护蕃民耕种的功能。熙宁二年(1069 年)二月,宋廷下诏令孙永修筑"秦州甘谷城、通渭堡至古渭寨一带弓箭手耕种堡子"[④]。元符二年(1099 年),宋廷下诏秦凤路经略司将"新归顺人部族于甘谷城西堡之外标拨住坐,仍量远近修筑护耕堡,及展筑烽火台遮护耕种"[⑤]。捺吴川、青鸡川土地"沃壤,鞠为荒

① 《宋史》卷一九一《兵志》五,第 4752 页。
② 《宋会要辑稿》兵二八《备边二》,第 9212 页。
③ 《宋史》卷一九〇《兵志》四,第 4713 页。
④ 《宋会要辑稿》方域八《甘谷城》,第 9437 页。
⑤ 《续资治通鉴长编》卷五〇五,元符二年正月甲子,第 12042 页。

羌”，治平四年（1067年），修筑捺吴川、青鸡川二堡，捺吴川后赐名为治平寨（今甘肃静宁县西南80里治平乡），青鸡川，因“其地有鸡川谷”[①]，鸡川水出此，故赐名鸡川寨（今甘肃秦安县西北30里）。并下令招弓箭手，人受田百亩，马五十匹，旬日，得壮士千人，马千匹。这些人马便屯聚在此，耕种捺吴川、青鸡川土地。这些堡寨平时可聚集人民耕种，“遇事宜保聚老小，能容着得尽，方为稳便”[②]。今甘肃宕昌县理川地区庞家乡松扎堡，是由三个呈三角形分布的堡子组成，分别分布在一沟两边山顶上，平均占地六亩，每个堡子的四周有深壕，民间称为马壕。在地表上可以看到碎磁片，最早的是宋代叠烧黑釉碗残片[③]，显然是宋代修建的。在今定西市关川道上，仍可见到宋代的护耕堡遗址。堡寨结构较多体现军事防御性质，多筑有瓮城、马面、角楼、壕沟等军事防御设施。堡寨既成为蕃民的定居点，也是生产基地，大量人口的聚集，必然为生产的发展提供了充足的劳动力，为开发西北作出了贡献。

3. *蕃汉互市的贸易场所*

因这些城、关、堡、寨地处沿边，其中又驻守有大量的军队，加之众多沿边蕃汉户及“内地浮浪之人”，生息其间，因而又成为商品贸易的集散地。庆历四年（1044年）五月，韩琦奏：“又商贾之徒，各务求属于新城内射地土居住，取便于蕃部交易。”[④]笼竿城（今宁夏隆德县）蕃汉交易，“市邑富庶，全胜近边州郡”[⑤]。北宋将东南一带的茶叶转至于西北以获厚利，以及市马贸易，都离不开这些沿边堡寨。

北宋政府重视贸易场址的选择，博马场就设在秦州永宁寨（今甘肃甘谷县西四十里铺附近），“蕃部马至，径鬻秦州”。永宁寨原是“钞市券马之处”[⑥]，后在古渭寨（即巩州，今甘肃陇西县）置场，“蕃汉多互市其间”。由于古渭寨离蕃界较近，朝廷不得不考虑每年十余万缗钱“苟荡然流入虏中，实耗国用”[⑦]。于是罢古渭寨买马场，又在永宁置场。显然，古渭寨场址废罢的原因，主要是宋政府从利益的归

---

① （清）许容、李迪等：《甘肃通志》卷二三《秦州·秦安县》，文渊阁《四库全书》第557册，第623页。

② 《宋会要辑稿》方域八《甘谷城》，第9437页。

③ 李稳、杨海帆：《宕昌县理川区域史》，兰州：甘肃人民出版社，2015年，第95页。

④ 《续资治通鉴长编》卷一四九，庆历四年五月壬戌，第3606页。

⑤ 《续资治通鉴长编》卷一三九，庆历三年正月丙子，第3339页。

⑥ 《宋会要辑稿》兵二二《马政二·买马上》，第9071页。

⑦ 《宋会要辑稿》兵二二《马政二·买马上》，第9072页。

属考虑,如仅从交易的角度来看,古渭寨确为蕃汉互市交易的良好场所。永宁寨交易场所规模很大,宋政府曾给永宁寨诏书,“以官屋五十间给唃厮啰收贮财物”①。这些成为交易场所的堡寨,在封建社会的商业活动中,起着一种促进贸易交流、互通有无的作用。

秦州蕃部与堡寨关系密切,互为依存,构成一个统一的整体。在这个整体中,堡寨的兴筑与蕃部的归附同步增长,与蕃部的招纳互为因果,这正是宋朝“以夷制夷”政策的贯彻与体现,也是对西夏防御策略的需要。

（三）北宋对秦州的经营

北宋统一全国后,特别是党项的崛起,使地处边陲的秦州(治今甘肃天水市秦州区)地位日益重要,秦州成为宋王朝的重要经营地区之一。咸平四年(1001年)十月,宋真宗以“陕西二十三州图示辅臣”,历指山川险易,蕃部居处。又指秦州曰:“此州在陇山之外,号为富庶,且与羌戎接畛。”②秦州在渭水南岸,“控接三蜀,疆境甚远”③,是陇右通关中、蜀中的三岔交会之地,亦是历代军事重镇。特别在宋夏战争中,夏军沿陇山西侧瓦亭川道南侵,兵锋常至秦州境。宋廷为保障关中安全,重视秦州设防,州西北40里处,有三阳寨(今甘肃天水市北40里三阳川),领四堡,州北有刘沟堡(今甘肃天水市北),皆为与夏军距守处。熙宁二年(1069年)三月,“夏人入秦州,陷刘沟堡,杀范愿”④,秦州告急,这是夏军南入陇右势力所达最远之地。由此可见,在宋夏战争中,秦州地位日益重要。宋王朝竭尽全力加强对秦州地区的控制,就必然要重视对秦州及其蕃部的经略。

1. 选派官员,抚定经略

由于秦州(治今甘肃天水市秦州区)及其吐蕃部族在宋夏战争中的重要性日益显现,宋政府认为“天水边要,宜速得人”⑤,在选派官员上颇为重视。张方平曾“以工部尚书帅秦州”⑥,文彦博也曾“迁天章阁待制、都转运使、连进龙图阁、枢密直学士、知秦州”⑦。他们都身居要位又任秦州职。韩琦也于好水川(亦名好水、

①《续资治通鉴长编》卷一三五,庆历二年二月庚辰,第3220页。
②《续资治通鉴长编》卷四九,咸平四年十月庚戌,第1078页。
③《续资治通鉴长编》卷八七,大中祥符九年五月辛未,第1993页。
④《宋史》卷四八六《夏国传下》,第14007页。
⑤《宋史》卷三〇八《张佶传》,第10151页。
⑥《宋史》卷三一八《张方平传》,第10356页。
⑦《宋史》卷三一三《文彦博传》,第10259页。

甜水河，今宁夏隆德县境的渝河）战败后，“知秦州”，宋代名臣曹彬之子曹玮、曹琮均二度知秦州。另据文献所载李师中、刘仲武、何常、陆师闵、陆诜、马仲甫、蔡抗、刘庠、刘文质、李濬、叶康直、胡宗回、吕公孺、何忠立、梁适、郭载、宋珰、段思恭、高防、吴廷祚、吴元载、温仲舒、萨惟吉、刘熙古、马知节、薛奎、杨怀忠[①]等，均在秦州任过职，其中一些官员在秦州任上颇有政绩。

宋朝深知秦州蕃汉杂处，民族矛盾尖锐，自立国之始，对秦州的经略宗旨以“边鄙安宁”为重，在选任秦州官员及处理秦州事件上，就突出了宋朝的这一主导思想。建隆二年（961 年），高防知秦州，在州西北盛产大木的夕阳镇（今甘肃天水市西北）置采造务，与蕃人争采木之利，致使蕃部尚波于反抗。宋太祖得悉此情后，第二年夏，就命吴廷祚为节度使以代防，平息了宋初这次秦州事件。淳化五年（994 年），温仲舒知秦州，以伐木为蕃户攘夺，将秦州蕃部迁到渭河以北，“立堡寨以限之”[②]，蕃部“颇致骚动”。宋朝同样为了平息此事件，选择守臣予以安抚，将薛惟吉与温仲舒对易其任。张佶知秦州时，“置四门寨，开拓疆场，边部颇怨”[③]。又临渭置采木场，对蕃部不存抚，也不加赐赉，致使蕃部引众劫掠。朝廷闻知后，以“佶轻信易事”，调离秦州任。

宋王朝对秦州发生事变的处理，显然是以平息和解决民族矛盾、纠纷为主，而这些派遣的官员也在秦州任上为秦州民众兴利除弊，缓和了民族矛盾。咸平初，马知节知秦州，放还秦州质酋支属二十余人，并言：“羌亦人耳，岂不怀归。”[④]梁适在秦州两任，抚定蕃众，“罢所益兵，而蕃汉终公之去，安然自居”[⑤]，秦州人民怀念他，为他立生祠。薛奎知秦州时，州宿重兵，经费不足，奎“务为俭约，教民水耕，谨商算，岁中积粟三百万，征算余三千万，核民隐田数千顷，得刍粟十余万”[⑥]。薛奎为民谋利，深得蕃汉民众爱戴，当他离任时，“数千人列奎治状”[⑦]，再三挽留，不舍他离去。端拱二年（989 年），郭载知秦州兼沿边都巡检使，而原先“巡边

① 参见《宋史》《东都事略》中所载有关人物传记。

②《宋史》卷二六六《温仲舒传》，第 9182 页。

③《宋史》卷三〇八《张佶传》，第 10151 页。

④《东都事略》卷四三《马知节传》，文渊阁《四库全书》第 382 册，第 275 页。

⑤（宋）杜大珪：《名臣碑传琬琰之集》中卷二八《梁庄肃公适志铭》，文渊阁《四库全书》第 450 册，第 418 页。

⑥《宋史》卷二八六《薛奎传》，第 9631 页。

⑦《宋史》卷二八六《薛奎传》，第 9631 页。

者多领兵骑以威戎人，所至颇烦苦之”[①]。郭载赴任后，“悉减去，戎人咸悦”[②]。太宗时，宋珰二度出任秦知州，均有治绩善政，“安集诸戎，部内清肃”[③]。曹琮二度知秦州，“度辣羡材为仓廪，大积谷古渭、冀城”，并对蕃部“怀以恩信，击牛酾酒犒之”[④]，使屡入钞边的蕃部多请内属。

这些选派的官员在秦州任上，对于发展秦州地区的生产，维护该地区社会秩序的稳定，平息事件，缓和民族矛盾，改善民族关系，均作出了一定的贡献。

3. 募弓箭手，开荒屯田

秦州地区闲田旷土颇多，宋政府实行封标，招熟户蕃部耕种。蕃部垦荒，此地很多，有黑谷、毕利川、南厮啰川、甘谷城、伏羌城以及自渭源城至成纪县沿河地带。秦州黑谷颇有闲田，大中祥符二年（1009 年），知秦州李濬招寨户屯田防边。熙宁六年（1073 年）七月，陕西经略使韩琦将毕利川无主荒闲土地实行封标，招置弓箭手屯垦。南厮啰川接巴经谷至甘谷城约 40 里，土地肥美，水草饶衍，川谷平漫，可以标拨招刺弓箭手及令归顺西人耕种。元丰六年（1083 年）十月十九日，主管冶坊堡供奉官王讷“根括伏羌城等三寨荒田三百六十顷”[⑤]。元符二年（1099 年），宋廷下诏秦凤路经略司将“新归顺人部族于甘谷城西堡之外标拨住坐”[⑥]。宋代开垦荒田，招募弓箭手又往往与堡寨密切联系，“置屯之法，百人为屯，授田于旁塞堡”[⑦]。堡寨附近的田地拨给蕃部耕种，以安定他们的生活，或是在荒芜之地修筑堡寨，招募弓箭手垦荒。在秦州捺吴川、青鸡川置寨，招弓箭手，人受田百亩，数日，即招得壮士千人，骑千匹，这些人马屯聚在此，耕种土地。这些屯聚在堡寨的蕃民与弓箭手，开垦荒地，发展生产，为秦州地区乃至西北地区的经济发展所起的作用不可低估。

3. 设场置务，互市交易

地处三岔交会之处的秦州（治今甘肃天水市秦州区）以西皆为蕃部，距青唐（今青海西宁市）河湟地区也较近，秦州又通关中、蜀中，“最为关陇之盛”。这种优

---

①《宋史》卷二七六《郭载传》，第 9397 页。

②《宋史》卷二七六《郭载传》，第 9397 页。

③《宋史》卷二七六《宋珰传》，第 9391 页。

④《宋史》卷二五八《曹琮传》，第 8989 页。

⑤《宋会要辑稿》兵四《弓箭手》，第 8684 页。

⑥《续资治通鉴长编》卷五〇五，元符二年春正月甲子，第 12042 页。

⑦《宋史》卷一九〇《兵志》四，第 4713 页。

越的地理位置,必然使秦州成为西北地区的贸易中心之一。

在宋夏战争中,由于党项军队善骑,迫使宋军重视骑射,使战马的需求量增大,而中国备征带甲之骑,独取于"西戎之西偏秦、泾、仪、渭之西北诸戎是也"[①]。于是秦州成为北宋政府市马与招马之处,设博马场,秦州成为宋夏战争的一个物资供给地。为了获取大批的良马,北宋政府常择"熟西鄙山川要害"的使臣,"自秦州入蕃界招马"[②]。北宋政府的博马场就设在秦州永宁寨(今甘肃甘谷县西四十里铺附近),永宁寨原名尚书寨,建隆(960—963 年)中修筑,至道(995—997 年)中赐今名。在秦州以西,"西北控毚谷,至兰州五百五十里,东至伏羌寨三十里,西至来远寨二十里,南至小洛三十里,北至崇奇(按:疑为宗哥)城九百里"[③]。永宁寨地理位置四通八达,设博马场有利于与蕃部进行马贸易,"蕃部马至,径鬻于秦州"[④]。后来北宋政府将博马场设在古渭寨,而古渭寨位于永宁之西,而蕃汉多互市其间,"因置买马场,凡岁用缗钱十余万"[⑤]。由于古渭寨离蕃界较近,宋政府顾虑每年十余万缗钱"荡然流入虏中,实耗国用"[⑥],于是罢古渭寨买马场,复在永宁置场。

永宁寨(今甘肃甘谷县西四十里铺附近)场址规模大,而且与河湟青唐吐蕃贸易频繁,交易量大,宋政府曾给永宁寨诏书,"以官屋五十间给唃厮啰收贮财物"[⑦]。博马交易或用钱,或用茶,秦州博马场所用茶主要是四川达州(治今四川达县)、涪州(治今重庆市涪陵区)、雅州(治今四川雅安市)名山县、蜀州(治今四川崇庆市)永康县、邛州(治今四川邛崃市)在城等地[⑧]所产的川茶。熙宁十年(1077 年),秦州支卖茶所定额为"五千九百二十四驮",元丰元年(1078 年),定为"六千五百驮";永宁寨,熙宁十年支卖并博马共七千九十一驮,今定七千五百驮[⑨]。秦州永宁寨也设有茶场,熙宁六年(1073 年)迁至熙州(治今甘肃临洮县)。

秦州也设有市易务。熙宁八年(1075 年)二月,宋政府下诏秦州与"永兴军、

---

①《续资治通鉴长编》卷四四,咸平二年六月戊午,第 947 页。

②《续资治通鉴长编》卷五一,咸平五年四月己丑,第 1127 页。

③《武经总要》前集卷一八上《秦陇凤翔阶成州路》,文渊阁《四库全书》第 726 册,第 532 页。

④《续资治通鉴长编》卷一九八,嘉祐八年正月戊辰,第 4789 页。

⑤《续资治通鉴长编》卷一九八,嘉祐八年正月戊辰,第 4789 页。

⑥《宋会要辑稿》兵二二《马政二·买马上》,第 9072 页。

⑦《续资治通鉴长编》卷一三五庆历二年二月庚辰,第 3220 页。

⑧《宋会要辑稿》职官四三《都大提举茶马司》,第 4134 页。

⑨《宋会要辑稿》职官四三《都大提举茶马司》,第 4136 页。

凤翔府、润州、越州、真州、大名府、安肃军、瀛州、定州、真定府并置市易司"[①]，在这份诏令中，秦州列在诸州府之首，显示了秦州在宋王朝心目中的重要地位。元丰二年（1079年）二月，永兴军路（治所在京兆府，今陕西西安市）置市易务，"借内藏库钱四十缗为本"，而竟要"候收秦州等市易钱拨还"[②]。充分说明秦州市易务所收市易钱，在北宋政府的财政中占有重要地位，秦州市易务与凤翔府增置的市易务相为表里。秦州市场交易面广，西域于阗等国也来秦州买卖。

秦州的私市马贸易也很兴盛，以致影响官马贸易。咸平五年（1002年）二月，审刑院规定了秦州私贩马的惩罚条例，"自令一匹杖一百，十匹徒一年，二十匹加一等，三十匹奏裁，其马纳官，以半价给告事人"[③]。以这样严厉的条例来处罚私市马者，一方面说明北宋政府对马贸易要严加控制，政府垄断，不许私营，另一方面则反映了秦州民间马贸易的昌盛。秦州民间贸易也很繁荣，私市逃税屡禁不止，许多博买牙人与蕃部私交易，由小路入秦州，"避免商税打扑"，宋政府严禁私市逃税，采取各种严厉措施加以禁止。宋廷曾下诏让"秦熙河岷州、通远军五市易务，募博买牙人，引致蕃货赴市易务中卖，如敢私市，许人告，每估钱一千，官给赏钱二千"[④]。用这种高额赏赐奖励告发的办法，严禁私市，如此则"招来远人，可以牢笼遗利，资助边计"。

4. 羁縻笼络，结其欢心

秦州地区蕃汉杂处，蕃部众多，民族矛盾尖锐。秦州又是西夏觊觎之地，宋政府唯恐党项势力增强后，"西取秦界之群蕃"[⑤]，使北宋朝西鄙不宁。

北宋立国之初，秦州蕃部不断骚扰。太平兴国二年（977年），"戎人安家族寇长山寨"[⑥]。太平兴国三年（978年），秦州内属戎人又多次寇边，宋政府采取屠杀镇压的措施，秦州都巡检田仁朗"袭杀蕃部千余口，焚族帐二千余所，获马五百十匹，牛羊三千余口"[⑦]。自太平兴国八年（983年）夏州（治今陕西靖边县西北白城子）党项李继迁公开反宋以后，宋政府面对日益强大的党项势力，改变了对秦州

---

①《宋会要辑稿》食货三七《市易》，第6817页。

②《宋会要辑稿》食货三七《市易》，第6820页。

③《续资治通鉴长编》卷五一，咸平五年二月甲午，第1117页。

④《续资治通鉴长编》卷二九九，元丰二年七月庚辰，第7272页。

⑤《续资治通鉴长编》卷五〇，咸平四年十二月乙卯，第1092页。

⑥《续资治通鉴长编》卷一八，太平兴国二年三月庚寅，第402页。

⑦《续资治通鉴长编》卷一九，太平兴国三年三月己酉，第425页。

吐蕃的镇压之术，采取羁縻笼络的政策，"结其欢心，啖以厚利"[1]，以秦州蕃部为藩篱。曾下诏"西番诸族有能生擒李继迁者，当授节度使，赐银彩茶六万；斩首来献者，授观察使，赐物有差"[2]，并"遣使谕秦陇以西诸戎使攻李继迁"[3]。显然秦州吐蕃也是宋政府竭力羁縻笼络的对象之一。对那些归顺听命的蕃部首领，封官授爵，以示恩宠。归顺蕃部首领郭厮敦献地筑南市（即南使）城，后赐名静边寨（今甘肃静宁县东南），郭厮敦举家徙居冶坊寨（今甘肃清水县东北40里黄门乡），管勾一带蕃部，宋廷"命为本族巡检，月给钱五千，米面五石"[4]，又授"秦州伏羌寨蕃官都军主阿珠为峰州刺史"[5]。秦州"三阳、定西、伏羌、静戎、冶坊、三门、床穰等七寨熟户蕃部都首领已下，凡一百四十六人有功"，其中"二人授都军主，四十一人授军主，五十七人授指挥使，余悉补蕃官"[6]。

宋王朝除用赐物、封官授爵等进行笼络外，还从民族文化心理上对蕃部加以羁縻。吐蕃人有崇佛之俗，笃信佛教，"尊佛重僧"是吐蕃民族文化的反映。由于吐蕃人"尊释氏"，因此宋统治者"以蕃俗佞佛，故以佛事怀柔之"[7]。借助宗教这一精神武器来征服笃信佛教的吐蕃人民，缓和民族矛盾。

寺院是凝聚吐蕃人信仰的场所，修建寺院就成为宋王朝羁縻吐蕃的一项具体措施。天圣三年（1025年）十月，秦州蕃官军主策拉等人，"请于来远寨置佛寺"[8]，宋朝立即允许。宋王朝也尽量满足吐蕃僧侣的欲望与要求。对佛教僧侣赐"紫衣师号"，最初是为了表彰僧侣功德，并借以对皇帝或执政太后的祈福，它是佛门的奖赏，是对释迦牟尼弟子虔诚事佛的肯定，后来逐渐为统治者所利用，成为一种为政治、军事服务的笼络、赏赐之手段。宋统治者对吐蕃僧侣的赏赐也不例外，为赵宋王朝效力的吐蕃僧侣理所当然地获得赐"紫衣师号"的奖赏。秦州永宁寨蕃僧策凌班珠尔、伊朗颇斡因"曹玮言其屡经指"[9]，也获赐紫衣。这种以"佛

---

①《续资治通鉴长编》卷五一，咸平五年十一月癸亥，第1122页。

②《续资治通鉴长编》卷五〇，咸平四年十一月甲午，第1089页。

③《续资治通鉴长编》卷五〇，咸平四年十二月丁未，第1090页。

④《续资治通鉴长编》卷九〇，天禧元年六月壬申，第2068页。

⑤《续资治通鉴长编》卷九〇，天禧元年十一月庚子，第2085页。

⑥《续资治通鉴长编》卷八八，大中祥符九年十一月丁未，第2026页。

⑦ 吴景山：《安多藏族地区金石录》一〇《新修广仁禅院记碑》，兰州：甘肃文化出版社，2015年，第25页。

⑧《续资治通鉴长编》卷一〇三，天圣三年十月庚申，第2390页。

⑨《续资治通鉴长编》卷九三，天禧三年春正月丁卯，第2135页。

事羁縻”正是从民族文化方面抓住了吐蕃人民“最重佛法”的文化心理，其成效显著。

总之，秦州及其蕃部是宋夏战争棋局上的重要一子，是北宋军事体系中的重要一环，而北宋政府对秦州蕃部的经略，是以平息和解决民族矛盾为主，这是基于宋朝对西夏战争的大背景所必须采取的有效策略。

五、宋朝对蕃部土地与自然资源的开发

北宋立国，疆土蹐局，东北与燕云相接，西北陇山以西地区，自唐上元二年(761年)陷入吐蕃后，一直是吐蕃及党项部落的居地，他们“族种分散，无复统一”“大者数千家，小者百十家”[①]，居住在“河、秦、邈川、青唐、洮、岷以至阶、利、文、政、绵、威、茂、黎、移州”[②]及河西凉州等地，其居地大部在西北地区。宋初，渭水上游吐蕃地区归陕西路管辖，后又属于秦凤路及永兴军路境内。北宋中期熙宁(1068—1077年)年间，国内改革，风起云涌，随着王安石变法的多项改革措施的实施，对西北地区的开拓也相应扩展到熙河洮岷地区。宋朝对这一地区的土地及其他自然资源的开发有一定成效。

(一)行屯田以实边

“屯田实边”是历代封建统治者经营开拓西北所采取的一个主要措施，宋朝统治者也不例外，自立国之初直至晚期，始终未放弃对西北地区的土地开发。

北宋立国，与辽、西夏鼎足对峙，为了加强边防军事部署，防止辽、夏的不断骚扰，曾在北方与西北地区进行“屯田”和“营田”。“屯田”因兵屯而得名，则以兵耕；“营田”因募民而耕种，“分里筑室，以居其人，略如晁错田塞之制，故以营民，其实用民而非兵也”[③]。显然屯田以兵，营田以民，二者有别。“自淳化以来，始用何承矩措置北边屯田，开塘泺之利以限北虏，相继西、北二边益广屯田。”[④]“北边”当指河北路，宋朝在这一地区屯田的目的，是阻止辽兵南下侵扰。“西北二边”则指河东、陕西二路与西夏毗邻的地区，此地的屯田自然是为了防止西夏的进攻。随着宋朝与西夏矛盾的发展、演变，其军事斗争也日益激烈，与西夏邻近相接的

---

① 《宋史》卷四九二《吐蕃传》，第14151页。

② (宋)邵伯温:《闻见录》卷一三，文渊阁《四库全书》第1038册，第792页。

③ 《文献通考》卷七《田赋考七·屯田》，文渊阁《四库全书》第610册，第172页。

④ 《宋会要辑稿》食货二《营田杂录》，第5989页。

西北地区军事地位自然也日益重要，因而宋朝统治者对西北地区的屯田、营田十分重视。他们认为“实边之策，惟屯田为利”[①]，因为屯田、营田既可以巩固边防，“减冗费，为持久宽民之计”[②]，又可以部分解决兵饷粮运的困难。在“边事未息，人兵未可全减”[③]的情况下，“广劝公私耕种”为当务之急。所以屯田、营田实为“扈边实塞之要务，足国安民之至计也”[④]。

秦陇以西地区，散居的吐蕃部族有生、熟户之分，“接连汉界、入州城者谓之熟户，居深山僻远、横遏寇略者谓之生户”[⑤]。仅秦凤、泾原两路除熟户外，居深山僻远之处的吐蕃“生户有蹉鹘、者谷、达谷、必利城、腊家城、鸱枭城、古渭州、龛谷、洮河、兰州、叠、宕州，连宗哥、青唐城一带种类，莫知其数”[⑥]。这些吐蕃部族因与汉人错居杂处，汉族先进的生产技术也大量传入，但游牧民族“逐水草而迁徙”的生产方式及生活习俗的残余，仍然遗存。由于吐蕃人传统的价值观念与文化形态的影响，使他们对土地不甚看重。王韶曾言：“昔魏绛和戎，谓戎狄贵货贱土，其土可贾。今之蕃部正同此耳。”[⑦]宋人李复曾“往来秦熙汧陇间不啻十数年，时闻下里之歌”[⑧]，于是记录下来，其中一首歌曰：“蕃兵入市争卖田，汉人要田蕃无钱。有田卖尽走蕃去，却引生羌来寇边。”[⑨]这是吐蕃“贱土贵货”的传统文化形态与价值观念的反映。尽管这一地区有广阔的良田沃壤，也具有较优越的农业生产条件及屯垦传统，但大部分土地仍是荒废。若国家抚以恩信，“其土地皆可贾易而致”[⑩]。因此，宋政府在吐蕃居地开发土地，屯田垦种，是切实可行的重要措施。

---

①《文献通考》卷七《田赋考七·屯田》，文渊阁《四库全书》第610册，第173页。

②《续资治通鉴长编》卷一三五，庆历二年二月辛巳，第3222页。

③《续资治通鉴长编》卷三四七，元丰七年七月丁未，第8324页。

④《文献通考》卷七《田赋考七·屯田》，文渊阁《四库全书》第610册，第175页。

⑤《续资治通鉴长编》卷三五，淳化五年正月癸酉，第768页。

⑥《续资治通鉴长编》卷一四九，庆历四年五月壬戌，第3607页。

⑦《宋朝诸臣奏议》卷一四一《上神宗论进筑河州》，第1591页。此奏见《文潞公集》卷二〇，题作《言洮河》。

⑧（宋）李复《潏水集》卷一六《七言绝句·秦乐府》之六，文渊阁《四库全书》第1121册，第153页。

⑨《潏水集》卷一六《七言绝句·秦乐府》之六，文渊阁《四库全书》第1121册，第154页。

⑩《宋朝诸臣奏议》卷一四一《上神宗论进筑河州》，第1591页。

(二)屯田址地分布

宋代吐蕃居地屯田地址分布广泛，且多沿河分布，如泾水、渭水、湟水、洮水、白水等流域皆有屯田。

1. 北宋前、中期屯田

北宋前、中期，自太宗至道元年(995年)至英宗治平四年(1067年)，系屯田兴起阶段。这一时期的屯田地址主要沿西夏左厢沿边地及横山内外分布，与西夏毗邻。为了抗击西夏的不断侵扰，巩固边防，解决军粮供给，因而在此开发土地，经营屯田，是防御西夏的一个重要措施。屯田址地主要分布在镇戎军(治今宁夏固原市)及其周围黑谷、青涧城(今陕西清涧县)、保安军(治今陕西志丹县)、笼竿(今宁夏隆德县)川等地[①]。横山地区屯田在此略而不述，秦凤、泾原、环庆三路的重要屯田区有以下诸处：

镇戎军及其周围屯田　镇戎军(治今宁夏固原市)系古原州之地，咸平四年(1001年)十二月，陕西转运使刘综上疏言"镇戎军川原广衍，地土饶沃，若置屯田，其利犹博"[②]，且"四面已有人户耕种"，于是宋政府在"此处置屯田务，且取田五百顷，差下军二千人，置牛八百头，立屯耕种"[③]。并且又在要害地方，置寨屯田，为镇戎军之扼，"于军城近北至木峡口及军城前后，各置一堡寨，约地土分种田兵士，将牛具就寨居泊，更充镇戎，固不失日战之理"[④]。

黑谷屯田　黑谷在秦州(治今甘肃天水市秦州区)境内，据《方舆胜览》载："黑谷山在天水北五十里，大山乔林连跨数县，有黑谷关。绍兴初，郡守陈俊置，以防秦巩来路，最要冲。"[⑤]大中祥符二年(1009年)十二月，枢密直学士知秦州李濬言"黑谷颇有闲田"[⑥]，于是宋政府在此地招得"寨户三百余户，户三丁，计九百人余人"[⑦]，分住小洛门诸寨屯田防边。

笼竿川屯田　德顺军旧治为笼竿城(今宁夏隆德县)，在六盘山外，"有弃地，

① 参阅《续资治通鉴长编》《宋会要辑稿》《太平治迹统类》《东都事略》等文献。

②《宋会要辑稿》食货六三《屯田杂录》，第7632页。

③《宋会要辑稿》食货六三《屯田杂录》，第7633页。

④《宋会要辑稿》食货六三《屯田杂录》，第7633页。

⑤(宋)祝穆:《方舆胜览》卷六九《天水军》，文渊阁《四库全书》第471册，第1057页。

⑥《宋会要辑稿》方域一九《分住诸寨》，第9649页。

⑦《宋会要辑稿》方域一九《分住诸寨》，第9649页。

号笼竿川，坦为兵冲，曾无捍蔽”[①]。此地居有熟户蕃部，将其荒闲土地献于政府。大中祥符四年（1011年）九月七日，泾原路钤辖曹玮在此“要害之地，立堡寨，募弓箭手居”[②]，从事屯垦。

泾原五州屯田　庆历二年（1042年）十月，泾原安抚使王尧臣上疏，请求“于泾、原五州营田，益置弓箭手”[③]。宋政府采纳这一建议，于是此地也成为宋代的一个屯田址地。

秦州屯田　治平（1064—1067年）初，知秦州李参平定吐蕃药家族作乱后，“得良田五百顷”[④]，招募弓箭手屯田。

牟谷口屯田　牟谷口位于青鸡川（今甘肃秦安县西北30里）之南，据《甘肃通志》卷二三《秦州·秦安县》载，“其地有鸡川谷”[⑤]，鸡川水出此，故青鸡川赐名鸡川寨。治平四年（1067年），秦州青鸡川蕃部愿献纳土地，陕西宣抚使郭逵在青鸡川南面的牟谷口筑城堡，招募弓箭手屯田，“以通秦州、德顺二州之援，断贼入寇之路”[⑥]。

2. 北宋中后期屯田

北宋中、后期，自神宗熙宁元年（1068年）至钦宗靖康元年（1126年），是土地开发的兴盛时期。北宋中期熙宁（1068—1077年）年间，王安石进行了一系列变法，随着各项改革的实施，“经营河湟，兼制西夏”，就成为宋代革新派的一项重要战略目标。熙宁五年（1072年）开始的“熙河之役”，用了不到两年时间，取得了“修复熙州、洮、岷、叠、宕等州，幅员二千里，斩获不顺蕃部万九千余人，招抚小大蕃族三十余万帐”[⑦]的重大胜利，随着对这一地区武力征服的结束，伴之而来的必然是对这一地区的开发与经营，巩固武力征服的成果。设置熙河路，将这一地区纳入宋政府的行政管辖之下，而且招募蕃汉弓箭手屯田、营田。自哲宗绍圣

---

①《武经总要》前集卷一八上《边防·泾原仪渭镇戎德顺军路》，文渊阁《四库全书》第726册，第530页；《元宪集》卷三三《曹公行状》，载“恒为兵冲”，文渊阁《四库全书》第1087册，第659页。

②《宋会要辑稿》兵四《弓箭手》，第8677页。

③《宋史》卷二九二《王尧臣传》，第9775页。

④《宋史》卷三三〇《李参传》，第10619页。

⑤《甘肃通志》卷二三《秦州·秦安县》，文渊阁《四库全书》第557册，第623页。

⑥《宋史》卷一九一《兵志五》，第4755页。

⑦《续资治通鉴长编》卷二四七，熙宁六年十月辛巳，第6022、6023页。

(1094—1098 年)以后至徽宗大观(1107—1100 年)年间,宋王朝统治者好大喜功,继续对吐蕃用兵,不断开疆拓土,其新开疆土已由熙(治今甘肃临洮县)、河(治今甘肃临夏市东北)、洮(治今甘肃临潭县)、岷(治今甘肃岷县)等今甘肃南部地区,进一步扩展到西宁、湟州(治今青海海东市乐都区)、廓州(治今青海化隆县西 60 里黄河北岸)、积石军(治今青海贵德县西 40 里)等今青海东部地区。为了巩固新收复的疆土,宋政府除了将熙河路改为熙河湟鄯路之外,还把土地开发进一步扩充到这一地区。

中后期的屯田址地,主要沿西夏右厢沿边地分布,集中在黄河上游及渭水、洮水、岷水、湟水等流域,是宋政府为了牵制西夏,而对吐蕃居地加强控制。这一时期,北宋军事战略体系由对西夏的消极防御而转为积极防御,土地开发正是为这一战略部署的实施而进行。屯田具体分布在毕利川、渭水上游、古渭寨(即巩州,今甘肃陇西县)至青唐、武胜军(即熙州,今甘肃临洮县)、河州、洮西、岷州床川 、荔川、闾川寨、通远军熟羊寨、阶州、伏羌城、呸累川、定边城、陇山,以及米脂、吴堡、义合、细浮图、塞门、定西、龛谷、榆木、岔堡、庆州、渭州、鄯州、湟州、廓州等地区[①]。

北宋中后期的屯田址地主要有以下诸处:

毕利川屯田　毕利川无主荒闲土地甚多,熙宁元年(1068 年)七月,陕西经略使韩琦请求于此地“见行封标招置弓箭手”[②]从事屯垦。于是此地得以开发,成为北宋政府的屯田区。

渭水上游屯田　渭源城下至秦州一带系渭水上游,“沿河五六百里, 良田不耕者何啻万顷,但自来无钱作本,故不能致利”[③]。熙宁三年(1070 年)二月,王韶“欲每岁常于秦州和籴场预借钱三五万贯作本,择田之膏腴者,量地一顷约用钱三十千,岁收不下三百硕”[④]。要求宋政府拨款兴治,宋廷诏秦凤路经略司借支封桩钱三万贯,委王韶募人耕种。后经按验,此地只有四千余顷。未耕田地数额尚无明确,但可以肯定这一地区土地得到开垦,是北宋中后期的一处重要屯田基地。

古渭寨至洮河武胜军屯田　这一带屯田是从古渭寨(今甘肃陇西县)沿渭水往西北,又沿洮水至武胜军(今甘肃临洮县)一带,熙宁四年(1071 年)八月,在此

① 参阅《宋史》《续资治通鉴长编》《宋会要辑稿》《太平治迹统类》《东都事略》等文献。

②《宋会要辑稿》兵二八《备边二》,第 9210 页。

③《宋会要辑稿》食货一《农田杂录》,第 5959 页。

④《宋会要辑稿》食货一《农田杂录》,第 5959 页。

地区置洮西安抚司，招纳蕃部市易，募人营田。

河州屯田　河州屯田始于熙宁七年（1074 年），以河州（治今甘肃临夏市东北）作过蕃部近城川地招弓箭手从事垦种，山坡地招蕃弓箭手屯垦。元丰元年（1078 年），吐蕃郎家、鬼驴两族要求在“河州或南川寨侧近，括空闲及弓箭手逃田内标拨二十顷分给”[①]。南川寨是以南川水命名，南川水在河州县南 90 里，山水雄秀，“有大南川、小南川”[②]。吐蕃郎家、鬼驴两部族六百余人在这里从事耕垦。

熙河四州军屯田　熙河四州军土地约有“一万五千顷，十分取一，以为公田，大约中岁亩收一石，则公田所得十五万。水旱肥瘠，三分除一，亦可得十万”[③]。由于此地屯田有利，熙宁九年（1076 年）正月，宋政府差太常寺主簿王君俞赴熙河路与郑民宪商议推行屯田。元丰元年（1078 年）十月二十七日，给熙河四州军标拨官庄田外，又于近城“各更择沃土二千顷为营田”[④]。

洮西屯田　熙宁九年（1076 年）正月，宋政府将洮西地区弓箭手单丁“耕种不及空闲田土”，让各州军差厢军耕种，“官置牛具、农器，每人一顷”[⑤]。

岷州床川、荔川、闾川寨及通远军熟羊寨屯田　床川寨在今岷县东，荔川河在岷县东南 90 里，荔川寨以此名。闾川寨即今岷县东 120 里闾井乡，当地有河，即闾井河在岷州“东 140 里，源出莫遮拦山”[⑥]。熟羊寨在今甘肃陇西县西 40 里。这一地区的屯田，于元丰二年（1079 年）二月，“依官庄例，募永济卒二百人”[⑦]从事屯种。

阶州屯田　元丰二年（1079 年）三月十四日，秦凤路经略使吕大防言，“阶州汉、蕃户献纳并根括田五百二十顷”[⑧]，宋政府在阶州（治今甘肃陇南市武都区）地区招募弓箭手屯种，依沿边法，每人给地两顷。

伏羌城屯田　元丰六年（1083 年）七月，主管冶坊堡（今甘肃清水县东北 40 里黄门乡）供奉官王讷根括伏羌城等三寨田 360 顷，招弓箭手屯种。

定西、龛谷、榆木、岔堡四寨屯田　此四寨位于今榆中县东南至定西一带，系

---

①《宋会要辑稿》蕃夷六《吐蕃》，第 9915 页。

②《甘肃通志》卷五《山川·狄道》，四库全书第 557 册，第 163 页。

③《宋会要辑稿》食货二《营田杂录》，第 5985 页。

④《宋会要辑稿》食货二《营田杂录》，第 5986 页。

⑤《宋会要辑稿》食货二《营田杂录》，第 5985 页。

⑥《甘肃通志》卷五《山川·岷州》，文渊阁《四库全书》第 557 册，第 188 页。

⑦《宋会要辑稿》食货二《营田杂录》，第 5986 页。

⑧《宋会要辑稿》兵四《弓箭手》，第 8681 页。

新收复土地。堡寨已渐修毕,“见阙农作厢军二百人,部辖人员、军典十九人”[①]。元丰六年(1083年)十二月一日,提举熙河等路弓箭手营田蕃部司要求依熙河路修城,凤翔府简中、保宁指挥简填阙额法,“许本司在秦凤、泾原、熙河三路厢军及马递铺卒选募”[②],显然要以农作厢军为屯田劳动力。

定边城屯田　定边城(今陕西吴起县西铁边城镇附近),系改定边军置城,与西夏邻近,是北宋新置城寨。其地“川原厚远,土地衍沃”,原先系西夏的一个储粮基地。北宋收复后,利用投附的蕃部为屯田劳动力,“就给土田,使之种植”[③]。

陇山屯田　神宗元丰八年(1085年),殿前副都指挥使刘昌祚知渭州时,“根括陇山地凡一万九百九十顷,招置弓箭手人马凡五千二百六十二人骑”[④]。据《甘肃通志》卷四《疆域·平凉府》载:“陇山高峻,南连秦岭,北抵大河,今国家西境尽潘原,而吐蕃戍摧沙堡,原州居其中间,当陇山之口。”显然此陇山屯田应是北宋时期,刘昌祚在渭州(治今甘肃平凉市崆峒区)任上,在渭州陇山地区实施的屯田开垦,招募的人员众多,是大规模的屯田区。

北宋后期的屯田规模不大,址地分布不如中期广泛,重点是河湟地区的屯田,另外庆州、渭州也设有屯田区。

庆州屯田　崇宁(1102—1106年)中,钱即为庆州知州,到任后,在此地“筑安边城、归德堡,包地万顷,纵耕其中,岁得粟数十万”[⑤]。

渭州屯田　徽宗政和(1111—1117年)末年,王恩知渭州,“括隐地二万三千顷,分弓箭士耕屯,为三十一部,以省馈饷”[⑥]。

崇宁二年(1103年),宋政府发动了河湟之役,攻占了河湟吐蕃地区,拓疆万里,收复西宁、湟、廓等州后,进行了土地开发。在廓州管辖的东西两川及结罗城(旧名肤公城,今青海化隆回族自治县西)、米川[⑦]等处,除心白向汉吐蕃人户“田土依旧为主,秋毫不得侵占外,因与官军抗敌、杀逐心黑之人所管田

① 《宋会要辑稿》食货二《营田杂录》,第5987页。

② 《宋会要辑稿》食货二《营田杂录》,第5987页。

③ 《宋会要辑稿》方域八《定边城》,第9440页。

④ 《文献通考》卷一五六《兵考》八,文渊阁《四库全书》第613册,第490页。

⑤ 《宋史》卷三一七《钱即传》,第10351页。

⑥ 《宋史》卷三五〇《王恩传》,第11089页。

⑦ 据《元和郡县志》卷三九载:“贞观十年,于本县东一百二十里黄河南岸置米川县,属河州,永徽六年,移于河北,属廓州。”《长编纪事本末》卷一四〇载为“来川”。

土”[①],尽行“拘收入官”。这些“拘收入官”土地的大量存在,为北宋政府在这一地区实行屯田提供了有利条件。宋朝也多次下诏令姚雄括空闲地,“召人耕垦出课”。由于“拓疆益边”,旷土闲田俱存,且“地临河,多沃壤”,适宜耕垦,但缺乏人力,于是采纳熙河路转运使郑僅的建议,迁徙熙、秦汉蕃弓箭手来垦种,采取“家选一丁,官给口粮,团成耕夫,使佃官。遇成熟日,除粮种外,半入官,半给耕夫,候稍成次第,听其所便”[②]的方法,耕种那里的官庄土地。政和(1111—1117 年)年间,宋政府采纳提举熙河兰湟路弓箭手何灌的建议,修复汉唐故渠,引水灌溉,然后招募弓箭手屯田,使这一地区成为北宋后期规模较大的屯田基地,有“善田二万六千顷,募士七千四百人”[③]。

北宋在秦陇以西地区的屯田活动,虽然其效果并不理想,但就对土地的开发利用来说,仍不失其积极意义。

3. 南宋陇南屯田

南宋时期,自绍兴元年(1131 年)至宁宗开禧三年(1207 年),是土地开发的衰微时期。宋室南渡后,由于偏安江南一隅,其统治区域缩小,原北宋疆域中原、陕右等辖区尽为金人占领。“东画长淮,西割商、秦之半,以散关为界。”[④]原北宋二十三路中,只有两浙、两淮、江东西、湖南北、西蜀、福建、广东、广西十五路所存有,仅是原疆域的三分之二。在今青海东部西宁等地及“中原、陕右尽入于金”[⑤]的情况下,此时南宋西北屯田主要集中在大散关(今陕西宝鸡市西南)以外的一些州县。从宋高宗绍兴元年(1131 年)至宁宗开禧三年(1207 年),南宋政府在今陇南与陕南地区进行屯田,主要有吴玠在洋州营田,郑刚中在阶、成州营田。

吴玠营田　宋高宗绍兴六年(1136 年),吴玠任川陕宣抚使兼营田使,在他治军期间,命令梁州(即兴元府,治今陕西汉中市东)、洋州(治今陕西西乡县)守将治理褒城(今陕西勉县东)废堰,大兴营田。《建炎以来朝野杂记》甲集卷一六《关外营田》载:

> 率军民营田凡六十庄,计田八百五十四顷。其初,因兵火后民多失业,故募人耕之,量收租利。李子公为大漕,奏言汉中之地,故称沃野,每

---

①《续资治通鉴长编拾补》卷二四,崇宁三年五月乙酉,第 809 页。

②《宋史》卷一九〇《兵志》四,第 4718 页。

③《宋史》卷三五七《何灌传》,第 11226 页。

④《宋史》卷八五《地理志一》,第 2096 页。

⑤《宋史》卷八五《地理志一》,第 2096 页。

亩除出粮租外，止收三石为率，约收二十五万石，乞付本司赡军，可省内郡水军。朝廷难之，但赐玠诏书奖谕。[①]

文献中所谓“三石为率”显系讹误。因为“八百五十四顷”约收粮“二十五万石”，其剥削率应为“三斗三升八合”，接近“三斗四升”[②]。营田目的“付本司赡军”，即为了解决宋军粮供给问题。营田以庄为单位，实行军民杂用，“率军民营田”，说明这种营田并非过去那种“屯田以军，营田以民”的严格意义上的营田。但吴玠的营田，并非自始至终采用一种经营方式，而是开始实行民屯，按照民屯的办法进行管理，但成效不好后，又改为出租给百姓耕种，这样一来，收到了较好的效果。《宋史》卷一七六《食货志上四》载：“初，玠守蜀，以军储不继，治褒城堰为屯田，民不以为便。因漕臣郭大中言，约中其数，使民自耕。民皆归业，而岁入多于屯田。”这种租佃经营方式，与私人地主向佃户出租土地，从形式到内容已完全相同。

郑刚中营田　绍兴十五年（1145 年），四川宣抚使郑刚中在阶州（治今甘肃陇南市武都区）、成州（治今甘肃成县）实行营田，其营田区直抵秦州界，开垦土地“凡三千余顷，岁收十八万斛”[③]。显然郑刚中营田收效显著，在一定程度上缓解了军粮供给不足的困难。

宋代土地开发地址分布范围广，地点多，星罗棋布地散处于西北高原。今天的甘肃、青海、陕西地区，均为宋王朝进行过土地开发活动的地域。

（三）土地获取途径

吐蕃居地大量旷土闲田的存在，只是为开发土地提供了可能性，而要将可能性变为现实，则必须有切实可行的具体措施。宋朝主要通过以下诸种途径获取土地。

1. 根括闲田

根括“闲田”即“括地”，是宋政府获取土地的主要途径之一。北宋吐蕃居地的屯田土地多以“根括”的方式获得。张守约“徙秦凤，居职六年”，秦凤地区“括生羌隐土千顷以募射手”[④]。殿前副都指挥使刘昌祚知渭州（治今甘肃平凉市崆峒区）时，括陇山闲田 10990 顷，招募弓箭手 5262 人进行屯田。熙宁五年（1072 年）四

① （宋）李心传：《建炎以来朝野杂记》甲集卷一六《关外营田》，文渊阁《四库全书》第 608 册，第 389 页。

② 赵俪生主编：《古代西北屯田开发史》，兰州：甘肃文化出版社，1997 年，第 238 页。

③ 《宋史》卷三七〇《郑刚中传》，第 11513 页。

④ 《宋史》卷三五〇《张守约传》，第 11072 页。

月，延州（治今陕西延安市）通判范子仪及机宜官魏璋、左文通等“根括闲田”。蔡挺任边官时，也曾“检括并边生地，汉蕃冒耕田四千八百顷，募佃以充边储”[①]。元丰六年（1083年）十月十九日，主管冶坊堡供奉官王纳“根括伏羌城等三寨荒田三百六十顷”[②]。河州吐蕃郎家、鬼驴两族600人，“虽从来借地耕种，终非己有”，于是宋政府在“河州或南川寨附近，括空闲及弓箭手逃田内标拨二十顷”[③]颁给他们耕种。徽宗政和（1111—1117年）末年，王恩知渭州，“括隐地二万二千顷，分弓箭士耕屯”[④]。由于“根括”，因此曾发生过因强行括地而引起的反抗事件。仁宗时，范祥在秦州“括熟户田”，因侵夺诸族土地以招弓箭手，致使青唐及诸族举兵反叛。

2. 开垦荒地

吐蕃居地人口稀少，无主荒地甚多，宋政府接纳并开垦这些土地。知秦州李濬招得寨民300户，900余人，分住小洛门诸寨屯田防边。郑戬在麟府地区开发利用弃土也是采用开垦的办法，“麟府间有弃地曰草城川，戬募土人为弓箭手，计口授田”[⑤]。夏安期知渭州时，也开发和利用闲田，“籍寨下闲田，募人耕种，岁得谷数万斛，以备振发，名曰贷仓”[⑥]。神宗熙宁三年（1070年）七月，蔡挺知渭州时，在镇戎军三川寨（今宁夏固原市西北30里彭堡乡隔城子古城）、高平寨（今宁夏固原市北25里亩洼古城）、定川寨（今宁夏固原市西北25里中和乡大营村黄咀古城）旧壕外有曹英新壕，两壕间土地肥沃，东西40里，南有土山，蔡挺因险筑寨，筑成后赐名熙宁寨（今宁夏固原市北35里陆家古城堡遗址）。“开地二千顷，募弓箭手三千人耕守。”[⑦]熙宁六年（1073年）七月，陕西经略使韩琦将毕利川无主荒闲土地，行封标招置弓箭手进行屯垦。

3. 钱物易田

用钱物与蕃部交易，购买土地，招置弓箭手，这种方式主要盛行于今青海乐都与甘肃南部等吐蕃聚居区。熙、河、鄯、湟自开拓以来，疆土虽广而地利悉归属羌，“官兵吏禄仰给县官，不可为后计”。后经本路地方官员商讨斟酌后，“以钱粮

---

①《东都事略》卷八二《蔡挺传》，文渊阁《四库全书》第382册，第529页。

②《宋会要辑稿》兵四《弓箭手》，第8684页。

③《宋会要辑稿》蕃夷六《吐蕃》，第9915页。

④《宋史》卷三五〇《王恩传》，第11089页。

⑤《宋史》卷二九二《郑戬传》，第9768页。

⑥《宋史》卷二八三《夏安期传》，第9577页。

⑦《东都事略》卷八二《蔡挺传》，文渊阁《四库全书》第382册，第530页。

茶彩或以羌人所嗜之物,与之贸易田土”[①]。熙宁五年(1072年)十月八日,北宋政府令秦凤路沿边安抚司“支官钱收买镇洮军蕃部田土,招置弓箭手”[②]。大观(1107—1110年)年间,熙河兰湟路吐蕃部族的土地已允许“以茶彩博买”。这种市田方式,正是利用吐蕃“贱土贵货”的价值观及嗜茶的生活习性,使汉人能以货与蕃部易田,“蕃人得货,两得所欲”,从而达到“田畴垦,货殖通,蕃汉为一”[③]的效果,也使宋朝实现“易以调御”蕃部的目的。

4. 蕃部献田

吐蕃对土地不甚看重,因而有蕃部主动献田的状况。郭逵经营古渭州(今甘肃陇西县)之捺吴川和青鸡川时,曾对蕃部曰:“诸羌利牧养而拙耕稼,故二川沃壤鞠为荒莱,汝等可近山畜牧,以闲田来献。”[④]于是得“良田千余顷”,乃下令招弓箭手,旬月得壮士千人,骑千匹。熙宁(1068—1077年)年间,李师中知秦州时,就令“有蕃户标拨入官地土数多,而今耕种不足者”,在其“原献纳数内给还三分之一,而弓箭手亦不得执元额,止据合入官地招人”[⑤]。宋政府又筑熟羊(今甘肃陇西县西北40里)等堡,募蕃部献地,置弓箭手,并且令王韶等人“体问元献地蕃部的实愿献多少地,如不系元初献者,并还之”[⑥]。由此可见,秦州地区的屯垦与蕃部献田有密切关系。元丰二年(1079年)三月,阶州(治今甘肃陇南市武都区)汉蕃户又“献纳并根括田五百二十顷”[⑦]。大中祥符四年(1011年)九月七日,泾原路钤辖曹玮在笼竿川筑城,名为笼竿城(一作陇干、笼干城,今宁夏隆德县),立堡寨,募弓箭手屯田,其屯田土地就源于“陇山外笼竿川熟户蕃部以闲田输官”[⑧]。郭逵为边官时,曾筑治平寨(今甘肃静宁县西南80里)、鸡川寨(今甘肃秦安县西北30里),“二川形胜相恃”[⑨],郭逵以威使诸羌献闲田,召弓箭手屯田。由于蕃部

①《宋史》卷一九〇《兵志四》,第4723页。

②《宋会要辑稿》兵四《弓箭手》,第8679页。

③《宋史》卷一九一《兵志五》,第4759页。

④《名臣碑传琬琰之集》中卷一三《郭将军逵墓志铭》,文渊阁《四库全书》第450册,第309、310页。

⑤《续资治通鉴长编》卷二一二,熙宁三年六月壬戌,第5143页。

⑥《续资治通鉴长编》卷二一二,熙宁三年六月壬戌,第5143页。

⑦《续资治通鉴长编》卷二九七,元丰二年三月癸未,第7222页。

⑧《宋会要辑稿》兵四《弓箭手》,第8677页。

⑨(宋)范祖禹:《范太史集》卷四〇《检校司空左武卫上将军郭公墓志铭》,文渊阁《四库全书》第1100册,第442页。

献田，使宋王朝获得了大量土地，便于屯垦的顺利进行，因而宋统治者对献地蕃户给予奖赏。熙宁五年（1072 年）十月颁布诏令，对镇洮军（即熙州，今甘肃临洮县）献地蕃户优与酬奖。

4. 包占良田

这种获取土地的方式，在陕西及青海东部新收复地区，如西宁、湟州（治今青海海东市乐都区）、廓州（治今青海化隆回族自治县西 60 里黄河北岸）等地实行。政和五年（1115 年）二月十八日，宋政府诏令“陕西、河东逐路，自绍圣开拓边疆以来。及西宁、湟、廓、洮州、积石等处新边，各有包占良田，并各招置弓箭手，以为边防篱落”[①]。同年十一月二十二日，提举鄜延路弓箭手张琚要求将其所“巡历管下新边城寨包占到的地土，招人请占”[②]。

6. 收官员职田

熙河开边后，收复熙河地区 2000 余里的土地，其中一部分土地作为官员职田授予地方官。熙宁五年（1072 年）六月，环庆荔原堡（今甘肃华池县东南南梁乡驻地，遗址仅剩一土堆城垣）、大顺城[③]（今甘肃华池县西北白马乡）降羌每人给地五十亩，首领加倍，“不足，以里外官职田及逃绝田充，又不足即官买地给之”[④]。元丰二年（1079 年）二月，经制熙河路边防财用司要求“收熙、河、岷州、通远军官员职田以募弓箭手”[⑤]。并且按照官员“元给顷亩，每亩岁给本司钱十千”[⑥]。在弓箭手屯田土地数额不够的情况下，“收官员职田”以充屯垦不足之数，已成为开发土地的一种可行之法。

7. 收公田官地

熙河路弓箭手耕种的田地，其中一部分源于当地公田或官地。熙宁五年

---

①《宋史》卷一九〇《兵志》四，第 4722 页。

②《宋会要辑稿》兵四《弓箭手》，第 8692 页。

③ 大顺城，北宋筑，属庆州，即今甘肃华池县西北白马乡。今陇东学院历史与地理学院文物展室藏有上刻“大顺城”三字的宋代碎瓦片。《宋史》卷三一四《范仲淹传》载：庆历初，因“元昊答书语不逊，仲淹对来使焚之”，而被贬徙庆州。“庆之西北马铺寨，当后桥川口，在贼腹中。仲淹欲城之，度贼必争，密遣子纯祐与蕃将赵明先据其地，引兵随之。诸将不知所向，行至柔远，始号令之，版筑皆具，旬日而城成，即大顺城是也。……大顺既成，而白豹、金汤皆不敢犯，环庆自此寇益少。”第 10271 页。

④《续资治通鉴长编》卷二三四，熙宁五年六月乙丑，第 5680 页。

⑤《宋会要辑稿》职官五八《职田》，第 4622 页。

⑥《宋会要辑稿》职官五八《职田》，第 4622 页。

(1072年)十月,宋政府下诏熙河路"以公田募弓箭手"[①]。熙宁六年(1073年)十月,又诏"以官地招弓箭手"[②]。显然用公田官地募人屯种,也是土地开发的一种途径。

8. 拘收作过蕃部之田

这就是将参与反叛活动的蕃部人户土地拘收入官,以籍没土地募弓箭手屯种。英宗治平初年,秦州蕃酋药家族作乱,知秦州李参平定后,"得良田五百顷"[③],招募弓箭手屯种。徽宗崇宁(1102—1106年)年间,宋政府发动了河湟之役,"收复鄯、廓等州,拓疆幅员万余里",将廓州管下东西川及结啰城、来川等处,"左右除是心白人户田土依旧为主,秋毫不得侵占外,因与官军抗敌杀逐心黑之人所芝田土。并元系西蕃王子董毡、瞎征、温溪心等田土,顷亩不少,已指挥逐州尽行拘收入官"[④]。这里所指"心黑"之人,显然是参加反叛的吐蕃人,将他们的田地及吐蕃贵族的土地一并"拘收入官",用来标拨创置弓箭手,应付边备,这样可节省戍兵经久之费,为利甚博。

9. 自首免罪法得地

蔡挺为边帅时,边人冒市蕃人田,鉴于此种情况,为防止土地大量被私人市易,蔡挺创立"自首免罪法,复得地八千顷"[⑤],然后招募弓箭手屯种,并"养马五百"。

10. 辟牧地为营田

这种开发利用土地的方式,曾出现在陕西地区。陕西用兵后,宋政府诏转运司度空闲地置营田以助边计,又假同州(治今陕西大荔县)"沙苑监牧地为营田"[⑥]。

上述宋代开发土地来源的诸多途径中,主要还是对闲田、旷土、荒地的开发利用,其数量大,面积广,址地多,其他如博买、投献、拘收等诸种途径,则是对荒闲旷土废地的开发利用的补充形式。

---

①《宋史》卷一九〇《兵志四》,第4714页。

②《宋史》卷一九一《兵志五》,第4739页。

③《宋史》卷三三〇《李参传》,第10619页。

④《续资治通鉴长编拾补》卷二四,崇宁三年五月乙酉,第809页。

⑤《东都事略》卷八二《蔡挺传》,文渊阁《四库全书》第382册,第529页。

⑥《宋史》卷一七六《食货志上四》,第4267页。

（四）屯田劳力来源

对人力资源的充分开发、利用与土地开发，是同一经济开发活动的两个侧面，二者相辅相成，同步进行。宋代在吐蕃居地的屯田活动，从某种意义上讲，也就是开发、利用、调整、组织人力资源的经济活动。

宋代从事屯垦生产的劳力来源，主要有以下几种形式：

1. 招募弓箭手

宋代开发利用土地资源进行屯田生产，所需大量劳动力主要依靠充分开发利用当地的人力资源。西北地区与中原相比，虽然地广人稀，但并非无人之地。《元丰九域志》卷三《秦风路》所载，北宋中期统计，秦风路有“主户一十二万七千一十八，客户四万四千五百一十一”。秦州等地人口还比较多，秦州有“主户四万三千二百三十六，客户二万三千八百八”[①]。据《武经总要》前集卷一八上《秦陇凤翔阶成州路》所载，秦州“领熟户兵马百四十七族，总三万五千六百人，马二万二千四百七十匹，弓箭手六十指挥，五千九百人，马二千六百四十二匹”。除了汉人之外，这一地区还有许多散居的吐蕃部落，其人数也不少。熙宁四年（1071年）八月，吐蕃首领俞龙珂率部归属宋朝，其部众就有“十二万口”。元丰四年（1081年）八月，居住在女遮谷（今兰州市东35里）一带的吐蕃部族龛波给家二十二族，共有“千九百余户”归属宋朝。元祐七年（1092年）二月，会州吐蕃“禹藏花麻诸族五万户”归属，宋政府在定西城与通渭寨之间，修筑努扎、纳克密、聚卜结隆三寨及置护耕七堡，以固藩篱。这些吐蕃部族与汉族人民一起共同构成土地开发活动中最宝贵的人力资源。招募当地的汉族及吐蕃部族充当弓箭手进行屯垦，就是对人力资源开发利用的主要形式。

弓箭手是宋代乡兵的一种，由沿边地区百姓组成，耕战自守，战时配合正军作战，平时从事耕种，“边民应募为弓箭手者，皆习障塞蹊隧，解羌人语，耐寒苦，有警可参正兵为前锋，而官未尝与器械资粮，难责其死力”[②]。于是宋政府“给以境内闲田，永蠲其租，春秋耕敛，出兵而护作之”[③]。根据地区及民族成分的不同，弓箭手又分为汉弓箭手和蕃弓箭手两大类。弓箭手实际上是一种壮丁组织，是北宋劳动力的主要来源。庆历六年（1046年），北宋在麟（治今陕西神木市西南杨家

---

①（宋）王存：《元丰九域志》卷三《秦凤路·秦州》，北京：中华书局，1984年，第123页。

②《续资治通鉴长编》卷六〇，景德二年五月癸丑，第1337、1338页。

③《续资治通鉴长编》卷六〇，景德二年五月癸丑，第1338页。

城)、府(治今陕西府谷县)的屯田,就是招弓箭手一二万人,计口授田,使其且耕且守,以为疆场之防。熙宁七年(1074年),在河州屯田,就以"山坡地招募弓箭手,每寨五指挥,以二百五十八人为额,每人给地一顷,蕃官两顷,大蕃官三顷"[①]。兰州西使城(一作西市城、西市新城,今甘肃榆中县东北10里三角城)川原地极肥美,兼据边面,须多选募强壮以备戍守。由于兰州收复后初置州城时,难得耕牛器用,于是依熙河旧例,"许泾原、秦凤、环庆及熙河路弓箭手投换,仍带旧户田土耕种二年,即收入官,别招弓箭手"[②]。元丰五年(1082年),鄜延路新收复的米脂(今陕西米脂县治)、吴堡(即吴儿堡,今陕西神木市西南)、义合(今陕西绥德县东义合镇)、细浮(即细浮图寨,今陕西子洲县东北)、塞门(今陕西延安市安塞区西北,接靖边县界)五寨地,就是招置汉蕃弓箭手及春耕种。新收复的啰罗川一带地土,"依旧令定西城招置弓箭手耕种"[③]。横山一带的土地,则是招募汉蕃弓箭手承佃。政和五年(1115年)十一月二十二日,提举鄜延路弓箭手张琚称其管辖地区,"见今却有黑水、安定堡蕃弓箭手请射地土住坐耕种之人"[④],由于劳动力不足,要求各地寨官招募弓箭手,规定"如有别寨汉蕃弓箭手请射本城寨界内地土耕种住坐,合依天下诸州军县镇体例,随地隶属逐城寨管辖"[⑤]。招募当地弓箭手屯种,是宋代屯田劳动力的主要来源。

2. 选知农厢军

厢军是宋代军队的一种,是直接由地方长官掌握的军队,总领于侍卫司,其精锐的选入禁军,留下来的多是老弱,大多充役使之用,所以厢军也成为宋代屯田劳力的一种来源。熙宁九年(1076年)正月十九日,熙河路经略安抚使言:"奉诏相度本路弓箭手田土,令提举营田司将洮西弓箭手军丁耕种不及空闲土地,即具逐州军权差厢军耕种。官置牛具、农器,每人一顷。"[⑥]元丰五年(1082年)七月七日,提举熙河等路弓箭手营田蕃部司康识要求在秦凤、泾原、熙河三路"新收复地,差官以《千字文》分画经界,选知农事厢军耕佃,每顷一人"[⑦]。元丰六年(1083

①《宋会要辑稿》食货二《营田杂录》,第5984页。
②《宋会要辑稿》兵四《弓箭手》,第8682页。
③《宋会要辑稿》食货二《营田杂录》,第5987页。
④《宋会要辑稿》兵四《弓箭手》,第8692页。
⑤《宋会要辑稿》兵四《弓箭手》,第8692页。
⑥《宋会要辑稿》食货二《营田杂录》,第5985页。
⑦《宋会要辑稿》食货二《营田杂录》,第5986页。

年)，定西寨(今甘肃天水市西北 45 里渭河北岸)、龛谷寨(今甘肃榆中县南 20 里小康营)、榆木、岔堡四处营田，“见阙农作厢军二百人，部辖人员军典十九人”[①]。由于缺少农作厢军，因而从秦凤、泾原、熙河三路厢军中选卒耕种。元符二年(1099 年)十月九日，河东经略司干当公事陈敦复说：“本路进筑堡寨，自麟、石、鄜、延，南北仅三百里，田土膏腴。若以厢军及配军营田一千顷，岁可入谷二十万石。”[②]枢密院也认为“新复城寨地土，例皆阙人耕种，诸路厢军若召募前去，与免诸杂役使”[③]。显然，厢军是宋代土地开发的主要劳力之一，其作用不可低估。

3. 募卒屯垦

招募本地和外地的士卒屯垦，也是开发和利用人力，合理组织劳力的一种方法。熙宁寨(今宁夏固原市北 35 里陆家古城堡遗址)的屯田地，就是“募卒三千人耕守”[④]。元丰二年(1079 年)，在岷州的床川(今甘肃岷县东)、荔川(今甘肃宕昌县西北理川镇)、闾川寨(今甘肃岷县东 120 里闾井乡)、通远军熟羊寨(今甘肃陇西县西北 10 里)等地的营田，就是“依官庄例，募永济卒二百人。其永济卒通千人为额，以给十六官庄、四营田工役”[⑤]，招募永济卒从事耕种。新收复的地区，除了选募厢军耕种外，还招“马递铺卒”，愿行者，每人“给装钱二千”[⑥]，让他们开赴熙河开边后新扩疆土从事屯垦。

4. 配发罪犯

历代封建统治者在“屯田实边”中，多徙罪犯实边垦地。五代以来，诸方割据，罪人也多配隶西北边地。宋朝立国之初，统治者并未承袭“罪犯徙边”之策。太平兴国二年(977 年)正月，宋太宗诏令此后当流配的犯人，不再发配秦州(治今甘肃天水市秦州区)、灵州(治今宁夏吴忠市北)、通远军(治今甘肃陇西县)及沿边诸州，防其“亡投塞外，诱羌戎为寇”[⑦]。但随着宋朝对西北地区的开拓经营，宋初这种“不徙罪犯实边”的封闭政策逐渐开放。熙河开边后，熙州(治今甘肃临洮县)、河州(治今甘肃临夏市东北)成为屯田区，而且洮河沿岸由于得水利之便，辟

---

①《宋会要辑稿》食货二《营田杂录》，第 5987 页。

②《宋会要辑稿》食货二《营田杂录》，第 5987 页。

③《宋会要辑稿》食货二《营田杂录》，第 5987 页。

④《宋史》卷三二八《蔡挺传》，第 10576 页。

⑤《宋会要辑稿》职官二三《群牧司》，第 3653 页。

⑥《宋会要辑稿》食货二《营田杂录》，第 5987 页。

⑦《续资治通鉴长编》卷一八，太平兴国二年正月庚辰，第 395 页。

为稻田，“欲得善种稻者”[①]。于是熙宁五年(1072年)十月，宋政府下诏“淮南、两浙、江南、荆湖、成都府、梓州路如有谙晓耕种稻田农民犯罪该刺配者，除强盗情理凶恶及合配本州、邻州、沙门岛人外，并刺配熙州，候及三百人止”[②]。后又下诏将诸路罪犯中的“少壮者配河州”[③]。哲宗元符二年(1099年)十月九日，又给诸路下令“将犯罪合配人拣选少壮堪田作之人，配营田司耕作”[④]。显然，配发罪犯已成为政府解决屯田劳力缺乏的一种补充措施。

5. 招怀投顺蕃部

五代、辽、宋时期，民族分布格局已基本形成，宋代西北地区已是多民族杂居之地，吐蕃、党项成为两大主体民族。大体上说，六盘山、陇山以东、以北为党项居地，陇山、六盘山以西、以南为吐蕃居地。吐蕃“本西羌属”，族种众多，“百有五十”，散处河、湟、江、岷间，分布地域广泛，秦、凤、泾、原、仪、渭、兰、熙、河、洮、岷、叠、宕、阶、成、文、湟、鄯、廓等州，以及德顺军、镇戎军、通远军、积石军乃至河西凉州等地，皆有吐蕃部族居住。《宋史·吐蕃传》对吐蕃居地“自仪、渭、泾、原、环、庆及镇戎、秦州暨于灵、夏皆有之”的记载并不全面。《宋史·党项传》所载党项居地，“今灵、夏、绥、麟、府、环、庆、丰州、镇戎、天德、振武军并其族帐”。对比分析后，可知“环、庆、灵、夏、镇戎军”等地，《宋史》“吐蕃”“党项”两传俱载，显然党项、吐蕃在这些地区相混杂居。

由于西北沿边与西夏毗邻，沿边蕃部时常遭受到西夏的劫掠，或者由于部落内部的矛盾纷争，不断有蕃部归属宋朝。仅天圣三年(1025年)，“环州蕃部内附者，前后以万计”[⑤]，均给土地安置。环庆路投来的蕃部也很多，宋王朝采取不同的办法，“察其心之向汉者，给以缘边闲田，编于属户，或度其后必生变者，徙之内地”[⑥]。景德三年(1006年)五月，渭州妙密、延家、熟嵬等族“率三千余帐，万七千余人及牛马数万款塞内附”[⑦]。这些投顺而来的蕃部均被妥善安置，给予闲田，令其耕种。原(治今甘肃镇原县)、渭(治今甘肃平凉市崆峒区)、镇戎军(治今宁夏固

①《续资治通鉴长编》卷二三九，熙宁五年十月甲辰，第5822页。
②《续资治通鉴长编》卷二三九，熙宁五年十月甲辰，第5822页。
③《续资治通鉴长编》卷二四六，熙宁六年七月己酉，第5978页。
④《宋会要辑稿》食货二《营田杂录》，第5987页。
⑤《续资治通鉴长编》卷一〇三，天圣三年七月辛丑，第2385页。
⑥《续资治通鉴长编》卷一三二，庆历元年五月甲戌，第3134页。
⑦《续资治通鉴长编》卷六三，景德三年五月己巳，第1404页。

原市)向宋政府呈报“新开方田图”,且言“戎人内属者皆依之得以安居”[①]。环州蕃族威布等遭受党项李继迁的劫掠,咸平四年(1001 年),“徙帐来归”,北宋政府“给近地闲田处之”。同年,“李继迁蕃部阿约勒等百户”来延州归附,宋政府下诏“给田,赐帛,长吏常存抚之”[②]。甚至对内属蕃部之谋叛者,宋政府也“推恩信以示招怀”,下令“分配诸州,给闲田处之,并赐粮种”[③]。秦州蕃部本因张佶占据其地,使无粒食,以致侵扰,宋政府也“量给旷土,俾之耕作”[④],实行怀柔之策。对于陕西蕃族内附而亲属者,“并送京西州郡,处以闲田”[⑤]。绥州(治今陕西绥德县东南 50 里)嵬名山之众“凡一万二千,既降未有以处之”,政府“贷以耕具,辟延州顺安、怀宁等旷土以居之”[⑥]。元符二年(1099 年),北宋政府曾在环庆路筑城,“新筑定边城川原厚远,土地衍沃”,是西夏昔日的贮粮之地,而“投来蕃部日众”,于是“就给土田,使之种植”[⑦]。这些投顺蕃部事实上成为西北土地开发的劳动力,是从事屯垦的直接生产者。

宋代的西北土地开发取得了一定成效,大量荒地得到开垦,大批投顺蕃部定居从事农耕。熙河地区的农业生产出现了一派繁荣景象,河湟地区也同样如此。“川也长百里,宗河行其中。夹岸皆羌人居,间以松篁,宛如荆楚。”[⑧]呈现出一派塞外江南的农村景色。宋代西北土地开发是一项综合性的经济活动,它以屯田为开发的主要形式,同时也辅以人力资源的开发利用,二者相辅相成,有机结合,构成了一幅经济开发的历史画卷。

(五)自然资源的开发

随着屯田区域的不断扩大,屯田址地不断增多,水利的兴修利用及对森林资源的开发,也成为北宋政府开发经营的重要内容。

---

①《续资治通鉴长编》卷六三,景德三年八月丙子,第 1416 页。

②《续资治通鉴长编》卷五〇,咸平四年闰十二月戊寅,第 1101 页。

③《续资治通鉴长编》卷五三,咸平五年十月辛巳,第 1156 页。

④《续资治通鉴长编》卷八五,大中祥符八年八月乙未,第 1946 页。

⑤《续资治通鉴长编》卷一三五,庆历二年正月壬戌,第 3216 页。

⑥《范太史集》卷四〇《检校司空左武卫上将军郭公墓志铭》,文渊阁《四库全书》第 1100 册,第 444 页。

⑦《宋会要辑稿》方域八《定边城》,第 9440 页。

⑧(宋)李远:《青唐录》,上海:上海古籍出版社《说郛三种》,1988 年,第 602 页。

1. 水利资源利用

西北地区由于自然、地理等条件的限制，水利的兴修、利用不能与中原及南方各地相比。但是北宋时期，西北地区凡是可利用的水利资源，都尽可能地开发利用，促进了西北地区水利事业的发展。渭州（治今甘肃平凉市崆峒区）北有古池，与山麓相接，大中祥符七年（1014 年），泾原都钤辖曹玮“浚为渠，令民导以溉田”[①]。熙宁八年（1075 年），秦凤路提典刑狱郑民宪要求募夫兴修水利，进行引洮工程，在熙州南关以南开渠堰引洮水，“并东山直北通流下至北关，并自通远军熟羊寨导渭河至军溉田”[②]。宋朝大力支持，“诏民宪相充，如可作陂，即募京西、江南陂匠以往”[③]。由于对洮水的开发利用，洮河沿岸辟为稻田。宋人刘攽《熙州行》诗中写道：“岂知洮河宜种稻，此去凉州皆白麦。”这正是对洮河水利的赞颂，也是这一地区开发状况的真实写照。何灌在湟州（治今青海海东市乐都区）时，曾主张“先葺渠引水，使田不病旱，则兵民应募，而弓箭手之额乃易足矣”[④]。把兴修水利置于重要地位，当时湟州城东决达原有闲田千顷，何灌兴修广利渠，引邈川水灌溉，不到半年就初见成效，昔日荒田“悉为沃壤”。政和五年（1115 年），知西宁州赵隆“引宗河水灌溉本州城东至青石峡一带川地数百顷”[⑤]。

宋政府还在西北地区的一些河流渡口架设桥梁，变天堑为通途，以利于送粮、运兵。河州安乡城（今甘肃临夏县北莲花乡）是丝绸之路通往青海鄯（治今青海西宁市）、廓（治今青海化隆回族自治县西 60 里黄河北岸）州的通道，由于黄河的阻隔，滨河戎人，“尝刳木以济行者，艰滞既甚”[⑥]，道路不畅。熙宁六年（1073）二月，宋政府又在“熙州城下洮河及南、北关渡口并置浮桥”[⑦]。熙宁六年（1073年）十月，宋朝令边将景思立负责营建，在“河州安乡城黄河渡口置浮梁，筑堡于河之北”[⑧]。元丰四年（1081 年），又在兰州“修复金城关，系就浮桥”[⑨]。兰州西关铺

---

①《续资治通鉴长编》卷八二，大中祥符七年四月甲戌，第 1872 页。

②《续资治通鉴长编》卷二六三，熙宁八年闰四月壬寅，第 6434、6435 页。

③《续资治通鉴长编》卷二六三，熙宁八年闰四月壬寅，第 6435 页。

④《宋史》卷三五七《何灌传》，第 11226 页。

⑤《宋会要辑稿》食货二《营田杂录》，第 5988 页。

⑥《续资治通鉴长编》卷二四七，熙宁六年十月壬申，第 6019 页。

⑦《续资治通鉴长编》卷二四二，熙宁六年二月巳卯，第 5901 页。

⑧《续资治通鉴长编》卷二四七，熙宁六年十月壬申，第 6019 页。

⑨《宋会要辑稿》方域一九《修建城寨》，第 9652、9653 页。

(即西关堡,今甘肃兰州市西20里)西为把拶(即把拶宗城,今青海海东市乐都区东南湟水南岸)、京玉(在西关堡以西)两地,宋政府于元符二年(1099年),在这两地"系桥通路,真至邈川"[①]。

随着西北地区水利兴修,航运也逐渐有所发展。宋政府疏通洮水"自北关下结河泝流至香子城"[②]的漕运水道。元丰五年(1082年)二月,又令李宪负责"熙河路洮河与黄河通接"[③]工程,以便"蒙冲战舰运粮济兵"。宋政府也开辟了宗河航运,"兼于宗河行船漕运,亦至邈川"[④],《曾公遗录》卷九元符三年六月癸卯载"宗河可通五板船漕运"。由此可知,航运有一定规模,航道通畅。

2. 开发森林资源

西北地区蕴藏有丰富的自然资源,宋政府不仅"有其地",而且要进一步"得其利",于是对自然资源的开发利用,就是"得其利"的最佳途径,也是开拓经营的一项重要内容。

唐末五代及宋初的一百年间,河陇相对平静,森林草地得以休养生植,从《续资治通鉴长编》等文献史料可见,西北吐蕃属地林木苍劲,有着大片的森林,秦州"多巨木",其辖境内的伏羌(今甘肃甘谷县)、夕阳镇(今甘肃天水市西北)、大小洛门寨(即落门镇,一作乐门镇,即今甘肃武山县东30里洛门镇,)一带是著名的森林区,"多产良木",自陇山起至巩州定西城(今甘肃定西市南27里)的道路,为"山林所阻,沙漠为限"[⑤]。而"熙河山林久在羌中,养成巨材,最为浩翰"[⑥]。"洮岷叠宕连青唐玛尔巴山,林木翳荟交道。"[⑦]北宋时期,今东北三省,河北、内蒙古、宁夏、陕西北部和甘肃敦煌至环县东西一线以北等省区的森林,分别为辽、金、西夏所有,川蜀的木材或为西南夷所据,这样,宋政府只能从部族分散而又盛产巨木的西北吐蕃地区获取。

自宋朝初期开始,宋政府就开发河陇地区的森林资源。秦州夕阳镇(今甘肃天水市西北)是古伏羌县之地,"西北接大薮,材植所出",当地蕃民"久擅其利"。

---

①《宋会要辑稿》兵二八《备边二》,第9234页。

②《续资治通鉴长编》卷二三九,熙宁五年十月壬辰,第5811、5812页。

③《续资治通鉴长编》卷三二三,元丰五年二月甲寅,第7777页。

④《宋会要辑稿》兵二八《备边二》,第9234页。

⑤《续资治通鉴长编》卷四六六,元祐六年九月壬辰,第11129页。

⑥《续资治通鉴长编》卷三一〇,元丰三年十二月乙酉,第7528页。

⑦《续资治通鉴长编》卷二四七,熙宁六年十月庚辰,第6022页。

北宋建隆三年(962年),于此地"置采造务,辟地数百里,筑堡据要害,戍卒三百人"①,岁获大木万本,供给京师。大中祥符二年(1009年),杨怀忠知秦州时,视察得知蕃界大小洛门皆产巨材,要求"开疆百余里,召地主给以茶彩"②,在秦州采木。但宋初,与秦州诸蕃争采木之利引起的"戎人骚动",使宋政府心有余悸,于是改变以往的争利作法,采取"以缗帛求采木"的交易方式进行经营,重新开采秦州材木,"取路采木,所经族帐,赉以缗帛"③,并将秦州采造务迁到马鬃寨。据《武经总要》前集卷一八上载,马鬃寨在秦"州西鬃马岭下,东至故城镇五十里,至州一百九十里,西至壕外蕃界五里,南至长道县三十里,北至威远寨八里"④。原在秦州破他岭置的采造务,后因地处僻远,"车乘往来艰苦"而废。大中祥符三年(1010年),签署枢密院事马知节在大小洛门"逐处及缘路置军士憩泊营宇",并且遣使告谕当地诸族,又"令防援军士同力采取",利用渭水运木,"可免牵挽之役"⑤。大中祥符五年(1012年),宋政府又在"秦州小洛门置寨采木"⑥,并赐秦州小洛门"采造务兵匠缗钱"⑦以示奖励。大中祥符七年(1014年),在陇州西山、湖田、浇水等处,置采木务以备边用。以后随着宋朝与西夏矛盾的尖锐,在西北沿边开始大规模构筑堡寨,这样西北吐蕃地区的林木不仅上供京师,而且大量开采。因筑寨时所用木版(版筑)及其城寨的设施战楼、楼橹(望楼)、篱笆、门桥、寨栅等都需要大量木材。曹玮知秦州时,就"筑弓门、冶坊、床穰、静戎、三阳、定西、伏羌、永宁、小洛门、威远十寨,浚壕三百八十里"⑧,所用木材量必然很大。另外坑冶木材用量也不小。

北宋中期,随着熙河地区千里土地的收复,再次兴起对森林资源的开发利用。凡北宋势力所及的林区,无不调动军士加紧采伐,虽有蕃部的极力护卫,仍采伐如故,获巨木之利。熙宁(1068—1077年)年间,宋政府就利用这些森林资源"采木造船"。王韶收复熙、河、洮、岷等州后,"勒厢军采木",修筑玛勒寨。并在山

---

①《续资治通鉴长编》卷三,建隆三年六月辛卯,第68页。

②《续资治通鉴长编》卷七一,大中祥符二年四月辛丑,第1603页。

③《续资治通鉴长编》卷七一,大中祥符二年四月辛丑,第1603页。

④《武经总要》前集卷一八上《秦陇凤翔阶成州路·秦州》,文渊阁《四库全书》第726册,第534页。

⑤《续资治通鉴长编》卷七三,大中祥符三年四月丙寅,第1667页。

⑥《续资治通鉴长编》卷七七,大中祥符五年正月甲申,第1751页。

⑦《续资治通鉴长编》卷七八,大中祥符五年八月甲辰,第1779页。

⑧《宋史》卷二五八《曹玮传》,第8986页。

坡地招蕃汉弓箭手强行毁林垦植。宋朝对“久在羌中”的森林资源开采利用，也是引起吐蕃部族不满与反抗的一个因素。吐蕃将领青宜结果庄就曾诱胁赵、常、杓家等三族“集兵西山，袭杀河州采木军士，害使臣张普等七人”[①]。元丰三年(1080年)十二月，宋廷下诏“专差都大经制熙河路边防财用事李宪兼专切提举本路采买木植”[②]，将熙河地区的采木场全部收归公有，由政府派专人管理。

据甘肃武山县滩歌镇南太皇山《圈子阖石碑》[③]记载：政和八年(1118年)，宋徽宗下诏修建宣德楼、集英殿。诏书于八月颁令至熙河路之巩州(治今甘肃陇西县)，于是从巩州知州、县令、寨官等众官员、民工皆“屡集于青竹平之山”，筹划勘察。此伐木工程自“九月辛巳”即农历九月初二开工，“越十一月己巳”即农历十二月二十一日毕工，“凡一百有九日也”。“计置巨材，自五丈至百，亦其数二千三百七十有奇。”“合州县官□董其役，吏益知劝，民不告劳”，咸谓“是役也，成功之敏前此未有”。石碑所载宋徽宗政和八年伐木陇右的事迹，目前尚无文献史籍具体记述，显然，这是当地官民为庆祝此役毕工，在崖壁上镌刻文字予以纪念。充分说明陇右熙秦地区森林资源丰富，成为宋王朝的宝贵财富。

宋政府对森林资源的开发以及征服吐蕃的战争，也造成森林资源的破坏。元符二年(1099年)、崇宁四年(1105年)，宋军两次攻占湟(治今青海海东市乐都区)、鄯(治今青海西宁市)、廓(治今青海化隆回族自治县西60里黄河北岸)三州后，西夏遣仁多保忠等三监军率众助吐蕃与宋军交战，先“断炳灵寺桥，烧星章峡栈道，四面急攻”[④]。宋朝廷遣泾原路将领李忠杰率军自膘哥、瓦吹、黑城转战而来，宋军大肆烧杀，“焚荡族帐，广数百里，烟尘亘天”[⑤]，用此种手段来剿灭窜伏山林川谷间的吐蕃部民。这使森林草地大面积毁于宋军的火攻战术，破坏了大自然的生态平衡。

3. 设场置监立务

宋王朝在西北地区设榷场，置牧监，立市易务，这也是开拓经营的一个重要

---

①《续资治通鉴长编》卷二五〇，熙宁七年二月甲申，第6098页。

②《续资治通鉴长编》卷三一〇，元丰三年十二月乙酉，第7529页。

③ 漆子扬：《北宋滩歌摩崖石刻的历史文献价值》，《西北师大学报》2004年第4期。滩歌镇南的太皇山东西绵延40余里，横亘于武山与岷县间，山脉中部的圈子阖峰，是古代控扼秦陇通往岷、叠、熙、河的锁钥。在圈子阖北山的石碑湾南麓有一北宋摩崖石刻，即政和八年《伐木记功石刻》。

④《续资治通鉴长编》卷五一六，元符二年闰九月壬辰，第12287页。

⑤《续资治通鉴长编》卷五一六，元符二年闰九月壬辰，第12288页。

方面。

随着对秦陇以西地区的经营开拓，必然要在经济上使这一地区与中原内地沟通往来，促进商品流通。熙宁(1068—1077年)年间，在“熙、河、岷州、通远军各置榷场，贸易百货”[①]，以招徕各地商人，“获利助边”。又在河州置折博务，“令制置解盐司仿熙州东、南、西盐交引，减直召商旅入中”[②]。元丰二年(1079年)二月，熙河路边防财用司上疏要求在“凤翔府增置市易务，与秦、熙等五市易务相为表里，移用变易”[③]。并且下诏“秦、熙、河、岷州、通远军五市易务，募博买牙人，引致蕃货赴市易务中卖”[④]，如此则“可招来远人，可以牢笼遗利，资助边计”[⑤]。元丰六年(1083年)七月十三日，又在“兰州添置市易务，支拨钱本，计置物货，应接汉蕃人户交易，因以增助边计”[⑥]。

宋政府还改革马政，控制秦陇以西诸族的马贸易。从陕右诸州至熙河湟鄯地区，直至凉州(治甘肃武威市凉州区)一带，自古以来均为著名的产马区，有大片草场适宜放牧。唐代养马最盛时，主要牧监都设在这一地区。北宋熙宁、元丰之际(1068—1085年)，辟熙(治今甘肃临洮县)、河(治今甘肃临夏市东北)、兰(治今甘肃兰州市)、会州(治今甘肃靖远县东北)以为熙河路，阻河为界，设为三关，“平土丰草，可以耕牧”[⑦]。宋朝深知“熙河出马最多”，命知熙州王韶都提举熙河路买马权。元丰四年(1081年)九月十二日，李宪帅兵攻西夏，曾出兰州，驻汝遮谷[⑧]，“获牛马孳畜甚众”[⑨]，由此说明兰州畜牧业发达。元丰二年(1079年)，宋朝在“岷州、床川、荔川、闾川寨、通远军熟羊寨”等地，“置牧养十监，募兵为监牧指挥”[⑩]。显然这也是宋朝的另一牧业基地。

湟鄯地区水草丰美，自古以来就是畜牧的良好场所，不仅“其地宜马”，所居

---

①《续资治通鉴长编》卷二八六，熙宁十年十二月甲午，第7000页。

②《续资治通鉴长编》卷二四六，熙宁六年七月甲辰，第5976页。

③《续资治通鉴长编》卷二九六，元丰二年二月戊辰，第7214页。

④《续资治通鉴长编》卷二九九，元丰二年七月庚辰，第7272页。

⑤《续资治通鉴长编》卷二九九，元丰二年七月庚辰，第7272页。

⑥《宋会要辑稿》职官四四《经制司》，第4226页。

⑦《宋朝诸臣奏议》卷四五《天道门·上钦宗论彗星》，第481页。

⑧“女遮谷”，一作“汝遮谷”。据《大清一统志》卷一九八《兰州府·皋兰县》载：“女遮谷，在皋兰县东三十五，宋李宪与苗绶城兰州，败夏人于此。”文渊阁《四库全书》第478册，第465页。

⑨《宋会要辑稿》兵第一四《兵捷》，第8889页。

⑩《续资治通鉴长编》卷二九六，元丰二年二月戊辰，第7214页。

民族皆以“养马为业”。何灌知湟州(治今青海海东市乐都区)为时不久,就得“马九百余匹,为他路最”[①]。吐蕃唃厮啰在青唐(今青海西宁市)建立政权后,曾多次向北宋进贡马匹。由于宋代秦陇以西地区畜牧业的发展,终宋一朝,国家战马多依靠市于熙河秦凤等地。咸平元年(998年),宋朝沿今陕、甘、川边界凡有市马之处皆置务,遣官主持。凡市马之处,“河东则府州、岢岚军,陕西则秦渭泾原仪环庆阶文州、镇戎军,川峡则益黎戎茂雅夔州、永康军”[②]。招马之处,“秦、渭、阶、文之吐蕃、回纥,麟、府之党项,丰州之藏才族,环州之白马、鼻家、保家、名市族,泾仪延鄜、火山保德保安军、唐龙镇、制胜关之诸蕃”[③]。神宗熙宁以后,熙、河、洮、岷、叠(治今甘肃迭部县)、宕(治今甘肃舟曲县西北白龙江北岸)六州之地尽被宋朝占据,对畜牧业进一步加强管理。在这个地区“择水草便利处,约以古法,置监牧养牛羊等”[④],并废除了对其他民族边州买马,“原、渭、德顺诸场皆废”,又因“麟、府所市马羸直”[⑤],岢岚(今山西岢岚县)、火山军(治今山西河曲县东南)所产马,“亦以敌境言边人多盗马越界趋利”[⑥],于是皆罢麟、府、岢岚、火山军市马,在新建的熙河路设立“买马坊六”,将西北马贸易重心完全转移到宋王朝控制的吐蕃民族产马区。并且运蜀茶市马,控制和垄断对吐蕃的茶叶贸易,迫使吐蕃部落以马匹换取他们所需的生活必需品茶叶。并“徙秦州茶场于熙州”[⑦],以便于“新附诸羌市易”[⑧]。

总之,北宋对秦陇以西地区的开拓经营,虽然常伴有武力征服及对少数民族的歧视压迫。但历史上的这种开发活动,客观上还是促进了这一地区经济、文化的发展,促进了民族间的交融,使秦陇以西地区逐渐摆脱了封闭状态,与中原内地经济、文化交流得以沟通,并融为一体。

---

①《东都事略》卷一〇七《何灌传》,文渊阁《四库全书》第382册,第695页。
②《续资治通鉴长编》卷四三,咸平元年十一月戊辰,第921、922页。
③《续资治通鉴长编》卷四三,咸平元年十一月戊辰,第922页。
④《续资治通鉴长编》卷二八六熙宁十年十二月甲午,第7000页。
⑤《文献通考》卷一六〇《兵考十二·马政》,文渊阁《四库全书》第613册,第572页。
⑥《文献通考》卷一六〇《兵考十二·马政》,文渊阁《四库全书》第613册,第573页。
⑦《续资治通鉴长编》卷二四五,熙宁六年六月丁丑,第5964页。
⑧《续资治通鉴长编》卷二四五,熙宁六年六月丁丑,第5964页。

六、宋朝经制西北吐蕃的效果与影响

宋朝对西北吐蕃全面、深入的经制，达到了预期的目的，收到了良好的效果，产生了较深远的影响，对我国历史的发展起了重大作用。

(一)军事效果与影响

北宋对西北吐蕃"以夷制夷"为核心内容的经制，使西北吐蕃在北宋与辽、西夏，尤其是与西夏的争夺中，起到了非常重要的作用，不仅有力地牵制、打击了西夏的势力，削弱、减轻了宋朝的边患，在一定程度上增强了北宋的边防力量，而且为北宋提供了重要的军事物资。北宋王朝在空前严峻的国防形势下，以积贫积弱之势，能与辽、夏抗衡一百余年，最终未亡于西夏，而终亡于金，与其对西北吐蕃实行了较为有效的经制，有密切关系。

1. 牵制西夏东侵南犯，减轻边患

由于北宋对西北吐蕃较为有效的经制，不仅使这一战略要地未被西夏吞并，还极大地牵制了西夏势力，减轻了宋朝西北边患，且河陇吐蕃以其较雄厚的实力对西夏的打击，绝不亚于宋军。

灵州(治今宁夏灵武市西南)被党项攻占后，北宋对凉州吐蕃希望合击党项的多次请求，虽屡遭敷衍，但凉州吐蕃，尤其是潘罗支以其杰出的政治、军事才能，在咸平六年(1003年)，使"继迁大败，中流矢遁死"[①]。潘罗支死后，宋朝官员张齐贤竟叹曰："向使潘罗支尚在，则德明未足为虞。"[②]之后，其弟厮铎督继续坚持同党项势力斗争。由于宋朝对西北吐蕃的有效经制，使甘州回鹘能够穿越吐蕃地区与北宋联系，成为北宋在河西牵制、打击党项势力的又一重要力量。大中祥符元年(1008年)，党项进攻甘州回鹘，"回鹘设伏要路，示弱不与斗，俟其过，奄起击之，剿戮殆尽"[③]。大中祥符九年(1016年)，回鹘主动进攻党项，"攻破其族帐百余，斩级三百，夺其马牛羊甚众"[④]。

李德明攻占凉州后，河湟吐蕃在唃厮啰政权的领导下，不仅顽强抵抗了党项对河湟的染指，而且配合宋军，多次主动进攻党项。大中祥符八年(1015年)，唃

---

①《宋史》卷四九二《吐蕃传》，第14156页。

②《宋史》卷二六五《张齐贤传》，第9157页。

③《宋史》卷四九〇《回鹘传》，第14115页。

④《续资治通鉴长编》卷八八，大中祥符九年十二月辛卯，第2031页。

斯啰遣使与宋修好，并且“立文法，聚众数十万”“愿讨平夏以自效”[①]。景祐二年（1035年），元昊兵临河湟，唃斯啰使其“溺死十八九，所掳获甚众。自是，数以奇计破元昊，元昊遂不敢窥其境”[②]。嘉祐三年（1058年），西夏谅祚兵掠河湟，“斯啰与战，败之，获酋豪六人，收橐驼战马颇众，因降陇逋、公立、马颇三大族”[③]。熙宁三年（1070年），西夏梁乙埋出兵寇环、庆州等地，继而又攻大顺城（今甘肃华池县西北白马乡）。正当宋军节节败退之际，董毡出兵相助，乘西夏西线空虚，“深入其境，虏获甚多”[④]，从而使夏军不得不撤回。元丰四年（1081年），宋军攻夏，董毡又“集六部兵十二万，约以八月分三路与官军会”[⑤]，在西线配合宋李宪军收复兰州。董毡对宋王朝的鼎力相助，得到宋朝皇帝的赞扬：“每称其上书情辞忠智，虽中国士大夫存心公家者不过如此。”[⑥]

北宋后期，宋朝一改前期对西夏的被动防守，在宋夏东部边界进筑横山[⑦]，西部武力开拓河湟，直接占领了这一战略要地，对西夏形成包围之势，从而迫使西夏罢兵求和。北宋一朝，西夏虽频频入侵，但终不敢深入关中，缘于西北吐蕃依附于宋朝，“夏国屡为西蕃攻扰，必欲乘虚破贼”[⑧]，西夏必有后顾之忧。

2. 成为宋朝边陲“屏翰”，抗击西夏的劲旅

北宋时期，众多的吐蕃部落横亘于漫长的宋夏边界，在北宋多种方式的经制下，这一地区大部分吐蕃效命于宋廷而成为“熟户”。这些“熟户”不仅因其习知山川险阻，熟知蕃戎情态，而经常作为宋军向导、先锋与间谍，在作战中发挥着重要作用，而且更因其强大的战斗力，成为宋朝日益倚重的一种力量。弓箭手、蕃兵制度相继建立，并且日益完备。在北宋禁军战斗力日益衰弱的情况下，蕃兵因其素

---

①《续资治通鉴长编》卷八五，大中祥符八年九月甲寅，第1949页。

②《宋史》卷四九二《吐蕃传》，第14161页。

③《宋史》卷四九二《吐蕃传》，第14162页。

④《续资治通鉴长编》卷二一八，熙宁三年十二月戊寅，第5308页。

⑤《宋史》卷四九二《吐蕃传》，第14164页。

⑥《宋史》卷四九二《吐蕃传》，第14165页。

⑦ 西北地区称“横山”者有三：一在今陕西榆林市横山区南，东西横亘，海拔约1400米。《宋史》卷三三五《种谔传》：熙宁中，“韩绛宣抚陕西，用为鄜延钤辖。绛城啰兀，规横山”，谔谋据横山之志未已。元丰中，谔言：“横山延袤千里，多马宜稼，人物劲悍善战，且有盐铁之利，夏人恃以为生，其城垒皆控险，足以守御。”第10746、10747页。一在今陕西安康县西北220里，《清一统志·兴安府》：横山“右截群山”。文渊阁《四库全书》第478册，第283页。另一在今甘肃静宁县北10里，《读史方舆纪要》卷五八《平凉府·静宁州》：横山，“山连绵横亘，旧为蕃部所居”。第2799页。

⑧《续资治通鉴长编》卷二一七，熙宁三年十一月癸巳，第5273页。

号骁勇,“以战则力,以守则固”[①],因而成为对夏作战的劲旅,有力地打击了西夏的侵扰。宝元(1038—1040年)、庆历(1041—1048年)中,李元昊反,屯兵40万,招刺宣毅、保捷25万人,皆不得其用,卒无成功。范仲淹、刘沪、种世衡等专务整辑蕃汉熟户弓箭手,所以“封殖其家,砥砺其人者非一道,藩篱既成,贼来无所得,故元昊服臣”[②]。正因这些蕃部英勇善战,而“临敌之际,须至首用蕃兵,次用汉兵继之,庶气势相临,虽遇坚敌,亦无退却之患”[③],成为北宋用以制夏的主要依恃,吐蕃部众成为“以免驿骚”的“屏翰”,保卫堡寨、藩屏汉户的“藩篱之兵”。

不仅如此,蕃兵以其勇悍善战而成为北宋平定“内乱”的主要力量。皇祐四年(1052年),广南地区侬智高割据,反叛宋朝。侬智高军队善于“乘高履险”,而宋朝派去的“步兵力不能抗”[④],所以每战必败,要求派遣“西边蕃落兵”。枢密使高若纳也认为“蕃落善射,耐艰苦,上下山如平地,当瘴未发时,疾驰破之,必胜之道也”[⑤]。宋王朝从鄜延、环庆、泾原路选择“蕃落广锐军曾经战斗者各五千人”[⑥],赴广南行营,镇压了侬智高的反叛。北宋的禁军虽然人数冗滥,但耗资巨盛,又不堪其役,“羌人每出,闻多禁军,皆举手相贺”[⑦]。以这样的正规军队在漫长的宋夏边界,根本不能抵御剽悍的党项势力。但西夏终未能深入关中,就在于北宋政府有效地经制西北沿边蕃部,愈来愈多地组建了这些花费较少,但一人足以当禁军三人的弓箭手、蕃兵等,在一定程度上加强了宋朝边防力量,以致西夏党项“闻多土兵,辄相戒不敢轻犯”[⑧],弥补了宋朝积弱不振的缺陷。

3. 成为宋朝物资基地,提供重要战略物资

首先,西北吐蕃成为北宋战马的最主要供给者。北宋经制西北吐蕃,保证宋朝所需战马,产生了积极作用。北宋战马主要来源于市马,宋初市马主要依赖河东、陕西、川峡,以后随着北宋所面临的军事形势、民族关系及各地情况的变化,北宋市马场越来越向西北吐蕃地区转移。自熙宁七年(1074年)设立茶马司,经

---

①《乐全集》卷一三《民兵》,文渊阁《四库全书》第1104册,第106页。

②《文献通考》卷一五三《兵考五·兵制》,文渊阁《四库全书》第613册,第447页。

③《续资治通鉴长编》卷三三八,元丰六年八月辛巳,第8142页。

④《续资治通鉴长编》卷一七三,皇祐四年十月丙子,第4175页。

⑤《续资治通鉴长编》卷一七三,皇祐四年十月丙子,第4175页。

⑥《续资治通鉴长编》卷一七三,皇祐四年十月丙子,第4175页。

⑦(宋)苏辙:《栾城集》卷二一《上皇帝书》,文渊阁《四库全书》第1112册,第232页。

⑧《栾城集》卷二一《上皇帝书》,文渊阁《四库全书》第1112册,第232页。

营茶马贸易后，每年买马多不及额。绍圣中“又增至二万匹，岁费五十万缗，后遂为定额”[①]，特诏增市者不在此数。后又于原州、渭州、德顺军置买马司，而增为招市之令。开拓熙河后，又于熙河置买马司，而以秦州买马司隶属。熙宁八年（1075年），“遂置熙河路买马场六”[②]，废原州、渭州、德顺军买马场。后又置“熙河、岷州、通远军、永宁寨等场，而德顺军置马场亦复”[③]。崇宁二年（1103年）复湟州，又设置湟州茶马司，卖茶买马，自此以后，宋朝逐步停止在河东、陕西等地买马，国马专仰于熙河、秦凤地区，北宋战马来源从沿边各族逐步转移到熙河、秦凤地区的吐蕃部族。除市马之外，西北吐蕃与宋朝绝大部分时间处于和好状态，无论是凉州吐蕃还是河湟吐蕃政权，都与宋朝产生了频繁的以马匹为主要物品的贡赐贸易，其中凉州吐蕃政权曾一次“贡马五千匹”[④]。另外，由于北宋对西北吐蕃较为有效的经制，因而使吐蕃以西的其他民族、政权，也多次遣使至宋进贡马匹等物。通过这种贡赐贸易，也为北宋提供了一定数量的战马。

在市马的同时，北宋为畜养及马匹繁殖而置监牧养。立国以来，宋朝“择陕西、河东、河北美水草高凉之地，置监凡三十六所”[⑤]。熙河开边前，这些牧监因设于中原地区，因而弊端丛生，耗资巨甚而得不偿失。占领熙河后，宋政府充分利用这一地区优越的自然资源而置监牧养。熙宁中，曾令德顺军蕃部养马，王安石亦谓“今坊、监以五百缗得一马，若委之熙河蕃部，当不至重费。蕃部地宜马，且以畜牧为生，诚为便利”[⑥]。熙宁五年（1072年），经制熙河边防财用司奏，“于岷州床川、荔川、闾川寨、通远军熟羊寨置牧养十监”[⑦]，将畜牧养殖重心也转移至西北吐蕃地区，并在当地居民中推行“户马法”“保马法”，后又实行给地牧马。没有战马，北宋将失去与辽、夏抗衡的重要力量，所以西北吐蕃对宋朝战马的供给，对于增强宋朝军事实力起了非常重要的作用。

吐蕃也为宋朝提供了其他的军需物资。北宋在西北沿边地区大规模驻防，修筑堡寨，需要大量人力、物力和财力支援。堡寨筑成后，“仍需采山木以修敌棚、

---

①《宋史》卷一九八《兵志一二》，第4953页。
②《宋史》卷一九八《兵志一二》，第4950页。
③《宋史》卷一九八《兵志一二》，第4950页。
④《宋史》卷四九二《吐蕃传》，第14156页。
⑤《宋史》卷一九八《兵志一二》，第4946页。
⑥《宋史》卷一九八《兵志一二》，第4949页。
⑦《宋史》卷一九八《兵志一二》，第4942页。

战楼、廨舍、军营及防城器用”[①]，还要输送大批粮食。宋政府通过对西北吐蕃的经制，一定程度上满足了对这些物资的需求，还大规模开采吐蕃地区浩瀚的森林资源，以备边用。熙河开边后，则直接将其采木场全部收归公有。政和八年（1118年）九月，为了修建汴京宣德楼、集贤殿，宋政府诏令巩州（治今甘肃陇西县）采伐木材，仅用时109日，就提供“五丈至百丈”的巨木大材“二千三百七十有奇”[②]。陇右地区丰厚的森林资源为宋朝保障了源源不绝的木材供给。

北宋在吐蕃地区大规模屯田，虽有种种弊端，但也取得了一定的成效，为边防提供了一定数量的粮食。而转至西北获利甚厚的茶叶及熙河一路所仰的川茶，绝大部分流入吐蕃，从而促使这些蕃部不自觉地为北宋提供了部分军需物品。河湟地区唃厮啰政权长期依附于北宋，与宋结好，是宋朝抗击西夏的盟友。由于得到宋朝多方面的援助，在一定程度上增强了其抗击西夏的能力。北宋时期，尽管西夏对河湟吐蕃软硬兼施，但终未能吞并河湟，这与北宋的援助有很大关系。

（二）政治效果与影响

1. 维护与促进了宋朝边境的安定

在北宋的恩威并施之下，众多蕃部不仅成为北宋抗击西夏的劲旅，而且成为平叛、威慑缘边生户的重要力量。景德元年（1004年）正月，渭州言：“龛谷懒家族首领尊毡磨壁余龙及便嘱等各献名马，愿帅所部助王师讨不附者。”[③]景德三年（1006年）九月，知秦州杨怀忠言：“野儿和尚族蕃落尤大，能禀朝命，凡诸族为寇盗者，辄遏绝之，请加旌别。”[④]天禧元年（1017年）二月，曹玮言：“永宁寨大马家族军主阿斯铎等捕得宗哥蕃部卓萨沁格，请授以刺史。”[⑤]同年十一月，秦州鬼留家族因累岁违命，曹玮便“率所部及寨户兵讨平之”[⑥]。北宋时期，沿边众多尚勇悍战的蕃部虽然是宋朝边境安稳的一大潜在危险，“生户”的劫掠，“熟户”的反叛

---

①《宋会要辑稿》兵二七《备边一》，第9200页。

② 漆子扬：《北宋滩歌摩崖石刻的历史文献价值》，《西北师大学报》2004年第4期。

③《续资治通鉴长编》卷五六，景德元年正月丙申，第1226页。

④《续资治通鉴长编》卷六四，景德三年九月丁卯，第1428页。

⑤《续资治通鉴长编》卷八九，天禧元年二月甲午，第2045页。

⑥《续资治通鉴长编》卷九〇，天禧元年十一月辛丑，第2085页。

时有发生，而且又有辽、夏的巨大威胁，但因宋朝实施较为成功的经略，使得众多熟户不仅顺服于北宋，而且能够“尽其死力”，成为北宋用来“制夷”的一支有效辅助力量，从而使宋朝基本上能够集中精力用以对付契丹辽国与党项西夏。

2. 密切西北吐蕃与宋朝政治关系

北宋时期，在西北沿边一带出现了众多的接受宋廷封爵的“蕃官”，这一现象在我国中原王朝与周边少数民族关系史上是空前的。这一方面反映了北宋以它繁荣昌盛的封建文化，强大的政治势力而位于主导地位，从而对周边民族产生一种强大辐射力；另一方面则反映了随着历史的发展，我国各民族间日益密切的依存关系。唐朝时，吐蕃民族迁徙扩张，威逼唐廷，而入宋后，众多吐蕃部落却愿意听命于宋廷，接受宋王朝的统治，即使是势力较大的吐蕃豪酋，也多纷纷向宋乞职。这种现象的出现，是以这些蕃部对中原王朝的认同与依赖性为前提。反之，中原王朝对吐蕃部族政治上的种种支持，则更进一步增强了吐蕃对中原王朝的向心力与凝聚力。

（三）经济效果与影响

1. 促进了蕃汉间经济交流与发展

北宋时期，吐蕃与中原王朝之间密切程度远甚于唐朝时期。在宋朝的经制下，众多的蕃部直接隶属于宋，成为宋朝的臣民，享受宋朝经济上的恩赐。西北吐蕃政权与宋朝之间，除了频繁的朝贡贸易外，宋朝经常给以优厚的赏赐，而后期武力开拓河湟与茶马贸易机构的设立，则更增加了汉族与吐蕃民族之间经济交流的密切程度，从而既一定程度上满足了各自的物资需求，又促进了双方经济的发展。除战马外，吐蕃民族还有许多土特产和奢侈品，如金银、珠玉、铜印、象牙、朱砂、银枪、铁甲、银装交椅等入贡宋朝。吐蕃与宋朝的贸易，所需茶叶和绢帛等丝织品的不断增多，也刺激和促进了北宋茶叶与纺织业的生产与发展，对以后的茶马贸易也产生了较大的影响。

宋代茶叶生产，在唐代的基础上有更大的进步，以致宋朝境内所产茶叶的一半以上，即二三千万斤茶叶，都必须外销其他地区，才能维持茶叶生产的正常进行。东南、川蜀一带的人民以植茶为生计，在这种情况下，川茶大量销往西北吐蕃地区，不仅极大地促进了北宋茶叶的生产，而且为川茶在吐蕃等民族中打开了广阔的市场。从此，川茶生产持续发展，并且在制茶工艺上独具一格，生产出吐蕃等各族人民所喜好的砖茶，宋代以后，一直畅销于牧区。清人姚莹的《康輶纪行·赏蕃茶物》记载，进入西藏的“茶凡三品，上品曰竹档，次曰荣具，又次曰绒马”。这些茶的加工，“皆以甑蒸而捣成饼，每瓶七斤或六斤，为之一甑，裹以纸，贴金而加图记，以示贵重”[1]。这些茶四甑编以竹片而总包之，外加牛皮，始可行远，输入西藏地区，以满足蕃民需求。从宋代开始的茶马贸易，被以后历代王朝承袭而发展，成为各族人民之间加强经济交流、促进友好关系的纽带。

北宋也一直将丝帛织品作为对吐蕃的赏赐、俸禄的重要物品之一，这一方面反映了北宋纺织业的发达，另一方面，也必然会刺激、促进纺织业的快速发展。对于西北吐蕃而言，其过剩马匹的大量流入宋境，必然刺激、调节了其畜牧业的发展，以致北宋后期，宋朝战马全依赖于熙河湟鄯地区，而其所需中原农业产品的大量获得，在一定程度上改善了他们的生活。宋神宗熙宁（1068—1077年）以前，北宋对买马的支付杂用丝绢、金银、钱币和茶叶。后来随着茶马司的设立，更多吐蕃马匹进入北宋的同时，相应有更多农副产品也流入吐蕃。

2. 促进北宋与吐蕃地区商贸发展繁荣。

宋初，为了获取战马，在西北缘边一带设场置务，以便蕃汉交易。后随着备边费用的骤增，北宋为获利助边，众多的榷场、市易务相继设置，从而使地处边远的西北沿边一带，在经济上与中原地区沟通，促进了边疆地区商品经济的繁荣，随之出现了众多贸易发达的交易场所，如秦州永宁寨（今甘肃甘谷县西四十里铺附近）、古渭寨（今甘肃陇西县）等。宋政府曾给永宁寨诏书，以官屋五十间给唃厮啰收贮财物。可见永宁寨交易规模之大，亦可见河湟吐蕃首领与沿边汉族民间贸易额之高。宋人李复言：“臣窃见回纥、于阗、卢甘等国人尝赍蕃货，以中国交易为利，来称入贡，出熙河路。朝廷察知其情，故限之以年，依到本路先后之次，发遣赴阙。而来者不已，守待发遣，有留滞在本路十余年者。其所赍蕃货，散入诸路，多是禁物，民间私相交易，远商物货厚利尽归于牙侩。”[2]由此可见，当时西北沿边一带商业繁盛发达。王韶言：“沿边州郡惟秦凤一路与西蕃诸国连接，蕃中物货四流，而归于我者，岁不知几百千万，而商旅之利，尽归民间。”[3]

唃厮啰政权也利用地处“吐谷浑道”这一特殊地理位置与环境，大力发展商业贸易，增强其经济实力，从而使青唐城（今青海西宁市）在11世纪中叶至12世纪初期，一度成为国际性的商业城市。据《青唐录》载：“西城无虑数千家，东城惟

---

①（清）姚莹撰，刘建丽校笺：《康輶纪行校笺》卷一《赏蕃茶物》，上海：上海古籍出版社，2017年，第27、28页。

②《潏水集》卷一《乞置榷场》，文渊阁《四库全书》第1121册，第5页。

③《宋会要辑稿》食货三七《市易》，第6812页。

陷羌人及陷人之子孙，夏国降于阗四统，往来贾贩之人数百家。”①《宋史·吐蕃传》亦谓：“唃厮啰居鄯州，西有临谷城通青海，高昌诸国商人皆趋鄯州贸买，以故富强。”北宋时期，国内商业的普遍发展，促进了沿边贸易的兴盛。同时，北宋沿边特殊的赡军之需，也加强了沿边商业贸易的繁荣，因而在西北民族地区，初步形成了一批具有商业性质的城镇。在北宋的经制下，众多的“熟户”捍卫了北宋对外陆路交通的畅通，西北吐蕃政权也与宋朝长期交好，从而使一度冷落的“吐谷浑道”再度繁荣，秦州成为吐蕃、回鹘等商人会聚之地。

宋王朝对西北吐蕃的经制，也是宋朝与西北吐蕃关系的另一种表现形态，它置于宋夏战争的大背景之下，受宋夏战争的制约，是宋朝军事战略的有机组成部分。

①《青唐录》，上海古籍出版社《说郛三种》，第602页。

第七章　西北吐蕃政治体制与民族关系

唐末宋初之际，散处于西北地区的吐蕃部族，“族种分散，大者数千家，小者百十家，无复统一”[①]。这些吐蕃部族曾分别以自己的活动地域为中心，建立起地方民族政权，即西凉府六谷联盟和青唐吐蕃政权。其政权体制结构，均受中原汉族思想文化影响，又保留自己的民族特色。两宋时期，西北地区是中原王朝与吐蕃、党项、回鹘等少数民族角逐之地。居住在这里的吐蕃部族为了生存，他们与宋、西夏、辽、金政权之间也有频繁的交往与联系。

一、西北吐蕃的政治制度

西凉府吐蕃与青唐吐蕃政权的结构与制度皆颇具特色。

（一）凉州吐蕃政权结构

据《宋会要辑稿·西凉府》《宋史·吐蕃传》记载，西凉府政权有“县令、判官、都押衙、都知、兵马使”等文武官职。后唐天成二年（927 年）十二月，“遣使野利延孙等入贡，并蕃僧四人持蕃书两封，人莫识其字”[②]。表明有自己的文字，其他人皆不认识，只有“衣服言语略如汉人”[③]。这是一个深受汉文化影响的地方民族政权。蕃汉联盟、世袭与册封是西凉府吐蕃政权的显著特点。

1. 蕃汉联盟

随着五代初中原王朝政权的更迭，此时凉州地区众多分散的部落亦渐趋结盟，需要有权威的领袖人物统一管理各部事务。因吐蕃是凉州居民的主要成分，所以吐蕃族人担任凉州联盟首领。

后唐天成（926—930 年）中，权知西凉府留后孙超遣大将拓跋承诲来贡。唐

---

① （元）脱脱等：《宋史》卷四九二《吐蕃传》，北京：中华书局，1977 年，第 14151 页。

② （元）马端临：《文献通考》卷三三五《四裔考十二·吐蕃》，文渊阁《四库全书》第 616 册，第 614 页。

③ 《宋史》卷四九二《吐蕃传》，第 14152 页。

明宗召见，拓跋承诲向明宗介绍凉州地理方位、居民渊源与民族构成，孙超与城中百余汉户皆是戍兵子孙，唐明宗即授孙超为凉州刺史，充河西军节度留后。显然，这是获得了中原王朝的认同，并授予官职。后唐清泰元年（934 年），又有“留后李文谦来请命”[①]，后数年，凉州人“逐出文谦”。后晋时，吴继勋代文谦为留后，泾州押衙陈延晖赍诏书安抚凉州，凉州人共劫留陈延晖，“立以为刺史”[②]。后汉乾祐（948—950 年）初，孙超卒，州人推举当地吐蕃酋豪折逋嘉施权知留后。至后汉隐帝时，折逋嘉施来请命，即授为节度使。此时折逋嘉施在六谷蕃部和汉人中还没有建立起权威，不能制驭蕃部。因此，数年之后，折逋嘉施遣人市马京师，再次向中原王朝提出以汉人为主帅的要求。于是奏报兖州牙将申师厚为左卫将军，任命为河西节度使。于是凉州统治权重又落入汉人手中。后周广顺二年（952 年），“始以申师厚为河西节度使”[③]。然而“凉州夷夏杂处”，申师厚“不能抚有”。 但此时凉州吐蕃势力渐趋增强，已不允许非吐蕃族人占据首领地位。不久，申师厚为其所迫，留其子而逃归，中原王朝也放弃了对凉州的统辖与管理。

申师厚离开凉州后，六谷部首领折逋支成为六谷蕃部大首领，被拥立为凉州刺史，自此后，凉州吐蕃联盟的统治权掌握在吐蕃族人手中。折逋支死后，折逋阿喻丹嗣位，阿喻丹死后，其弟游龙钵继位，担任首领。在折逋游龙钵在位时，为了进一步加强对吐蕃的统治，借宋朝的实力与威望，重新提出要求，请宋朝派遣凉州主帅。至道二年（996 年），“凉州复来请帅，诏以丁惟清知州事，赐以牌印”[④]。于是宋政府命丁惟清为凉州主帅，统六谷部和凉州地区诸军事。以后，出身贵族的潘罗支取代游龙钵成为凉州地区总管，并超越刺史丁惟清，成为大权独揽的吐蕃新首领，六谷蕃部达到鼎盛。潘罗支死后，其弟厮铎督继任六谷大首领。

六谷吐蕃联盟初期，汉人也曾担任过“主帅”“首领”，并且是以“请帅”或“劫留”中原王朝官吏的形式出现。这种现象正说明六谷吐蕃部落由分散走向统一，联盟已经形成，六谷蕃部成为有实力的地方吐蕃集团。在渐趋统一的进程中，需要有权威的人物充当联盟的领袖，进行有效的统治与管辖。而吐蕃本部落出身的首领，暂时还不能适应这种局部统一与结盟的需要，缺乏封建统治经验，所以只

---

① （宋）欧阳修、宋祁：《新五代史》卷七四《四夷附录第三·吐蕃》，北京：中华书局，1974 年，第 914 页。

② （宋）薛居正等：《旧五代史》卷一三八《吐蕃传》，北京：中华书局，1976 年，第 1840 页。

③ （清）徐松辑，刘琳等点校：《宋会要辑稿》方域二一《西凉府》，上海：上海古籍出版社，2014 年，第 9703 页。

④《宋史》卷四九二《吐蕃传》，第 14154 页。

好采取“请”或“劫”的方式,学习和利用汉族官员的统治经验为自己服务,显然这是权宜之计,待其势力增强,具有一定统治经验后,势必取汉人而代之。这亦说明,学习和运用封建文化进行有效的统治,这是不可抗拒的历史潮流,地处僻远的凉州吐蕃也不例外。

2.“世袭”“册封”并存

六谷吐蕃联盟中既有各级首领,也有宋朝册封的官爵,其原首领的官职世袭,但须中原王朝册命。申师厚初至凉州,即奏请授吐蕃首领折逋支等官,于是后周答应了其要求。据《五代会要》载:

> 敕以吐蕃左厢押蕃落副使折逋支、右厢崔虎心并授青银光禄大夫、检校工部尚书;阳妃谷大首领沈念般授怀化大将军;左厢大首领籛于闷笃为归德大将军;没林蔼于、凝卢伴擅、折逋穷罗并为归化大将军;右厢大首领鹿悉迦、阿罗兵骚奴并为归德将军,沈念般秕与龙文、温元积并为怀化大将军。①

折逋支死后,其子阿喻丹继位,即以“权知西凉府”的身份向宋朝进贡。“权知”即暂时代理,是蕃属老首领死后,新首领继位,但未取得中央王朝册命时,自己在职衔上所使用的专有名词。阿喻丹死后,其弟游龙钵取而代之,宋太宗正式册命为“保顺郎将”。六谷吐蕃联盟中,“世袭”首领与“册封”官爵并存,这正是吐蕃民族接受中原封建政权的影响,其民族政权所具有的双重政治特色。

(二)青唐吐蕃政权结构

青唐唃厮啰政权政治制度颇有特点,众多部落既是政权的基层组织,也是进行经济生产活动的组织。“国相议事厅”和“国主亲属议事厅”,则是相互平行又互相制约的两个办事机构。

1. 政权基层组织

远离青藏高原的河湟地区,曾是吐蕃驻军与驻牧之域。吐蕃政权崩溃后,这里散布着众多吐蕃部落,互不统属。唃厮啰政权的体制,就是若干大小部落的联盟,在其强盛时,直接归中心政权指挥节制,或者归属、投附于其政权之下的部落,这成为唃厮啰政权的一大政治特色。这些部落的活动范围,成为唃厮啰政权的管辖区域,亦即其疆域,诸多文献有所记述。

《武经总要》前集卷一八下《边防·洮州》:

---

① (宋)王溥:《五代会要》卷三〇《吐蕃》,文渊阁《四库全书》第607册,第707页。

今邈川大首领唃厮啰立文法，临制诸羌，款塞为蕃臣。其部族在洮河之地，康定中，命为节度以羁縻之。东至岷州百七十里，西无州县，南至叠州百七十里，北至河州三百十里。

《梦溪笔谈》卷二五《杂志二》：

唃厮啰立，立遵与邈川首领温逋相之，有汉陇西、南安、金城三郡之地，东西二千余里。宗哥、邈川，即所谓三河间也。

《续资治通鉴长编拾补》卷二三崇宁三年四月庚午条：

王厚过湟州，沿兰州大河并夏国东南境上，耀兵巡边，归于熙州。厚所克复三州及河南地土，自兰州京玉关沿宗河而上，取湟州临宗寨乳酪河之西，入鄯州界管下宣威城青海洗纳、木令波族，东南过溪哥城，至河州循化城入洮州，复自洮州取庞公原，循山后出怀羌来羌城，沿黄河过来宾城，上巴金岭钱南谷，抵京玉关，开拓疆境，幅员三千余里。其四至：正北及东南至夏国界，西过青海至龟兹国界，西至卢甘国界[①]，东南至熙、河、兰、岷州，连接阶、成州界。

根据藏文、汉文史料记载，唃厮啰政权活动范围主要在河湟一带，“主要是一江四河流域，即白龙江流域的下迭一带和黄河、洮河、大夏河流域及湟水流域的广大藏区”[②]。显然，唃厮啰政权的疆域并不固定，而是伴随着与宋朝势力的推进而不断改变自己的边界。

唃厮啰政权的基层组织是以地域为基础，但也保留有血缘氏族的残余。据文献记载，散处于河湟地区的唃厮啰大小部落有数百个，这些部落或以居地为名，或以人名为部落名。吐蕃大部族众多，主要有湟州亚然家族，亦即雅仁结族，温逋奇是最早的首领，属下还有阿笃、溪巴温、僧温拉摩、阿道、溪展、遵博斯、顺律党依等，均为邈川蕃部大小首领。齐暖族亦即钱南族，其首领为乌戬新雅克。鄯州的唃厮啰即嘉勒斯赉，是以唃厮啰其人名族，唃厮啰下属首领主要有灼蒙曹失卑陵、李波末里瓦、安子罗等；董毡下属首领主要有经沁伊达木凌节、李察勒沁、景青宜党令支等；阿里骨属下首领有结斯鸡、苏南党征、经斡穆等；瞎毡下属首领有兰毡只鸡、心牟钦毡等。以居地在宗哥河(湟水)一带而得名的宗哥族，僧人李立遵为大首领，属下首领主要有景遵、斡遵、李摩拉木等。还有廓州的青丹谷部、鲁

---

① 据李远《青唐录》言：“又青唐之南有泸戎，汉呼为芦甘子，其人物与青唐羌相类。”可知“卢甘”是指今四川西北地区与青海果洛一带。

② 洲塔、乔高才让：《甘肃藏族通史》，西宁：青海人民出版社，2004年，第177页。

遵部等。

散居于河湟地区的众多吐蕃部族，规模大小不等，宋朝对蕃官的任命是根据其部族大小、势力强弱以定职名。规定凡归附部落首领，“管百帐以上大首领补本族军主，次补指挥使，百帐以下并补本族指挥使”[①]，而族帐庞大、人多势众，在当地颇有名望与影响的大首领，则授以蕃落使、团练使、都指挥使、刺史等名号。由此可知，小部落有百帐，大部落则在千帐以上，甚至还有万帐的大部落，这些大部落之下又有许多小部落，每个部落均有自己的首领，大首领同时又是本部落首领。大部落首领只负责出兵打仗、处理部落纠纷等大事，小部落首领管民事，组织农牧业生产等活动。

唃厮啰政权属下大小首领，主要由四部分人组成：一是出身“贵种”，即具有吐蕃王朝赞普与贵族血统的后裔，如唃厮啰“绪出赞普之后”[②]“人号瑕萨錢逋者，胡言赞普也”[③]；二是僧人充当首领，宗哥族首领李立遵信奉佛教，邈川亚然家族首领温逋奇信奉笨教，这二人即为部族首领，也为宗教首领，而充任小首领的僧人不计其数；三是以胆识、能力、勇敢获得部民尊崇而成为首领，西凉府吐蕃首领雅尔藏受宋朝赏赐“虎皮翻披”，蕃俗则是受此赐者，族人推崇，至道元年（995年），凉州吐蕃首领当尊赴宋贡献良马，宋赏赐当尊虎皮，显然，雅尔藏、当尊应是受部民尊崇的首领；四是世袭首领，宋康定二年（1041年）正月乙未，宋朝赐封“唃厮啰保顺河西等军节度使”[④]，其去世后，子董毡承袭其父爵位，《宋大诏令集·西蕃上》载宋朝赐“诏西蕃邈川首领保顺军节度洮州管内观察处置押蕃落等使董毡依唃厮啰例支请俸诏”[⑤]，显然董毡不仅承袭其父封爵，也承袭了其父享有的俸禄。宋朝在封赐这些首领时，往往标明承袭其前辈的职名及部落名。

唃厮啰政权所处的地理环境及社会经济，是形成这种政治特色的主要因素。青唐吐蕃政权所控制的地区，“北占河湟间二千余里，河湟间有鄯、洮、河、岷、叠、宕、廓州”[⑥]。这里地域辽阔，地形险要复杂，大小部落被崇山峻岭、河溪山涧阻隔，

① （宋）李焘：《续资治通鉴长编》卷八二，大中祥符七年四月甲戌，北京：中华书局，1985年，第1872页。

② 《宋史》卷四九二《吐蕃传》，第14160页。

③ （宋）沈括：《元刊梦溪笔谈》卷二五《杂志二》，北京：文物出版社，1975年，第31页。

④ 佚名：《宋大诏令集》卷二三九《西蕃上》，北京：中华书局，1962年，第936页。

⑤ 《宋大诏令集》卷二三九《西蕃上》，第937页。

⑥ （宋）李远：《青唐录》，上海：上海古籍出版社《说郛三种》，1988年，第602页。

交通不便,故部落各自保持相对的独立性。而相对独立的吐蕃部落内部有一种约定俗成的“羌法”或“蕃法”,成为组织管理、解决内部纠纷的重要依据。“传箭”是其独特的联系方式,“折箭”则是解决仇杀纠纷的一种“盟誓”。畜牧业是唃厮啰政权的主要经济构成,吐蕃部民“逐水草而居”,这种生产与生活方式,决定了只有部落组织才能与之相适应,部落成为唃厮啰政权的基本细胞,这是受地理环境制约,取决于其畜牧经济构成。

2.“国主”与“议事厅”

青唐吐蕃政权的缔造者唃厮啰是吐蕃王朝赞普后裔,故也称之为“赞普”,汉文献称其为“国主”,是青唐政权的最高统治者。宋康定元年(1040年)八月,屯田员外郎刘涣出使青唐,涣至,“厮啰引导供帐甚厚,介骑士为先驱,引涣至庭。厮啰冠紫罗毡冠,服金线花袍、黄金带、丝履,平揖不拜,延坐劳问,称‘阿舅天子安否’。道旧事则数十二辰属,曰兔年如此,马年如此”[①]。这表明唃厮啰是以“王”者的身份,用“蕃礼”接待宋朝的使臣。唃厮啰政权的历代执政者在青唐建有华丽的宫殿,“过仪门北二百余步为大殿,北楹柱绘黄,朝基高八尺,去座丈余矣”[②]。

唃厮啰政权沿袭了吐蕃王朝的防卫制度。吐蕃王朝时,吐蕃赞普的防卫措施就十分严密,“其卫候严,而牙甚隘”[③]。臧河之北川,是赞普的夏季牙帐,“周以枪累,率十步植百长槊,中剚大帜为三门,相距皆百步。甲士持门,巫祝鸟冠虎带击鼓,凡入者搜索而进”[④]。赞普需防范各奴隶主的行刺,防卫措施必然十分严密。此时,吐蕃赞普牙帐中设置“有高台,环以宝楯,赞普坐帐中,以黄金饰蛟螭虎豹,身披素褐,结朝霞帽首,披金缕剑。钵掣逋立于右,宰相列台下”[⑤]。显示出吐蕃赞普身居核心、绝对突出的至高地位。至唃厮啰时期,虽其权力有所分散,但至高无上的王位仍为各大首领所瞩目。为了防范意外,首领向国主奏事,有一套严格的规定,“去坐丈余,以碧硫璃砖环之,羌呼禁国。凡首领升殿白事,立硫璃砖外,犯者杀之”[⑥]。国主唃厮啰听首领“白事”时,仍保持一定的距离,即突出了国主居高临下的崇高地位,维护王者的尊严,也是对首领的严格防范。

协助国主处理日常事务的机构,有“国相议事厅”和“国主亲属议事厅”,这表

---

①《宋史》卷四九二《吐蕃传》,第14162页。

②《青唐录》,上海古籍出版社《说郛三种》,第602页。

③(宋)欧阳修、宋祁:《新唐书》卷二一六上《吐蕃传上》,北京:中华书局,1976年,第6072页。

④《新唐书》卷二一六下《吐蕃传下》,第6103页。

⑤《新唐书》卷二一六下《吐蕃传下》,第6103页。

⑥《青唐录》,上海古籍出版社《说郛三种》,第602页。

面上似乎保留有氏族军事民主制的残余，其实是既互相平等又互相制约的两个办事机构。吐蕃王朝时期，"论"与"尚"的斗争，即奴隶主贵族与王族之间的斗争贯穿始终，这是奴隶主阶级内部矛盾的集中反映，而他们之间的矛盾，并没有设立专门的机构来调整两派的斗争，而是靠赞普来平衡。唃厮啰吸取了吐蕃王朝治国的经验教训，为论相和王族专门设立机构，使他们分别讨论军政大事，听取各方不同意见。这对防止国相专权，调整统治阶级之间的矛盾斗争起了一定的积极作用。这是唃厮啰在政权建设方面的一大进步，也是唃厮啰统一河湟，与宋、西夏周旋、抗衡近百年的一个重要因素。

（三）西北吐蕃盛行"蕃法"

9世纪，随着吐蕃政权的崩溃，在河湟地区建立政权的青唐吐蕃与散居在秦（治今甘肃天水市秦州区）、凤（治今陕西凤县）、泾（治今甘肃泾川县）、原（治今甘肃镇原县）、熙（治今甘肃临洮县）、河（治今甘肃临夏市东北）、洮（治今甘肃临潭县）、岷（治今甘肃岷县）、叠（治今甘肃迭部县）、宕（治今甘肃舟曲县西北白龙江北岸）等地的吐蕃部族，均有自己独特的法律形式。

建立于7世纪的吐蕃奴隶制政权，法律严酷，用残酷的刑法对待奴隶。在被俘或被掳掠者身体上刺字、烙印，甚至黥面，皆用以标明他们的奴隶身份与隶属关系。或用皮条、毛绳穴穿肩胛骨，甚至杀奴隶"祭天"，或作为盟誓的供物。《因话录》卷四载：对掳掠的汉人，"其无所能者，便充所在役使，辄黥其面"。对那些"粗有文艺者，则涅其右臂，以侯赞普之命。得华人补为吏者，则呼为舍人"。在战争中被俘的唐淮南裨将谭可则，"将以为知汉书舍人，可则不愿其旧"，仍在其臂上涅字，译为"天子家臣"，"家臣"即奴隶。段成式《酉阳杂俎》续集卷七载："永泰初，丰州烽子暮出，为党项缚入西蕃易马，蕃将令穴肩骨，贯以皮索，以马数百蹄配之。"《新唐书·吐蕃传上》谓："其刑，虽小罪必抉目，或刖、劓，以皮为鞭抶之"。《旧唐书·吐蕃传上》也言："用刑严峻，小罪剜眼鼻，或皮鞭鞭之，但随喜怒而无常科。"这些吐蕃法律的残遗，对宋代吐蕃也有所影响。

北宋时期，青唐吐蕃人"独有河北之地，其国大抵吐蕃遗俗"[①]，因而他们笃信诅咒，"或以决事，讼有疑使诅之"[②]。处理诉讼与刑罚方面颇有特色，"每有公事，量大小以绵绮裹其讼牒，物多者为有理"[③]。《宋史·吐蕃传》也载："讼者上辞牍，籍

①《宋史》卷四九二《吐蕃传》，第14163页。

②《宋史》卷四九二《吐蕃传》，第14163页。

③（宋）江少虞：《事实类苑》卷五六《忠孝节义·刘涣》，文渊阁《四库全书》第874册，第468页。

以之帛，事重则以锦”[①]。吐蕃政权“也有鞭笞扭械诸狱具”[②]，而且还设有监狱，其监狱就是地牢，囚禁犯罪之人。宋代西北吐蕃监禁之法，是唐代吐蕃监禁之法的继承。据《新唐书·吐蕃传》载：“其狱，窟地深数丈，内囚于中，二三岁乃出。”北宋时期，河湟地区的吐蕃中仍使用这种监禁之法。明道（1032—1033 年）年间，河湟吐蕃内乱，邈川大酋温逋奇与唃厮啰不和，于是温逋奇为乱，竟“囚唃厮啰置阱中”[③]。这种“阱”，实际上就是“窟地深数丈”的地牢。地牢，其源于中国古代，《白孔六贴》卷八五《陷阱三》载：“《周礼》曰：‘冥氏为阱樓以攻猛兽，以灵鼓驱之。凡善于国稼者，春秋为阱樓，秋塞阱杜樓。’”经过历代演变，从防兽演变成国家刑拘囚禁的工具。由此可以断定，青唐吐蕃政权已初具国家机器的镇压职能。

吐蕃部族内用一种约定俗成的法规来处理各种矛盾纠纷，这种本俗法即“蕃法”或“羌法”。“蕃法”成为解决吐蕃内部纠纷的重要依据。文州（治今甘肃文县）蕃族有复仇者，“当以蕃法论”[④]。据文献记载，“旧羌杀中国人，得以羊马赎死，如羌法”[⑤]。北宋官员为避免生事，往往采用“蕃法”治理蕃部。但也对吐蕃的“蕃法”进行改革，立条约，定律令，对吐蕃部族进行有效的管理。这也充分说明约定俗成的“蕃法”曾在吐蕃部族内盛行。

宋代西北吐蕃的蕃法，既是其长期以来形成的一种习俗，也是一种调节部落内部矛盾纠纷、约定俗成的法规，它适应吐蕃自身的生产方式与生活状况。虽然其中有诸多陋习，但也是维护吐蕃生存、利益的一种简便易行的法律手段。

二、宋朝对蕃民的律令法规

宋朝立国后，面临的局势有了新变化，西夏党项崛起，成为宋朝的主要边患；凉州六谷吐蕃联盟与青唐唃厮啰政权及散居的众多吐蕃部民，则成为宋夏双方争取的盟友；西北地区民族错居杂处，成分复杂，矛盾尖锐。中国封建社会的立法都是“因其所遇之时，所遭其变而为当时之法”[⑥]，宋朝也不例外。为了确保西北地

---

①《宋史》卷四九二《吐蕃传》，第 14163 页。

②《宋史》卷四九二《吐蕃传》，第 14163 页。

③《宋史》卷四九二《吐蕃传》，第 14161 页。

④（宋）吕陶：《净德集》卷二一《枢密刘公墓志铭》，文渊阁《四库全书》第 1098 册，第 175 页。

⑤（宋）王安石：《临川文集》卷九〇《彰武军节度使侍中曹穆公行状》，文渊阁《四库全书》第 1105 册，第 746、747 页。

⑥（宋）吕祖谦：《古文关键》卷下《战国策目录序》，文渊阁《四库全书》第 1351 册，第 789 页。

区社会稳定,北宋政府制定了诸多对蕃民的律令法规,其中大多是以“敕”“诏”“制”的形式颁布。宋神宗时,由于变法的需要,更是主张“凡律所不载者,一断以敕”[①]。这是皇帝在特定时间、地域,针对特定的人、事所发布的命令,虽“人主之法的特点”[②]突出,亦为宋代法律的重要组成部分。这些律令法规涉及社会稳定、生命财产、经济贸易、土地买卖等诸多内容,且不同时期有所延续、变化。这既是宋政府民族政策的贯彻执行,也是因地、因时、因事制法的具体表现,反映了宋代统治者与时俱进、务实灵活的执政风格与法律体系的适变特征,对西北地区社会稳定、经济发展、民族交融等起到一定的作用。

(一)维护生命安全

历经唐末五代的战乱,赵匡胤深知“天下自唐季以来,数十年间,帝王凡易八姓,战斗不息,生民涂地”[③],频繁的战乱,给百姓带来巨大的灾难,使他认识到只有珍惜生命,保障人民的生命安全,国家才能稳定,社会才能发展。因此宋政府采用法律手段保护西北蕃民的基本权利。

1. 严惩枉杀滥杀

生存权包括生命存活与维持存活的一切生产、经济等活动,生命保护是生存权的根本,是人身保护法的首要内容。北宋对蕃民生命权的保护措施之一,即禁止枉杀滥杀无辜边民,并严惩施暴者。

北宋初,因诸方割据,仍沿袭五代之制,罪人多配隶西北沿边地区服役,犯死罪获贷者,多配隶登州沙门岛与通州海岛。但罪人“配隶西北边,多亡投塞外,诱羌为寇”[④]。随着江南的统一,宋太宗太平兴国二年(977年)正月诏令:“自今当徒者皆配广南,勿复隶秦州、灵武、通远军及沿边诸州。”[⑤]太平兴国二年(977年)二月,灵州(治今宁夏灵武市西南)部民送岁市官马,“赂所过族帐物粗恶,羌人恚不受”。此时知州、比部郎中张全操“捕得十八人杀之,没入其兵仗、羊马,戎人遂扰”[⑥]。张全操的滥杀,使宋太宗极为愤怒,立即遣使携金帛抚赐其族,与之结盟,平息骚

①《宋史》卷一九九《刑法志一》,第4963页。

② 郭东旭:《宋朝法律史论》,保定:河北大学出版社,2001年,第6页。

③《续资治通鉴长编》卷二,建隆二年七月戊辰,第49页。

④《宋史》卷二〇一《刑法志三》,第5016页。

⑤《续资治通鉴长编》卷一八,太平兴国二年正月己丑,第395页。

⑥《宋史》卷四九一《党项传》,第14138页。

乱，并将张全操拘狱，“决杖流登州沙门岛”[①]。宋代刺配法中“配即流”，是宋律中的“配役”，决杖即“杖脊”，先杖后流。北宋律法依犯罪轻重确定配地的远近，分为十等，即沙门岛、远恶地、广南、三千里、二千里、一千里、五百里、邻州、本州、本城。沙门岛在京东路登州（治今山东蓬莱市）北海中，距登州约有“五十余里”，是北宋刺配死罪获贷之地。张全操“捕杀十八人”，系“坐死特贷者”，重罪，于是流放沙门岛，使其受到应有的惩罚。

宋政府一方面严惩枉杀滥杀的宋朝官员，另一方面也颁布诏令禁止边地动乱。开宝八年十二月，大石、小石族冦土门寨（今甘肃武山县东北），略居民。太平兴国二年三月，戎人安家族寇长山寨（今甘肃秦安县西南）。这三族皆系秦州内属吐蕃部族。面对蕃族三部的反抗，宋政府一方面遣兵镇压，另一面则于太平兴国三年（978 年）正月，颁布《秦州内属戎人敢肆侵掠者吏捕之诏》：

> 秦州内属三族戎人等，克慕华风，聿求内附，俾之安辑，咸遂底宁。近间侍牛马之肥，肆蜂虿之毒，忘我大惠，侵我边州。岂朕信之未孚，而吏抚之不至。宜蠲旧过，以儆将来。今后敢肆侵掠者，吏捕之寘于法，不须以闻。[②]

诏令中既言蕃族三部“克慕华风，聿求内附”，又分析了蕃部寇边的原因，“岂朕信之未孚，而吏抚之不至”[③]。要求边官对戎人“宜蠲旧过，以儆将来”。又警告今后或更剽掠，“吏捕之寘于法，不须以闻”，用法律武器软硬兼施，震慑反抗的蕃部百姓，维护西北地区秦州的社会稳定。

咸平五年（1002 年）正月，陕西转运使刘综得知党项李继迁蕃部在赤沙（即赤沙城，今陕西黄陵县西 70 里）、橐驼路（即橐驼口，今陕西定边县南）各置会贸易，恐其引诱熟户叛逃，上疏请求在本路部置潜军讨伐。宋真宗谓：“边界市场往来，若不戒而杀，是暴也。宜先谕民以条约，如有违者，即严谴之。”[④]显然认为“部置潜军讨伐”就是随意滥杀，乃暴虐无疑，当为严禁。宋初，西路缘边州军素有“能枭取为恶蕃族首级者”给赏的条约。显然，此条约存有弊端，会纵容邀功请赏之徒枉杀无辜，“害及平民”。宋真宗深思之后，以为“逐处虽有次第部署之人，岂得容

---

①《宋史》卷四九一《党项传》，第 14138 页。

②《宋大诏令集》卷二一八《讨伐》，第 832 页。

③《宋大诏令集》卷二一八《讨伐》，第 832 页。

④《续资治通鉴长编》卷五一，咸平五年正月甲子，第 1112 页。

此枉滥！”[①]。景德三年(1006年)八月诏令:“自今斩获蕃族首级,须辨问的实,当行杀戮者,许依前诏给赏,如非其理,即以军法论。”[②]大中祥符元年(1008年)正月,宋真宗曰:“盖抚御戎夷,当务含容,不然,须至杀伐,害及生灵矣。”[③]这种珍视生命、限制杀戮的记载,在文献中屡见不鲜,充分说明宋朝统治者对蕃民生命的珍惜。

2. 保护人身安全

太平兴国八年(983年)九月,吐蕃诸部来献马,宋太宗在崇政殿召见其酋长,并对宰相曰:“吐蕃言语不通,衣服异制,朕常以禽兽畜之。自唐室以来,颇为边患。以国家兵力雄盛,聊举偏师,便可驱逐数千里外。但念其种类蕃息,安土重迁,倘因攘除,必致杀戮,所以置于度外,存而勿论也。”[④]尽管“以禽兽畜之”“置之度外”等言论,蕴含轻蔑、狭隘的大汉族主义思想,但消弭战争、令蕃民安居乐业的观念,体现了宋朝统治者对西北边区少数民族生存权的重视与保护意识[⑤]。

大中祥符三年(1010年)闰二月丁巳,宋政府颁布《令西北缘边不得法外行刑诏》:“西北缘边,兵兴以来,军民有罪,情重者断肢体而戮之。其罪不致死,亦鞭之过数。自今不得法外行刑。”用律令严禁法外行刑、滥刑,用律令保障边民生命安全。

元丰元年(1078年)二月,熙河路经略司言,“西人锁珠旺蕃部兀胜于地牢”[⑥],五天后才放回,神宗得知此事后,即诏“兀胜依重伤例给赐”[⑦],给予伤员补助,并令保安军发牒至宥州,防诫此类事件的再度发生。对一名被拘禁的普通蕃民,朝廷竟诏令按重伤条例予以优抚,反映出宋政府对蕃民合法权益的重视,蕃民的人身权利在北宋受到较多的关注与保护。

自熙宁年间开拓边疆后,熙河秦凤路蕃族熟户归顺宋朝,一心向汉,本无背叛,只因“官吏及诸色人公然不法,夺取财物,奸私妇女,全不畏惮,盖是法禁不

---

①《续资治通鉴长编》卷六三,景德三年八月丁酉,第1420页。

②《续资治通鉴长编》卷六三,景德三年八月丁酉,第1420页。

③《续资治通鉴长编》卷六八,大中祥符元年正月壬申,第1520页。

④《宋史》卷四九二《吐蕃传》,第14153、14154页。

⑤ 陈武强、刘建丽:《略论北宋对西北边区蕃民的法律保护》,《内蒙古社会科学》2006年第2期。

⑥《续资治通鉴长编》卷二八八,元丰元年三月庚寅,第7052页。

⑦《续资治通鉴长编》卷二八八,元丰元年三月庚寅,第7052页。

严，人敢冒犯”[①]。于是在崇宁四年（1105 年）六月三十日，敕中书省“今拟修下条”：

诸乞取蕃族熟户财物者，徒二年，二贯徒三年，十贯加一等，至一百贯或奸若略人者斩，不以赦降原减。诸与蕃部熟户交易而小为价致亏损者，计所剩，以监主自盗论。诸蕃族熟户无故辄勾呼追扰者，徒二年，禁留拘系加一等，三日以上又加一等，因而致逃叛者，又加一等。[②]

大观二年（1108 年）六月二十九日，又重申崇宁诏令，一方面，将新定条例推行到湖南北、广南西路新边执行，“仍多出榜晓示”，进行宣传普及，使人人皆知；另一方面，又将新定条例增入崇宁四年《熙河兰湟秦凤路敕》，在西北沿边地区施行，继续关注对蕃民人身保护，并且更具体、详细。将“乞取蕃部熟户财物者”，从徒至斩刑分为四等惩罚，并规定与蕃民交易中，奸欺蕃民而致“亏损者”，以“监主自盗论”。“大观法令”所包含的有关蕃民经济关系法规的内容丰富，对蕃民生存保护仅是其中的一部分内容。

（二）保护蕃民生存

生存权包括生命存活与维持生命存活的权利，宋政府对不利于蕃民生存的开拓、生产等活动，制定律令予以禁止，从而维护了蕃民的生存权利。

1. 严禁与民争利

秦州夕阳镇（今甘肃天水市西北新阳镇），为古伏羌县地，“西北接大薮，材植所出，戎人久擅其利”[③]。当时由秦州夕阳镇至临洮抹邦山一带，皆是盛产材木的茂密林区，宋朝政府所需材木皆取给于此。建隆二年（961 年），尚书左丞高防知秦州时，在渭北置采造务，辟地数百里，筑堡据要害，并以渭河划界，自渭而南则为宋有，据渭河以北的即吐蕃尚波于部。高防派戍卒防守，强取材木，“岁获大木万本，以给京师”[④]，因与边民争利，引起吐蕃部民反抗。吐蕃酋长尚波于率众来争，杀伤士卒，高防“捕系其党四十七人”。宋太祖不欲边境生事，于建隆三年（962 年）六月，颁布《安抚秦州蕃部尚波于诏》：

朝廷置制边防，抚宁部落，务令安集，岂有侵渔。比来秦州元设三寨，只要採斫材植，供亿京师，虽在蕃汉之交，不妨牧放之利。汝等遮拦

① 《宋会要辑稿》兵四《山同丁》，第 8696 页。

② 《宋会要辑稿》兵四《山同丁》，第 8696 页。

③ 《续资治通鉴长编》卷三，建隆三年六月辛卯，第 68 页。

④ 《续资治通鉴长编》卷三，建隆三年六月辛卯，第 68 页。

木筏，伤杀军人，寻命使臣，往彼和断。近得高防奏，汝等四十七人，见已拘留，听候奏。汝等久怀忠顺，谨守封陲，昨缘事出于一时，致此纷扰。朕料汝等必悔前非，宜示怀柔，各从宽宥。今赐汝等锦袍银带，至可领也。已除节度使吴廷祚往伸安抚，仍令还汝等旧地，各归本族，共体深恩。如或更敢犯边，当议尽加诛灭[①]。

从诏书可以看出"边鄙安宁"是宋朝的指导思想，于是撤换高防，命枢密使吴廷祚知秦州，招抚渭北蕃部。

吴廷祚奉诏至秦州，示以怀柔，"各从宽宥"，赦尚波于等罪，释放被捕的戎人，罢采造务，采取开明的民族政策，于是戎人悦服，是年秋，"献伏羌地"而内附，北宋政府于其地特置伏羌寨（今甘肃甘谷县）戍守。宋淳化五年（994 年），温仲舒知秦州时，因"每岁伐木，多为蕃族攘夺"[②]，自唐末以来，渭河以南也有蕃户居住。温仲舒便将他们"驱之渭北，立堡栅以限其往来"。宋太宗对此驱逐蕃户的行为甚为不满，谓："古羌戎尚杂处伊、洛，彼蕃夷易动难安，一有调发，将重困吾关中矣。"[③]命寇准前往渭北"安抚族帐"，而将温仲舒徙凤翔，即因温仲舒的不当举措，违反了宋朝"边鄙安宁"的宗旨与民族政策，侵犯了蕃民的生存环境。

2. 禁杀归附降人

在宋王朝开疆拓土中，必有大量吐蕃部民、熟户、军士归附，禁杀熟户与归附降人，既是宋政府对蕃民生存权的保护，也是宋朝民族政策贯彻执行的重要措施。

熙宁三年（1070 年）五月，宋神宗得知陕西蕃部首领等"多执归明蕃人杀之，妄言把截、巡绰、斗敌所获首领，不独侥幸恩赏，且枉杀无辜"[④]的情况后，立即令逐路经略司必须查实贼马踪由，不许仅据城寨申报。鉴于边地士卒多枉杀熟户，以其首级冒功领赏的恶劣行为，"而吏或不能察"的状况，于是在熙宁六年（1073 年）七月，宋政府立法禁止，规定："杀熟户以邀赏者，斩讫奏，仍许告，每名迁一资，赏钱百千，无资可迁，加五十千。如因军人告而事干本营者，送别指挥。"[⑤]法令中所谓"斩讫奏"，就是俗语"先斩后奏"，即景德元年诏"处斩讫罪者即斩之"，

---

①《宋大诏令集》卷二四〇《诸番》，第 942 页。

②《宋史》卷四九二《吐蕃传》，第 14154 页。

③《宋史》卷二八一《寇准传》，第 9528 页。

④《续资治通鉴长编》卷二一一，熙宁三年五月辛丑，第 5123 页。

⑤《续资治通鉴长编》卷二四六，熙宁六年七月丁巳，第 5982 页。

系重罪处斩。

北宋熙宁(1068—1077年)年间，宋朝着力开拓西部边疆，经制吐蕃，在攻伐河州之战中，存在杀伤降人的恶劣事件。宋军围河州，蕃部请降，"诸军既入，夜杀降者二千余人，军前匿之不报"[①]。宋神宗闻知后说："祸莫大于杀已降。"熙宁六年九月，王韶言："河州平，有随军百姓三十余人杀降人，略财物，已斩之[②]"。宋神宗并未就此了结，诏令王韶密查被杀、伤降人具体人数，并"合与不合勘劾"落实。十月，又诏王韶"籍杀伤河州降人者以名闻"，如"委难究推"，即勘会王君万等"捕斩人元管使臣及同作过人，条具来上"[③]。在神宗皇帝的再三督促下，王韶落实了"杀伤已降蕃部等数"，诏"景思立不赏，赵简等十三人候韶到阙取旨"[④]。显然，对于滥杀降人隐匿不报的行为，神宗令严查究实，滥杀降人者斩，涉事官员不予升迁，情节严重者，则重罚其罪，用律法严惩告诫边地军士禁杀伤归附降人。

元丰五年(1082年)，宋政府诏鄜延路"杀降人者，许人告，每人赏钱三十千，至百千止，告杀五人以上者，仍迁一资，杀降人者斩"[⑤]，用奖励告发的方式，严惩杀降，防止恶行蔓延。哲宗元符(1098—1100年)年间，宋将王赡等领兵入青唐(今青海西宁市)，邈川(今青海海东市乐都区)酋长封溪藏，赍簿书管钥，请献。王赡等以给将士为名，打开府库，"尽取其金珠、犀玉，妄杀无故，赡又掠蕃妇六人为婢"[⑥]。建中靖国元年(1101年)三月，王赡被"除名，勒停免决刺，特配昌化军，永不放还"[⑦]。以重罪严惩王赡，流配到僻远的昌化军(治今海南省儋州市西北中和镇)服役。

3. 赈济受灾蕃民

西北沿边河湟陇右地区，受荒漠气候影响严重，由于气候干燥，终年少雨或无雨，气温、地温、日差、年差均较大，且风沙活动频繁。在这种气候环境影响之下，植被稀疏，生态脆弱，经济结构单一。又处僻远西鄙边地，山大沟深，交通不畅，"洮岷州山林深险，粮道难继"[⑧]。西北地区历来亦是中原王朝与各少数民族角逐之地，深受战争之苦，边地蕃民面临严峻的生存危机，而严重的自然灾害，也

---

①《续资治通鉴长编》卷二四七，熙宁六年十月庚午，第6018页。

②《续资治通鉴长编》卷二四七，熙宁六年九月壬寅，第6008页。

③《续资治通鉴长编》卷二四七，熙宁六年十月庚的午，第6018页。

④《续资治通鉴长编》卷二四七，熙宁六年十月庚的午，第6018页。

⑤《续资治通鉴长编》卷三二九，元丰五年八月戊午，第7920页。

⑥《宋会要辑稿》职官六七，第4866页。

⑦《宋会要辑稿》职官六七，第4866页。

⑧《续资治通鉴长编》卷二四六，熙宁六年七月戊申，第5977页。

使蕃民的生存与生计面临挑战。据苏轼《乞减价粜常平米赈济状》所载,可知宋朝法律规定“边郡不得聚集饥民”[①],而赈济受灾蕃民便成为保护生存、稳定边境的有效举措。

大中祥符九年(1016年)二月,正当农时之际,延州蕃部缺食,“延州现存军粮二十七万”,诏可“请出五千石赈给,俟丰熟,敛以还官”[②]。熙宁三年(1070年)十一月,泾原路熟户蕃部缺食,陕西路都转运使沈起要求“蒙给度僧牒五百赈济,乞更赐五百,以分济鄜延、环庆、泾原、秦凤四路”。宋政府同意,并诏“陕西缘边四路蕃部所负贷粮,并特蠲放”[③]。熙宁三年(1070年)九月,泾原路安抚司言:“本路熟户蕃部缺食,乞降度僧牒百。”宋政府同意,“赐五百道付陕西宣抚司,易现钱籴谷赈接之”[④]。熙宁五年(1072年)二月,麟府路奏报,自去年八月癸酉陨霜之害,影响庄稼收成五六分。面对灾情,宋政府屡颁救灾法令与赈灾措施,给新归顺蕃部香叶、策木多二族,仍给口粮,河东沿边麟、丰二州蕃部弓箭手“阙食者”,“亦令宣抚转运使体量赈济”[⑤],以确保蕃民基本生存与生计。熙宁七年(1074年)夏秋,京东、陕西等路大旱,洮西一带也旱灾严重。熙宁八年正月二十一日,洮西沿边安抚司奏言:“去岁夏秋旱,羌户殍死者众。自收复洮河,羌人只知畏威,而未识朝廷之惠。”[⑥]宋政府速令经略安抚司指挥相度,立即采取措施,在蕃市聚集之地给散,“官为糜粥,赈其饥急,计米一升,可给三人,则百硕当济三千人矣”[⑦]。如量少不够即再增加。熙宁八年(1075年)“自二月至五月,给米千五百硕”。熙宁七年八月,宋政府赐环庆安抚司度僧牒千,“以备赈济汉、蕃饥民也”[⑧]。政和七年(1117年)七月,熙河、环庆、泾原发生地震,管下城寨关堡城壁楼橹、官私庐舍并皆摧塌,居民死伤甚重。宋政府诏令:“可因地震,遣使前往抚恤军民,因往检察。”[⑨]宋政府采用赈济措施,既维护蕃民生存,也保障边地社会稳定。

---

①(宋)苏轼:《东坡全集》卷六五《乞减价粜常平米赈济状》,文渊阁《四库全书》第1108册,第78页。

②《续资治通鉴长编》卷八六,大中祥符九年二月丁酉,第1973页。

③《续资治通鉴长编》卷二一七,熙宁三年十一月壬辰,第5273页。

④《续资治通鉴长编》卷二一五,熙宁三年九月丙辰,第5249页。

⑤《续资治通鉴长编》卷二三〇,熙宁五年二月丙寅,第5601页。

⑥《宋会要辑稿》瑞异二《旱》,第2632、2633页。

⑦《宋会要辑稿》瑞异二《旱》,第2633页。

⑧《续资治通鉴长编》卷二五五,熙宁七年八月丁丑,第6235页。

⑨《宋会要辑稿》瑞异三《地震》,第2668页。

早在大中祥符三年(1010年)时,黎州(治今四川汉源县北九襄镇)溪峒积聚粟粮,因兵火而多经焚荡,真宗且言:“虽彼蛮貊,然亦吾民,虑其乏食,易委转运使贷其口粮,无使失其所。”[①]虽然这是对西南民族地区灾民赈济,却反映出宋朝统治者民族政策的开明与进步。甚至西夏党项部族发生灾情而要求赈济时,宋政府也未完全拒绝。祥符年间,党项李德明上言“本国饥,来借粟百万斛”时,大臣皆请求责备德明违誓,宰相王旦却要求具所需赈济粟数于京师,“诏德明入京来取”[②]。此事最终虽因政治因素未能实现,却反映宋朝统治者对党项的宽宏与大度。

(三)维护人格尊严

禁止私市女口与废除“纳质”,既是保护蕃民生存权,也是对蕃民人格尊严的维护与尊重。

1. 禁止贩卖妇女

宋朝初期,由于战乱,边境人口饥荒,人口贩卖便开始出现,“多卖男女与蕃中部落”[③]。因贩卖人口中有妇女,于是宋代首先制定了禁止买卖妇女的律令。《宋史》卷四《太宗纪一》载:“太平兴国八年二月丁酉,禁内属部落私市女口。”《续资治通鉴长编》卷二四太平兴国八年二月丁酉载:“禁内属戎人私市女口,吏谨捕之,违者弃市。”《钦定续通志》卷二六《宋纪二·太宗》载:“太平兴国八年二月丁酉,禁内属部落私市女口。”上述三种文献对宋代贩卖妇女的记载皆相同且简略,唯《宋大诏令集》所载诏令稍详。

太平兴国八年(983年),宋王朝颁布了《禁约戎人私市女口诏》:“近属戎人岁贡马,所过州县,多私市女口出边关,自今谨捕之。敢以女口私市于戎人者弃市。知而不以闻者,论如法。”[④]“弃市”是古代一种死刑,即在闹市处死,暴尸三日。湖北云梦睡虎地秦墓出土竹简显示,秦时死刑众多,有车裂、腰斩、枭首,其中也有“弃市”。汉承秦制,而略加简约,“弃市”为常法延续至南北朝时期,直至隋朝,首次将死刑常法定于斩、绞,无“弃市”。至此,“弃市”退出死刑常法,而对于罪大恶极者,仍用“弃市”处决,以平民愤。宋朝沿用“弃市”之刑,立国初期多用,贩卖女口者“弃市”,知而不报者也要以法严惩。

虽然政府严禁人口买卖,因有利可图,并不能完全杜绝。淳化二年(991年)

---

①《宋会要辑稿》蕃夷五《西南蕃》,第9847页。

②(宋)王辟之:《渑水燕谈录》卷二,文渊阁《四库全书》第1036册,第476页。

③《宋会要辑稿》兵二七《备边一》,第9182页。

④《宋大诏令集》卷一九八《禁约上》,第732页。

六月，宋太宗下诏："西路诸州山川路口镇寨，不得放过贩卖人口入蕃，及指挥汉户不得停泊。如有故违，官中察探得知，或被人陈告，勘鞠不虚，所犯人当行严断。"[①]既诏令严查严禁，又采取"收赎"之法。先是边境人户饥荒，多买男女与蕃中部落。于是特遣使臣与转运使"同以物货收赎，各给还父母"[②]。这些禁止贩卖人口的诏令与严断、收赎的措施，尤其在《禁约戎人私市女口诏》中出现的"弃市"之刑，说明宋政府对贩卖妇女恶行的深恶痛绝，用"弃市"之刑处决，以便警示天下。这是宋王朝对贩卖人口、妇女罪行的声讨，更是对人权与妇女人身权益的保护，极大地保障了边民的生命安全。

2. 废除纳质囚禁

西北地区吐蕃部落内盛行蕃法，对边地蕃民的违法犯罪，宋朝边官可以依据蕃法"和断"处置，但经"和断"后，恐其"异时复叛"，又实行"收其子弟为质"的纳质制度。在西北沿边地区，如秦凤路、府州、镇戎军、秦州、兰州等地普遍设有纳质院。府州"置纳质院，番落每为寇盗，虑其复叛，因置是院，收其弟子"[③]。秦州有纳质院，"质诸羌百余人，自少至老，扃系之，非死不出"[④]。宋咸平元年(998年)，马知节知秦州时，秦州"尝质羌酋支属余二十人，逾二纪矣"。马知节说："羌也人尔，岂不怀归？"于是将原先诸羌质子全部遣放，而"诸羌德公，讫去，无一人犯塞"[⑤]。此时，释放秦州纳质院蕃部人质，虽是宋朝官员的个人善行，却反映了纳质制度有所松动，说明废除这种限制人身自由的纳质制度，是人心所向。景德三年(1006年)九月乙丑，针对纳质造成禁锢终身的现象，宋真宗诏"西面诸州纳质院系戎人皆编遣之"[⑥]，即"释西面纳质戎人"[⑦]。镇戎军(治今宁夏固原市)纳质院关押有"奸滑蕃部以族属为质者"[⑧]，也于景德四年(1007年)十二月"准诏并释之"，得以释放还归乡里。纳质院中有首领伊特古，因其族望最大，"纵之非便，部送赴阙，亲

①《宋会要辑稿》兵二七《备边一》，第9182页。

②《宋会要辑稿》兵二七《备边一》，第9182页。

③(宋)王应麟：《玉海》卷一六八《天禧纳质院》，文渊阁《四库全书》第947册，第370页。

④《宋史》卷二七八《马知节传》，第9451页。

⑤(宋)杜大珪：《名臣碑传琬炎之集》上卷一九《马正惠公知节神道碑》，文渊阁《四库全书》第450册，第160页。

⑥《玉海》卷一六八《天禧纳质院》，文渊阁《四库全书》第947册，第370页。

⑦《宋史》卷四九二《吐蕃传》，第14158页。

⑧《续资治通鉴长编》卷六七，景德四年十二月丙申，第1510页。

属同行，俾无疑虑”，请求配隶远处军籍。诏令“赐装钱二万，以隶温州，仍给月廪。其亲属许还镇戎，受田与粮，不令同往”。此诏令显示出宋政府对伊特古及其亲属区别对待与人性化的处理方式，也是推行“德治”的一项政治措施，以此感化蕃民，使人心归顺。

宋哲宗时期，西北边地纳质院虽然依旧存在，但此时纳质院已与以前有了质的不同。元祐七年(1092)六月庚午，枢密院言：“兰州诸族蕃官以骨肉为质户，处之城中。自属汉后，颇安其业，请留质院，如愿归族下者，亦听其便。”[①]因兰州与西夏隔河相望，每年寒冬，河冻冰封成路，越界方便。故边将种谊对此有不同看法，“若各令归族下，徒恐疑惑”，要求“增展质院，且令依旧”。此时兰州蕃部首领准觉斯等奏报“质院各有自置舍屋，日有蕃客安泊，资以自赡，愿且于质院居住”[②]。于是枢密院同意留纳质院居住。显然，此时的兰州纳质院已失去往昔“禁锢”“系囚”之意，蕃人心甘情愿在纳质院居住，纳质院已成为归附蕃人的安居之所。

宋仁宗时期，配隶其他州地的蕃汉犯罪人户，因年老或疾病者也可得到释罪。但同时又规定，为了防范返回再度聚众反叛，故而得释者只能留在服役地劳动，“悉留不遣”，终生不能归返乡里。天圣四年(1026年)正月，宋仁宗言：“远民无知犯法，而终身不得返乡里，岂朕意乎！察其情有衿者，听遣还。”[③]即便犯罪的人户有情可谅，也可返回家乡，蕃民因此获得人身自由。

(四)维护经济权益

北宋前期，宋政府以“边鄙安宁”为宗旨，颁布了《诫谕诸路各务安静诏》《赐鄜延等路经略使不得生事诏》《诫沿边毋得侵掠诏》等一系列诏令，缓和了民族矛盾，使边境得以安宁。熙宁、元丰年间的拓疆开边，致使民族矛盾复杂多变，土地买卖日益频繁严重，宋政府面临一系列新的民族与社会问题。为了使边地社会安定有序，促进经济发展，进而实现“连蕃制夏”的战略，宋政府制定与颁布了许多律令条规，保障边地蕃民的既得利益。

1. 贸易保护律令

北宋时期，虽然西夏经常侵袭宋朝西北边地，但双方边民互通有无的经济活动仍在进行。为了方便边民贸易，宋朝在边境地区设有榷场，因此宋朝与西夏等

---

①《续资治通鉴长编》卷四七四，元祐七年六月庚午，第11307、11308页。

②《续资治通鉴长编》卷四七四，元祐七年六月庚午，第11308页。

③《续资治通鉴长编》卷一〇四，天圣四年正月庚子，第2400页。

民族的边境贸易比较频繁。宋在秦凤路设有市易司，专管西北边境的边民贸易，对入汉界交易的蕃民，政府实行保护政策，严禁侵欺蕃人、亏欠蕃人钱物与赊买蕃人羊马等对蕃人利益的侵害。

宋初，一些地方官员在解决蕃汉间因贸易产生纠纷时，对蕃民的利益给予保护，并对欺凌者予以法律制裁。环州民“与吐蕃相贸易，多欺夺之，或至斗讼”[①]。然而地方官员审理案件时，却不能秉公论断，导致蕃民愤怒。后崇仪使柳开知州事，乃命统一物价，公平度量，“擒民之欺夺者置于法”[②]，使“部族翕然向化”。

淳化三年（992年），针对“诸色人于熟户蕃部处赊买羊马、借贷钱物”[③]等现象，宋政府颁布了“淳化法令”：

> 诏秦州：“自今诸寨监押常切钤辖将校、节级等，各著地分壕门，守把巡宿，不得擅入蕃界，亦不得辄放百姓入蕃取柴烧炭。仍断绝军人、百姓、通事不得与蕃人交易买卖，赊货脱赚，欠负蕃人钱物，侵占土田。如是蕃人将到物色入汉界买博，一准先降宣命，并令汉户牙人等于城寨内商量和买，不得侵欺蕃人及赊买羊马物色，亏欠钱物，别致引惹边事不和。如有违犯，捉送秦州，依格法勘断。如诸寨监押不切遵守钤辖，致引惹蕃部不宁，仰秦州密具申奏，当行严断。”[④]

法令严禁“赊货脱赚，欠负蕃人财物，侵占土田”等侵欺行为；“如是蕃人将到物色入汉界买博，令汉户牙人等于城寨内商量和买，不得侵欺蕃人及赊买羊马、物色、亏欠钱物”，如违反，“捉送秦州，依格法勘断”。同时还规定，如果诸寨监押官不按以上条制执行，以致蕃人不满，造成蕃部不宁者，由秦州“密具申奏，当行严断”。

宋真宗景德四年（1007年），颁布“景德法令”：

> 秦州诸人自今或与蕃部买卖，并各将钱交相博买，不得立限赊买及取觅债负，致有交加。诸色人公然于蕃部取债，及欠负蕃部钱物不还，即追领正身，以所欠钱物多少量罪区分，仍差人监催还足。如欠负蕃部钱物稍多，量情理诈欺者，其正身走避，即追禁亲的骨肉，及一面紧行追

---

①《续资治通鉴长编》卷三五，淳化五年三月丁丑，第776页。

②《续资治通鉴长编》卷三五，淳化五年三月丁丑，第776页。

③《宋会要辑稿》兵二七《备边一》，第9193页。

④《宋会要辑稿》兵二七《备边一》，第9193、9194页。

捉。候获日，依格法断遣。若是赃满，即奏裁。[①]

法令规定与蕃部买卖“各交钱交相博买”，并差人监督催还，偿还全部欠债；如果欠蕃部钱物较多且量情理属欺诈者，“导起纷争”，即便正身逃脱，也要“追禁亲的骨肉”。总之，“景德法令”是对“淳化法令”的补充，更为详细具体，便于监督执行。这两个诏令的颁布，是法律上对蕃民的保护有了更明确具体的规定，对蕃民贸易活动起了协调与保护的作用。

然而上述两个法令有地域的局限，仅在秦州地区施行，其对蕃民的保护也未顾及全面。天圣四年（1026 年），泾原路副总管康继英上疏“百姓弓箭手不得典买、租赁蕃部地土，许令蕃汉愿合种利害闻奏”[②]。奏折后，仁宗颁诏，即“天圣四年诏”，此诏原只在泾原路执行。天圣五年（1027 年），将“景德四年诏”“天圣五年诏”同在环庆、鄜延、泾原等三路执行。至此，将蕃民的保护范围从秦州、泾原、环庆扩大到西北边地，使宋朝的法令影响面扩大，有助边境安宁。

2. 土地保护法规

西北边区系宋夏缓冲地带，这里的蕃民处于游牧与农耕文化交汇地，受宋夏战争的影响与自身游牧生产方式制约，缺乏耕地。与此同时，自景德以来，土地买卖的现象渐趋普遍，“环庆边人多市属羌之田，致单弱不自给，即没敌中”[③]。宋仁宗即位以来，土地兼并更为严重，“势官富姓，占田无限，兼并冒伪，习以成俗，重禁莫能止焉”[④]。这种情况的恶性发展，必然对蕃民的基本生存构成威胁，进而影响宋朝在西北的统治。因此宋政府立法，对蕃民的土地进行保护，以防止其土地所有权被侵夺。

宋仁宗天圣四年（1026 年），宋政府颁布了对蕃民的土地保护条例，规定：

> 止绝汉户弓箭手、百姓不得典买蕃部地土，若却令蕃汉合种，未免被弓箭手、百姓奸倖侵欺，引惹边上不宁。乞严断，不得衷私典卖、租赁、合种蕃部地土，任令蕃部取便养种。如违犯，元典卖、租赁、合种百姓、弓箭手并科违制之罪，仍刺面配向南远恶州军牢城。[⑤]

此诏令中所定“不得衷私典卖、租赁、合种蕃部地土，任令蕃部取便养种”是

---

①《宋会要辑稿》兵二七《备边一》，第 9194 页。

②《宋会要辑稿》兵二七《备边一》，第 9194 页。

③（宋）曾巩：《隆平集》卷九《枢密·曹玮》，文渊阁《四库全书》第 371 册，第 96 页。

④《宋史》卷一七三《食货志上一》，第 4164 页。

⑤《宋会要辑稿》兵二七《边备一》，第 9194 页。

对蕃民土地权的保护，对违法者施以“刺面”“流配”等惩治。自此后，土地买卖禁令一直承袭，至熙宁五年（1072 年），才被取消，长达 46 年之久。

北宋熙宁（1068—1077 年）、元丰（1078—1085）年间，宋王朝着力开拓西部边疆，采取“断西夏右臂”的战略方针，开辟西线战场，这是宋朝实施两面夹击西夏的重要举措。熙宁年间，宋朝开拓熙河地区，王韶上书“已拓地千二百里，招抚三十余万口”“募到勇敢九百余人，耕田百顷，酒坊三十余处”[①]。显然，新复疆土的蕃民土地便成为一个重要且棘手的问题。王安石认为蕃部贱土贵货，汉人得与蕃部交易，即汉人得土，蕃部得货，各得所欲，而田畴垦，货殖通。而且蕃部熟户亦可买卖田地，若“官以善价买其地，卖地者不患失所，亦不患无地可买”[②]，两得其利。实行土地买卖，易于调驭蕃部，可使“蕃汉为一”“变夷为汉”，因此主张解除土地买卖禁令。宋朝在熙宁年间的开边拓疆中，打破了土地买卖禁令。熙宁五年（1072 年）九月，宋神宗诏令：“陕西缘边蕃部地土许典卖租赁。”[③]这样西北边地首次取消土地买卖的禁令。

西南地区曾因土地买卖引起混乱，“致开边隙”，故立法“汉户不得典卖夷人土地”。熙宁六年（1073 年）五月二十九日，西南民族地区也颁布了允许土地买卖的法令，“诏自今汉户典卖夷人田土者，听之”[④]，显然，至熙宁六年时，宋朝西北、西南民族地区皆废除了土地买卖的禁令，允许土地买卖。但需指出，并不是所有地区都允许土地买卖，与西夏毗邻地区的弓箭手、百姓仍不许典卖租赁蕃部田土。环、庆州等地与西夏接连，诸城寨属户多以耕种为业，为了防止卖尽田土，无顾恋之心，“以致逃背作过，缓急难以占集”。陕西经略使范纯仁请求“自今陕西缘边属户蕃部地，止许典与蕃部，立契勿得过三年”[⑤]。宋政府诏令“地连夏国界者，用陕西一路敕，余用编敕”[⑥]。原州熟户蕃部大半贫乏，所有地土数少，“百姓以于法许典卖，多重叠放债，冀使充折，恐以故生边患”[⑦]。故而“依旧条禁止”，违者依

---

①《续资治通鉴长编》卷二三三，熙宁五年五月辛卯，第 5655 页。
②《续资治通鉴长编》卷二三二，熙宁五年四月辛未，第 5636 页。
③《续资治通鉴长编》卷二三八，熙宁五年九月戊申，第 5793 页。
④《续资治通鉴长编》卷二四五，熙宁六年五月辛未，第 5963 页。
⑤《续资治通鉴长编》卷二六三，熙宁八年闰四月甲辰，第 6436 页。
⑥《续资治通鉴长编》卷二六三，熙宁八年闰四月甲辰，第 6436 页。
⑦《续资治通鉴长编》卷二七一，熙宁八年十二月甲寅，第 6652 页。

《陕西路赦》处罚:“诸典卖租赁合种蕃部地土者徒二年,内人材少壮者配本州蕃落,余配近里州军近上本城。”[①]显然,与西夏毗邻地区,为了维护边境的稳定安宁,保护地少蕃民的基本生活,仍禁止土地典卖租赁,其他地区已废除土地买卖的禁令。

宋仁宗皇祐元年(1049年),秦州缘边弓箭手虽令同社助钱买马,然因贫困多缺马。对那些贫困不能自给的蕃民,“许市属户接汉界土田,以资赡之”[②]。可见为了资助养马,属户土地是可以买卖的。但正常情况下,蕃部土地禁止买卖,因为“若却令蕃汉合种,未免被弓箭手、百姓奸倖侵欺,引惹边上不宁”[③]。如边民敢侵欺蕃民田土,除了“科违制之罪”,还要“刺面配向南远恶州军牢城”“迁其家内地”等处罚外,还必须“尽令还故田”。凡此种种,其土地保护法令目的明确,就是确保蕃民基本土地占有,防止蕃民因失地而流离失所,从而引发边地骚乱。

（五）封赐曲赦并行

9世纪,吐蕃政权崩溃后,势力衰弱,散处于西北,不相统属。至宋代时,吐蕃分居三大地区,形成两个中心,以潘罗支为首的吐蕃六谷联盟,控制凉州地区;而唃厮啰政权则占有以河湟为中心的广大地区。另有一部分吐蕃居住在陇东、陇西、陇南等地。居住在这三大地区的吐蕃成为宋朝竭力争夺的盟友。党项的崛起与扩张,势必使宋朝要对西北吐蕃政权予以关注,采取羁縻笼络的方式,其中封赐与曲赦最为重要、可行。

1. 封赐吐蕃首领

西凉府吐蕃是以六谷蕃部为中心,组成的西北吐蕃的第一次联盟,自五代后唐时期形成,至北宋前期,与中原王朝有密切的联系。由于党项的崛起与西向拓展,使其与党项矛盾日益激烈。灵州陷落后,宋朝便与凉州吐蕃结好,共同御夏;凉州吐蕃也愿与宋朝结好,进贡大量马匹,遣使奏请愿联合夹击党项。宋政府认识到潘罗支政权的重要作用,于是便对凉州吐蕃首领实行封赐。景德元年(1004年)六月己卯,宋真宗《赐潘罗支诏》。潘罗支死后,又于景祐元年(1034年)十月丁酉,颁布了《潘罗支追封武威郡王制》:“故西凉府六谷都大首领朔方军节度、灵州管内观察处置营田押蕃落等使、灵州西面缘边都大巡检使潘罗支生于西陲,蔚

① 《续资治通鉴长编》卷二七一,熙宁八年十二月甲寅,第6652页。

② 《资治通鉴长编》卷一六七,皇祐元年七月癸丑,第4009页。

③ 《宋会要辑稿》兵二七《边备一》,第9194页。

有异稟,率其种族,捍我边防……可追封武威郡王。”[1]潘罗支弟厮铎督即位,宋政府于景德元年十月癸卯颁布《厮铎督朔方度使》:“……可金紫光禄大夫、检校太尉、灵州刺使、充朔方军节度、灵州管内观察处置营田押蕃落等使、兼灵州西面缘边都大巡检使、西凉府六谷都大首领,封西平郡开国侯、食邑一千户、□□□命。用伸眷倚。”[2]这些诏、制的颁布,充分说明宋朝对六谷吐蕃联盟的高度重视。

六谷吐蕃政权灭亡后,河湟唃厮啰政权成为北宋的重要盟友,宋朝重视与河湟吐蕃政权的结盟,极力结好,于是封赐首领的诏、制,古籍文献中屡见不鲜,数量众多。《宋大诏令集》西蕃上、下载有青唐政权国主与首领封赐诏、制,如《谕邈川首领唃厮啰诏》《唃厮啰保顺河西等军节度使诏》《赐董毡加食邑实封告敕示谕诏》《西蕃阿里骨起复河西节度使》《西蕃首领陇拶河西节度制》《瞎征怀远节度使制》等共28道。

不仅封赐国主,部落首领也都享受封赐。《宋大诏令集·西蕃下》载有元符三年(1100年)三月《瞎里结等拜官制》:“敕:大首领瞎里结等,河陇诸郡,皆汉遗民,慕义而来,实自今始。尔等从其君长,咸造在廷,椎髻毡裘,改袭冠带,嘉其忠顺,超授王官,俾职徼以为巡,宜向风而表属,服我新命,往图报称。可充本族都巡。”元符三年(1100年)五月《青唐首领撒结逋厥鸡归顺补内殿承制制》:“敕:朕嘉远人款塞归谊,不有恩奖,何以怀徕。超授尔官,通籍殿内,其承朕命,尚一乃心。可。”这皆为徽宗即位伊始,对元符二年河湟之役中的吐蕃归属首领大行封赐,表明他也决心“绍述先志”,效法熙宁之治。崇宁元年(1102年)十一月丙戌《西蕃溪赊罗撒西平节度西蕃邈川首领制》:“……西蕃溪赊罗撒渊谋出众,鸷勇绝伦,义不扰边,守箕裘之故业,忠于事上,走玉帛于中原,有劳我疆。自尔先世,比虽隔绝,终不变渝,幡然远图……可特授金紫光禄大夫、检校司空、充西平军节度使、西蕃邈川首领、上柱国,特封敦煌郡开国公、食邑五千户、食实封五百户。”宋代文集中也有许多吐蕃部落首领封官授爵的制文。众多以诏、制形式的封赐,实质上就是将封赐上升到宋朝国家法律的高度,展示国家的意愿与实力,充分说明宋朝对吐蕃诸部的重视,期望吐蕃政权与各级首领尽心竭力为宋朝效劳。

2. 行曲赦颁德音

自古以来,中国封建王朝就有免除犯罪或减轻处罚的赦宥活动,古籍文献中

[1] 《宋大诏令集》卷二四〇《诸蕃》,第944页。

[2] 《宋大诏令集》卷二四〇《诸蕃》,第944页。

对赦宥活动与赦宥原则皆有记述,《尚书·舜典》有“眚灾肆赦”,《尚书·吕刑》有“五刑之疑有赦,五罚之疑有赦”,《易·解卦》有“赦过宥罪”,《周礼·秋官》有“三宥三赦”之法等。此时的赦宥只是对个别人或事的“临时随事而为之”①,并未形成制度。春秋战国时期,一些诸侯国“已有大赦之法”②。秦二世时,因起义军兵临城下,出于权宜之计,被迫大赦天下,也非常制。汉高祖奄有天下后,始大赦天下诛死以下罪人,其后历朝历代沿袭风行,成为皇帝即位后善政佳行的体现。宋朝立国后,“以忠厚为本”“以宽仁为治”③,沿袭赦宥,并在此基础上进一步制度化,且风行不衰。

宋代的赦降种类主要有大赦、曲赦、德音、系囚四类,《宋史·刑法志三》有明确界定:

> 恩宥之制,凡大赦及天下,释杂犯死罪以下,甚则常赦所不原罪,皆除之。凡曲赦,惟一路或一州,或别京,或畿内。凡德音,则死及流罪降等,余罪释之,间亦释流罪。所被广狭无常。又,天子岁自录京师系囚,畿内则遣使,往往杂犯死罪以下,第降等,杖、笞释之,或徒罪亦得释。若并及诸路,则命监司录焉。④

宋太祖赵匡胤称帝后,于建隆二年(961 年)正月癸亥、乾德三年(965 年)五月戊子、开宝九年(976 年)正月五日壬申,分别颁布《敕见禁诏》《敕见禁罪诏》《敕见禁德音》。太祖以后的宋朝历代皇帝皆沿袭此制,相继颁布了《霖雨河决后年丰德音》(太平兴国八年八月壬辰)、《杂犯死罪以下减降德音》(咸平四年岁旦)、《赦天下制》(乾兴元年二月庚子)、《德音》(治平二年十一月辛酉)、《元丰八年敕天下》(正月甲寅)、《疏决京儿》《绍圣三年五月乙巳》《崇宁元年四月二十日赦》等。

宋神宗即位后,锐意改革,富国强兵思想占据主导地位,因此经略河湟,兼制西夏,收复汉唐旧境,开拓经营西北边疆,成为宋政府一项重要的战略目标。继神宗开拓熙河后,宋朝后继者皆开始关注河湟地区。哲宗亲政,继承神宗积极推进的方针,向西夏发动新的进攻,在元符二年(1099 年)七月,进军湟水流域,发动了河湟之役,由于河湟吐蕃的强烈反抗,建中靖国元年(1101 年),宋军最后一批

---

①(明)丘濬:《大学衍义补》卷一〇九《慎眚灾之赦》,文渊阁《四库全书》第 713 册,第 277 页。

②(元)马端临:《文献通考》卷一七一下《赦宥》,文渊阁《四库全书》第 613 册,第 787 页。

③《宋史》卷一九九《刑法一》,第 4961 页。

④《宋史》卷二〇一《刑法三》,第 5026 页。

也撤出湟州(治今青海海东市乐都区)。徽宗即位后,也绍述先志,好大喜功之心,驱使他将视野转向神宗、哲宗二帝曾建功取业的河湟地区,崇宁年间,再次发动河湟之役。

随着向熙河湟鄯地区开疆拓边的进展,宋神宗、哲宗、徽宗三位皇帝分别颁布了诸多以"德音""曲赦"形式的律令。"曲赦"即对局部地区赦降。早在西晋泰始五年(269年)五月,"曲赦交趾、九真、日南五岁刑"[①]。至宋朝时,凡"有释杂犯罪至死者,其恩霈之及,有止于京城、两京、两路、一路、数州、一州之地者,则谓之曲赦"[②]。《朝野类要·曲赦》也谓曲赦"乃专为一事一处有兵灾罪眚之类"。熙宁七年(1074年)五月戊戌,宋神宗颁布《曲赦熙河制》:"……可曲赦熙河路,应五月一日昧爽以前,见禁。云云于戏。□□□□虽志宜王之法,安民肆眚,岂忘舜帝之仁,更赖庶工,共熙远绩,播告有众,咸使闻知。"[③]崇宁三年(1104年)四月二十五日,宋徽宗颁布《熙河秦凤永兴军路曲赦》:"……载念师徒有暴露之勤,馈饷有调发之忧,役于西土,成是肤公,矧当恢复之初,咸听抚绥之令,其敷霈泽,以慰群心。可曲赦熙河秦凤永兴军路。云云于戏。天之所助者顺,为无不成,邦其永孚于休,惠自斯始。咨尔黎庶,体予至怀。"[④]崇宁四年(1105年)闰十二月二十二日颁布《熙河兰湟路曲赦》,大观二年(1108年)九月二十九日颁布《曲赦熙河兰湟秦凤永兴军路制》。这些以"曲赦"形式颁布的律令,皆是在河湟之役后,对历经战火摧残的熙河兰湟、秦凤、永兴军路地区广大民众、军士的抚慰与宥赦。

"德音"是唐宋时期,统治者实施的一种恩诏。宋朝赦宥之制规定:"止谓之赦杂犯死、减等而余罪释之,流以下减等,杖笞释之,皆谓之德音。"[⑤]这即《朝野类要·德音》所谓"泛降而宽恤也"。宋代由于颁降德音的原因不同,而宽恕的地区和等级广狭不同,其比曲赦地区广,比大赦等级窄。[⑥]

神宗在位期间,于熙宁五年(1072年)十月戊戌颁布了《置熙河路熙河秦凤德音》:"……赦命到日以前,除常赦不原,情轻奏裁奏案外,其余罪各降一等,杖

① (唐)房玄龄等:《晋书》卷三《武帝纪》,北京:中华书局,1974年,第59页。

② 《文献通考》卷一七三《赦宥》,文渊阁《四库全书》第613册,第811页。

③ 《宋大诏令集》卷二一九《武功下》,第837页。

④ 《宋大诏令集》卷二一九《武功下》,第839页。

⑤ 《文献通考》卷一七三《赦宥》,文渊阁《四库全书》第613册,第811页。

⑥ 郭东旭:《论宋代赦降制度》,载《宋朝法律史论》,保定:河北大学出版社,2001年,第374页。

以下释之……"[①]绍圣四年(1097年)四月丁未,哲宗颁布《克西夏九城陕西河东德音》:"……应陕西河东路州县,限德音到日已前,见禁罪人,流下递降,杖已下释之……"[②]又于元符二年(1099年)五月辛巳,颁布《陕西河东德音》:"……应陕西河东路州县德音,限到日已前,现禁罪人,云云于戏,讨叛兴师,盖非得已,息民偃革,将自于今,播告一方,咸知朕意。"[③]崇宁二年(1103年)七月七日),徽宗颁布《熙河兰会路德音》:"……应熙河兰会路,云云于戏,肇造区夏,共惟帝臣,自彼氐羌,莫非王土,其究安宅,惟怀永图,播告一方,咸知朕意。"[④]上述所颁"德音",赦宥地区广,熙河秦凤、陕西、河东等路皆为降赦区域,而降赦等级则为"余罪各降一等,杖以下释之",并且"播告一方,咸知朕意",广而告之,使百姓皆知皇帝宽仁、忠厚。宋政府既用弓箭刀矛武力征服,亦大力推行"曲赦""德音",两种手段交替使用,将赦降犯罪与施舍恩泽二者结合,达到经略吐蕃、制服西夏的战略目标。

宋朝所颁布的诸多对蕃民律令法规,在不同时期有所延续与变化,并烙有西部征伐的厚重印记,具有鲜明特点,也是因地、因时、因事制法的具体表现,反映了宋代统治者与时俱进、务实灵活的执政风格与法律体系的适变特征,对西北地区社会稳定、经济发展、民族交融等起到一定的作用。

三、西北吐蕃的军事制度

宋代西北吐蕃继承唐朝吐蕃"重兵死,恶病终。累代战没,以为甲门"[⑤]的传统,西北吐蕃政权军事力量强大,吐蕃部民勇悍善战,成为宋、辽、夏、金争取的对象。

(一)西凉府吐蕃的部族兵制

西凉府吐蕃六谷联盟是由吐蕃、党项、回鹘及少数汉人组成,有精锐的军队,实行部落首领即为军事首领的部族兵制。折逋游龙钵统治时期,势力强盛。据《宋史·吐蕃传》《宋会要辑稿·西凉府》《文献通考·吐蕃》等诸多文献记载,这一时期,张掖黑河以东、祁连山北麓,以及河西走廊、渭水上游等地,皆已成为六谷蕃部的

---

①《宋大诏令集》卷二一九《武功下》,第837页。
②《宋大诏令集》卷二一九《武功下》,第838页。
③《宋大诏令集》卷二一九《武功下》,第838页。
④《宋大诏令集》卷二一九《武功下》,第839页。
⑤《旧唐书》卷一九六上《吐蕃传上》,第5220页。

势力扩展范围。其“周回平川二千里”内,有凉州左右厢十八部、河西蕃部四十五族、灵武五部来离八族、大凉小凉族、西凉府龛谷懒家等十族……,皆为其调遣的军事力量。北宋时期,西北吐蕃继承唐朝吐蕃“重兵死,以累世战没为甲门”[①]的传统,西凉府六谷吐蕃联盟军事力量强大,兵源充足,部民勇悍善战。

西凉府吐蕃政权的军事编制受中原王朝的影响。唐朝时,军队分左右厢,即为左右翼。中唐以后,左右厢已成为固定的军事编制。《旧唐书·职官志》载有“左右厢”,《新唐书·兵志》也有诸多“左右厢”的记载,贞元二年(786年),“改神策左右厢为左右神策军,特置监勾当左右神策军,以宠中官,而益置大将军以下”[②]。又改殿前射生左右厢为殿前左右射生军,“亦置大将军以下”,显然“厢”是一种军事编制单位。五代、宋初亦沿袭左右厢的编制,规定五百人为一指挥,五指挥为一军,十军为一厢,每厢应有二千五百人。宋真宗时,六谷吐蕃政权属下兵马“分左右厢,游龙钵为左厢副使,崔悉波为右厢副使”[③]。因与党项世为仇敌,愿与宋朝结盟,共同征讨李继迁。六谷吐蕃兵力雄厚,以骑兵为主,军队人数无明确记载,咸平六年(1003年)二月,潘罗支已“集骑兵六万,乞会王师收复灵州”[④]。同年十二月,潘罗支与其弟厮铎督“遽集六谷蕃部及者龙族合击之,继迁大败,中流矢”[⑤]。景德元年(1004年)六月,潘罗支遣其兄邦逋支使宋奏请,“欲更率部及回鹘的兵直抵贺兰山,讨除残孽,愿发大军援助”[⑥]。可见吐蕃六谷联盟有一支强大的军队,因潘罗支率六谷吐蕃军成功击退了党项李继迁的进攻,从而提高了六谷蕃部在宋朝心目中的地位,这也标志着西凉府吐蕃的军事力量此时已达到鼎盛阶段。

(二)青唐吐蕃政权的军事力量

青唐吐蕃政权是以宗哥李立遵、亚然族温逋奇及唃厮啰集团三位一体的形式存在,三大集团均有自己强大的军事力量,这就是部族军。

以宗哥城(今青海西宁市)为中心的宗哥族,在李立遵时发展极为迅速,据《文献通考》卷三三五《四裔考十二·吐蕃》所载,其“族帐甚盛,胜兵六七万”,全盛时号称“聚众数十万”,有“六七万”精兵,只是宗哥族兵力的一部分,其全部兵力

① 《新唐书》卷二一六上《吐蕃传上》,第6072页。
② 《新唐书》卷五〇《兵志》,第1333页。
③ 《宋会要辑稿》方域二一《西凉府》,第9705页。
④ 《宋会要辑稿》方域二一《西凉府》,第9706页。
⑤ 《宋史》卷四八五《夏国传上》,第13989页。
⑥ 《宋史》卷四九二《吐蕃传》,第14156页。

显然超过此数。《续资治通鉴长编》卷八六大中祥符九年正月乙丑记载，宋真宗与大臣内务谈论宗哥族李立遵、唃厮啰时，宋大臣王旦说："顷睹奏章，称立文法，统众三十万。"居住在邈川城（今青海海东市乐都区）的亚然族温逋奇集团，实力发展也很快，大中祥符元年（1008 年），"宗哥族大首领温逋奇遣使入贡"①，熙宁六年（1073 年），温逋奇之孙温讷支郢成四继立为邈川大首领时，"所管二十八部族，有兵约六万四千人"②。吐蕃部族每帐（户）口数平均六人③，如按吐蕃一帐出一兵，亚然家族温逋奇集团拥众约 36 万。

宋真宗大中祥符元年（1008 年），李立遵、温逋奇用武力将十二岁的唃厮啰劫持到廓州（治今青海化隆县西 60 里黄河北岸），开始"立文法"。《宋史·曹玮传》谓："西羌将举事，必先定约束，号为'立文法'"。《隆平集》卷九《曹玮传》载："凡羌酋欲有所为，必先令其下，谓之立文法焉。"孔平仲《谈苑》卷一也谓："羌人以自计构相君臣，谓之立文法。"《乐全集》卷二二《秦州奏唃厮啰事》也谓："起立文法，盖施设号令统众之意。"显然，"立文法"就是吐蕃各部落首领联合举事、欲自立为政时，为首的大首领与参事的诸首领预先订立一些必须共同遵守的誓约，以此来统一意志和行动。宗哥族以唃厮啰为号召，河陇吐蕃望风归附，"部族浸强"，发展迅速，成为有"胜兵六、七万"的大族。

唃厮啰迁居青唐后，一方面，主要依靠乔家族的力量，另一方面，继续以自己吐蕃赞普后裔的声望扩充实力，明道元年（1032 年），元昊攻占西凉府（治今甘肃武威市凉州区）后，"唃厮啰并斯铎督之众十余万，回鹘亦以数万归焉"④。六谷蕃部约 10 万，再加上回鹘数万，这近 20 万人的力量一次性归附，使唃厮啰实力大为增强，有力地抵御了党项的侵扰。"元昊遣苏奴儿将兵二万五千攻唃厮啰，败死略尽，苏奴儿被执。"⑤当元昊派兵"又攻青唐、安二、宗哥、带星岭诸城，唃厮啰部将安子罗以兵十万绝归路"⑥。仅其部将安子罗就拥兵 10 万，这一时期唃厮啰的

---

①《续资治通鉴长编》卷七〇，大中祥符元年十一月壬申，第 1577 页。原文无"奇"，《续资治通鉴长编》卷八三，大中祥符七年十二月甲戌条；卷八四，大中祥符八年二月丙辰条，均作"温逋奇"，故将"温逋"增补为"温逋奇"。

②《宋会要辑稿》蕃夷六《吐蕃》，第 9912 页。

③ 白自东、任树民：《宋代藏族人口蠡测》，载《宋史研究论文集》，河南大学出版社，1993 年。

④（宋）王称：《东都事略》卷一二九《附录七·西蕃》，文渊阁《四库全书》第 382 册，第 833页。

⑤《续资治通鉴长编》卷一一七，景祐二年十二月壬子，第 2765 页。

⑥《续资治通鉴长编》卷一一七，景祐二年十二月壬子，第 2765 页。

军事力量急剧膨胀，兵力有二三十万，“其势遂强于诸羌”[①]。

崛起于河湟地区的青唐吐蕃政权，在与各种势力的斗争中，求生存、求发展，终于成为一支强大的军事力量，成为宋、辽、西夏三方竭力争夺的对象，以唃厮啰为首的西北吐蕃加入宋、辽、西夏的角逐中，对这一时期的历史发展产生了重大影响。

四、西北沿边的蕃兵制度

蕃兵是北宋四大军种之一，是“具籍塞下”的内属诸部落，“团结以为藩篱之兵”[②]。虽然是宋夏沿边地区的地方军，但亦属正规军系列，不仅保土安民、抗击西夏，而且在靖边戡乱、御寇镇叛、建寨筑城等方面也起了重要作用。

（一）蕃兵的建立

宋朝立国伊始，吸取五代十国骄兵悍将、政权频仍的教训，实行“修文偃武”“将从中御”的政策，致使统兵、调兵、指挥三权分离，造成“将帅任轻而势分，军事往往中御”[③]的局面。由于党项的崛起，宋夏矛盾激化，为了加强对党项西夏的防御，使宋朝战区不断扩大，致使兵力严重不足。而散布在西北缘边的众多吐蕃部民，生长于边陲，习山川道路，知西人情伪，又保留了唐代吐蕃崇勇尚武的优良传统，“材气勇悍，不惧战斗”[④]，成为宋朝“以固藩篱”的重要军事基础。而宋军“孱弱众甚，大不堪战，小不堪役”[⑤]，致使对夏战争屡屡惨败。为了扭转战局，并达到以夷制夷的目的，宋朝将其关注的目光，转向沿边地区广大蕃部，他们成为宋代蕃兵的主要来源。

蕃兵系乡兵的一种，乡兵者“选自户籍，或土民应募，在所团结训练，以为防守之兵”[⑥]。周广顺中，点集秦州税户充保毅军，宋朝沿袭。这种分布在西北沿边地区，招募诸多蕃民的地方乡兵，实则即为蕃兵。自建隆四年（963年），“分命使

---

①《东都事略》卷一二九《附录七·西蕃》，文渊阁《四库全书》第382册，第833页。

②《宋史》卷一八七《兵志一》，第4569页。

③《宋史》四四二《尹源传》，第13084页。

④《续资治通鉴长编》卷二〇四，治平二年二月丙午，第4949页。

⑤《宋史》卷一九四《兵志八》，第4829页。

⑥《宋史》卷一九〇《兵志四》，第4705页。

臣往关西道，令调发乡兵赴庆州”，故其法“始于国初”，正式组建于真宗时期[①]，英宗、神宗时期，蕃兵制度逐渐完备。太平兴国七年（982 年），夏州（治今陕西靖边县西北）党项首领李继捧率族人入宋，“愿纳土疆，得州酋豪二百七十八，部族五万帐”[②]。以后宋朝将其壮勇组建为部族兵，即蕃兵，这是蕃兵的始建。淳化三年（992 年），充任麟、府、浊轮副部署的曹璨“出蕃兵邀继迁，俘馘甚众”[③]，蕃兵崭露头角。但此时因族种分散，各自为政，并没有形成统一的军事力量，还没有被真正纳入宋朝的军事防御体系之中。

宋真宗时期，随着内附蕃部的增多，蕃兵队伍日益壮大，开始有了自己的番号与编制。大中祥符七年（1014 年）七月，“渭州广锐蕃落两指挥将士杀贼于天麻川，斩首数十级，割耳鼻百余，获其铠甲鞍马”[④]。此时的“广锐”即蕃部骑兵番号，“指挥”即蕃兵的一级编制单位。这表明蕃兵已纳入国家军事体系，蕃兵已正式组建成立。

宋仁宗时期，蕃兵历经曲折后，获得了较大规模发展。康定（1040 年）初，元昊反宋，镇戎军（治今宁夏固原市）及渭州山外皆受到侵扰，近界熟户也遭杀戮。沿边蕃部由于得不到宋朝的有效保护，虽“种落胜兵数千，边臣失于抚御，拔族背去”[⑤]，甚至归属西夏，为夏所用。庆历元年（1041 年），范仲淹知庆州（治今甘肃庆阳市西峰区）并管勾环庆路部署司事，以诏书犒劳诸羌，“阅其人马，立条约”，加强对沿边蕃部的抚御。西夏侵扰，“老幼入保本寨，官为给食”，于是“诸羌受命悦服，自是始为汉用”[⑥]。庆历二年（1042 年），种世衡知青涧城（今陕西清涧县），竟一次募得“蕃兵五千，涅右手虎口为‘忠勇’字”[⑦]。

宋英宗时，蕃兵“籍城寨兵马，计族望大小，分队伍，给旗帜，使各缮堡垒，人置器甲，以备调发”[⑧]。治平四年（1067 年）以后，蕃部族帐增多，“而抚御团结之制

---

① 关于蕃兵的正式组建时间，说法不一，王曾喻、安国楼认为是在宋仁宗时期，任树民认为是在宋英宗时期。

② （宋）曾公亮：《武经总要》前集卷一八下《边防·西蕃地界》，文渊阁《四库全书》第 726 册，第 537 页。

③《宋史》卷二五八《曹璨传》，第 8983 页。

④《续资治通鉴长编》卷八三，大中祥符七年七月丁亥，第 1887 页。

⑤ （宋）张方平：《乐全集》卷四〇《蔡公墓志铭》，文渊阁《四库全书》第 1104 册，第 510 页。

⑥《续资治通鉴长编》卷一三二，庆历元年五月壬申，第 3129 页。

⑦《宋史》卷一九一《兵志五》，第 4751 页。

⑧《宋史》卷一九一《兵志五》，第 4752 页。

益密”。此时蕃兵已有印信、驻地，管理制度更为完善，虽已初步成为随时听从调遣的国家体系的军事力量，但还未有从根本上改变部族军的性质[1]。

熙宁二年(1069年)，郭逵上奏“蕃兵必得人以统领之”，要求“用蕃兵法”[2]。熙宁八年(1075年)五月，诏李承之参定蕃兵法，“选陕西蕃兵丁壮户，九丁以上取五，六取四，五取三，三取二。二取一，并年二十以上，涅手背，毋过五丁”[3]，这就是《陕西路蕃兵部伍取丁法》[4]。熙宁十年(1077年)，枢密院言：“陕西、河东议立团结蕃部法。”[5]这些法规的颁布与推行，意味着对蕃兵管理的日渐成熟及制度化的实施。元丰六年(1083年)，熙河兰会路经略制置使李宪上言：“治蕃兵，置将领，法贵简而易行，详而难犯。臣今酌蕃情立法，凡熙河兰会五郡各置都同总领蕃兵将二人。”[6]又言：“汉蕃兵骑杂为一军，语言不通，居处饮食悉不便利。昔李靖以蕃落自为一法，臣以蕃兵自为一将，厘汉蕃为两军，相参号令，军事惟所使焉。”[7]置将法实施后，将禁军、蕃兵联合编组，以“将”为单位，分地戍守，部族军开始向国家军队转变。至此，蕃兵制度已基本完备，具有国家军事力量意义上的蕃兵队伍，出现在西北沿边地区。

(二)蕃兵制度的完善

蕃兵“一律以乡兵之制”[8]行施，蕃兵制度渐行完善的进程，也即蕃兵管理中推行、实施汉法的过程。蕃兵制度主要包括编制、职官、俸禄、犒赏、抚恤、刺字、招刺、挑选、马政等内容。

1. 编制与职官

蕃兵编制沿袭宋军军制，有平时与战时两种编制。据《宋史·兵志九》记载：“百人为都，五都为营，五营为军，十军为厢。”《宋史·兵志四》记载乡兵“五百人为指挥，置指挥使，百人为都，置正副都头二人，节级四人”。而“自厢都指挥使而下，

---

① 赵炳麟、刘建丽：《略论宋代蕃兵制度》，《中国边疆史地研究》2004年第4期。

② 《宋史》卷一九一《兵志五》，第4757页。

③ 《宋史》卷一九一《兵志五》，第4759页。

④ 《续资治通鉴长编》卷二七〇，熙宁八年十一月壬午，李焘注：“旧纪书立陕西路蕃兵部伍取丁法，新纪不书。”第6626页。此即《宋史·兵志五》所载李承之参定《蕃兵法》，亦即《陕西路蕃兵部伍取丁法》。

⑤ 《宋史》卷一九一《兵志五》，第4760页。

⑥ 《宋史》卷一九一《兵志五》，第4760页。

⑦ 《宋史》卷一九一《兵志五》，第4761页。

⑧ 《宋史》卷一八七《兵志一》，第4569页。

各有节级，有员品”[①]。神宗即位后，进行军事改革，实行将兵法。熙宁七年(1074年)九月，枢密副使蔡挺“请置三十七将，将有正副，皆给虎符”[②]。这就是“部分诸将总隶禁旅，谓之将兵”[③]。五伍为队，五队为阵，阵上设将。据《武经总要》前集卷一记载：“两河关西诸州，则别募蕃汉丁壮，差置将职，以效内军。”[④]将的编制不仅限于禁军、厢军，在陕西鄜延、秦凤等路，皆是将禁兵、厢兵、蕃兵、乡兵混合编组，故蕃兵还有队、阵、将的编制。蕃兵中有指挥的编制，说明在禁军、厢军中实行的编制，同样也在蕃兵中行施。除指挥使外，还有团与都的军事编制，一般以“二十五人”为团，置押官，四团为都，置正副都头各一人，五都为指挥，置指挥使。但不同时期，编制人数有所不同。熙宁七年(1074年)，在河州地区实行屯田时，又以其余地募蕃兵弓箭手，规定“每寨三指挥或至五指挥，每指挥二百五十人”[⑤]。绍圣四年(1097年)，兰州金城关欲招置步军保捷四指挥，各以“四百人”为额，马军蕃落一指挥，“三百人”为额。在陕西路“添置蕃落马军十指挥，每指挥各以五百人为额，并支马七分”[⑥]。显然在不同时期、不同地域，编制人数有所不同，战时每指挥为“五百人”，开垦荒田时，则为“二百五十人”。战时，还实行结队之法，“三人为一小队，三小队为一中队，五中队为一大队，并引战一人居前，拥队一人执刀居后，傔二人居左右，执旗一人居中，凡五十人，皆选士也”[⑦]，并且“有马人与无马人各自为队”。显然，蕃兵的基本编制有甲、队、团、都、指挥、军、厢等单位，战时编制有小队、中队、大队等基层单位。

职官制度的建立与完善是在宋仁宗时期。庆历元年(1041年)六月，元昊反宋，攻破金明寨(今陕西延安市安塞区东南沿河弯镇)，杀李士彬父子，蕃部损失惨重，元昊“乃破塞门、安远寨，围延州，盖其篱落先亡矣”[⑧]。于是陕西体量安抚使王尧臣建言：“泾原路熟户万四百七十余帐，帐之首领，各有职名。”[⑨]此时，由于党

---

①《续资治通鉴长编》卷二五七，熙宁七年十月癸巳，第6283页。
②(宋)王应麟:《玉海》卷一三九《熙宁将兵》，文渊阁《四库全书》第946册，第673页。
③《玉海》卷一三九《熙宁将兵》，文渊阁《四库全书》第946册，第673页。
④《武经总要》前集卷一《制度一·军制》，文渊阁《四库全书》第726册，第245页。
⑤《宋史》卷一九一《兵志五》，第4759页
⑥《续资治通鉴长编》卷四八七，绍圣四年五月壬戌，第11569页。
⑦《续资治通鉴长编》卷二七五，熙宁九年五月辛酉，第6723页。
⑧《续资治通鉴长编》卷一三二，庆历元年六月己亥，第3144页。
⑨《续资治通鉴长编》卷一三二，庆历元年六月己亥，第3144页。

项西夏对宋朝的威胁，于是宋政府重视沿边蕃部军事力量，开始任命蕃官，并“仍依本族职名补迁及增俸钱”，蕃兵职官制度开始建立。蕃兵的最高管理机构是枢密院与兵部。元祐元年（1086年）八月，河东路提刑兼管勾经略司公事范子谅上言：“国朝置蕃官，必于沿边控扼之地，赐以土田，使自营处。”[①]元祐三年（1088年）闰十二月十四日，诏令“陕西、河东蕃兵、蕃官，三路、广西、陕西、川峡、荆湖民兵及敢勇、效用之属，并隶枢密院，兵部依旧主行。其余路民兵令兵部依旧上尚书省”[②]。显然，枢密院与兵部是蕃兵的主管机构。

庆历年间（1041—1048年），范仲淹与韩琦赴西北沿边后，重视蕃部力量，整顿军事，积极御夏，整顿蕃官蕃兵，对向汉蕃部首领封官授爵。甘肃陇西县威远楼铜钟铭文中载：“落苑使前番兵将领麻宗永、崇义使前同番兵将辛督、皇城使前番兵将领马用成、供备使同总领番……”“西作坊使都领番兵将……本军界助缘番官等。”[③]此铭文所载，蕴有宋朝对蕃人的政策、蕃兵将士在军队中的地位与统辖民族地区的军队职官设置等诸多信息，反映出有众多吐蕃部民被招入军队，且有擢升为蕃官、任将领者。有蕃官韩存宝本为西羌熟户，“少负才勇，喜功名、累立战功，年未四十，为四方馆使、泾原总管”[④]。蕃部职官品名繁多，在陕西、河东沿边地区的众多蕃部大首领授封为都军主，百帐以上为军主，其次为副军主、都虞候、指挥使、副指挥使、军使、副兵马使。以功次补者为刺史、诸卫将军、诸司使、副使、承制、崇班、供奉官至殿待等。另外还有职低位鄙的十将。宋神宗时，实行将兵法，规定除设置正副将外，又各以所将兵之多寡，置部将、队将、押队使臣、训练官、将佐等。又在每将之下设部将、队将、准备差遣、指挥之类一二十人。

熙宁八年（1075年）十一月壬午颁布的《蕃兵法》（即《陕西路蕃兵部伍取丁法》），除规定取丁人数标准外，还规定蕃兵职官标准：

> 每丁十人置一十将，随本族人数及五十人置一副兵马使，及百人置一军使、一副兵马使，及二百人置一军使、三副兵马使，及三百人置一副都指挥使、二军使、三副兵马使，及四百人加一军使、一副兵马使，及五

① 《续资治通鉴长编》卷三八四，元祐元年八月丁亥，第9349页。

② 《宋会要辑稿》职官一四《兵部》，第3397页。

③ 吴景山《安多藏族地区金石录》十二《威远楼铜钟》载：陇西威远楼铜钟，高九尺，径六尺，上有“崇宁丙戌”字，丙戌为徽宗崇宁五年（1106年）。据县志：崇宁三年八月，叠州番落来降，升通远军为巩州以处之。此钟之铸成以远人新服欤。

④ （宋）王辟之：《渑水燕谈录》卷七《先兆》，文渊阁《四库全书》第1036册，第508页。

百人又加一指挥使、一副兵马使。毋过五百人，每百人加一军使、一副兵马使。即一族不及五十人者，三十人以上亦置一副兵马使，不及二十人止置十将。[①]

蕃兵迁资也有具体规定，“其蕃落将校止于本军序进之，不从他军，以其熟虏情，知出入路故也”[②]。由此表明，宋王朝将于禁军、厢军中实行的编制、职官制度，也在蕃兵中推行，充分说明对蕃兵重视，也是蕃兵纳入国家统一军事体系的反映。

2. 俸禄、犒赏与抚恤

宋代的蕃兵系“非食禄”之兵、“不养之兵”[③]，他们皆有田业，并允许父子相承及典买往佃，且无徭役。此外“别不沾恩，唯首领薄有俸钱”[④]。只有在防守、征战、讨伐之时，额外赐有特支钱、酱菜钱、彩帛等。治平元年（1064 年）十一月，宋政府复诏秦、陇、仪、渭、泾、原、邠、宁、环、庆、鄜、延等州义勇，“遇召集防守，日给米二升，月给酱菜钱三百”[⑤]。熙宁六年（1073 年）八月，宋政府赐“熙河路讨蕃部常家族及泾原路会合禁军等特支钱有差”[⑥]。仁宗时，蕃兵将领除十将以下分田土外，其余都受廪给，但其禄俸与禁军、厢军相比甚薄，“蕃部都虞候至副兵马使，俸钱止七百，悉无衣禀”[⑦]，其中“充本族巡检者，俸同正员，月添支钱十五千，米面傔马有差。刺史、诸卫将军请给，同蕃官例。首领补军职者，月奉钱自三千至三百。又岁给冬服绵袍凡七种，紫绫三种。十将而下皆给田土”[⑧]。至宋神宗时，俸禄制度更趋完善，等级更为分明，熙宁八年（1075 年），《蕃兵法》规定：“月受俸，仍增给钱，指挥使一千五百至十将有差。”[⑨]蕃兵俸禄低下，缘于宋政府对蕃兵持有偏见，正如范仲淹所言：“熟户恋土田，护老弱、牛羊，遇贼力战，可以藩蔽汉户，而不可倚为正兵。大率蕃情黠诈，畏强凌弱，常有以制之则服从可用，若倚为正兵必至骄

① 《续资治通鉴长编》卷二七〇，熙宁八年十一月壬午，第 6626 页。

② 《隆平集》卷九《枢密·曹玮》，文渊阁《四库全书》第 371 册，第 97 页。

③ （明）杨士奇：《历代名臣奏议》卷二二三《兵制》，文渊阁《四库全书》第 439 册，第 386 页。

④ （宋）赵汝愚：《宋朝诸臣奏议》卷一二五《上英宗请重造蕃部兵帐》，上海：上海古籍出版社，1999 年，第 1379 页。

⑤ 《续资治通鉴长编》卷二〇三，治平元年十一月乙亥，第 4915 页。

⑥ 《续资治通鉴长编》卷二四六，熙宁六年八月甲午，第 5997 页。

⑦ 《宋史》卷一九一《兵志五》，第 4751、4752 页。

⑧ 《宋史》卷一九一《兵志五》，第 4751 页。

⑨ 《宋史》卷一九一《兵志五》，第 4760 页。

塞。"[①]又因"若长行遽得禁兵奉给，则蕃官必生徼望。况岁罕见敌，何用长兴禀给？且钱入熟户，蕃部资市羊马、青盐转入河西，亦非策也"[②]。

因"蕃族首领自来给俸甚薄，军主、都虞候每月不过二贯文，以次等级"[③]，宋政府对蕃兵进行犒赏、抚恤，企望使"穷边人众，仰戴国恩，乐其效用，各尽死节"[④]。庆历五年（1045 年）五月，诏诸路各置招抚蕃落司，以知州、通判或主兵官兼领，专门从事蕃兵的犒赏与抚恤。所谓招抚即"非饮食不足以得其欢，非赏赂不足以回其意，非术数不足以鼓其动，非刑诛不足以制其骄"[⑤]。庆历元年（1041 年）六月，陕西体量王尧臣建言："听自推其谋勇者一人，授以班行及巡检之名，使将领出境，破荡生户，所获财畜，官勿检窍。得首级及伤者，给以赏物，仍依本族职名补迁及增俸钱。"[⑥]元丰八年（1085 年）正月，鄜延路经略司言："第二、第四、第五将出塞讨贼，获八十八级""第六将解元忠获五百五十四级，牛羊驼马万计。"[⑦]宋政府下诏"禁军、民兵、蕃兵并与特支钱"，又"赐将官使臣等茶、银各有差"[⑧]。元祐元年（1086 年）闰二月二十四日，宋政府诏令："今后蕃官立功优异者，方取旨差充本族巡检，仍当三资，令枢密院遵守。"[⑨]同年八月八日，又对河州南川寨战守有功的汉蕃官兵迁官资，赐资赉帛。绍圣三年（1096 年）正月二十八日，宋廷诏令"户部于内藏库支银绢各五千匹两，度牒二千，付钟传，除赏激汉蕃弓箭手及往来干边事，佗毋得关给"[⑩]。宋朝通过赐特支钱、酱菜钱、帛彩及官职等手段犒赏有功蕃兵。此外，还采用汉例封赠蕃官父、母、妻，嘉祐八年（1063 年）八月八日，蕃官供备库副使梅重信、内殿承制閤门祗候萌逋等乞封赠父、母、妻，"诏许以汉官例施行"[⑪]。

---

① 《宋史》卷一九一《兵志五》，第 4751 页。

② 《宋史》卷一九一《兵志五》，第 4752 页。

③ 《宋朝诸臣奏议》卷一二五《上英宗请重造蕃部兵帐》，第 1379 页。

④ 《宋朝诸臣奏议》卷一二五《上英宗请重造蕃部兵帐》，第 1379 页。

⑤ 《宋朝诸臣奏议》卷一三二《上仁宗兵策十四事》，第 1469 页。

⑥ 《续资治通鉴长编》卷一三二，庆历元年六月己亥，第 3145 页。

⑦ 《续资治通鉴长编》卷三五一，元丰八年正月癸丑，第 8404、8405 页。

⑧ 《续资治通鉴长编》卷三五一，元丰八年正月癸丑，第 8405 页。

⑨ 《宋会要辑稿》兵一八《军赏一》，第 8983 页。

⑩ 《宋会要辑稿》兵一八《军赏一》，第 8984 页。

⑪ 《宋会要辑稿》仪制一〇《陈请封赠》，第 2508 页。

宋王朝除对有功蕃官蕃兵犒赏外，还对阵亡或受到伤害的蕃兵及其家属予以抚恤。熙宁元年(1068年)规定：

> 请自今蕃官身殁，秩高者子孙如例降等以为本族巡检，其旁边能捍贼者给奉，远边者如旧限以岁月；其已降等或三班差使、殿侍身殁无等可降者，子孙不降，充军主、指挥使者即以为殿侍。如此，则本族蕃官名品常在。或其部曲立功当任官者，非正亲毋得为本族巡检，止增其奉；其军主至十将，祖、父有族帐兵骑者，子孙即承其旧，限年受禀给；能自立功者不用此令。①

即便没有子孙，其同居亲属也录用。元祐二年(1087年)，枢密院又规定，若汉蕃弓箭手和诸军蕃兵有功未赏，而不经亲授身亡或阵亡，子孙弟侄等合该承袭推恩者，旧例不一，内汉蕃弓箭手于旧职名承袭，蕃弓箭手、蕃官并于新职名承袭。宋朝通过犒赏抚恤制度，达到其羁縻笼络之目的，使这些归顺的熟户蕃民之心“皆知异日子孙不失旧职”②，因而世世代代为宋“乐其效用，各尽死节”③。

3. 刺字、招刺与拣选

宋朝实行募兵制的一大特点即刺字，故招募兵士称为招刺。在士兵的脸、手部等处刺字，始于唐朝末年，盛行于五代。招募之制起于府卫之废，“唐末士卒疲于征役，多亡命者”。后梁时，梁祖令诸军“悉黥面为字，以识军号”④，即为长征之兵。招募时，必须“先度人材，次阅走跃，试瞻视，然后黥面，赐以缗钱、衣履而隶诸籍”⑤。唐天祐(904—907年)中，燕帅刘守光“尽帅部内丁夫为军伍，而黥其面”⑥，于是刺字便成为募兵之常法。

宋仁宗朝之前，有关蕃兵的招刺情况，因史料记载少，难于考稽。但《宋史·兵志一》所载蕃兵“一律以乡兵之制”，揭示了仁宗朝之前，有关蕃兵招刺制度的内容，可以从乡兵、民兵制度中获取相关信息。范仲淹、韩琦等宋朝官员的民兵组织工作，其实则将蕃兵、乡兵“这两种固有的土著军队，加以整顿、充实、培养、训练，

①《宋史》卷一九一《兵志五》，第4756页。

②《宋史》卷一九一《兵志五》，第4756页。

③《宋朝诸臣奏议》卷一二五《上英宗请重造蕃部兵帐》，第1379页。

④《宋史》卷一九三《兵志七》，第4799页。

⑤《宋史》卷一九三《兵志七》，第4799页。

⑥《旧五代史》卷六七《赵凤传》，第889页。

以发挥其保卫乡里、防御侵略的功能”[①]。宋仁宗时，庆历二年(1042年)，知青涧城(今陕西清涧县)种世衡“募蕃兵五千，涅右手虎口为‘忠勇’字，隶折马山族”[②]。赵禼在鄜延路检括公私闲田7500余顷，招募骑兵“万七千”，禼“以异时蕃兵提空簿，漫不可考”[③]，提议“涅其手”。时逢饥荒，赵禼“令蕃兵愿刺手者，贷常平谷一斛，于是人人愿刺，因训练以时，精锐过于正兵”[④]。熙宁六年(1073年)的洮西香子城(后改宁河寨，今甘肃和政县)之战，官军贪功，“有斩巴毡角部蕃兵以效级者”[⑤]，熙宁七年(1074年)，王韶请求“蕃弓箭手并刺‘蕃兵’字于左耳，以防汉兵之盗杀而效首者”[⑥]。熙宁八年(1075年)五月，诏李承之参定蕃兵法，十一月，下诏选陕汉西汉蕃丁壮户，入选者，皆“涅手背”。故蕃兵都依正兵例黥面，或涅手背，手背刺“弓箭手”，或于左耳刺“蕃兵”字。蕃兵刺字，反映了对蕃兵的歧视及蕃兵社会地位的低下。但宋朝也不允许随便抓捕蕃人充军并刺字，崇宁五年(1106年)，诏令“抑勒诸色人投军者，并许自身及亲属越诉，其已刺字，仍并改正”[⑦]。

蕃兵的招刺，有一个从严格到宽松的过程。仁宗康定元年(1040年)以前较严格，所有沿边州军招置蕃落、保捷等指挥，多是本土勇悍之人，只因“拘定等杖，失人甚多”，于是进行修改，“但以其人材壮勇堪任披带者充，今后更不拘等杖”[⑧]。故招募条件较之禁军、厢军相对稍为宽松，治平元年(1064年)，诏“陕西除商、虢二州，余悉籍义勇。凡主户三丁选 一，六丁选二，九丁选三，年二十至三十材勇者充，止涅手背”[⑨]。宋政府又诏令“秦州成纪等六县，有税户弓箭手、寨户及四路正充保毅者，家六丁刺一，九丁刺二；有买保毅田承名额者，三丁刺一，六丁刺二，九丁刺三，悉以为义勇”[⑩]。熙宁八年(1075年)五月，李承之参定蕃兵法，十一月诏令“选陕西蕃兵丁壮户，九丁以上取五，六取四，五取三，三取二，二取一，并年二

① 吴天墀：《西夏史稿》(增订本)，成都：四川人民出版社，1983年，第64页。

②《宋史》卷一九一《兵志五》，第4751页。

③《宋史》卷三三二《赵禼传》，第10685页。

④《宋史》卷三三二《赵禼传》，第10685页。

⑤《宋史》卷一九一《兵志五》，第4757页。

⑥《宋史》卷一九一《兵志五》，第4759页。

⑦《宋史》卷一九三《兵志七》，第4805页。

⑧《续资治通鉴长编》卷一二六，康定元年三月癸未，第2997页。

⑨《宋史》卷一九一《兵志五》，第4733、4734页。

⑩《宋史》卷一九一《兵志五》，第4734页。

十以上，涅手背，毋过五丁"[①]。元丰三年(1080年)规定："鄜延路新旧蕃捉生、环庆路强人、诸路汉弓箭手、鄜延路归明界保毅蕃户弓箭手，皆涅于手背。"[②]

宋朝也重视蕃兵的拣选，对出战蕃兵量等级，分为四等：以胆勇、武艺卓然者为奇兵；以有战功、武艺精熟者为第一等；以未尝立功而武艺精熟者为第二等；以武艺生疏者为第三等。委逐族蕃官首领依格推排，总领将别置籍，依兵不同等第拘管，遇有增减，于簿内开收。总领每季分至各族就近点阅，止随蕃兵所习察视，并依察视情况，不断升降等级。第一等内武艺高超者，别为一等，充奇兵；第二等内出众者，升为第一等；第三等内出众者，升为第二等。点阅完毕后，依照不同等级予以奖励，以鼓激众心。诸将出战蕃兵，分为左右前后四部。蕃兵人马自为一将，别具一队。遇敌出战，即以正兵继蕃兵，"其旗帜与本州军正兵旗身同色，旗脚以间色为别"[③]。每年各季的第一个月，进行教阅，连续两季不中者裁汰。

蕃兵招刺拣选制度的实行，从根本上保证了兵源、数量的稳定，提高了蕃兵勇悍善战的素质。

4. 马政制度

"戎事之中，马政为重"[④]，自古论兵，"皆以马为先"[⑤]。在古代冷兵器时代，马匹成为重要的军事物资。而以马匹为作战工具的骑兵，其"主要价值，就是他们具有较大的速度和行动的自由"[⑥]。深受西夏侵扰的宋朝重视马政建设，深知"兵家制胜莫如马，步兵虽多，十不当马军之一"[⑦]。

北宋战马主要源于市马，宋初市马主要依赖河东、陕西、川峡，以后随着军事形势、民族关系，以及各地情况的变化，北宋市马场逐渐向西北吐蕃地区转移，并且制定了严格的马政制度，以确保战时马匹的供给。

买马须经宋廷批准，不许私自市马，违者严惩不贷。太平兴国六年(981年)规定："如闻富人皆私市之，致战骑多阙，自今一切禁之。违者许相告发，每匹赏钱

---

①《宋史》卷一九一《兵志五》，第4759页。

②《宋史》卷一九〇《兵志四》，第4715页。

③《续资治通鉴长编》卷三三七，元丰六年七月壬戌，第8127页。

④《宋朝诸臣奏议》卷一二五《上神宗论马监不可废》，第1385页。

⑤《宋朝诸臣奏议》卷一二五《上徽宗论西蕃市马》，第1386页。

⑥〔瑞士〕约米尼著，钮先钟译：《战争艺术》，南宁：广西师范大学出版社，2003年，第211页。

⑦《宋朝诸臣奏议》卷一二五《上徽宗论西蕃市马》，第1386页。

十万，私市者论其罪，中外官犯者，所在以闻。"[①]并且严格限制数量，不许任意超购。庆历六年(1046年)五月十二日，诏令"保安、镇戎军榷场岁各市马千匹"[②]。对各路马匹的应有数额与分配，也有明确规定："逐路增买各及万匹以上，并经略司所买马权不限分数支填正兵，有余即以次支配汉蕃马弓箭手。"[③]德顺军(治今甘肃静宁县)界蕃部收买马匹，每请官钱外，"例各添备价钱"，宋王朝诏令"经略司体量贴还其价"[④]，即政府贴价买马。也可从本司封桩库或诸州茶场借钱买马，熙宁七年(1074年)二月十四日，鄜延路经略司上奏，"德靖寨管下小胡等族蕃兵见阙战马，乞于本司封桩库内借支万贯，委官于渭州、德顺军市马，散卖于得力蕃兵"[⑤]。对借茶买马也有规定，可在各个茶场借茶添助，收买马匹，但严格管控数额，每匹借茶一驼。以后由于政府无力支付巨额钱款买马，故以开放马禁，任由蕃部吏民自己养买，但有明确规定，必须是"及格堪披带者"[⑥]，也不能强制摊派，"兵官有不堪披带马，复强售蕃部"[⑦]，致使蕃部逃亡流移，要予以严惩，"请自今许人告，以马价充赏，有剩利，计赃定罪，当职官以违制论，不以赦降、去官原免"[⑧]。

即便宋政府制定了如此严格完备的马政制度，由于北宋政府积重难返，连续战争，战马缺额得不到及时补充，致使北宋末年，所需战马急剧减少。

(三)蕃兵遭受歧视

蕃兵虽是北宋时期的一个少数民族军种，是一支边防军与地方兵，具有民族性与地域性的特点。蕃兵南征北战、弥寇平叛、备塞御戎、屯田护边、保境安民、筑城建堡，真正起到屏翰边陲的作用，但由于宋朝实行不平等的民族政策，蕃兵必然遭受歧视。

在蕃官选授上，宋朝实行"尊中国而制夷狄"的政策。规定"诸路蕃官，不系官职高卑，久例并在汉官之下"[⑨]。蕃官即便职名虽高，也只是管勾部族人马，凡部族应有公事，须从汉官弹压理断，及战斗亦并用汉官使臣统制驱策，使蕃汉官员

---

①《宋会要辑稿》兵二二《马政二·买马上》，第9069页。

②《宋会要辑稿》兵二二《马政二·买马上》，第9070页。

③《宋会要辑稿》兵二二《马政二·买马上》，第9076页。

④《宋会要辑稿》兵二二《马政二·买马上》，第9073页。

⑤《宋会要辑稿》兵二二《马政二·买马上》，第9073页。

⑥《宋会要辑稿》兵二四《马政四·杂录一》，第9121页。

⑦《宋会要辑稿》兵二四《马政四·杂录一》，第9124页。

⑧《宋会要辑稿》兵二四《马政四·杂录一》，第9124页。

⑨《宋朝诸臣奏议》卷一二五《上哲宗论蕃官久例在汉官之下》，第1380页。

“名分相殊，体势相异，则缓急之际，不失统御”[①]。实行“蕃汉官非相统辖者，并依官序相压；其城寨等管辖蕃官，即依旧在本辖汉官之下”[②]。元祐元年(1086 年)，有臣僚提出修改这种不平等规定，宋廷以为今若无故更改旧制，全依汉官之法，便与不相统辖之官依品序位，“即边上使臣及京职官当在蕃官之下者十有八九，而沿边将副使臣才遇替移，或于它处出入相值，坐席相同，便合在旧蕃官之下”[③]，断然拒绝，依行旧制，“并序汉官之下”。又规定“蕃官不许充汉官差遣”[④]。蕃官中数有屡立战功之人，叙述祖父曾任汉官，或将帅特为陈乞姑息，遂得轻授汉官差遣。

宋朝统治者内心深处根深蒂固的民族偏见，始终认为“属羌部族，既始祖元是羌人，即虽绵隔世代，因功授官，不论高卑，要之终是蕃种。岂容辄有变易，杂乱华人！”[⑤]况且“婚姻乱伦，丧葬异制，皆与汉户礼法不同”，一旦换授汉官，会造成“胡种乱华”的后果。龙图阁学士知延州的范纯粹在其《上徽宗乞令蕃官不得换授汉官差遣》的奏折中提出：

> 一，乞朝廷明降指挥，今后诸路帅臣，不得奏乞与蕃官换授汉官差遣，其蕃官亦不得辄有陈乞。一，乞朝廷契勘诸路蕃官，已换汉官差遣之人，并与改换，就差充元旧部族都巡检。或官职甚高者，即与某路蕃兵统领，兼本地分沿边都巡检名目，并在将副之。仍明降指挥，并令久任，不限资考。一，乞立法，应蕃官虽已换授汉官，如遇旧曾统辖将副城寨官，不以官职高下，依旧在旧统辖官之下。一，乞立法，应蕃官已换授汉官差遣之人，并止终其身。其弟侄子孙虽因荐奏得官，并只得充旧管本族蕃官，各依蕃官条贯施行。一，乞立法，应蕃官已换授汉官差遣之家，婚姻及置买产业，并依蕃部旧条施行。[⑥]

范纯粹奏章的字里行间，充斥着对蕃民的蔑视、歧视，显然这是不平等的民族政策。

在职务晋升上，蕃兵与汉官也有不同。熙宁三年(1070 年)十一月，西夏军队

---

①《宋朝诸臣奏议》卷一二五《上哲宗论蕃官久例在汉官之下》，第 1380 页。

②《宋朝诸臣奏议》卷一二五《上哲宗论蕃官久例在汉官之下》，第 1380 页。

③《宋朝诸臣奏议》卷一二五《上哲宗论蕃官久例在汉官之下》，第 1380 页。

④《续资治通鉴长编》卷三八四，元祐八年八月丁亥，第 9349 页。

⑤《宋朝诸臣奏议》卷一二五《上徽宗乞令蕃官不得换授汉官差遣》，第 1381 页。

⑥《宋朝诸臣奏议》卷一二五《上徽宗乞令蕃官不得换授汉官差遣》，第 1382 页。

攻扰大顺城(今甘肃华池县西北白马乡),都监燕达率兵出界,蕃、汉兵捕斩有功,第其功为三等,宋朝廷下诏:

> 优等迁一资,仍减磨勘,汉官二年,蕃官五年。第一等蕃官至长行,各迁一资,仍并与支赐,其勇敢、效用人等各赐绢,候再立功酬赏。第二等减磨勘,汉官使臣三年,已系七年磨勘者减四年,蕃官殿侍十年。第三等减磨勘,汉官二年,蕃官五年,蕃官诸司使加赐银绢。[①]

即便"诸路蕃官虽转大使臣",也"并在汉官小使臣之下"[②]。宋朝通过汉、蕃官员在任职、迁资、磨勘上的差异,达到以汉制蕃的目的,但蕃人"畏其首领,而以汉官总其权任,自然不敢作过,而久远并为吾用矣"[③]。

宋朝行军用兵之时,蕃官率堡寨兵出战,"常以汉官驱策,巩难与汉官序位"[④]。蕃兵人马分隶诸将,每遇出战应敌,与正兵错杂。宋朝统治者始终认为,"蕃兵本外夷之族,素性反覆,存在阵队之间,有似未便"[⑤]。况且又自来不经训练,或临寇敌,多是不明号令,又虑"纷乱行伍,因致误事"。所以规定"今后凡遇点集、驱使之事,委是将、副临时分那一员,专切总领,别作头项"[⑥]。若遇畸零缓急使唤,即委所隶将官选差深晓蕃情部队将、使臣,亦分别头项指挥管押。遇敌,"使令在前,首当贼寇;师退,使令居后,用防追袭"[⑦],如此则无纷乱之虞。

蕃官不得随意改易汉姓,用汉名。在宋朝统治者眼中,假使夷狄"无故自易姓氏,混杂华人,若年岁稍远,则本原汩乱,无由考究,汉蕃弗辨,非所以尊中国而别异类也"[⑧]。规定除立战功及归顺蕃官,朝廷羁縻笼络赐姓名外,即"除系朝廷特宠赐与姓名外,即不许陈乞改作汉姓"[⑨]。所有以前非朝廷赐姓之人,并行追改,各令依旧。

蕃兵不得自置产业,从经济上削弱和限制蕃部势力的发展与壮大。在宋朝统治者眼中,蕃部的壮大是一种潜在的威胁,所以从经济上采取措施,削弱蕃部,不

---

①《续资治通鉴长编》卷二一七,熙宁三年十一月甲辰,第5278页。
②《续资治通鉴长编》卷三三七,元丰六年秋七月丁巳,第8119页。
③《宋朝诸臣奏议》卷一四一《上神宗论进筑河州》,第1591页。
④《续资治通鉴长编》卷三三七,元丰六年秋七月丁巳,第8119页。
⑤《续资治通鉴长编》卷三七五,元祐元年四月己亥,第9090页。
⑥《续资治通鉴长编》卷三七五,元祐元年四月己亥,第9090页。
⑦《续资治通鉴长编》卷三七五,元祐元年四月己亥,第9090页。
⑧《宋朝诸臣奏议》卷一二五《上哲宗乞不许蕃官自改汉姓》,第1381页。
⑨《宋朝诸臣奏议》卷一二五《上哲宗乞不许蕃官自改汉姓》,第1381页。

许蕃官“各自置买田产”[1]。这在客观上阻碍了蕃部的发展，实则也削弱了蕃兵的战斗力。

禁止蕃兵与汉人通婚。自元丰用兵以来，沿边蕃部迁往京西、江淮地区之间者，不计其数。“既迁徙内地，则岁久之后，冒禁必多，种裔渐繁，大失法意。在昔有乱华之祸，在圣朝当为万世之计，不可不谨，亦防微杜渐之一也。”[2]宋朝将防冒禁、防乱华作为蕃汉联姻的借口，规定了“蕃户不得与汉人婚姻条禁”[3]。正如李焘所言“条禁之设，良有深意”[4]，这实质上是对蕃部与蕃兵歧视的体现。另外蕃兵在俸禄、刺字等方面也遭受不平等待遇。总之，宋朝蕃兵所遭遇的不平待遇，是宋朝实行的民族政策所决定的。

宋代对蕃兵管理制度化的过程，亦即西北吐蕃等少数民族封建化的进程，虽有诸多弊端，但客观上起到“屏翰边陲”的效果，对巩固宋朝政权起到了一定的作用。

五、陇南吐蕃的行政机构

7世纪，吐蕃在青藏高原崛起，并不断向周边及唐朝境地扩张。天宝十四载(755年)春正月，吐蕃属部苏毗不堪忍受吐蕃奴役，其王子“悉诺逻率其首领数十人来降”[5]。唐玄宗遣派河西陇右节度使哥舒翰等至磨环川(亦磨禅川，今甘肃卓尼县西)迎接，同年四月癸巳，“以苏毗王子悉诺逻为怀义王，赐姓名李忠信”[6]，并封为“左骁卫员外大将军”[7]。安史之乱后，唐朝无暇西顾，于是吐蕃乘虚而入，

---

①《宋朝诸臣奏议》卷一二五《上徽宗乞令蕃官不得换授汉官差遣》，第1381页。

②《续资治通鉴长编》卷四六六，元祐六年九月辛亥，第11138页。

③《续资治通鉴长编》卷四六六，元祐六年九月辛亥，第11138页。

④《续资治通鉴长编》卷四六六，元祐六年九月辛亥，第11138页。

⑤关于苏毗王子悉诺逻归唐原因，《册府元龟》卷九七七《外臣部·降附·》载：天宝十四载正月，苏毗王子悉诺逻率其首领数十人来降。陇右节度使哥舒翰奏曰：“苏毗一蕃，最近河北，吐泽部落，数倍居人，盖是吐蕃与国强授军粮兵马，半出其中。自没凌替送款事，彭家族遇害二千余人，悉其种落，皆为猜阻。今此王子又复归降，临行事泄，还遭掩袭，一千余人悉被诛夷，犹独与左右苦战获免。且吐蕃苏毗互相屠戮，心腹自溃，灭亡可期。但其主去逆归仁，则是国家盛事。伏望宣付史馆，旌其慕化。”文渊阁《四库全书》第919册，第358页。

⑥《资治通鉴》卷二一七《唐纪》三三，玄宗天宝十四载四月癸巳，第6932页。

⑦(宋)王钦若等：《册府元龟》卷九六五《外臣部·封册第三》，文渊阁《四库全书》第919册，第203页。

吐蕃攻下河西、西平、武都、合川、怀道等郡，今甘南藏族自治州的东北地区成为唐蕃双方反复争夺的战略要地。伴随着吐蕃的军事扩张，大量吐蕃人在这里繁衍生息。

北宋时期，洮（治今甘肃临洮县）、岷（治今甘肃岷县）、叠（治今甘肃迭部县）、宕（治今甘肃宕昌县）、阶（治今甘肃陇南市武都区）五州和积石军（治青海贵德县西 10 里），以及甘肃南部的玛曲、碌曲等地，是西北吐蕃的一个重要聚集地，部族众多。"大者数千，小者百十家，无复统一。"[①]延至南宋、金及元朝时期，这里仍散居着许多吐蕃部族。这一地区东邻甘肃、陕西，西北、西南与青藏高原相接，东北与北面可至河西走廊与宁夏、内蒙古等地。元朝统一全国后，陇南地区分属陕西、甘肃两行省与宣政院管辖，元朝统治者在这里设置宣政院所属的吐蕃等处宣慰司都元帅府的属下机构，对这一地区的吐蕃部族实行有效的统治与管辖。《唐故大将军李公之碑》[②]的碑文因磨损剥落，字迹不清，张维《陇右金石录》卷三《李将军碑》谓："李将军者，盖以击吐蕃功，自府兵折冲累官至诸卫大军，封临潭侯，并赐国姓。"此碑阴面当年未经雕镌，今存有宋代宣和庚子（1120 年）所补刻文字，另碑阴尖首碑额当年未经雕镌，今存有元至正癸卯（1303 年）所补刻文字。此碑文言："及元军过往于洮州，观兵于河上诸事。足以知今甘南地区，在元代时，与中央政府关系之紧密，且可证明今临潭新城一带，在当时仍为军队商旅往来之通衢。"[③]此碑历经唐宋元三代镌刻，足以证明甘南藏族地区始终在中央政府管辖之内。

（一）军民万户府与总管府

元朝在河陇地区设置的机构，一个是脱思麻路军民万户府，另一个是西夏中兴河州等处军民总管府。脱思麻路军民万户府系司属机构之一。脱思麻，是藏文之汉译，是吐蕃等处宣慰司都元帅府下辖的两路之一，为较早的主要辖区，故也用以指称该司。脱思麻路为脱思麻军民万户府之简称，又有脱思麻路总管府，与其关系密切的是管民与诸军奥鲁的机构。秩正三品，达鲁花赤一员，万户一员，副

---

① 《宋史》卷四九二《吐蕃传》，第 14151 页。

② 吴景山：《安多藏族地区金石录》载："此碑原在卓尼县安布足村西台地上，村民俗称之为'李将军碑'，'石碑沟'因此碑而得名。'文革'期间，此碑曾被村民推倒在地，并被作为磨刀石使用，碑身上至今仍可看到当年被磨损的痕迹。20 世纪 80 年代末，甘南藏族自治州博物馆收藏此碑，并建立碑亭，圈围铁栏得以保护至今。"兰州：甘肃文化出版社，2014 年，第 5 页。

③ 吴景山：《安多藏族地区金石录》，兰州：甘肃文化出版社，2014 年，第 10 页。

达鲁花赤一员,经历一员,知事一员,镇抚一员[①]。据《汉藏史集》载,元代在吐蕃括户、置驿皆自脱思麻的丹斗水晶佛殿(在今青海化隆县境内)开始,“依次经过朵堆(即朵甘思)、卓多桑珠、藏,最后到了具吉祥迦寺”。从汉藏交界之处起,直到萨迦以下,“总计设置了二十七个大驿站。若分别叙述,由朵思麻站户(支应的)七个大驿站,在朵甘思设立了九个大站,在乌斯藏设置了十一个大站”[②]。大德元年(1297年)六月丙辰,赐“朵思麻一十三站贫民五千余锭”[③]。延祐元年(1314年)四月,因“西番诸驿贫乏”,元政府“给钞万锭”[④]赈济吐蕃三路驿站,脱思麻也为其中之一。

脱思麻路军民万户府的辖区,南及黄河河曲,北与河州路相接,西包贵德州等地,东与陕西行省、西川行省西部为邻。洮、岷、叠、宕诸州及礼店文州蒙古汉儿军民元帅府、碉门鱼通黎雅长河西宁远等处宣抚司等皆在其管辖内[⑤]。

西夏中兴河州等处军民总管府,系司属机构之一。吐蕃等处宣慰司所辖两路之一的河州路,秩正三品,达鲁花赤一员,总管一员,同知一员,治中一员,府判一员,经历一员,知事一员。属官主要有税务提领,宁河县官,宁河脱脱禾孙五员,宁河弓甲匠达鲁花赤[⑥]。据《元史·地理志三》载,元初,河州归“巩昌路便宜都元帅府”统辖,至元六年(1269年),罢行省而设宣慰司,直隶于中书省。至元八年,立西夏中兴等路行尚书省,不久改行中书省,十年又罢。屡经改革,至元贞元年(1295年),罢宁夏行省,以其地并入甘肃行省。根据吐蕃等处宣慰司属内有“庆阳宁环等处管军总把一员”[⑦]与“凤翔等处千户所”[⑧]来看,该总管府肯定存在过,当归此总管府直辖。

这一机构真正归吐蕃等处宣慰司管辖的常设机构是河州路,是该宣慰司治所所在地,曾一度与西夏中兴联为军民万户府,后则分立为路。《元史·地理志三》载其领定羌(治今甘肃广河县)、宁河(治今甘肃和政县)、安乡(治今甘肃临夏市

① (明)宋濂:《元史》卷八七《百官志三》,北京:中华书局,1976年,第2195页。

② 达仓宗巴·班觉桑布著,陈庆英译:《汉藏史集》,拉萨:西藏人民出版社,1986年,第150页。

③《元史》卷一九《成宗纪二》,第412页。

④《元史》卷二五《仁宗纪二》,第564页。

⑤《元史》卷六〇《地理志三》,第1432、1433、1434页。

⑥《元史》卷八七《百官志三》,第2195页。

⑦《元史》卷八七《百官志三》,第2196页。

⑧《元史》卷八七《百官志三》,第2196页。

北莲花乡)三县。定羌县本为吐蕃所置珂诺城,宋熙宁六年(1073 年),改为定羌城,金时仍沿用,元时升为县,曾是河州路治所。宁河县,本为吐蕃香子城,宋熙宁六年攻克,置宁河寨,在州治之南 60 里。宋崇宁四年(1105 年)改为县,金时仍属河州,元朝因袭,后废为镇。又别有宁河寨,在州治东 40 里。至元九年(1272 年),在吐蕃西川界立宁河站,至元十七年(1280 年),都实受命探查黄河源头,是岁至河州,"州之东六十里,有宁河驿"[①]。此元代宁河驿即为宋时吐蕃故香子城,元朝在这里设有宁河脱脱禾孙五员,正一员,从五品,副一员,正七品,其职责是"掌辨使臣奸伪"[②]。又置"宁河县官"与"宁河弓甲匠达鲁花赤",其"宁河弓甲匠达鲁花赤"的职责是负责铸造兵器,显然宁河是河州路重要的军政据点。安乡县本是吐蕃所置城桥关,在"州治东北五十里"[③],宋熙宁中收复,元符二年(1099 年),赐名安乡关,"南至河州界三十五里"[④]。金时因袭,亦称安乡关城,归宁河县统辖,元时升为安乡县,隶属河州路。《明史·地理志一三》载:河州,元河州路,属吐蕃宣慰司,洪武四年(1371 年)正月,置河州卫,后分左、右卫,府废后,改左卫于洮州,升右卫为军民指挥司。又"南有宁河县,东北有安乡县,元俱属河州路",又"东南有定羌巡检司"[⑤]。

(二)元帅府与都元帅府

《元史》卷八七《百官志三》记载,元朝在陇南地区设置的系元帅府的机构,主要有以下几种:

1. 洮州元帅府

此元帅府,秩从三品,置达鲁花赤一员,元帅二员,知事一员。领可当一县。成吉思汗二十二年(1227 年),攻破洮州(治今甘肃临潭县),元初归巩昌府(治今甘肃陇西县),至元五年(1268 年),入西安州(治今宁夏海原县西安州)后,归属脱思麻路管辖。该州设有元帅府。泰定三年(1326 年)五月,"洮州路可当县、临洮府狄道县雨雹"[⑥],显然可当也在州内。该元帅府延续至元,明初即其地置千户所。

2. 十八族元帅府

---

①《元史》卷六三《地理志六·河源附录》,第 1564 页。

②《元史》卷九一《百官志七》,第 2318 页。

③(清)顾祖禹,贺次君、施和金点校:《读史方舆纪要》卷六〇《陕西九》,北京:中华书局,2005 年,第 2884 页。

④《宋史》卷八七《地理志三》,第 2164 页。

⑤(清)张廷玉等:《明史》卷四二《地理志三·河州》,北京:中华书局,1974 年,第 1009 页。

⑥《元史》卷五〇《五行志一》,第 1063 页。

此元帅府，秩从三品，置达鲁花赤一员，元帅一员，同知一员，知事一员。《元史》卷五《世祖本纪二》记载，至元元年（1264年）七月癸未，“以西番十八族部立安西州，行安抚司事”，归巩昌路便宜都总帅府管辖。至元五年（1268），割安西州属脱思麻路总管府。至元七年（1270年），并洮州入安西州，至元九年（1272年），忙古带等十八族参加平定建都蛮叛乱的军事行动，十八族元帅府一直存续到元末。明太祖洪武四年（1371年）正月，“西番十八族元帅包完卜乩、七汪肖遣侄打蛮及各族都管哈只藏卜、前军民元帅府达鲁花赤坚敦肖等来朝”[①]。明太祖以其部立千户所，以包完卜乩为十八族千户所正千户，七汪肖为副千户，坚敦肖为岷州千户所副千户，哈只藏卜等为各族都管。其地在洮、岷之间，故亦称为“岷州十八族”或“洮州十八族”。

3. 积石州元帅府

此元帅府，置达鲁花赤一员，元帅一员，同知一员，知事一员，脱脱禾孙一员。成吉思汗二十二年（1227年），蒙古军将领按竺迩“从征积石州，先登，拔其城”[②]。积石州本宋积石军溪哥城，元符（1098—1100年）年间，为河湟吐蕃溪巴温占据。宋大观二年（1108年），臧征扑哥以城降，于是在其地建军。地在青海湖东100余里，西宁州界南80里。元朝因袭，置元帅府，隶吐蕃等处宣慰司都元帅府，在河州西北部。潘昂霄《河源记》载，过贵德州，“又四五日，至积石州，即《禹贡》积石。五日，至河州安乡关”[③]。此积石州在黄河岸边，贵德州与安乡关之间。元朝在这里设立脱脱禾孙，置有驿站及辨使臣奸伪的官员。

4. 礼店文州蒙古汉军西番军民元帅府

此元帅府，官阶正三品，置达鲁花赤一员，元帅一员，同知一员，经历、知事各一员，镇抚二员，蒙古奥鲁官一员，蒙古奥鲁相副官一员。《元史·地理志三》记载吐蕃等处宣慰司都元帅府辖下“礼店文州蒙古汉儿军民元帅”即此机构。显然蒙古部族控制这一地区较早，并在这里置官施政。

窝阔台八年（1236年），大将按竺迩“破宕昌，残阶州”[④]，继之攻文州（治今甘肃文县），谍知城中无井，乃断城中用水。攻克后，招抚吐蕃酋长勘陀孟迦等十族，

---

① 《明太祖实录》卷六〇，洪武四年正月癸卯，上海：上海古籍出版社，1992年，第1178、1179页。

② 《元史》卷一二一《按竺迩传》，第2982页。

③ 《元史》卷六三《地理志六·河源附录》，第1565、1566页。

④ 《元史》卷一二一《按竺迩传》，第2984页。

皆以功，赐以银符。窝阔台时按主奴率军攻下定、会、阶、文等州后，以功为元帅，佩金符，"驻军汉阳礼店，戍守西和、阶、文南界，及西蕃边境"①。是时已在这里置元帅府。《元史》卷一三三《暗伯传》记载暗伯父"秃儿赤袭职，事宪宗，累官至文州礼店元帅府达鲁花赤"。宪宗时，此元帅府仍存在。嗣后，按竺迩之子国宝遣其弟国能等人"持金帛说降吐蕃"，一度反叛的吐蕃酋长勘陀孟迦从国宝入觐归附。国宝上奏说："文州山川险扼，控庸蜀，拒吐蕃，宜城文州，屯兵镇之。"②元世祖采纳国宝的建议，授国宝三品印，为蒙古汉军元帅，兼文州吐蕃万户府达鲁花赤，与勘陀孟迦皆赐金符。至元四年（1267 年），国宝临终前，又令其弟国安袭其职，后以其兄国宝安边功，赐金虎符，进昭勇大将军。至元十五年（1278 年），国宝子世荣袭怀远大将军、蒙古汉军元帅，兼文州吐蕃万户府达鲁花赤，后以功进安远大将军、吐蕃宣慰使议事都元帅，佩三珠虎符。③由此可知，礼店文州蒙古汉军元帅府、文州吐蕃万户府，设置有"蒙古汉军元帅"与"万户府达鲁花赤"，这些要职曾一度为按竺迩及其后裔世袭。

但是，这一机构当时并不隶属吐蕃等处宣慰司。据《元史·兵志一》载："初，西川也速迭儿、按住奴、帖木儿等所统探马赤军，自壬子年属籍礼店，隶王相府，后王相府罢，属之陕西省，桑哥奏属吐番宣慰司，咸以为不便，大德十年命依壬子之籍，于是复改属焉。"④元成宗大德十一年（1307 年）四月，元政府下诏礼店军还属吐蕃宣慰司。这一部分探马赤军即是礼店文州等处元帅府军的主力。从壬子年（1252 年）籍户之后，即归礼店（今甘肃礼县），隶安西王府管辖。至元十七年（1280 年），王相府罢后，归陕西行省。桑哥执政时，奏归吐蕃宣慰司，大德十年（1306 年），又归礼店文州元帅府。由于有时归省管，故《元史·百官志七》记元帅府有李（礼）店文州等九府，唯"李店文州增置同知、副元帅各一员，其余八府，隶吐蕃宣慰司，设官并同"⑤。显然此时李店文州元帅府不属吐蕃宣慰司，但在第二年四月，元政府"诏礼店军还属土番宣慰司"⑥。从此则相袭不改。《明史》卷四二《地理志三》载，礼县在秦州西南，元礼店文州军民元帅府属吐蕃宣慰司。洪武四

---

①《元史》卷一三二《步鲁合答传》，第 3207 页。

②《元史》卷一二一《按竺迩传》，第 2986 页。

③《元史》卷一二一《按竺迩传》，第 2987 页。

④《元史》卷九八《兵志一》，第 2520 页。

⑤《元史》卷九一《百志官七》，第 2309 页。

⑥《元史》卷九八《兵志一》，第 2520 页。

年(1371年)十一月,置礼店千户所。元代在礼店还置有蒙古军万户府,大德十一年(1307年)七月丙寅,“以礼店蒙古军户属吐蕃宣慰司非便,命仍旧隶脱思麻宣慰司,防守陕州”①。其官员为蒙古奥鲁及其副官,其职责是管理随军来到礼店的蒙古军户。

元代在礼店驻扎有探马赤军、蒙古汉军,设置有蒙古汉军元帅府、蒙古军万户府等,在文州设置有吐蕃万户府,以后则合并为“礼店文州蒙古汉军西番军民元帅府”,秩正三品,成为其上级机构。据《元史·百官志三》记载,其下辖三个机构:

一是礼店文州蒙古汉军奥鲁军民千户府。秩从五品,置达鲁花赤一员,千户一员,副千户一员,总把五员,百户八员。主要负责管理随军而来的家属,即管理军户。

二是礼店文州蒙古汉军西番军民上千户所。秩正四品,置达鲁花赤一员,千户一员,百户一员,新附千户二员。似为直接管理蒙古军、汉军、西番诸军的机构。

三是礼店阶州西水蒙古汉军西番军民总把二员。礼店,治今甘肃礼县;阶州,治今甘肃陇南市武都区西北;西水即西汉水。阶州,唐初置武州,又改名武都郡,后更名为阶州,宋因之,元代州治在柳树城,距旧城东80里。“旧领福津、将利二县,至元七年并入本州”②。蒙古部族对这一地区用兵较早,丁酉年(1237年),按竺迩命“侯和尚南戍沔州之石门,术鲁西戍阶州之两水”③。此时,这里已归蒙古部族管辖。元贞二年(1296年)五月庚辰,“土蕃叛,杀掠阶州军民,遣脱脱会诸王铁木儿不花、只列等合兵讨之”④。大德元年(1297年)三月甲戌,“西蕃寇阶州,陕西行省平章脱列伯以兵进讨,其党悉平,留军五百人戍之”⑤。据《元史·兵志二》记载,这次战后,“诏留总帅军百人及阶州旧军秃思麻军二百人守阶州,余军还元翼”。因阶州系巩昌总元帅府管内,嗣后这里常有战事发生。泰定元年(1324年)十二月乙亥,“陕西行省以兵讨阶州吐蕃”⑥。次年闰正月己卯,“阶州吐蕃为寇,巩昌总帅府调兵御之”⑦。泰定三年(1326年)十一月,武靖王遣临洮路元帅盏盏招谕反抗的吐蕃部落。这种反抗与镇压的斗争,一直延续到元末,顺帝至正十四

---

①《元史》卷二二《武宗纪》一,第483页。

②《元史》卷六〇《地理三·陕西等处行中书省》,第1432页。

③《元史》卷一二一《按竺迩传》,第2984页。

④《元史》卷一九《成宗纪二》,第404页。

⑤《元史》卷一九《成宗纪二》,第410页。

⑥《元史》卷二九《泰定帝纪一》,第652页。

⑦《元史》卷二九《泰定帝纪一》,第654页。

年(1354年)九月，仍有战事。

另有一机构，即永昌等处宣慰使司都元帅府，是在元朝末年设置的。因中书省奏“阔端阿哈所分地方，连接西番，自脱脱木儿既没之后，无人承嗣。达达人口头匹，时被西番劫夺杀伤，深为未便”[①]。于是在至正三年(1343年)七月，遂定置永昌等处宣慰使司都元帅府予以管理。置宣慰使三员、同知二员、副使二员。首领官：经历、知事、照磨各一员，令史十人，蒙古译史四人，知印二人，怯里马赤一人，奏差八人，典吏二人[②]。

《元史·地理志三》载：“永昌路，下，唐凉州，宋初为西凉府，景德中陷入西夏。元初仍为西凉府。至元十五年，以永昌王宫殿所在立永昌路，降西凉府为州隶焉。”永昌路，治今甘肃永昌县，而西凉府(治今甘肃武威市凉州区)管内有众多吐蕃部族，其南临宣政院管辖地及西宁州，地处河西走廊东段要冲。其职责主要是镇守河西及与宣政院临接地区，对吐蕃有一定的镇戍之责。设置该司目的是保护当地的蒙古人免受西番的侵害，说明其地位在某种程度上有所下降。同年十月乙未，在永昌增立巡防捕盗所。至正十三年(1353年)四月，以行省平章政事锁南班为永昌宣慰使，总永昌军马，仍给平章政事俸。次年十二月，永昌宣慰使锁南班与宣政院使哈麻同为中书平章政事，进阶光禄大夫。后又以完者贴木儿继为永昌宣慰使，至正十五年(1355年)八月，受命“讨西番贼”。至正十七年(1357年)五月丙申，“诏以永昌宣慰司属詹事院”[③]管辖。阔端失去治番权力、西凉府衰落之时，永昌之地曾一度繁盛，由其子只必贴木儿镇守，此后则陷入颓败，元末各地战乱纷纷，永昌地位有所上升，这均与位于其南部的吐蕃地方局势的变化有一定的关系。

(三)招讨使司

元朝在陇南地区设置的“吐蕃等处招讨使司”[④]，官阶为正三品，置招讨使二员，知事一员，镇抚一员。《元史·百官志七》“招讨司”条所载“土番”等处，即此机构，其设置有“达鲁花赤一员，招讨使一员，经历一员”[⑤]。显然因变化所致，二者唯设官略有不同。据《元史·百官志三》记载，“吐蕃等处招讨使司”在陇南境内的

---

①《元史》卷九二《百官志八》，第2338页。
②《元史》卷九二《百官志八》，第2338页。
③《元史》卷四五《顺帝纪八》，第937页。
④《元史》卷八七《百官志三》，第2196页。
⑤《元史》卷九一《百官志三》，第2310页。

附属机构及设官，主要有以下诸种：

一是文扶州西路南路底牙等处万户府。秩从三品，置达鲁花赤一员，万户二员。文州，系至元九年（1272年）冬十月所立，治今甘肃文县。扶州，治今四川南坪附近。文、扶州以西、以南为吐蕃及其他部落杂居之地，在这里设置万户府，显然是为了加强对吐蕃及其他少数民族的统治。

二是庆阳宁环等处管军总把一员。庆阳（治今甘肃庆阳市西峰区）、宁（治今甘肃宁县）、环（治今甘肃环县）等地，均在今甘肃境内，与陕西北部、宁夏东南部交界，当为西夏中兴河州等处军民总管府存在时的管辖机构，设立未久，即行撤销，史无详载。

三是文州课程仓粮官一员。元代吐蕃等处宣慰司辖下与文州相关的机构，主要有"礼店文州蒙古汉军西番军民元帅府""礼店文州蒙古汉军奥鲁军民千户所""礼店文州蒙古汉军西番军民上千户所""文扶州西路南路底牙等处万户府""阶文扶州等处番汉军民上千户所"等，而这一"文州课程仓粮官"当与征收科差赋税、管理粮仓、供给军用有关。

四是岷州十八族周回捕盗官二员。系维护岷州十八族地方安全官员，其详细情况不明。

五是常阳帖城阿不笼等处万户府。秩从三品，置达鲁花赤一员，千户一员。《元史·百官七》"元帅府"载有"当阳""帖城"，"阿不笼"地域不详。显然这一万户府是由两元帅府联合组成。

"常阳"应为"当阳"之形讹，"当阳"即"当彝"（或作"当夷"）[①]。后周时置县，"又置洪和郡于此。郡寻废，以县属同和郡，隋改属岷州，炀帝初改属临洮郡，唐属岷州，神龙初并入溢乐"[②]。当夷城，在岷州卫之西。据《新增岷州志》载："西魏同和郡溢乐县，周当夷县，和政县，俱在城西。"[③]文中所说"城"即岷州城。元代在这里置当阳元帅府，又与帖城、阿不笼等合立万户府。明太祖洪武四年（1371年）正月，置千户所八，即"铁城、岷州、十八族、常阳、积石州、蒙古军、灭乞军、招藏军"[④]，其中有"常阳千户所"，属河州卫。

---

① 张云：《元代吐蕃地方行政体制研究》，北京：中国社会科学出版社，1998年，第208页。

②《读史方舆纪要》卷六〇《陕西九·岷州卫》，第2896页。

③《陇右稀见方志三种·新增岷州志》，上海：上海书店，1984年。

④《明太祖实录》卷六〇，洪武四年正月辛卯，第1173页。

“帖城”当为“铁城”之音讹而致。宋熙宁六年(1073年),收复岷州后,于熙宁十年(1077年)置铁城堡(今甘肃岷县东北80里),属岷州。元朝时,在这里置铁州(治今甘肃岷县东北),立铁城元帅府。《元史·百官志七》作“帖城河里洋脱”元帅府,“帖城河里洋脱”又与“朵甘思、当阳、岷州、积石州、洮州路、脱思麻路、十八族”[①]等皆隶吐蕃宣慰司。顾炎武也谓铁城“在岷州东八十里,熙宁十年置。”[②]明代也曾在这一带置铁城、岷州和常阳三个千户所。

六是阶文扶等处番汉军上千户所。秩正五品,置达鲁花赤一员,千户二员,系管理番汉诸军的机构。其治地在阶州(今甘肃陇南市武都区)附近。

陇南吐蕃地区归属元朝中央政府后,在这里设置机构,统一管辖,形成稳定的社会环境,促进了西北地区民族融合,有利于西北吐蕃地区社会经济的发展。

六、西北吐蕃与周边民族的关系

两宋时期,西北地区是中原王朝及党项、吐蕃、回鹘、契丹、女真等少数民族的角逐之地,民族关系错综复杂。居住在这里的吐蕃部族,由于处于分散与不统一的状况,决定了他们不可能与宋、西夏、辽、金并驾齐驱,但为了生存,他们与宋、西夏、辽、金政权之间也有频繁的交往与联系。

(一)凉州吐蕃抵御党项的武力征服

散居在河西走廊的吐蕃部落在发展中走向联合,形成以凉州为中心的六谷蕃部政权,这必然成为李继迁积极争取的重要政治势力。但由于宋初以来,凉州吐蕃已与宋朝建立了朝贡关系,成为宋朝战马的主要供给者之一。由于李继迁反宋,使宋朝失去了党项这一战马供给者,因而宋朝所需马匹更加依赖吐蕃诸部的供给。咸平二年(999年)六月,永兴军通判何亮在所上《安边书》中指出:

> 冀之北土,马之所生,自匈奴猖狂之后,无匹马南来,备征带甲之骑,取足于西域。西戎既剖分为二,其右乃西戎之东偏,为夏贼之境,其左乃西戎之西偏,秦、泾、仪、渭之西北诸戎是也。夏贼之众,未尝以匹马货易于边郡,是则中国备征带甲之骑,独取于西戎之西偏,如舍灵武,复

---

① 《元史》卷九一《百官志七》,第2309页。

② (清)顾炎武:《天下郡国利病书·陕西上》“岷州和政郡”,上海:商务印书馆《四部丛刊三编》,第二五册,第401页,1936年。

使西戎合二为一，夏贼桀黠，服从诸戎，俾秦、泾、仪、渭之西，戎人复不得货马于边郡，则未知中国战马从何而来？[①]

显然，马匹贸易已成为宋与吐蕃联系的重要纽带。吐蕃与宋朝的友好，自然不利于李继迁的发展，于是阻绝吐蕃与宋朝之间的马贸易，就成为党项破坏吐蕃与宋朝联系的重要措施。而吐蕃与党项生产方式相似，以游牧业为主，他们二者难以互为马市场，而以农耕为主要生产方式的宋朝，缺少并大量需求战马，这对于经济结构相对单一，货币经济不发达的西北吐蕃而言，北宋必然成为吐蕃的马匹销售市场。这种经济上的利害关系，决定了吐蕃在宋夏对立中的亲宋立场[②]，这正是宋朝与凉州吐蕃形成军事同盟的物质基础。

宋初，李继迁恢复夏（治今陕西靖边县西北白城子）、银（治今陕西横山区东党岔镇大寨梁）、绥（治今陕西绥德县东南 50 里）、宥（治今内蒙古鄂托克前旗东南）、静（今宁夏永宁县南望洪乡附近）故土后，向西发展，确立了“西掠吐蕃健马，北收回鹘锐兵，然后长驱南牧”[③]的战略方针。咸平五年（1002 年）三月，攻占灵州（治今宁夏灵武市西南）后，凉州便成为党项首要攻掠的目标，党项不断侵掠六谷蕃部的人畜，六谷蕃部损失惨重。党项的进攻，使六谷蕃部的生存面临严重的威胁，于是采取结好宋朝以抵抗党项的军事进攻，六谷蕃部与党项结为仇敌。宋朝为了制服李继迁，采取“以夷制夷”的策略，授凉州吐蕃大首领潘罗支为盐州防御使兼灵州西面都巡检使，使攻李继迁。在宋朝的册封与支持下，凉州吐蕃声名大振，多次遣使宋朝约定攻讨李继迁的日期。李继迁也对凉州吐蕃采取诱降，在攻占灵州的同年十月，遣使送铁箭诱潘罗支族，潘罗支严厉拒绝，而且“戮一人，执一人，以听朝旨”[④]。

李继迁见诱降不成，又采取偷袭手段。宋咸平六年（1003 年）十月，李继迁尽集丁壮，会诸族于盐州（治今陕西定边县），且扬言“我与西凉自来无事，向为万山等族所诱，与之构隙。今六谷众盛，难以加兵，不复进取”[⑤]。待凉州吐蕃六谷部放松戒备后，突然发起袭击，迅速攻占西凉府（治今甘肃武威市凉州区）。六谷吐蕃大首领潘罗支见势不妙，伪降，李继迁受之不疑。未几，潘罗支阴集六谷诸豪及者

① 《续资治通鉴长编》卷四四，咸平二年六月戊午，第 947 页。

② 李华瑞：《宋夏关系史》，保定：河北人民出版社，1998 年，第 407 页，

③ （清）吴广成著，李蔚整理：《西夏书事》卷七，济南：泰山出版社，2000 年，第 47 页。

④ 《续资治通鉴长编》卷五三，咸平五年十月丙寅，第 1155 页。

⑤ 《西夏书事》卷七，第 50 页。

龙族兵数万人,大败党项军,李继迁中流矢身亡,党项部落损失惨重。宋景德元年(1004年)六月,潘罗支又遣其兄邦逋支入宋奏请,"且欲更率部族及回鹘精兵直抵贺兰山讨除残孽,愿发大军援助"①。

李继迁死后,其子李德明即位,继续推行向西发展、吞并河西的策略。景德元年(1004年)五月,出兵攻凉州,反被潘罗支联合兰州、龛谷、宗哥、觅诺诸族击败。再度失败,使李德明深知力攻难克,决定智取,离间潘罗支与其他诸族的关系,利用李继迁故党迷般嘱、日逋吉罗丹二族做内应,共图潘罗支以报仇。"者龙凡十三族,其六族附迷般等。迷般阴请德明遣兵攻者龙。"②六月,突然向者龙族发起进攻,潘罗支不明底细,率百余骑驰援,商议兵击,议事间,党项二族猝起,杀潘罗支于帐下,者龙十三族中的六族投夏。潘罗支被害后,其弟厮铎督率军平息内乱,六部诸部拥立他为首领。厮铎督继任六谷部大首领后,即率部进击党项,并取得胜利。但从此,凉州吐蕃势力大为削弱。

党项首领李德明不忘报父仇,"意将阻绝六谷,使不得预缘边属户"③。宋大中祥符元年(1008年)三月,遣万子等四军主进攻西凉,见六谷吐蕃兵盛,不敢攻讨。大中祥符四年(1011年)九月,又大举进攻西凉府吐蕃,"德明遣军校苏守信领蕃骑袭击六谷,大首领厮铎督会诸族御之,大败守信兵"④。李德明在屡屡受挫的情况下,仍坚持不懈地对西凉府吐蕃用兵,直至大中祥符八年(1015年)六月,李德明再次遣苏守信率兵出征,一举攻下西凉府,六谷吐蕃大首领厮铎督率残部投奔河湟吐蕃唃厮啰,六谷吐蕃联盟灭亡。

(二)西北吐蕃与甘州回鹘的矛盾与结好

西北吐蕃与甘州回鹘的关系比较复杂与微妙,即相互依存,又相互斗争。

早在唐朝末期吐蕃占据河西走廊时,河西地区的回鹘人归属吐蕃,"吐蕃处于甘州,由是族帐微弱"⑤。后来张议潮联合当地汉人、回鹘等各族人民发动起义,共同攻打吐蕃,建立了归义军政权,回鹘依附于归义军,从另一侧面显示出吐蕃与回鹘的矛盾与斗争。至五代时,"吐蕃已微弱,回鹘、党项诸羌夷分侵其地,而不有其人民"⑥。甘州回鹘已占领河西走廊大部地区,利用当地有利条件发展壮大。

---

①《宋史》卷四九二《吐蕃传》,第14156页。

②《西夏书事》卷八,第52页。

③《续资治通鉴长编》卷六五,景德四年三月癸丑,第1448页。

④《西夏书事》卷九,第56页。

⑤《旧五代史》卷一三八《回鹘传》,第1841页。

⑥《旧五代史》卷一三八《吐蕃传》,第1839页。

而吐蕃衰弱，无力与甘州回鹘相争，只好依附于甘州回鹘。后唐天成三年(928年)，“回鹘王仁喻来朝，吐蕃亦遣使附以来”[①]。

入宋后，由于党项的崛起与扩张，对甘州回鹘与吐蕃的自身安全造成威胁，影响他们切身的政治、经济利益，迫使甘州回鹘与吐蕃联合起来，共同抗击党项。但甘州回鹘与党项的殊死搏斗，使甘州回鹘受到很大削弱，特别是凉州被党项占领后，阻塞了回鹘人入宋的贡道，回鹘不得不避开河西走廊这一传统的东西商道，绕道河湟，走四五世纪曾繁盛一时的“吐谷浑道”，以便抵达中原。此时，河湟吐蕃各部尚未受到重大损失，力量强大，与宋朝关系也很密切，于是甘州回鹘只能依靠河湟吐蕃，才能入贡宋朝，与宋结好，保持联系。“甘州数与夏州接战，夜落纥贡奉多为夏州钞夺。及宗哥族感悦朝廷恩化，乃遣人援送其使，故频年得至京师。”[②]吐蕃接送甘州回鹘过境，充分反映出甘州回鹘与吐蕃关系极为友好。但其间也有不和谐之处，由于“唃厮啰欲娶可汗女而无聘财，可汗不许，因为仇敌”[③]，故而吐蕃阻甘州回鹘入宋道路。宋大中祥符五年(1012年)，秦州遣指挥使扬知进、译者郭敏送进奉使至甘州，时逢宗哥怨隙阻归路，不敢遣回知进等人。直到大中祥符八年(1015年)，这些宋朝使臣才得以返回。由此可见吐蕃与甘州回鹘交恶，影响了东西交通的往来。以后，吐蕃“宗哥李遵送马百匹，与赞普王子定问公主，已许与没孤宰相家公主为亲讫”[④]，这才使双方紧张关系得以逐渐缓和。

(三)河湟吐蕃与西夏的关系

西夏灭亡西凉府吐蕃后，又把军事斗争的矛头指向河湟吐蕃。此时，河湟吐蕃政权兴盛，与西夏的矛盾不断激化。河湟吐蕃与西夏的关系分为两个阶段，不同时期，河湟吐蕃与西夏关系有所变化。

1. 兴盛时期的河湟吐蕃与西夏的关系

河湟吐蕃唃厮啰政权兴起时，正是李元昊即位初期。由于唃厮啰政权的正北及东北与西夏接界，其作为北宋的盟友元昊对此有所顾忌。元昊为了解除对宋用兵的后顾之忧，便发动了对河湟吐蕃的大规模进攻。夏广运二年(宋景祐二年，1035年)，元昊遣苏奴儿将兵25000攻唃厮啰，但由于唃厮啰抵御有方，在青唐

---

①《新五代史》卷七四《四夷附录第三·吐蕃》，第915页。引文中的“仁喻”即“仁裕”。

②《宋史》卷四九〇《回鹘传》，第14116页。

③《宋史》卷四九〇《回鹘传》，第14116页。

④《宋会要辑稿》蕃夷四《回鹘》，第9771页。

北面的牦牛城(亦作氂牛、猫牛、犛牛城,即宣威城,今青海西宁市北50里)迎战,西夏大败,主将苏奴儿被俘。元昊闻知苏奴儿战败,亲率军队进入湟水流域,再度攻打牦牛城。唃厮啰见党项军队强大,坚守青唐城不出,以逸待劳,乘元昊撤退渡宗哥河时,将旗帜移至深水处,"以误元昊",使士卒溺死者大半,最后只好撤出河湟流域。

夏军在宗哥河的惨败,使元昊对唃厮啰的地位和实力有了新的认识,并依据唃厮啰内部矛盾,酌情采取不同的应对措施,由过去单用武力征服转变为恩威并济,采用分化、瓦解、离间、结亲等不同手段。夏大庆元年(宋景祐三年,1036年),元昊发兵攻兰州诸羌,南侵至马衔山,筑城瓦川会(在今甘肃榆中县西南马衔山),留兵镇守,绝吐蕃与中国相通道路。同时,对从唃厮啰内部分立出来的瞎毡、磨毡角部采用重金贿赂、离间等手段,又引诱吐蕃诸豪酋叛附。"温逋其乃唃厮啰亲信首领之豪,其子一声余龙有众万余,最为强盛,乃与昊贼结姻,唃厮啰日益危弱。"[①]于是唃厮啰便率亲信部属从宗哥(龙支城,今青海平安县城)西迁历精城(一作临谷、林金、宁西、林擒城,今青海西宁市西40里),元昊分化瓦解政策初见成效。

夏䙸都二年(宋嘉祐三年,1058年),唃厮啰属下捺罗部阿作等归附西夏,没藏讹庞接纳,并授以官职。李谅祚遣阿作进攻河湟,被唃厮啰击败,并降服了陇逋、公立、马颇三族。时逢契丹送公主入青唐与董毡完婚,吐蕃撤兵。夏䙸都六年(宋嘉祐七年,1062年),西夏乘契丹与青唐吐蕃反目,乘机屯兵古渭州(今甘肃陇西县),西击董毡,但均被击败。夏拱化元年(宋嘉祐八年,1063年),李谅祚企图从外围孤立唃厮啰,对归附西夏的兰州及西市城(今甘肃榆中县城东北10里三角城)吐蕃大首领禹藏花麻予以接纳,并加以笼络和奖励,妻以宗室女,并封为驸马。夏拱化二年(宋治平元年,1064年),党项贵族邈奔及阿叔溪心以陇、珠、阿诺三城叛谅祚投奔唃厮啰,唃厮啰不礼,又复归西夏,"请兵还取所献地"。谅祚不仅没有治罪,反而"出万余骑随邈奔、溪心往取,不能克,但取邈川归丁家五百余帐而还"[②]。

总之,在唃厮啰时期,河湟吐蕃与西夏都处在发展壮大阶段,特别是西夏力图在奄有河西走廊的基础上,进一步向河湟推进,打破宋与唃厮啰的联盟,宋、辽也想利用河湟吐蕃牵制西夏,而唃厮啰则希望借助宋、辽的力量与西夏周旋。因此,这一时期,西夏与河湟吐蕃的关系难以调和,双方矛盾激化,攻掠不断。

---

①《续资治通鉴长编》卷一三二,庆历元年五月甲戌,第3134页。

②《宋史》卷四九二《吐蕃传》,第14162页。

2. 分裂时期的河湟吐蕃与西夏的关系

唃厮啰去世后，第三子董毡继位，瞎毡、磨毡角各据城自立，河湟吐蕃分裂为三，有众多部属逃亡西夏。与此同时，由于北宋对吐蕃政策的调整，河湟吐蕃与西夏的关系也逐渐发生变化。宋神宗即位后，进行变法改革，为了扭转对西夏战争的败局，利用河湟吐蕃唃厮啰政权分裂之机，进取熙河，夹击西夏。熙宁五年（1072 年）五月，发动了熙河之役，至熙宁七年（1074 年）三月，不到两年的时间，收复熙（治今甘肃临洮县）、河（治今甘肃临夏市）、洮（治今甘肃临潭县）、岷（治今甘肃岷县）、叠（治今甘肃迭部县）、宕（治今甘肃宕昌县）六州之地，使宋朝与吐蕃关系急剧恶化。于是西夏乘虚而入，主动与吐蕃结晋秦之好，以李秉常之妹下嫁董毡之子蔺逋叱。董毡与西夏王室联姻，标志着这两个政权由过去的敌对转变为和平相处乃至结盟友好。在西夏的帮助下，河湟吐蕃政权势力振兴，宋朝对董毡采取安抚政策，作出了一些让步。董毡与宋朝关系改善，也即意味着吐蕃与西夏共同对付宋朝盟约的破裂。

宋元丰四年（夏大安八年，1081 年）六月，宋朝乘西夏内乱，分五路出兵，大举伐夏。此时董毡与宋朝已有联系，宋政府要求熙河路都大经制司领兵乘机取径道攻取西夏巢穴，或北取凉州，与董毡兵会合，并“预约董毡点集六部族兵马十三万，取八月半，分三路与官军会”[①]，配合宋军行动。又“遣酋长抹征等率三万人赴党龙耳江及陇朱、珂诺”[②]等地，与西夏人作战，配合宋军攻取兰州。董毡与宋军配合，共同打击西夏，使西夏认识到必须打破吐蕃与宋朝的军事结盟，于是不断遣使至青唐，“夏人欲与之通好，许割赂斫龙以西地，云如归我，即官爵恩好一如所欲”。董毡拒绝夏人诱惑，“训整兵甲，以俟入讨，且遣使来告”[③]。董毡倾心向宋而疏远西夏，受到宋朝皇帝神宗嘉奖，“以其协济军威，事功可纪”，董毡由常乐公进封武威郡王，属下鬼章、阿里骨等首领也分别晋升。总之，唃厮啰政权在董毡执政时期，由于河湟吐蕃所处的战略地位，成为宋、夏竭力争取的对象，所以，这一时期，河湟吐蕃与西夏的关系错综复杂，伴随着宋对吐蕃政策的调整而变化。

董毡死后，其养子阿里骨即位，因其非唃厮啰血统，引起唃厮啰子孙、亲属、首领的不满。阿里骨为了转移内部矛盾，巩固自己的统治地位，于是改变董毡亲

---

①《续资治通鉴长编》卷三一四，元丰四年七月丁未，第 7608 页。

②《宋史》卷四九二《吐蕃传》，第 14164 页。

③《宋史》卷四九二《吐蕃传》，第 14164 页。

宋抗夏的政策，与西夏秘密结盟。宋元祐二年（夏天仪治平元年，1087年）五月，阿里骨与西夏订立“以熙、河、岷三州还西蕃，兰州、定西城还夏国”[①]的盟约。这次联合行动很快破产，阿里骨遂又与宋结好。阿里骨与北宋的结好，使吐蕃与西夏的关系又进入低潮，西夏不甘心联蕃抗宋策略的失败，想方设法对吐蕃进行拉拢，梁乙逋遣使入青唐，约定互为应援，共同攻取邈川城（今青海海东市乐都区），阿里骨则答应将女儿许给梁乙逋之子。谋取邈川不成后，双方关系若即若离，时有矛盾发生。

夏天祐民安六年（宋绍圣三年，1096年）九月，阿里骨死后，子瞎征继位，河湟吐蕃再度陷入分裂混乱的状态。此时宋哲宗亲政，绍述先帝之志，乘河湟吐蕃混乱之际，进取湟水流域。瞎征处境孤立，穷蹙寡助，弃青唐城归附宋朝。唃厮啰族各部首领拥立溪巴温之子陇拶入主青唐城，不久难抵宋军进攻，也出降。河湟吐蕃又推立小陇拶为青唐主，小陇拶取得河湟地区的控制权后，西夏又转而支持小陇拶，与宋朝在河湟地区展开争夺。宋徽宗崇宁（1102—1106年）年间，宋朝又进行开边，王厚统兵西进。这一时期直至北宋亡，吐蕃与宋对抗，矛盾尖锐，西夏乘机而入，支持吐蕃抗宋。夏贞观四年（宋崇宁三年，1104年），宋军攻占青唐，青唐主溪赊罗撒和聂农族大首领多罗巴被迫投附西夏。夏贞观五年（宋崇宁四年，1105年）四月，李乾顺接受他们的归附，并遣军与小陇拶兵合攻宣威城（即牦牛城，今青海西宁市北50里）。此后，西夏为了与宋朝争夺湟水流域控制权，多次帮助小陇拶进行复国活动。

夏雍宁二年（宋政和五年，1115年），宋军攻占夏人据点古骨龙，在古骨龙筑震武城（今青海门源回族自治县东南大通河北岸），从此“唃厮啰之地，悉为宋郡县”[②]，西夏被迫撤出湟水流域。金灭北宋后，西夏重新进入湟水流域，以黄河为界，与金人瓜分了唃厮啰故地，夏金均利用吐蕃力量来牵制对方。1227年，蒙古军进入河湟，整个河湟吐蕃归附蒙古王朝，吐蕃与西夏的关系至此完结。

吐蕃与西夏关系的发展，是以抗宋为基点，以宋与吐蕃关系的变化为转移。每当宋与吐蕃关系交好时，必然与西夏关系交恶；与宋矛盾尖锐时，吐蕃就与西夏关系好转。李继迁、李德明时期，对西凉府吐蕃的战争，是党项族自身发展壮大的需要，同时在客观上削弱了宋联吐蕃以制西夏的作用。李元昊、李谅祚时期，从

① 《续资治通鉴长编》卷四〇〇，元祐二年五月癸丑，第9743页。

② （清）戴锡章著，李蔚整理：《西夏纪》卷二二，济南：泰山出版社，2000年，第283页。

地缘政治的需要出发，在准备进攻北宋的同时，总是以军事手段威慑河湟吐蕃，尽管不能制服，但也足以使吐蕃不能与宋联合夹击西夏，从而在一定程度上缓解了西夏的后顾之忧。在李秉常、李乾顺时期，充分利用宋与吐蕃之间的矛盾，通过大力支持配合吐蕃的抗宋斗争，以求自保。每当宋与吐蕃矛盾激化之时，也是西夏用兵频繁时期，而宋对吐蕃取得军事胜利之时，也是西夏主动要求息兵之日[①]。总之，吐蕃与西夏的关系深受宋夏战争的制约与影响。

（四）河湟吐蕃与辽、金朝的政治、经济联系

由于吐蕃唃厮啰政权的兴盛，使其成为辽、宋、西夏各方争取对象，远在漠北的契丹辽国也加强了与吐蕃的联系。在上京的同文驿设置宾馆，提供各国信使居住。辽开泰七年（1018年）闰四月，“吐蕃王并里尊奏，凡朝贡，乞假道夏国，从之”[②]。表明在辽圣宗时期，吐蕃遣使赴辽朝贡，与辽朝有联系。以后在辽兴宗、道宗时期，吐蕃遣使一直未断。契丹皇族学者耶律庶成“使吐蕃凡十二年，清宁间始归”[③]。辽与吐蕃间也有和亲，辽清宁四年（宋嘉祐三年，1058年），在吐蕃唃厮啰打败西夏毅宗谅祚的军队时，辽国曾“遣使送女妻其少子董毡”[④]，促其与西夏议和，并获得成功。在河湟吐蕃的政治中心青唐城内，“谯楼后设中门，后设仪门，门之东，契丹公主所居也”[⑤]。这一切均说明，吐蕃与契丹辽国政治、经济联系不断加强。

北宋灭亡后，河湟地区被西夏、金所瓜分，以黄河为界，西夏占有河北，金占有河南。当时河南一带居住着庄浪、乔家、鬼卢、木波、把羊、丙离等吐蕃大族，而居于祁安城的庄浪族属下有吹折、密臧、陇逋、庞拜等部落。巴毡角（即赵醇忠，又写作顺忠）子永吉、孙世昌皆接受宋朝官职，袭把羊族长。金人占领陕西后，“世昌换忠翊校尉”。不久，赵世昌为鬼芦族长京臧所杀。后来金人执京臧，斩于临洮，复任世昌子铁哥继任把羊族都管。金大定四年（1164年），宋人破洮州（治今甘肃临潭县），铁哥弟结什角与母亲至乔家族避难。乔家族首领播逋与邻族木波、陇逋、庞拜、丙离四族耆老大僧等，共拥立结什角为木波四族酋长，号称王子。结什角感念金为父报仇，常欲归附。后受临洮尹移剌成招抚，于金大定五年（1165年）率部属

① 李华瑞：《宋夏关系史》，石家庄：河北人民出版社，1998年，第411、412页。

② （元）脱脱等：《辽史》卷一六《圣宗纪七》，北京：中华书局，1974年，第183页。

③ 《辽史》卷八九《耶律庶成传》，第1350页。

④ 《宋史》卷四九二《吐蕃传》，第14162页，

⑤ 《青唐录》，上海古籍出版社《说郛三种》，第602页。

投附金人。其居地“北接洮州、积石军。其南陇逋族，南限大山，八百余里不通人行。东南与叠州羌接。其西丙离族，西与卢甘羌接。其北庞拜族，与西夏容鲁族接”[①]。因此地高寒，“无丝枲五谷，惟产青稞，与野菜合酥酪食之。其疆境其八千里，合四万余户。其居随水草畜牧，迁徙不常”[②]。这是唃厮啰政权崩溃后，唃厮啰后人在金朝的支持下建立的一个地方政权。

结什角附金称王后，与金关系密切，每年向金贡献马匹、骆驼，金世宗嘉其慕义，时遣能吏抚绥，赏赐厚礼。此外，结什角还拉拢西夏属地祁安城的吹折、密臧二族暗中附金，这为夏人所不容。西夏国相任得敬以庄浪族叛乱之名，向金朝请命剪除，没有获准。夏天盛十八年(金大定六年，1166)十月，任得敬派殿前太尉任得聪率兵二万袭击吹折、密臧二族，悉掳其资财、人畜而归。夏天盛二十一年(金大定九年，1169 年)四月，任得敬又乘结什角至庄浪族探母之机，发兵围攻，结什角不降，率部力战，突围逃走，为夏兵断其臂，不久身亡，其母为任得敬所俘。结什角死后，遗言请金另立首领，金大定十年(夏乾祐元年，1170 年)，诏以结什角侄“赵师古为木波乔家、丙离、陇逋、庞拜四族都钤辖，加宣武将军”[③]。以后这支吐蕃势力一直归附金朝，至 1227 年，蒙古军队攻入河湟地区，整个河湟吐蕃归于蒙古王室。

七、金朝对陇南吐蕃的招抚

北宋时期，在甘肃南部，处于黄河以南、洮水以西的洮(治今甘肃临潭县)、岷(治今甘肃岷县)、叠(治今甘肃迭部县)、宕(治今甘肃舟曲县西北白龙江北岸)、阶(治今甘肃陇南市武都区)等地，以及积石军(治今青海贵德县西 10 里)东、南部，吐蕃部族众多。据文献记载，“洮岷蕃族繁盛”[④]，仅古叠州就有“四十三族、十四城、三十余万户”[⑤]，阶岷叠宕一带散居着吐蕃“十八族”[⑥]。这里也是西北吐蕃

---

① (元)脱脱等:《金史》卷九一《结什角传》，北京:中华书局，1975 年，第 2017 页。

②《金史》卷九一《结什角传》，第 2017 页。

③《金史》卷九一《结什角传》，第 2018 页。

④《续资治通鉴长编》卷二四七，熙宁六年十月辛卯，第 6029 页。

⑤《金史》卷九八《完颜纲传》，第 2175 页。

⑥《元史》卷九一《百官志七》，第 2309 页。

的重要聚集地，部族众多，名称各异，"大者数千家，小者百十家，无复统一"[1]。他们大多以分布地域为固定的活动地区，也有少数部族迁徙不定，居地有变。金朝、南宋统治时期及元朝统一后，这里仍散居着许多吐蕃部族，金朝统治者招抚这一地区的吐蕃部族，实行有效的统治与管辖。

（一）招抚鲁黎、葩俄、苽黎、宊门等族

北宋时鲁黎族就已居住、活动在叠州一带，其居地"东邻宕昌，北接临洮、积石，南行十日至笋竹大山，盖蛮境也。西行四十日至河外"[2]。大观二年（1108 年）四月二十三日，童贯遣统制官辛叔献、冯瓘等率大军"自岷州入洮州南境，逼鲁黎诸族，其首领结毡迎拒官军"[3]，以蕃字送与童贯，用辞倨傲。至其首领冷京时，已占据古叠州，拥有"四十三族、十四城、三十余万户"，成为叠州大族。冷京卒后，其子耳骨延嗣位，势力强大，宋朝不能控制，于是实行羁縻政策，授以官爵。传六世至青宜可时，鲁黎族发展更为强盛，"尤劲勇得众，以宋政令不常，有改事中国之意"[4]。此时曹佛留为洮州刺史，其智勇双全，又能结好吐蕃各部。青宜可畏慕曹佛留，呼其为父，要求举族内附。但金朝以宋有盟不许，只是厚赐金帛安抚。

金明昌（1190—1196 年）年间，吐蕃发生变乱，属羌巳彪杀地方官员起事，于召青宜可与官军合击破巳彪。后曹佛留迁同知临洮尹兼洮州刺史，其子曹普贤为洮州管内巡检使。完颜纲屡以事至洮州，曹佛留每次都对完颜纲说"青宜可愿内属"[5]，完颜纲屡奏，但因时机不成熟，金主"终不纳"。后完颜纲部署陕西时，金主"密敕经略事"。此时曹佛留已死，其子曹普贤曾为洮州管内巡检使，于是为怀羌巡检使。完颜纲至洮州，火速召见普贤，授其摄同知洮州事，对青宜可进行招抚。

吐蕃是以部落的形式聚族而居，部落有大小强弱之别，"虽各有鞍甲，而无魁首统摄，并皆散漫山川"[6]。部落内部有较强的凝聚力，而各部落之间，"其俗多有世仇，不相往来，遇有战斗，则同恶相济，传箭相率，其从如流"[7]。"传箭"成为吐蕃

---

①《宋史》卷四九二《吐蕃传》，第 14151 页。

②《金史》卷九八《完颜纲传》，第 2175 页

③（清）黄以周等辑注，顾吉辰点校：《续资治通鉴长编拾补》卷二八，大观二年五月壬子，北京：中华书局，2004 年，第 940 页。

④《金史》卷九八《完颜纲传》，第 2175 页。

⑤《金史》卷九八《完颜纲传》，第 2176 页。

⑥《宋史》卷二六四《宋琪传》，第 9129 页。

⑦《宋史》卷二六四《宋琪传》，第 9129 页。

在彼此隔绝的情况下，进行联系的一种简便易行而且独特的方式。曹普贤用吐蕃所特有的“传箭”方式进行联系，“传箭入羌中”[①]，青宜可见箭后大喜，率其属下诸部长，籍其境土人民，举族请内属。完颜纲奏报青宜可内属之事后，金主授青宜可为叠州副都总管，加广威将军。并下诏令：

> 卿统有部人，世为雄长，向风慕义，背伪归朝，愿效纯诚，恒输忠力，缅怀嘉瞩，式厚褒旌。览卿进上所受伪牌，朝廷之驭诸蕃固无此例，欲使卿有以镇抚部族，增重观望，是以特加改命，赐金牌一、银牌二，到可祗承，服我新恩，永为藩卫。[②]

青宜可归属金朝后，金朝又诏令完颜纲“今汝勿以青宜可兵势重大，卑屈失礼，亦勿以蕃部而藐视之”[③]。这充分反映金朝对青宜可归附的重视。

葩俄族原居地在廓州（治今青海化隆县西60里黄河北岸），是吐蕃大族。《长编纪事本末》卷一四〇引《青唐录》：“廓州招到大首领洛施军令结并葩俄族阿撒四等计一千余人，管户二十万。”后有一部分迁至兰州（治今甘肃兰州市）。苽黎族系吐蕃大族，有五部，宋金时期一直居住在临洮（今甘肃临洮县）。章罗、谒兰冬、铎精三族在北宋河州境内，金时均为积石州吐蕃部族。金宣宗贞祐二年（1215年），金枢密使仆散端遣纳兰伴僧“招谕临洮苽黎五族都管青觉儿，积石州章罗、谒兰冬及铎精族都管阿令结、兰州葩俄族都管汪三郎等，皆相继内附”[④]。葩俄族都总管汪三郎不仅率其蕃户归附金朝，并进献羊千只。金朝接纳，并优给其职，赐汪三郎姓“完颜”，后成为名将。

突门族，是金朝时临洮吐蕃大族，系北宋时居住在古渭州（治今甘肃陇西县）的吐蕃青唐族俞龙珂（包顺）的后裔。蕃部俞龙珂是古渭州吐蕃中的大族，也是最强者，有“十二万口内附”。自谓“平生闻包中丞拯朝廷忠臣，某既归汉，乞姓包”[⑤]。于是宋神宗赐姓名包顺。俞龙珂之兄瞎约也颇有势力，“初，木征为瞎约鸡罗所诱，据近寨青唐族立文法”[⑥]。俞龙珂、瞎约归附后，均赐包姓，其子孙世袭首领，

---

①《金史》卷九八《完颜纲传》，第2176页。

②《金史》卷九八《完颜纲传》，第2176页。

③《金史》卷九八《完颜纲传》，第2176页。

④《金史》卷一〇一《仆散端传》，第2232页。原文中“章罗谒兰冬”为一族，现将“章罗”“谒兰冬”断开为二族。

⑤《续资治通鉴长编》卷二三三，熙宁五年五月庚辰，第5653页。

⑥《宋会要辑稿》蕃夷六《唃厮啰》，第9909页。

后又分领各部，大多在河、岷地区，金朝占领陕西后附金。其首领乌古论长寿“本姓包氏，袭父永本族都管”[①]。金泰和（1201—1208年）年间攻宋，任绯翮翅军千户，取床川寨（今甘肃岷县东20里）及祐州（治今四川若尔盖县西境）、宕昌（治今甘肃宕昌县西南）、辛城子，以功进官二阶。金贞祐元年（1213年），夏人攻会州（治今甘肃靖远县东北），因战有功。升都统，兼充安定、定西、保川、西宁军马都弹压。因战功遥授同知陇州防御事，世袭本族都巡检。贞祐三年（1215年）九月，赐姓乌古论，于是包长寿即乌古论长寿。

（二）平息木波族变乱

木波部系吐蕃大族，《金史·结什角传》载：“乔家族首领播逋与邻族木波、陇逋、庞拜、丙离四族耆老大僧等立结什角为木波四族长，号曰‘王子’。其地北接洮州、积石军。”而“其南陇逋族，南限大山，八百余里不通人行。东南与叠州羌接。其西丙离族，西与卢甘羌接。其北庞拜族，与西夏容鲁族接”[②]。木波族在陇逋与庞拜族之间，“陇逋、庞拜二族与齐家族相邻，遂归结什角”[③]，亦在积军境内。南宋以来，木波为吐蕃大部，辖地广阔。“苏布特将自木波界窥我西蜀”[④]，而“都元帅重整三军，谈笑而定，直抵雕门、黎、雅、木波国界”[⑤]。显然，此时木波部南境已达黎（治今四川汉源县北）、雅（治今四川雅安市）、雕门（一作碉门，今四川天全县）等地。

临洮地区西与吐蕃为邻，长期以来，吐蕃木波部与汉族人民错居杂处。金朝“边将贪暴”，实行民族压迫政策，对吐蕃人民进行残酷的压迫与剥削，木波部人民不堪忍受，“遂相率为寇”[⑥]，不断发生变乱，被迫进行反抗，因而这一地区民族矛盾尖锐。海陵王完颜亮在位期间，曾将仆散忠义召至京师授命说：“洮河地接吐蕃、木波，异时剽害良民，州县不能制。汝宿将，故以命汝。”[⑦]授其为临洮尹、兼熙秦路兵马都总管，经营这一地区，安抚吐蕃，继而又遣同知临洮尹杨仲武前去治理临洮。面对洮西地区严重的民族变乱，杨仲武在危急时刻，亲自前往临洮，处理

---

①《金史》卷一〇三《乌古论长寿传》，第2271页。

②《金史》卷九一《结什角传》，第2017页。

③《金史》卷九一《结什角传》，第2017页。

④（宋）袁甫：《蒙斋集》卷《陈时事疏》，文渊阁《四库全书》第1175册，第398页。

⑤（清）胡聘之：《山右石刻丛编》卷二四《梁秉钧碑》，光绪三年（1877年）木刻本。

⑥《金史》卷九一《杨仲武传》，第2020页。

⑦《金史》卷八七《仆散忠义传》，第1936页。

民族矛盾。整顿吏治，严惩侵扰压榨吐蕃部民的贪官污吏，然后带领数名随从奔赴木波居地，安抚木波部民，指出变乱主要是“将校侵渔汝等，以至此尔。今惩治此辈，不复扰害汝也”[①]。同时又进行劝谕，讲清利害关系，“并以祸福晓之，羌人喜悦，寇掠遂息”[②]。由于杨仲武的妥善处置，才没有酿成更大的民族纠纷。

变乱平息后，由于边将的暴虐，木波部又聚众发动反抗，攻掠熙（治今甘肃临洮县）、河（治今甘肃临夏市东北）地区。熙河主帅派人告谕木波族，要求他们撤回，木波部民要求杨仲武前来，才肯罢兵。于是金国主诏令杨仲武再次前往处理。当时木波部民皆以为杨仲武不可能再来，及杨仲武再次来到，“与其酋帅相见，责以负约”。木波回答说：“边将苦我，今之来，求诉于上官耳。今幸见公，愿终身不复犯塞。”[③]并且举酒酹天，折箭为誓。杨仲武也遵照吐蕃的习俗举酒饮之，并说：“当更为汝请，若复背约，必用兵矣。”[④]与吐蕃木波部再次订立结好盟约。

（三）结什角附金

结什角系河湟吐蕃首领唃厮啰后裔。唃厮啰去世后，其三子各领其地，政权衰弱。唃厮啰长子瞎毡始附宋，赐姓赵，名醇忠[⑤]（一名顺忠）。醇忠子永吉，永吉子世昌，皆受宋官爵，为左武大夫，遥领莱州防御使，世袭把羊族酋长。金朝占据陕西后，世昌改授忠翊校尉。不久吐蕃部族内乱，世昌被鬼卢族长京臧所杀，金朝“遣兵执京臧，斩之临洮市，以世昌子铁哥为把羊族都管”[⑥]。金大定四年（1164年），宋兵攻破洮州（治今甘肃临潭县），铁哥弟结什角与其母到乔家族避难。据《宋史·地理志三》载，河州循化城“南至下桥家族地分一百余里”，而洮州“西至乔家族生界二百里”。《兰州府志》卷二载：“河州西南有乔家关，当以乔氏得名。”显然乔家族地界在洮州之西、河州西南，系吐蕃人族，唃厮啰曾与乔家族联姻。乔家族首领播逋与邻族木波、陇逋、庞拜、丙离四族耆老大僧等，立结什角为木波四族长，号称“王子”。结什角感念金朝为其父报仇，常欲归附，“欲弃四族归朝，四族不许”[⑦]。大定五年（1165年）二月，金朝边将移剌成至临洮（治今甘肃临洮县），使人

---

①《金史》卷九一《杨仲武传》，第2020页。
②《金史》卷九一《杨仲武传》，第2020页。
③《金史》卷九一《杨仲武传》，第2020页。
④《金史》卷九一《杨仲武传》，第2020页。
⑤《宋史》卷四九二《吐蕃传》，第14168页
⑥《金史》卷九一《结什角传》，第2016页。
⑦《金史》卷九一《结什角传》，第2017页。

招谕结什角，于是结什角率木波、丙离、陇逋、庞拜四族举地附金，献马百匹，仍请每年贡马。

金天会（1123—1137年）年间，夏金议和后，金王朝曾下诏以旧积石地与西夏，西夏人谓之祈安城。此地有吐蕃吹折、密臧、陇逋、庞拜四部族，合称为庄浪四族。他们虽属西夏，但叛服不定，西夏权臣任得敬曾遣人向金世宗奏告庄浪族反叛，请兴兵剪除。金世宗不知这二族旧属西夏，"以将检会其地旧所隶属，毋擅出兵"[①]为由不许。金大定六年（1166年）十月，西夏权臣任得敬遣殿前太尉任得聪将兵二万攻灭吹折、密臧二族，"悉掳其资财、人、畜"[②]。二族被灭后，庄浪四族中的陇逋、庞拜二族恐惧，因这二族与乔家族相邻，于是率部族投靠结什角，并向金"每年进马、驼百匹"[③]。金朝也不断遣官员抚绥，赏赐加重。此时结什角母居于庄浪族中。金大定九年（1169年）四月，结什角赴庄浪族探母，西夏人伺知后，遂出兵围攻结什角，欲招降。结什角不从，率所部奋战，突围而出，但被西夏人斩断其臂，身受重伤，部众也多散亡，结什角母也被西夏人掳去。不久，结什角伤重而亡，其临死前遗言，请金朝复立乔家族首领。

结什角被袭杀后，任得敬发兵四万，役夫三万，修筑祈安城，"增广其制"。在金朝遣使视察后，命在熙秦邻近宋夏处增兵防守，这实质上是对任得敬的防备。随着西夏权臣任得敬权势的显赫，阴谋篡位，欲以李仁孝处瓜、沙，自己据灵、夏之地，并进而要求"分国之西南路及灵州罗庞岭"[④]自立。此时的李仁孝已不能遏制，竟遣使赴金为任得敬求封册。此时，金世宗已清醒认识到"有国之主，岂肯无故分国与人，此必权臣迫夺，非夏王本意"[⑤]。并以宗主国的身份考虑到"夏国称藩岁久，一旦迫于贼臣，朕为四海主，宁容此邪？"[⑥]主张以兵诛杀。当任得敬攻破吹折、密臧二族，袭杀与金朝结好的吐蕃首领结什角时，实际上就已与金有隙，而他欲废李仁孝以自立，进一步损害了金朝对西夏的宗主国地位。因为这深层的复杂原因，在西夏面临分裂的紧要关头，正是金朝的大力支持，才使西夏仁宗设计将任得敬及其同党处死，使西夏转危为安。

---

①《金史》卷九一《结什角传》，第2017页。

②《西夏书事》卷三七，第142页。

③《西夏书事》卷三七，第142页。

④《西夏书事》卷三七，第143页。

⑤《金史》卷一三四《西夏传》，第2869页。《西夏书事》卷三七，第143页。

⑥《金史》卷一三四《西夏传》，第2869页。《西夏书事》卷三七，第143页。

金朝对陇南吐蕃葩俄、苽黎、章罗、谒兰冬、铎精等族的招抚与突门等族附金，有利于陇南地区的稳定与民族交融。而围绕吐蕃首领结什角引发的金夏之间的矛盾与争斗，结什角被杀和庄浪族吹折、密臧二部被灭，这两个貌似不甚重要事件，却对夏金关系有所影响。

第八章 西北吐蕃的社会经济

宋代是中国封建经济发展的一个重要时期,地处荒远西北一隅的吐蕃,也卷入经济发展的潮流之中。西北吐蕃不仅保留了本民族传统的经济构成,而且在此基础上有所进步,其社会经济在两宋时期有一定的发展。

一、畜牧经济的发达

宋代西北吐蕃所居地区优越的自然环境与从事畜牧的历史传统,决定了西北吐蕃是以畜牧为主的牧业经济结构。

(一)自然环境与历史传统

宋代西北吐蕃所居住的地区,就是藏文书中所谓上部阿里三围[①]、中部卫藏四翼[②]、下部朵康六岗[③]之一,其中朵康(又称朵甘或朵甘思)又分为朵堆与朵麦两部分,朵麦即安多。据《安多政教史》所载,安多之名,取自巴颜喀拉山东麓的阿庆冈嘉雪山与多拉山两座山名的首字,合并起来而命名[④]。安多地区就是指今四川西北部、甘肃南部、河西走廊及青海除玉树以外的全部藏族居住区。这一地区的自然条件与历史传统,决定了西北吐蕃是以畜牧为主的牧业社会经济结构。

安多地区位于青藏高原东北部,故亦称之为"东吐蕃"。这里平均海拔高度达

---

① 智观巴·贡却乎丹巴饶吉:《安多政教史》载:"上部为阿里三围,这个地区又复分为布让、芒域、桑噶尔三部为一围;黎、祝夏、罢蒂等三部为一围;象雄、上、下赤代等三部为一围。"兰州:甘肃人民出版社,1989年,第3页。这是吐蕃时代的阿里范围,阿里三围亦音译作"纳里速古鲁孙",其区域大于今西藏之阿里地区。

② 原先藏地区分为冶如、如拉两翼,卫地区分为伍如、约如两翼,但法王固始汗征服西藏13万户,将其献于达赖喇嘛之后,则又分为冶如、云如、贝日、贡日四翼。

③ 下部称为朵康六岗,即撒茂岗、察哇岗、玛尔康岗、包柏尔岗、玛尔扎岗、木雅岗,这些均属于中岗的范围。此外又划分为三岗,即原多康区域,被称为玛尔康,多麦被称为野摩塘,宗喀被称为吉塘。

④ 智观巴·贡却乎丹巴饶吉:《安多政教史》,兰州:甘肃人民出版社,1989年,第5页。

3000米,气候寒冷,草场面积分布极广。高寒草甸型、荒漠草原型、草甸草原型、山地草甸型、沼泽化草甸型、灌丛疏林等各类草场遍布安多各地,大部分地区牧草茂盛,品质均为上乘。这一切均为畜牧业生产提供了优越的自然条件。

畜牧业也是这一地区传统的经济部门。两汉时,因“河湟间少五谷,多禽兽”①,居住在青海地区的羌人“所居无常,依随水草”,以“产牧为业”②。而古凉州“地广民稀,水草宜畜牧,故凉州之畜为天下饶”③。《金史》卷一三四《西夏传》也载:“武威、张掖、酒泉、敦煌郡地,南界横山,东距西河,土宜三种,善水草,宜畜牧,所谓凉州畜牧甲天下者是也。”魏晋南北朝时期,吐谷浑部西迁进入青海地区后,由于自然环境的限制,仍从事畜牧业。“恒处穹庐,逐水草畜牧”“好射猎,以肉酪为粮”④。吐谷浑人善养马,驯养的名马称为“青海骢”,传说是波斯马与青海湖的龙交配而成,能日行千里。

宋代西北吐蕃的畜牧业可分为两种类型:一种是纯粹的以部落为单位不定居的游牧经济;一种则是以家庭为单位的半农半牧经济。大约居住在洮水以南、积石山以北、青海湖以西地区的吐蕃部落,从事的是纯游牧型经济,正如元人马祖常《河湟书事》诗所言“青海无波春雁下,草生碛里见牛羊”⑤。《青唐录》记载:“海西地皆衍平,无垄断,其人善逐水草,以牧放射猎为生,多不粒食。”⑥而凉州地区的吐蕃依深山而居,不植五谷,唯事畜牧,“所食唯青稞菽豆,硙作炒面,杂以芜青酪浆”⑦。“不粒食”“不植五谷”,即表明这一部分吐蕃人不从事农业生产,他们的经济生活主要是畜牧业,同时以狩猎为辅。居住在秦(治今甘肃天水市秦州区)、渭(治今甘肃平凉市崆峒区)、泾(治今甘肃泾川县)、原(治今甘肃镇原县)、熙(治今甘肃临洮县)、河(治今甘肃临夏市东北)、阶(治今甘肃陇南市武都区)、岷(治今甘肃岷县)、叠(治今甘肃迭部县)、宕(治今甘肃宕昌县)等地的吐蕃部

---

① (南朝宋)范晔:《后汉书》卷八七《西羌传》,北京:中华书局,1965年,第2875页。

②《后汉书》卷八七《西羌传》,第2869页。

③ (汉)班固:《汉书》卷二八《地理志下》,北京:中华书局,1962年,第1645页。

④ (唐)李延寿:《北史》卷九六《吐谷浑传》,北京:中华书局,1974年,第3186页。

⑤ (元)马祖常:《石田文集》卷四《河湟书事二首》,文渊阁《四库全书》第1206册,第519页。

⑥ 李远:《青唐录》,上海:上海古籍出版社《说郛三种》,2012年,第602页。

⑦ (清)顾炎武:《天下郡国利病书》第二十七册《陕西下四川备录》“马政附论”,上海:商务印书馆,《四部丛刊三编》,1936年。

族，则大多从事半农半牧型经济。韩琦言："秦州古渭之西，吐蕃部族散居山野，不相君长。耕牧自足，未尝为边鄙之患。"[①]曾布也言："熙河一路数州，皆有田宅、牛马，富盛少比。"[②]文彦博也谓："臣切见秦凤、泾原沿边熟户蕃部比诸路最多，至秋成以来，禾稼、牛羊满野，以致饵寇诲盗。"[③]"耕牧自足"正表明居住在城镇边、河谷区吐蕃部族的经济类型，一方面从事传统的畜牧业生产，另一方面也利用当地的自然条件，从事一些农业生产以补充牧业生产之不足。

安多地区优越的自然条件，传统的牧业经济，加之吐蕃本身就是一个牧业民族，"其畜牧，逐水草无常所"[④]，这就决定了西北吐蕃以牧为主，畜牧业是其主要的经济部门。

（二）畜牧业的兴盛

这一时期，唃厮啰统治区的畜牧业比较发达。10世纪以后，整个西北地区趋于平静，没有爆发大规模的战争，虽然党项集团曾一度企图进入河湟地区，但在唃厮啰的领导下，河湟吐蕃击败了党项的进犯，同时又与宋、辽、于阗、回鹘等政权保持睦邻友好关系，境内太平，人民安居乐业，吐蕃人民能够在一个长期和平安定的环境中发展生产。

西北吐蕃畜牧业品种众多，有马、牛、羊、犬、猪、骆驼等，但以饲养马、牛、羊为主。牛又有牦牛、犏牛之分。《青唐录》称"牦牛城在青唐北五十里，其野产牛"。《丹噶尔厅志》载："犏牛，牡者用以驮运，牝者资以取乳，乳最多且佳。"宋哲宗元祐元年（1086年）闰二月，吐蕃温溪心部曾向宋朝入贡犏牛。羊则分为绵羊与山羊，其中产于青海柴达木的大尾羊最为有名，而以"草生碛里"为食的"沙羊冰脂蜜脾白"[⑤]，品质优良。养马业在吐蕃社会经济中占有重要地位，安多地区的马最有名，有养名马的传统，在藏文史籍中有"安多马区"[⑥]之称，宋人也皆知"青唐之

① （宋）赵汝愚编：《宋朝诸臣奏议》卷一三七《上神宗答诏问北边事宜》，上海：上海古籍出版社，1999年，第1541页；（宋）李焘：《续资治通鉴长编》卷二六二，熙宁八年四月丙寅，北京：中华书局，1985年，第6387页；（宋）吕祖谦编：《宋文鉴》卷四四《答诏问北边地界》，文渊阁《四库全书》第1350册，第463页。

② 《续资治通鉴长编》卷四八九，绍圣四年七月癸丑，第11607页。

③ （宋）文彦博：《潞公文集》卷一七《乞令团结秦凤、泾原番部》，文渊阁《四库全书》第1100册，第686页。

④ （宋）欧阳修、宋祁：《新唐书》卷二一六上《吐蕃传上》，北京：中华书局，1975年，第6072页。

⑤ 《石田文集》卷四《河湟书事二首》，文渊阁《四库全书》第1206册，第519页。

⑥ 智观巴·贡却乎丹巴绕吉著，吴均等译：《安多政教史》，兰州：甘肃民族出版社，1989年，第5页。

马最良”[①]。吕颐浩也言:“今秦州接连熙、河州及青唐羌界,乃自古产良马之地。”[②]

西北吐蕃地区,良马品种众多。青海马,又称“青海神驹”,即“青海骢”,实际上是吐谷浑人用中亚的波斯马与当地良马杂交培育而成的良种马。六谷马,即今天祝藏族自治县所产的岔口驿马,为全国名马之一,被誉为活着的“天马”。这种马鬃鬣浓密,体态雄骏,挽乘兼备,灵敏易驯,而它最显著的特点,即在驰骋中不作前身起耸、后身腾跃等有大幅度颠簸的动作,而是四蹄分左右对侧,善走对侧步,蹓蹄疾走。武威出土的东汉铜奔马,不论是体形、神态的潇洒雄骏,还是蹄踏云雀行空的蹓蹄奋进,均与驰骋中的岔口驿马酷肖无二,这说明岔口驿马是铜奔马的原型,至少应有血缘关系。充分证明岔口驿马在古代就已成为草原骏马,声名远扬。河曲马,是产于黄河河曲(今甘肃玛曲县)地区的良种马,即今所称的南番马。宋代流传至今著名的李公麟《元祐三马图》,李公麟画马时,使果庄青宜结校之,其中就有两匹为吐蕃奇骏[③]。黄山谷以诗赞颂曰:“西河骢作蒲萄锦,双瞳夹镜耳卓锥。长楸落日试天步,知有四极无由驰。电行山立气深稳,可耐珠韉白玉羁。”[④]这首诗从形体、外貌、速度等方面颂赞了吐蕃名马的优良特性。

宋政府欲利用吐蕃地区自然条件及蕃部善养马的生产方式,从而改变宋官府养马的弊病,节省国家开支。熙宁六年(1073 年),宋神宗询问养马利害时,王安石回答说:“今坊监以五百余贯乃养得一马,若令洮、河蕃部养马,所费必不至如此之多,兼得好马。因地宜马,又蕃部以养马为业,极便利,所省钱计不少,而坊监地赋民,所取地利又不少。”[⑤]

宋代吐蕃畜牧业的发达还表现在畜产品的数量多。宋神宗、哲宗、徽宗三朝,根据买马司所购吐蕃马匹数额统计,约 60 万匹[⑥]。据《青海记》调查,清代青海

---

① 《宋朝诸臣奏议》卷四五《上钦宗论彗星》,第 481 页。

② (宋)吕颐浩:《忠穆集》卷八《燕魏杂记》,文渊阁《四库全书》第 1131 册,第 333 页。

③ (宋)苏轼:《东坡全集》卷九四《三马图赞》,文渊阁《四库全书》第 1108 册,第 519 页。

④ (宋)黄庭坚:《山谷集》卷二《次韵子瞻和子由观韩幹马因论伯时画天马》,文渊阁《四库全书》第 1113 册,第 19 页。

⑤ 《续资治通鉴长编》卷二四八,熙宁六年十一月壬戌,第 6049 页。

⑥ 汤开建:《北宋与西北各族的马贸易》之附表,载《中亚学刊》第三辑,北京:中华书局,1990 年。

(玉树未调查)蒙古族和藏族有马共12万匹。以这两个数字比较固然不大合适，但也可以从中看出这一时期，青海地区养马规模大，数量多。据《宋史·吐蕃传》载，咸平元年(998年)十一月，凉州吐蕃首领折逋游龙钵“献马二千余匹”，咸平五年(1002年)十一月，凉州六谷首领潘罗支一次就向宋朝“贡马五千匹”[①]。仅宋真宗即位初期咸平五年间，西凉府吐蕃向宋朝贡马2000匹以上的就有两次。《宋史·吐蕃传》亦谓潘罗支属下有“骑兵六万”，如按一骑二马的配备，凉州吐蕃的战马就有12万匹，其余的各类马匹则无法统计。由此可见，当时凉州吐蕃的养马规模也很大，凉州成为北宋战马的重要供给地之一。

牛羊的产量也很大，文彦博所言：“秋成以来，禾稼、牛羊满野。”[②]也反映了吐蕃部族牛羊的盛况。熙宁六年(1073年)九月，岷州吐蕃献“牛五百头，羊二千口”[③]。同年十月，王韶收复熙、河数州，“获牛羊马以数万计”[④]。熙宁七年四月，王韶破踏白(今甘肃积石山保安族东乡族撒拉族自治县南)、诃诺(即定羌城，今甘肃广河县)等城，“获牛羊八万余口”[⑤]。熙河地区还不是最主要的牛羊产区，而一年间所产牛羊至少在10万头以上，而吐蕃部民长期以来贸易羊马药物百万之多，可见畜产品贸易量之大，这均反映了吐蕃畜产品数量之多。吐蕃畜牧业种类多，数量大，这正是畜牧业兴盛的表现。

(三)陇南吐蕃畜牧经济

元朝统一全国后，原系宋朝辖区的陇南吐蕃地区归属元朝宣政院管辖，这里自然地理环境独特，气候寒冷，大部地区皆为高山、峻岭、荒漠、草甸、山地、草原，自古以来适宜畜牧。

据藏文文献记载，元朝时期，藏族聚居区分卫藏为法区、朵麦为人区、朵梅(朵麦)为马区[⑥]，朵麦即安多。据《安多政教史》所载，安多之名，取自巴颜喀拉山东麓阿庆冈嘉雪山与多拉山两座山名的首字，合并起来而命名。元朝时期，属“朵麦马区”的今甘南藏族自治州仍是传统的主要畜牧区，畜牧业是其主要经济成分，

① (元)脱脱等：《宋史》卷四九二《吐蕃传》，北京：中华书局，1977年，第14156页。

② 《潞公文集》卷一七《乞令团结秦凤、泾原番部》，文渊阁《四库全书》第1100册，第686页。

③ 《续资治通鉴长编》卷二四七，熙宁六年九月壬戌，第6015页。

④ 《续资治通鉴长编》卷二四七，熙宁六年十月庚辰，第6022页。

⑤ 《续资治通鉴长编》卷二五二，熙宁七年四月丁酉，第6179页。

⑥ 第五世达赖喇嘛著，郭和卿译：《西藏王臣记》，北京：民族出版社，1983年，第101页注释。

而河曲马是产于甘、青、川三省交界黄河河曲地区(今甘肃玛曲县)的良种马,即今所称“南番马”。这种马适应海拔3000米以上的严酷自然环境,在形体、外貌、速度方面具有优良特性。甘南地区还形成了小体形、瘦肉型的良种猪,这种成年猪只有五六十斤,能耐高寒,可终年放牧,因其喜食蕨麻(人参果),故称为蕨麻猪。这一猪种至今仍在饲养。

元朝时期,陇南吐蕃地区牧业工具简陋,牧民所用工具只有皮绳、口袋、奶桶、驮鞍、粪耙、割草镰刀、割毛切肉刀等。有一种称为午尔多(乌朵)的放牧工具,是将牛毛搓成粗线,再编成辫状粗绳,辫绳上端系一环套,中间编成椭圆形、巴掌大的一块,称作“午尔梯”,末端用羊毛结成鞭梢,用时将环套在中指上,捏住午尔多的两端,同时在“午尔梯”里夹置石子或硬土块,提起振臂抡几圈后放开一端,石子或土块就会飞出几十丈或一二百丈远,牧民用它调转牲畜,驱逐野兽[①],节省了体力与时间。

由于采取的是粗放式牧业经营,仍是自然分群放牧,不修棚圈,不储备或很少储备过冬草料,牲畜在冬春时节,因缺食致死现象严重。无专门工具采牛毛,用手或棍卷缠后拔取,而采羊毛,使用梳子,或用小刀、镰刀割取,工效低且伤牲畜,这均反映了畜牧业发展水平的滞后与原生形态。

元代陇南吐蕃地区还有少量狩猎户,成宗嗣位之初,于至元三十一年(1294年)七月,即在河州路(治今甘肃和政县北)设立“随路民匠、打捕、鹰房、纳绵等户都总管府,秩正三品”[②]。元朝制度规定,“自御位及诸王皆有昔宝赤,盖鹰人也”,这是不可缺者。其属下猎户“昔宝赤”,即专门为官府打猎,“是故捕猎有户,使之致鲜食以荐宗庙,供天庖,而齿革羽毛,又皆足以备用”[③]。其他猎户多以打猎为生活的补充来源。明朝建立后,也在元朝建制的基础上予以设置。洪武四年(1371年)四月,东胜卫领千户所中,就有“失宝赤千户所”[④]。“失保赤”又作“昔宝赤”,蒙语意为“鹰人”,由此说明狩猎业是一传统的经济活动。

---

① 郭厚安、李清凌主编:《西北通史》第三卷,兰州:兰州大学出版社,2005年,第291页。

② (明)宋濂等:《元史》卷一八《成宗纪一》,北京:中华书局,1976年,第386页。

③《元史》卷一〇一《兵四》“鹰房捕猎”,第2599页。

④ (清)张廷玉等:《明史》卷四一《地理二》,北京:中华书局,1974年,第974页。

二、农业经济的发展

历史上的安多地区基本上是单纯的游牧区，在这一地区居住的羌、戎、吐谷浑、党项等民族，大都是“不事耕稼”的游牧民族。由于安多地区的地理、气候、土壤等自然条件都比吐蕃本土优越，加之又与汉族农业区毗邻，汉族先进的生产技术与生产工具的大量传入，使吐蕃人传统的“重牧轻农”的观念开始转变，农业生产逐渐受到重视，农业生产有所发展，并且水利、森林资源得到开发利用。到吐蕃中后期时，安多地区已成为吐蕃王朝的重要粮食基地，“军粮兵马，半出其中”[①]。

（一）农业继续发展

10世纪以后，这一地区的农业生产在原有的基础上有了更进一步的发展，熙（治今甘肃临洮县）、河（治今甘肃临夏市东北）、洮（治今甘肃临潭县）、岷（治今甘肃岷县）、兰（治今甘肃兰州市城关区）、渭（即古渭州，治今甘肃陇西县）、叠（治今甘肃迭部县）、宕（治今 甘肃宕昌县）、湟（治今青海海东市乐都区）、鄯（治今青海西宁市）、廓（治今青海化隆西60里黄河北岸）等州沿河地带成为吐蕃人的主要农业区。熙宁元年（1068年），王韶在上《平戎策》三篇时就说：“武威之南，至于洮、河、兰、鄯，皆故汉郡县，所谓湟中、浩亹、大小榆、枹罕，土地肥美，宜五种者在焉。”[②]李远《青唐录》所载：“自墨城西，下坡十余里，始得平川，皆沃壤。”[③]这充分表明湟水沿岸的吐蕃居民主要从事农业生产，种植小麦、青稞等农作物，过着安定的农居生活。居于四川西北的吐蕃部落也以农业为主要经济，其生产的发展与汉地差距不大。据文献记载“边防自青城以西与蕃部接连，去成都仅五舍，比他边利害尤切。然非禁山林木茂密，无以保藩离之固。自治平、元丰间尝立界堠，应採伐耕垦，禁之甚严。自后无复畏惮，侵开日广，弥望田苗，几彻蕃界”[④]。

凉州（治今甘肃武威市凉州区）地区得天独厚的自然地理环境，为凉州吐蕃农业生产的发展提供了优越的条件。号称“周回平川二千里”的河西军（西凉府）

---

①（宋）王钦若、杨亿等：《册府元龟》卷九七七《外臣部·降附》，《文渊阁四库全书》第919册，第358页。

②《宋史》卷三二八《王韶传》，第10579页。

③《青唐录》，上海古籍出版社《说郛三种》，第602页。

④（宋）徐松辑，刘琳等点校：《宋会要辑稿》兵二九《边防》，上海：上海古籍出版社，2014年，第9258页。

地区，是沿白亭河南北狭长农牧地和天梯山下北流诸河所灌溉的凉州复合扇状地带的农牧地，祁连山的雪水滋润着土地，灌溉田野，形成了绿洲地带。凉州地区的居民多为吐蕃人与汉人，凉州是吐蕃部族重要的居地之一，吐蕃人成为居民的主要成分，汉人只是少数。汉人在凉州城外数十里的近郊耕种，而近郊以外的广大地区则是吐蕃人，他们以畜牧业为主，兼营农业。唐人王建在《凉州行》诗中称道："蕃人旧日不耕犁，相学如今种禾黍。"[①]这是反映唐朝后期，凉州吐蕃中有部分人接受了汉族先进的生产技术，从事农业生产的情况。吐蕃人与汉族人民相互融合，互相学习，从事农耕的吐蕃人必然会日益增多，凉州地区的农业生产自然也会得到进一步的发展。宋人刘攽《熙州行》诗描写从熙州到凉州一路所见到的景象："岂知洮河宜种稻，此去凉州皆白麦。女桑被野水泉甘，吴儿力耕秦妇织。行子虽为万里程，居人坐盈九年食。熙州欢娱军事息，天王圣明丞相直。"[②]正是凉州吐蕃地区社会安定、农业生产发展的真实写照。甘肃省内众多博物馆藏品皆有出土的犁铧，说明农业生产的进步与发展。

（二）公私储粮增多

吐蕃人传统的农产品主要有"小麦、青稞麦、荞麦、䓖豆"[③]，安多地区则多生产大麦。熙宁六年（1073年），王韶率军入岷州（治今甘肃岷县），吐蕃部落首领辖乌察与本琳沁归附，"两人各献大麦万石"[④]。一个部落一次就能捐献"一万石大麦"来犒赏宋军，由此可见这一地区大麦产量高，种植面广。青稞是西北吐蕃的主要食粮，也是他们普遍种植的农作物。《甘肃通志稿》载："西宁等处山高风烈，五谷不能遍生，农种青稞为多。"《金史·结什角传》也载："其地北接洮州、积石军。其南陇逋族，南限大山。八百里不通人行。东南与叠州羌接。其西内离族，西与卢甘羌接。其北庞拜族，与西夏容鲁族接。地高寒无丝枲，惟产青稞。"这一时期，青稞产量很高，崇宁五年（1106年），熙河兰湟路转运使洪中孚言："本道青稞亩收五石，粒当大麦之三。"[⑤]

农业生产的发展，粮食产量的提高，致使公私储粮骤增，青唐吐蕃首领辖正（瞎征）就储存有大量的粮食。赵挺之《崇宁边略》载："当元符中，青唐主辖正弃其

---

①《御定全唐诗》卷二九八《凉州行》，文渊阁《四库全书》第1426册，第10页。

②（宋）刘攽：《彭城集》卷八《熙州行》，文渊阁《四库全书》第1096册，第82页。

③《新唐书》卷二一六《吐蕃传上》，第6072页。

④《续资治通鉴长编》卷二四七，熙宁六年九月壬戌，第6015页。

⑤《宋史》卷一七五《食货志上三》，第4247页。

国，王赡乘虚而入，驻兵数十里外，不敢进。辖正尝语人曰：‘吾畜积甚多，若汉兵至，可支一万人十年之储’。赡不进，辖正又弃其城，凡一十八日，尽为诸蕃族争，取其谷几尽，而赡至，遂据有之。”辖正所言仅指青唐城一处储积的粮食就可供一万人十年之用，而青唐城“仓储初以百万计”[①]，仅一地储粮达百万石，其他地区的粮食产量也不容低估。吐蕃百姓私储粮食数额也很大，元祐二年（1087 年），鬼章率兵围河州南川寨，“焚庐舍二万五千区，发窖粟三万斛”[②]。熙河地区“居人坐盈九年食”[③]。

北宋统一全国后，重视农业生产，提倡南北农作物品种交流。原来“江北之民杂植诸谷，江南专种粳稻”[④]，从而使一部分土地不能因地制宜，合理利用。宋政府认为“虽土风各有所宜，至于参植以防水旱，亦古之制”。于是诏令南方各地“劝民益种诸谷”，而江北诸州，“亦令就水广种粳稻，并免其租”[⑤]。神宗即位后，立志改革，兼制西夏，开拓边疆。熙宁（1068—1077 年）年间，宋朝攻占熙河后，将南方的水稻也引入西北地区，洮河沿岸开始种植粳稻，熙河地区的农业生产呈现出一派繁荣景象。正如《熙州行》诗中所描写的“岂知洮河宜种稻，此去凉州皆白麦”[⑥]，河湟地区的吐蕃农业生产也获得一定程度的发展。河湟地区“川长百里，宗河行其中，夹岸皆羌人居，间以松篁，宛为荆楚”[⑦]。僻远的塞外河湟地区，也呈现出一副勃勃生机的江南农村景象，这正是 10 世纪以后，西北吐蕃地区农业经济发展的生动反映。

西北吐蕃居地农业经济一直得到延续，元朝时期，吐蕃部族聚居的洮、岷流域与礼店、文州一带，仍是传统的农业经济区，也是屯田址地。至元二十一年（1284 年），忽必烈征发“文州镇戍新附军九百人，立亚柏镇军屯”[⑧]，屯“九百户”，其地有屯田“二百六十八顷五十九亩”。这里的农作物品种主要有大麦、青稞、小麦、荞麦、莜麦、豌豆等粮食作物，萝卜、芫青、白菜、葱、蒜等蔬菜及油菜籽等油料

---

①《续资治通鉴长编》卷五一五，元符二年九月己未，第 12248 页。
②《续资治通鉴长编》卷四〇〇，元祐二年五月癸丑，第 9743 页。
③《彭城集》卷八《熙州行》，文渊阁《四库全书》第 1096 册，第 82 页。
④《宋史》卷一七三《食货志上一》，第 4159 页。
⑤《宋史》卷一七三《食货志上一》，第 4159 页。
⑥《彭城集》卷八《熙州行》，文渊阁《四库全书》第 1096 册，第 82 页。
⑦《青唐录》，上海古籍出版社《说郛三种》，第 602 页。
⑧《元史》卷一〇〇《兵三·屯田》“陕西等处行中书省所辖军民屯田”，第 2568 页。

作物。元朝时期，见于记载的农业工具，仍然是犁、锄、锨、镰刀、多齿耙、筐等。农作物一年一熟，很少施肥，尤为忌用人粪肥，通常采用烧荒肥田，随犁下种，仍是比较落后的耕作方式。陇南文州也由于受“不杀生”宗教思想的影响，各发生病虫害、兽害及风、霜、干旱等自然灾害，只能消极地祈求神灵保佑，从而影响了当地人们抵御自然能力的发挥与防灾减灾的意识，当地百姓一般饲养家畜，采集野菜及多种菌类植物补充生活来源，农业生产技术无明显进步。

宋代西北吐蕃地区的农业经济虽有一定程度的发展，但由于吐蕃人“贱土贵货”传统的经济观念与文化形态的影响，“诸羌利牧养而拙耕稼”[①]。农业在经济结构中始终不能占据主导地位。正如王韶所说：“昔魏绛和戎，谓戎狄贵货贱土，其土可贾。今之蕃部正同此耳。若国家厚以恩信抚之，其土地皆可贾易而致。”[②]在宋代西北吐蕃部落中，尽管某些地区农业生产呈现出较高水平的发展趋向，但由于吐蕃人传统的“重农轻牧”生产方式的影响，其农业经济在吐蕃人整体经济结构中始终处于从属和补充的地位。

（三）水利、森林开发利用

西北吐蕃地区有丰富的水利、森林资源，对这些资源的开发利用，与农业生产紧密联系，相辅相成，是经济发展的一项重要内容。

1. 兴修水利

西北吐蕃地区由于自然地理条件的限制，水利的兴修、利用不能与中原及南方相比。但是宋朝时期，秦陇熙河湟鄯地区凡是可利用的水利资源，都尽可能地开发利用，促进了这些地区水利事业的发展。渭州（治今甘肃平凉市崆峒区）“北有古池，连带山麓”[③]，大中祥符七年（1014 年），泾原都钤辖曹玮率民开渠，引水溉田。熙宁八年（1075 年），秦凤路提点刑狱郑民宪要求募民工兴修水利，进行引水工程，在熙州南关以南“开渠堰引洮水，并东山直北通流下至北关”，并且又从“通远军熟羊寨导渭河至军溉田，乞募夫开修”[④]。宋政府大力支持，令郑民宪勘

---

① （宋）杜大珪：《名臣碑传琬琰之集》中卷一三《郭将军墓志铭》，文渊阁《四库全书》第 450 册，第 309 页。

② 《宋朝诸臣奏议》卷一四一《上神宗论进筑熙河》，第 1591 页。此奏见《文潞公集》卷二〇，题作《言洮河》。

③ 《续资治通鉴长编》卷八二，大中祥符七年四月甲戌，第 1872 页。

④ 《续资治通鉴长编》卷二六三，熙宁八年闰四月壬寅，第 6434、6435 页。

察，“如可作陂，即募京西、江南陂匠以往”[①]。据李远的《青唐录》所载：“自墨城向西，皆为平川沃壤。中有流水，羌多相依水筑屋而居，激流而硙。”这充分表明湟水沿岸的吐蕃居民，不仅过着安定的农居生活，而且还利用了水利资源，将文成公主入藏时，在青海教吐蕃人建造的水磨，广泛使用在农副业生产及家庭生活中。由于对水利的开发利用，洮河沿岸辟为稻田，种植水稻。宋人刘攽《彭城集》卷八《熙州行》诗中所言“岂知洮河宜种稻，此去凉州皆白麦”，正是对洮河水利的赞誉，也是当时这一地区开发状况的真实写照。

宋政府还在西北吐蕃地区的一些河流渡口架设桥梁，变天堑为通途，以利于运兵输粮。河州安乡城（即安乡关城，今甘肃临夏市北莲花乡）是丝绸之路通往青海鄯州（治今青海西宁市）、廓州（治今青海化隆县西 60 里黄河北岸）的通道，由于黄河阻隔，道路不畅，“滨河戎人，尝刳木以济行者，艰滞既甚，何以来远”[②]。熙宁六年（1073 年）二月，宋政府在熙州城下洮河及南、北关渡口修建浮桥。同年十月，宋政府又令边将景思立负责营建，在河州安乡城黄河渡口置浮桥。绍圣四年（1097 年）四月九日，枢密院言“兰州近修复金城关，系就浮桥”[③]。兰州西关铺近西地为把拶（即把拶宗城，今青海海东市乐都区东南湟水南岸）、京玉（即京玉关，今甘肃兰州市西北 45 里）两处，宋政府于元符二年（1099），在这两地修桥通路，直达邈川（即湟州，今青海海东市乐都区）

随着西北吐蕃地区水利的兴修，航运也逐渐发展。宋政府疏通洮水，“自北关下结河，泝流至香子城，可通漕”[④]，建立漕运水道，并下诏“镇洮军造船置水手及壮城兵，共以五百人为额”[⑤]，从人力上予以保障。元丰五年（1082 年）二月，又令李宪主持熙河路洮河与黄河的通接工程，以便用战舰运粮济兵。

2. 开发森林

对于西北吐蕃地区，宋政府不仅“有其地”，而且要进一步“得其利”，对森林资源的开发就是“得其利”的最佳途径，也是开拓经营的一项重要内容，也是经济发展的反映。

---

①《续资治通鉴长编》卷二六三，熙宁八年闰四月壬寅，第 6435 页。

②《续资治通鉴长编》卷二四七，熙宁六年十月壬申，第 6019 页。

③《宋会要辑稿》方域一九《诸寨杂录·修建城寨》，第 9651、9652 页。

④《续资治通鉴长编》卷二三九，熙宁五年十月壬辰，第 5811、5812 页。

⑤《续资治通鉴长编》卷二三九，熙宁五年十月壬辰，第 5811 页。

唐末五代及宋初的一百年间，西北吐蕃地区相对平静，森林草地生长茂盛，据《续资治通鉴长编》等文献记载，甘肃地区林木茂盛，“洮、岷州山林深险”①，有大片森林，而秦州“多巨木”，其境内伏羌（今甘肃甘谷县）、夕阳镇（今甘肃天水市西北）、大洛门（今甘肃武山县鸳鸯镇）、小洛门（今甘肃武山县洛门镇）一带，是著名的林区，“多产良木”②。自陇山起至巩州（治今甘肃陇西县）定西城的道路，为“山林所阻”，而“独熙河山林久在羌中，养成巨材，最为浩瀚”③。洮（治今甘肃临潭县）、岷（治今甘肃岷县）、叠（治今甘肃迭部县）、宕（治今甘肃舟县西北白龙江北岸）等州与青唐玛尔巴山（即抹邦山）相连，“林木翳荟交道”④，狭阻难行。今东北三省、河北、内蒙古、宁夏、陕西北部和甘肃敦煌至环县东西一线以北等省区的森林，分别为辽、金、西夏所有，川蜀的木材或为西南所据，如此，秦、陇、熙、河、洮、岷等吐蕃地区就成为宋政府的一个重要的材木供给区。

自宋初开始，宋王朝就开发秦陇地区的森林资源。秦州夕阳镇（今甘肃天水市西北）是古伏羌县地，“西北接大薮，材植所出”⑤，当地吐蕃部民“久擅其利”。宋建隆三年（962年），于此地“置采造务，辟地数百里，筑堡据要害，戍卒三百人”⑥，岁获大木万本，以供京师。大中祥符初，杨怀忠知秦州时，得知大洛门、小洛门出产材木，于是在破他岭置采造务。宋初，由于与秦州诸蕃争采木之利，引起吐蕃部民的反抗，于是宋政府改变以前的争利作法，采取“以缗帛求采木”的交易方式进行经营，重新开采秦州材木，“取路采木，所经族帐，赉以缗帛”⑦。并将秦州采造务迁到马鬃寨，原在秦州破他岭的采造务，后因地处僻远，交通不便而废。大中祥符三年（1010年），签署枢密院事马知节在大洛门、小洛门及沿路设营，并且告谕当地诸族，又利用渭河运木，“可免牵挽之役”⑧。大中祥符五年（1012年），宋政府又在秦州小落门（今甘肃武山县洛门镇）置寨采木，并赐秦州小落门采造务兵匠缗钱以示奖励。以后随着宋王朝与西夏党项矛盾的不断尖锐与发展，在西北沿边开始大规模构筑堡寨，致使西北地区的林木不仅要供给京师，而且大量开采“以备

① 《续资治通鉴长编》卷二四六，熙宁六年七戊申，第5977页。

② 《宋史》卷二六六《温仲舒传》，第9182页。

③ 《续资治通鉴长编》卷三一〇，元丰三年十二月乙酉，第7528页。

④ 《续资治通鉴长编》卷二四七，熙宁六年十月庚辰，第6022页。

⑤ 《续资治通鉴长编》卷三，建隆三年六月辛卯，第68页。

⑥ 《续资治通鉴长编》卷三，建隆三年六月辛卯，第68页。

⑦ 《续资治通鉴长编》卷七一，大中祥符二年四月辛丑，第1603页。

⑧ 《续资治通鉴长编》卷七三，大台祥符三年四月丙寅，第1667页。

边用”。因筑寨时所用木版（版筑）及其城寨的设施战楼、楼橹（望楼）、篱笆、门桥、寨栅等都需要大量木材。曹玮知秦州时，就修筑“弓门、冶坊、床穰、静戎、三阳、定西、伏羌、永宁、小洛门、威远十寨，浚壕三百八十里”[①]，所用木材量必然很大。另外坑冶木材用量也不小。

北宋中期，随着熙河地区千里土地的收复，再次兴起对森林资源的开发利用。凡是北宋势力所及的林区，皆调动士兵加紧采伐。熙宁（1068—1077）年间，宋政府就利用这些森林资源采木造船。王韶收复熙、河、洮、岷等州后，命令厢军采木，并在山坡地招募蕃汉弓箭手强行毁林垦殖。宋王朝对“久在羌中”的森林资源的开采与利用，也是引起蕃部不满与反抗的一个重要因素。吐蕃将领青宜结果庄数扰河州属羌，“诱胁赵、常、杓家等三族集兵西山，袭杀河州采木军士”。熙宁七年二月，“赵家山采木并防拓使臣殿侍、军将孙贵等及厢兵、弓箭手二百九十三人，马五十四匹”[②]被劫掠。元丰三年（1080）十二月，宋政府下令“专差都大经制熙河路边防财用事李宪兼专切提举本路采买木植”[③]，将熙河地区的采木场全部收归公有，由政府派专人管理。

政和八年（1118 年）八月，因京都开封重新修建宣德楼、集英殿，需要大量木材。此时，从宋初至神宗时期，经过百余年的滥伐林木，渭河沿岸的森林受到极大破坏，巨木大材被采伐一空。此时修建宣德楼、集英殿的木材供给，只能到远离渭河、地域偏远的威远镇（今甘肃武山县南）青竹坪采伐。青竹坪位于秦州最高峰太皇山麓河谷地带，林木丰茂，水草肥美，是天然的牧马场地。于是宋政府下诏至巩州（治今甘肃陇西县），由熙河路转运司、提刑司、常平司出资，巩州知州、陇西县令、威远镇寨官员与众民工，聚集在威远镇南青竹坪，采伐巨木，至九月，即获“五丈至百，亦其数二千三百七十有奇”[④]。

宋政府对森林资源的过度开发以及征服吐蕃的战争，造成了森林资源的破坏。元符二年（1099 年）、崇宁四年（1105 年），宋军两次攻占湟（治今青海海东市乐都区）、鄯（治今青海西宁市）、廓（治今青海化隆县丁 60 里黄河北岸）三州后，断炳灵寺桥，烧省章峡栈道，“焚荡族帐，广数百里，烟尘亘天”[⑤]，用此手段来剿灭逃往山谷的吐蕃部民，致使森林草地大面积毁于宋军的火攻战术，破坏了大自然

① 《宋史》卷二三八《曹玮传》，第 8986 页。

② 《续资治通鉴长编》卷二五〇，熙宁七年二月甲申，第 6087 页。

③ 《续资治通鉴长编》卷三一〇，元丰三年十二月乙酉，第 7529 页。

④ 北宋摩崖“政和伐木石刻”，现存于甘肃武山县威远镇南圈子阖北山石碑湾南麓。

⑤ 《续资治通鉴长编》卷五一六，元符二年闰九月壬辰，第 12288 页。

的生态平衡。

三、繁荣的商业贸易

宋朝时期,散居在今青海、甘肃等地的吐蕃部落与各地区建立了商业贸易关系,并建立了相对稳定的共同市场,成为一个繁荣兴盛的商贸区域。这一时期,西北吐蕃的商业贸易活动主要分为三种形式:贡赐贸易、边境贸易、城镇市场贸易。

(一)贡赐贸易

贡赐贸易是一种特殊的经济活动,带有浓厚的政治色彩。这种经济活动一般说来并不是一种完全的等价交换,往往是"回赐"价值高于"进贡"价值。尽管如此,"互通有无"却是这种经济活动客观上遵循的基本原则。西北吐蕃从事商业贸易活动的一个重要方式,就是与宋朝进行"贡赐贸易",他们将自己所有的马、驼、牛、羊等畜产品和其他土特产,以"进贡""朝贡"的名义奉献给宋朝统治者,从而取得一份回赐。

宋代西北吐蕃的"贡赐贸易"具有明显的商业性质,主要表现在以下几点:

一是贡赐贸易频繁。五代时,以吐蕃名义入贡约有 21 次,主要的贡品是马匹、骆驼、牦牛①等。建隆元年(960 年),宋朝建立后,吐蕃对宋朝的进贡就逐渐增多,宋太祖开宝六年(973 年),"凉州令步奏官僧各毡声、逋胜拉蠲二人求道于泾州,以申朝贡"②。宋太宗太平兴国八年(983 年)九月,吐蕃各部又来献马,"上召其酋长对于崇政殿,厚加慰抚,赐以束帛"③。至道元年(995 年)正月,"凉州吐蕃当尊以良马来贡"④。第二年七月,吐蕃都总管后临曳于率六谷蕃众赴宋朝献名马。特别是宋真宗一朝,吐蕃进贡次数更为频繁。咸平二年(999 年),"清远军裕勒榜族首领多拉来贡"⑤。吐蕃各部向宋朝进贡达 45 次⑥,真宗在位 20 年,平均每年进贡二次以上,其他各朝进贡虽有多有少,但贡赐贸易关系始终维持着。

---

①《新五代史》《旧五代史》《册府元龟》等吐蕃进贡资料。

②《宋会要辑稿》方域二一《西凉府》,第 9704 页。

③《续资治通鉴长编》卷二四,太平兴国八年九月庚午,第 553 页。

④《宋会要辑稿》方域二一《西凉府》,第 9704 页。

⑤《续资治通鉴长编》卷四五,咸平二年七月癸卯,第 957 页。

⑥ 汤开建:《北宋与西北各族的马贸易》之附表,载《中亚学刊》第三辑,北京:中华书局,1990 年。

二是贡品数量大。凉州吐蕃向宋朝进贡的大宗物品主要是名马，其数量往往以千计。真宗一朝，吐蕃贡马2000匹以上的就有两次，咸平元年（998年）十一月，西凉府吐蕃首领折逋游龙钵赴宋，其“四世受朝命为酋长，虽贡方物，未尝自行，今始至，献马二千余匹”[①]。咸平五年（1002年）十一月，吐蕃六谷首领潘罗支“遣使来贡马五千匹”[②]。大中祥符元年（1008年）十二月，吐蕃首领厮铎督遣蕃部厮铎奴等贡马，二年十一月，厮铎督“又遣使贡马五匹”[③]，宋政府“准诏估蕃部及诸色进贡马价”[④]，并“厚给其值”。按照大中祥符三年（1010年）十月，“厮铎督马三匹，估值百七十贯；潘失吉马三匹，百一十贯”[⑤]来计算，大约一匹马的回赐钱为“三十三至五十五贯”，取其中值“四十贯”，5000匹马至少得回赐钱22万贯，这个数额可以说明凉州吐蕃与宋朝之间贡赐贸易数量之大。大中祥符八年（1015年）二月，吐蕃首领唃厮啰、李立遵、温逋奇、木罗丹等“并遣牙吏贡名马”，宋政府“估其直约钱七百六十万”[⑥]，宋朝的回赐物品为“锦袍、金带、供帐什物、茶药有差，凡中金七千两，他物称是”[⑦]。显然，回赐物品的价值远远超过进贡物品的价值。在经济利益的驱动下，吐蕃人愿意向宋入贡，使臣络绎不绝。

三是贡品种类多。除了马是大宗进贡物品外，还有牦牛、骆驼、狮子、犏牛、乳香、象牙、玛瑙、犀角、铁甲、铜印、银装交椅等物品。大中祥符九年（1016年）正月，“秦州宗歌般次、回纥李四等贡玉”[⑧]。凡是中原地区所需物品都被作为贡物携来进贡，每一次进贡，实质上就是一次商品大展销。这些物品或是本地的土特产，或是与西域、中亚各国商人贸易中得来之物。而回赐物往往是吐蕃所缺之物，如茶、彩、锦袍、药等，甚至禁运的铁器、熟铜，也作为回赐物品。元祐六年（1091年）四月四日，“西蕃阿里骨蕃字乞赐熟铜五十斤”，宋“诏赐千斤”[⑨]。

在“贡赐贸易”活动中，其表面的政治色彩往往掩盖了其商业性，但实质上，

---

①《续资治通鉴长编》卷四三，咸平元年十一月丙辰，第920页。

②《续资治通鉴长编》卷五三，咸平五年十一月甲午，第1162页。

③《宋会要辑稿》方域二一《西凉府》，第9709页。

④《续资治通鉴长编》卷四三，咸平元年十一月戊辰，第921页。

⑤《宋会要辑稿》方域二一《西凉府》，第9709页。

⑥《续资治通鉴长编》卷八四，大中祥符八年二月丙辰，第1917页。

⑦《续资治通鉴长编》卷八四，大中祥符八年二月丙辰，第1917页。

⑧《宋会要辑稿》食货四一《禁珠玉贡珠玉献珠玉》，第6935页。

⑨《宋会要辑稿》蕃夷六《吐蕃》，第9921页。

被掩盖的商业性仍在顽强地表现着自己的特点。在这种特殊的经济活动中,吐蕃人已经不自觉地卷入商品流通之中。

(二)边境贸易

吐蕃与宋朝的边境贸易分为两种,一种就是榷场贸易,即蕃商携带商品到宋朝边境地区的榷场或博易务进行合法的买卖;另一种则是汉商和蕃商在边境地区进行民间私市。这两种形式的边境贸易都十分活跃,而且民间私市有时更为繁盛。

1. 榷场贸易

宋初,经理蜀茶,置互市于原(治今甘肃镇原县)、渭(治今甘肃平凉市崆峒区)、德顺(治今甘肃静宁县)三郡,"以市蕃夷之马"。熙宁间,又置场于熙(治今甘肃临洮县)、河(治今甘肃临夏市东北)。南宋建立后,又在文(治今甘肃文县)、黎(治今四川汉源县北九襄镇)、珍(治今贵州正安县东北)、叙(治今四川宜宾市)、南平(治今四川重庆市东南)、长宁(治今四川长宁县)、阶(治今甘肃陇南市武都区)、和(治今安徽和县)等州设置八场,"其间卢甘蕃马一岁一至焉,洮州蕃马或一月或两月一至焉,叠州蕃马或半年或三月一至焉,皆良马也"[①]。其他诸蕃马多驽,"大率皆以互市为利,宋朝曲示怀远之恩,亦以是羁縻之"[②]。绍兴二十四年(1154年),又复黎州及雅州(治今四川雅安市)碉门寨(在今四川天全县)、灵西寨易马场。乾道初(1165—1173年)初,"川、秦八场马额九千余匹,淳熙以来,为额万二千九百九十四匹"[③],自后所市马匹未尝达及此额。

北宋时,官方置市,与吐蕃进行贸易的一个重要地点即秦州(治今甘肃天水市秦州区)。秦州天水郡,本"秦初封之地,在汧渭之间,诸羌杂处"[④],又在渭水南崖,"控接三蜀,疆境甚远"[⑤],是陇右通关中、蜀中的三岔交会之地。这种优越的地理位置,必然使秦州成为西北地区的贸易中心,也自然成为吐蕃交易的重点地区。

后唐长兴元年(930年),王思同入朝,唐明宗询问秦州边事,王思同对曰:"秦州与吐蕃接境,蕃部多违法度,臣设法招怀,在沿边置寨四十余所,控其要害。每蕃人互市、饮食之界上,令纳器械。"[⑥]显然,五代后唐时已在秦州设场,进行互

①《宋史》卷一八四《食货志下六》,第4511页。
②《宋史》卷一八四《食货志下六》,第4511页。
③《宋史》卷一八四《食货志下六》,第4511页。
④(宋)曾公亮:《武经总要前集》卷一八上,文渊阁《四库全书》第726册,第532页。
⑤《续资治通鉴长编》卷八七,大中祥符九年五月辛未,第1993页。
⑥(宋)薛居正等:《旧五代史》卷六五《王思同传》,北京:中华书局,1976年,第868页。

市。入宋后，由于宋夏战争的需要，战马的需求量增大，宋政府先后在秦（治今甘肃天水市秦州区）、渭（治今甘肃平凉市崆峒区）、原（治今甘肃镇原县）、仪（治今甘肃华亭市）、环（治今甘肃环县）、庆（治今甘肃庆阳市西峰区）、阶（治今甘肃陇南市武都区）、文（治今甘肃文县）、成（治今甘肃成县）、茂（治今四川茂汶县）、黎（治今四川汉源县北九襄镇）、叙（治今四川宜宾市）、南平军（治今四川重庆市东南）、长宁军（治今四川长宁县）及镇戎军（治今宁夏固原市）、永康军（治今四川灌县）等地设置买马场。买马场虽然是以买马为主要任务，但并非只单一地进行马匹贸易，因为"蕃部出汉买卖，非只将马一色兴贩，亦有将到金银、斛斗、水银、麝香、茸褐、牛羊之类，博买茶货，转贩入蕃"[①]，实际上起到了榷场贸易的作用。

除了买马场贸易外，陕西沿边还设有折博务或市易务，熙宁五年（1072 年）九月一日，权三司使薛向言："延、秦、庆、渭等九州旧皆有折博务，召商人入刍粮、钱帛，偿以解盐，岁收缗钱一百六十六万，而秦州当四十万贯。"[②]元丰二年（1079 年）二月二十九日，经制熙河路边防财用司上疏请求在凤翔府增置市易务，与秦、熙等五市易务相为表里，"三州一军移用变易，四市易务各增监官一员，兼领市籴"[③]，宋政府获许。折博务或市易务的贸易，也主要是与吐蕃、党项等族的交易。正如宋人张载所言："勘会陕西一路，射入之饶，商市之富，自来亦赖戎夷博易之便。"[④]

熙河之役前，秦州是吐蕃与宋贸易的中心，但此时宋政府已经有将贸易机构迁入吐蕃腹地的设想。熙宁三年（1070 年）二月十一日，同管勾秦凤路经略司机宜文字王韶言："沿边州郡，惟秦凤一路与西蕃诸国连接，蕃中物货四流，而归于我者，岁不知几百千万，而商旅之利尽归民间。欲于本路置市易司，借官钱为本，稍笼商贾之利，即一岁之入，亦不下一二十万贯。"[⑤]王韶的设想得到宋政府的赞同，诏令"将本司见管西川交子差人往彼转易物货，赴沿边置场，与西蕃市易"[⑥]。

---

①《宋会要辑稿》职官四三《都大提举茶马司》，第 4140 页。

②《宋会要辑稿》食货三八《互市》，第 6843 页。

③《宋会要辑稿》食货三七《市易》，第 6820 页。

④（宋）张载：《张子全书》卷一三《泾原路经略司论边事状第八》，文渊阁《四库全书》第 697 册，第 305 页。

⑤《宋会要辑稿》食货五五《市易务》，第 7269 页。

⑥《宋会要辑稿》食货五五《市易务》，第 7269 页。

熙河开边后，宋朝更是将贸易机构直接设置到吐蕃居住的腹里地区，先后在秦（治今甘肃天水市秦州区）、凤（治今陕西凤县）、熙（治今甘肃临洮县）、河（治今甘肃临夏市东北）、兰（治今甘肃兰州市城关区）、岷（治今甘肃岷县）、湟（治今青海海东市乐都区）等七州设置市易务或榷场。熙宁五年（1072 年）八月，又在“镇洮军置市易司”[①]。熙宁七年（1074 年）二月十二日王韶言：“通远军自置市易司以来，收息本钱五十七万余缗。”[②]熙宁六年（1073 年），宋政府并将贸易中心移熙州，“徙秦州茶场于熙州，以便新附诸羌市易”[③]。元符年间，收复湟、鄯（治今青海西宁市）、廓（治今青海公化隆县西 60 里黄河北岸）以后，此地区吐蕃部族甚众，商贾通行，而湟州地“当青唐一带蕃马来路”[④]，且蕃部又恃茶马为命，非茶马无以招集汉蕃族人，于是将“都大茶马司移往湟州置司，其本州茶马场自合添置”[⑤]。进一步扩大与吐蕃各部的贸易，使“部族甚众，商贾通行”的湟州，成为新的贸易中心。

吐蕃与宋朝的榷场贸易是以茶马贸易为核心。王襄在《上钦宗论彗星》疏中指出：“青唐之马最良，而蕃食肉酥，必得蜀茶而后生。故熙、丰时置茶马司，大率以茶一笼，计费二千，而易百千之马，岁以蜀茶易马二万匹，以三十年为率，则国用马常四十万矣。”[⑥]其茶马贸易额大，“蜀茶岁约三千万斤”[⑦]，宋朝每年约以茶“五万驮应副熙河”，仅茶叶一项就达“和买五百万斤”[⑧]输入吐蕃熙河地区，而吐蕃每年输入宋朝的马大约“每年二万匹”[⑨]。其他农畜副产品及银、绢、盐等物尚不在其贸易之内。

元丰元年（1078 年）四月七日，提举成都府利州秦凤熙河等路茶场公事李稷奏报朝廷，规定了各博马场所用茶数额：

---

①《宋会要辑稿》食货五五《市易务》，第 7270 页。

②《宋会要辑稿》食货三七《市易》，第 6815 页。

③《续资治通鉴长编》卷二四五，熙宁六年六月丁丑，第 5964 页。

④《宋会要辑稿》职官四三《都大提举茶马司》，第 4150 页。

⑤《宋会要辑稿》职官四三《都大提举茶马司》，第 4150 页。

⑥《宋朝诸臣奏议》卷四五王襄《上钦宗论彗星》，第 481 页。

⑦（宋）吕陶：《净德集》卷三《奏乞罢榷名山等三处茶以广德泽亦不阙备边之费状》，文渊阁《四库全书》第 1098 册，第 28 页。

⑧《净德集》卷三《奏乞罢榷名山等三处茶以广德泽亦不阙备边之费状》，文渊阁《四库全书》第 1098 册，第 28 页。

⑨《宋会要辑稿》职官四三《都大提举茶马司》，第 4138 页。

> 秦州额，熙宁十年支卖茶五千九百二十四驮，今定六千五百驮；熙州额，熙宁十年支卖并博马共卖一万三百七十九驮，今定一万九百驮；通远军，熙宁十年支卖并博马共六千九百六十驮，今定七千六百驮；永宁寨，熙宁十年支卖并博马共七千九十一驮，今定七千五百驮；岷州，熙宁九年支卖并博马共三千九百四十六驮，熙宁十年支卖并博马共三千三百八十六驮，今定四千驮。①

宋朝在熙河地区设场市易后，获利丰厚，熙宁年间，“以本路市易茶盐场息钱并酒税课利充籴本”②，在熙河地区“每岁籴军粮二十二万石、马料一十万石，买草八十万束。”③元丰元年（1078年），实获利为“四十一万四千六百二十六贯石”，到第二年，则为“六十八万四千九十九贯石”④。仅从宋朝在熙河地区的获利，就足以反映出吐蕃与宋朝双方榷场贸易的繁荣。

2. 民间贸易

这一时期，汉蕃商人之间的走私贸易也极为活跃。宋人李复曾来往于熙河沿边，目睹走私的盛行，将其所见所闻奏报朝廷，要求政府设置榷场，企图将民间走私纳入官方榷场贸易的轨道。其在《乞置榷场》疏中说：

> 臣窃见回纥、于阗、卢甘等国人尝赍蕃货，以中国交易为利，来称入贡，出熙河路。朝廷察知其情，故限之以年。依到本路先后之次，发遣赴阙，而来者不已，守待发遣，有留滞在本路十余年者。其所赍蕃货，散入诸路，多是禁物，民间私相交易，远商物货厚利，尽归于牙侩。臣累次详问所赍物货，上者有至十余万缗，下者亦不减五、七万。⑤

其走私物品不仅贸易量大，而且种类多，金银珠宝、药材香料、农副产品、手工业品，无所不有，正如经制熙河路边防财用李宪所言：“卢甘、丁吴、于阗、西蕃，旧以麝香、水银、朱砂、牛黄、真珠、生金、犀玉、珊瑚、茸褐、驼褐、三雅褐、花蕊布、兜罗锦、硇砂、阿魏、木香、安息香、胡连、牦牛尾、狨毛、羚羊角、竹牛角、红绿皮交市。”⑥民间私市贸易中，茶、盐、马三项是大宗走私商品。

---

①《宋会要辑稿》职官四三《都大提举茶马司》，第4136页。
②《续资治通鉴长编》卷二七二，熙宁九年正月乙亥，第6670页。
③《续资治通鉴长编》卷二七二，熙宁九年正月乙亥，第6670页。
④《续资治通鉴长编》卷三〇二，元丰三年正月乙亥，第7344页。
⑤（宋）李复：《潏水集》卷一《乞置榷场》，文渊阁《四库全书》第1121册，第5页。
⑥《续资治通鉴长编》卷二九九，元丰二年七月庚辰，第7272页。

由于吐蕃人的饮食结构是以肉食为主，“无蔬茹醯酱，独知用盐为滋味，而嗜酒及茶”①。因而吐蕃人对茶、盐的需求量很大。而私贩茶、盐则有利可图，“茶之为利甚博，商贾转致于西北，利尝至数倍”②。而宋朝行“榷茶之制”，由官府垄断，实行专卖，这就必然阻塞了商人获利之途，而“茶利之博”又势必吸引众多商人甘冒风险，以企贩运私茶获利，所以私贩屡禁不止。宋政府多次颁布茶禁，对于贩、停、藏、运私茶均有惩处的具体条令，严厉打击。这些严厉的茶禁，从另一侧面说明贩运私茶已成规模，形成了一系列环节，反映出民间私市贸易的盛行。

宋统一全国后，虽然天下盐利皆归县官，官鬻，通商，随州郡所宜，然常变革不定，尤重私贩之禁。宋政府多次颁布盐禁，严惩私盐贩卖。立国伊始，建隆二年(961 年)四月即下诏：“私铼盐者，三斤死。擅货官盐入禁法地分者，十斤死。以蚕盐贸易及入城市者，二十斤以上，杖脊二十，配役一年；三十斤以上上请。”③淳化四年(993 年)八月，“陕西诸州先禁戎人贩青白盐，许商人通行解盐，以济民食”④。此诏令既下，而犯法者甚众。于是采纳郑文宝建议，以李继迁聚众为寇，而平夏以北地区，为千里不毛之地，只能以贩青白盐籴粟麦以充食。许商人贩易解盐，官获其利，而戎人以困，李继迁可不战而屈。于是宋太宗下诏：“自陕以西，有敢私市戎人青白盐者，皆坐死。”“募邻里告奸，差定其赏。行之数日，犯法者甚众。”⑤郑文宝建议并未收到良好的效果，反而促使边境百姓因乏食而寇掠边郡，归附党项李继迁。至淳熙十年(1183 年)，七月十七日，又专门修订了《私贩解盐断罪告赏条格》，规定：

> 自今与蕃商博易解盐之人，徒二年，二十斤加一等。徒罪皆配邻州，流罪皆配五百里。知情引领、停藏人与同罪，许人捕。若知情负载，减犯人罪一等，仍依犯人所配地理编管，许人告。透露官司及巡察人各杖一百，获犯人并知引领、停藏人，徒罪，赏钱二百贯；流罪三百贯；如获知情负载人，减半。其提举官并守令觉察，并取旨重作施行。⑥

---

①《宋史》卷四九二《吐蕃传》，第 14163 页。
②《宋史》卷一八三《食货志下五》，第 4479 页。
③《宋会要辑稿》食货二三《盐法杂录一》，第 6497 页。
④《宋会要辑稿》食货二三《盐法杂录一》，第 6500 页。
⑤《宋会要辑稿》食货二三《盐法杂录一》，第 6500 页。
⑥《宋会要辑稿》食货二八《盐法杂录六》，第 6614 页。

尽管法令严苛，并且奖励告发，但私盐博易已成风气，屡禁不止，无济于事。

马的走私也很盛行。宋夏战争爆发后，由于党项人善于骑射，迫使宋朝重视骑兵的建设，战马的需求量骤增。熙宁十年（1077年），陕西买马司差官买马，“岁以一万五千匹为额，至元丰三年（1080年），每岁常买及数”①。至元丰四年（1081年），郭茂恂要求蕃部中马专以茶充，其余数仍许现钱、物帛，其中物帛止依市卖实价纽折，并不收息，“遂增立年额为二万匹”②。但是，在汉蕃榷场马贸易中，吐蕃部民的利益得不到保障。《宋会要辑稿》职官四三《都大提举茶马司》载：

蕃部所欲大抵惟茶为急，自来将马中官，请到折价银绢等，只是将三二分归蕃，其余往往却赴茶场博买茶货。其买马司所支银、绸、绢等，又例各折价高大，茶场却只依市价量添些小钱数博易，其钞亦随时各有亏损，约计一匹马价亏蕃部钱多者至四贯以上，少者亦三贯以上。

一方面是需求良马，另一方面却是榷场马贸易中，“马价亏蕃部钱多”，吐蕃部民的切身利益受到损害，于是“买数不多，及少肯将好马入塞”③，致使“陕西逐路诸军缺马至多”④，影响了官马贸易。咸平五年（1002年）二月，审刑院规定了秦州私贩马匹的惩罚条例，“自今一匹杖一百，十匹徒一年，二十匹加等，三十匹奏裁，其马纳官，以半价给告事人”⑤。用如此严厉的条例打击私市，一方面显示出政府对马贸易要严加控制，政府垄断，不许私营，另一方面则反映出民间马贸易的昌盛。

在民间贸易中，“蕃贾与牙侩私市，其货皆由他路避税入秦州”⑥。私市的盛行影响了国家税收，宋政府采取各种严厉的措施禁止私市逃税，诏令“秦熙河岷州、通远军五市易务，募博买牙人，引致蕃货赴市易务中卖，如敢私市，许人告，每估钱一千，官给赏钱二千”⑦。用这种高额赏赐奖励告发的办法，严禁私市，以此“招来远人，可以牢笼遗利，以助边计”⑧。宋政府对于民间私市虽然不断颁布法

---

①《宋会要辑稿》职官四三《都大提举茶马司》，第4144页。

②《宋会要辑稿》职官四三《都大提举茶马司》，第4144页。

③《宋会要辑稿》职官四三《都大提举茶马司》，第4137页。

④《宋会要辑稿》职官四三《都大提举茶马司》，第4140页。

⑤《续资治通鉴长编》卷五一，咸平五年二月甲午，第1117页。

⑥《宋史》卷一八六《食货志下八》，第4552页。

⑦《续资治通鉴长编》卷二九九，元丰二年七月庚辰，第7272页。

⑧《续资治通鉴长编》卷二九九，元丰二年七月庚辰，第7272页。

令予以禁止,但纸上的法令无法隔断汉蕃人民的经济联系,互通有无的经济法则在民间私市中起着重要的经济杠杆作用，吐蕃商人与汉商之间的走私贸易始终“无由禁止”,致使“私贩不绝”。

至元朝时期,陇右吐蕃地区的商业活动,仍是以茶叶贸易为主的互市贸易。“元之茶课,由约而博,大率因宋之旧而为之制。”[①]显然,元朝自初期就沿袭宋朝的榷茶制度。至元五年(1268年),元朝政府“榷成都茶,于京兆、巩昌置局发买,私自采买者,其罪与私盐法同”[②]。此时榷茶由官府垄断,并严禁私售。元朝的榷茶制度比宋朝宽松,商人纳课以后,可以到产茶区采购,然后携至各地售卖。茶叶在西北地区的销售对象主要是西番人，其中也包括甘肃地区的吐蕃人,《饮膳正要》提及的贡茶就有“西番茶”,《明史·食货志二》所载“西番大叶茶”,显然这皆为吐蕃人喜爱的茶品种。

(三)城镇市场贸易

这一时期,在西北吐蕃地区兴起了许多城镇,如青涧城(今陕西清涧县)、水洛城(今甘肃庄浪县)、一公城(即循化城,今甘肃夏河县北)、摩宗城(具体地不详,约在今临洮县境内)、林金城(即宁西城,今青海西宁市西40里)、乩当城(即乩当川,今青海循化撒拉族自治县东北)、香子城(即宁和寨,今甘肃和政县)……这些城镇大多兴建在交通便利之处。今甘肃境内的博物馆普遍藏有耀州窑黑釉瓷器,如庆阳博物馆有“耀州窑青釉缠枝菊花子母盒”“青釉莲花纹碗”等众多宋代瓷器[③]。泾川县博物馆有“宋青釉三足瓷樽”,庄浪县水洛城寺坪塬遗址陆续出土的宋代定窑白釉瓷器、磁州窑蓝绿釉方炉、景德镇影青瓷器与窖藏2000多斤铁钱[④]的出土。显然皆与当时市场贸易的兴盛密切相关,充分说明商品经济的发展。

西北吐蕃的市场贸易分为两种形式:国际市场与民族市场贸易。

1. 国际市场

五代宋初,偏居于夏(治今陕西靖边县西北的白城子)、绥(治今陕西绥德县东南50里)、银(治今陕西榆林市横山区东党岔镇大寨梁)、宥(治今内蒙古鄂托

---

①《元史》卷九四《食货志二》,第2393页。

②《元史》卷九四《食货志二》,第2393页。

③ 庆阳博物馆编,燕中逸主编:《庆阳博物馆文物精品图集》,兰州:甘肃兴业印务有限公司,2012年,第77—92页。

④ 李晓斌编撰:《庄浪文物》,北京:中国文史出版社,2018年,第83页。

克前旗东南)、静(今宁夏永靖县南望洪乡附近)州之地的党项羌在纷乱中崛起,日益发展壮大,并不断向外拓展。丝绸之路的重要通道——河西走廊,成为其竭力争夺的重要地区之一。从天圣六年(1028年)至景祐四年(1037年),党项先后攻占了瓜(治今甘肃瓜州县东南锁阳城一带)、沙(治今甘肃敦煌市西)、甘(治今甘肃张掖市甘州区)、肃(治今甘肃酒泉市肃州区)、凉(治今甘肃武威市凉州区)州,奄有河西全境,于1038年建立起西夏政权,河西走廊地区被纳入西夏版图,成为西夏的右厢之地。

西夏政权建立后,控制了以河西走廊为通道的传统的中西商路,并对过境商贾征收过境商税,"率十而指一",并且"必得其最上品"①。过境商贾还经常遭遇羁留、勒索或劫掠,生命财产得不到保证。于是西域各国贡使、商贾考虑到利益与自身的安全,不得不避开河西走廊,绕道河湟,走四五世纪后曾繁盛一时的"吐谷浑道",赴中原贸易。正如元朝马祖常《河湟书事》诗所言:"波斯老贾度流沙,夜听驼铃识路赊。採玉河边青石子,收来东国易桑麻。"②吐蕃部落所在的许多城镇如临谷城③(今青海西宁市西40里)、青唐城(今青海西宁市)等,就成为这条商路的必经之地,也成为西域各国商人的临时居地和货物集散地,因而也成为具有国际性的城镇市场。

青唐(即鄯州,今青海西宁市)是唃厮啰居地,它不仅是唃厮啰政权的政治、经济中心,也是一座具有国际性的商业贸易市场。西域各地的商人都到青唐城贸易,定居在此的就有"数百家"④。《宋史·吐蕃传》载:"唃厮啰居鄯州,西有临谷城通青海,高昌诸国商人皆趋鄯州贸卖,以故富强。"青唐富庶的程度令人惊叹,城中"积六十年宝货不赀,唯真珠、翡翠以柜,金、玉、犀、象埋之土中。元符末年,官军下青唐,皆为兵将所有,县官十不一、二。王赡以马驮真珠,每线长六尺,象、犀辈为粗重,弃之不取"⑤。由此可知这座国际性商业市场的兴盛繁荣。

---

① (宋)洪皓:《松漠纪闻》卷一《回鹘》,文渊阁《四库全书》第407册,第697页。

② 《石田文集》卷四《河湟书事二首》,文渊阁《四库全书》,第1206册,第519页。

③ "临谷城"一作"林金城""林擒城""宁西城"。《宋会要辑稿》蕃夷四《拂菻国》:"次至林擒城";《宋史·吐蕃传》作"临谷城";《宋史·地理志》载:"宁西城,旧名林金城,今改名。"皆为同名异译。

④ 《青唐录》,上海古籍出版社《说郛三种》,第602页。

⑤ (宋)张舜民:《画墁录》"青唐宝货",文渊阁《四库全书》第1037册,第174、175页。

邈川(即湟州,治今青海海东市乐都区)在湟水沿岸,“湟水又东迳乐都城南”[①],地“当青唐一带蕃马来路”[②],是西域各商人入宋贸易的必经之路,即是“商贾通行”的商业贸易中心,也是一座国际性的城镇贸易市场。

自熙河开边后,熙州(治今甘肃临洮县)成为宋朝的门户,这里也成为西域各国商人云集之地。据宋人李复奏报说,“回纥、于阗、卢甘”等国商人有留居熙河达“十余年者”[③]。还有大批蕃货囤积熙州,元丰三年(1080年)十月,于阗国进贡使团就有“乳香、杂物等十余万斤”[④]运到熙州南川寨(即南山堡,今甘肃临夏市东南)。据《东都事略》卷九一《游师雄传》载:“自复洮州之后,于阗、大食、拂林、邈黎诸国皆惧,悉遣使入贡,朝廷令熙河限二岁一进。”因进贡使臣道路不绝,朝廷惮于供赍,于是限制进贡年限,抑留于熙、河等地。

地处渭水之南、“最为关陇之盛”的秦州(治今甘肃天水市秦州区)也是一个国际性的城镇贸易市场,其交易领域广泛,西域于阗等国的商人也来秦州买卖。元祐七年(1092年)二月,熙河兰岷路经略安抚司言:“于阗国进奉人三番见在界首,内除打厮蛮[⑤]冷移四唱厮巴一番已准朝旨特许解发外,今来两番进奉人,缘已有间岁许发指挥,欲只令熙、秦州买卖讫,纳回本蕃。”[⑥]

不仅西域各国商人云集吐蕃居地的主要城镇,而且大批汉族商人也不顾路途艰险,深入到吐蕃地区直接与西域商人进行贸易,“远人怀久客心情,平民陷冒禁之法,利赢无极,尽归于牙侩,往来无已”[⑦]。这些“平民”“牙侩”实际上就是深入吐蕃居地的汉族商人。

位于丝绸之路青海道的唃厮啰吐蕃政权,一方面对各国使团、商队实行保护政策,派军队接送商队出入境。元丰四年(1081年),吐蕃首领董毡就曾将回鹘贡使遣人“导至熙州”[⑧]。战争期间,还曾派军队直接护送西域商人到宋朝京城。另

---

① (北魏)郦道元:《水经注》卷二《河水》,文渊阁《四库全书》第573册,第42页。

②《宋会要辑稿》职官四三《都大提举茶马司》,第4150页。

③《潏水集》卷一《乞置榷场》,文渊阁《四库全书》第1121册,第5页。

④《续资治通鉴长编》卷三〇九,元丰三年十月丁卯,第7506页。

⑤“达斯满”即《长春真人西游记》中的“铺速满”,西方文献中“Bussurman”,即“伊斯兰教徒”之意。11世纪末,伊斯兰教已传入我国新疆塔里木河流域,故于阗政权出使宋朝有“伊斯兰教徒”为使臣。

⑥《续资治通鉴长编》卷四七〇,元祐七年二月辛巳,第11228页;《宋会要辑稿》蕃夷四《于阗国》,第9777页。

⑦《潏水集》卷一《乞置榷场》,文渊阁《四库全书》第1121册,第5页。

⑧《宋史》卷四九〇《于阗传》,第14109页。

一方面，则对过境商队实行征收高额商税的措施。西域番商到青唐贸易，“货到每十橐驼税一”[①]，这与西夏“十而指一”的税量相同，区别在于西夏专取货中“上品”为税，而吐蕃则十中任纳其一即可。尽管税收苛重，路途艰险，但西域各国商队仍络绎不绝，接踵而至。

2. 民族市场

这一时期，吐蕃部落内部的民族市场即“蕃市”也大量涌现。据《宋会要辑稿》所载：“邈川与吐蕃部落杂处，又斫龙、讲朱城等处日有博易，人情狎熟。”[②]宋人李复上奏，要求在湟州“别置蕃市，以居来者”[③]。洮州（治今甘肃临潭县）“巴凌酋首居岷州城北，遂成蕃市”[④]，于是宋政府诏补锡丹族首领达克博为三班差使“充巴凌巡检，专管勾巴凌一带蕃商往来”[⑤]。熙宁三年（1070年），宋政府欲将市易司移至古渭寨（即巩州，今甘肃陇西县），李若愚等人反对，“以为多聚货以启戎心，又妨秦州小马、大马私贸易”[⑥]。显然古渭寨是吐蕃大马、小马家族的市易场所。不仅甘、青地区吐蕃部落有蕃市，甚至其邻近地区的吐蕃部落中也有。文州（治今甘肃文县）蕃部人口众多，至数千人，而龙州（今四川平武东南）才四百人，“盖自大鱼城、木瓜平以至后村，不过十数部，部不过数十人。木瓜平有李蒙族，后村有董家族，近文州则有白马丹族。……先夷人常至浊水寨互市。寨有土豪三四，受而储之，夷人恃以为命”[⑦]。苏肃之知龙州后，以“土豪既擅博易之利，顾又反挑夷人生事招衅”，于是罪责土豪并将浊水寨移置别处，蕃民“自是茶盐粮米之属皆不可

---

①《画墁录》，文渊阁《四库全书》第1037册，第174页。

②《宋会要辑稿》蕃夷六《吐蕃》，第9925页。

③《潏水集》卷一《乞置榷场》，文渊阁《四库全书》第1121册，第5页。

④《续资治通鉴长编》卷二六二，熙宁八年四月甲申，第6408页。

⑤《续资治通鉴长编》卷二六二，熙宁八年四月甲申，第6408页。

⑥《宋史》卷一八六《食货志下八》，第4547页。

⑦（宋）李心传：《建炎以来朝野杂记》乙集卷二〇《边防三·龙州蕃部寇边》，详细记载了龙州蕃部寇边事件的起始（《丛书集成初编》第841册，第624页）。另见《两朝纲目备要》卷七《宁宗》“辛卯龙川蕃部寇边”条载：嘉泰元年夏四月“辛卯，龙州蕃部寇边，遣官军讨之。先是龙州蕃人常至浊水寨互市，寨土豪受而储之。及苏肃之知龙州，以土豪擅利乃罪而移之，自是戎人盐粮米茶之属，皆不可得。有李蒙大者，本汉人，以作过窜入龙州蕃部，结诱蕃人，至是寇边，四川制置司以闻。嘉泰三年十月，李蒙大纳款，四年正月，得旨许之。自是蕃部稍息。”此虽记载，但不详尽。文渊阁《四库全书》第329册，第791、792页。文渊阁《四库全书》第608册第632—637页所载《建炎以来朝野杂记》乙集卷二〇《边关事》，只载“西夏扣关”“鞑靼款塞”，无“龙州蕃部”寇边的记载。

得”[①]。于是发生龙州(治今四川平武县东南)蕃人寇边事件。显然浊水寨(今甘肃成县西南)的蕃市是附近吐蕃部众交易互市的场所。浊水寨即浊水城,浊水“在成县南,东南注入秦州徽县界,亦称之白水”。《水经注》卷二〇《漾水》载:“(浊)水出浊城北,东流与丁零溪汉水会。”浊水又东南与仇鸠水合,又东南与河池水合。又载:“白水,西北出于临洮县西南西倾山,水色白浊。”显然“浊水即白水之异名”。吐蕃酋领则成为浊水寨蕃市主管,掌管货物的储存与交易事项,与蕃民“茶盐粮米”生活密切相关,对吐蕃酋豪处置不当,势必会引起了吐蕃民众的不满与骚动。

这种吐蕃部落中的民族市场，其规模与交易量与国际市场显然不能相提并论。民族市场规模小,交易量少,大多处于“以物易物”的原始交换形态,“市易用五谷、乳香、硇砂、罽毡、马牛以代钱帛”[②]。由于吐蕃部落所在地区僻远、封闭,交通不便,又缺乏铸钱所需铜料,加之吐蕃政权又没有铸造货币,所以形成了这一地区商业贸易活动采取“以物易物”的交换方式。但这并不意味着吐蕃人缺乏货币的价值观念,提举成都府等路茶场的李稷说:“蕃部无钱,止以米及银、绢、杂物卖钱买茶,乞许以茶博易银、米等物,立限半年易钱。”[③]这说明吐蕃人手中虽无钱,但在贸易活动中还是具有货币的观念及认识货币的价值。这种“以物易物”的贸易方式主要在一些僻远地区进行,而在主要的商业贸易区及国际性的城镇市场中,金属货币仍是商品交换的主要媒介。王安石曾说:“今蕃户富者,往往蓄缗钱二三十万。”[④]《宋会要辑稿·都大提举茶马司》载:元丰四年七月九日,郭茂恂上奏曰:

> 臣近与提举买马司同共会计到，每年本息钱共五十五万六千八百八十八贯六百一十八文省,计合买马二万一千三百二十八匹。今来既不用盐钞,其䌷绢又依市价从蕃部,即更无合收息钱,只有木钱并收地租课等共四十九万六千三百三十五贯五百八十七文，纽算只合买得马一万九千三百六十五匹。今定二万匹为额,少着钱二万三千余贯,乞据数于卖茶息钱内除破。[⑤]

---

①《建炎以来朝野杂记》乙集卷二〇《边防三·龙州蕃部寇边》,载《丛书集成初编》第841册,第624页。

②《宋史》卷四九二《吐蕃传》,第14163页。

③《宋会要辑稿》食货三〇《茶法杂录一》,第6661页。

④《宋史》卷一八六《食货》下八,第4548页。

⑤《宋会要辑稿》职官四三《都大提举茶马司》,第4138页。

宋政府每年买马有“五十余万贯钱”流入吐蕃部落，足以说明金属货币在吐蕃商业贸易中的流通。

民族市场的开辟，使地处荒远、山高林深之地的吐蕃人也卷入商品经济的潮流中。农业区与牧业区的劳动者用五谷交换罽毡，用马牛交换药材，相互用自己的剩余产品交换各自需要的物品，在这种原始的交换形态中，部落族帐将自己的剩余产品变成了商品，用以换取本部落所缺乏的生产与生活物资，弥补了本部落经济发展的不足，这对吐蕃民族经济的发展起了很大的推动作用。

宋代西北吐蕃的商业贸易处于不平衡的状态，其发展水平与规模不能与中原内地相比，还存在很大的差距。但是西北吐蕃在社会经济发展规律的作用下，也投入商品经济的活动之中，商业贸易也出现了繁荣与兴盛。

四、传统民族手工业的进步

两宋时期，西北吐蕃部落以当地的农牧业产品及丰富的矿藏为原料，因地制宜地发展了民族传统手工业，如采矿、金属加工制造、皮毛加工、酿酒、建筑、制陶等，门类众多，水平不一，但均在其经济生活中占有重要地位。西北吐蕃的手工业生产带有明显的地域性、民族性与民间性的特点，同时也受到周边汉族及其他民族的影响。

（一）矿冶业

西北吐蕃最重要的手工业生产为矿冶业。西北地区幅员辽阔，矿藏资源极为丰富，有金、银、铜、铁、锡、水银、矾石、硝石、皂矾、硫黄、雄黄、硇砂、盐等，丰富的矿产资源为矿冶业发展提供了有利条件。

1. 制盐业

宋朝时，“朝廷大费，全藉茶盐之利”，盐的生产与销售基本上由国家控制，盐利成为国家财政的重要收入之一。西北地区盐的种类很多，名称不一，生产规模大，故盐的开采量也多。“井盐则川陕四路”①，西北吐蕃地区的通远军（即巩州，治今甘肃陇西县）、岷州（治今甘肃岷县）、成州（治今甘肃成县）、阶州（治今甘肃陇南市武都区）等地产井盐，西安州（治今宁夏海原县）产池盐，阶州、文州（治今

---

①（清）陈元龙：《格致镜原》卷二三《饮食类三·盐》，文渊阁《四库全书》第1031册，第324页。

甘肃文县)产青白盐,阶州又产石盐,廓州(治今青海化隆县西60里黄河北岸)出产阴土盐,沙州(治今甘肃敦煌市西)出产秃登盐,鄯州(治今青海西宁市)至青海湖出产青盐。

井盐是凿井汲卤,煮卤成盐,亦称为"煮井"。阶州有盐井,在县东北60里,"煮水成盐,民资其利"。成州长道县东30里有盐井,"水与岸齐,盐极甘美,食之破气"[①]。而盐官故城亦名盐井城(即今甘肃礼县东北盐关镇),在长道县东30里,在嶓冢山西40里,此盐井世代"相承营煮,味与海盐同"[②]。西和州(治今甘肃西和县西南3里)的盐井,系大井。《甘肃通志》卷五《山川·漳县》载:漳县南3里有"小盐井河,源出鹰架山,东北流入漳河,宋盐川寨得名于此"。盐井在漳县西南5里,"水澄清,熬之成盐"。通远军盐川寨(今甘肃陇西县西南50里,后改为镇)的盐井,原先由吐蕃首领临占纳芝经营。青唐族据有盐井后,其井盐产量有较大提高,"日获利可市马八匹"[③]。《宋会要辑稿》职官二七《太府寺》载:元丰七年六月九日,诏:"河东、鄜延、环庆路各发户马二千匹。河东路可就给本路,鄜延路以永兴军等路,环庆路以秦凤等路。……所发马,官买者给元价,私买者三等:上三十千,中二十五千,下二十千。"宋代一匹马下价约为"二十千",如按吐蕃内部买马每匹低至"十千"计算,日获利可高达"八十贯"。宋代四川井盐"斤为钱七十",如按旧价每斤"百五十文"[④]计,则每日可产盐600多斤。这个盐井后由青唐族大首领包顺、包诚兄弟经营,产量更有提高,以致宋政府想用高价收买,"旧日收十千,今日与十五千扑买"[⑤]。由此可知,其日获利达120贯,按前面所述价格估算,则盐川寨的盐井日产量当在800斤左右。

这种大规模的盐井生产,必然有大批人力从事生产劳动,而日获利达"八十至一百二十贯",可见其产量之高,其拥有者自然也积累了丰富的财富。宋代的盐井均由官府经营,而西北地区吐蕃部落首领却私人拥有这样大规模的盐场,这种现象值得注意,正是吐蕃民间手工业发展,宋政府无力干预的表现。至明代时,这些地区的盐井仍在生产,有漳县盐井、西河盐井,"洪武时,岁办盐,西河十三万一

---

① (唐)李吉甫:《元和郡县志》卷二五《山南道·成州》,文渊阁《四库全书》第468册,第425页。

②《元和郡县志》卷二五《山南道·成州》,文渊阁《四库全书》第468册,第425、426页。

③《续资治通鉴长编》卷一七五,皇祐五年闰七月己丑,第4226页。

④《宋史》卷一八三《食货志下五》,第4472页。

⑤《续资治通鉴长编》卷二四五,熙宁六年六月乙未,第5971页。

千五百斤有奇,漳县五十一万五千六百斤有奇”[①]。

时至今日,盐井镇因先民在此世代掘井熬盐而闻名遐迩,其盐井被誉为“宝井”,“宝井汲玉”成为“漳县八景”之一。有诗赞曰:“南望盐川五里途,煮来双井水成珠。朝朝集上薪如桂,六十余家卖尽无。”描述当年“六十五家浚井甃木”的历史和用柴薪煮盐上市的情景[②]。

池盐又称“颗盐”,“引池而成者”,根《宋史·食货志》载:“垦地为畦,引池水沃之,谓之种盐,水耗则盐成。”[③]西安州即唐代的盐州(治今陕西定边县),历来为产盐之地,生产池盐。据《泊宅编》记载:“西安州有池产颗盐,周回三十里。”宋攻占西安州后,建立了西安州(治今陕西定边县)盐场,盐场四周山上,列劲兵屯守,又“役夫三千人”从事生产。由此可见。西安州盐池规模大,劳动人数多,是一个官方经营的盐场,此盐场生产的盐,“自熙河兰鄯以西,仰给于此”[④]。西安州的定戎寨(即定戎堡,在今宁夏海原县西干盐池古城堡遗址)也有一个盐池,因定戎寨设在碱隈川,“西人谓盐为碱,谓窪下处为隈”[⑤],故称盐池为碱隈盐池,此盐池“长十里,产红盐、白盐,如解池,可作畦种”[⑥]。宋元符二年(1099 年)八月,泾原路经略司“经画蓄水,召解州畦夫种盐”。定戎寨的盐池“月收七百余斤,计为钱一百四十万”[⑦]。会州(治今甘肃靖远县东北)东 120 里河池,其地春夏因雨水生盐,雨多盐少,雨少盐多,远望似河,故名河池,亦称乾盐川,“河池,其盐青”[⑧]。

在西北吐蕃地区出产的盐,“食者号戎盐,又名羌盐”[⑨],亦作“胡盐”。阶州(治今甘肃陇南市武都区)所产一种石盐,又称“崖盐”,“生山石中,不由煎炼,自

---

①《明史》卷八〇《食货志·盐法》,第 1933、1934 页。

② 定西市博物馆编:《人文定西》第三部分“民俗风情”,第 36 页,甘出准字 46 号总 548 号(2014)32 号。

③《宋史》卷一八一《食货志下三》,第 4413 页。

④(宋)方勺:《泊宅编》卷中,文渊阁《四库全书》第 1037 册,第 517 页。

⑤《续资治通鉴长编》卷五一四,元符二年八月辛巳,第 12216 页。

⑥《续资治通鉴长编》卷五一四,元符二年八月辛巳,第 12216 页。

⑦(宋)韩淲:《涧泉日记》卷上,文渊阁《四库全书》第 864 册,第 775 页。

⑧(宋)章如愚:《群书考索后集》卷五七《财赋门·茶盐类》,文渊阁《四库全书》第 937 册,第 799 页。

⑨(宋)唐慎微:《证类本草》卷五《玉石部下品·戎盐》,文渊阁《四库全书》第 740 册,第 190 页。

然成盐，色甚明莹，彼人甚贵之，云即光明盐也”[①]。这种盐产量不高。沙州出产的盐为“秃登盐”，廓州出产的则为“阴土盐”，“生河岸山坂之阴土石间，块大小不常，坚白似石，烧之，不鸣蚍尔”[②]。这种土盐的制作方法，即取硷土水泡之，经夜去土，将水入锅，熬煮成盐。青海循化一带土著居民在很长一段时间里，仍以此法煮盐。

青海湖盛产青盐，《青唐录》载：青海湖“广数百里，其水咸不可食，自凝成盐，其色青”[③]。《证类本草》卷四也谓：“青盐从西羌来者，形块方棱，明莹而青黑色最奇。”《河源纪略》也谓：“盐池在青海西南，产青盐，凡青海蒙古与西宁一郡军民并各种番回食盐，皆取给于此。”[④]今青海湖一带是我国最大的产盐基地，但当时囿于交通的缘故，荒远封闭，开采不及，青海湖的青盐并未出现大规模的经营生产。

2. 采矿业

甘、青地区金矿蕴藏量极为丰富，且种类众多，有沙金、块金、水金、旱金之分，因而这一地区采金业有所发展，吐蕃部落出现了采金的坑冶大户。靖远县东北 110 里宝积山后有大小石沟，产金。湟州（治今青海海东市乐都区）界蕃官结彪辖地有“金坑千余，收生熟金四等，凡百三十四两有奇”[⑤]。《宋史·五行志》也载：政和二年（1112 年），“湟州丁羊谷金坑仅千余眼得矿，成金共四等，计一百三十四两有奇”[⑥]。宋皇祐中，全国“岁得金万五千九十五两”[⑦]。元丰元年（1078 年），“诸坑冶金总收万七百一十两”[⑧]，而吐蕃居地仅湟州结彪的丁羊谷金坑产金量就达“一百三十四两”，分别为宋朝全国年产量的 1.1%与 1.2%。沙金一吨淘生金一两，可见湟州结彪的坑冶采集工场规模大。吐蕃地区产金，因而生金常常成为进贡的贡品及市场交易的商品。

水银，一名汞，产自“秦、阶、商、凤四州，有四场”[⑨]，其中秦（治今甘肃天水市

---

① 《政类本草》卷四《玉石部中品·食盐》，文渊阁《四库全书》第 740 册，第 137 页。

② 《证类本草》卷五《玉石部下品·戎盐》，文渊阁《四库全书》第 740 册，第 190 页。

③ 杨建新：《古西行记选注》，银川：宁夏人民出版社，1987 年，第 171 页。

④ （清）纪昀、陆锡熊：《钦定河源纪略》卷三五《杂录四》，文渊阁《四库全书》第 579 册，第 315 页。

⑤ 《宋史》卷一八五《食货志下七》，第 4529 页。

⑥ 《宋史》卷六六《五行志四》，第 1437 页。

⑦ 《宋史》卷一八五《食货志下七》，第 4525 页。

⑧ 《宋史》卷一八五《食货志下七》，第 4526 页。

⑨ 《宋史》卷一八五《食货志下七》，第 4523 页。

秦州区)、阶(治今甘肃陇南市武都区)二州有吐蕃部族居住。《证类本草》卷四载:“《图经》曰:水银生符陵平土,今出秦州、商州、道州、邵武军[①],而秦州乃采自西羌界。”宋皇祐中,岁得“水银二千二百斤”,元丰元年(1078年),全国水银总产量为“三千三百五十六斤”[②],其中相当一部分水银应为吐蕃人开采生产的。元丰三年(1080年)九月二十七日,成都府利州陕西路茶事、兼大提举陕西等路买马公事程之邵称:“自来蕃商唯是将马入塞博易茶货,今访闻得近因熙州边事,后来并不将马入汉,只用水银、麝香、毛段之类博易茶货,是致马额阙少。”[③]由于水银是西北吐蕃地区的重要矿产,显然水银也成为吐蕃市场经常流通的重要商品,以致宋政府多次下令禁止蕃商私贩,“自置司以来,除蕃商水银及盐川寨、盐官镇两场依法禁私贩外,市易卖买,并取情愿交易,未尝拘栏”[④]。水银是禁止私贩的商品,宋政府立法严禁,借此来确保国家利益。

其他的矿产如银、铜、铁、炭、硇砂、硝石、矾石等,也有相应的开采。宝积山在靖远县东110里,“出碳,产铁”。庄浪县西南50里崔家峡,“传有炭,山狭水深不可挖”。新收复的岷州(治今甘肃岷县)蕃部地区,“有金、银、铜、锡苗脉”[⑤],宋政府遣官员管理这里的银、铜坑冶。《宋史·食货志下七》所载治平中,诸州坑冶统计数,“银之冶八十四”,其中就有“秦、凤、商、陇”州[⑥]。大观(1107—1110年)初,入内皇城使裴绚为泾原路干当,曾向朝廷奏报渭州通判苗冲淑之言:“石河铁冶既令民自采炼,中卖于官,请禁民私相贸易。农具、器用之类,悉官为铸造,其冶坊已成之物,皆以输官而偿其值。”[⑦]显然,苗氏所言反映出渭州(治今甘肃平凉市崆峒区)也有铁冶作坊,进行农具、器用之类的生产。据《元大一统志》卷五八五《兰州》所载,兰州“土产铁,有冶一所,去州五十里”,其山川有“硇砂山,去州四十五

---

①《证类本草》卷四《玉石部中品·水银》载“郡武军”。今据《文献通考》卷一八《征榷考》所载“南安、建昌、邵武三军”,《宋史》卷一八五《食货志下七》“铅产越建……南安、邵武二军,有三十六场、务”,将“郡”改为“邵”,即“邵武军”。

②《宋史》卷一八五《食货志下七》,第4526页。

③《宋会要辑稿》职官四三《都大提举茶马司》,第4148页。

④《宋会要辑稿》食货三七《市易》,第6821页。

⑤《续资治通鉴长编》卷二五〇熙宁七年二月庚午,第6082页。

⑥《宋史》卷一八五《食货志下七》,第4525页。

⑦《宋史》卷一八五《食货志下七》,第4529页;《文献通考》卷一八《征榷考五·坑冶》。则载:大观初,泾原皇城使裴绚上言:“石河铁冶令民自採炼中……”文渊阁《四库全书》第610册,第417页。

里，其上产硫磺”。

矾石，亦名“羽泽”，“生河西山谷及陇西、武都、石门”[①]，矾共有青、白、黄、黑、绛五种，其中黑矾亦谓皂矾，“惟出西戎”[②]。硝石亦名“芒硝”，“生益州山谷及武都、陇西、西羌，采无时”[③]。会宁县北百里有硝崖，“产芒硝”。《证类本草》卷四谓：“雄黄出武都山谷、敦煌山之阳。今阶州山中有之，形块如丹砂，明澈不挟石，其色如鸡冠者为真。”另外阶州接西戎界，“出一种水窟雄黄，生于山岩中有水泉流处。其石名青烟石、白鲜石，雄黄出其中”[④]，远胜于寻常雄黄，尤为贵重。或云：“雄黄，金之苗也，方近金坑治处时或有之，但不及西来者。”[⑤]而硇砂味咸苦，辛温有毒，既为医药，又可“柔金银”“可为焊药”。“出西戎，今西凉、夏国及河东、陕西近边州郡亦有之。然西戎来者，颗块光明，大者有如拳，重三五两，小者如指面，入药最紧。”[⑥]这些矿产的开采量虽然不大，但足以说明其矿冶开采种类之多。

（二）金属加工制造业

金属加工制造是宋代西北吐蕃重要的手工业生产，其中兵器的制作是吐蕃人传统的手工业，最负盛名。早在吐蕃王朝时，就已十分重视兵器的制作，入宋后，吐蕃人在继承的基础上又有发展。《青唐录》谓：“青唐之南有泸戎，汉呼为芦甘子，其人物与青唐羌相类，所造铠甲、刀剑尤良。”[⑦]说明刀、剑、枪、矛、弓箭等兵器的制作已有专门的作坊制造，吐蕃人还善于制作甲胄，铁甲胄是吐蕃手工业产品中的名品。沈括在《梦溪笔谈》中对青唐吐蕃制作的甲胄作如下记述：

> 青堂羌善锻甲，铁色青黑，莹彻可鉴毛发。以麝皮为綀旅之，柔薄而韧。镇戎军有一铁甲，匮藏之，相传以为宝器。韩魏公帅泾原，曾取试之，去之五十步，强弩射之不能入。尝有一矢贯扎，乃是中其钻空，为钻空所刮，铁皆反卷，其坚如此。凡锻甲之法，其始甚厚，不用火，冷锻之，比元

---

①《证类本草》卷三《玉石部上品·矾石》，文渊阁《四库全书》第740册，第94页。

②《政类本草》卷三《玉石部上品·矾石》，文渊阁《四库全书》第740册，第94页。

③《政类本草》卷三《玉石部上品·矾石》，文渊阁《四库全书》第740册，第97页。

④《政类本草》卷四《玉石部中品·雄黄》，文渊阁《四库全书》第740册，第129页。

⑤《政类本草》卷四《玉石部中品·雄黄》，文渊阁《四库全书》第740册，第129页。

⑥《政类本草》卷五《玉石部下品》，文渊阁《四库全书》第740册，第181页。

⑦《青唐录》，上海古籍出版社《说郛三种》，第602页。

厚三分减二乃成。[1]

这种冷锻铁甲的出现，说明吐蕃工匠已掌握了冷锻金属硬化处理工艺，具有精湛的金属加工和冶炼技术，其兵器的制作毫不逊色于中原地区。这种精良的铁甲常作为贡品向宋朝奉献，熙宁六年（1073年）九月，岷州吐蕃首领辖乌察与本琳沁向王韶贡献铁“甲五十领”[2]。仅岷州一地一次就贡献“五十领铁甲”，由此可以推断吐蕃地区设有较大的金属锻造手工作坊，其冷锻铁甲数量较多。

吐蕃人的生活器皿多用金、银、铜、铁、锡等制作，其日常生活用品有金佛、金瓶、金镜匣、银枪、银装交椅、铜印、铁衔、铁蹬、铜镜等，所以金属日用品加工制造也较为发达。《曾公遗录》卷八记载，元符二年（1099年）十月壬子，宋人从青唐获得“西蕃印四十二面”，其中吐蕃传国之印为银制，其他蕃印大多为“铜印”[3]。原州（治今甘肃镇原县）蕃部“善造铁衔、蹬”[4]等，泾州（治今甘肃泾川县）蕃部生产的“嵌鍮石、铁石之类，甚工巧尺，一对至五六千”[5]。还生产一种称为“蕃镊子”的器物，也非常有名，价格昂贵，“每枚两贯”[6]铜钱。泾川博物馆藏有今泾川县窑店镇公主村出土的宋代“灵台官五”花卉纹铜镜、缠枝牡丹纹亚形铜镜。[7]庄浪县博物馆所藏缠枝花、湖州铭、四神纹、飞仙人物、芦雁荷花等铜镜皆精美绝伦。今甘肃庄浪县水洛镇曾为吐蕃、氐、汉人杂居之地，寺坪源遗址出土有宋代铁锅、浪字铭铁锅、铁朴刀、铁刀、六足铁火盆、铁手铐[8]等。皆显示其金属制造业的兴盛。

吐蕃居地虽然铜铁矿藏丰富，但开采量不大，所以吐蕃人的铜、铁加工业的原料主要依靠宋朝的输入。吐蕃经常向宋朝求赐熟铜。元祐六年（1091年）四月四日，“西蕃阿里骨蕃字乞赐熟铜五千斤”，宋政府见阿里骨恭顺朝廷，“诏赐千斤”[9]。吐蕃铜料的另一来源，则是将流入吐蕃的铜钱熔铸成其他器物。早在宋朝

---

① （宋）沈括：《元刊梦溪笔谈》卷一九《器用》，北京：文物出版社，1975年，第11、12页。

② 《续资治通鉴长编》卷二四七，熙宁六年九月壬戌，第6015页。

③ 《宋会要辑稿》蕃夷七《朝贡》，第9952页。

④ （宋）庄绰：《鸡肋编》卷上，文渊阁《四库全书》第1039册，第151页。

⑤ 《鸡肋编》卷上，文渊阁《四库全书》第1039册，第151页。

⑥ 《鸡肋编》卷上，文渊阁《四库全书》第1039册，第151页。

⑦ 泾川博物馆编：《泾川馆藏文物精品》，北京：中国文史出版社，2018年，第91、92页。

⑧ 庄浪县博物馆编：《庄浪博物馆文物精品图集》，兰州：甘肃人民出版社，2018年，第204—208页。

⑨ 《宋会要辑稿》蕃夷六《吐蕃》，第9921页。

以前,铜钱已成为市场上流通的主要货币。宋代除四川流通铁钱外,其余地区流通铜钱,西北是铜钱流通地区之一。吐蕃人获得大量铜钱的办法是入宋求购铜钱,《宋史·食货志》载:“西北边内属戎人,多赍货帛于秦、阶州易铜钱出塞,销铸为器。”[①]这实际上是向宋朝购买原料,自己再加工制作成其他器物出售,有利可图。销熔千钱,可得精“铜三斤十两”[②],造作器物,获利数倍。大量铜钱流入吐蕃地区,一方面促进了吐蕃商品经济的发展,另一方面,也弥补了吐蕃铜料的不足,促进了吐蕃金属加工制造业的发展。

（三）皮毛加工业

皮毛加工是吐蕃人另一重要的手工业生产。由于吐蕃畜牧业的发展,为皮毛加工业提供了大量的原料;加之吐蕃人“衣皮毛”“衣率毡韦”[③],所以皮毛加工首先是满足本部落的家庭内部需要而进行生产,应视为吐蕃人的家庭手工业。其主要生产种类有制裘衣、制靴、鞣皮张、纺毛线、织氆氇、织毛毡、织毯、做毡帐等。《宋史·吐蕃传》谓吐蕃人“贵虎豹皮,用缘饰衣裘”。毛滂在《恢复河湟赋》中也称吐蕃人“荷毡而被毳”[④]。宋元符二年(1099年)八月丁酉,吐蕃大酋森摩乾展等为迎接溪巴温次子陇拶入主青唐,为他登基所准备的服饰为“虎皮锦袍彩服”。宋元符三年(1100年)二月乙酉,陇拶、契丹公主、西夏公主、回鹘公主、边厮结、瞎征及其家属、首领、僧尼等一行人赴京朝见宋徽宗时,所穿“皆番服”。“番服”系指毡帽、毪皮帽、毡靴、裘衣等,青唐吐蕃首领唃厮啰曾戴“紫罗毡冠”,这种皮毛服装即“胡装”或“蕃服”,正是吐蕃人自己制作的。

吐蕃人大量生产的毛制品主要有三种:毡、褐、罽。毡是一种用牛、羊等牲畜的毛经湿、热、挤压等作用制成的片状材料,具有良好的保温性能,适于做各种御寒的靴、帽、毡 帐等。我国古代已有制毡技术,《周礼·天官》掌皮载:“共其毳毛为毡。”吐蕃人多居毡帐,《宋史·吐蕃传》谓吐蕃“富姓以毡为幕”,富贵之人所居住的这种毡幕称为“大拂庐”,可以容数百人,一般吐蕃人的毡帐则称为“小拂庐”。这些毡帐多用毡制作。镇戎军(治今宁夏固原市)、庆州(治今甘肃庆阳市西峰

---

①《宋史》卷一八〇《食货志下二》,第4377页。

②《宋史》卷一八〇《食货志下二》:“凡铸钱用铜三斤十两,铅一斤八两,锡八两,得钱千,重五斤。”第4379页。

③《新唐书》卷二一六《吐蕃传上》,第6072页。

④(宋)毛滂:《东堂集》卷一《恢复河湟赋》,文渊阁《四库全书》第1123册,第697页。

区）等地向宋进贡的物品就有白毡和紫茸毡[①]等。在吐蕃流通商品中未见毡进入交易的行列，可能是因为吐蕃地处高寒，制作的御寒物品及毡帐所需毡量大，而各户所生产的毡仅能满足自己的需要，供自己及本族使用，无剩余产品转化为商品。

褐是用牲畜的毛或粗麻制成的，褐有毛、麻两种，用牛、羊毛捻线粗织而成即为毛褐，吐蕃人一般用毛褐制衣。在吐蕃市场上流通的毛褐种类有"茸褐、驼褐、三雅褐"[②]等。褐是西北地区传统的手工业产品，唐中叶时，河（治今甘肃临夏市东北）、洮（治今甘肃临潭县）、兰（治今甘肃兰州市城关区）、鄯（治今青海西宁市）等州，就是以褐作为当地著名的土产进贡的。泾州（治今甘肃泾川县）地区是褐的主要产地之一，织褐成为当地汉蕃人民传统的家庭手工业。宋人称道："泾州虽小儿皆能捻茸毛为线，织方胜花。一匹重只十四两者，宣和间，一匹铁钱至四百千。"[③]这种泾州所独有的"方胜花"是毛褐中的精品，说明了织褐技艺的精湛。泾州是吐蕃与汉人杂居之地，这种名贵的毛褐是汉蕃人民相互学习、互相交流的产物。毛褐既是西北汉蕃人民的生活必需品，又是输入中原地区的重要商品，生产量较大。

毼即氎毼，"毛布也"[④]，是一种毛织品。《后汉书·乌桓鲜卑传》言："妇人能刺韦作文绣，织氎毼。"也称作"罽毯"，藏族人称"氆氇"，《正字通》谓："氎毼，毛席，中天竺有毼毲，今日氆氇，秦、蜀之边有之。似褐，五色方锦。"就是今西北所产的挂毯。毛毼是藏族人民名贵的传统手工制品，宋朝攻占熙河地区后，毛毼就成为这一地区的主要贡品，熙州（治今甘肃临洮县）向宋进贡的物品就有"毛毼十段"，泾州则为"紫茸毛毼十段"[⑤]。时至今日，宋代熙州进贡"毛毼"已演化成今日临洮"纯毛手工地毯"[⑥]，其制作技艺已成为"临洮非物质文化遗产"载入史册。

吐蕃居地也有织锦业，据费著《蜀锦》记载，茶马司须知云："逐年随蕃蛮中到

① （宋）王存：《元丰九域志》卷三《陕西路》，北京：中华书局，1984年，第136、第115页。

② 《续资治通鉴长编》卷二九九，元丰二年七月庚辰，第7272页。

③ 《鸡肋编》卷上，文渊阁《四库全书》第1039册，第151页。

④ （唐）释元应：《一切经音义》卷一九，载《丛书集成新编》第25册，台北：台湾新文丰出版社公司，1986年，第695页。

⑤ 《元丰九域志》卷三《陕西路》，北京：中华书局，1984年，第125页。

⑥ 临洮县文体广电和旅游局编：《临洮非物质文化遗产图典》，兰州：甘肃文化出版社，2019年，第27页。

马数多寡,以用折传,别无一定之数。"[①]皆为"马政既重,织造益多",因与蕃部交市,茶马司设有锦院,且织锦名色众多。文州织有"犒设红锦",秦州织有"细法真红锦""中法真红锦""粗法真红锦"等[②]。直至明代,川、甘、青海地区的吐蕃部族还向中央进贡各种纺织品。

元朝时期,皮毛加工仍是陇南吐蕃地区重要的手工业部门,由于这一地区畜牧业生产为皮毛加工提供了原料,入元后,在宋代的基础上继续有所发展。当时藏族皮革加工技术落后,大都采用手工揉制,部民的衣饰材料皆为毛布、绒褐、毡毯、皮裘等,皆为自己加工制作。在纺织技术上,纺纱仍为纺轮,为圆形木杆,长约25厘米,直径2厘米,上端有一槽,下端缀一木制或铅制圆轮,每天一人可纺羊毛纱一斤左右。高级毛织品有氆氇,这是用一种有四根踏杆、四叶综框的木织机织出的。该机采用脚踏提综的复杂技术,织时有124根经线,二根一组,每隔六根纬线织进一根绒线,并将其整齐地卷在事先准备好的长竹棍上,绕进六根底纬,再用剪刀将绕在竹棍上的绒纬圈从中间剪开,形成毛绒。循环往复,织制而成[③]。

(四)酿酒业

酒类生产也是一种粮食加工业,与农业生产的发展、粮食产量的增加及人民生活密切相关。宋代酒的生产兴盛,遍及全国城乡各地,酿酒工艺渐趋成熟,酿酒业也是西北地区吐蕃人传统的手工业。宋代吐蕃部落居地多在西北高寒山区,饮酒可增加体内热量,抵御凛冽酷寒,于是酒便成为吐蕃人很重要的生活必需品。《新唐书·吐蕃传》载:吐蕃人"实羹酪并食之,手捧酒浆以饮"。《宋史·吐蕃传》则谓吐蕃人"嗜酒及茶"。唐高宗永徽初年,汉族的酿酒技术就传入吐蕃,西域葡萄酒的酿造技术也早在唐代就流传在河陇地区。原来生活在青海地区与吐蕃为邻的党项人"虽不知稼穑",却能"求大麦于他界,酿以为酒"[④]。至宋代时,吐蕃的酿酒业随着农业的发展呈现出一派兴旺的景象,出现了许多成批量生产的手工作坊。熙宁五年(1072年),王韶在通远军(即巩州,治今甘肃陇西县)一次就收取蕃部"酒坊三十余处"[⑤]。由于酒的需求量大,酿酒利润高,销售好,吐蕃酋豪多愿开

---

①(宋)费著:《蜀锦》,文渊阁《四库全书》第881册,第591页。

②《蜀锦》,文渊阁《四库全书》第881册,第592页。

③陈炳应:《中国少数民族科学技术史丛书·纺织卷》,南宁:广西科学技术出版社,1996年,第524页。

④《旧唐书》卷一九八《党项传》,第5291页。

⑤《续资治通鉴长编》卷二三三,熙宁五年五月辛卯,第5655页。

设酒场、酒坊从事生产经营。熙宁六年(1073年)二月,熙河安抚司言,“熙州新堡寨合置酒场,欲听蕃部自募人”[①]从事生产,而宋朝廷接受此建议。在熙州新堡寨、安乡城(今甘肃临夏市北莲花乡)均有吐蕃酒场酒坊,而宋政府则无法干预,接受这种既成的生产经营模式。

北宋时期,政府在西北吐蕃地区普遍设有酒务,征收酒课。赵珣《熙宁酒课》记载了北宋熙宁年间全国酒课征收状况。酒课“三十万贯”以上,其中有“秦十八务”。酒课二十万贯以上,其中有“渭十三务”“凤翔二十五务,延十二务”。“十万贯”以上,其中有“庆十三务,镇戎六务”。“五万贯”以上有宁、环、保安、泾、陇、阶、德顺、通远、岷等州。“三万贯”以下,其中有“熙一务”“成三务”。“一万贯”以下,其中有“文一务”。[②]

吐蕃酿酒的主要原料为大麦、青稞,故青稞酒是其主要产品,但所酿酒的品种并非单一,他们酿造的一种酒称之为“嗗酒”,宋人庄绰描述曰:“关右塞上有黄羊无角,色类獐鹿,人取其皮以为衾褥。又羌人造嗗酒,以荻管吸于瓶中。老杜《送从弟亚赴安西判官》诗云:‘黄羊饫不膻,芦酒多还醉’,盖谓此也。”[③]这种嗗酒多饮才醉,可能是一种低度酒。至今闻名遐迩的临洮紫斑牡丹酒,[④]是青稞与花蕊制曲、高粱与花瓣窖卧酒醅、鲜花蒸酿萃取原浆的工艺较为复杂的花酿酒,从中可以溯源、窥探到往昔吐蕃的酿酒历史,我以为这应是宋代吐蕃酿酒工艺的继承、变异与发展。

(五)建筑、碾硙等其他手工业

宋代吐蕃还有建筑、碾硙、制陶、制石、制腊等门类的其他手工业。

1. 建筑业

宋代吐蕃地区出现大批关堡、城镇、庐舍,仅河州南川寨就有“庐舍二万五千区”[⑤],说明建筑业的发展。

宋政府向西开拓,在西北地区修筑众多堡寨、城楼。渭源堡(今甘肃渭源县),熙宁五年(1072年)修建,位于渭源县城北下关坪上。据《宋史·王韶传》载,熙宁

---

①《续资治通鉴长编》卷二四二,熙宁六年二月己卯,第5901页。

②(宋)赵珣:《熙宁酒课》,文渊阁《四库全书》第881册,第380、381页。

③《鸡肋编》卷中,文渊阁《四库全书》第1039册,第163页。

④ 临洮县文体广电和旅游局编:《临洮非物质文化遗产图典》,兰州:甘肃文化出版社,2019年,第7页。

⑤《续资治通鉴长编》卷四〇〇,元祐二年五月癸丑,第9743页。

间，王韶“引兵城渭源堡及乞神坪，破蒙罗角、抹尔水巴等族”，因王韶开拓熙河，驻兵修建，故亦称“王韶堡”。该堡居高临下，地势险要，自古为战略要地，北临后河土崖，西扼上关坪古狄（陇西）通道，南瞰渭源城，东阻下关坪高地。今遗址犹存，堡长550米，宽75米，堡墙残高8米，占地面积约48000平方米，今东、西、南三面堡墙保存较好，仅北墙部分坍毁。

甘肃省夏河县甘加滩偏东的台地上有一古城遗址，即八角城。此城结构独特，平面呈空心十字形，在八个角各筑角墩，形成八角三十六个面，防御毫无死角，故此名城。城垣保护较完整，周长2560米，占地面积约41万平方米，城墙夯筑，基宽14米，残高13.5米，顶宽5.2米，夯层厚0.1米，城周有护城河，宽4.5米，深3.5米。城内采集有五铢钱、唐开元及宋代各种年号的货币，并出土有新石器时代的陶片，汉、晋及唐、宋、明以来的条砖、板瓦、筒瓦、础石等文物。

从以上堡寨遗址可以看出，其修建方式皆为就地取材，土夹碎石，土夯版筑，这是宋朝时期，西北地区边民部众建筑的最基本方式，简单易行，快捷方便。

吐蕃部落所筑的城分为两类：比较简单的城与比较复杂的城，这种比较简单的城用时短，建筑简陋，采用夯土版筑的墙体，数日内即可完工。还有一种是较复杂的城，据《舆地广记》卷一六《陕西秦凤路下》记载，皇祐四年（1052年）“以渭州地置古渭寨”[①]，即古渭州（今甘肃陇西县），并在其东北坊建一谯楼，此即今坐落于陇西县城中心威远楼。此楼后经元、明、清历代修葺或重建。此楼造型精巧，整个基座均由古砖砌成，三层木楼，四面均为飞檐，似箭凌空，如燕展翅，歇山式层顶，若虎伏岗，雄伟壮观。气势宏大，气魄非凡，取名“威远楼”，有威震远方之意。吐蕃首领所居的洮州城，“北城周四里，楼橹十七，南城周七百步，楼橹七，跨洮州为飞桥”[②]。这种城镇不仅要建城墙，还要筑楼橹，并且跨越洮水，在两岸分筑两城，用浮桥连接起来。这种复杂的城池结构，吐蕃人也能在短期内建造出来，反映了其建筑技艺的高超。

元丰三年（1080年）六月十五日，熙河路经略使赵济言：吐蕃首领“董毡欲建一城，来求铁器，且及援兵”[③]。修城的铁器无非是斧、凿、锥、锯、镐、铲、锹等工

---

① 关于古渭寨的具体修筑时间，文献记载有别。《宋史全文》卷一二上《宋神宗二》载：“古渭，唐渭州也，自至德中陷于吐蕃，至皇祐中始得其地，因建为寨。”《续资治通鉴长编》卷一七五皇祐五年七月己丑条载：“诏古渭寨修城卒权给保捷请受。”第4225页。

②《续资治通鉴长编》卷四〇〇，元祐二年五月癸丑，第9743页。

③《宋会要辑稿》蕃夷六《吐蕃》，第9916页。

具，可见修筑复杂的城池，需要泥、石、土、铁等各种工匠及各种工艺的相互配合，综合施工，才能完成一座较为复杂的城镇建筑。吐蕃宗哥城和青唐城是吐蕃城镇建筑的典范，据李远《青唐录》所载："宗哥城分东、西两垒，广八里，北依山，南枕湟水，比诸城最高。"青唐城"枕湟水之南，广二十里，旁开八门，中有隔城，伪主居。城门设谯机二重，谯楼后设中门，后设仪门"①。这种结构复杂、规模宏大的城池建筑可与汉地建筑相媲美。

西北吐蕃精湛的建筑技艺还在宫室、寺庙、佛塔等建筑中得以体现。凉州建有大云寺、洪元寺，修建洪元寺、大云寺时，宋王朝诏令赐金箔物彩。见于史籍所载的寺院还有香子城积庆寺、河州国门寺（郭莽寺）。熙宁年间，宋朝在熙河地区修建了"大威德禅院""广德禅院""东山禅院""东湖禅院"等诸多佛寺，青海湖心岛上也建有一座寺院。其中于元丰七年（1084 年）八月新建的"岷州广仁禅院"更是规模宏大，"徒有常居，客有收舍，储峙有廪，涓洁有庖，最其凡四百六十区"②。宫殿巍然，金人焕然，雄伟壮观，连中原人士也赞叹曰："壮哉！吾土之未尝有也。"

五代宋时的庆州（治今甘肃庆阳市西峰区），系吐蕃、党项、汉人杂居之地，不同民族的宗教信仰得以共通，因而这里佛教盛行，佛塔耸立。现存佛塔 20 多座，分属密檐式、楼阁式、造像塔式等塔系。著名的有以下数塔：

华池塔，位于甘肃华池县林镇乡东华池村，为八角七层楼阁式砖塔，塔高 26 米，第一层塔身南面辟门，以上各层正面均辟拱门同，其余四面设假门，门与假门的位置交错，塔身外部砖雕仿木构门窗、柱、额枋、塔檐、平座、斗拱等。据塔上三层、四层镶砖碑知，塔建于北宋元符二年（1099 年）。

环县塔，位于甘肃环县城北关，八角五层楼阁式空心砖塔，通高 22 米。第一层塔门向东，面阔 3.13 米。以上各层四面交错辟门，塔身外壁砖雕仿木构门窗、柱、额枋、斗拱平座及房檐等，是庆阳市保存最完整的一座古塔。湘乐砖塔，位于甘肃宁县湘乐镇正街，楼阁式砖塔，平面六角形，边长六米，共七层，通高约 22 米。第一层南面辟卷门，北开佛龛，檐下施斗拱及替木，二层、三层施平座，塔身各层间隔一面设真门或砖雕假门与直棂窗。

塔儿湾造像塔，位于今甘肃合水县太白镇塔儿湾村，为八角十三层密檐式石

---

①《青唐录》，上海古籍出版社《说郛三种》，第 602 页。

② 张维：《陇右金石录》卷三《岷州广仁禅院碑》，民国三十二年（1943 年）校印本，第 16038 页。

塔,由塔身、塔檐、塔刹组成,通高 12 米,无基座。第一层高 2 米,底每边长 1.4 米,第二层以上,层层递减。二层、四层南面各设假门一个。各层刻出转角斗拱、檐枋、椽子、瓦垄等。塔顶为石刻刹柱,上置宝珠。塔体每层各面正中浮雕造像五组,每组造像 13~15 尊,共 6008 尊,内容多为佛说法图。另浮雕众罗汉像。塔底直径 129 厘米,逐层缩小,至顶层塔身直径仅 59 厘米。建于北宋末年,是目前国内最瘦的石塔,是宋塔的精品之作。现搬迁到陇东古石刻艺术博物馆。另外还有位于华池县白马造像塔、双塔寺造像塔,宁县塔儿庄塔、凝寿寺塔,庆阳西峰区的肖金塔,合水县八卦寺塔。众多佛塔是佛教建筑精湛技艺的体现与珍贵的遗存。

2. 碾硙与制陶、筏业

农业生产的发展,粮食的增多,也必然促进相关的其他手工业如碾硙业的发展。碾硙是利用水力带动轮轴推动碾硙碾米或磨面,这与人力舂碓相比,显然是一种进步。碾硙的设置及水力资源的拥有,都需要一定的经济实力与政治势力,所以碾硙业往往被吐蕃大酋所掌握。据《青唐录》所载,吐蕃人多"依水筑屋而居,激流而硙"。《宋史·刘沪传》谓水洛城"又有水轮、银、铜之利,环城数万帐"。这表明水洛城(今甘肃庄浪县)不仅有吐蕃部落的银、铜开采业,还有利用水力资源的碾硙业。吐蕃人饮食是"凝麨为盌,实羹酪并食之"[①],就是将青稞、大麦磨成面,再制成炒面,拌和酥油食之。这种"凝麨"的饮食构成,也在某种程度上刺激了碾硙业的发展。时至元朝时期,今甘肃临洮地区沿洮河两岸仍盛行水磨,当地村民的百十盘水磨,日夜不停地碾磨香料,制作"洮香"。

西北吐蕃还有制陶、制砖业。今甘南藏族自治州合作市历史上曾是黄河以南吐蕃部落的居地之一,部族繁盛。在合作市曾出土一批宋代吐蕃风格的陶器,有陶瓶、陶鼎等,其中鼎足为蹼状。这些陶器反映出当地的吐蕃部落能生产陶制品。在甘肃夏河县甘加乡八角城内出土筒瓦、础石、板瓦等[②]。在甘肃定西、庆阳、平凉、陇西等地出土有大量画像砖,即用拍印和模印以及彩绘方法制成的图像砖,这既是手工业建筑产品,也是介于绘画与雕塑之间的一种艺术形式,画像砖多用于装饰宫殿或墓壁。今陇西县博物馆藏有宋代舂米、推磨、宴乐、人物等画像砖;安定区博物馆藏有"赶猪画像砖",临洮县博物馆藏有宋代"男供养人物画像砖"。

---

①《新唐书》卷二一六《吐蕃传上》,第 6072 页。

② 甘南州文化广播影视出版局编:《甘南藏族自治州文物保护单位名录》"八角城城址",兰州:甘肃人民出版社,2015 年,第 2 页。

今甘肃庆阳地区系宋代党项、吐蕃杂居的陕西四路之一的环庆路，庆阳市博物馆藏有镇原县庙渠乡文夏村王新庄队彩绘宋墓出土的“胡人牵驼”“武夫牵马”“武仕”等画像砖，西峰区彭原乡征集的西夏“飞天画像砖”“凤鸟纹画砖”“羊衔莲枝画砖”“牡丹纹画砖”等[①]，合水县陇东古石刻艺术博物馆藏的“鹿啣草”“牡丹纹”“缠枝莲花纹”条砖及“莲花纹方砖”等[②]。平凉博物珍藏有宋代“浮雕奔马纹砖”。在昔日吐蕃众多、蕃汉杂居的庄浪水洛镇寺坪源遗址出土的“黑虎赵灵官”“五神伏龙”“说唱人”“释迦牟尼涅槃”“崇宁通宝钱纹罗汉像”“神吏陶头像”“虎纹”“葵花纹”等陶模陶范[③]，以及庄浪县水洛镇贺庄村西庙坪山刘沪墓双人奏乐砖雕[④]，庄浪县朝那湫出土有宋代石柱础、宋代缠枝纹石构件[⑤]。这些画像砖、瓦、础石、陶模等，既是制陶、建筑产品，又是精美的艺术品，皆是建筑业发展的反映。

西北吐蕃还能制造水上交通工具“革囊”。至元十七年(1280年)，都实受命探查河源。“河源在吐蕃朵甘思西鄙……又水东南来，名也里术，合流入赤宾，其流浸大，始名黄河，然水犹清，人可涉。又一二日，岐为八九股，名也孙斡论，译言九渡，通广五七里，可度马。又四五日，水浑浊，土人抱革囊，骑过之。聚落纠木干象舟，傅髦革以济，仅容两人。”[⑥]当地人所制作的革囊，可能就是皮筏子一类的渡水工具。而“聚落纠木干象舟，傅髦革以济”，则是以木材为原料，制作舟船，并在船上敷以毛革，这是另类只可载两人的渡水工具。

蜜、蜡也是西北吐蕃的特产，秦、凤、岷、阶、成等州生产的蜡烛有名，据《元丰九域志》卷三《陕西路》记载，成州贡“蜡烛一百条”，凤州贡“蜜、蜡各三十斤，蜡烛一百”，阶州贡“蜡烛五十条”。显然蜜、蜡成为进贡的物品。

3. 制石业

熙、河、兰、阶、巩、成、洮诸州均为吐蕃分布地区，盛产石料，其石质精良，适

---

① 庆阳市博物馆编：《庆阳市博物馆文物精品图集》，甘肃兴业印务有限公司，甘出准019字总1513号(2012)06号，第211—215页。

② 王维伟主编：《陇东古石刻艺术饰物馆精品文物图集》，兰州：甘肃文化出版社，2021年，第227—229页。

③ 张建军主编、李晓斌执行主编：《庄浪博物馆文物精品图集》，兰州：甘肃人民出版社，2018年，第190—197页。

④ 文春霞主编，李晓斌编撰：《庄浪文物》，北京：中国文史出版社，2018年，第180页。

⑤ 庄浪县博物馆编：《庄浪县关山大景区文物遗址图集》，深圳市国际彩印有限公司印刷，第62—63页。

⑥《元史》卷六三《地理志六》，第1564页。

于制作器物。宋人杜琯在《云林石谱》中对此有所评述："阶州白石产深土中，性甚软，扣之或有声。大者广数尺，土人就穴中镌刻佛像诸物，见风即致劲，以滑石末治令光润，或磨砻为板，装制砚、屏，莹洁可喜。"[①]此石声名鹊起，远赴各处名山福地，凡内府遗投金章玉册，"多用此石以朱书之"。兰州黄河水中产石，"绝有大者，纹采可喜，间于群石中，得真玉璞外膘。又有如物像黑青者，极温润，可试金"[②]。通远军（即古渭州，治今甘肃陇西县）水中有类似虫鱼鸟形之物，扣之有声，当地人看见后，多以梃办或坚物击之，多化为石，此"石色青黑、温润，堪为砺之质石"[③]。这种黑者由于"石理涩，可砺刃"[④]，可加工为质石，磨治兵刃，"戎人以砺刀而铁色光肥"[⑤]。其价格昂贵，"长尺余，价值数十千"[⑥]。巩州西门寨出产的巩石，"产深土中，一种色绿而有纹，自为水波，断为砚，颇温润，发墨宜笔"[⑦]。亦有赤紫石色斑，为砚发墨过于绿者。此石"水波纹间有黑小点，土人谓之湔墨，点有紧，甚奇妙，而硬者与墨斗而慢，甚者渗墨无光，其中者甚佳，在洮河绿石上"[⑧]。后因开采洞穴年久颓塞，已无复可采。成州（治今甘肃成县）产栗亭石，"色青，有铜点大如指，慢发墨不乏，亦有瓦砾之象"[⑨]。

洮河产绿石，宜于制作石砚，久负盛名，其"通绿如蓝，润如玉，发墨不减端溪下岩"[⑩]。然石在临洮大河深水之底，非人力所致。据《临洮非物质文化遗产图录》记载，制作洮砚的最好石料为宋坑石，俗称"窝子石"，矿井有近千年的历史，位于洮河中游的卓尼喇嘛崖，悬崖陡如刀削，洮河水紧贴崖底而过，崖脚直插水底，崖脚处宋坑距水面仅数米，地势极为险峻。早年间，工匠们必须等到冬天枯水期来临后，才可以撑着木筏掘坑采石。故喇嘛崖采来的窝子石，石贵如金，得之为无价之宝，北方最为贵重。洮砚石色彩典雅，恰似洮河碧波凝结而成，绿色各异，有墨

---

① （宋）杜琯：《云林石谱》卷中《阶石》，文渊阁《四库全书》第844册，第596页。

② 《云林石谱》卷中《兰州石》，文渊阁《四库全书》第844册，第598页。

③ 《云林石谱》卷中《通远石》，文渊阁《四库全书》第844册，第598页。

④ 《砚史》"通远军滉石砚"条，文渊阁《四库全书》第843册，第68页。

⑤ 《砚史》"通远军滉石砚"条，文渊阁《四库全书》第843册，第68页。

⑥ 《云林石谱》卷中《通远石》，文渊阁《四库全书》第844册，第598页。

⑦ 《云林石谱》卷中《巩石》，文渊阁《四库全书》第844册，第600页。

⑧ 《砚史》"通远军滉石砚"条，文渊阁《四库全书》第843册，第68页。

⑨ 《砚史》"成州栗亭石"条，文渊阁《四库全书》第844册，第69页。

⑩ （明）都穆：《铁网珊瑚》卷一六《古研辨》，《四库全书存目丛书》第117册，济南：齐鲁书社，1995年，第704页。

绿、碧绿、翠绿、灰绿等，并被冠之鸭头绿、鹦哥绿、柳叶青等美称，也有暗红、淡紫等较少见的颜色。

熙河开边后，洮州砚传入中原，深受宋代文人的喜爱。黄庭坚赠苏轼一方洮河石砚，深受苏公喜爱，于是撰诗《鲁直所惠洮河石砚铭》赞誉："洗之砺，发金铁。琢而泓，坚密泽。郡洮岷，至中国。弃予剑，参笔墨。丙寅斗，南北归。"[①]黄庭坚亦曾以洮州绿石砚赠无咎文潜，并写诗赞誉："……赠君洮州绿石，含风漪，能淬笔，锋利如锥。"[②]另一被称为苏门四学士的著名诗人张耒，竟将"黄子文章妙天下"的缘由归于洮砚，"谁持此研参案几，风澜近手寒生秋"，情不自禁地发出"明窗试墨吐秀润，端州歙州无此色"[③]的强烈感叹。巩州西门寨石产深土中，"一种色绿而有纹，自为水波，断为砚，颇温润，发墨宜笔"[④]。曾有人将巩州圆砚赠予苏东坡，"公目之为天波"[⑤]。黄庭坚撰诗《刘晦叔许洮河绿石研》赞誉"久闻岷石鸭头绿，可磨桂溪龙文刀。莫嫌文吏不知武，要试饱霜秋兔毫"[⑥]。字里行间充溢着对洮砚的喜爱之情。陆游也喜爱洮砚，在《剑南诗稿》中撰诗夸赞"玉屑名笺来濯锦，风漪奇石出临洮"[⑦]。《玉芝堂谈荟》亦载："宋孝宗曾赐周必大洮河缘石砚，有御笔'洮琼'二字。"[⑧]岷县博物馆藏品中有一方刻有兰亭修禊图的"洮河绿石砚"，此砚长24.3厘米，宽14.8厘米，厚6.8厘米，略成长方。正面刻有"兰亭修禊图"，描绘东晋王羲之和谢安等人在会稽山（今浙江绍兴）的兰亭饮酒赋诗的情景；背面刻有王羲之"兰亭集序"全文。砚体四周刻"曲水流觞图"。顶端有"丹崖竦立，葩藻映林，绿水扬波，载浮载沉"四言诗一首。末署王涣之（王羲之子）款。蕴藏丰富的石料资源，使这些地区的制石业兴盛，而洮砚制作技艺亦得以承袭、发展，

---

①（宋）苏轼：《东坡全集》卷九六《鲁直所惠洮河石砚铭》，文渊阁《四库全书》第1108册，第538页。

②（宋）黄庭坚：《山谷集》卷三《以圃茶洮州绿石研赠无咎文潜》，文渊阁《四库全书》第1113册，第25页。

③（宋）张耒：《柯山集》卷一一《鲁直惠洮河绿石研冰壶次韵》，文渊阁《四库全书》第1115册，第89页。

④《云林石谱》卷中《巩石》，文渊阁《四库全书》第844册，第600页。

⑤《云林石谱》卷中《巩石》，文渊阁《四库全书》第844册，第600页。

⑥《山谷集》卷五《刘晦叔许洮河绿石研》，文渊阁《四库全书》第1113册，第42页。

⑦（宋）陆游：《剑南诗稿》卷一九《休日与客燕语既去听小儿诵书因复作草数纸》，文渊阁《四库全书》第1162册，第345页。

⑧（明）徐应秋：《玉芝堂谈荟》卷二八《雪方砚》，文渊阁《四库全书》第883册，第666页。

流传至今，成为临洮县非物质文化遗产。

宋代渭州（治今甘肃平凉市崆峒区）是吐蕃的重要聚集区，吐蕃部落众多，今庄浪县水洛镇曾是蕃汉杂居之地，制石业也有所发展。据《庄浪博物馆文物精品图集》所载，水洛镇二郎山遗址迦塔院地宫出土的宋代石棺，系灰砂岩质。长 99 厘米，宽 65 厘米，高 90 厘米，重 400 千克。棺由棺盖、棺身、棺座三部分组成，棺盖呈七面体拱形，盖首阴刻双线边框，框内饰忍冬纹缠绕其间，边框内雕刻佛像，头部有背光，身着大衣，施禅定印，神态安详。棺身首部中间雕刻双扉，左右两侧为护法像，挺立而站。护法穿戴甲胄，足蹬马靴，左侧神像双手持鞭横于胸前，右侧神像右手持剑，垂立而站，神态威严。棺盖尾部和棺身尾部阴刻铭文计 122 字，在近棺口处各凿有两个如意头扣手，便于手抓套合。棺身略呈长方形，下部出沿，在出沿的平台上钻有许多细小圆孔，用来安插、固定周围的石雕护栏。平台下方四周雕凿如意头纹，前后各两组，左右各四组，排列有序。下部为三级须弥座，底部内凹，底座顶部四角雕凿凹形方槽，可与棺身底部四角凸起扣合。石棺通体施黑彩，集阴刻、线刻与一身，雕工精细，线条流畅，整体造型优美，保存完整[①]。

两宋时期，西北吐蕃手工业发展处于不平衡的状况，某些方面的生产很先进，有些方面的生产却很落后，其整体发展水平远不能与中原相比，但它毕竟有所进步，超越了前代。入元后，吐蕃传统手工业在宋朝的基础上有新的进步，农区传统的犁铧、锨、镰刀、耙、筐等农具制造，文献中记载较多。民房建筑、军事防御工事、驿站设施、佛塔寺院的修建、制墨、制腊等，都是传统的手工业门类，在元朝中央政府的倡导下，皆有所进步与提高。

五、四通八达的交通网络

以长安为起点的丝绸之路，在陇右河湟地区，构成了一张由若干条道路东西相连、南北交错的交通网。它的形成也经历了一个漫长的历史发展进程，随着时代的变迁及各地政治、军事、经济状况的变化有所改变。两宋时期，居住在今甘肃、青海等地的吐蕃部落与各地区之间建立了交通联系，打破了封闭状况。唃厮啰政权建立后，河湟地区的交通是以首府青唐（今青海西宁市）为中心，向四周辐射，形成了四通八达的交通网络。

---

① 主编张建军、执行主编李晓斌：《庄浪博物馆文物精品图集》，兰州：甘肃人民出版社，2018 年，第 186—187 页。

（一）丝绸之路是重要的东西通道

我国古代通往西域的陆路交通最东的一段，在秦汉时已基本形成，主要有两条路线，一条是从长安出发过陇山，经河西走廊入西域，即称"河西路"。另一条则从长安出发，经漠南阴山到河西走廊的居延海[①]（在今额济纳旗北境）向西至西域，即为"居延路"或"草原路"。

早在秦汉时期，居住在河湟地区的羌人就与漠北和河西的匈奴、黄河流域的汉族有密切的关系。自周衰，戎狄错居泾渭之北。嬴政代立为秦王时，"秦地已并巴、蜀、汉中，越宛有郢，置南郡矣；北收上郡以东，有河东、太原、上党郡；东至荥阳，灭二周，置三川郡"[②]。汉兴至于孝武，"事征四夷，广威德，而张骞始开西域之迹"[③]。自汉武帝派遣张骞出使西域，河西置武威、张掖、酒泉、敦煌四郡后，"河西路"开始兴盛，成为中西陆路交通东段的主要通道。地处河西走廊南面的青海地区亦处于这条中西交通的要道上。

1. 丝绸之路回中道

在丝绸之路正式开通的汉唐时期，来到中原地区的商人、使臣、僧侣，大都以长安为目的地，故丝绸之路从长安出发，沿渭河，过宝鸡，再沿千水（古称汧水）过陇县（古称汧县），沿陇山东麓西北上，经泾河流域的泾川、平凉，逾六盘山，向西沿祖厉河而下，在靖远地区渡黄河，再经景泰地区至武威西行，这是一条通行于秦汉时期较早的驿道。公元前220年，秦始皇出巡，从咸阳启程，过回中（今陕西陇县西北至今甘肃华亭市陇山东麓地区，当时称此道为"回中道"，秦始皇与汉代皇帝在此修建行宫，称"回中宫"），又上鸡头山（又作"笄头山、雉头山"，今平凉西北崆峒山以西，为过六盘山之要道），到北地（今宁夏东南部与甘肃东北部地区），秦始皇出巡所经地区，大部是这条道路。汉武帝也曾沿这条道路出巡，曾抵达祖厉河边。汉元鼎五年（前112年）冬十月，"行幸雍，祠五畤，遂逾陇，登空同，西临

---

① 居延海，在今额济纳旗北境。弱水（今额济纳河）自张掖北流，至下游分为东河、西河等水，汇潴于此。《水经注》卷四〇载：流沙地在张掖居延县东北，"居延泽在其县故城东北，《尚书》所谓流沙者也。形如月，生五日也。弱水入流沙，流沙沙与水流行也"。唐以后通称居延海。本为一湖，其后中段淤塞，遂成二泊，汉人称东、西居延海。蒙古语称东海为"索果诺尔"（又作"苏古诺尔"），西海为"嘎顺诺尔"。

②《史记》卷六《秦始皇本纪》，第223页。

③《汉书》卷九六上《西域传》，第3873页。

祖厉河而还"[①]。元封四年(前 107 年)冬十月,汉武帝再次沿这条路线出巡,"行幸雍,祠五畤。通回中道,遂北出萧关,历独鹿、鸣泽,自代而还,幸河东"[②]。

秦汉时期,这条道路是联结关中与甘肃的重要通道,同时也是北方匈奴南下的一条道路,为了抵御匈奴,沿途设立了诸多关卡。秦代时,即在高平(今宁夏固原市)东南 30 里处修建萧关,派兵驻守,阻止匈奴。汉时在萧关西南,今宁夏西南的瓦亭山上修筑一关,称瓦亭关(即东瓦亭关,后在今宁夏隆德县西北的葫芦河上游修筑的关称西瓦亭关),驻军扼守,抵御东、西、北三面的侵袭。东汉初,隗嚣割据陇右,东汉政府发兵越陇山,占据洛阳,隗嚣率军正面抵御东汉政府军队,但又恐汉兵由这一路派兵夹击,于是派大将王元率一支军队在番须口(在今陕西陇县西北,旧为陇山之口,即回中道西口)巡行,王孟率一支军队阻扼鸡头道(即鸡头山或笄头山道),牛邯率一支军队阻扼于瓦亭关。回中、鸡头山、瓦亭关成为这条要道口的三个重要战略要地。汉文帝前元十四年(前 166 年),匈奴军兵曾突破萧关防线,由六盘山东麓南下,先头部队入回中道、烧回中宫,威胁长安。后来随着中原王朝势力扩大,萧关亦移至固原以北。

2. 陇关道与灵武道

陇关道路线开辟较晚,在北路的南面。从长安出发到陇县然后西行,从陇关或大震关越陇山,向西北经略阳(治今甘肃秦安县东北)、平襄(今甘肃通渭县西)到金城(今甘肃兰州市),由今兰州渡黄河到武威,入河西走廊。这条道又称陇关道,历史上记载较多。东汉初年,隗嚣占据陇西,东汉政府派来歙征讨隗器,来歙派出两千余人从回中向西,在陇山中辟出一条道路,直通略阳。此道开通后,便利了关中平原到陇南各地、洮河流域交通,成为东汉政府平定隗器割据政权的运兵通道,也成为丝绸之路的另一重要商道。来歙开陇山道后不久,就设置了陇关(后改称大震关、固关)。唐大中六年(852 年)三月,将原"僻在重岗之上,苟务高深"的陇关,移至"临水挟山,当川限谷"[③]的要会之处,并改名为定戎关。据《元和郡县图志》所载,此关设于距今陕西陇县西 61 里处,至今遗址犹存。以后又在大震关南凿山开道,打通一条陇山新道,并在陇山东麓山口设一新关,即《陇州续志》卷二所载的"咸宜关",这两关均在今陕西陇县境内。越过陇山后,在马鹿(今甘肃

① 《汉书》卷六《武帝纪第六》,第 185 页。

② 《汉书》卷六《武帝纪第六》,第 195 页。

③ (宋)王溥:《唐会要》卷八六《关市》,文渊阁《四库全书》第 607 册,第 295 页。

张家川回族自治县东马鹿乡）相合。这条道路既是古代商路，也是西行运兵的古道。唐大历初年，凤翔节度使李晟曾率军出大震关，兵至今临洮县一带。

灵武道与丝绸之路北道、中道、南道并行，是从灵武渡黄河，向西南行至凉州进入河西走廊。五代时，高居诲出使于阗，曾走这条路线。据《新五代史·四夷附录》“于阗”载：

> 自灵州过黄河，行三十里，始涉沙入党项界，曰细腰沙、神点沙。至三公沙，宿月支都督帐。自此沙行四百余里，至黑堡沙，沙尤广，遂登沙岭。沙岭，党项牙也。其酋曰捻崖天子。渡白亭河至凉州，自凉州西行五百里至甘州。甘州，回鹘牙也。其南，山百余里，汉小月支之故地也，有别族号鹿角山沙陀，云朱耶氏之遗族也。自甘州西，始涉岭，碛无水，载水以行。……西北五百里至肃州，渡金河，四百里出天门关，又西百里出玉门关，经吐蕃界。①

宋乾德二年（964年），宋政府“诏沙门三百人入天竺求舍利及贝多叶书”②，北宋僧人继业“自阶州出塞西行，由灵武、西凉、甘、肃、瓜、沙等入伊吴、高昌、焉耆、于阗、疏勒、大食诸国，度雪岭，至布路州国。又度大葱岭、雪山，至伽湿弥罗国……”③显然继业也经此道至印度取经，于开宝九年（976年）返归。

从长安至河西走廊还有一条道路，在明代以前很少记载，但在明清时期，这条道路成为由中原赴甘、宁、青、新地区的主要交通路线，许多著名人物均走过这条线路，并在他们的著作中有所反映。如明代杨一清的《西征日录》、洪亮吉的《伊犁日记》、林则徐的《荷戈纪程》、倭仁的《莎车行记》、陶保廉的《辛卯侍行记》等著作中，皆详细记载了这条通道的山川道里、名胜古迹。根据记载，这条路线从长安启程，西北经咸阳、兴平、礼泉、永寿（永寿西北）、邠州、长武，进入今甘肃境。在甘肃境内，经泾川、平凉，过萧关（又称金佛峡），又从萧关口向西到六盘山（又称都卢山），下六盘山过隆德、静宁、会宁到安定即定西，这是唐末以来，中原与少数民族茶马贸易之地，宋元丰初始筑定西城，元代改为安定。由安定西北行到达金县（今甘肃榆中县），过榆中即达兰州，由兰州过黄河进入河西走廊。据杨建新、卢苇

---

①《新五代史》卷七四《四夷附录第三·于阗》，第917、918页。

②（元）马端临：《文献通考》卷三三八《四裔考·天竺》，文渊阁《四库全书》第616册，第671页。

③《文献通考》卷三三八《四裔考·天竺》，文渊阁《四库全书》第616册，第671页。

《丝绸之路》所载，这条道路并不是明清时期形成的，而是通过一个由隆德到定西的岔道，把丝绸之路的北道（回中道）与中道（陇关道）连起来。这条道路很早以来就成为丝绸之路的一个重要通道，明清时期，更成为西行宁夏、青海、甘肃、新疆的重要驿道。

3. 丝绸之路南道

丝绸之路南道与上述北道、中道两路并行。是由长安沿渭河西行，逾陇山，途经天水（汉代称上邽，唐代称秦州）、临洮（狄道），经枹罕（河州）或北上到兰州过黄河，至武威，进入河西走廊；或西行越黄河到青海民和、西宁、大通、俄博，越祁连山和大斗拔谷（今扁都口），在张掖进入河西走廊。这条道路越过陇山后的第一大站，即为上邽（今甘肃天水市），上邽为春秋时邽戎活动地区。据《史记·秦本纪》记载，秦武公十年（前688年），秦伐邽、冀（今甘肃甘谷县）之戎，并于此地置县。从此，上邽就与关中有了直接的交往，成为联结陇山东西的战略要地，是"兰河之中坚，关陇之重镇"[①]。西汉末，隗嚣以此为基地，割据陇右。光武帝刘秀曾出征上邽。三国时亦是魏蜀长期争夺之地，魏设秦州，治所设于上邽。顾祖禹《读史方舆纪要》谓"秦州其关陇之喉舌"[②]，说明天水自古就是关陇咽喉，也是丝绸之路上的要冲。

由天水西下沿渭河经陇西等地到临洮，临洮古称狄道，秦汉时期是陇西郡郡治，曾长期是甘肃中部地区的政治、经济、文化中心，物产丰富，地理位置居中。宋代时，临洮设置熙州交易司，成为丝绸之路青海道上一个交通节点与贸易中心。临洮历来称为"襟带河湟，为西陲之保障"[③]。由临洮西行，即到枹罕（即河州，今甘肃临夏市），枹罕控扼黄河，是汉族与少数民族交接之地，也是皮绢、茶马交易之所，是丝绸之路吐谷浑进入中原的咽喉要地，也是唐代丝绸之路的重要交通点。青唐吐蕃奄有此地后，也是北宋与西方联系的通道。明洪武中，曾置洮州、秦州、河州三茶马司，后"罢洮州茶马司，仍以河州茶马司兼领之"[④]。河州成为吐蕃与中原交往的西北重镇。

晋代名僧法显西行曾走这条路线，《佛国记》记载："初，发迹长安，度陇，至乾

① （清）和珅等：《大清一统志》卷二一〇《秦州》，文渊阁《四库全书》第478册，第679页。

② （清）顾祖禹撰，贺次君、施和金点校：《读史方舆纪要》卷五九《陕西八》，北京：中华书局，2005年，第2834页。

③ （清）许容、李迪等：《甘肃通志》卷四《疆域·临洮府》，文渊阁《四库全书》第557册，第128页。

④ 《明史》卷七五《职官志四》"茶马司"条，第1849页。

归国,夏坐。夏坐讫,前行至溽檀国,度养楼山,至张掖镇。”[①]法显行经甘肃榆中、兰州、西宁、大通、俄博,过扁都口(即大斗拔谷)进入张掖。大斗拔谷“山路隘险,鱼贯而出”[②],气候寒冷,六七月尚能冻死人。大业五年(609年)六月癸卯,隋炀帝一行曾至张掖巡视,过浩门河后,向西北越大斗拔谷时,路遇寒潮,“风霰晦冥,与从官相失,士卒冻死者大半”[③]。至清代时,清人陶保廉途经此地时,扁都口仍依旧艰险。其在《辛卯侍行记》中谓:“扁都口贯祁连之中,盛夏积雪,当春不劳,鸟道环崖。裁容一轨,途经深涧,流急石多,夏秋骑步均艰,严冬堕指裂。南达湟中,求捷者不惮冒险,即古之大斗拔谷。”

4. 宋代青海道

青海地区与蒙古草原、黄河、长江流域的交通就已存在[④]。我国著名的考古学家裴文中先生根据青海湟水流域等地大量出土的新石器时代遗物,推测由祁连山南沿湟水至青海,再经柴达木盆地而到南疆,是一条主要的中西交通要道[⑤]。

四五世纪时,战乱频仍,河西走廊群雄割据,道路不畅,中外行人难以平安通过,只好另辟蹊径,改道青海地区。西夏奄有河西走廊后,对过境商人征收高额税款,十中取一,专取货中上品为税。甚至还经常劫掠商队人畜,使过境商人的生命财产没有保障,“商人苦之”。因此,来往于宋朝与西域的各国商队被迫绕道河湟,走“吐谷浑道”即“青海路”,于是宋朝时,“青海路”又重新畅通兴盛。宋真宗天圣六年(1028年),西夏元昊攻占甘州、凉州,又攻取瓜州(治今甘肃瓜州县)、沙州(治今甘肃敦煌市西),从此西域各商旅、贡使避开西夏据有的河西走廊,由新疆东南境越阿尔金山,进入青海省西北,穿行柴达木盆地,沿青海湖南北两岸而行,到达临谷城(即林金城、宁西城,今青海西宁市西40里),再进驻青唐城(今青海西宁市),与中西商贾进行交易。西域商人由此还可以继续前往辽朝或宋朝汴京(今河南省开封市)。去汴京的商旅循湟水先到邈川(今青海海东市乐都区),再东南行,渡黄河至河州(治今甘肃临夏市东北)、熙州(治今甘肃临洮县),到达秦州(治今甘肃天水市秦州区)。秦州是北宋与西方交往的门户,华夷聚集,贸易兴盛。

① (南朝宋)法显:《佛国记》,文渊阁《四库全书》第593册,第613页。
② (唐)魏徵等:《隋书》卷三《炀帝纪上》,北京:中华书局,1973年,第73页。
③ 《隋书》卷三《炀帝纪上》,第73页。
④ 周伟洲:《吐谷浑史》,银川:宁夏人民出版社,1985年,第132页。
⑤ 裴文中:《史前时期之东西交通》,《边政公论》1948年第7卷第4期。

由秦州沿渭河东下，出潼关，泛黄河，直抵汴京。

宋代史籍记载了当时西域各国使臣通行青海道的情况。

《宋史》卷四九〇《拂菻传》载：

拂菻国东南至灭力沙，北至海，皆四十程。西至海三十程。东至西大食及于阗、回纥、青唐，乃抵中国。历代未尝朝贡。元丰四年（1081年）十月，其主灭力伊灵改撒始遣大首领你厮都令厮孟判来献鞍马、刀剑、真珠，言其国地甚寒，土屋无瓦。

《宋史》卷四九〇《于阗传》载：

（元丰）四年，遣部领阿辛上表称"于阗国偻俀有福力量知文法黑汗王，书与东方日出处大世界田地主汉家阿舅大官家"，大略云路远倾心相向，前三遣使入贡未回，重复数百言。董毡使导至熙州，译其辞以闻。诏前三辈使人皆以朝见，锡赉遣发，赐敕书谕之。神宗尝问其使去国岁月，所经何国及有无钞略。对曰："去国四年，道途居其半，历黄头回纥、青唐，惟惧契丹钞略耳。"

《续资治通鉴长编》卷三二五，元丰六年五月丙子载：

于阗贡方物，见于延和殿。上问曰："离本国几何时？"曰："四年。""在道几何时？"曰："二年。""经涉何国？"曰："道由黄头回纥、草头达靼、董毡等国。"又问："留董毡几何时？"曰："一年。"问："达靼有无头领、部落？"曰："以乏草、粟，故经由其地皆散居也。"上顾谓枢密都承旨张诚一曰："达靼在唐与河西、天德为邻，今河西、天德隔在北境。自太祖朝尝入贡，后道路阻隔，贡奉遂绝。"又问："尝与夏国战者，岂此达靼乎？"曰："达靼与李氏世仇也。"又问："道由诸国，有无钞略？"曰："惟惧契丹耳。"又问："所经由去契丹几何里？"曰："千余里。"

《宋会要辑稿》蕃夷四《拂菻国》载：

神宗元丰四年十月六日，拂菻国贡方物。大首领你厮都令厮孟判言：其国东南至灭力沙，北至大海，皆四十程。又东至西大石及于阗王所居新福州，次至旧于阗，次至约昌城，乃于阗界。次东至黄头回纥，又东至鞑靼，次至种榅，又至董毡所居，次至林擒城，又东至青唐，乃至中国界。西至大海约三十程。其王名灭力伊灵改撒。国地甚寒。

其中与《宋史·拂菻传》所载不同的是"又东至鞑靼，次至种榅"九字。据日本学者前田正名的研究[①]，种榅即仲云，居住在黄头回纥的东北，散布在以哈密盆地为中心的地区，牙帐设在胡卢碛，从这里向东行就是今蒙古国的南疆地带，属契丹的上京道，系鞑靼族生息流动之区。通过这条位于西夏北侧的鞑靼道（草原道），便可到达上京临潢府。《宋会要辑稿》中所载“又东至鞑靼，次至种榅”这九个字，只是拂菻使者口述其行程路线时，谈到还有这样一条北行路线，而拂菻使臣本身实际上走的则是南道“青海路”[②]。

上述文献记载表明，西夏控制河西走廊后，唃厮啰辖区已成为西域贡使、商旅往来的必经之路，青唐成为这条东西通道的中心，正如《宋史·吐蕃传》所言：“厮啰居鄯州，西有临谷城通青海，高昌诸国皆趋鄯州贸买，以故富强。”

（二）穿越河西走廊的南北纵断路

位于祁连山之南的青海地区，历史上就与北方诸国有交通往来。534年北魏分裂后，北方先后形成东魏、西魏、北齐、北周的对峙局面。西魏、北周占据河西走廊，阻塞了东魏、北齐与西域等地的通贡贸易，所以他们绕道穿越祁连山，走吐谷浑的“青海道”。西域商人欲与东魏、北齐贸易，其经由的路线即先由青海道至吐谷浑中心伏俟城（今青海湖西15里），然后穿越河西走廊，北入居延路，“假道柔然”[③]，再从阴山南下到东魏的都城邺（今河北临漳县西南邺镇）。

宋代时，穿越河西走廊的路线不固定，随着西夏势力的发展而有所变化。一条是凉州路。

《周书》卷五〇《吐谷浑传》记载：

> 魏废帝二年，太祖勒大兵至姑臧，夸吕震惧，遣使贡方物。是岁，夸吕又通使于齐氏。凉州刺史史宁觇知其还，率轻骑袭之于州西赤泉，获其仆射乞伏触扳、将军翟潘密、商胡二百四十人，驼骡六百头，杂彩丝绢以万计。

《通志》卷一九五《吐谷浑传》记载：

> 废帝二年，周文勒大兵至姑臧，夸吕震惧，使贡方物。是岁，夸吕又通使于齐。凉州刺史史宁觇知其还，袭之于州西赤泉，获其仆射乞伏触

---

① 〔日〕前田正名：《西夏时代避离河西的交通路线》，《史林》1959年第42卷1号。

② 吴天墀：《唃厮啰与河湟吐蕃》，载《宋史研究论文集》，郑州：河南人民出版社，1984年。

③ （宋）司马光：《资治通鉴》卷一五八《梁纪十四》，武帝大同六年冬十一月，北京：中华书局，1956年，第4907页。

状、将军翟潘密及商胡二百四十人，驼骡六百头，杂彩丝绢以万计。

《北史》卷九六《吐谷浑传》载：

> 废帝二年，周文勒大兵至姑臧，夸吕震惧，使贡方物。是岁，夸吕又通使于齐。凉州刺史史宁觇知其还，袭之于州西赤泉，获其仆射乞触状、将军翟潘密，商胡二百四十人，驼骡六百头，杂彩丝绢以万计。

上述三种文献中，记事相同，只是《北史》所载人名为"乞伏触状"，与《通志》所载相同，而非《周书》所载"乞伏触扳"。这表明吐谷浑及西域商人是由凉州（治今甘肃武威市凉州区）城西赤泉，横切穿越河西走廊与祁连山，进入青海地区。赤泉即赤水泉，当为唐赤水军地。《唐会要》卷七八载："赤水军，置在凉州西城，本赤乌镇，有泉水赤，因以为名。武德二年七月，安修仁以其地来降，遂置军焉。军之大者，莫过于此。"[①]唐末五代时，甘州回鹘统一河西走廊，在宋真宗咸平六年（1013年）之前，即西夏攻陷凉州前，甘州回鹘贡使经凉州穿越祁连山进入青海东部宗哥城（今青海海东市乐都区西）或邈川城（今青海海东市乐都区）至宋。

另一条则为甘州路。宋真宗咸平六年（1003年）十月，西夏攻陷凉州，阻塞了甘州回鹘及西域商人的凉州通道，特别是在大中祥符元年（1008年）正月，"西夏出兵侵甘州回鹘"[②]，甘州回鹘贡使与西域商人遂从甘州南下横切河西走廊，穿越祁连山大斗拔谷（一作达斗拔谷、大斗谷，即今甘肃民乐县扁都口河谷），到达青唐（今青海西宁市），再由青唐往东即走湟州（即邈川，今青海海东市乐都区）入宋故道，这就是传统的"吐谷浑道"或"青海道"。

辽朝与青唐吐蕃的联系，也是通过西夏境内的河西走廊的南北纵断路，从契丹上京道西部鞑靼区，沿今内蒙古额济纳河南下，由甘州或凉州穿越祁连山，直抵湟水北岸。辽道宗清宁四年（1058年），"西蕃唃厮啰与契丹通婚"，契丹将其公主嫁与唃厮啰少子董毡。"契丹既与唃厮啰通婚，数遣使由回鹘路至河湟间，与唃厮啰约举兵取河西。河西，谓夏国也，欲徙董毡凉州，与之相近。唃厮啰辞以道远兵难合，乃止。"[③]所谓回鹘路，就是从上京道南下，在狼山及贺兰山西边，由西南方向经今腾格里沙漠边缘进入凉州，再越祁连山到达青唐的南北纵断路。由于唃厮啰政权与契丹联姻，辽道宗咸雍七年（1071年）六月，"吐蕃来贡"[④]，唃厮啰政权遣

---

①《唐会要》卷七八《节度使》，文渊阁《四库全书》第607册，第189页。

②（清）吴广成著，李蔚整理：《西夏书事》卷九，济南：泰山出版社，2000年，第54页。

③《续资治通鉴长编》卷一八八，嘉祐三年九月乙亥，第4527页。

④（元）脱脱等：《辽史》卷二二《道宗纪》三，北京：中华书局，1974年，第270页。

使赴辽，其行程就是穿越河西走廊的路线。

（三）青唐以南地区的“河南道”

青唐以南广大地区是吐蕃部落聚集区域，部族繁盛，虽不相统属，处于割据状态，但地区之间存在交通联系。

青唐以南地区也曾是吐谷浑人的辖区，《南齐书》《梁书》《南史》等文献史籍均将青海地区及吐谷浑又称为“河南”或“河南国”，主要缘于吐谷浑地区在“张掖之南，陇西之西，在河之南，故以为号”①。其界“东至垒川，西邻于阗，北接高昌，东北通秦岭，方千余里，盖古之流沙地焉”②。

南朝宋也曾因此而封吐谷浑王为“河南王”③，因而吐谷浑地区的这条道路称为“河南道”，沟通了地处江南的南朝与西域各地的交往。据文献记载，南朝梁时，远在中亚阿姆河流域的厌哒，即《梁书·滑国传》所载的“滑国”多次向梁遣使通贡，吐谷浑人常任滑国使臣译者，“其言语待河南人译然后通”④，说明他们二者语言有相通之处。其行程路线，即由青海路再进入“河南道”，因为他们至梁的道路，从青海、河南入蜀是较便捷的路线。吐谷浑聚居的青海地区，“其地与益州邻，常通商贾，民慕其利，多往从之”⑤。河南王伏连筹嗣位后，于天监十三年（514年）遣使献物，又上表要求在益州立九层佛寺。天监十五年（516年），又遣使献赤舞龙驹及方物。“其使或岁再三至，或再岁一至。”⑥6世纪时的益州（治今四川成都市），一度成为吐谷浑人与南朝互通贸易的枢纽。吐谷浑派赴南朝的使臣络绎不绝。这说明青海与四川的道路也是畅通的，青唐以南地区的交通具有深厚的历史渊源。

由青唐城东南出发，便到陇南蜀北，这一带是羌、吐蕃聚集区，每当西夏侵扰时，宋朝就担心西夏会从此地乘隙而入。宋仁宗康定元年（1040年）十一月，利州

① （梁）沈约：《梁书》卷五四《诸夷传·西北诸戎》“河南国”条，北京：中华书局，1975年，第810页。

② 《梁书》卷五四《诸夷传·西北诸戎》“河南国”条，第810页。

③ （唐）李延寿：《南史》卷七九《西戎传》载：“河南王者，其先出自鲜卑慕容氏。初，慕容弈落干有二子，庶长曰吐谷浑，嫡曰廆洛干。卒，廆嗣位，吐谷浑避之，西徙上陇，度枹罕，出凉州西南，至赤水而居之。地在河南，故以为号。”北京：中华书局，1975年，第1977页。

④ 《梁书》卷五四《诸夷传·西北诸戎》“滑国”条，第812页。

⑤ 《梁书》卷五四《诸夷·西北诸戎》“河南国”条，第810页。

⑥ 《梁书》卷五四《诸夷·西北诸戎》“河南国”条，第810页。

路转运使张宗彝言："西贼自文州有路直到益州城下，请于龙州清川县防守。"[①]身为蜀人的李焘认为"直至益州城下"之言未免过于夸张，但宋朝还是加强了对文州（治今甘肃文县）、龙州（治今四川平武东南南坝镇）及清川（治今四川清川县清溪镇）这一线的防守，于是"增龙州戍兵三百五人，选武臣知州，逐季量遣兵往清川备御巡察"[②]。嘉祐四年（1059 年）二月七日，宋政府诏三班院："今后文州安昌寨及文州南路镇驻札并龙州清川知县使臣年满，并令选差使臣。"[③]显然此地"以当西界之路，谨备御也"[④]。蒲卤通判文州时，有人建议"开文州径路达陕西"[⑤]。蒲卤言："洮、岷、积石至文为甚迩，自文出江油，邓艾取蜀故道也。异时鬼章欲从此窥蜀，为其阻隘而止。夏人志此久矣，可为之通道乎？"[⑥]由此可见，位于青唐之南的洮、岷、积石到文州，自文州出江油，可以直抵蜀地。这是一条联结青唐吐蕃与四川地区的交通路线，且这条路线后来一直使用。明正德九年（1514 年），总制彭泽集诸道军，将欲平息"海寇之患"时，这些环居于青海的番人得知消息后，则"由河州渡黄河，奔四川，出松潘、茂州境，直走乌斯藏"[⑦]。

总之，丝绸之路在陇右河湟地区的若干条道路纵横交错，形成一张庞大的交通网。宋朝时期，以青唐为中心的交通网络，则是对历史上这一地区交通的继承与发展。宋代西北吐蕃社会经济有较大发展，社会安定，呈现出一派繁荣兴盛的景象，由于当时形势、民族、经济等情况发生了变化，西北吐蕃的交通与社会经济的发展相辅相成。

六、西北吐蕃社会经济发展特点

两宋时期，西北吐蕃由于居住地区僻远分散，部落众多，宋政府鞭长莫及。西夏兴起后，宋朝企图"以夷制夷"，对吐蕃羁縻怀柔，以期钳制西夏，这就客观上使吐蕃社会经济获得一个相对有利的发展空间与时机。西北吐蕃地区四通八达的

①《续资治通鉴长编》卷一二九，康定元年十一月乙亥，第 3057 页。
②《续资治通鉴长编》卷一二九，康定元年十一月乙亥，第 3057 页。
③《宋会要辑稿》兵二七《备边一》，第 9204 页。
④《宋会要辑稿》兵二七《备边一》，第 9204 页。
⑤《宋史》卷三五三《蒲卤传》，第 11153 页。
⑥《宋史》卷三五三《蒲卤传》，第 11153 页。
⑦《明史》卷三三〇《西域二·西番卫》，第 8544 页。

交通网络，打破了封闭状况，使吐蕃地区对外开放，与外界加强了联系；东西文化的渗透，汉文化对吐蕃的影响，又使吐蕃人观念发生了变化，这一切均使这个曾一度荒遐的地区，社会经济有了较大的发展。

西北吐蕃地区的社会经济具有以下特点：

第一，自主性与灵活性。宋代西北吐蕃不受宋政府的种种限制，摆脱了官府的羁绊，具有较大的自主性与灵活性。许多官府不许经营、不许生产的商品与手工业产品等，均在这里可以民间私营、私市，民间经济显示出强大的生命力，成为吐蕃社会经济发展的支柱。

第二，整体性与全面性。宋代西北吐蕃牧、农、商、矿冶、手工业及交通等方方面面都获得进步，而且各方面的发展又相辅相成，互相刺激，相互促进，使社会发展呈献出全方位、整体发展的趋势。

第三，民族性与地域性。宋代西北吐蕃的社会经济发展，是以当地农、牧业产品及丰富的矿藏为原料，因地制宜地发展民族传统手工业，其门类众多，生产生活必需品。其商贸活动也是以自己所特有的产品与宋朝进行贸易，其经济发展具有鲜明的民族性、地域性与民间性的特点。

第四，继承、发展与进步。宋代吐蕃社会经济的发展很大程度上源于对前代发展水平的承袭。安史之乱后，这一地区虽陷入吐蕃，但原有的社会经济结构并没有遭到完全破坏，原有的生产部门与经济发展水平，在吐蕃部落中得到很大程度的保留，入宋后，在此基础上，又不断有所发展与进步。

第五，相互学习与融合。西北吐蕃是由吐蕃人、嗢末人、吐蕃化的汉人、羌人、吐谷浑人等诸多民族成分构成，加之东西商路的畅通，西域人的往来，他们所拥有的不同的先进生产技术与不同特色的经济生活，必然对西北吐蕃产生影响。西北吐蕃社会经济的发展，是吐蕃与各民族在长期的共同生活、共同劳动中，相互学习、相互交融的结果。

第九章　西北吐蕃的文化

史称“吐蕃”的藏族,是一个在中国历史上产生过重大影响的民族,具有悠久的历史和丰富的文化,自称为“博”,“藏族”乃是这个民族的汉语称谓。吐蕃在唐朝时最为强盛,自9世纪中叶以来,渐趋衰弱,政权土崩瓦解。居住在西藏本土的吐蕃各部分裂成为数众多的割据小政权,彼此间干戈不已,内战不休,他们同中原王朝完全处于隔绝状态。而位于西藏本土以东的吐蕃部落,则脱离了吐蕃政权的羁绊,更是族种分散,不相统一,“大者数千家,小者百十家”①,散处于河、湟、江岷间。“吐蕃本西羌属”②,其族种“百有五十种”,因此,居住在“河、秦、邈川、青唐、洮、岷以至阶、利、文、政、绵、威、茂、黎、移州夷人,皆其遗种”③。而居住在河西走廊的“西凉蕃部多是华人子孙,例会汉言,颇识文字”④,且早已吐蕃化。宋代吐蕃就是指这一广大地域的吐蕃部族,即今藏语所说的安多(今青海和甘南地区)和康巴(今四川甘孜及西藏昌都等地区)藏族。由于构成吐蕃民族共同体的文化、族源不同,宋代吐蕃文化具有以佛教为核心而呈现出多元化的特征,其民风习俗丰富多彩,而宋政府对吐蕃施行的民族文化政策,客观上有利于蕃汉民族的融合与交流。

一、西北吐蕃的佛教

唐末五代宋朝时期,散居在河西、陇右、河湟地区的吐蕃部族,虽然已远离西藏本土,往昔吐蕃王朝鼎盛时期的辉煌已悄然隐去,但他们对佛教的信仰却有增无减,仍炽热、虔诚。宋代吐蕃对佛教的崇敬,不仅是他们“佞佛”之俗的表现,也

① (元)脱脱等:《宋史》卷四九二《吐蕃传》,北京:中华书局,1977年,第14151页。

② (宋)欧阳修、宋祁:《新唐书》卷二一六《吐蕃传上》,北京:中华书局,1976年,第6071页。

③ (宋)邵伯温:《闻见录》卷一三,文渊阁《四库全书》第1038册,第792页。原文载:“今河、奉、邈川、青唐……”其“奉”应为“秦”,故改。

④ (宋)李焘:《续资治通鉴长编》卷五一,咸平五年三月癸亥,北京:中华书局,1980年,第1122页。

是民族文化的象征。而且这种崇佛的民族文化既被宋朝统治者所利用,也融入吐蕃的政治统治中,形成了“政教合一”的特点。

(一)佛教在陇右河湟地区的传播

宋代吐蕃散居之地是佛教流行与传播的重要地区,这是由诸多因素形成的。

1. 陇右河湟是丝绸之路的必经之地

自古以来,陇右、河西走廊及青海的河湟地区,是闻名遐迩的丝绸之路的必经之地,具有佛教传播的地理优势。在全国的交通网络中,因丝绸之路贯穿陇右全境,有“回中道”“陇关道”“丝路南道”“灵武道”①等若干条道路,形成一张交通网络,使陇右、河湟成为丝绸之路的西陲孔道,具有政治、军事、经济与民族的重要战略地位。

唐朝玄宗时期,社会经济高度发展,是时“中国盛强,自安远门西尽唐境万二千里,闾阎相望,桑麻翳野,天下称富庶者无如陇右”②。充分说明道路交通与社会经济的相互关联,亦即对陇右交通地位的高度肯定。仅陇右地区就有北、中、南三条道路,形成纵横交错的丝绸之路交通网。北路始自长安,途经咸阳、泾川、平凉、固原,经甘肃景泰过黄河抵武威,再沿河西走廊至敦煌。中路从长安出发,途经秦安、通渭、陇西、渭源、临洮至兰州,再从河口渡黄河,逾乌峭岭,经武威、张掖后,抵达敦煌。南路则从长安出发,途经秦安等地抵达临洮后,再至河州,在炳灵寺附近渡黄河,经民和、乐都、西宁等地,穿越祁连山,经扁都口后抵达张掖,与北路会合后,直抵敦煌。

伴随着沿途地区的政治形势、军事格局、经济状况及民族关系的变化,尽管丝绸之路线、交通局势有变,但河西走廊地段始终是全程不变的主干道,而在河西走廊最重要的东段张掖与西段敦煌两地,成为丝绸之路的重要交通枢纽。河西走廊地区则是陇右丝绸之路东段三条路线的总汇之地,成为一条联结东西交通的咽喉地段。

唐蕃古道是当时中原通往吐蕃地区最主要的道路, 青海河湟地区是必经之地。河湟地区曾是吐谷浑的领地,早在魏晋时期,连通西域与中原地区的另一条

---

① 中华孔子学会编辑委员会编:《中华地域文化集成》“甘肃文化”, 北京: 群众出版社, 1998 年,第 954、955 页。

②(宋)司马光:《资治通鉴》卷二一六《唐纪三十二》,玄宗天宝十二载八月戊戌,北京:中华书局,1955 年,第 6919 页。

丝绸之路青海道(即吐谷浑道、羌中道)就途经这里,河湟地区成为丝绸之路的另一条重要通道。从长安出发,过咸阳,沿丝绸之路东段西行,越陇山,经天水等地,在临夏炳灵寺附近渡黄河后,经乐都、西宁、湟源,逾日月山,涉倒淌河,至恰卜恰(公主佛堂),然后经切吉草原、大河坝、温泉、花石峡等地,到结古巴塘,溯子曲河上至杂多,沿入藏大道,又越唐古拉山口,至西藏聂荣、那曲,最后到达拉萨[①]。丝绸之路的贯通,使这一地区具有独特的地位与连接东西交通的开放特色,成为中西文化交流的荟萃之地。

在这条道路上东来西往、匆忙奔波的人群中,有许多宗教僧人与宗教使团。公元前6世纪产生于印度的佛教,就是借助于这些僧侣或使团传入中原,同时也必然在这些途经之地得到传播。丝绸之路沿途众多的佛教石窟,正是佛教传播的重要见证。

2. 河西走廊历来是佛教的传播之地

十六国时期,中原地区战乱频频,而河西走廊地区由于僻远而相对安定,五凉立国于河西走廊,这里便成为战乱中的一方"静土"。五凉统治者尊崇佛教,使佛教在这里久为兴盛。据史籍所载,"凉州自张规后,世信佛教。敦煌地接西域,道俗交得其旧式,村坞相属,多有塔寺"[②]。一些名僧也在这里传教讲经,翻译佛教经典。魏晋之际的河西名僧竺法护,西晋初由西域返回,携带大量佛经。自敦煌至长安沿路传译,他先后在长安、洛阳、敦煌、酒泉等地专门从事讲经译述活动。"永嘉之乱"后,竺法护由长安避乱凉州(治今甘肃武威市凉州区),所译诸经也随携凉土,凉州成为译经的中转之地。后凉时,西域名僧鸠摩罗什居凉州十七载,学习汉语,翻译佛经三百多卷。由于统治者尊崇及诸多僧侣为弘扬佛教所从事的各种活动,使河西走廊成为佛教翻译与传播的中心。

隋唐时期,传入中国的佛教进入鼎盛阶段,地处丝绸之路咽喉地段的河西走廊也成为佛教的传播中心。敦煌遗书中佛教经卷所占90%以上,正反映了当时敦煌及河西地区佛教的兴盛。唐末五代时期,河西走廊曾先后被吐蕃、回鹘、张议潮、曹氏等政权统治。由于这些政权的统治者也大力提倡和扶植佛教,使这一地区的佛教始终保持着良好的发展势头。敦煌在吐蕃占领及归义军时期,敦煌佛教也受到藏传佛教的影响,禅宗文化繁荣一时。这种宗教环境为宋代吐蕃尊佛奠定

---

① 尹伟先、杨富学、魏明孔:《甘肃通史·隋唐五代卷》,兰州:甘肃人民出版社,2009年,第119、121页。

② (北齐)魏收:《魏书》卷一一四《释老志》,北京:中华书局,1974年,第3032页。

了深厚的基础。

3. 河湟地区是藏传佛教的复兴之地

7世纪，松赞干布在西藏建立了强大的奴隶制政权，社会经济的发展，对宣扬一神论的佛教有了主观上的需求。佛教正式传入西藏后，经过与原始的多神教——苯教的长期斗争，在赤松德赞时期，佛教得到极大发展。但在9世纪中期，朗达玛为赞普时，发动了第二次禁佛运动，以佛教所谓“三宝”即佛、法、僧为切入点，封闭寺院，焚烧佛经，逼迫佛教徒改变信仰，甚至杀害僧人，致使许多虔诚的吐蕃佛教僧侣千里迢迢来到安多地区。据《红史》载，当朗达玛灭佛时，“有藏饶色、约格迴、玛班·释迦牟尼三人，用一匹骡子驮载戒经经卷，从吉祥曲卧山逃往阿里地区，又从噶禄罗绕行霍尔地区，到达朵麦、安琼南木宗地区”。《安多政教史》的记载则更为具体：

> 当朗达玛毁灭西藏地区的圣教之后，在吉祥曲卧日山的禅院中修行的约尔堆的玛班释迦·牟尼、哲穹多的约格迴、嘉惹巴的藏惹赛三人，用骡驮律部经论，逃往上部阿里，又从那里转往噶洛合，由此取道霍尔地区，经多麦南部白日的察措湖，来到黄河峡谷的金刚岩洞、安穹南宗窟、丹斗寺等处修行[①]。

在朗达玛灭佛期间，逃出的不仅是上述三人，据《王统世系明鉴》所载：“从曲卧山中首先逃出者为玛、约、藏三位，接着则有瓜·鄂乔扎巴、戎敦·森格坚赞和拉拢·贝多尔等先后逃出。”拉拢·贝多尔（即拉拢贝吉多吉）后又潜入西藏，刺杀朗达玛后，逃到青海黄南地区的尖扎地方隐居，后来与“西藏逃往青海化隆的越格琼（即约格迴）、藏饶赛（藏惹赛）等人收徒传法”[②]，是为安多地区有佛教活动之始。

从上述文献记载中可知，青海河湟地区是西藏佛教僧侣的逃亡之地，他们辗转来到这里传播佛教，使藏传佛教在这里得到复兴。

（二）吐蕃尊佛与重僧

吐蕃人笃信佛教“尊释氏”[③]，宋代吐蕃佛教深受藏传佛教与汉地佛教的双重影响而独具特色。

1. 尊崇佛教

佛教传入西藏地区是在松赞干布时期，唐朝的文成公主和尼泊尔的尺尊公

---

① 智观巴·贡却乎丹巴绕吉：《安多政教史》，兰州：甘肃人民出版社，1989年，第22页。

② 唐景福：《中国藏传佛教名僧录》，兰州：甘肃人民出版社，1991年，第10页。

③《宋史》卷四九二《吐蕃传》，1977年，第14163页。

主进藏时，都曾将释迦牟尼的佛像带至逻些（拉萨）。但是由于西藏本土的苯教极力抵制和排斥，佛教在吐蕃社会中并无太大影响，没有占据优势地位。所以慧超在其《往五天竺国书》书上说："（吐蕃）国王百姓等总不识佛法。"直至赤松德赞时，由于赞普大力推行"兴佛抑苯"政策，佛教才得到较快的发展。在吐蕃奴隶制瓦解向封建制过渡时期，佛教徒在藏传佛教地区难以立足，便纷纷逃徙，有一部分北走西域，经于阗向东进入河西走廊，定居在甘、凉州一带，而更多的则奔逃至今青海东部的河、湟、洮、岷及川西北地区。南北朝时，此地区已是吐谷浑国领地，曾长期处于北朝的统治下，受禅宗北宗的影响较多，因此，宋代吐蕃部落中的佛教，自然也就保留了自己的特点。

宋岷州《广仁禅院碑》记载了吐蕃人的"佞佛"风俗。"西羌之俗，自知佛教，每计其部人之多寡，推择其可奉佛者使为之。"[①]"自知佛教"，说明佛教在这里流传甚久，尊崇佛教已成为当地习俗。吐蕃人"好诵经"，其诵经方式也很独特，"其诵贝叶傍行之书，虽侏离鴂舌之不可辩，其音琅然如千丈之水赴壑而不知止"[②]。而秋冬之间，则"聚粮不出，按坐于庐室之中，曰坐禅"[③]。禅宗入藏是在 8 世纪以后，河湟地区的吐蕃佛教僧侣这种独特的诵经与坐禅方式，显然是受汉地禅宗北宗的影响，而这正是吐蕃文化的反映。禅宗南宗不持戒，不坐禅，而重义学，北宗则重禅学即坐禅。

吐蕃人信佛而不持戒律。此时，宋代吐蕃佛教正处于吐蕃佛教的后弘期，正适密宗戒行废弛之时，"虽然其人多知佛而不知戒，故妻子具而淫杀不止，口腹纵而荤酣不厌"[④]。吐蕃僧人生活腐化，公开娶妻生子，酗酒耽食，淫荡自姿，身为唃厮啰论辅的宗哥僧李立遵曾"娶蕃部十八女为妻"[⑤]。直至宗喀巴时，为了整治流弊，进行宗教改革，提倡戒律，少欲知足，崇尚苦行，清静自恬，并广释《事师五十颂论》和《密宗戒》，以整顿僧人戒行，创立新迦当教派。

---

① 张维：《陇右金石录》卷三《宋上》，民国三十二年（1943 年）校印本，第 16038 页。
② 张维：《陇右金石录》卷三《宋上》，民国三十二年（1943 年）校印本，第 16038 页。
③ 张维：《陇右金石录》卷三《宋上》，民国三十二年（1943 年）校印本，第 16038 页。
④ 张维：《陇右金石录》卷三《宋上》，民国三十二年（1943 年）校印本，第 16038 页。
⑤《续资治通鉴长编》卷八七，大中祥符九年五月甲子，第 1992 页。

吐蕃崇尚佛教，“惟以瓦屋处佛”[①]。宋人李远《青唐录》载：“城中之屋，佛舍居半，维国主殿及佛舍以瓦，余虽主之宫室，亦上覆之。”[②]大殿顶上覆瓦，柱梁均加彩绘，殿廷里有一座金属冶铸的大佛像，高达数丈，饰以珍珠，覆以羽盖。辅臣亲要在佛像两侧处理公务，大佛像放置在殿廷里，充满着佛教的气氛，突出表现了作为“佛子”的统治者是在“替天行道”，成为后来西藏实行政教合一制度的先驱。吐蕃人喜用金箔、珠子、璎珞等饰佛，金箔为饰佛之物，青唐吐蕃大酋阿里骨曾派使臣赴宋“乞买金箔”[③]。建中靖国元年（1101年），宋朝出兵青唐，王赡将青唐城寺内的“金佛三尊，皆带珠子、璎珞”[④]，用骆驼装载出蕃。

吐蕃人兴建佛寺以示礼佛。当时西凉府有洪元寺、大云寺两座寺院，都需修饰。景德元年（1004年）正月，为了修缮洪元寺，潘罗支“言洪元寺坏，乞给工匠及赐金碧绢彩修缮之”[⑤]。宋朝以远为由拒绝派遣工匠，而仅赐予物品。洪元寺的修缮，在潘罗支时代并未完成，而由其弟厮铎督继续完成。景德二年（1005年）三月二十五日，厮铎督“又贡马，求易金彩修洪元佛寺”，宋王朝“诏如所求赐之，还其马值”[⑥]。潘罗支在修缮洪元寺的同时，还曾请求宋朝出资修缮大云寺。大云寺位于武威市凉州区东北隅，由东晋十六国时前凉张天锡始建，原名宏藏寺。唐武则天天授元年（690年）改名大云寺，西夏称护国寺。占地面积约为一万平方米，规模宏大，闻名遐迩。这是一座延续至今的名刹，西夏感应塔碑即在此寺。《铁桥金石跋》卷四西夏《皆庆寺感应塔碑》有“石碑在凉州大云寺，西夏崇宗天祐民安五年立”的记载。《五凉考治六德集全志》载：“大云寺，东北隅有塔，晋张天锡建。”上述可知，大云寺是唐以前的一座寺院，当时就受到人们的信奉，六谷吐蕃首领潘罗支要求宋朝出资修缮，更是充分反映了西凉府吐蕃对佛教的尊崇。

吐蕃人兴修佛寺以作安放佛像之地，并以贡马的方式，与宋“求易金彩等修佛寺”[⑦]。天圣三年（1025年）十月，秦州蕃官军主策拉等人，“请于来远寨置佛

---

① （宋）孔平仲：《谈苑》卷一，文渊阁《四库全书》第1037册，第127页。

② （宋）李远：《青唐录》，上海：上海古籍出版社《说郛三种》，1988年，第602页。

③ 《续资治通鉴长编》卷四八一，元祐八年二月辛亥，第11439页。

④ （清）徐松辑，刘琳等点校：《宋会要辑稿》蕃夷六《吐蕃》，北京：中华书局，1957年，第9931页。

⑤ 《宋会要辑稿》方域二一《西凉府》，第9707页。

⑥ 《宋会要辑稿》方域二一《西凉府》，第9708页。

⑦ 《续资治通鉴长编》卷五九，景德二年三月壬申，第1326页。

寺”[①]，宋朝立即允应。青唐城外的西郊建有大寺院，“广五六里，缭以冈垣，屋至千余楹。为大像，以黄金涂其身，又为浮图三十级，以护之”[②]。吐蕃人惜浮图，《宋史·吐蕃传》载：凉州“郊外数十里，尚有汉民陷没者耕作，余皆吐蕃。其州帅稍失民情，则众皆啸聚。城内有七级木浮图，其帅急登之，给其众曰：‘尔若迫我，我即自焚于此此。’众惜浮图，乃盟而舍之”。由此可见，吐蕃人对浮图的珍爱胜于一切。为了防止佛塔被焚毁，吐蕃人不得已宽恕了州官的过失。而州官正是利用吐蕃部民尊佛惜浮图的心理，使自己得以宽恕、豁免。

自两晋南北朝以来，佛教东传，泾州（治今甘肃泾川县）成为佛教传播的重要门户。北宋时期，泾州系陕西四路之一泾原路，这里吐蕃部族众多，蕃汉杂居，尊崇佛教已成习俗。境内现存有南石窟寺、王母宫石窟、罗汉洞石窟、大山寺石窟、丈八寺大佛等众多佛教遗存，中华人民共和国成立后，泾川三次出土佛教舍利与造像，1964 年，发现了“大周泾州大云寺舍利之函”；1969 年，又发现了北周宝宁寺舍利石函；2013 年，更发现了北宋泾州龙兴寺窖藏佛教遗址与 2000 余粒舍利。泾川博物馆藏宋龙兴寺遗址出土的众多北周、隋、唐时期的石佛头、彩绘石佛头、彩绘石佛立像、彩绘大土石立像、彩绘释迦牟尼佛石坐像等[③]，充分说明泾州佛教文化源远流长，积淀深厚。馆藏的两座“宋观音菩萨铜坐像”与“宋灰陶经幢”[④]，显示北宋时的这里佛教依然繁荣昌盛。

2. 信重僧人

吐蕃人“信重喇嘛”。“蕃族重僧”[⑤]，据《西藏记》卷下所载：“一家之中子女多者，必有一二为僧，女为尼者。”吐蕃人的出家制度则为“推择其可奉佛者使为之”[⑥]。《松潘县志》卷四《土司》载：“番俗兄弟三人必有一人为僧，四人则以二人为僧。”出家为僧者享有特权，遇死“为僧尼者例不杀”[⑦]。元符二年（1099 年），宋朝乘吐蕃大酋阿里骨死，其子瞎征即位，青唐内乱之际，派王赡发兵攻取邈川（即湟州，今

---

① 《续资治通鉴长编》卷一〇三，天圣三年十月庚申，第 2390 页。

② 《青唐录》，上海：上海古籍出版社《说郛三种》，第 602 页。

③ 泾川县博物馆编：《泾川馆藏文物精华》，北京：中国文史出版社，2018 年，第 102—143 页。

④ 泾川县博物馆编：《泾川馆藏文物精华》，北京：中国文史出版社，2018 年，第 144—146 页。

⑤ 《宋史》卷四六二《僧智缘传》，第 13524 页。

⑥ 张维：《陇右金石录》卷三《宋上》，民国三十二年（1943 年）校印本，第 16038 页。

⑦ 《续资治通鉴长编》卷五一四，元符二年八月戊子，第 12222 页。

青海海东市乐都区)。瞎征见大势已去,“但欲逃死”,便“与妻子削发为僧尼,入城西佛舍”[①]。

僧侣在吐蕃社会生活中起着重要作用,占据崇高的地位,吐蕃僧侣参与政治活动。《旧五代史·吐蕃传》记载:“唐长兴四年,凉州留后孙超遣大将拓跋承谦及僧道士耆老杨通信等至京师,明宗拜孙超节度使。”这是所见有关僧人参与政治活动的最早记载,以后从折逋氏到潘罗支政权,僧人没有明显的活动,遣往宋朝的使臣中也不见有僧人的记载。但随着厮铎督执掌政权以后,僧人的活动也逐渐令人注目,佛教势力已发展到左右政权决策的境地,这时已出现了由僧人统治的蕃部。景德四年(1007年)五月,“厮铎督遣六谷十八首领兰逋赤等来朝贡,且言感朝廷优恤,故择名马参贡”[②]。在渭水上游,率领部族的蕃僧也很活跃,宋朝遣名将曹玮经略西北沿边一带蕃部,即与蕃僧的活动有很大关系。曹玮言:“泾原界掌事蕃僧哩硕琳布齐等四人乞赐紫方袍、师号。”[③]从上述史料中哩硕琳布齐等为“泾原界掌事蕃僧”来看,这些蕃僧位居诸首领之上,并且掌握军政大权。“兰逋赤”“蔺逋赤”“琳而齐”皆为同音名称,藏语中意为“活佛”,是“rinpoohe”的对音。拥立唃厮啰的李遵也以此为名,《宋会要辑稿·唃厮啰》载“遵一名郢成兰逋叱”,李焘也认为“盖立遵一名郢成蔺逋叱也”[④]。“郢成”是摄政之意,“蔺逋赤”“琳布且”也即“琳布齐”,是摄政的活佛。现在达赖喇嘛、班禅喇嘛等在转世时,多用“琳布齐”表示“活佛”之意。这一切均表明,此时吐蕃部族中已出现统辖部众的蕃僧,而且这些蕃僧具有很高的宗教权威。

吐蕃僧侣也参与“立文法”、建立政权的活动。《宋史·曹玮传》谓:“西羌将举事,必先定约束,号为‘立文法’。”《隆平集·曹玮传》载:“凡羌酋欲有所为,必先令其下,谓之立文法焉。”孔平仲《谈苑》卷一亦谓:“羌人以自计构相君臣,谓之立文法。”此即有“施设号令,统众之意”[⑤]。《宋史·吐蕃传》也载:“西羌将举事,必先立约束,号为立文法。”《续资治通鉴长编》卷九一载,天禧二年(1018年)四月己卯,“蕃僧鱼角蝉,先于故渭州吹麻城聚众立文法”。显然蕃僧参与建立政权的活动,唃厮啰建立政权的过程中,许多蕃僧参与了活动,宗哥城蕃僧李立遵(即埒克遵)

---

①《续资治通鉴长编》卷五一四,元符二年八月戊子,第12222页。

②《宋会要辑稿》方域二一《西凉府》,第9708页。

③《续资治通鉴长编》卷八四,大中祥符八年二月壬戌,第1917、1918页。

④《续资治通鉴长编》卷八三,大中祥符七年十二月甲戌,第1907页。

⑤(宋)张方平:《乐全集》卷二二《秦州奏唃厮啰事》,文渊阁《四库全书》1104册,第216页。

起了重要作用。《宋史·吐蕃传》谓欺南陵温籛逋“生高昌磨榆国”，而《乐全集》卷一九则载其为“西域吴三咩人”。年仅十二岁时，因相貌雄伟，被旅居此地的吐蕃大姓何郎业贤带至河州，后又被大姓耸昌厮均移居移公城，欲于河州“立文法”，并称为“唃厮啰”，意为“佛子”，此称谓一如汉族称“天子”，匈奴之称“撑犁孤涂单于”[①]，西夏元昊称“兀卒”[②]一样，不过是在政权外壳上涂抹上一层“君权神授”的神秘色彩。李立遵见唃厮啰声名雀起，于是与邈川大酋温逋奇将唃厮啰掠到廓州（治今青海化隆县西60里黄河北岸），拥立为王，部族依附日众，势力扩大。宋景德三年（1006年），李立遵又独自把唃厮啰迁回到宗哥城（今青海平安县城），并将其女嫁于唃厮啰，自己任“论逋”（宰相），干预政事，牢牢控制实权。吐蕃僧侣拥立王者的特权一直延续下来。金大定四年（1164年），金人攻破洮州时，吐蕃唃厮啰少子董毡后裔结什角与其母入乔家族避难，“乔家族首领播逋与邻族木波、陇逋、庞拜、丙离四族耆老大僧等，拥立结什角为四族酋长，号称王子”[③]。

吐蕃僧侣所持有的可以拥立王者的特权，使其具有崇高的地位，因而他们的向背则直接影响政权的巩固。郭厮敦是阿里骨部下一员吐蕃大僧，其徒有千余人，“国中上下所共敬信”。他因不满阿里骨篡位，妄行杀戮，“竟斫禁院门，夺出斯吉温”[④]。蕃僧郭厮敦的出走，是阿里骨政权的损失，致使影响到政权的巩固。

吐蕃僧侣出谋划策。宋元符二年（1099年）十月，熙河兰会路钤辖兼知河州管勾洮西沿边安抚公事种朴战死，而蕃僧从中起了重要作用。种朴知河州时，湟州一公城（即循化城，今甘肃夏河县北）为吐蕃部众所围，种朴遂率军自河州出兵救援，“有蕃僧二人为边帅探事者十余年”，告诉种朴曰：“羌人虽畏帜之多，益畏大将之旗鲜明光彩者。”[⑤]种朴信以为真，另制新旗数百竿，色彩甚绚，建旗而出，并以蕃僧为向导，使夹马而行。行至60里，忽于涧道中有蕃骑百余成队而出，见种朴旗帜，则知道种朴所在，直冲而来，以枪刺死种朴，而蕃僧也不知去向，显然“蕃僧与羌众为谋”[⑥]，直接参与战斗，起了不可低估的作用。

---

①（汉）班固：《汉书》卷九四《匈奴传上》，北京：中华书局，1962年，第3751页。

②“兀卒”党项语译音又为“乌珠”“吾祖”，《续资治通鉴长编》卷一二二，宝元元年九月载：“兀卒者，华言青天子也，谓中国为黄天子。”第2881页。

③（元）脱脱等：《金史》卷九一《结什角传》，北京：中华书局，1977年，第2017页。

④《续资治通鉴长编》卷四四四，元祐五年六月辛酉，第10681页。

⑤《续资治通鉴长编》卷五一七，元符二年冬十月己未，第12305页。

⑥《续资治通鉴长编》卷五一七，元符二年十月己未，第12305页。

吐蕃僧人亦常充当贡使与信使，或为联结吐蕃与中原王朝的中介人。天禧三年(1019年)二月，"宗哥唃厮啰、李遵遣蕃僧景遵等十人来贡"①。皇祐五年(1053年)十二月，磨毡角遣蕃部首领紫衣僧遵阑毡结逋、沈遵、党遵叱腊青来宋朝进贡，受到宋朝的赐赏。《宋会要辑稿》蕃夷六《唃厮啰》载：

皇祐五年十二月，赐西蕃磨毡角进奉人蕃部首领衣服、银带有差；磨毡角下芭温度、祝厮给四每，李氏下两丙离叱腊丹、物阿厮因，男欺丁下纳儿剥，蕃官李田子讷儿下李凡毡罗，遵兰毡边朱下讷下亦麻，蕃官李郢成下彪逋，各赐红团花大锦夹旋襕、银带、银器五两、衣着十匹；蕃部从人四十五人，各赐紫小绫绵旋襕、银带；进奉首领、紫衣僧遵阑毡结逋，首领、紫衣僧沈遵，首领、紫衣僧党遵叱腊青，各赐紫衣三件、银器五两、衣着十疋。

治平元年(1064年)七月二十一日，唃厮啰派遣"首领蕃僧曹遵等赍到蕃字"②，送往秦凤路经略司受到宋政府奖赐。

"尊佛"必然"重僧"，"佛"与"僧"成为吐蕃文化密不可分的有机组成部分，共同构成吐蕃文化的核心。

(三)以佛事羁縻吐蕃

由于蕃俗佞佛，因此宋王朝统治者以"佛事怀柔之"③，借助宗教这一精神武器来征服笃信佛教的吐蕃人民。

1. 广建寺院

寺院是佛教重地，是凝聚吐蕃人民信仰的场所，也是吐蕃文化荟萃之地，于是广建寺院就成为宋朝羁縻吐蕃的一项具体措施。凡是吐蕃部族为修建佛寺所要求的物品，宋政府一概赐予，竭力满足他们修建佛寺的要求。特别是在吐蕃聚居的熙河地区，更是拨专款兴建，于是"乃敕数州皆建佛寺"④，并"赐秦凤路缘边安抚司钱一万缗，镇洮军建僧寺"⑤。熙宁五年(1072年)十月，熙州建起"大威德禅院"。熙宁六年(1073年)十月，河州建起"广德禅院"，同年十一月，熙州又新建

---

①《宋会要辑搞》蕃夷六《唃厮啰》，第9908页。

②《宋会要辑搞》蕃夷六《唃厮啰》，第9910页。

③ 张维：《陇右金石录》卷三《岷州广仁禅院碑》，民国三十二年(1943年)校印本，第16038页。

④ 张维：《陇右金石录》卷三《岷州广仁禅院碑》，民国三十二年(1943年)校印本，第16038页。

⑤《续资治通鉴长编》卷二三九，熙宁五年十月甲申，第5809页。

“东山禅院”与“东湖禅院”，并赐名为“慈云”与“慧日”。元丰七年（1084 年）八月，岷州又新建“广仁禅院”。数年之间，一座座宝刹接踵拔地而起。特别是广仁禅院更是规模宏大，令人赞叹。元丰七年（1084 年）八月十四日立的岷州《广仁禅院碑》对此有所记述：“荆榛薙而宫殿巍然，门扉辟而金人焕然，次则范钟以鼓其时，藏经以尊其道，徒有常居，客有攸舍，储峙有廪，涓洁有庖，最其凡四百六十区。”[①]这种气概非凡的寺院的建成，正是体现了宋王朝对吐蕃以佛事羁縻的宗教文化政策的实施。赵宋统治者就是用“塔庙的威严”，来变革吐蕃民风，改变反抗宋王朝的叛离之俗。

乃至清朝时，陕西沿边地区仍番寺众多，据阮葵生《西番各寺记》载：“洮岷、河州、庄浪、西宁、肃州诸番僧族不一。”[②]顺治八年（1651 年），河州宏化寺、显庆寺，庄浪感恩寺进贡。顺治十年（1653 年），庄浪报恩寺、端严寺、西宁瞿坛寺、净宁著提寺、净觉寺、慈利寺、延寿寺、普法寺、吉祥寺、伊儿结寺、两纳演教寺进贡。顺治十七年（1660 年），岷川圆觉寺进贡。康熙二年（1663 年），洮岷番僧二十一寺换给敕书。康熙四十三年（1704 年），肃州归化寺，西宁教化寺、宝贝寺换给敕书。西北边地的众多佛寺，正是吐蕃尊佛信仰的具体体现，且世代沿袭，经久不衰。

吐蕃尊崇佛教习俗与信念，也在兴建的城址中有所反映。今甘肃省夏河县甘加滩偏东的台地上有一古城遗址，当地民众称“八角城”，城址距县城约 66 里。此城结构独特，平面呈空心十字形，在八个角各筑角墩，形成八角三十六面，防御毫无死角，故此名城。藏文史书称“卡尔雍仲”，译为“字城”。佛教坛城曼荼罗是藏传佛教宇宙观的集中体现，曼荼罗，是梵语 mandala 的汉语音译，意译为坛场，藏名为 dkyil-hkhor，以轮圆具足或“聚集”为本意。指一切圣贤、一切功德的聚集之处，是僧人和藏族人民日常修习秘法时的“心中宇宙图”。八角古城与佛教坛城思想完全吻合，是佛菩萨和历代僧人修行的道场，佛教徒心中防御“魔众入侵”的圣地“坛城”。

在广修禅院的同时，宋王朝满足吐蕃人的崇佛心理，元丰七年（1084 年）三月二十三日，吐蕃首领鬼章“送马十三匹，乞买写经纸事”，宋政府下诏：“纸可就赐之，而还其马。”[③]并支持吐蕃大兴佛事，译写经文。元符二年（1099 年）闰九月

---

① 张维：《陇右金石录》卷三《岷州广仁禅院碑》，民国三十二年（1943 年）校印本，第 16038 页。

②（清）阮葵生：《西番各寺记》，载《小方壶斋舆地丛钞》第六帙，第九册，杭州：杭州古籍书店，1986 年，第 306 页。

③《宋会要辑稿》蕃夷六《吐蕃》，第 9918 页。

十四日，御史中丞安淳上言："欲应陕西沿边收复故地并纳降疆界内，有羌人坟茔及灵祠寺观等，不得辄行发掘毁折。"[①]宋朝廷采纳这一建议，尊重吐蕃人的文化心态与文化观念。

2. 重用僧侣

因蕃僧的特殊身份及其不可忽视的重要作用，宋王朝也利用吐蕃"信重喇嘛"的习俗，借助蕃僧为其效劳。宋乾兴元年（1022 年）十一月，宗哥唃厮啰、李立遵遣蕃部灼蒙曹失卑陵赍文字及马一匹，到泾原路部署司求内附，宋朝持有戒心，于是"遣蕃僧一人及先捕得谍者抹啰，与来使同入宗哥"[②]，刺探所与西界用兵胜负，以预为边备，一些吐蕃僧侣也因此受到宋朝的奖赐。秦州永宁寨（今甘肃甘谷县西四十里铺附近）蕃僧策凌班珠尔、伊郎颇斡，"屡经指使"[③]，助宋有功，宋王朝赐赏二人紫衣。

宋朝统治者也利用吐蕃重僧之俗，借助汉僧为其效力。宋熙宁（1068—1077 年）中，王韶谋取青唐，"韶以董毡、木正多与僧亲善"[④]，而蕃僧结吴叱腊主部帐甚众，于是不远千里，请京都相国寺汉僧智缘随同王韶至边。智缘"径入蕃中"，游说"吐蕃结吴叱腊归化"[⑤]，而吐蕃俞龙珂、禹藏纳令支等部族也随之归服。智缘在熙河开边中立有大功，《宋史》为其立传。另一不见史载的僧海渊也为宋朝怀柔吐蕃功绩卓著。海渊为岷州长道县（治今甘肃西和县北长道镇）人，居汉源（治今甘肃西和县西北）之骨谷[⑥]，"其道信于一方，远近归慕者众"[⑦]。宋王朝便迎海渊到岷州主持修建广仁禅院。海渊不仅身体力行，以身作则地领导完成修建广仁禅院这一雄伟的工程，而且爱民治病，深得当地人民的爱戴与尊敬，"人大归信"。海渊的所作所为，对于宋朝在熙河地区施行羁縻怀柔政策起了很大作用。陕府西路转运使王钦臣给予高度评价，谓其"既能信其众，又能必其成，复能知其终，必以示后，

① 《宋会要辑稿》刑法二《禁约一》，第 8306 页。

② 《续资治通鉴长编》卷九九，乾兴元年十一月甲戌，第 2302 页。

③ 《续资治通鉴长编》卷九三，天禧三年正月丁卯，第 2135 页。

④ 《续资治通鉴长编》卷二二六，熙宁四年八月辛酉，第 5501、5502 页。

⑤ 《宋史》卷四六二《僧智缘传》，第 13524 页。

⑥ （宋）王存：《元丰九域志》卷三《陕西·秦凤路》"岷州"所载，长道县辖有"长道、故城、白石、盐官、骨谷、崖石、平泉、马务八镇"，"骨谷"即"骨谷镇"。见《元丰九域志》第 130 页，北京：中华书局，1984 年。

⑦ 张维：《陇右金石录》卷三《宋上·岷州广仁禅院碑》，民国三十二年（1943 年）校印本，第 16038 页。

皆非苟且者"[①]。海渊和智缘都利用其僧侣的特殊身份,沟通了汉蕃人民的感情,增进了汉蕃人民的往来,密切了双方的关系,而且也使汉人僧侣的宗教权威最大程度地得到蕃部的崇信。

3. 赐紫衣、师号

宋朝也尽量满足吐蕃僧侣的欲望与要求,赐予紫衣、师号、法命等,体现了宋朝统治者以佛事对吐蕃的羁縻怀柔。

紫衣,又称紫服、紫袈裟,是朝廷赐予高僧大德的紫色袈裟或法衣。唐载初元年(690 年),武则天以紫衣赐予重译《大云经》有功的僧法朗等,为赐紫衣之肇始。虽佛制原不许用紫、绯色,但自古以来,却许高官披红、紫色等朝服,又设朱、紫、绿、皂、黄等绶绦,以区别官位的高低,于是乃仿此而有紫衣之披着。五代北宋以后,赐紫衣范围放宽,凡是从事译经的"外国三藏",或负有外交使命来朝的使僧,皆赐予紫衣。后唐清泰二年(935 年)三月,两街功德使奏"每年诞圣节,诸道州府奏荐僧尼紫衣师号"[②]。宋开宝二年至太平兴国四年(969—979 年),每于天子诞辰节日,召请天下僧至殿庭,试以经律论之义十条,全部通过者即赐以紫衣。此种自天子处获得紫衣的僧人称为手表僧。其后渐滥,逐有功德使上奏而废止,改由亲王、宰臣、地方长官推荐者选出,再由门下省授予紫衣牌(即准予披紫衣的证明文件),称为帘前紫衣。显然,紫衣是僧侣所企盼且具有崇高荣誉的奖赏。

师号,则是对道行出众的僧人加赐的称号。熙宁六年(1073 年)冬,卫州僧若讷袖书来见仁宗皇帝时,召对于成化殿,命讲所学经,且作颂三篇。仁宗甚喜,数日后,赐若讷紫衣。若讷辞曰:"臣所为不远千里求见明主者,欲献其所学,庶其广之于天下。今陛下乃赐臣紫衣,非臣志也,臣不敢奉诏。"[③]使者三返,但若讷"终辞不受"。于是仁宗乃书"安净"二字以赐若讷,若讷"受而藏之"。司马光谓:"授以二字,盖师号之类也。天下僧受师号者,何可胜记,有能亲屈帝笔如若讷之光荣者乎!若讷是以不敢忘先帝不赀之恩,思有以报之。"[④]杭州平陸,本江海故地,惟附山乃有泉水甘甜,其余井皆咸苦。唐刺史李泌始引西湖水作六井,其后白居易亦

---

① 张维:《陇右金石录》卷三《宋上·岷州广仁禅院碑》,民国三十二年(1943 年)校印本,第 16038 页。

② (宋)王溥:《五代会要》卷一二《寺·杂录》,文渊阁《四库全书》第 607 册,第 556 页。

③ (宋)司马光:《传家集》卷六七《谕若讷》,文渊阁《四库全书》第 1094 册,第 623 页。

④《传家集》卷六七《谕若讷》,文渊阁《四库全书》第 1094 册,第 623 页。

治湖浚井，以足民用。宋嘉祐（1056—1063年）中，杭州知府沈遘在美俗坊增置一大井，谓之沈公井。熙宁中（1068—1077年）原有六井与沈公井皆废坏。知州陈襄选差僧仲文、子珪、如正、思坦四人，负责治理，修完既毕，“岁适大旱，民足于水，为利甚博”[①]。至元祐年间，沈公井又废坏，终岁枯涸。苏轼寻访熙宁年间修井四僧，唯子珪尚在，于是筹划复修。功毕，使“自来去井最远难得水处，西湖甘水殆遍一城，军民相庆”[②]。元祐五年（1090年）十二月，苏轼《乞子珪师号状》谓：“缘子珪先已蒙恩赐紫，欲乞特赐一师号，以旌其能者。”子珪自熙宁中及今两次选差修井，不辞劳苦，不避风雨，显有成效，要求赐一师号，“即乞以‘惠迁’为号，取《易》所谓‘井居其所而迁’之义”[③]。

对僧侣赐紫衣、师号，最初是为了表彰僧侣的功德，及借此为皇帝或执政太后祈福，它是对佛门的奖赏，是对释迦弟子虔诚事佛的肯定。太平兴国二年（977年）九月，法酒库匠人王景能揭发内品王守忠“盗官酒三百瓶”，于是朝廷“赐景能紫衣、银带、帛五束”[④]。后来逐渐为统治者所利用，成为一种笼络、赏赐的手段，宋朝曾用以奖励过汉僧。渭州（治今甘肃平凉市崆峒区）崆峒山慧明寺院主法淳，率领弟子们抗击西夏党项的骚扰，因“能护守御书院及保蕃汉老幼孳畜数万计”，故“赐紫僧法淳号志护大师，法焕、法琛、法汾并紫衣”[⑤]。

宋朝对吐蕃僧侣的赏赐也不例外，更是多于其他民族，据不完全统计，《续资治通鉴长编》《宋会要辑稿》等文献史籍中，甘州回鹘、龟兹、西南夷等其他地方政权赐予紫衣的记载很少，但对河西、陇右、熙河、湟鄯等地区吐蕃僧侣却有十多次。如大中祥符四年（1011年）七月，西凉府六谷部大首领厮铎督遣僧蔺毡单来贡，宋朝“赐紫方袍”[⑥]。秦州永宁寨（今甘肃甘谷县西四十里铺附近）蕃僧策凌班珠尔、伊朗颇斡，因“曹玮言其屡经指使”，赐“二人紫衣”[⑦]。故秦州蕃僧努卜诺尔

① （宋）苏轼：《东坡全集》卷五八《乞子珪师号状》，文渊阁《四库全书》第1107册，第826页。

② 《东坡全集》卷五八《乞子珪师号状》，文渊阁《四库全书》第1107册，第827页。

③ 同上。

④ 《续资治通鉴长编》卷一八，太平兴国二年九月辛卯，第411页。

⑤ 《续资治通鉴长编》卷一三八，庆历二年十二月乙巳，第3328页。

⑥ 《续资治通鉴长编》卷七六，大中祥符四年十月己巳，第1739页。

⑦ 《续资治通鉴长编》卷九三，天禧三年正月丁卯，第2135页。

弟子莽布玛喇干，因"本州钤辖言其干事"[1]，获赐紫衣。"泾原界掌事蕃僧哩硕琳布齐等四人，乞赐紫方袍、师号"[2]，宋政府下诏允许他们的要求。对已故蕃僧子弟也以承袭紫衣作为笼络与奖励，并对吐蕃进贡僧侣的奖励更为优厚。皇祐五年（1053年）十二月，对吐蕃首领磨毡角部进贡首领僧遵阑毡结逋、沈遵、党遵叱腊均为紫衣僧，"各赐紫衣三件，银器五两，衣着十匹"[3]。宝元二年（1039年）四月，宋王朝又"诏唃厮啰前妻赐紫衣、师号及法名"[4]。唃厮啰前妻是李立遵之女，瞎毡、磨毡角之母，前妻出家为尼后，唃厮啰再娶乔氏女为妻。宋王朝赐其前妻紫衣、师号及法名，意图使唃厮啰与其二子和解，重振牵制西夏的力量。这充分说明宋朝利用吐蕃部族的佛教信仰，予以羁縻怀柔。

赐紫衣、师号不仅是一种崇高的名誉，实质上也是一种实际地位的象征。这种赐紫衣、师号的羁縻怀柔的做法，一直延续下来。元祐三年（1088年）闰十二月，朝廷诏令"以皇帝生辰年例度僧牒六十六，紫衣二十三，赐上清储祥宫充修造费"[5]。元符二年（1099年）闰九月，"熙河奏，乞降空名宣札各一百五十，紫衣师号牒一百，以待新羌"[6]，宋朝也允许了这一请求。直至北宋末，仍遵行这一政策。

11世纪是藏族佛教史上后弘期，佛教由原来的被排斥地位而逐渐走向统治地位，不仅在上层统治者中站稳了脚跟，也在广大吐蕃人民中深深扎下了根，寺院与僧侣成为权力与神圣象征。宋朝正是抓住吐蕃人民"最重佛法"的文化心理而施以"佛事羁縻"。

二、西北吐蕃的风俗

宋朝时期，西北吐蕃还有多种称谓，既称为"西蕃"[7]，又称为"西羌"[8]"羌

---

①《续资治通鉴长编》卷九六，天禧四年十二月乙丑，第2229页。

②《续资治通鉴长编》卷八四大中祥符八年二月壬戌，第1917、1918页。

③《宋会要辑稿》蕃夷六《唃厮啰》，第9909页。

④（宋）司马光：《涑水记闻》卷一二，文渊阁《四库全书》第1036册，第423页。

⑤《续资治通鉴长编》卷四二〇，元祐三年闰十二月戊辰，第10165页。

⑥《续资治通鉴长编》卷五一六，元符二年闰九月庚辰，第12275页。

⑦（宋）苏辙：《栾城集》卷四七《贺擒鬼章表》，文渊阁《四库全书》第1112册，第546页。

⑧（宋）赵汝愚：《宋朝诸臣奏议》卷一四一《上哲宗乞约鬼章讨阿里骨》，上海：上海古籍出版社，1999年，第1593页。

人"[①]等，其称谓的不同，则表明是由诸多种族融合而成。居住在陇右河湟地区的吐蕃部族有生、熟户之分，接连汉界、入州城者"谓之熟户"，而生户则为"居深山僻远、横过寇掠者"[②]。吐蕃人与生活在这一广阔地域的吐蕃化汉人、羌人、夷人、回鹘人等，共同构成了有较高文化的吐蕃民族共同体。由于构成共同体的文化族源不同，宋代西北吐蕃民风习俗丰富多彩，形式多样，具有鲜明的地域、民族与多元性的特征。

（一）传箭、和断与盟誓

1. 独特联系方式——传箭

传箭、和断与盟誓皆为宋代西北吐蕃对外联络、传递信息、化解矛盾纠纷所采用的方式。

吐蕃是以部落形式聚族而居，部落有大小强弱之别，"虽各有鞍甲，而无魁首统摄，并皆散漫山川"[③]。部落内部有较高的凝聚力，而各部落之间，"其俗多有世仇，不相来往"，一旦遇有战斗，"则同恶相济，传箭相率，其从如流"[④]。传箭成为吐蕃在彼此隔绝的情况下，进行联系的一种简捷易行而且独特的方式。

"传箭，番家之符信"[⑤]，据文献记载，"夷狄之法，起兵令众以传箭为令"[⑥]。传箭不唯吐蕃独有，也为其他民族所采用。十六国南北朝时期，鲜卑族吐谷浑部从辽东迁徙到青海地区，吞并当地的羌族部落，奄有广大地域，以"吐谷浑"为名建立政权。据《北史·吐谷浑传》载，至吐谷浑王阿柴时，有子20人，临死时召众子折箭，谓："单者易折，众者难摧，戮力一心，然后社稷可固。"显然，箭作为一种信物被赋予深刻的含义，其折箭习俗也有所传承。唐朝刘黑闼为突厥所窘时，"自以大箭射却之。突厥得箭，传观，以为神"[⑦]。唐朝哥舒翰与吐蕃交战多次获取，唐天宝七载（748年），与吐蕃战于青海，获胜，使"吐蕃屏迹不敢近青海"[⑧]。杜甫作诗《投

---

①（宋）孔平仲：《谈苑》卷一，文渊阁《四库全书》第1037册，第127页。

②《宋史》卷二六四《宋琪传》，第9129页。

③《宋史》卷二六四《宋琪传》，第9129页。

④《宋史》卷二六四《宋琪传》，第9129页。

⑤（宋）薛居正：《旧五代史》卷三八《唐明宗纪四》，第529页。

⑥（宋）王安石：《王荆公诗注》卷二八《和蔡副枢贺平戎庆捷》，文渊阁《四库全书》第1106册，第196页。

⑦《新唐书》卷八六《刘黑闼传》，第3718页。

⑧《旧唐书》卷一〇四《哥舒翰传》，第3213页。

赠哥舒开府翰二十韵》赞颂此功，也称“青海无传箭，天山早挂弓”[①]，意即战争平息。五代时，青州节度使霍彦威遣使“进箭一对”，唐明宗回赐“箭一对”。北宋时，党项李继迁给西凉府吐蕃首领潘罗支“送铁箭”，欲与吐蕃结盟合兵抗宋。宋代西北吐蕃就是用这种“夷狄之法”，以传箭起兵令众。宋天圣三年（1025 年）六月，泾州蕃部首领斯铎伦被害，蕃众“传箭相结，钞掠堡栅”[②]。同年十月，环庆路蕃官遇埋杀牛犒蕃部，“传箭欲寇山外”。熙宁中，宋朝拓土开边，取得“修复熙州、洮、岷、叠、宕等州，幅员二千里，斩获不顺蕃部万九千余人，招抚小大蕃族三十余万帐”[③]的胜利，王安石作诗《和蔡副枢贺平戎庆捷》以贺，称赞“羌兵自此无传箭，汉甲如今不解坌”[④]。

传箭习俗一直在吐蕃中流行。南宋时，西北边地陷于金人，金贞祐四年（1216年），完颜纲、曹普贤招抚洮州吐蕃青宜可时，仍“传箭入羌中”，青宜可于是率十八部族内属。

2. 解决仇劫的方法——和断

“蕃族之情，最重酬赛”[⑤]，这是部落间由于长期积怨，结有世仇，因而产生的一种报复行动，乃是氏族社会时期表现氏族间相互对抗的一种形式，亦称血亲复仇。近世彝、瑶、苗、等族中“打冤家”，就是这种“血亲复仇”的残余。宋代吐蕃种落仅居于“秦、渭间的就有十余万”“皆以仇怨不相伏属”[⑥]。而“羌虏之性，重于复仇，计其思报之心未尝一日忘”[⑦]，加之“边塞之俗，以不报仇恶为耻”[⑧]，于是吐蕃部落之间的“自相仇劫”不断发生。而且“西羌本与夏人世仇，而鬼章本与阿里骨不协”[⑨]，于是吐蕃与党项部落之间的互相仇杀也经常出现。

---

①（清）曹寅、彭定求等编：《全唐诗》卷二二四《投赠哥舒开府翰二十韵》，文渊阁《四库全书》第 1425 册，第 112 页。

②《续资治通鉴长编》卷一〇三，天圣三年六月丙寅，第 2383 页。

③《续资治通鉴长编》卷二四七，熙宁六年十月辛巳，第 6022、6023 页。

④（宋）王安石：《临川文集》卷一八《和蔡副枢贺平戎庆捷》，文渊阁《四库全书》书第 1105 册，第 130 页。

⑤《宋朝诸臣奏议》卷一二五《上仁宗乞用泾原路熟户》，第 1378 页。

⑥（宋）尹洙：《河南集》卷一八《论城水洛利害表》，文渊阁《四库全书》第 1090 册，第 108 页。

⑦《栾城集》卷四一《论西事状》，文渊阁《四库全书》第 1112 册，第 467 页。

⑧（宋）韩维：《南阳集》卷二六《论息兵弃地札子》，文渊阁《四库全书》第 1101 册，第 725 页。

⑨《宋朝诸臣奏议》卷一四一《上哲宗乞约鬼章讨阿里骨》，第 1593 页。

吐蕃部族之间，吐蕃与党项之间解决这类纠纷的办法称之为“和断”。主持和断者有汉官，也有蕃官。《长编》卷九三记载，天禧元年（1017年）九月，吐蕃“宗哥唃厮啰贡马，乞和断”。显然这是要求宋朝汉官主持和断，解决吐蕃内部的争讼。大约主持熟户和断的则是汉官，《宋史·宋琪传》载：“臣顷作延州节度判官，经涉五年，虽未尝躬造夷落，然常令蕃落将和断公事。”故为汉官宋琪主持。为了使和断能够公平公正地得以执行，宋朝对和断的执行予以法律的制约。《宋会要辑稿·边备一》载，天圣六年十一月十一日，颁布诏令：

陕西诸路缘边蕃部使臣、首领、人员等，如今后自作过犯，合断罪罚羊，令蕃部使臣、首领人员等，亲自出办送纳，即不得更于族下户上非理科敛。如违，重行罚断。仍令逐路总管、钤辖、军马司常切觉察。[①]

此诏令的颁布，不仅是对蕃部使臣、首领等执法人员权力的约束与限制，也是对广大蕃民利益的保护。在和断中，有些汉官因主持和断不公，出现纰漏而遭贬谪。大中祥符九年（1016年）十月，前秦州司马张从政就因“和断蕃部”不力，“反与部落协比”，被“黥面配梅州本城”[②]。大约主持生户和断者，则是蕃官。《隆平集》卷二〇载：“蕃族有和断官，择气直舌辩者为之，以听讼之曲直。”环州蕃部王延顺颇知蕃落间事，“或有诉讼，辄先诣其居”[③]，经多方询问后，然后裁决。显然王延顺充当了蕃部和断官。

所谓“和断”就是使双方和好，“解仇结盟”[④]，化干戈为玉帛。据文献记载，吐蕃族内部有一种约定俗成的法规来处理这种纠纷，这种本俗法就是“蕃法”或“羌法”。“文州蕃族有复仇者，当以蕃法论”[⑤]，甚至蕃部与边民发生纠纷也往往依“羌法”处置。据文献记载，“旧羌杀中国人，得以羊马赎死，如羌法”[⑥]。后曹玮改革这种习惯法，下令“戎人自相犯者，从其俗；犯华人者，论如律”[⑦]。然而和解是

---

①《宋会要辑稿》兵二七《边备一》，第9194页。

②《续资治通鉴长编》卷八八，大中祥符九年十月庚寅，第2024页。

③《续资治通鉴长编》卷五一，咸平五年三月辛酉，第1121页。

④《东坡全集》卷五四《乞诏边吏无进取及论果庄事宜札子》，文渊阁《四库全书》第1107册，第753页。

⑤（宋）吕陶：《净德集》卷二一《枢密刘公墓志铭》，文渊阁《四库全书》第1098册，第175页。

⑥《临川文集》卷九〇《彰武军节度使侍中曹穆公状》，文渊阁《四库全书》第1105册，第746、747页。

⑦（宋）宋庠：《元宪集》卷三三《曹公行状》，文渊阁《四库全书》第1087册，第659页。

有条件的，双方必须协议，必有一方对另一方进行赔偿。纠纷中打死人，须由对方付出偿命金。在宋代西南民族流行一种称为“骨价”的赔偿法，即“汉人杀夷人，既论死，仍偿其资，谓之骨价”[①]。另一种赔偿法，则是以羊马赎死罪。吐蕃内部发生纠纷，“黠羌杀人，辄以羊马自赎”[②]。汉人杀死羌人，也要依蕃法进行赔偿。宋绍熙五年（1194年），宋兵杀死“弥羌人闷笆”，宋方怕生事惹祸，故赔“骨价钱三千三百缗”[③]。由于一方对另一方进行了经济赔偿，一般来说怨仇可解。

为了防止再度结仇，范仲淹在庆州（治今甘肃庆阳市西峰区）时，对熟户蕃部采取“立条约”的办法，规定：“若仇已和断，辄私报之及伤人者，罚羊百、马二，已杀者斩。负债争讼，听告官为理，辄质缚平人者，罚羊五十、马一。”[④]

3. 表示和好之心——盟誓

解仇后的双方必须进行盟誓，表示其和好之心永不改变。吐蕃盟誓最简单的方法就是以箭为信物，折箭为盟誓。金时，临洮吐蕃木波部不堪边将的残暴，起兵反抗。金遣杨仲武赴木波部与酋帅相见，达成协议，就是以“折箭为誓”[⑤]。吐蕃一般立誓多杀犬、豕、鸡，西南民族中还有杀猫、猴立誓。通常小盟则“刑羊狗猕猴”，大盟则“杀犬马牛驴以为牲”[⑥]。宋大中祥符四年（1011年）正月，茂州（治今四川茂县）夷族首领、耆老董瓢等，“相率于州北三溪刑牛犬，誓不为寇”[⑦]。杀牛立誓是较大规模的盟誓。茂州吐蕃的盟誓方法很有特色，《续资治通鉴长编》卷二七九记载了这种独特的盟誓：

> 故事，蕃部私誓，当先输抵兵求和物，官司籍所掠人畜财物使归之，不在者增其贾，然后输誓。牛、羊、豕、棘、耒、耜各一，乃缚剑门于誓场，酋豪皆集，人人引于剑门下过，刺牛、羊、豕血歃之，掘地为坎，反缚羌婢坎中，加耒、耜及棘于上，投一石击婢，以土埋之。巫师诅云：“有违誓者，

① （宋）秦观：《淮海集》卷三三《泸州使君任公墓表》，文渊阁《四库全书》第1115册，第603页。

② （宋）宋庠：《元宪集》卷三四《曹公墓志铭》，文渊阁《四库全书》第1087册，第665页。

③ （宋）李心传：《建炎以来朝野杂记》乙集卷一九《边防二·曳失索之变》，载《丛书集成初编》第84册，第607页。

④ 《宋史》卷三一四《范仲淹传》，第10271页。

⑤ 《金史》卷九一《杨仲武传》，第2020页。

⑥ 《旧唐书》卷一九六《吐蕃传》，第5220页。

⑦ 《续资治通鉴长编》卷七五，大中祥符四年正月丙子，第1706页。

当如此婢。"[①]

茂州吐蕃杀婢誓带有浓厚的奴隶制残余色彩，是"人牲"的再现，是极端残酷的做法，但也表现出对盟誓的高度重视。而对于违盟背誓、不守信约之举，吐蕃人则以为耻，予以鄙视。宋熙宁九年（1076），宋朝派王中正率兵讨伐茂州（治今四川茂县）不顺蕃部时，曾与吐蕃私誓，"初不令输抵兵求和等物，亦不索所掠。买羌婢，以毡蒙之，经宿而失，中正又先过剑门，蕃部皆轻是。自此剽抄未尝绝也"[②]。

（二）饮食、居住与服饰

宋代吐蕃人的饮食、居住与服饰等习俗，皆受其地理、生态等自然环境的局限，又与长期依水草而迁徙的游牧生活及饮食成分、生活方式密切相关。

1. 吐蕃人的饮食

吐蕃人饮食，唯茶为最要，次青稞、炒面、酥油、牛羊乳、牛羊肉等，食米面者颇少，而且"喜啖生物，无蔬茹醯酱，独知用盐为滋味，而嗜酒及茶"[③]。据《新唐书·吐蕃传》载："凝粆为盌，实酪并食之。"《旧唐书·吐蕃传》亦载："捻粆为碗，实以膏酪，并而食之。"这种食材及其饮食方式，正是吐蕃以糌粑为食的原始记载。至清朝道光年间，姚莹二次入藏，亲自尝食糌粑，谓"关外数千里皆食糌粑，炒青稞粉为之，麦之类也，无米及诸蔬菜"[④]。宋代吐蕃也必然沿袭这种"皆食糌粑"的习俗。由于畜牧经济的发展，出现了大量畜产品，故而吐蕃人喜肉食、乳酪。临洮、枹罕之地，自天宝末陷于羌虏。数百年以来，"其俗无复华夏之风"。熙宁初，宋朝收复熙河湟鄯地区后，临川人黄毅曾赴熙河地区游历，因"羌俗不食鱼"，目睹"鱼大如椽柱臂股，河中甚多。人浴波间，鱼驯驯不惊避"[⑤]。王韶在熙河时，"始命为

---

①《续资治通鉴长编》卷二七九，熙宁九年十一月癸酉，第6823页；司马光《涑水记闻》卷一四；《名臣碑传琬琰之集》上卷八《赵清献公抃爱直之碑》载："茂州蕃部鹿明王蜂聚境上，肆为剽掠，公亟遣部将帅兵讨之，夷人惊溃，乞降，愿杀婢以盟，公使谕之曰：'人不可用，用三牲可也。'"文渊阁《四库全书》第450册，第68页。

②《续资治通鉴长编》卷二七九，熙宁九年十一月癸酉，第6823页。

③《宋史》卷四九二《吐蕃传》，第14163页。

④（清）姚莹著，刘建丽校笺：《康輶纪行校笺》卷一《揩粑、乌拉》，上海：上海古籍出版社，2017年，第26页。

⑤（宋）吴曾：《能改斋漫录》卷一五《羌俗不食鱼》，上海：上海古籍出版社《宋元笔记丛书》，1979年，第445页。

网,捕以供膳”[①]。吐蕃人不食鱼习俗延续至清,姚莹入藏时,察木多(今西藏昌都市)河里有鱼,一条有一二斤重,味极佳,但当地喇嘛、番汉民皆食糌粑、牛羊肉,“不解鲜食,故少卖鱼者”[②]。

茶、酒、盐在吐蕃人的生活中占有重要地位。顾亭林说:“茶之为物,西戎、吐蕃古今皆仰之。”[③]姚莹入藏,目睹蕃人唯茶最重,“蕃食糌粑、牛羊,性皆热,一日无茶皆病,故尤以为贵”[④]。吐蕃人喜食肉类,“以其腥肉之食,非茶不消,青稞之热,非茶不解,故不能不赖于此”[⑤]。所以吐蕃人不论贵贱,“饮食皆以茶为主”,食糌粑、饮茶,“其茶熬极红,入酥油、盐搅之”[⑥]。

早在唐朝时期,茶叶已输往西北地区,吐蕃与回鹘已开始饮茶,李肇《唐国史补》下卷记载:“常鲁公使西蕃,烹茶帐中。赞普问曰:‘此为何物?’鲁公曰:‘涤烦疗渴,所谓茶也。’赞普曰:‘我此亦有。’遂命出之,以指曰:‘此寿州者,此舒州者,此顾渚者,此蕲门者,此昌明者,此㴩湖者。’”显然,此时茶已传入吐蕃地区,赞普帐中已有众多内地名茶。《封氏闻见记》亦载:“往年回鹘入朝,大驱名马,市茶而归。”[⑦]贡使充当贩茶之任。唐朝时,吐蕃饮茶还只是首领,一般下层人民饮茶、贩茶尚不见于记载。由于茶叶具有的助消化、解油腻的特殊功能,已为肉食乳饮的吐蕃等畜牧人民所必需。到了宋代,茶叶生产有更大发展,茶叶已普遍饮用。宋人洪中孚说:“蕃部日饮酥酪,恃茶为命。”[⑧]因此“夷人不可一日无茶以生”[⑨],茶叶已成为吐蕃“日不可缺”的饮食必需品。藏地参礼戒必熬茶,达赖喇嘛坐床也需照料熬茶,饮食糌粑、酥酪内多加茶,亦有净用熬茶者。内地官员入藏赏赐物品中亦以茶为主,然后杂以他物。这种饮茶习俗一直延续至清,成为一种民族文化特色。

---

①《能改斋漫录》卷一五《羌俗不食鱼》,第445页。

②《康輶纪行校笺》卷一二《昌都河鱼》,第499页。

③(清)顾炎武:《天下郡国利病书》第二八册《陕西下四川备录》“王廷相严茶议”,载《四部丛刊三编》,上海:商务印书馆。

④《康輶纪行校笺》卷一《搚粑、乌拉》,第26页。

⑤《天下郡国利病书》第二八册《陕西下四川备录》“王廷相严茶议”,载《四部丛刊三编》。

⑥《西藏记》下卷“饮食”,载王云五主编《丛书集成初编》第3133册,上海:商务印书馆,1935年,第34页。

⑦(唐)封演:《封氏闻见记》卷六《饮茶》,文渊阁《四库全书》第862册,第443页。

⑧(宋)罗愿:《新安志》卷七《洪尚书》,文渊阁《四库全书》第485册,第448页。

⑨(清)嵇璜、曹仁虎等:《续文献通考》卷二二《征榷考·榷茶》,文渊阁《四库全书》第626册,第517、518页。

吐蕃人为了满足自己的生活需要，皆以马易茶，而中原王朝亦以茶作为羁縻、控制的手段。唐与吐蕃在青海赤岭互市，这是青海境内茶马互市的最早记载。吐蕃与宋王朝的茶马交易更为兴盛。宋神宗熙宁年间，王韶开拓熙河地区，促使宋王朝建立了茶马司的专门机构。熙河地区西与青海相接，北与回鹘相通，此地吐蕃部族众多，产马而乏茶。于是在熙宁六年（1073 年），“徙秦州茶场于熙州，以便新附诸羌市易”[①]。熙宁七年（1074 年），宋政府遣三司干当公事李杞入蜀经画买茶，于秦凤、熙河博马。熙河经略使王韶言：“西人颇以善马至边，所嗜惟茶，乏茶与市。”[②]并且与蕃部交易，“专用银绢、钱、钞，非蕃部所欲”[③]。宋朝为了更好地羁縻吐蕃，于是在四川榷茶，设立都大提举茶马司，主管川、秦地区茶马贸易事宜。熙宁七年，“黑城夷人颇以良马至边”[④]易茶，宋政府特命李杞运蜀茶到熙河地区进行交易。茶马贸易从昔日绢帛、金银、钱币、茶叶相兼的商品交换阶段，发展成为官营的专用茶易马的历史新阶段。

除了官营的茶马贸易以外，民间的茶马贸易也很发达，“秦陇商贾交易蕃部，驱马到永康军马场以卖”[⑤]。永康军（治今四川灌县）是蜀茶的重要产地之一，驱马至永康军卖。显然是以马易茶。宋朝对吐蕃的赏赐，茶是其中一项重要的赐物。据《宋会要辑稿》记载，元丰五年（1082 年）二月二十一日，西蕃邈川首领、西平军节度押蕃落等使董毡封武威郡王，宋王朝“赐金束带一、银器二千两、色绢细三千匹，岁赐增大彩五百匹，角茶五百斤”[⑥]。在诸多赏赐物品中，茶是重要的物品。类似这样的赏赐，屡见史载。宋代官私茶马交易的盛行，必然有其他重要因素，但是不可否认，吐蕃人的饮茶习俗也从中起了一定的作用。

“嗜酒”是吐蕃人另一项重要的生活习俗，酒也是其生活必需品。吐蕃部族多生活在高寒地区，饮酒可以抵御高原凛冽酷寒，又表现了游牧民族豪爽的性格特点，每逢聚会、盟誓、奉迎、庆贺，甚至起兵聚众，总以酒助兴，离不开酒。吐蕃人饮酒作乐，饮酒起事，饮酒盟誓，献酒奉迎。宋大中祥符三年（1010 年），环州“近有

---

① 《续资治通鉴长编》卷二四五，熙宁六年六月丁丑，第 5964 页。

② 《宋史》卷一八四《食货志》下六，第 4498 页。

③ 《宋史》卷一九八《兵志十二》，第 4952 页。

④ 《续资治通鉴长编》卷二五四，熙宁七年六月辛卯，第 6214 页。

⑤ （宋）苏舜卿：《苏学士集》卷一六《韩公行状》，文渊阁《四库全书》第 1092 册，第 121 页。

⑥ 《宋会要辑稿》蕃夷六《吐蕃》，第 9917 页。

所部蕃族酿酒，召内属户饮之，欲诱其背叛”[①]，而蕃部也常因饮酒过量，醉酒生事。环庆路“蕃部酒醉，强夺马缨”[②]，被送本界监押和断遣送。金时，临洮吐蕃木波部起兵，金朝遣杨仲武前来调解，与木波酋长共同“举酒酹天”盟誓，并“以卮酒饮之”[③]，双方和解。宋崇宁三年（1104 年），王厚前往湟州（治今青海海东市乐都区）招纳蕃部，“廓州蕃僧欲候大军到献酒”[④]迎接。收复湟州后，宋人毛滂赋诗赞湟州收复，吐蕃归服，谓吐蕃“亦得昭景而饮醴”[⑤]。生活需要也必然促进酒的酿制，青稞酒应是这里的主要品种。《新唐书·吐蕃传》谓吐蕃人“实羹酷并食之，手捧酒浆以饮”。《宋史·吐蕃传》则谓吐蕃人“嗜酒及茶”。熙宁六年（1073 年）二月，吐蕃在“熙州新堡寨合置酒坊”[⑥]，自募人酿酒。吐蕃首领木征妻包氏要求在“安乡城开酒场”[⑦]。王韶在通远军（治今甘肃陇西县）曾收蕃部“酒坊三十余处”[⑧]。由此可见，吐蕃酿酒之盛，嗜酒之烈，证明吐蕃饮酒已成习俗。

吐蕃人嗜酒与酿酒也流传至今，据《西藏志·饮食》载：“男女老少皆日饮蛮酒，乃青稞所酿，淡而微酸，名曰‘穷’。亦有青稞烧酒。”时至今日，西北地区各族人民还喜饮酒，青海许多地方还狂饮成风，真是“不可一日无此君”。藏族同胞串帐房，骑马上路，怀揣酒瓶，碰见知己，居马上边走边喝。进入帐房盘腿坐定，主人的酥油奶茶和酒一并捧到面前。土族青年探访恋人，奉敬给老人一对“威远镇白酒”。汉族群众在清明祭祖、修房打庄廓、邀媒说亲、逢年过节等活动中，绝对不能少酒，而且青海人喝酒也有特点，不要菜肴下酒，谓之“干喝”，甚至还有强迫来客喝“拦门盅”酒的习俗。在今西北地区五花八门的饮酒习俗中，很可能就保留有吐蕃人“嗜酒”的遗俗。

“独知用盐”也是吐蕃人饮食中的另一特点。高寒地区缺少蔬菜，因此饮食“无蔬茹醯酱”，而“独知用盐为滋味”。吐蕃人就连饮茶时也离不开盐，要先将茶

---

①《续资治通鉴长编》卷七三，大中祥符三年五月癸卯，第 1672 页。

②《续资治通鉴长编》卷七七，大中祥符五年正月丙申，第 1752 页。

③《金史》卷九一《杨仲武传》，第 2020 页。

④（清）黄以周辑注，顾吉辰点校：《续资治通鉴长编拾补》卷二三，崇宁三年正月丁酉，北京：中华书局，2004 年，第 785 页。

⑤（宋）毛滂：《东堂集》卷一《恢复河湟赋》，文渊阁《四库全书》第 1123 册，第 697 页。

⑥《续资治通鉴长编》卷二四二，熙宁六年二月己卯，第 5901 页。

⑦《续资治通鉴长编》卷二六五，熙宁八年六月丁未，第 6488 页。

⑧《续资治通鉴长编》卷二三三，熙宁五年五月辛卯，第 5655 页。

熬到极红，“加酥油、盐搅之”[①]，然后再饮。盐成为长期肉食乳饮的吐蕃人一种重要的生活必需品。吐蕃人由于用盐的需要，因而对盐井之利极为重视，吐蕃大酋讷芝临占世居古渭州（治今甘肃陇西县），其先世跨有九谷，拥有盐井之利。衰落后，青唐族“据其盐井，日获利可市马八匹”[②]，可见盐井规模大，产量高。岷州（治今甘肃岷县）盐井寨的盐井原归蕃酋包顺所有，熙河开边中，王韶以重价进行赎买，“旧日收十千，今日与十五千扑买”[③]，将盐利收归公有，用以控制吐蕃。而包顺也要求“以献盐井功状录用其子”[④]。吐蕃的用盐习俗也促使宋朝用盐与吐蕃进行贸易。宋朝在河州置折博务，“令制置解盐司仿熙州东、南、西盐交引，减值召商旅入中”[⑤]，并在原（治今甘肃镇原县）、渭州（治今甘肃平凉市崆峒区）与德顺军（治今甘肃静宁县）置场收市，以解盐交引募蕃商广售良马。

时至今日，盐在西北地区的诸民族中使用更为广泛。藏族同胞熬制奶茶放盐，而回族、土族敬客待亲没有奶茶时，也要在熬好的茯茶中加一撮盐，方觉够味。有句尽人皆知的俗语“茶没盐，水一般”，则形象地说明了盐在日常生活中的重要。藏族同胞传统的风行食物“手抓羊肉”，是用来尊宾待客和日常生活必备佳肴，是草原上的风味美食，其所以誉满高原，成为藏族人民的饮食标志之一，就是因为烹调操作不烦冗，只需不多的佐料和一把盐便可烹制而成，具有浓郁的草原游牧特色。宋代吐蕃人“独知用盐为滋味”[⑥]的习俗在此得以体现。

2. 吐蕃人的居住

吐蕃人的住宅大致分为瓦屋、土屋、板屋与毡帐四种。

瓦屋，即以屋顶饰瓦为尊贵，只有宫殿、寺院方可如此，并且“惟以瓦屋处佛”[⑦]。这种“佛处瓦屋”的严格规定与吐蕃“尊释氏”的习俗密切相关。较之西夏“惟有命者”“有官爵者，始得覆之以瓦”[⑧]的规定，显得更加严格，等级更为森严。

---

①《西藏记》下卷“饮食”，《丛书集成初编》第3133册，第34页。

②《续资治通鉴长编》卷一七五，皇祐五年闰七月己丑，第4226页。

③《续资治通鉴长编》卷二四五，熙宁六年六月乙未，第5971页。

④《续资治通鉴长编》卷二四八，熙宁六年十一月戊午，第6045页。

⑤《续资治通鉴长编》卷二四六，熙宁六年七月甲辰，第5976页。

⑥《宋史》卷四九二《吐蕃传》，第14163。

⑦《谈苑》卷一，文渊阁《四库全书》第1037册，第127页。

⑧（宋）曾巩：《隆平集》卷二〇《外国·夏国》，文渊阁《四库全书》第371册，第199页。

土屋，即房屋为土顶，是吐蕃统治者妻妾所住之处。宋人李远的《青唐录》中记载唃厮啰的宫殿在西城，居于中，宫殿前面有两重谯楼，谯楼后设中门和仪门，仪门内东西为其妻妾契丹公主、西夏公主所居之处，房屋为土顶。

板屋，即一般平民所居住的房屋，"居者皆板屋"[①]。今甘肃南部藏区农村的建筑风格中还保留有板屋的遗风。四墙一般都用粗石和土坯垒成，或用土夯成厚厚的墙，屋内四壁镶着木板，屋顶梁椽都是粗木，屋顶一般为平顶。屋为平顶的建筑模式与习俗沿袭流传，清代道光二十四年至二十六年(1844—1846)，姚莹两次入藏，亲眼所见蕃民"房屋皆为平顶，砌石而成"。直到清朝时期，在西北地区仍有所见。据《皋兰载笔》称，会宁以西，民间多以板为瓦，上压乱石。板西出岷州山中，长二三尺，锯松木，用利刃劈之，薄二分许，鳞次覆屋，亦可不漏。"彼中言夷人之近塞者，所居悉用板为之，其远者则浮居沙漠穷庐毡帐。"[②]

毡帐又作穹庐，是一部分游牧部族的居所。吐蕃部族一般是一家一户为一帐，以帐作为统计人口的单位，但富姓也"以毡为幕"[③]，显然，这种毡帐绝不是一般吐蕃百姓所居。西夏仁孝时，党项人曾向金"献百头帐"[④]，作为西夏进贡之物的"百头帐"又称"百子帐"，是一种工艺复杂的毡帐。

程泰之《演繁露》云：

> 唐人婚礼多用百子帐，特贵其名与婚宜，而其制度则非有子孙众多之义。盖其制本出大漠特穹庐、拂庐之具体而微者耳，棬柳为圈以相连锁，百帐百阖为其圈之多也，故以百子名之，亦非其有百圈也。其弛张自成，大抵如今尖顶圆亭子而用青毡通冒四隅，上下便于移置耳。[⑤]

而吐蕃富姓"以毡为幕"的具体情况未见史载，但从屯田员外郎刘焕出使青唐吐蕃政权时，唃厮啰"迎导供帐甚厚"[⑥]的记载，可以推测这种毡帐既然作为接待使臣之用，必然也是工艺复杂、考究豪华的高级居所，如同唐朝吐蕃赞普"联毳

---

①《谈宛》卷一，文渊阁《四库全书》第1037册，第127页。

②(清)陈奕禧：《皋兰载笔》，载《小方壶斋舆地丛钞》第六帙，第九册，杭州：杭州古籍书店，1985年，第158页。

③《宋史》卷四九二《吐蕃传》，第14163页。

④《金史》卷六一《交聘表中》，第1437页。

⑤(元)袁褧：《枫窗小牍》卷下引程泰之《演繁露》，文渊阁《四库全书》第1038册，第231页。

⑥《宋史》卷四九二《吐蕃传》，第14162页。

帐以居”,“容数百人”的“大拂庐”[①]一样,是少数极其富有高贵的吐蕃大酋所有,绝非一般吐蕃部民的栖身之所“小拂庐”。

3. 吐蕃服饰、丧葬

宋代吐蕃人的服饰特色与党项人相同,即“衣皮毛”,也就是宋人毛滂《恢复河湟赋》中所写的“荷毡而被毳”[②],章淳贺表中所言的“旃裘毳服”[③]。吐蕃人“衣皮毛”与“尚虎豹”习俗相关。吐蕃人“尚虎”习俗,与中国古代传统文化中“崇虎”理念一脉相承,古籍文献中有诸多“崇虎”记载。《事类赋》卷二〇《虎》将虎“目之为兽长”,《风俗通》言:“虎者阳物,百兽之长,亦号为山君。”《说文》亦谓:“虎为山兽之长。”吐蕃人历来尚虎,谓虎曰“大虫”,宋将姚内斌在庆州(治今甘肃庆阳市西峰区)十余年,“边人畏伏,目为‘姚大虫’”[④],谓其勇猛如虎。自然虎豹之皮也颇受吐蕃人贵重,“用缘饰衣裳”[⑤],以有之为荣。《宋史·吐蕃传》载,至道元年(995年),凉州蕃部当尊以良马来贡,“加赐当尊虎皮一”,当尊自然高兴万分,“欢呼致谢”。景德元年(1004年)三月,西凉府吐蕃首领阎藏(雅尔藏)受宋朝赏赐“虎皮翻披”,而西蕃之俗则是“凡受赐者,族人推奉”[⑥],是最高的奖赏。《事类赋》卷二二《羊》载,《法言》曰:“羊质虎皮,见草而悦,见豺而战,忘其皮之虎也。”而羊皮却是羊自身最贵重之物,为衣可御严寒。与虎皮相比,且最易得之。在今甘肃环县、武山县滩歌镇等地,迄今还有“翻穿羊皮袄”的习俗。从“虎皮翻披”到时至今日的“翻穿羊皮”,是服饰演变进程中的变异,蕴有吐蕃的习俗信息。

吐蕃人“旃裘毳服”“荷毡被毳”,即文献中所称的“胡装”“番服”。宋元祐二年(1087年)八月,宋将种谊收复洮州(治今甘肃临潭县),擒获吐蕃首领鬼庄,苏东坡作诗《获鬼庄二十二韵》庆贺。诗中述鬼庄被擒时“胡装尚衣貂”[⑦],显然鬼庄身着番装服饰。宰相章淳贺洮州收复上表,也谓“陇右河源久陷遐荒之域,旃裘毳服,俄为冠带之民”[⑧]。显然陇右河湟地区的吐蕃部民及吐蕃化的汉民衣饰皆“皮毛”。

---

①《新唐书》卷二一六《吐蕃传》,第6072页。

②(宋)毛滂:《东堂集》卷一《恢复河湟赋》,文渊阁《四库全书》第1123册,第697页。

③《续资治通鉴长编》卷五一六,元符二年闰九月壬申,第12265页。

④《续资治通鉴长编》卷一五,开宝七年二月壬辰,第317页。

⑤《宋史》卷四九二《吐蕃传》,第14163页。

⑥《宋会要辑稿》方域二一《西凉府》,第9707页;《续资治通鉴长编》卷五六,景德元年三月乙酉,第1231页。

⑦《东坡全集》卷二八《获鬼庄二十二韵》,文渊阁《四库全书》第1107册,第401页。

⑧《续资治通鉴长编》卷五一六,元符二年闰九月壬申,第12265页。

吐蕃一般妇女及僧尼、公主等上层人士虽装饰“皆番服”[①]，但不“衣皮毛”，则“衣锦，服绯紫青绿”[②]。吐蕃酋长、首领等上层人士及富有者逐渐汉化，服饰多仿汉人，衣料为绢缯帛缎之类。宋康定元年(1040年)，宋刘焕出使吐蕃青唐城，见唃厮啰“冠紫罗毡冠，服金线花袍，黄金带，丝履”[③]，其衣冠服饰完全汉化。宋朝也常以锦袍等作为赐赏吐蕃贡使之物，古籍文献上屡见不鲜。大中祥符八年(1015年)，唃厮啰遣使来贡，宋廷赐锦袍、银带等物。宝元元年(1038年)元昊反，遣使鲁经持诏谕唃厮啰，“使背击元昊以披其势，赐帛三万匹”[④]。因此，吐蕃人的服饰既有“旃裘毳服”，又有“锦袍彩服”。元符二年(1099年)八月丁酉，吐蕃青唐大酋心牟钦毡等与契丹、西夏公主已遣马二匹，“一载虎皮锦袍彩服，一载闹装鞍辔”[⑤]，迎溪巴温、陇拶父子入青唐。其中一匹马所载“虎皮锦袍彩服”，即为陇拶登基所准备的国主服饰，这证明宋代吐蕃服饰是“胡装”与“汉服”并行。

“辫发之俗”是吐蕃妇女生活中的重要习俗。与吐蕃人有密切族源关系的羌人是以“被发”为俗。《后汉书·西羌传》谓古羌人“女耻其状，被发覆面，羌人因以为俗”。唐代吐蕃“以赭涂面为好，妇人辫发而萦之”[⑥]。这种辫发习俗在宋代吐蕃中也沿袭流传，习以为俗。宋人刘攽《熙州行》一诗，涉及西海(今青海)吐蕃人的辫发之俗。诗中写道：“……偏师倏然画西海……百蛮解辫慕冠带……”[⑦]不言而喻，其诗是为宋朝征伐吐蕃歌功颂德，代表宋朝的意愿，妄图使“辫发之俗”的吐蕃一举变为“右衽之民”，从吐蕃的辫发民风中也可略窥一二。据文献记载，吐蕃妇女发细辫，“头发从头分两旁，搓如绳，交脑后，稍以绳束之”。已婚女子与未嫁女子的发式是有区别的，女子未嫁，“脑后另分一辫，以宝石珍珠珊瑚之类戴辫上，若受聘，则将夫家所定之金镶绿松石一大块戴顶上，嫁为妇，则不复辫发矣”[⑧]。吐蕃妇女辫发之俗一直延续下来，成为民族特色。时至今日，藏族妇女还保持这种特色。

吐蕃地区的丧葬习俗主要有火葬、土葬、天葬、水葬、墓葬等形式。早在唐代

---

①《宋会要辑稿》蕃夷六《吐蕃》，第9929页。

②《宋史》卷四九二《吐蕃传》，第14163页。

③《宋史》卷四九二《吐蕃传》，第14162页。

④《宋史》卷四九二《吐蕃传》，第14162页。

⑤《续资治通鉴长编》卷五一四，元符二年八月丁酉，第12232页。

⑥《新唐书》卷二一六《吐蕃传》，第6072页。

⑦(宋)刘攽：《彭城集》卷八《熙州行》，文渊阁《四库全书》第1096册，第82页。

⑧《西藏记》下卷“衣冠”，《丛书集成初编》第3133册，第32页。

时，吐蕃俗重战死，而战死者，“其墓周回白土泥之”[①]，显然这些战死的吐蕃人被土葬，且有墓。吐蕃赞普死，以人殉葬，衣服珍玩及曾经所乘马，所用弓、剑之类，全部随同埋入墓内，并于“墓上起大室，立土堆，插杂木为祠祭之所”[②]。显然赞普之墓与战死者之墓有巨大差别。唐代吐蕃的土葬习俗得以延续、传承，至宋代时，在河湟陇右地区仍可见这种丧葬习俗，且在文献中有零星记载。宋元符二年（1099 年）闰九月十四日，御史中丞安淳上言：“欲应陕西沿边收复故地并纳降疆界内，有羌人坟茔及灵祠寺观等，不得辄行发掘毁拆。”[③]从此记载“有羌人坟茔”，可知宋代吐蕃人也实行土葬。另据《墨庄漫录》卷六记载：“主帅取青唐时，大军始集下寨，治作壕堑。凿土遇一圹，得一琉璃瓶，莹彻如新，瓶中有大髑髅，其长盈尺，瓶口仅数寸许，不知从何而入，主帅命复瘗之。斯亦异矣。”显然这是一种特殊的土葬形式，颇具特色。

（三）“尚白”“踏歌”“击鼓”

1. 尚白之俗

吐蕃人崇尚白色，其“尚白”习俗与尊佛有关，因为佛教经典以人做好事为“白业”，做坏事称为“黑业”。《毗奈耶杂事》卷八谓：“大王当知白业白报，黑业黑报，杂业杂报，是故应舍黑、杂二业，当业白业。”按佛教释义白色是光明、纯洁、正直、胜利的象征。“最重佛法”的吐蕃人自然形成视白色为圣色，奉为至上的民族信仰心理，在其日常生活及言语、行动中常常离不开白色。以“心顺为心白人”[④]，甚至改蕃名为汉姓白，如“伊格为白守忠”[⑤]，自言不敢有贰，则曰“心白向汉”[⑥]，欲归顺宋朝，则“乞心白旗出城招抚”[⑦]，乩当城（今青海循化撒拉族自治县东北）“所居附顺者张心白旗甚众”[⑧]。甚至起事聚兵、立文法，也以白色为约，意即要行神圣之事。元祐二年（1087 年）六月甲申，阿里骨遣人鬻马汉界，结属羌为内应，凡受要约者，“以垩本族蕃塔为验，自熙河五郡，秦、渭、文、龙、阶、成等州，及镇戎

---

①《册府元龟》卷九六一《外臣部·土风第三》“吐蕃国”，文渊阁《四库全书》第 919 册，第 153 页。

②《旧唐书》卷一九六上《吐蕃传上》，第 5220 页。

③《宋会要辑稿》刑法二《禁约一》，第 8306 页。

④《谈苑》卷一，文渊阁《四库全书》第 1037 册，第 127 页。

⑤《续资治通鉴长编》卷四七六，元祐七年八月壬戌，第 11343 页。

⑥《宋史》卷四九二《吐蕃传》，第 14163 页。

⑦《续资治通鉴长编》卷五一六，元符二年闰九月壬辰，第 12286 页。

⑧《续资治通鉴长编拾补》卷二一，崇宁二年六月丁卯，第 751 页。

军、德顺军两军，垩蕃塔而应之者十已七八，而人不知也”[①]。“垩蕃塔”即将蕃塔涂为白色，白色成为各地吐蕃响应起兵的标志。

吐蕃的“尚白”之俗在《格萨尔王传》中也得到充分的反映，据说格萨尔王就是宋代吐蕃首领唃厮啰的写照[②]。《格萨尔王传·保卫盐湖之部》诗中描述格萨尔是白色的王，身穿白甲，头戴白盔，颂扬他是“东方白月亮”“美丽的白松鸡”“白胸鹰展翅落人间”。总之，用白色来赞美他，用白色来渲染一切美好的事物。石泰安(RAS)在《西藏格萨尔王传与演唱艺人的研究》一书中，也认为格萨尔这个名字“有白色的意义”[③]。由于吐蕃尚白，于是宋统治者利用这一习俗作为羁縻吐蕃首领的手段，赏赐等级的标准。元符二年(1099年)十一月五日，赏赐瞎征、陇拶并边厮波结、钦波结、角蝉等吐蕃首领赐忠顺等旗，使知朝廷恩宠。“瞎征、陇拶以忠顺，余以忠勇及心白为三等，仍第等赐以银、帛、袍、带，且贷其罪”[④]，甚至要害地部署军事防守，也合以“心白向汉、有力量首领住坐把守”[⑤]。

这种习俗并非吐蕃所独有，党项、女真、蒙古及至中亚细亚的一些部族，都有尚白的习俗。党项人建立西夏政权，定国名为“邦泥定国”[⑥]，汉语即为“白高国”。女真人建立政权，就是因“金之色白，完颜部色尚白”[⑦]，于是定国号为“大金”。据《蒙古秘史》所载，蒙古官职以别乞那颜为尊，被封为“别乞”的，“可以穿白袍，骑白马”，盖蒙古族俗尚白。在中亚的布哈拉和浩罕的史料中，有阿库·维尔克这一词语，原意是“白帐篷的主人”，即指“在牧民的帐篷中受尊敬的贵人”[⑧]，这显然也是尚白的风俗。

不仅吐蕃人尚白，中原地区汉人也崇尚白色，六朝人主宴处戴白纱帽，晋人好着白接䍦，谢万着白纶巾，南齐垣崇祖着白纱帽，《南史》记载和帝时，百姓皆着下簷白纱帽。《唐六典》载天子服有白纱帽，又唐制新士皆白袍，故有“袍似烂银文似锦，将相白日上青天”之句。而肃宗与李泌同出，观者谓衣黄圣人，衣白仙人，则

---

①《续资治通鉴长编》卷四〇二，元祐二年六月甲申，第9778页。

② 黄颢:《藏文史书中的格萨尔》，《西藏研究》1985年第1期。

③ 上官剑壁:《史诗“格萨尔王传”及其研究》，《西藏研究》1982年第1期。

④《宋会要辑稿》蕃夷六《吐蕃》，第9928页。

⑤《续资治通鉴长编》卷五一五，元符二年九月癸丑，第12244页。

⑥《宋史》卷四八五《夏国传上》，第13998页。

⑦《金史》卷二《太宗本纪》，第26页。

⑧〔日〕佐口透:《准噶尔部历史和社会经济概述》，载中国社会科学院民族研究所编译《民族社会历史译文集》，1977年。

人臣在君前亦可衣白矣[①]。宋代吐蕃尚白习俗有中国古代传统文化习俗的深厚积淀。

《册府元龟》记载,早在唐代时期,吐蕃"俗重战死。战死者,其墓周回白土泥之,不与诸墓连接"[②]。至明正德二年(1507 年)时,四川茂州(治今四川茂县)所辖卜南村、曲人等寨仍"乞为白人,愿纳粮差",威(改维州置,治今四川汶川县)、茂州地区习俗"以白为善,以黑为恶"[③]。吐蕃人"尚白"习俗一直流传下来,在今四川平武、南坪以及甘肃文县居住的夺波人(以往被称为白马藏族)中流传《白哈蟆》的故事。今四川木里藏族自治县有一支藏族居民被称为昌人,当地人解释"昌"的意思是白色[④]。"甘孜"是藏语译音白和美的意思[⑤],以其地有一白石而得名,沿用至今。《兰州风土记》也载:"土人有喜事,贺客满门不论冬夏,皆戴白胎凉帽,相习成风,不以为怪。"时至今日,藏族也有于屋顶供白石之俗,许多地方藏族喜用白灰涂墙,其中自然也包含着宗教意义,迎宾来客则更喜敬献洁白的哈达,表示良好的祝愿。清朝之际,吐蕃尚白之俗已演变为西北地区的民风习俗,"秦俗尚白,民间遇元旦、贺寿、吉庆事,辄麻巾素衣以往"[⑥]。清人王士祯"所经历西安、凤翔、汉中诸府皆然"。历经衍变的尚白之俗,既是民族习俗,又蕴有深厚的文化内涵。

2. 娱乐活动

宋代吐蕃人的娱乐活动文献记载很少,据零星记载主要有踏歌与荡秋千。

踏歌是一种古老的民间娱乐活动,所谓踏歌即成群结队,手拉手,以脚踏地,边歌边舞,显然这是一种群体式歌舞。踏歌历史悠久,渊源深厚。1972 年秋,青海省大通县上孙家寨一座马家窑类型的墓葬中,出土了一件内壁绘有舞蹈花纹的彩陶盆,这是迄今为止,出土文物中年代最早的一幅舞蹈图。彩陶盆内壁上绘制的是手拉手的人形舞者,这是原始群体性生活印迹在舞蹈上的反映,是原始

---

① (清)王士祯:《香祖笔记》卷九,文渊阁《四库全书》第 870 册,第 493 页。

②《册府元龟》卷九六一《外臣部·土风第三》"吐蕃国",文渊阁《四库全书》第 919 册,第 153 页。

③《明史》卷三一一《四川土司一》,第 8022 页。

④ 上官剑壁:《史诗"格萨尔王传"及其研究》,《西藏研究》1982 年第 1 期。

⑤ 格勒:《甘孜藏族自治州史话》,成都:四川人民出版社,1984 年,第 2 页。

⑥ (清)王士祯:《香祖笔记》卷九,文渊阁《四库全书》第 870 册,第 493 页。

舞蹈的胚胎形式。自汉至唐、宋，踏歌在汉族与少数民族中都极为盛行。唐元和(806—820年)初，有士人醉卧厅中，及醒，见古屏上妇人悉于床前踏歌，歌曰："长安少女踏春阳，无处春阳不断肠……"[①]据明人彭大翼《山堂肆考》卷八《踏歌》记载，甚至唐朝皇帝至安福门观灯，"令朝士能文者，踏歌声调入云"。陈旸《乐书》卷一八五《宫伶》载："葱西士女踏歌队者，其词大率言'葱岭之士乐河湟故地归国，复为唐民也'。"蒙古族进入中原之前，也流行踏歌，这是蒙古部落的集体舞，是绕蓬松茂树而舞，即绕树踏歌。

宋代盛行踏歌，文献中保留有许多踏歌的记述和画面。宋人所著《宣和书谱》中就描写了"中秋夜，妇人相持踏歌，婆娑月影中最为盛"[②]的南方风俗。宋人马远的《踏歌图》，则生动形象地描绘出一副宋代民间"垅上踏歌行"的愉快和谐画面。踏歌在宋代西南少数民族中更为盛行，据宋人朱辅《溪蛮丛笑》记载："习俗，死亡聚歌舞，辄联手踏地为节。"陆游也记载了辰(治今湖南沅陵县)、沅(治今湖南芷江侗族自治县)、靖州(治今湖南侗州苗族侗族自治县)有瑶族居住，他们喜喝钩藤酒，"醉则男女聚而踏歌"[③]。生活于西北地区的吐蕃是能歌善舞的民歌，《长编》卷二四一记载了宋代熙河开边后，吐蕃女子载歌载舞的情况，"蕃酋女子至，连袂围绕汉官踏歌"，言："自今后无仇杀，有买卖，快乐作得活计，不被木征来夺人口牛马。"[④]且不论歌词是否有溢美之嫌，然而与开拓熙河的历史背景联系起来，这种即兴赋歌的形式，可能是河湟洮岷地区花儿的起源之一。

花儿至今在甘肃、青海、宁夏等地流行，是一种独具风采的高腔山歌，具有鲜明的地域特色与浓郁的民族风格，具有多声部、多曲调的特点，是迄今世界上保持完好、独特而稀有的原生态多声部民歌之一。时至今日，岷县人沟寨花儿会(农历五月十四日)、岷县二郎山花儿会(农历五月十七日)、临洮紫松山花儿会、临夏莲花山等众多花儿会的演唱，仍以创作的即兴性、韵律的固定性、语言的乡土性为其最大特点[⑤]。显然，蕴含有宋代吐蕃踏歌的民族音乐遗传因子，是其艺术形态变异的再现。2005年，"二郎山花儿会"被列入国家级非物质文化遗产保护名

---

① (宋)陈元靓:《岁时广记》卷一《踏春歌》,文渊阁《四库全书》第467册,第6页。

②《宣和书谱》卷五《小字三教经》,文渊阁《四库全书》第813册,第232页。

③ (宋)陆游:《老学庵笔记》卷四,广州:广东人民出版社《历代小说笔记选》(宋·第一册),1984年,第210页。

④《续资治通鉴长编》卷二四一,熙宁五年十二月丁酉,第5886页。

⑤ 定西市博物馆编:《人文定西》第三部分《民俗风情》,第39页,甘出准字46号(2014)32号。

录。

宋人李复十数年间，往来秦（治今甘肃天水市）、熙（治今甘肃临洮县）、汧（治今陕西乾县）、陇（治今陕西陇县），所涉地域即今陕西、甘肃间。沿途“时闻下里之歌”，歌声“远近相继和”，此起彼伏，相互呼应，高下掩抑，抑扬顿挫，“所谓其声呜呜也，皆含思宛转而有余意”[①]。因是民间即兴之歌，“其辞甚陋”。李复因其调写道路见闻，“犹昔人竹枝纥罗之曲，以补秦之乐府”[②]，创作了诸多乐曲之辞。《潏水集》卷一六《补秦之乐府》中有十首，其中第二首：“缫丝宛转听车声，车声忽断心暗惊。旧机虚张未满幅，新丝更短织不成。”反映了当地手工劳作的缫丝纺织。第三首：“东来健儿身手长，不随伍籍习弓枪。何惜官廪请租税，白昼衣食出道旁。”第四首：“短衫窄袖上马轻，空手常喜烟尘行。论功何须问弓剑，自有主将知姓名。”这两首反映了当地边民尚武，习弓箭刀枪，是宋代蕃兵组成的重要来源。第六首：“蕃兵入市争卖田，汉人要田蕃无钱。有田卖尽走蕃去，却引生羌来寇边。”反映边地蕃民“贵货贱土”的习俗。第七首：“白羌纷纷急攻城，羌酋却走杀汉民。汉民当前死不惜，欧脱更有杀来人。”反映出边地民族矛盾尖锐。总之这些辞蕴有丰富的史料价值，值得更深入的发掘与探讨。诸多辞从地域、内容、形式等方面，反映出当地边民即兴歌唱，蕴有洮岷花儿的原始素材。

宋代吐蕃踏歌的形式在考古发掘中也有反映，西藏阿里地区古格王国遗址红庙壁画（约相当于宋代）中有一支歌舞队伍，原图描绘北宋宝元元年（1038年），古格国王绛曲微迎请佛教尊者阿底峡来国内弘法，这支女子舞队出现在群众欢迎场面中，“连臂踏歌”与今天的弦子舞很相似。这种踏歌习俗也沿袭流传下来，《译语》载：“女好踏歌，每月夜群聚，握手顿足，操胡音为乐。”[③]文献记载与遗址壁画相互印证，宋代吐蕃女子围圈歌舞的踏歌形式，很可能与历史悠久的藏族舞蹈“弦子舞”和“锅庄舞”有某种渊源关系。

吐蕃人的另一种娱乐，则是荡秋千。荡秋千是传统的民间活动，地域广，参与者众多。据《宋史》记载，中原地区习俗“上元结灯楼，寒食设秋千，七夕设摩睺罗”[④]。荡秋千的习俗也在我国东北和西南地区的一些民族中流行，经久不衰，并

---

① （宋）李复：《潏水集》卷一六《补秦之乐府》，文渊阁《四库全书》第1121册，第153页。

② 《潏水集》卷一六《补秦之乐府》，文渊阁《四库全书》第1121册，第153页。

③ （明）岷峨山人：《译语》，载《丛书集成新编》第95册，台北：台湾新文丰出版公司，1985年，第517页。

④ 《宋史》卷一〇九《礼志第六十二》，第2624页。

延续至今。据《宋史·吐蕃传》载:吐蕃人"多并水为秋千戏"。居住在西北高原的吐蕃人也以秋千"为戏",在蓝天白云之下,近水沿河的高原草地上随秋千飞荡,呈现出动人的草原风情画面。今青海地区还保留有春节期间荡秋千的习俗,因为"秋千"二字颠倒过来就是"千秋",因而荡秋千具有祈祷长寿健康之意。春节期间架秋千,已成为甘肃岷县的习俗。今流传于岷县小寨、中寨、堡子等乡(镇)部分村庄的巴当舞,每年从正月初六开始,在秋千架下进行。宋代吐蕃荡秋千的习俗在今日民间活动中得以再现。

3. 击鼓、傩戏

自古以来,鼓虽是一种器具,却伴随着中华民族生存、繁衍、发展的进程,是中国悠久历史文化的积淀。《事类赋·乐部》鼓条载:"鼓,动也,含阳而动也。"[①]因地域、民族有别,鼓类众多,名称各异。岭南、西南夷多铜鼓,以精铜制成,大多地区则以兽皮所制。战鼓、乐鼓等皆因声韵律动不一,作用效果迥然不同。至宋朝时,鼓也成为西北吐蕃人生活中的重要器具。

吐蕃人好击鼓,以鼓计时,夜击三次。王辟之《渑水燕谈录》卷二载:唃厮啰"更鼓自昏达旦,三挝而已"。又以鼓为令,唃厮啰筑一周回二里的城,兴筑时,"无他号令,但急鼓则增土,缓则下杵,不日而就"[②]。由此可见吐蕃人禀畏鼓令,甚至生病也以击鼓"逐鬼"来驱除病痛。据《宋史·吐蕃传》载吐蕃人"不知医药,疾病召巫觋视之,焚柴声鼓,谓之驱鬼"。这种"不知医药,疾病召巫觋视之"习俗,在青唐吐蕃中犹存,是一种吐蕃遗俗,是经济文化滞后的反映。而西凉府吐蕃与陇右吐蕃由于与汉族错居杂处,与中原联系交往密切,这种残存的"不知医药""巫觋视病""逐鬼驱病"的吐蕃遗俗已渐趋改变,求医问药治病的记载,文献中屡见不鲜。景德三年(1006年),西凉府吐蕃首领斯铎督遣派安化郎将路黎奴来贡,"黎奴病于馆",宋政府特派"尚医视疗"。同年五月,西凉府吐蕃部落发生疾疫,派遣使者向宋朝求药,宋政府"诏赐白龙脑、犀角、硫黄、安息香、白紫石英等药,共七十六种"[③]。大中祥符六年(1013年),西凉府觅诺族发生瘴疫,宋政府赐首领温逋奇等药。求医赐药在河西、陇右吐蕃日常生活中已司空见惯,落后的文化习俗已渐被摒弃。

---

①(宋)吴淑:《事类赋》卷一一《乐部·鼓》,文渊阁《四库全书》第892册,第908页。

②《续资治通鉴长编》卷八五,大中祥符八年十二月丁亥,第1958页。

③《宋史》卷四九二《吐蕃传》,第14158页。

吐蕃人"焚柴声鼓",击鼓作乐,鼓成为核心器具,这种驱鬼的活动,后渐趋演变成兼具宗教与娱乐的"傩戏""舞蹈"及其他文化艺术形态。

神宗熙宁五年(1072年)五月至七年(1074年)三月,宋王朝发动了熙河之役,收复熙河洮岷叠宕等州。在进行军事征伐的同时,也创制了一种"鼓戏",得以流行传播。据曾慥《类说·讶鼓戏》载:"王子淳初平熙河,教军士为讶鼓戏,遂盛行于世。其举动舞,按之节,与优人之词,皆子淳所制也。"王韶(王子淳)不仅将其作为一种娱乐活动,还运用在军事斗争中。"子淳与西人对阵,军士百人装为讶鼓队出军前,虏见皆惊愕,乃进兵奋击,大破之。"[①]军士百人"装为讶鼓队出军前",显然王韶对西夏作战中,利用"讶鼓戏"出其不意,制敌获胜,是"讶鼓戏"与军事的有效结合。关于"讶鼓戏"的详细情况,除《文献通考》卷一一八《乐考·俗乐部》有相同记载外,别无其他文献记述。仅依文字记述可知,这是一种依节奏,边鼓边舞边唱的歌舞形式。熙河洮岷叠宕等地,深厚的地缘因素与民族历史文化积淀,是"讶鼓戏"能"盛行于世"的生存环境与空间。

今流传于甘肃岷县小寨、中寨、堡子等乡镇部分村庄的巴当舞,是一种古老的村民集体舞。"巴当"一词,实为"播鼗",后音转为"巴当",这是一种用羊皮加工的双面手摇鼓,这种乐器古代称作"雷鼗",俗称"拨浪鼓"。每个村寨的村民一户一个巴当,每个村各选一位巴当舞的领舞者与组织者,即春巴、头脑,春巴与头脑轮流担任。春巴的角色相对比较稳定,春巴新上任时,需接受严格的藏文巴当舞曲谱的学习,此曲谱由春巴保存。传说巴当舞源于古羌人的"祭山会",这是羌藏文化的遗存。

每年从正月初六开始,村民们为祈求来年风调雨顺、五谷丰登,举行村民大联欢,在打麦场上燃起篝火,由春巴带领,每户抽一名男子,手拿巴当载歌载舞,其他村民站在外,围圈拍手起舞,并随着春巴的领唱进行上百人的大合唱,即称为"安场巴当"。一到夜晚,上百人围着篝火跳起敬山神舞。敬山神时,春巴与主持巴当的众男子,围着燃起的大火拜五方,并在秋千架下进行新的舞蹈。敬山神舞结束时,所有舞者在吃饭、喝酒、品茶时,要举行新的大合唱,命其名曰"扯节漏",并唱酒曲、茶曲。这三种合唱在"头脑"家大院进行,其演唱曲调汉、藏语夹杂,悠扬婉转,具有很高的抒情性。吃饭、喝酒、品茶后,巴当舞的全过程才算完成。整个巴当舞中蕴有"焚柴声鼓""连袂围绕""踏歌""奢酒及茶""秋千"等宋代吐蕃的

---

① (宋)曾慥:《类说》卷四七《讶鼓戏》,文渊阁《四库全书》第873册,第826页。

文化因素。2010年,“岷县巴当舞”已被列入第三批国家级非物质文化遗产保护名录①。

拉扎节是流行于甘肃定西市渭源县峡城、麻家集,甘肃康乐县东部、临洮县南部洮阳镇、玉井镇、南屏、衙下集、潘家集、苟家滩乡镇一带及周边地区的一个重要节日,绵延千年,从未中断,极具民族与文化研究价值。

吐蕃王朝之前,雄居青藏高原的是象雄王朝,信仰苯教。据《雪山目录》载,吐蕃王室始祖聂赤赞普出世前后,象雄王朝相继有十八代鹏甬王,均以大鹏鸟甬饰其王冠左右,显然以大鹏鸟为图腾。由于苯教在藏区的广泛传播,象雄与吐蕃的长期交往、交融,象雄文化对吐蕃文化有深刻的影响。7世纪初,松赞干布统一青藏高原,645年灭象雄王朝。吐蕃不断向周边扩张,后经不断迁徙,辗转来到熙河洮岷叠宕等地及河湟地区。至宋代时,吐蕃部族在此繁衍聚集。由于藏汉同胞长期杂居交融,相互学习交流,逐渐形成独具特色的民俗文化。源于象雄的拉扎节,即是当地先民对“五谷神”的崇敬,敬奉山神,祈求风调雨顺,五谷丰登,期盼生活蒸蒸日上。从农历七月十日开始,至十月初一或十月中旬结束,历时两三个月。拉扎节最独特的仪规为“攒拉扎”,由苯波法师的弟子,用麦草捆扎一只十三头大鹏鸟,以严格繁复的仪规,将其安置在高山之巅。②

节日期间,进行祭神、尝五谷等娱神驱瘟的自娱活动,实际上是具有藏族特色的“拉扎傩舞”。用羊皮制鼓,形如纨扇,扇柄配有小铁环等饰物,番司家多为九环,俗称“九环锡杖”。汉司家多为三环,俗称“三教九流”。舞者左手持扇,右手持竹制鼓条,依节律击鼓伴奏,边舞边击边唱,曲调舒缓高亢交替。舞时羊皮鼓上下旋转翻飞、闪展腾挪。流传于今甘肃临洮县南屏镇(三甲、丁家山、英武、张家坪、格致坪)与渭源县麻家集镇(路西、陆家沟)的“打西番婆”舞蹈,是当地群众敬神、纳祥、驱邪、祭祀的民间活动,主要在春节社火、秋季拉扎节期间进行表演。舞者手持羯鼓,且唱且舞,其唱腔、唱词与舞蹈形式,蕴有许多历史信息。流传至今,且被列入第一批甘肃省非物质文化遗产保护名录的“拉扎节”“拉扎傩舞”,以及“打

① 定西市博物馆编:《人文定西》第三部分《民俗风情》,第40页,甘出准字46号总548号(2014)32号。

② 临洮县文体广电和旅游局编:《临洮非物质文化遗产图典》,兰州:甘肃文化出版社,2019年,第171页。

西番婆”舞蹈，皆蕴有古象雄文化痕迹及宋代西北吐蕃渊源与民族文化色彩，对于研究民族迁徙、演变、交流、交融等具有史学价值。今甘肃武山县滩歌旋鼓舞等，亦皆为吐蕃“声鼓”演变进程中，变异再现的艺术形态。

（四）历法纪年、巫觋与监禁

1. 历法纪年

吐蕃历法纪年是采用藏历阴阳历纪年法，“吐蕃不识天干，惟以地支、属相纪年，亦以十二个月为一岁，以寅为正月，仍有闰月，但其闰月不同时耳”[①]。以金木水火土五行相配纪日，自邹衍于战国时期倡导“五德终始”或“五德相胜”的阴阳五行学说后，秦汉以来便广泛流行，以五行和五方、五色、五音、五味等相匹配，成为系统的宗教信仰和社会风俗，这种信仰和习俗，对汉族周边的兄弟民族也深受影响。吐蕃历法纪年就是打上了汉族阴阳五行学说的印记，流传很久，使用甚广，也有推算、占验，皆为唐公主入藏以后传播。宋屯田员外郎刘涣奉命出使青唐，会见唃厮啰时，见其“道旧事则数十二辰属，曰兔年如此，马年如此”[②]。这是一种简单的纪年法。自宋天圣五年丁卯（1027年）藏历阴火兔年开始，每六十年称为一个“饶琼”，到宋元祐元年丙寅（1086年）藏历阳火虎年，就是一个“饶琼”。宋代吐蕃首领唃厮啰统治青唐时期正处于这个“铙琼”之中。西夏乾祐七年（1176年），夏仁宗在甘州所建的《黑水建桥敕碑》，碑阴的藏文部分纪年刻为“阳火猴年”（1176年），显然也是采用藏历纪年法。

2. 巫觋、监禁

北宋时期，青唐吐蕃人独有河北之地，“其国大抵吐蕃遗俗”，因而他们笃信咒诅，“或以决事，讼有疑使诅之”[③]。处理诉讼与刑罚方面也颇有特色，“每有公事，量大小以绵绮裹其讼牒，物多者为有理”[④]。《宋史·吐蕃传》载：“讼者上辞牍，籍以之帛，事重则以锦。”吐蕃政权“也有鞭笞扭械诸狱具”，而且还设有监狱，其监狱就是地牢，囚禁犯罪之人。宋代西北吐蕃监禁之法是唐代吐蕃监禁之法的继承。据《新唐书·吐蕃传》载：“其狱，窟地深数丈，内囚于中，二三岁乃出。”北宋时期，河湟地区的吐蕃仍使用这种监禁之法。明道（1032—1033）年间，河湟吐蕃内

---

① 《西藏纪》上卷“纪年”，《丛书集成初编》第3133册，第27页。

② 《宋史》卷四九二《吐蕃传》，第14162页。

③ 《宋史》卷四九二《吐蕃传》，第14163页。

④ （宋）江少虞：《事实类苑》卷五六《忠孝节义·刘涣》，文渊阁《四库全书》第874册，第468页。

乱，邈川大酋温逋奇与唃厮啰不和，温逋奇竟将唃厮啰囚置阱中。这种"阱"实际上就是"窟地深数丈"的地牢。由此可以断定，青唐吐蕃政权已初具国家机器的镇压职能。

3. 尊畏与"贱土贵货"

吐蕃人有尊崇贵种的传统，唯畏大种，"畏服贵种"[①]是其天性。吐蕃在唐时为大国，威长夷狄。宋大中祥符以后，部族衰落，"然其种贵，羌戎至今尊服"[②]。唃厮啰幼年时就受到广泛爱戴与尊崇，与其尊贵的出身有关。《宋史·吐蕃传》载："唃厮啰者，绪出赞普。"宋人曾巩的《隆平集》及张方平的《乐全集》等文献所载，也都认为唃厮啰是唐代吐蕃赞普后裔[③]。吐蕃大酋纷纷拥立为王，就是因为吐蕃人"但见贵种则已悦慕附从"[④]，因而具有强大的号召力，使吐蕃人心慑服。就连唃厮啰的孙子"（木征）盛装以出，诸羌耸视，皆无斗志"[⑤]。宋将李宪对吐蕃的战斗，就是利用吐蕃尊畏贵种之俗，"获级、生降以万计，临阵斩冷鸡朴"[⑥]，取得胜利。

吐蕃畏服威重之人，对敬畏之人，"合手加额"以示敬重。宋将曹玮将兵四十年，很少失利，在秦州伏羌寨三都谷（今甘肃甘谷县西）击败唃厮啰、李立遵，威震西域，吐蕃敬畏。唃厮啰每闻玮名，"即望玮所在，东向双手加额"[⑦]。甚至在三都谷作战之地，"羌人到今畏慑不敢耕"[⑧]，竟使土地荒芜，"草木弥望"。

宋代吐蕃人"贱土贵货"[⑨]，遗留有游牧民族的特点。汉人与吐蕃交易，常以田土为市易，即汉人得田，蕃部得货。环庆地区的属羌田地多为边人所市，致使"羌人单弱不能自存，因没虏中"[⑩]。宋人李复曾来往于秦熙汧陇间十多年，将其所见所闻记录下来，在其七言绝句中写道："蕃兵入市争卖田，汉人要田蕃无钱。

①《续资治通鉴长编》卷二八二，熙宁十年五月庚申，第6904页。

②《乐全集》卷二二《秦州奏唃厮啰事》，文渊阁《四库全书》第1104册第216页。

③《隆平集》卷二〇《外国》载：唃厮啰"盖吐蕃赞普之苗裔"；《乐全集》卷二二《秦州奏唃厮啰事》载：唃厮啰"盖唐吐蕃之裔"；《东轩笔录》卷二载："唃厮啰，唐吐蕃赞普之后。"

④《续资治通鉴长编》卷二三三，熙宁五年五月辛巳，第5646页

⑤《续资治通鉴长编》卷二八二，熙宁十年五月庚申，第6904页。

⑥《续资治通鉴长编》卷二八二，熙宁十年五月壬戌，第6904页。

⑦《宋史》卷二五八《曹玮传》，第8988页。

⑧（宋）邵博：《邵氏闻见后录》卷二六，载《唐宋史料笔记丛刊》，北京：中华书局，1983年，第208页。

⑨《续资治通鉴长编》卷二三三，熙宁五年五月辛卯，第5655页。

⑩《续资治通鉴长编》卷一〇九，天圣八年正月甲戌，第2534页。

有田卖尽走蕃去，却引生羌来寇边。”[①]从此诗中，也可略窥吐蕃“贱土贵货”习俗之一斑。

随着与汉族的相互接触与联系的增多，宋朝对西北吐蕃地区的开拓经营，宋朝对归属的吐蕃部族“量给旷土，俾之耕作”[②]，或“给以缘边闲田，编于属户”[③]，“贱土贵货”的习俗已逐渐改变，吐蕃人对土地的农业价值已经重视，土地也在吐蕃人心目中渐趋贵重。这种文化心理的变化，是吐蕃人逐渐与汉族及其他民族相互融合的结果。

（五）吐蕃语言

宋代西北吐蕃人的语言颇有特色，谓“心顺”为“心白”，“心逆”为“心黑”，自称曰“倘”，谓僧曰“尊”[④]，吐蕃人常以“尊”的谐音“遵”起名，如旺遵、密卜遵、景遵、马遵、温遵、沈遵、禄遵、遵阑毡结逋、觉遵叱腊青等。“贡献谓之般次”秦州“隆中族蕃部来劫般擦”[⑤]，“般擦”即“般次”的异译。称首领妻为“掌牟”，即吐蕃语“米蒙”“末蒙”之异译[⑥]，吐蕃称赞普之妻为“朱蒙”。许多地名也是以藏语命名，如《续资治通鉴长编》卷四七〇所载：“结珠龙川，西人语谓十八为‘结珠’，谓谷为‘龙’，盖言诸谷共凑一川耳。”[⑦]此谓“西人语”并非西夏语，西夏语“十八”音“罨盈”，音“谷”为“姑”，也并非“河西语”，河西语音“十八”为“哦阿尔”。“结珠龙”即“聚卜结隆”，为“十八谷”，这是典型的藏族语言，藏语“十八”音“bcobrgrad”，谷为“lung”，与“聚卜结隆”音极近。今西北地区仍有不少吐蕃语的地名，秦州擦珠谷上源有二，即“者谷”“达谷”，居于此地的吐蕃部族分别以居地“者谷”“达谷”命名。宋在其间筑堡，取两族之名首字，即为“者达堡”（今甘肃通渭县文树乡）。还有庄浪、古浪、黄羊镇、羊皮滩等地名，也至今沿用。古浪是甘肃一县名，藏语意为黄羊沟，而黄羊镇多黄羊，为吐蕃聚集地。甘肃天祝县东大滩乡有羊皮滩，位于旧寺沟村北，藏语称“央塘”，意为吉祥滩。此地属于阿落部落的冬季牧场，以牧草丰美

① （宋）李复：《潏水集》卷一六《七言绝句》，文渊阁《四库全书》第1121册，第154页。

② 《续资治通鉴长编》卷八五，大中祥符八年八月乙未，第1946页。

③ 《续资治通鉴长编》卷一三二，庆历元年五月甲戌，第3134页。

④ 《谈苑》卷一，文渊阁《四库全书》，第1037册，第127页。

⑤ 《续资治通鉴长编》卷八五，大中祥符八年八月丙戌，第1945页。原文为“隆中族蕃部来劫，般察默星族首领郢成斯纳等与战”。将“般察”与族名联结。

⑥ （唐）李肇：《唐国史补》卷下载：“西蕃呼赞普妻为朱蒙。”文渊阁《四库全书》第1035册，第451页；《新唐书·吐蕃传》载：“赞普妻曰末蒙。”第6071页。

⑦ 《续资治通鉴长编》卷四七〇，元祐七年二月辛巳，第11231页。

而著名。自然村名稳钴辘，系藏语音译，源于古藏族（吐蕃）部落名，也至今沿用。今位于甘肃武山县西南的滩歌镇即北宋威远镇，滩歌得名，无文献记载，据从事藏语研究学者认为"滩歌"是藏语的音译，意指"山下的平旷地区"[①]，而此意符合滩歌的地域特征，汉语词意即为"人们在草滩唱歌舞蹈"。

两宋时期，熙河洮岷叠宕地区是吐蕃聚集繁衍之地，部族众多、分布广泛，地名也颇有特色。

今甘肃临洮县衙下集镇位于临洮县城西南的洮河西岸，是以明代赵土司衙门所在地而命名。赵土司先祖则可溯源至宋代青唐吐蕃国主唃厮啰长子瞎毡，其母为李立遵之女。《宋史·吐蕃传》谓唃厮啰"其二妻皆李立遵女也，生瞎毡及磨毡角"。瞎毡死后，其子木征不能自立，虽被青唐族酋长瞎药鸡啰迎居洮州（治今甘肃临潭县），终被逐之，乃回河州（治今甘肃临夏市东北）。熙河开边，王韶遣人说服，遂在熙宁七年（1074 年）四月，"举熙、河二州来降"[②]，附宋后，赐姓名赵思忠。其亲属后裔皆赐赵姓与名，"弟董谷赐名继忠，补六宅副使。结吴延征赐名济忠，瞎吴叱曰绍忠，巴毡角曰醇忠，巴毡抹曰存忠；长子邦辟勿丁呃曰怀义，次盖呃曰秉义：皆超拜官"[③]。自元朝后，唃厮啰后裔赵氏世袭土司制。建有衙门，有大衙、二衙、三衙，集市是进行贸易的场所，虽土司衙门已不遗存，但地名至今沿袭。

今甘肃宕昌县理川北、西北、西南诸地，有许多地名颇具特色，如"哈塔、托藏、七竜、阿坞、力藏、西叠、玉岗、耙石、各竜、别竜、哈竜、茶鹿、朱阁、任藏、任藏捏古绿坝、织给踏嘎、树布拉嘎、路固、峪儿路达、卡娃尼、瞎瞎口弄、疆布、撮布、结扎、喃铁里、金布、扎树能嘎、各居、粗路、坞麻、叶纳、郝藏、上树、下树、聂仁、毪布、大卦、各苏、苏都、拉沙、扎毪、绿元、中拉、下拉、扎固、吉拉、拉寺、瓦拉子、魔治、西坞、布竜、扎字、拉大路、松扎、塔尔、西乌扎嘎、尖尕、古古里、哈拉沙、扎麻汤阁、尕扎、上旦结山、下旦结山、哈当、扎上、扎下、哈哈山、扎哈、毕沙、吉尔拉、屯寨、哈尕、能嘎、尼首、估玛、哥里、大苏麻、麻那、西扎那、野狐子、权家、可珠、固珠、窑古山、尕当、阿珠、拉界、初哈里、铁鹿里、叶地那、扎西等"[④]。上述地名中，具有"扎""藏""尕""竜""嘎"的地名尤多。听当地人说，"由于吐蕃尚将军驻扎的

① 漆子扬：《北宋滩歌摩崖石刻的历史文献价值》，《西北师大学报》2004 年第 4 期。

② 《宋史》卷四九二《吐蕃传》，第 14168 页。

③ 《宋史》卷四九二《吐蕃传》，第 14168 页。

④ 李稳、杨海帆：《宕昌县理川区域史研究》，兰州：甘肃人民出版社，2015 年，第 78 页。

大小营盘，所以村寨地名也叫成了尚营”[①]。战争平息后，大量吐蕃军队驻扎在离大小营盘不远的大山弯里，现在地名叫“扎麻汤阁村”。

据当地学者调查说，扎麻汤阁“地势开阔，草场丰美，土地肥沃，适宜驻军。后来唐朝收复失地时，尚吉赞率军从扎麻汤阁撤离，回到西藏本土，因此，扎麻汤阁成为废墟。元明清以后，又有大量外地人口入住扎麻汤阁。经 2014 年 6 月中旬调查得知，现在的扎麻汤阁一共有十三个姓氏，人口均从外地迁徙而来，不是原住户”[②]。《续资治通鉴长编》卷三一七元丰四年十月庚申记载：“是日，李宪引兵至努扎谷，贼众数万，牛羊驼畜充满山谷。”“努扎寨”即修建在“努扎谷”。今定西市安定区平西寨古城遗址位于鲁家沟镇南川村关川河西岸，藏语“弩札”“奴扎”转音而成今典型的汉语地名“鲁家沟”。上述地名释放出的是吐蕃文化信息，显然是民族交融的结果。

青海地区，至今仍遗存着众多吐蕃（藏）语名称的山川、沟壑、溪流、滩湾及村落。据《华锐地名文化探源》所载，门源县有秦峰岭、扎尕山、岗朗岭、达塘湾、义哈湾、扎达普恰坪等。互助县有贡萨岗山、央陀秀玛沟、巴扎、汉帕卡等，还有诸多如角达芒岗、热尕尕、奎浪、拉家沟等自然村落。拉家沟“拉”是由藏语“热扎”（意为放牧山羊的地方）演变而来。霍尔部落主要分布在甘冲寺对岸的喜花台一带，这些存留的地名，不仅记载着人类社会的变迁与民族发展的历程，既是历史上吐蕃民族历史与社会记忆的延续，也是其不断前行的印记。

宋代吐蕃风俗的来源极为复杂，由于居地的不同，“山川夷旷”，组成吐蕃的民族成分不同，加之“羌汉丛会”，错居杂处，因而“观风有殊”“俗尚不一”，形成了宋代西北吐蕃五花八门的风尚习俗。而且吐蕃与党项风俗又有相似之处，因而很难分辨哪种是纯粹的吐蕃风俗。这种荟萃而成、丰富多彩的社会风尚习俗，正是吐蕃与各民族交融的生动体现。

三、宋朝对吐蕃的文化政策

北宋初期，对熙河地区的吐蕃部族只是采取“置于度外，存而勿论”的态度，对于吐蕃“抚宁部落，务令安集”[③]，当以“绥怀为务”。后来由于夏宋矛盾尖锐，北

① 李稳、杨海帆：《宕昌县理川区域史研究》，兰州：甘肃人民出版社，2015 年，第 97 页。

② 李稳、杨海帆：《宕昌县理川区域史研究》，兰州：甘肃人民出版社，2015 年，第 97 页。

③《宋史》卷四九二《吐蕃传》，第 14152 页。

宋对吐蕃的策略也随之变化,结其欢心,“羁縻属羌以为藩篱”[1],采取笼络联合的策略。中后期,宋朝为了经略河湟,兼制西夏,展开了对西北吐蕃地区的开拓经营,武力征服,进行了“熙河之役”“河湟之役”。无论对吐蕃的策略如何变化,但其主旨是采用传统的“以夏变夷”,用汉法治理蕃部。所谓“汉法”,也就是宋王朝对吐蕃实施的民族文化政策。

(一)办蕃学培养人才

学校是培养人才的地方,也是易风易俗的有效途径。北宋初期,承唐末五代干戈扰攘之余,学校制度尚不完备。到宋仁宗以后,各级学校逐渐发展起来。特别是宋神宗在位期间,认为“西北人才多不在选”[2],开始重视在西北地区兴办学校。

北宋时期,我国西北地区民族关系出现了新的变化,河陇地区几乎尽属回鹘、吐蕃、党项居地,而尤以吐蕃部族众多,因此宋朝将招抚吐蕃部落作为“抚宁安边”策略的重点。而建立蕃学,对蕃酋子弟进行文化教育,既招抚了吐蕃部族,又加速了民族交融,促进了蕃汉之间的文化交流。

官办蕃学始于北宋神宗熙宁(1068—1077年)年间。宋神宗赵顼即位,起用王安石,并支持他进行变法,随着政治、经济方面改革的逐步实施,宋朝展开对西北地区的开拓经营,经略河湟,兼制西夏,就成为革新派的一项重要战略目标。其中兴办教育则是一项具有深远意义的文化措施。在吐蕃部族聚集秦(治今甘肃天水市秦州区)、渭(治今甘肃平凉市崆峒区)、熙(治今甘肃临洮县)、河(治今甘肃临夏市东北)、岷(治今甘肃岷县)、洮(治今甘肃临潭县)、湟(治今青海海东市乐都区)、鄯(治今青海西宁市)等缘边州军地区设立学校,称为“蕃学”,招收蕃族子弟入校学习文化。熙宁五年(1072年)五月,秦凤路缘边安抚司建议“通远军宜建学”[3],得到政府的允许。而王安石也向宋神宗称赞“种世衡在环州建学,令蕃官子弟入学”[4],其目的是以此为例,鼓动宋神宗批准在沿边州军广设蕃学。熙宁六年(1073年)十二月,在熙州西罗城设置蕃学,“晓谕蕃官子弟入学”[5]。熙宁八年

---

①《续资治通鉴长编》卷一二三,宝元二年六月丙子,第2912页。

②《宋史》卷一五五《选举志》一,第3616页。

③《续资治通鉴长编》卷二三三,熙宁五年五月丙申,第5662页。

④《续资治通鉴长编》卷二三三,熙宁五年五月丙申,第5662页。

⑤《续资治通鉴长编》卷二四八,熙宁六年十二月壬午,第6059页。

(1075年)三月,知河州鲜于师中"乞置蕃学,教蕃酋子弟"[①],宋政府同意在河州置蕃学。熙宁七年(1074年),岷州"许建州学"[②]。岷州历来为吐蕃的重要聚居区之一,而"州学"设立后,入学者也主要是吐蕃酋首子弟。宋徽宗即位后,也决心"绍述先志",效法熙宁之治,好大喜功之心,驱使他将视线转向神宗、哲宗二帝曾建功取业的河湟地区,于是再次发动河湟之役。从崇宁二年(1103年)六月开始,到崇宁三年(1104年)四月底结束,"开拓疆境,幅员三千余里。其四至:正北及东南至夏国界,西过青海至龟兹国界,西对卢甘国界,东南至熙河兰岷州,连接阶成州界。计招降到首领二千七百余人,户口七十余万,前后六战,斩获一万余人"[③]。在用武力征服的同时,宋政府继续施用"官办蕃学"政策,崇宁四年八月,"又置蕃学于熙河兰湟路"[④]。

蕃学是由政府拨专款兴办,蕃族子弟入校学习费用也由政府予以资助。河州蕃学,宋政府"赐田十顷,岁给钱千缗"[⑤]。学校每年所需经费,由国家拨"钱一千缗",再划拨"十顷公田"的租赋收入归学校使用。熙宁八年(1075年),宋神宗颁布诏书:"熙河路兵食、吏俸日告阙乏,而蕃学之设冗费为甚,无补边计,可令罢之,其教授令赴阙,蕃族子弟放逐便。"[⑥]这份诏书虽是罢废蕃学,但从侧面说明蕃学的确曾普遍设立,其费用由国家拨款。由于蕃学数量之多,开支之大,已成为北宋中央财政的沉重负担,迫不得已,只好下令停办,蕃族子弟回归各部落。

宋朝对蕃族士子也给以政策上的优惠,不但可以参加各级科举考试,而且为了照顾他们的仕途,特别修订了蕃区考试章程,实行汉蕃有别的录取方案,对吐蕃地区的应试举人也放宽条件。熙宁六年(1073年)下诏:"熙河路举人不以户贯年限听取。"并增加应试名额,"应熙州以五人,河洮岷州各以三人为解额"[⑦]。而且蕃族士子参加"贡院考试不中格,宜依特奏名人例就试"[⑧],因而秦凤路效用进士窦长裕、窦解"招纳蕃部有劳"而获此优惠。

宋代科举考试录取划分为二类:一类是出身寒门庶族的考生,要通过各级考

---

①《宋史》卷一五《神宗纪二》,第287页。
②《续资治通鉴长编》卷二五六,熙宁七年九月戊戌,第6248页。
③《续资治通鉴长编拾补》卷二三,崇宁三年四月庚午,第806页。
④《续资治通鉴长编拾补》卷二五,崇宁四年八月壬辰,第854页。
⑤《宋史》卷一五《神宗纪二》,第287页。
⑥《续资治通鉴长编》卷二七〇,熙宁八年十一月乙未,第6619页。
⑦《续资治通鉴长编》卷二四八,熙宁六年十二月戊寅,第6055页。
⑧《续资治通鉴长编》卷二四三,熙宁六年三月甲辰,第5911页。

试，严格筛选，优分录取；另一类则是建有特殊功勋，并由州县推荐的所谓“特奏名人”，可在贡院考试中低分录取。宋朝在选拔蕃族士子中，考生可享受“特奏名人”低分录取的特殊照顾。这种对吐蕃部族优惠的民族政策，也在选拔蕃官中得以体现。宋朝将选拔蕃官的重点放在被吐蕃部族信服的“健勇者”身上，多次诏令地方推荐蕃族健勇者，列入“特奏名人”册，考录官吏时，予以优先。

宋代科举沿袭唐制，设立武举。唐朝设武举以选将帅，五代以来，皆以军卒为将，此制久废。天圣七年（1029年），“以西边用兵，将帅乏人，复置武举”[①]，至皇祐元年（1049年），“边事寝息，遂废此科”。枢密院上奏以为“文武二选，所关治乱，不可缺焉。其任用不学无术之人，临时不知应变，以挠师律，不若素习韬略，颇闻义训之人，缓急驱策，可以折冲图勋。况今朝廷所用武人，稍有声称者，多由武举而得，则此举不可废罢”[②]。于是在治平元年（1064年）九月丁卯复置武举。西北边民尚武精武，即便“不随伍籍”，也常习弓箭刀枪。正如宋人李复《补秦之乐府》诗中所言“短衫窄袖上马轻，空手常喜烟尘行”[③]。武举的设置，更加激励西北边民从军习武，显然有利于宋朝军事力量增强与军事素养的提高。

宋朝兴办蕃学，对蕃族子弟施行优惠政策，这为吐蕃民族吸收汉文化及提高本民族的文化素质，培养民族人才，创造了有利条件。

（二）设机构编纂资料

北宋王朝在兴办蕃学的同时，在中央设立编纂少数民族图籍资料的馆阁。由于蕃学的设立，在汉蕃上层人物中兴起一股研究民族文化的热潮，这股热潮与开拓经营民族地区相辅相成。在探究民族文化的热潮中，涉及的学科面广，有人物志、民俗、绘画、族谱、历史、官职、地图、城邑、山川、矿产等。中央的主客是礼部三属之一，专门接待各国朝贡使臣。宋政府规定，凡是诸蕃国朝贡，“至则图其形象，书其山川、风俗”[④]。凡四夷朝贡至京，“委馆伴官询其风俗，别为图录”[⑤]。政和二年（1112年）十一月，宋朝廷诏令将客省、引进、四方馆、东西上閤门等机构“仰尚书省将自来所掌职务厘正，条具隶事格法，进呈取旨行下”[⑥]。规定“诸蕃夷朝贡，

---

① （宋）王林：《燕翼诒谋录》卷五，文渊阁《四库全书》第407册，第746页。

② （宋）孙逢吉：《职官分纪》卷一〇，文渊阁《四库全书》第923册，第272页。

③ 《潏水集》卷一六《补秦之乐府》，文渊阁《四库全书》第1121册，第153页。

④ 《宋会要辑稿》职官一三《主客司》，第3393页。

⑤ 《宋会要辑稿》职官二五《鸿胪寺》，第3681页。

⑥ 《宋会要辑稿》职官三五《四方馆》，第3875页。

关馆押伴所询问风俗、国邑等”[①]。除主管机构的官员询问、图录诸蕃国朝贡使提供的山川、风俗、城邑、物产等边疆史地民族资料外，宋朝边官与使臣还进行实地考察，辑录成文献、地图，呈送朝廷收藏，为制定政策、起草涉外文书提供参考资料。宋朝官员盛度曾奉使陕西，因览疆域，参质汉唐故地，绘成《西域图》，后又“复绘山川、道路、壁垒、区聚，为《河西陇右图》，愿备上览”[②]。许多吐蕃首领与蕃官也热衷于本民族的文化，他们大都略通文义，尚慕华风。蕃官高永年“略知文义”，元符、崇宁（1098—1106年）年间，曾随同王厚出兵湟（治今青海海东市乐都区）、鄯（治今青海西宁市），将其见闻著为书，范纯仁赏识高永年的著书，并令其进献朝廷。高永年所“作《元符陇右录》，不以弃湟、鄯为是，故蔡京用之，虽成功，然竟以此死”[③]。

宋代编纂的有关西北地区的民族文化资料很多，重要的成果有刘焕《西行记》一卷[④]、李远《青唐录》一卷、汪藻《青唐录》三卷、李华《湟川开峡志》五卷、陈冠《熙河六州图记》一卷、张士佺《西和州志》十九卷、章颖《文州古今记》十二卷、杜孝严《文州续记》四卷[⑤]、赵瞻《西山别录》一卷[⑥]、曾致尧《西陲要纪》十卷[⑦]，以及政府官方编订的《诸蕃进贡令式》十六卷[⑧]等。是书从董毡、鬼章起至俞庐和地止，总数为十六卷，其中西北吐蕃董毡、鬼章为第一卷。还有不署作者的《唃厮啰传》一卷[⑨]。陈振孙《直斋书录解题·传记类》载有《刘氏西行录》一卷，陈氏按语谓：“康定二年，朝廷议遣使通河西唃氏，涣以屯田郎知晋州请行，以十月十九日出界，庆历元年三月十日回秦州，此其行记也。唃氏自此与中国通，而元昊始病于牵制矣。焕后擢刺史，历典数州至留后，以工部尚书致仕。”[⑩]《青唐录》是记载北宋中期，今青海湟水流域生态环境、自然地理、民族情况的宝贵资料。宋元符（1098—1100年）、崇宁（1102—1106年）年间，宋王朝曾出兵攻取这一地区。一卷

---

①《宋会要辑稿》职官三五《四方馆》，第3876页。
②《宋史》卷二九二《盛度传》，第9759页。
③《宋史》卷四五三《高永年传》，第13316页。
④《宋史》卷二〇三《艺文志二》，第5120页。
⑤ 上述著作，载《宋史》卷二〇四《艺文志三》，第5121、5124、5159、5159、5165、5162、5162页。
⑥《宋史》卷三四一《赵瞻传》，第10880、10881页。
⑦《宋史》卷四四一《曾致尧传》，第13051页。
⑧《宋史》卷二〇四《艺文志三》，第5136页。
⑨（宋）陈振孙：《直斋书录解题》卷七，文渊阁《四库全书》第674册，第661页。
⑩《直斋书录解题》卷七，文渊阁《四库全书》第674册，第655、656页。

本《青唐录》的作者李远,《宋史》中无任何记载,关于其生卒无考,陈振孙《直斋书录解题》卷七在此书下记:"右班殿直李远撰。元符中取邈川、青唐,已而皆弃之。远,绍圣武举人,官镇洮,奉檄军前,记其经历见闻之实,灿然可观。"三卷本的《青唐录》则为汪藻撰。孙觌《鸿庆居士集》卷三四《宋故显谟阁学士左大中大夫汪公墓志铭》中载有"青唐录三卷"[①]。晁公武《郡斋读书志》则载:"《青唐录》二卷,皇朝汪藻撰。青唐,吐蕃遗种也,崇宁中,命童贯取湟、廓、西宁州,擒赵怀德,上为之御楼受降,宰臣蔡京以下进官有差。"[②]有学者推断"李远原有《青唐录》一卷,主要记哲宗朝及哲宗朝以前攻取青唐之事。以后汪藻又加以删修,增录了元符到崇宁即徽宗朝收复青唐之事,而成为《青唐录》三卷"[③]。

这诸多有关西北史地的资料,充分反映出宋朝对开拓西北、经营民族地区的重视,研究民族文化与使用武力征服,成为宋王朝统治的文武两手策略。

(三)讲求儒艺行文法

产生于中原地区、以孔子为宗师的儒学,经过不断的发展演变,至北宋时期,一种新的儒学形态——理学在中原地区兴起,并盛行一时,儒学成为宋朝统治思想。位于宋朝西北沿边地区的吐蕃部族与吐蕃政权,随着与宋朝政治、经济、文化的相互往来,也必然受到儒学潜移默化的影响。

北宋统治者对沿边吐蕃部族采用以"以夏变夷"的传统政策,其重要内容就是用"汉法"即儒家思想文化治理蕃部。熙宁六年(1073年)十月,宋神宗与王安石的对话,就表明了这种欲用汉文化来同化吐蕃,使为己用的意图。王安石说:"羌夷之性虽不可猝化,若抚劝得术,其用之也,犹可胜中国之人。"神宗则认为:"昔商之顽民,本居中国,又以毕公主之,《尚书》'既历三纪,世变风移',况蕃夷乎?但日渐月摩,庶几有就耳。"[④]显然君臣看法一致。此时的宋朝统治者已改变了初期对吐蕃等少数民族"置于度外,存而勿论"[⑤]无意疆理的政策,"不以羁縻恍忽之道待其人",而要"全以中国法教驭之"[⑥]。王安石在《次韵元厚之庆捷》诗中

---

① (宋)孙觌:《鸿庆居士集》卷三四《宋故显谟阁学士左大中大夫汪公墓志铭》,文渊阁《四库全书》第1135册,第363页。

② (宋)晁公武:《郡斋读书志》卷二下《青唐录》,文渊阁《四库全书》第674册,第206页。

③ 孙菊园:《青唐录辑稿》,《西藏研究》1982年第2期,第144页。

④《续资治通鉴长编》卷二四七,熙宁六年十月辛卯,第6029页。

⑤《续资治通鉴长编》卷二四,太平兴国八年九月庚午,第553页。

⑥ 张维:《陇右金石录》卷三《岷州广仁禅院碑》,民国三十二年(1943年)校印本,第16038页。

写道:“投戈再讲诸儒艺。”[①]表明运用武力征服吐蕃的同时,更要用儒家思想文化,使吐蕃“世变风移”,使陇右河湟“三百余年陷没之故郡,俄复冠裳,数十万众强梗之生羌,涵濡膏泽。一新辫发之俗,举为右衽之民”[②],使吐蕃逐渐接受汉族封建文化,缩小吐蕃等少数民族与汉族之间的差距。

“以中国法教驭之”,就是用“文法调驭”[③],然而“调驭”蕃部并非易事,要变革吐蕃风俗,使其“思繁庶之理”“求变革之道”[④],就是要讲求“儒艺”,用《诗》《书》《礼》《乐》等儒家经典进行教化。这种教化就是通过蕃学中的教学内容而逐渐实施的。宋朝对设在吐蕃地区的蕃学赐书籍,蕃学中使用的课本及教学内容,就是采用国子监规定的书籍。

国子监是宋朝的最高学府,其名称经多次变化。晋武帝始立国子学,北齐时改称国子寺,隋初为国子学,隋炀帝大业三年(607 年),又改为国子监,以后又改为大司成、成均等名。唐中宗神龙(705—707 年)年间,复为国子监[⑤]。宋承唐制,设立国子监,招收七品以上官员子弟入学。端拱二年(989 年),改国子监为国子学,不久复为监。庆历四年(1044 年)建太学,国子监成为掌管全国学校的总机构,负责训导学生,荐送学生应举,修建校舍,建阁藏书,并刻印书籍。国子监设五经、律、书、算等学科,“掌以经术教授诸生”[⑥]。蕃学中的教师则由熟悉吐蕃历史文化、语言文字和社会风俗的人担任。熙宁七年(1074 年),岷州蕃学曾“乞赐国子监书”[⑦]。宋朝采用儒家经典作为蕃学教育的主要内容,就是用“文法调驭”的具体实施,产生了良好的效果。

由于宋朝施以儒家思想,对吐蕃用“中国法教驭之”,吐蕃也渐习汉法,渐变风俗,渐有华风。吐蕃青唐主唃厮啰“冠紫罗毡冠,服金线花袍,黄金带、丝履”[⑧],服饰冠带犹如汉家天子。吐蕃人服饰既有“旃裘毳服”,也有“锦袍彩服”,“胡装”

---

①《王荆公诗注》卷二八《次韵元厚之庆捷》,文渊阁《四库全书》第 1106 册,第 197 页。

②《续资治通鉴长编》卷五一六,元符二年闰九月壬申,第 12266 页。

③《续资治通鉴长编》卷二三三,熙宁五年五月辛卯,第 5655 页。

④ 张维:《陇右金石录》卷三《岷州广仁禅院碑》,民国三十二年(1943 年)校印本,第 16038 页。

⑤《旧唐书》卷四四《职官志三》,第 1890、1891 页。

⑥《宋史》卷一六五《职官志五》,第 3909 页。

⑦《续资治通鉴长编》卷二五六,熙宁七年九月戊戌,第 6248 页。

⑧《续资治通鉴长编》卷一二八,康定元年八月癸卯,第 3035 页。

与“汉服”并行。唃啰孙木征教其子识汉字,向往汉族封建文明。南宋时,吐蕃首领益麻党征更是“虽起边疆,世陶中国冠带礼义”[①],深受儒家君臣道义的影响,面对金朝的诱降,自谓“世受南朝厚恩,义不负宋”[②],在金兀术以兵胁而追击时,泣曰:“我不负国,死此命乎。”不惜性命,跃马赴壑,竟然生存。其“不从伪命,备见忠节”[③]的高风亮节,备受称赞。地处荒僻偏远的吐蕃人也以儒家文化作为共同的信仰标准和价值取向,儒家文化逐渐渗入吐蕃社会生活的各个领域。

(四)定律令易蕃陋习

7世纪建立的吐蕃政权,法律严酷,《新唐书·吐蕃传》载:“其刑,虽小罪必抉目,或刖、劓,以皮为鞭抶之。”这些吐蕃法律的残遗,对宋代吐蕃也有所影响。9世纪初,随着吐蕃政权的崩溃,在河湟地区建立政权的青唐吐蕃与散居在秦(治今甘肃天水市秦州区)、凤(治今陕西凤县)、泾(治今甘肃泾川县)、原(治今甘肃镇原县)、熙(治今甘肃临洮县)、河(治今甘肃临夏市东北)、洮(治今甘肃临潭县)、岷(治今甘肃岷县)等地的吐蕃部族,均有自己独特的法律形式。青唐吐蕃人“独有河北之地,其国大抵吐蕃遗俗”[④],处理诉讼与刑罚方面颇有特色。

宋代西北吐蕃以部落形式聚族而居,部落有大小强弱之别,“虽各有鞍甲,兀魁首统摄,并皆散漫居山川”[⑤],部落内部有较强的凝聚力。吐蕃部族内有一种约定俗成的法规,用以处理各种矛盾纠纷,这种本俗法就是蕃法或羌法。蕃法成为解决吐蕃内部纠纷的重要依据。文州(治今甘肃文县)蕃族有复仇者,“当以蕃法论”[⑥]。蕃法规定“黠羌杀人,辄以羊马自赎”[⑦],甚至蕃部与边民发生纠纷,也往往依蕃法处置。据文献记载,“旧羌杀中国人,得以羊马赎死,如羌法”[⑧]。

这种吐蕃内部的法规形成了许多具有民族特色的蕃风习俗,但也不可避免地夹杂有许多丑风陋习,如“边塞之俗,以不报仇恶为耻”[⑨],吐蕃人“重于复仇,

---

①(宋)李石:《方舟集》卷一六《赵郡王墓志铭》,文渊阁《四库全书》第1149册,第721页。

②《方舟集》卷一六《赵郡王墓志铭》,文渊阁《四库全书》第1149册,第721页。

③《方舟集》卷一六《赵郡王墓志铭》,文渊阁《四库全书》第1149册,第721页。

④《宋史》卷四九二《吐蕃传》,第14163页。

⑤《宋史》卷二六四《宋琪传》,第9129页。

⑥《净德集》卷二一《枢密刘公墓志铭》,文渊阁《四库全书》第1098册,第175页。

⑦《元宪集》卷三四《侍中曹公墓志铭》,文渊阁《四库全书》第1087册,第665页。

⑧《临川文集》卷九〇《彰武军节度使侍中曹穆公行状》,文渊阁《四库全书》第1105册,第745、746页。

⑨《南阳集》卷二六《论息兵弃地札子》,文渊阁《四库全书》第1101册,第725页。

思报之心,未尝一日忘"[①]。北宋地方官员为了避免生事,往往采用蕃法治理蕃部。沿边州军及总管司每逢"蕃部有罪,旧例输羊钱入官,每口五百文,后来不以罪犯轻重,只令输其羊"[②]。

宋政府为了改变这种陋习,加强对蕃部的管理,改革蕃法,用汉法治理蕃部,采取"立条约,定律令"的措施。天圣三年(1025年)九月,下令今后"依旧纳钱及量罪重轻,依约汉法定罚,免至苦虐蕃部"[③]。曹玮在秦州时,目睹"羌杀边民,入羊马,赎其死"的处置办法,以为"如此非所以尊中国而爱吾人,奏请不许其赎"[④]。规定"羌自相犯,从其俗;既犯边民,论如律"[⑤]。范仲淹知庆州时,为了改变蕃部思报复仇的习俗,与蕃部签订条约,严格规定"若仇已和断,辄私报之及伤人者,罚羊百马二,已杀者斩,负债争讼,听告官为理。辄质缚平人者,罚羊五十,马一"[⑥]。范雍在边时,对吐蕃的蕃法也进行改革,原先"蕃部因罪罚羊者,旧皆率输钱五百,比责使出羊而蕃部苦之",范雍对吐蕃"自今请复令输钱,其罪轻者,约以汉法输铜"[⑦]。

这种在吐蕃族内盛行的蕃法,既是长期以来形成的一种习俗,也是一种调节内部矛盾纠纷而约定俗成的法规,它适应自身的生产与生活状况。虽然其中有诸多陋习,但也是维护其生存、保护其利益的一种方式。宋朝统治者为了用汉法治理蕃部,"立条约""定律令",易蕃风习俗,对吐蕃部族进行有效的治理,沿边地区社会秩序稳定,蕃民安居乐业,吐蕃部族"自是无敢犯"[⑧]。

(五)赐姓名蕃汉融合

历史上少数民族政权在其封建化的进程中,由于自身发展的需要,往往采用汉化政策,改用汉族姓氏,以示自己倾慕华风,向往汉族封建文明,这已成为不同民族间文化交融的一种方式。

鲜卑拓跋部统一了北方后,北魏政府实施一系列改革措施,其中"改姓氏"就

---

①《栾城集》卷四一《论西事状》,文渊阁《四库全书》第1112册,第467页。

②《宋会要辑稿》兵二七《备边一》,第9193页。

③《宋会要辑稿》兵二七《备边一》,第9193页。

④《临川文集》卷九〇《彰武军节度使侍中曹穆公行状》,文渊阁《四库全书》第1105册,第747页。

⑤(宋)王称:《东都事略》卷二七《曹玮传》,文渊阁《四库全书》第382册,第187页。

⑥(宋)范仲淹:《范文正集补编》卷二,文渊阁《四库全书》第1089册,第818页。

⑦《续资治通鉴长编》卷一〇三,天圣三年九月庚辰,第2388页。

⑧《续资治通鉴长编》卷一〇九,天圣八年正月甲戌,第2534页。

是孝文帝崇尚汉族文化、易鲜卑习俗的具体表现。鲜卑人多是二三字的复音姓氏，如拓跋、独孤、步六孤等，姓氏与汉人不同，标志着民族的差异，影响胡汉贵族的合作。孝文帝在迁都后，立即着手改姓氏，下令将鲜卑复音姓氏，改为音近的单音汉姓，将拓跋改为元，独孤改为刘，步六孤改为陆，丘穆陵改为穆，贺楼改为楼，贺赖改为贺，勿忸于改为于，纥奚改为嵇，尉迟改为尉。并且辨别汉族门第高下，定鲜卑门第，确认门阀制度，并将它推广到鲜卑贵族中。拓跋改姓元，因是皇室，门望最高，其余"勋著当世"的八家：穆、陆、贺、刘、楼、于、嵇、尉为鲜卑族姓之首，与汉族头等族姓崔、卢、李、郑四大门第相当。北魏统治者改姓氏、定族等，固然是为了加强胡汉贵族合作，巩固其封建统治，然而不可否认，这在客观上缩小了民族差异，加速了民族融合。

"古者赐姓名氏，皆朝廷所以酬功德、别忠勤。"[①]这成为"以夏变夷"的一种传统统治策略，历代汉族统治者为了羁縻笼络少数民族首领，也采取赐姓名以示恩宠。唐朝后期，发生了黄巢大起义，广明二年(881年)，党项宥州(治今内蒙古鄂托克前旗东南)首领拓跋思恭率领党项平夏部，参加了唐朝对农民起义军的镇压。唐僖宗嘉奖思恭"战功"，赐姓李，封为定难军节度使、夏国公，自此思恭后裔皆袭李姓。北宋建立后，赵宋统治者为了拉拢党项贵族，也采用赐姓名的做法。党项首领李继迁公开反抗宋朝，宋政府为了"以夷制夷"，封李继迁的族兄李继捧为定难军节度使，"赐姓赵氏，更名保忠"[②]。

北宋王朝对吐蕃首领也施以同样的方法，对"蕃官往日因归顺或立功，朝廷特赐姓名，以示旌宠"[③]。如嵬名山赐名为赵怀顺，朱令凌赐名为朱保忠。吐蕃部族首领要求赐改汉姓名已成风气，蕃部俞龙珂在青唐"族大难制"，与其兄瞎约皆为青唐主唃厮啰孙木征的心腹。熙宁年间开拓熙河时，宋将王韶率数骑"抵其帐，谕其成败"[④]。随即俞龙珂率属十二万口内附，因久闻宋名臣包拯大名，仰慕其人品，要求赐姓"包"，于是宋朝廷赐姓名为"包顺"，又赐河州首领瞎约为"包约"。"包诚"也为青唐吐蕃首领，对于他的归顺，宋代文献均无记载，疑为包顺之弟，其姓名可能也是赏赐而得。包氏兄弟归顺后，宋王朝将他们安置在岷州居住，成为

---

①《宋朝诸臣奏议》卷一二五《兵门·上哲宗乞不许蕃官自改汉姓》，第1381页。

②《宋史》卷四八五《夏国传上》，第13984页。

③《宋会要辑稿》兵一七《归明》，第8955页。

④《宋史》卷三二八《王韶传》，第10579页。

当地豪酋。包氏家族在南宋、金时期，仍在洮、岷一带活动。《金史》载乌古论长寿“本姓包氏，袭父永本族都管”[①]，其弟为包世显，贞祐三年(1215年)，赐姓乌古论。历史上的包氏族人，广泛分布在宕昌县的阿坞乡、哈达铺镇、庞家乡、理川镇、宕昌城关镇等地，同一姓氏的包姓人往往居住在同一个自然村里，形成大分散、小集中，保留有部落化形态的群体结构，总人口近乎一万余人[②]。今甘肃卓尼、迭部、岷县、临潭等地，还有很多包姓藏族。明代时，理川还建有包家寺。可见甘肃陇南是一个多民族融合地区，显示出多元文化现象。

宋时，青唐吐蕃大首领唃厮啰的后裔赐赵姓，并将所赐姓名赋予儒家忠孝仁义的封建文化色彩。据《宋史·吐蕃传》《续资治通鉴长编》《宋会要辑稿·唃厮啰》等文献记载，赐唃厮啰孙(瞎毡之子)木征为赵思忠，董古为继忠，结斡延正为济忠，母弟瞎吴叱为绍忠，巴毡角为醇忠，巴毡抹为存忠，陇拶为怀德，木征长子邦辟勿丁瓦为怀义，次子盖瓦为秉义，木征母郢成结赐姓李。又赐吐蕃首领“巴鄂多尔济名忠，巴勒索诺木名毅”[③]。巴毡角(赵醇忠)之子皆赐姓名赵永寿、赵永顺、赵永吉、赵永福、赵永保，赵永寿之子阿陵承袭官爵，“特与内殿崇班。仍赐名世长，差充本族巡检”[④]。元符元年(1098年)五月二十九日，蕃官都啰漫丁等要求改赐姓名，宋朝“诏赐姓，都啰漫丁名怀顺，都罗漫娘名怀忠”[⑤]。授归附的大首领吕永信之子成屈“为西头供奉官，仍赐名良嗣”[⑥]。南宋时，为了抗击金朝女真人的进攻，绍兴六年(1136年)三月二十六日，南宋政府“访闻得吐蕃首领益麻党征赐姓名赵怀恩者，见在阆中宣抚司”[⑦]。宋王朝对吐蕃首领所赐的姓名使其内涵“忠君”“顺长”之意，以期他们永保忠心，永怀德义，永远为宋政府效力。

宋朝时期，吐蕃人在陇南地区势力强大，曾占据熙河洮岷叠宕等地。唃厮啰政权衰弱后，唃厮啰余部以洮、岷州为基地。唃厮啰子瞎毡死后，木征不能自立，便被青唐族酋瞎约鸡罗、僧鹿遵迎居洮州，“欲立以服洮岷叠宕、武胜军诸羌”[⑧]，

---

①《金史》卷一〇三《乌古论长寿传》，第2271页。

② 李稳、杨海帆：《宕昌县理川区域史研究》，兰州：甘肃人民出版社，2015年，第55页。

③《续资治通鉴长编》卷二五八，熙宁七年十二月丁卯，第6295页。

④《宋会要辑稿》蕃夷六《吐蕃》，第9925页。

⑤《宋会要辑稿》蕃夷六《吐蕃》，第9926页。

⑥《宋会要辑稿》蕃夷六《吐蕃》，第9926页。

⑦《宋会要辑稿》蕃夷六《吐蕃》，第9932页。

⑧《宋史》卷四九二《吐蕃传》，第14167页。

被逐后，乃还河州。后唃厮啰孙巴毡角归属宋朝，被安置在岷州，并赐姓赵，名醇忠，家居岷州境地多纳乡。巴毡角是唃厮啰后裔中重要的一支，同时还有木征弟瞎吴叱（赵绍忠）的后裔，如哈达铺撮布沟赵姓、理川上马龙赵姓[①]。至今岷州地区还有许多赵姓的汉族，也应是唃厮啰家族后裔。

通过长期儒家思想文化的濡染，归附宋朝的吐蕃酋豪，均成为世代效忠宋廷的官员，具有了共同的文化心理与价值取向。被赐姓赵氏的唃厮啰后裔、包氏兄弟以及他们的后代，为宋朝屡建功勋，包顺"自熙河开拓之初，率众来附，又秉心忠义，前后战功为一路属羌之最"[②]。包诚与包顺，在岷州"婴城拒敌，保全其州"[③]，包诚最终于"泾原陷殁"，包约则随从景思立在河州踏白城战死。李忠杰、赵怀义、赵永寿等蕃官累立战功，有的则战死沙场，陷没西夏，如庆州柔远寨（今甘肃华池县）大顺城（今甘肃华池县西北白马乡）蕃官赵明"有力量，为夏国所畏"[④]，其子赵余庆、赵余德"兄弟屡有战功"，以后则"相继死"[⑤]。还有一大批归附的蕃官，在宋夏战争和以后的宋金战争中起了十分重要的作用。吐蕃首领阿令结任洮州（治今甘肃临潭县）钤辖，绍兴三十二年（1162 年）八月一日，宋官军至洮州，金人所命知洮州阿令结往北界军前未回，"其妻包氏率官吏军民"[⑥]归附宋朝。后来南宋官员赵彦博到宕昌（今甘肃宕昌县）买马，包氏协助南宋政府"招诱洮、叠、熙、巩一带蕃商，以致岁额增羡"[⑦]。这些吐蕃人的民族差异，逐渐在与汉民族的交融中消失了。

"赐姓名氏"是用封建文化对吐蕃等少数民族文化的逐渐同化，是一种缩小民族差异的具体措施，在客观上起了促进民族交融的作用。

宋王朝对散居在河陇湟鄯地区吐蕃部族，不同时期采取不同的策略，但民族文化政策却是宋朝对吐蕃总体策略的有机组成部分，它贯穿于宋朝与吐蕃关系始终，是宋朝对吐蕃施以汉文化影响的有力措施。实施的结果，客观上有利于吐

---

① 李稳、杨海帆：《宕昌县理川区域史研究》，兰州：甘肃人民出版社，2014 年，第 78 页。

②《宋会要辑稿》仪制一〇《陈请封赠》，第 2508 页。

③《续资治通鉴长编》卷二四四，熙宁六年四月丁亥，第 5937 页。

④《宋会要辑稿》仪制一〇《防御使以下追赠》，第 2546 页。

⑤《宋会要辑稿》仪制一一《防御使以下追赠》，第 2546 页。

⑥《宋会要辑稿》礼六二《赉赐二》，第 2152 页。

⑦《宋会要辑稿》礼六二《赉赐二》，第 2152 页。

蕃与中原王朝经济文化的交流,有利于民族间相互学习与发展。宋代诸多吐蕃部族,就在这种良好的民族文化交流与学习的氛围中,逐渐融入汉民族之中。宋代的蕃汉交融,为继至而来的元朝的统一局面,奠定了在西北地区的民族基础。

附　录

一、吐蕃资料

(一)《平戎策》与《和戎六事》[①]

王韶的《平戎策》与《和戎六事》，载于《宋朝诸臣奏议》卷一四一文彦博《上神宗论进筑河州》，作为一事记载，未说明有《平戎策》三篇。此奏见《潞公文集》卷二〇，题作《言洮河》。《平戎策》与《和戎六事》，系一奏疏的前后两部分，前半部分论述复河湟、制西夏的形势，后半部分论述复河湟的六项具体措施。该奏疏中用"谨具和戎六事条例如左"语，将前后二部分开。

熙宁五年十一月上[②]，时为枢密使。先是，神宗即位之初，前耀州司户参军王韶上书言：

国家必欲讨平西贼，莫若先以威令制服河、湟。欲服河湟，莫若先以恩信招抚沿边诸族。盖招抚沿边诸族，所以威服唃氏也。威服唃氏，所以胁制河西也。陛下诚能择通财明敏之士，能周知其意者，令往来出入于其间，推恩信以抚之，使其倾心向慕，欢然有归伏之意。但能得大族首领五七人，则其余小种皆可驱迫而用之矣。诸种既失，则唃氏君臣其敢复简慢而不归心于我耶？唃氏既归于我，即河西李氏在我股掌中矣。急之可以荡覆其巢穴，缓之可以胁制其心腹，此所谓见形于彼而收功在此也。今木征诸族数款塞面内，为中国之用者久矣。此其意欲假中国爵命以威其部内也。而边臣以董毡故，莫能为国家通恩意以抚之。此所谓弃近援而结远交，贪虚降而而忘实附，使董毡得市利而邀功于我，诚非取胜之术也。今木征与青唐族首领瞎药等在河州，瞎征与其舅李笃毡及沈千族首领常伊丹波等屯结

---

① 王韶《平戎策》与《和戎六事》，载于《宋朝诸臣奏议》卷一四一文彦博《上神宗论进筑河州》(第1590、1591页)，作为一事记载，未说明有《平戎策》三篇。此奏见《潞公文集》卷二〇，题作《言洮河》。

② "熙宁五年十一月上"，《潞公文集·言洮河》与《历代明臣奏议》卷三三均作"熙宁四年"上。

河，欺巴温与龙川首领罗结在黄河头。三者皆唃氏子孙，各立文法。汉界远者不过四五百里，近者二三百里，皆可以并合而而兼抚之也。谨具和戎六事，条列如左：

一、臣切见泾原、秦凤两路蕃兵及洮、河、宕、叠州、武胜军诸族皆吐蕃之遗种也。自唃厮啰死，董毡继立文法，只能安集河湟间，而近边诸族自为种落，其在疆埸之外者，皆强梗顽硬，不为吾用。在内地者又分离散处不相统一。此议者所以谓西蕃诸族皆微弱而不足用也。臣闻古之善御戎狄者，固不患其微弱也。唯其微弱，然后可以并合而有。但国家未尝得人而亲抚之耳。臣愚以为陛下必欲合西戎诸族而用之，宜择通材明敏之士，心虑轩豁，能周知羌人情意者，令朝夕出入于其间，往来巡行，察其疾苦，平其怨滥，治其郁结，如汉护羌校尉之比。有不服者，即稍以恩信绥之，身与之为帅，使其倾心向慕，欢然有归伏之意，然后激作而用之。则十数万之兵，不出疆埸而可集矣。

一、臣切见西蕃种类皆尊大族，重故主。诸族有承唃氏之后者，羌人皆畏服尊之。而唃氏诸孙今在洮、河间者，皆孱弱不能自立。如木征往岁居洮山，有青唐族首领鸡罗瞎药及胡僧鹿尊事之，欲立文法，收复洮、河、宕、叠等州及武胜军诸羌。而木征孱弱，终不能自立。会秦州遣人逐去，今洮、河间诸州并无大族为主。虽有瞎征及欺巴温之徒，各恃众自立，然文法所及者，俱不过一二百里。此其势正可以并合而兼抚之也。臣愚以为，宜遣人往河州与木征计议，令人居武胜军或渭源城，与汉界相近，辅以汉法。因选官一员有文武材略者，令与木征同居，渐以恩信招抚沿边诸羌。有不从者，令木征挟汉家法令以威之。其瞎征及欺巴温之徒，既有分地，亦宜稍以爵命制其心腹，使其习用汉法，渐同汉俗。于汉界实有肘腋之助，且使西贼不得与诸羌结连。此乃制贼之上策也。

一、臣切见鄜延、环庆两路番兵，自来各有成法使之战斗及守境，皆与汉兵无异。往往御敌杀将，立功塞外。此两路藩篱所以益固也。今四路番兵并是羌夷旧种，虽有吐浑、党项及吐蕃之别，然其种姓，实皆出于西戎而已。何独在鄜延、环庆则可用，在泾原、秦凤则不可用？岂天地之所生育，与人材性分之所授者，绝然相异耶？臣体问得宣徽使曹伟在西边日，其用环庆兵皆不及泾原、秦凤，只因经略使范仲淹在庆州日，与种世衡等处置各尽其宜，故今四路之中，唯环庆路蕃兵号为得力。是知教之在人，而不在其性分之相异也。臣愚以为陛下宜择朝臣有文武材略者，往泾原、秦凤择蕃兵可教者教之，固其部族，合其心力，使劝勉奋励，乐为吾用。则十万余蕃兵，不费官中粒食而可以为心腹之用矣！

一、臣以为蕃人欲其可用，须令有合有离。离之所以弱其势，合之所以齐其力。沿边诸族附塞而居者，皆分离散逸，无大首领也。势既离弱，又须团合，所以均其志趣，齐其心力，使其勤勉奋励，相率而为吾边臣。愚以谓泾原、秦凤两路蕃兵，可为十部，每部置都巡检一人，以蕃官有材能识略为众所服者统之，而以汉官一员为都大提举以总之。但得蕃人畏其首领，而汉官总其权任，自然不敢作过，而久远并为吾用矣。

一、臣谓沿边蕃部欲其可用，莫若使其与汉人杂居。今沿边蕃部畸零田地耕垦所不至者极多，但自来官中须得顷亩相连、地段相接者，方始招添弓箭手。臣愚以为本不须地段相连，一段三二十亩以上者，即三五段便可招一名弓箭手矣。切计沿边诸族不下十余万帐。大约十余万帐可招弓箭手一万人。以一万人散居十余万帐之间，则何患其心腹不一、思虑不专乎？是则招添弓箭手一万人，便可获番兵十余万人之用也。

一、臣切见官中自来欲令蕃兵献地招致弓箭手，多是令其全段献纳、尽帐起离，此蕃人所以顾恋而不肯献也。若田地隘狭，招致不足处，可令熟户随其地段多少，大约耕百亩者即献十亩与官中招添弓箭手。在其全段献纳，尽帐起离。则蕃人顾恋，所献者狭。若随其地段割令以献，则山原高下，所献者广。又令弓箭手得散在沿边族帐之间，使中国羁縻无事之民，耕蕃部荒闲之地，而可以禁其背叛，结其心腹，语其利害，岂不显然明白耶？昔魏绛和戎，谓戎狄贵货贱土，其土可买。今之蕃部正同此耳。若国家厚以恩信抚之，其土地皆可贸易而致。臣切案古渭州一带至洮、河、兰、鄯之间，汉陇西、南安、金城三郡地，所谓湟中、閤亹、临羌、枹罕、邯中、大小榆，土地肥饶，宜谷者皆在洮、河、兰、鄯之间。诚得而耕之，其利岂止威伏羌戎而已耶！

书入，上即令枢密院召问方略，以为秦凤路安抚司。自古渭寨接青唐、武胜军应招纳蕃部、市易、募人营田等事，并令韶主之。五年，韶建用兵之策，王安石力主其议。八月，韶举兵破木征，收复武胜军。十月，改为熙州。六年八月入河州，遂城之。复将兵至马练川，降瞎吴叱。进攻宕州，拔之。岷州木令征、叠州钦令征、洮州郭厮享皆继以城降。复州五，辟地自临江寨至安乡城东西(十)〔千〕里[①]。韶加端明

① 《宋朝诸臣奏议》(上海古籍本)卷一四一《上神宗论进筑河州》所载为“十里”，《宋名臣奏议》(文渊阁四库本)卷一四一《上神宗论进筑河州》所载为“千里”。临江寨，即今甘肃宕昌县东南临江铺乡，安乡城，即今甘肃临夏市北莲花乡。据《读史方舆纪要》卷六〇《陕西九》“河州”条所：“安乡城，在州东北五十里，吐蕃所置城桥关也，宋熙宁中收复，元符二年赐名安乡关。金因之，亦曰安乡关城”。从临江寨至安乡城，地域广阔，两地东西间距绝非十里，故从《宋名臣奏议》文渊阁(四库本)所载“千里”。

殿学士。然议者谓韶所上功状，多欺诞不实，杀蕃部老弱甚众，能开拓疆土而耗费中国不可胜计。绍圣以后，王赡复建湟、鄯之策，实韶启之也。

（二）《赵郡王墓志铭》[①]

仰惟太宗皇帝顾念幽燕灵夏，皆我旧民，沦于羌狄，思有以羁縻之。适夏人继捧纳地来归，因赐姓得升属籍，赐名保吉、保忠。至于西边能自拔于羌落，皆得援保忠故事，此赵君亦得赐姓名用此例也。一日，君之子威州兵马监押赵某以状来告曰："吾父死。"朝廷遣中使宣谕，给钱百万以葬。父子兄弟世蒙国恩，外固可略而内不可无书。则按君状云：君之先出羌姓，春秋为陆浑，汉为鄯善，唐为吐蕃，牙帐在金城，为西平郡，魏为鄯州，隋仍为西平郡，皇朝为西宁州。君世宁州，君之世在本朝者为温希结，生二子曰温希、锡勒。君曾祖曰置勒斯赉，祥符间求内属，为莽沁首领，授宁远大将军，以败元昊功加河西节度使。生三子：董戬，检校工部尚书；辖戬，英宗时袭爵莽沁公，赐推诚顺化功臣，元丰中封威武郡王，夏人许割地以畀，且间之不从。神宗朝献图夏人之策，诏褒其忠。其子默正献洮、河二州地，赐姓名赵思忠是也，赠洮岷军节度留后。其子怀义，元丰八年，以兰州进讨功加左藏库副使。祖曰温锡沁，元丰中，以图果庄功迁瓜州团练使。考曰锡巴衮，元祐六年，亦以果庄功为胜州刺史，赐姓名法温，封西平王，以子恩屡封安康王。君旧名尼玛丹怎，宣和间，以其世有之地至西海内属，请赐于朝，赐姓赵氏，名怀恩，授武功大夫，留京师。钦宗即位，加右武大夫、思州观察。夏人合诸羌犯西宁，王师久不利，有旨令君往喻祸福，降者数万计。光尧寿圣皇帝登极，封陇右君王，加食邑。

先是，君之母兄隆咱尔献土，赐姓名赵怀德。大观初，以招降藏希卜得功，迁雄武军节度使，死赠开府仪同三司、安化郡王。至是金兵至陕，其子忠顺专兵河外，全家与金人战死，君逃岷州山间。乌珠访君所在，曰："若归我，函谷以西可得也。"君曰："我世受南朝厚恩，义不负宋。"乌珠以兵胁而追之，君遁走二丈沟间。君泣曰："我不负国，死此命乎！"马一跃获免。宣抚张公浚即以君节义表于朝，留主管随军机宜。朝廷以君不从伪命，备见忠节，除熙州观察使、都总领河南兵将。绍兴初，有旨居成都，朝议欲收复熙河，制置席公某、宣抚吴公某荐以君招抚，以和议寝之。二十三年，改鼎州观察使，仍陇右郡王加食邑。二十七年，充成都府路兵马钤辖，三任九年，前后食邑至三千一百户，实封三百户。

---

① （宋）李石：《方舟集》卷一六《赵郡王墓志铭》，文渊阁《四库全书》第1149册，第720、721、722页。该《墓志铭》比较详细地记述了赵怀恩及其先人的史迹，是汉文史籍记述唃厮啰后人活动的一篇十分珍贵的史料。

君精骑射，马上盘两石弓，的不虚发。虽起边羌，世陶中国冠带礼义，而性资忠孝，故惓惓臣节，虽迫以九死，莫屈也。先是，君之造朝也，赐对便殿，徽宗问疆场安否状。君曰："独苦童贯扰边生事。"时贯本兵柄，意务恢拓百计，抚存礼意，固结君以倾诸羌，以张大边势，虽阳与唯诺而内沈鸷不变。宦者杨戬至，奏君谤讪大臣，欲徙逐之，故异日训词有抑于权臣之语。君愤夏人以本朝故为世仇，必欲佐恢复以偿夙恨。宣抚张公得之，置之腹心，以所服戎服金带赠之。绍兴间，敌扬声一出卢甘，一出南山，一出虚秦，以疑我师。君白吴玠以卢甘道寒不可行，决来成凤，不若重屯成凤，扼褒斜。已而，敌至和尚原以败。玠奏君料敌有功，君力辞。敌再和，君谓和议决不久，不若先事制胜为永利。时相方大主和议，有告君之言外台观望，以君摇撼诞谩生事，械致君狱。赖尚书张某保全，已而言者伏辜，君自此绝口不言兵而专意于浮屠竺乾之书矣。会完颜亮渝盟，议者服君先见。偶三路捷至，君酌酒自贺曰："太平可待！"王师驻顺德不进，敌屯凤翔，川边摇动。制置使王公刚中访君以近事，君闭目不答。强之，君不得已曰："始并力凤翔，则五路不必下。今我师已老，凤翔之屯甚坚，非我之利可知。"所得赐赉前后散施，事佛给贫，余则奉宾，道途无虚日。有不愿于君者曰："是羌儿种，习结客，将何为？且縻高官厚俸安用？"欲稍裁制减削，至诬以狱，乃愤愤卒。卒以某年某月，葬以某年某月。年若干，娶包氏、马氏、杨氏，先卒，再娶马氏、王氏，皆封硕人。三子，长曰某，秉义郎，叙州兵马监押；次安国，成忠郎，皆先卒；次宁国，敦武郎，威州兵马都监。二女：长适忠翊郎黄师闵；次适忠翊郎王褒。孙九人：康朝，忠翊郎；庆朝、昌朝、显朝，皆成忠郎；拱朝、光朝、翊朝，皆该奏未出官；世朝、熙朝早卒。孙女：长适成忠郎王延章，早卒；次适王珏。二人在室，窃谓《禹贡》之法，叙等《春秋》始而地，中而人，终而子，有进尤退，尤绝法也。国家务复境土，而嘉君之世，其有感于君之死而给复其窀穸事，甚宠。

石宜侈其书不得辞，铭曰："国之用材，初不择地。金玉珠贝，以远而致。一善或进，有縻其类，我德无疆，尔世不坠。其自伊何，神鉴在天。其来伊何，有土有田。岂利而私，冯类而迁。旧壤吾民，一视同然。材不弃遐，武諝惟杰。陶染一新，冠带就列。我岂尔徒，谁则猖獗。阖门死事，有全其节。奕奕其氏，滔滔其源。籍国之属，父子弟昆。爵秩惟王，仪大尔门。既华厥躬，凡百子孙。惟孝惟忠，其渐未止。天心雨露，南北赤子。跬武归疆，如隗之始。谁刊吾语，以告诸史。"

（三）《岷州广仁禅院碑》[1]

此碑今存甘肃岷县文化馆院内。碑为石灰岩质，由碑帽、碑身两部分组成，通高268厘米。其中碑帽高88厘米，宽95厘米，厚19厘米，上刻双凤腾飞及鲜花枝叶图案，正中为高82厘米、宽55厘米之圭形碑额，其间自右至左分三行竖刻《敕修岷州广仁禅院记》八个篆书大字，每字约12厘米见方。碑身高180厘米，宽92厘米，厚18厘米，四周为藤蔓花枝纹饰。碑文自右至左竖刻，共25行，满行52字，楷书。

岷州新修广仁禅院记：

奉议郎、权发遣陕府（西）路计度转运副使（公、事、兼劝农使、轻车都尉、借紫王钦臣）撰。

奉议郎、充都太经制熙河兰会路边防（财用司勾当公事、赐绯鱼袋周）璟书。

奉议郎、权通判岷州军州、兼管内劝农事（骑都尉、借绯王彭年篆盖）。

王师既开西疆，郡县皆复，名山大川悉在封内，惟是人物之未阜，思所以繁庶之理，风俗之未复，求所以变革之道。诗书礼乐之外，盖有佛氏之道大焉。乃敕数州皆建佛寺，岷州之寺曰广仁禅院。于是守臣为之力，哲僧为之干，酋豪为之助，虽经历累岁，而数百区之盛，若一旦而就。初，前守种侯度爽垲之地于州之西南，背山面川，规可以容数百区之广，以谓不如是之宏大，则不足称佛宇之尊。今守张侯谓经营之既久，而恐功者有惰，日加戒促，以底厥成功。

初，岷州之复也，诏以秦州长道、大潭二县隶之。长道有僧曰海渊，居于汉源之骨谷，其道信于一方，远近归慕者众，州乃迎海渊以主其事。其道勤身以率下，爱人而及物。始至，则程其力之所及，必使力胜其事。事足，其日又有药病咒水之术，老幼争趋，或以舆致，或以马驮，健者则扶持而至，人大归信。郡之豪酋曰："赵醇忠、包顺、包诚，皆施财造像，荆榛薙而宫殿巍然，门扉辟而金人焕然。次则范钟以鼓其时，藏经以尊其道。徒有常居，客有收舍，储峙有廪，涓洁有庖，最其凡四百六十区，其众瞻之于高山大川，深林巨郭之际，来者趋，过者下，咸曰：'壮哉！吾土之未尝有也。'吾昔之所谓佛居而持其教，知为□矣。"岷州故和政郡，通吐谷浑，青海之塞，南直白马氏之地，大山重复以环绕，洮水荡潏于其中。山川之胜，可以

---

[1] 张维：《陇右金石录》卷三《岷州广仁禅院碑》，民国三十二年（1943年）校印本，第36、37、38页（总序第16038、16039页）；吴景山：《安多藏族地区金石录》十《新修广仁禅院记碑》，兰州：甘肃文化出版社，2014年，第24、25页。此碑文字依碑刻顺序，并据上述文献所载予以互校而辑录。

言天下之壮伟，前日之颓垣废垒，今雉堞楼橹以卫之；前日之板屋聚落，今栋宇衢巷以列之。又得佛宫塔庙以壮其城邑，凡言阜人物变风俗者，信无以过此也。西羌之俗，自知佛教，每计其部人之多寡，推择其可奉佛者使为之。其诵贝叶旁行之书，虽侏离鴃舌之不可辨，其音琅然如千丈之水赴壑而不知止。又有秋冬之间，聚粮不出，安座于庐室之中曰坐禅。是其心岂无精粹识理者，但世莫知之尔。虽然其人知佛而不知戒，故妻子具而淫杀不止，口腹纵而荤酣不厌。非中国之教，为之开示隄防而导其本心，则其精诚直质且不知自有也。传以用夏变夷，信哉其言乎！恭惟圣主之服远也，不以羁縻恍忽之道待其人，必全以中国法教驭之。故强之并弱，大之凌小，则有甲兵刑法以威之；擅山泽，专障管，则或赋或禄以易之；鸟惊兽骇，则文告期会以束之；闲田沃壤，则置兵募士以耕之；书劳告勤，则金帛爵命以宠之；争讼不决，则置吏案法以平之；知佛而不知戒，则塔庙尊严以示之。日计之不足，岁计之有余，必世而后仁，尽在于是矣。元丰初，予以市国马，数至其郡，始见海渊首其事，其后继至，则见其功之半。今年遂自来，告其功毕，请予记其终始。予谓海渊既能信其众，又能必其成，复能知其终，必以示后，皆非苟且者，乃为书之。七年八月十四日记。

皇城使、持节嘉州诸军事、嘉州刺史、充本州防御使、知岷州军州兼管内劝农事、兼管句洮东沿边安抚司公事、骑都尉、清河县开国伯食邑九百户张若讷立石。

此碑在张维《陇右金石录》卷三中曾以《广仁禅院碑》为目，对此篇碑文有所介绍。现将其跋文、按语转录如下：

《广仁禅院碑》在岷县广福寺，今存。

《宣统甘肃统志》：《广仁禅院碑》在岷州城西广福寺，俗名西寺。元丰七年八月立，王钦臣撰记，周璟书，张若讷立石，荔非恭刻字。碑高一丈，书兼欧褚，虽有刓落，而大致完好。额篆《敕赐岷州广仁禅院记》九字。

按：此碑高六尺，广三尺。篆额高广俱尺有八寸。碑文二十六行，行五十二字。首行为“新修广仁禅院记”；次行：“奉议郎、权发遣陕府西路计度转运副使公事、兼劝农使、轻车都尉、借紫王钦臣撰”；三行：“奉议郎、充都大经制熙河兰会路边防财用司勾当公事、赐绯鱼袋周璟书”；四行：“奉议郎、权通判岷州军州兼管内劝农事、骑都尉、借绯王彭年篆盖”。下为正文。文后为皇城使持节嘉州诸军事、嘉州刺史、充本州防御使、知岷州军州兼管内劝农事、兼管勾洮东沿边安抚司公事、骑都尉、清河县开国伯、食邑九百户张若讷立石。荔非恭刻字。旧通志所载碑文多有删移，今依拓本补正如右。考《宋史》，熙宁六年，王韶始复洮岷，九年三月，以种谔知岷州，逾年改元。《元丰碑》言前守种侯度地建寺，至元丰七年始告功毕，盖前后已近十年，而后完兹巨构。以蕃俗佞佛，故以佛事怀柔之也。当时与洮岷同复者，尚有熙、河、叠、宕四州。既诏数州皆建佛寺，丰碑宏筑，必所同有。今越八百余岁，存者仅闻此碑。而宋人御边政策，亦得借此以窥其一斑，是足贵也。

（四）《平洮州诗碑》[①]

□祐丙寅三月[②]，河□□□□□□□□□□□□□□□□□□□□□□□□司事令行政成兵民以安。明年三月，西蕃大酋鬼章，省□□众□□□□□□□□□□□□□□□□□□□□□□□宜急击今不图，必有后患。侯持重安逸，不为之顾。但严斥候，备守御而□□□□□□□□□□□□□□□□□□□□□□□ 可掩袭以摧其锋。侯不得已，数提兵于境上，深沟坚垒，佯怯[③]不进，既而遣人□□□□□□□□□□□□□完治城壑自固，储积粮具，欲为大举之计。意中国之师□不我敌也。八月乙酉□□□□□□□□□□□□□□□则必胜，以攻则必□□贼有轻我之心时，可以行矣。乃（具）状白帅司，愿得兵万骑，赍（十）□□□□□□□□□□□□□□而帅司然其请。是月乙未出兵，越四日戊戌压旦于洮州之野，侯躬率吏士环壁而攻之，□梯冲□□□□□□□□□发日景未□城□贼溃，鬼章苍颜白发，生致麾下。斩虏者仅万计，贼众奔迫，自相蹂践，漂□不可胜数，□□□□不流。盖鬼章之患，非一日之积。乃者踏白之役，王师被挫，边人惮之。朝廷训兵择将，经营十□□□不易获也。今种侯（之）功，无取于百姓，无费于公家。出师八日，拔坚城，□元恶，消西戎之后患，释主上之深忧。（历）观前史，迄于近世，用兵神速，未有能过者也。非天资忠毅，勇智兼得而料敌制胜见于未形者，孰能与于此乎！提刑喻公、监丞游公、通判承议闻捷

---

① 张维：《陇右金石录》卷三《平洮州诗碑》，民国三十二年（1943 年）校印本，第 16040、16041 页；吴景山：《安多藏族地区金石录》十一《平洮州诗碑》，兰州：甘肃文化出版社，2014 年，第 27—29 页；《中国西北文献丛书》第七辑，1990 年。此碑破损严重，文字斑驳不清，碑文据上述所载，予以互校而辑录。此碑今存岷县文化馆院内。碑为石灰岩质，高 125 厘米，宽 85 厘米，厚 12 厘米，圆形碑头正中为高 32 厘米、宽 28 厘米之碑额，其间自右至左分两行竖刻“诸公平洮州诗碑”六个楷书大字，每字约 9 厘米见方。碑文自右至左竖书，共 25 行，满行 45 字，楷书，每字约 2.5 厘米见方。

② 张维《陇右金石录》卷三《平洮州诗碑》载作“□宁六年冬月”，《安多藏族地区金石录》十一《平洮州诗碑》则为“□祐丙寅三月”。鬼章系河南吐蕃大酋，筑洮州南北两城以居，后与夏人解仇结好，数为边患。《续资治通鉴长编》卷四〇四元祐二年八月戊戌引汪藻《青唐录》所载：元祐二年八月十八日，种谊率兵至洮州，“擒鬼章及其大首领九人，斩馘数千，获牛羊、器甲数万计。……捷书闻，宰臣、百官表贺于延和殿”。据此，故著录“□祐丙寅三月”，弃录“□宁六年冬月”。

③《陇右金石录》卷三《平洮州诗碑》载作“佯兵”，《安多藏族地区金石录》十一《平洮州诗》碑刻拓片字为“怯”，故录为“佯怯”。

音之上也，各寄诗咏褒纪勋烈，典丽深淳，体骚雅之风。士良不敏，获觇盛事，既欲刻石传永，又为之序，以道行师之大略云。

闻官军破洮州喜而(有)咏寄呈洮东安抚庄宅，朝散郎权发遣秦凤等路提点刑狱公事喻陟。

捷报下戎洮，威传万里遥。渠魁咸面缚，氛祲即时销。圣算百王上，神功千古超。自古征伐夷狄，荡灭丑类，未有今日之速且盛也。从兹荒忽地，无复恣□骄。黠虏方干轨，王师薄有征。摧枯袛俄顷，破竹不留行。洮州之役，自寅及午，大破虏众，其渠帅悉(被擒矣)。杀气收貔虎，清风卷旆旌。遥瞻紫宸阙，称贺浃(欢)声。

周后持盈(满)，戎夷负固年。(庙)谋期必胜，阃略制于先。不假天山箭，行闻杕杜篇。(凯还)俘馘献，图像有凌烟。

寿翁安抚庄宅总兵一出，半日之内攻破洮州，生禽西番大首领(鬼章，捷)音所传，无不庆抃，偶成小诗二章，寄呈，宣德郎军器监丞(熙)河(兰会路)勾当公事游师雄。

王师一举疾于雷，顷刻俄闻破敌回。且喜将们还出将，槛车生致鬼章来。

□□洮州敌未知，烟云初散见旌旗。忽惊汉将从天下，始恨胡酋送死迟。

纯臣启至大寨，闻禽鬼章，(捷)书上(奏)，喜而为诗，拜呈，承议郎新差权通判岷州军州事王纯臣。

□□匹马捷书来，且喜洮东破虏回。纵使淮西功第一，未(垒)生缚七渠魁。

禹卿伏睹通判承议□制歌咏破虏大功□，依韵拜和，孟州汜水县主簿监岷州铸钱监刘禹卿。

英主龙飞嗣位来，洮东(初)奏捷师回。若评后圣勋臣序，公占(凌烟阁上魁)。

元祐二(年九)月十五日，奉议郎权通判岷州军州兼管内劝农事骑都尉赐绯鱼袋盖士良立石。

张维在《陇右金石录》卷三中曾以《平洮州诗碑》为目，对此碑有所介绍，现将其跋文、按语转录如下：

《平洮州诗碑》在岷县广福寺，今存。

宣统《甘肃通志》：《禅院诗碑》在岷州广仁禅院，碑左正书“宋元祐二年九月立□”，刻喻陟、游师雄、黄庭坚、王纯臣、刘禹卿诸人贺种太守破鬼章诗。前有记序剥落不可悉辨。序中有侧书“士良”二字，盖作序之人，而其姓则不可知矣。书者衔名□，半镵剥亦不可读。

按：此碑高四尺，广三尺，三十一行，行四十五字。额书“诸公平洮州诗”六字，诗凡七首，为喻陟、游师雄、黄庭坚、王纯臣、刘禹卿所作。诗前有序，为盖士良所作，而士良即为之立石。旧《通志》谓有黄庭坚诗，又谓士良姓不可考，皆误也。《宋史·种谊传》："元祐初，谊知岷州，鬼章谋入寇，结属羌为内应。谊刺得其情，上疏请除之。诏遣游师雄就商利害。遂与姚兕合兵出讨，羌迎战，击走之，追奔至洮州。谊亟进攻，晨雾被野，跬步不可辨。谊亲鼓之，有顷，雾霁，先登者已得城，鬼章就擒。"《游师雄传》："吐蕃寇边，其酋鬼章青宜结胁属羌构乱，谋据熙河，朝廷择可使者与边臣措置，诏师雄行，听便宜从事。既至，请于熙帅刘舜卿，分兵为二，姚兕将而左，种谊将而右。谊破洮州，擒鬼章及大首领九人，斩首千七百级。捷书闻，百僚表贺。"《哲宗本纪》："元祐二年八月丁未，岷州行营将种谊复洮州，执蕃酋鬼章青宜结。"《吐蕃阿里骨传》也言："八月鬼章就擒，槛送京师，寻赦之，授陪戎校尉，遣居秦州。"皆可与诗序互证。诸诗所称谊为安抚庄宅，则本传所未载也。其言监岷州铸钱监者，即《地理志》所谓岷州滔山监，熙宁九年置，铸铁钱者也。盖洮州之功发于师雄，而成于种谊。散夏人之谋，固熙河之防。捷音播传，廷臣毕贺，此固当时边疆一大事，宜其赋诗泐珉，以诏于无穷也。

（五）圈子阖《伐木碑》

甘肃武山县滩歌镇南的太皇山东西绵延四十余里，横亘于武山县与岷县之间，山脉中部圈子阖峰峦叠嶂、骤聚，是古代控扼秦陇通往岷叠熙河蕃羌的锁钥。在圈子阖北山的石碑湾南麓，有一窟北宋摩崖石刻，即圈子阖政和八年《伐木碑》。现将碑文校释如下：

政和八年，岁在戊戌，有诏修建宣德楼、集英殿。八月下巩州，计置巨材，自五丈至百，亦其数二千百七十有奇，以转运、提刑、常平司钱充其费。转运使张孝纯、防御使王子久、提刑木□叶蒙正实领使事。九月辛巳，合州县官□董其役。吏益知劝，民不告劳，越十一月己巳毕工，凡一百有九日也。夫臣子享上之忠可谓美矣。知州事董序道、判州事魏润博、诸司属官张菘、高荷、范直方、王南朋、刘焘，编拦将官库规司录事蒲庆余，曹官钱野、张侃，陇西令张希萏、丞梅亮，城寨官高公翰、王俶、冯康民、李嗣良、张公彦、马钧、周温之、元焘、赵继贤、安寔、辛叔杰、卢国华、吕公裕、张岩、王宗、许淳，监木务责传、朱宪、李芾，屡集于青竹平之山。咸谓是役也，成功之敏前此未有，不可不书，于是润博记之于崖，以传不朽云。田庆杜千刊字。

石碑距地面约290厘米，纵长225厘米，横宽162厘米，四周皆有栏线，首行、尾行距边线均5厘米，顶文、底文距上下边线均9厘米。正文楷书左行，共16行，首行9字，次行3字，尾行19字，其余皆20字，总计276字。次行第三字"建"下有楷书释文"□□□□漆得常草伤三处，周圆三十三里各有界"20字，字形约正文二分之一大小,前四字漫漶不识,又“场”误作“伤”。第6行“官”字下剥落一字,笔画较为简单,疑为“似”字。石碑两侧似乎有一幅对子,西侧中间有一“彦”字较为清晰。石碑上部曾有龛檐遮挡雨水,现仅存楔木的两个石窟窿。

(六)张齐物《皇宋王家城新建城隍庙碑铭》[①]

《皇宋王家城新建城隍庙碑铭》,2000年5月,甘肃省庄浪县韩店镇西门村在扩宽街道路面时,在古聂城城墙西门附近出土。碑高185厘米,宽88.5厘米,厚16厘米,红砂岩石质。碑首呈半圆形,碑体呈长方形,沿碑边缘阴雕环线花草纹。碑阳镌刊碑铭正文,额刻楷书“大宋王家城新建城隍庙之记”十二字。全文749字,字迹清晰,漶灭难辨者仅9字。碑阴附刻王家城、结宗堡、水洛城三地之人名29人,其中有进士李某。文作者张齐物,生平事迹不详。此碑立于宋神宗熙宁九年(1076年),是甘肃庄浪县内迄今发现最早的碑刻,现保存于庄浪县韩店镇西门村庙院内。

碑铭曰:

皇宋王家城新建城隍庙碑铭

太白山人张齐物撰 郭拱书丹 郤匈尚理刊

唐西出国门入西戎,地逾万里,声教遐被,宾贡来格。殆唐之季,运涉五代。拙大代大匠之斲,小人乘君子之器,中外摇动,无一乃心。《易》曰:“负且乘,致寇至。”夫惟明验之,神速也如此。若夫太平无象,众心城成:得一人之心,则一人之城也;得十人之心,则十人之城也;得百人之心,则百人之城也。惟有道君子立为盛德大业者,通有之。庸能累百而至于千万,累万而至于亿□〔兆〕。古之二帝三王,善得民心之多者,厥数犹苍□草□,□被于山泽,可胜道哉!内本无限,外亦无间,故我善得民心,则汝为我所有;不得民心,则我为汝所间。噫!自唐季西土万里,为犬戎侵掠者,十殆有八九,有志之士扼腕;独立登高西望,可不洒涕而愤痛哉!今我宋救五代之涂炭,复皇唐之基业,星罗云布,森庙堂之师老;爪锐牙矗,拥疆场之校尉。四夷凶□〔顽〕,莫不骇魄而丧胆耶!庆历二年秋八月,泾原路都帅郑公有命,静边〔戍〕将刘子濬将军按兵取水逻故城,通天水要路。凶渠□去,易于□〔拉〕朽;活秦渭之襟带,断灵夏之肘臂。促发土工,复城水逻;百堵偕作,一呼而就。于是西设石门堡,以为外关;东起王家城,而生重堑。按图水逻,三山东来,二

① 依据甘肃庄浪县博物馆李晓斌提供《大宋王家城新建城隍庙之记》拓片而释读。王克生、刘继涛编撰:《庄浪金石》,北京:中国文史出版社,2015年,第19—21页;李晓斌编撰:《庄浪文物》,北京:中国文史出版社,2018年,第251—252页。

水分注。主阜中位，如龙之踞；客冈旁拱，如凤之舞。又其东山有青铜白金，秀林美实；大车之朴，广厦之材，民所取之，其利斯博。故其民弃泾原故土，即水逻新居者，万有余户，盖利诱之然也。然又于三山两川间，可城可戍者，有数十处所；其川谷气候，田畴膏壤，在秦之下、陇之上。复闻耆艾相语于道途云："陇外山川，未为汉所收复时，每岁早霜，大损稼穑数十秋。今自刘公将军收复水逻之后，连岁大有秋若是者，岂非天厌胡族而福我汉民乎！今民食于此土，安于此土，一荷刘公之力，一愧里域之灵。刘公既享庙食之荣，里域合扆春秋之祀。"夫然，有以见彼土之人，尽报本之心也。齐物顷沐刘公之知，因谒令子于东山巡检之署，徘徊恩地，久而未忍轻去。时辱盛邑博雅君子，以邑西城隍庙新成，恳来丐辞，用纪岁月，□之金石，期于不朽。既承嘉命，安敢以牢让为心！谨以直笔而为铭曰：微刘公之力，兹土何得！非里域之灵，生民曷宁！可以具牲牢之享，可以荐黍稷之馨。云集父老，歌于庙庭。自即日始，祈福于万祀千龄！嘉祐五年庚子岁秋八月十五日，巡检司郭拱□〔书〕，王佑立石。□□□三班差使殿侍东山一带巡检兼王家城烟火收税刘师道立石。

碑阴铭文：

王家城 苏岊 刘庆 张怀信 陈永坚 李怀宾 宋志 进士李□ 冯彭季 张臻 崔吉 田政 高吉 刘□ 九平子 董宗元 张璘 申正 曹文斌 李士宗 惟 结宗堡 宋贵 董惟亮 吴士和 裴信 王信 邵美 王扆 王吉 龙泉子 梁义 水洛城

（七）李远《青唐录》①

《青唐录》原为南宋吏部侍郎徐度家藏朱抄本，经其亲自校定，封面题"青唐录"三字。元延祐中，陆友仁从书肆中购得。据传系李远所著。李远为北宋绍圣（1094—1098 年）中武举，"官镇洮，奉檄军前，记其经历、见闻之实"，得成此书。后来有人见汪彦章墓志，述汪氏著有《青唐录》三卷。然现存本不分卷，仍应为李远所著。主要记哲宗朝及哲宗以前攻取青唐之事。李远进入青唐城时期，正值阿里骨在位期间，也是唃厮啰吐蕃政权内部矛盾尖锐激烈时期。他的记载虽然十分简略，但属第一手资料，因而《青唐录》是我国记述 11 世纪时，湟水流域历史、地理情况的宝贵资料，对我们研究这一时期河湟地区具有重要史料价值。现将《说

① (唐)李远《青唐录》，上海：商务印书馆，1927 年。陈振孙《直斋书录解题》卷七、《文献通考》卷一九九《经籍考》与《宋史》卷二〇三《艺文志》记载李远编撰《青唐录》一卷。《青唐录》原文中的讹、衍、倒等误字写在圆括号内，用方括号写入改正或增补字。

郭三种》所载《青唐录》全文照录如下：

青唐、邈川，其地在黄河之曲，直西成都数千里，北占河湟间二千余里。河湟间有鄯、洮、河、渭、〔岷〕（崀）[①]、叠、〔宕〕（岩）[②]、〔廓〕（寻）[③]州，唐属陇右节度，而鄯其治所也。盖禹自积石导河，河行数曲，而湟水、洮水入焉。河、渭、兰、会、叠、〔岩〕（宕）在大河之南，洮、岷又在洮水之南。湟、鄯、廓、积石军在大河之北，湟水之南。河州渡河至炳灵寺，即唐灵嵒寺也。贞元十九年，凉州观察使薄承祧所建。寺有大阁，附山七重，中有像，刻山为之，百余尺。环寺皆山，山悉奇秀，有泉自石壁中出，多台榭故基及唐人碑碣。三十里至墨城，城因山削成，屈曲相重。自墨城西，下坡十余里，始得平川，皆沃壤。中有流水，羌多相依水筑屋而居，激流而硙。由平壤中有行三十里至湟州。城周七里，东倚高山，北临宗河桥，西入省章峡，上峻岭二十余里至湟。复由小径下十余里，道出峭壁间，萦行曲折，不容并驰。其道断处，凿石为栈，下临湟水，深数百尺，过者寒心。崖壁间多唐人镌字。中途过平地，绝广数亩，羌因之卓帐建寺焉。四十里出峡，屈曲下至大川城，川也长百里，宗河行其中，夹岸皆羌人居，间以松篁，宛如荆楚。又四十里至宗（奇）〔哥〕[④]城，分东西二垒，广〔八〕（人）里，北依山，南枕湟水，比诸城最高。至秦州千余里，东北至西凉州，西北至甘州城，皆五百里，东（西）〔至〕兰州三百里，北至河州四百余里。又二十里至青唐城，城枕湟水之南，广二十里，旁开八门，中有隔城，伪主居。城门设谯机二重，谯楼后设中门，后设仪门，门之东，契丹公主所居也。西为绝及，夏国公主所居也。过仪门北二百余步为大殿，北楹柱绘黄，朝基高八尺，去坐丈余矣，

---

① 据《宋史·地理志三》载："岷州，下，和政郡，团练，熙宁六年收复。"

②《宋史·地理志三》载，岷州下辖三县五寨，宕昌寨系其所辖五寨之一。（清）顾祖禹《读史方舆纪要》卷六〇《陕西九·岷州卫》载："宕州城，卫南百二十里。古西羌地，晋末西羌别种保聚于此，曰宕昌国。……宋熙宁六年，王韶拔宕州，通洮山路，吐蕃木令征以岷州降，因置宕昌堡，属岷州。"（北京：中华书局，2005 年，第 2897 页）前文中"岩"皆以据而改为"宕"。

③（清）顾祖禹《读史方舆纪要》卷六四《陕西十三·西宁镇》载："廓州城，镇南百八十里，古西羌所居浇河地。……宋元符中收复，置宁塞城，寻复为廓州，明年复弃不守。"《九域志》载"廓州东南至河州凤林县二百八十里。"（北京：中华书局，2005 年，第 3011、3012 页）

④"宗哥城"以宗哥川名城。（清）顾祖禹《读史方舆纪要》卷六四《陕西十三·西宁镇》载："宗哥川，在（西宁）卫西南九十里。源出塞外，经故龙支城东，又东北入于湟河。宋景祐二年，赵元昊攻吐蕃唃厮啰宗哥城及带星岭诸城，渡宗哥河，部兵溺死者甚众。崇宁三年，王厚复湟、鄯，进军宗哥川。羌置阵临宗水，倚北山。厚麾游骑登山攻其北，而亲率强弩迎射。羌走，分军逾水击之，遂降其城，进下青唐入廓州是也。《宋志》：'宗水来自青海，下流入湟水。水南有宗谷口，讹曰宗哥，吐蕃因以名其城。'"第 3025 页。

碧琉璃砖环之,羌呼禁围。凡首领升殿白事,立琉璃砖外,犯者杀之。傍设金冶佛像,高数十尺,饰以真珠,覆以羽盖。国相听事处其西,国王亲属听事处其东。直南大衢之西有坛三级,纵广亩余,每三岁冕祭天于其上。西域无虑数千家,东城唯陷羌人及陷人之子孙,夏国降于阗四统,往来贾贩之人数百家。城之西有青唐水注宗河水。西平远建佛祠,广五六里,缭以冈垣,屋至千余楹。为大像,以黄金涂其身,又为浮屠三十级以护之。阿里骨敛民作是像,民始离。吐蕃重僧,有大事必集僧决之,僧丽法无不免者。城中之屋,佛舍居半,维国主殿及佛舍以瓦,余虽主之宫室,亦土覆之。自青唐西行四十里,至林金城,城去青海,善马三日可到。海广数百里,其水咸不可食,自凝为盐,其色青。中有岛广十里,刁宣往意权至,赢粮居之。海西地皆平衍,无壅断。其人逐善水草,以牧放射猎为生,多不粒食。至此百铁堠,高丈余,羌云此以识界。自铁堠西皆黄沙,无人居。西行逾两月,即入回纥、于阗界。又牦牛城在青唐北五十余里,其野产牛。城之北行数日,绕大山,其外即接契丹。又青唐之南有泸戎,汉呼为芦甘子,其人物与青唐羌相类,所造铠甲刀剑尤良。泸戎之南即西蜀之背,泸戎至蜀,有崇山绝险之。此青唐、邈川土疆风俗之可记者也。

(八)汪藻《青唐录》辑文

汪藻(1079—1154年),字彦章,饶州德兴人,崇宁二年(1103年)进士,历任朝廷编修官。孙觌《鸿庆居士集》卷三四《宋故显谟阁学士左大中大夫汪公墓志铭》载:公"博学强记,自六经百家太史氏之籍,先儒笺疏传注之书……与夫万里海外殊方异域荒怪之序录,靡不记览"。晁公武《郡斋读书志》卷二下载"《青唐录》二卷",《宋史》卷二〇三《艺文志二》,著录汪藻编撰《青唐录》三卷。据陈振孙《直斋书录解题》载:"《青唐录》一卷,李远撰,元符中取邈川、青唐,已而皆弃之。"《郡斋读书志》则载:"《青唐录》,皇朝汪藻撰,青唐,吐蕃遗种也。崇宁中,命童贯取湟、廓、西宁州,擒赵怀德,上为之御楼受降,宰臣蔡京以下进官有差。"由此可知,李远《青唐录》一卷,主要记载哲宗朝及哲宗以前攻取青唐之事。汪藻《青唐录》增录了徽宗朝元符至崇宁年间,收复青唐之事,修成《青唐录》三卷。《续资治通鉴长编》卷五一六"元符二年闰九月壬辰"条附注云:"王愍与李远,言青唐四不可守。李远自有《青唐录》,汪藻删修,遂没愍、远名。"今汪书已佚,仅在李焘《续资治通鉴长编》、黄以周《续资治通鉴长编拾补》中还保留了一部分残卷。今将上述二书中有关内容辑录,以便窥见汪藻《青唐录》的些许概貌。

《续资治通鉴长编》卷一八八嘉祐三年九月乙亥:

契丹既与唃厮啰通姻,数遣使由回鹘路至河湟间,与唃厮啰约举兵取河西,河西谓夏国也,欲徙董毡凉州,与之相近。唃厮啰辞以道远兵难合,乃止。契丹之妻董毡也，遣使送之，久留不还，间而蛊其妻，董毡知之，杀其使，置其妻不见。母乔氏喻董毡宜以契丹故亲其妻，董毡不从。（中华书局，1985年，第14册，第4527页）

《续资治通鉴长编》卷一八八嘉祐三年冬十月辛丑：

以故西番奖州团练使瞎毡子瞎欺丁木征为河州刺史，瞎欺丁兀籛为本族都军主，瞎吴叱为副军主。瞎毡居龛谷，屡通贡，初授澄州团练使，后迁奖州。既生木征，因入秦州，过伏羌蕃部李提克星，见其女欲之，提克星曰："吾女已嫁，弃夫归，今妻汝，夫闻之必怨，恐其仇我。汝今还，以兵来劫我可也。"瞎毡从之，遂举兵逆其女以归，生辖智及瞎吴叱。而瞎毡又有子曰结吴那征，曰结吴延征。（第4529页）瞎药鸡罗及僧鹿遵共迎木征，徙帐居宕州，欲立文法服诸羌，秦州遣人谕之，会诸羌不从。木征逐瞎药，复还河州。（中华书局，1985年，第14册，第4530页）

《续资治通鉴长编》卷三四〇元丰六年冬十月庚子：

是月，董毡死，阿里骨继立。阿里骨，于阗人，非唃氏后。其母章穆辖卜尝侍董毡，因养阿里骨为子。既而董毡得风痹病卧帐内，委政于阿里骨，甚亲信之。阿里骨又得幸于董毡妻乔氏，内外咸服，遂谋篡夺。董毡先有子奇鼎，夏人及回鹘皆以女妻焉。奇鼎性轻兆，好易服微行，阿里骨阴使人贼杀奇鼎。及董毡死，阿里骨与乔氏匿丧，出令如它日。悉召诸族首领至青唐城，矫董毡之命曰："吾一子已死，惟阿里骨母尝事我，今当以种落付阿里骨。"仍厚赂大酋鬼章、温溪心等，于是诸族首领共立阿里骨为董毡嗣。阿里骨并取奇鼎二妻为己妻，以母事董毡妻契丹公主。其贡朝廷犹如董毡在日，未遽以丧告。（中华书局，1990年，第23册，第8192页）

《续资治通鉴长编》卷三六六元祐元年二月辛巳：

枢密院言："董戬死，近缴到阿里骨蕃字，差人进奉。今详蕃字皆阿里自言之辞，却不见青唐自阿里骨管事后，蕃情有无不顺事迹，其在董戬左右亲信之人及内外主兵酋首，委的服与不服阿里骨指挥。欲令赵济选差曾往青唐使臣押入蕃支赐，密谕使臣令自入界体访情实以闻。"从之。（中华书局，1990年，第25册，第8800页）

《续资治通鉴长编》卷四〇二元祐二年六月甲申：

师雄以七月三日至熙州，闻夏人遣大首领威明阿乌往青唐计事，阿里骨囚本朝使者高升，兼闻阿里骨杀其国母森摩氏，国人怨之。师雄奏乞因人心，诛阿里骨，立赵醇忠；又奏乞先出兵伐其谋。不报。（中华书局，1992年，第27册，第9779页）

《续资治通鉴长编》卷四〇四元祐二年八月戊戌：

阿里骨初立，以为朝廷畏己，乃与夏国伪相梁乙逋通，约以熙、河、岷三州还西蕃，兰州定西城还夏国。鬼章又阴以印信文字结汉界熙、河、岷、秦、阶、文、龙、威、茂州，通远军熟户为内应。二年三月，遂举兵寇洮州，掳赵醇忠，又杀熟户大首领、皇城使经斡穆等数千人，驻兵常家山，分筑洮州为两城以居。北城周四里、楼橹十七，南城周七百步、楼橹七，跨洮为飞桥。（以上文字又见《长编》卷三九八元祐二年四月丁亥条及《长编》卷四〇〇元祐二年五月癸丑条）五月一日，引步骑七万围河州南川寨，焚庐舍二万五千区，发窖粟三万斛，协从杓、羊家二族六千余口，并导夏人数万败官军，杀都监吴猛而去。朝廷深忧之，为出兵百五十指挥，无虑七万余人戍边，且博询士大夫可与边臣计画者，大臣以奉议郎游师雄应诏。师雄白宰相，以为："奉使绝塞，军中可否，间不容发，如俟中覆，恐失机会。请如古者大夫出疆悉得专决。"朝廷从之。师雄乃乞先索归还洮州所掳生口，如不听命，即谕知熙州刘舜卿檄种谊出师取洮州。七月三日，师雄至熙河，闻夏人遣大首领威明阿乌往青唐计事，阿里骨囚本朝使者高升，兼闻阿里骨杀其国母心牟氏，国人怨之。师雄奏乞因其人心，诛阿里骨，立赵醇忠；又奏乞先出兵伐其谋，不报。时夏国主乾顺受朝廷封册不谢，尽召十二监军兵屯会州天都山西南，国母与梁乙逋等帅之，对兰州、通远军而营，欲与鬼章连谋入寇，中分熙河。阿里骨发河北兵十万，约十七日由讲朱城桥渡河围河州，又发廓州兵五万余人，与夏人会熙州城东王家平。师雄谍知之，谓舜卿曰："事急矣！不可复待奏禀，请分兵两道，急装轻赍，并洮川而进。命大将姚兕部洮西，领武胜正兵合河州熟户捣讲朱城，胁取伦布宗部族，遣人走间道焚河桥，以绝西援。种谊部洮东，以岷州蕃将包顺为前锋，由格隆谷会通远寨蕃兵，宵济巴凌川。期八月十五日出师。十六日，兕破伦布宗，百里间焚荡无孑遗，斩首千余级。十七日，攻讲朱城，杀伤相当。日晡，焚其飞桥。移时，羌十余万奄至，旌旗铠仗亘数十里，至桥不得渡，望风而溃。十八日晚，谊至洮州，壁青藏峡，会夜大雨，及旦，重雾晦冥，谊引兵围城。部分甫毕，雾忽开，羌望官军，以为从天而下，亟乘城拒守，汉兵四面攻之，其版筑犹未毕也。士皆鏖斗，呼声动天地，一鼓破之，擒鬼章及其大首领九人，斩馘数千，获牛羊、器甲数万计。城中万余人，为官军所蹙，入洮水而死者几半。师雄度官军必胜，前命工为槛车，至是，缚鬼章以献。夏人闻之，即日举军遁去。捷书闻，宰臣、百官表贺于延和殿。诏：'鬼章首恶已擒，应随顺犯边羌户，令刘舜卿告谕安存免罪，仍旧住止，愿率众入汉者收纳，犒设等第以闻。鬼章子结呃龊并以次男儿，如五日内同首领入汉，则免鬼章死，结呃龊等级优与官禄。出限不从，许以次首领杀并擒捕，比类与大首领一等推恩。'"九月,献鬼章于崇政殿,诘犯边之状,及谕以罪当诛死,听招其子及部属归附以自赎。鬼章服从释缚。后鬼章病死京师,而其子卒不至。"(中华书局,1992年,第28册,第9841、9842、9843页)

《续资治通鉴长编》卷四〇五元祐二年九月辛酉:

刘舜卿言,请削夺阿里骨官爵,令巴毡角遥领青唐。诏:"刘舜卿先抚纳河南生羌,若讲朱城城未可下,先以祸福晓谕阿里骨。其朗格占仍许以诸司使,令诱致磋藏、丹贝、叶公诸族,其间首领即次第补授一官。若朗格占能招抚鬼章旧部族地土,即视鬼章官禄推赏。"(中华书局,1992年,第28册,9868页)

《续资治通鉴长编》卷四〇七元祐二年十二月庚辰:

邈川东界齐暖城等处大首领兀征声延闻鬼章已擒,部族震恐,以为汉兵朝夕及己也。遂请知兰州王文郁乞同父母妻子部落一万口内附。刘舜卿以闻。朝廷许之,徙于河州南境,授兀征声延供备库使。(中华书局,1992年,第28册,第9905页)

《续资治通鉴长编》卷四七四元祐七年六月甲戌:

熙河经略司言:"西蕃洗纳等族背阿里骨古,奔夏国、回纥,两界往来,谋取董毡侄溪巴温儿董菊为主。又兰州沿边安抚司探到董毡侄瞎养兀儿,自西海率土蕃、回纥人马,去青唐城二百里驻兵,有洗纳、心牟、陇逋三族归之。阿里骨遣弟扶麻、侄结叱兀等率兵追捕,为瞎养兀儿所败。又闻瞎养兀儿,乃洗纳、心牟、陇逋族召之,欲以继董毡。其阿里骨自承袭以来,以元非种姓,部族颇怀不服。又据探报如此,然未知瞎养兀儿与董毡是何亲属?青唐部族肯信服否?于董毡是亲,人心归向,自能渐次招集不顺,阿里骨部族势须持久。而又青唐口近不与夏国通婚,深恐西贼乘此衅隙,援助瞎养兀儿,遂窥青唐,即于边防非便。苟阿里骨势寡力亏,求援于汉,及率众归投,若拒而不纳,缘系朝廷封袭之人,恐兼反顺西夏,共抗中国,为患不细。若与援助接纳,又瞎养兀儿既是董毡苗裔,部族信服,于理未见其可,未审何以措置,可无后患。"诏范育审探的实,精心讲虑,预为谋画,密具方略以闻。(中华书局,1993年,第32册,第11312、11313页)

《续资治通鉴长编》卷四七六元祐七年八月己卯:

熙河兰岷路经略司言:"得南钱族供备库副使兀征声延状,闻阿里骨恶温锡沁向汉,以邈川献与夏国,方使人召锡沁令赴青唐。又阿里骨疑心牟族党叛己者,杀其大首领溪论儿、驴彪等三人。朝廷以温锡沁与阿里骨久已不协,外虽往来,内实猜贰,常疑锡沁为汉间己。其所传探虽未的实,缘锡沁先已许至阿里骨处,及阿里骨方忧内溃,欲阴结夏贼自固,万一锡沁为阿里骨以计拘留,或为驴彪等阴有杀害,夏贼乘之以袭取邈川,则西贼展界,遂至河州,从此渐窥河南诸羌,恐为患不小。"诏范育约度,温锡沁如未往青唐,即以勾当别事为名,差人至锡沁处,仍以所闻作帅臣意,密委差去人面谕锡沁,令自谨备,毋轻易出入,以防他虞。并令范育相度,若夏贼果攻邈川,救之则阻河,不救则锡沁素忠于汉,难以坐观,不为应援。又失邈川,益生边患,仰深计熟虑,豫为方略,密具以闻。

范育再具到洮州青藏等处修城,招纳河南部族未尽事件。枢密院言:"阿里骨近累乞汉家久远不侵占蕃家地土文字,经略司已委曲回答云:'汝但不于汉界作过,我汉家自是于蕃界别不生事'。方西夏未顺,日严边备,若先自违约,招纳河南生羌,不惟失信于外国,又与西蕃生衅,徒使两贼相藉合谋,腹背为患,深为不便。除洮州界修筑城寨,自合依本司奏候夏国疆界了当,西蕃部族一向宁息,别议兴修外,诏范育疾速诫约缘边,不得擅便招纳西蕃部族,却致引惹生事。如有密谕诚款之人,即仰多方存恤,以意羁縻,婉顺发遣,依旧住坐。"育寻遣使谕邈川,未至而温锡沁、溪巴温遂往青唐,果为阿里骨拘留。《青唐录》载此事于六年六月,误也,今改之。《青唐录》云,汉使未至青唐,温溪沁、溪巴温已为阿里骨拘留。范育所差人,盖往邈川谕温溪沁父子,勿往青唐也。今稍删润修入,八月丁巳,七事可考。(中华书局,1993年,第32册,第11350、11351页)

《续资治通鉴长编》卷四七七元祐七年九月丙戌:

枢密院言:"昨熙河经略司奏,乞招纳河南部族,朝廷以阿里骨未失臣节,已降指挥,不得擅便招纳。近闻阿里骨于河南增屯兵马,疑边官颇有漏泄,致令惊猜,渐为防备。缘自青唐不宁,熙河未尝与阿里骨通问,又前令开谕阿里骨,本路亦以谓未可遣人前去,虑因此隔绝,情意不通。若阿里骨审知熙河已曾招其部族,又有瞎养兀儿之衅,复又西贼拘质其使,从此合谋,未为安便。检详元祐元年内为阿里骨与其首领不和,亦曾降诏戒约,今可效此。"诏令范育将先降下开谕指挥,祗作帅臣意,随意增损,别以勾当为名,速选有心力善辩之人,往谕阿里骨,并包容瞎养兀儿招安洗纳等族,早至安帖,无致缅药窥伺生心。如令其知汉忧己,而无疑熙河招纳之意,则于今日边情为便。《青唐录》误以为此事为六年九月,今改之。(中华书局,1993年,第32册,第11358页)

《续资治通鉴长编》卷五〇七元符二年三月庚午:

初,唃厮啰兄扎实庸咙为河南诸部所立,与唃厮啰分地而治,不相能也。扎实庸咙死,子必鲁匝纳立,必鲁匝纳死,子溪巴温立,其舅郎结戬辅之。已而部酋鬼章渐盛,与郎结戬有隙,遂逐溪巴温,溪巴温不校,去之木波部,木波部复尊事之。阿里骨之囚杀温溪沁也,溪巴温惧祸,益西走隆博部,寄语阿里骨曰:"吾乃疏属,又尝读佛书，今已为僧矣，毋相疑。”阿里骨习知溪巴温不足忌，遂置之。羌俗尚浮屠法，阿里骨尤好营塔寺，勤于土功。瞎征代父，役民滋甚。性又暗弱，顾喜杀，其下皆怨。大酋心牟钦毡等有忌志，独畏瞎征季父苏南党征雄勇类阿里骨，不敢发。乃共诬苏南党征谋叛，瞎征遽杀之，尽诛其党，惟籛罗结得脱。钦毡等益自肆。籛罗结渡河归溪巴温，日夜说溪巴温举兵逐瞎正而自立，溪巴温不听。溪巴温凡六子：曰隆赞，曰杓赞，曰锡罗萨勒，曰昌三，曰顺律坚戬，曰尼玛丹津。籛罗结因窃杓赞至溪哥城，复说大酋嘉勒摩、巴桑济等奉杓赞为主，檄远近。瞎征遣鬼章子阿苏讨之，阿苏至，则佯与嘉勒摩合，求见杓赞，而潜使人杀之。嘉勒摩怒，连廓州诸部攻阿苏。溪巴温以杓赞故，亦举兵。城中人多应溪巴温者，遂杀阿苏，而据溪哥城，南诸部多叛瞎征归溪巴温。杓赞之被杀也，籛罗结逃奔河州，见知河州洮西安抚王赡，言瞎征为钦毡等所制，其国必亡，吐蕃可乘乱取也。赡方坐白草原增级冒赏夺官，冀以功赎过，密画取吐蕃策，遣其客黄亨诣京师白宰相章惇。惇纳之，下其事熙河兰会经略使孙路计议。路尝欲取青唐，先建请于喀罗川口作桥筑城，继西贼与吐蕃相通道，朝廷犹难之。及是，遂言青唐必可取，即大发府库招来羌人。（中华书局，1993 年，第 34 册，第 12091、12092 页）

《续资治通鉴长编》卷五一一元符二年六月己亥：

是月，西蕃大酋边厮波结等，与鬼章妻桂摩及其妻拏并鬼章河南旧部皆叩河州、岷州境上，乞以讲朱、一公、错凿、当标四城来降。边厮波结者，结哷龊之子，鬼章孙也。鬼章尝逐溪巴温，其叔父阿苏又尝贼杀杓拶，世有仇怨。闻溪巴温起，河南诸部多归之，边厮波结不自安，故请内附；且言瞎征已为心牟钦毡等所囚废，青唐可取之状。王赡亟具奏，乞朝廷速取青唐，今时不可失。朝廷以前此溪巴温不求助于汉，边臣不能知曲折，失不以闻，今既得志，遂不复来。方阿里骨之篡，尝加封爵；而溪巴温之立，初无以助之，又纳其叛人，恐溪巴温必怨。然不纳，则河南一带部族未肯附溪巴温，不乘时抚而有之，将失机会。乃诏孙路依详近降朝旨，精加措置施行，无令迁延，有失机会。（中华书局，1993 年，第 34 册，第 12171、12172 页）

《续资治通鉴长编》卷五一二元符二年秋七月戊申：

边厮波结兄弟三人及首领仆从二百余人并所管蕃兵六千一百四十八人来降，王赡即纳之。（中华书局，1993 年，第 34 册，第 12188 页）

《续资治通鉴长编》卷五一四元符二年八月丙戌：

宝文阁待制、知熙州孙路措置邈川事乖错，移知河南府。以宝文阁待制、知庆州胡宗回知熙州。始，孙路疑王赡狡狯难制，其招纳邈川，赡实将先锋，王愍策应。盖使愍监赡也。赡与愍次罗格、陇朱黑城，将趋邈川。赡忌愍分其功，绐曰：“晨朝食毕而行。"愍以为然。瞻乃夜半传发，平明入邈川。愍徐觉之，整阵而行，日加午始至，则瞻已据府库矣。处愍于佛舍，而遣蕃将密下鲁旺、玛尔、鼐宗三城。路寻召愍至河州，与之同还熙州，瞻留屯邈川。时八月辛未朔也。其五日乙亥，宗哥大酋舍钦脚求内附。瞻遣使臣王詠等将五十骑赴之。及愍以瞻据府库事告路，路素已不乐瞻，因是檄瞻如河州督粮。瞻实首议取吐蕃，朝廷委信之。初复邈川，即经营宗哥、青唐，而路遽夺其兵权，又以愍为都统领，瞻为同统领。众弗谓可，而瞻亦具诉于朝廷。王咏等既入宗哥，诸羌连结为乱，白昼攻劫仓库，舍钦脚不能止。王咏等登子城楼，去其梯以自固，驰书告急。经略司勾当公事王厚时在邈川，与同总领蕃兵将高永年谋之。永年曰："此青唐成败之机，势不容缓。若待安抚还自河州，则无及矣。"安抚，谓瞻也。永年请以千骑往，厚许之。永年遂同蕃官李蔺毡纳支等如宗哥。李蔺毡纳支者，李尊之孙，宗哥乃其部人也。己卯，过省章峡，咏等复遣人来趣，永年等即日至。诸羌为乱者闻之，皆踰城遁去。收见粮得四万余斛。因自宗哥至邈川，置流星马，开省章峡路。乙酉，愍先引麾下兵出省章峡，入宗哥城。瞻尚驻邈川，更与愍交讼。朝廷方主瞻，不直路，夺其兵权，曰："首议者瞻也。路欲揜其功，所以令愍往邈川招纳，又令瞻悉听愍指挥，既而却携愍归熙州，留将官马用诚、李忠代愍，肆为奸欺。"故移路守河南，而使宗回帅熙河兰会，仍罢愍都统领。章惇初主孙路，数与曾布争论。既而知路不可主，乃言路对人多不语，乃独坐乃语，如病心状。布即具以白上。于是上曰："孙路果是失心。"惇亦毁之。上曰："路如此，须行遣。"布曰："赖瞎征、溪巴温相持未决，故迁延反复如此，未至败事。不然，岂不误边计也。"（中华书局，1993年，第34册，第12217、12218页）

《续资治通鉴长编》卷五一四元符二年八月戊子：

是日，青唐大酋心牟钦毡及董毡妻契丹公主，阿里骨妻夏国伪公主、回鹘伪公主等，遣酋长李阿温旺以下六人赍宝玉至宗哥城通款。王愍谕以朝廷招抚之意，及赐袍带等物，即日遣还。

青唐主钦毡既为蔺毡等逼逐，移居青唐城，弃其印于旧城而去。先有蕃字来乞补汉官，寻与妻子削发为僧尼，入城西佛舍。时七月庚午也。盖蕃俗为僧尼者例不杀，瞎征但欲逃死耳。（中华书局，1993年，第34册，第12222页）

《续资治通鉴长编》卷五一四元符二年八月辛卯：

熙河兰会路经略使孙路言："近宗哥大首领等献纳本城。已指挥王瞻差使臣一两员并蕃官李蔺毡纳支，同共将带合用蕃、汉人马前去守把。又据蕃官李蔺毡纳支称，青唐心牟钦毡、青归论征结等，将文字来请心白旂头巾归汉。今来青唐部族离乱，人心不定。若差人马来青唐，酋首即便出汉。已差都钤辖王愍统领熙、河、岷州汉蕃将兵赴宗哥城应接招纳。”诏熙河兰会路经略司:“如王瞻在宗哥城,即令王愍往在邈川已来照应。若王瞻已入青唐,须王愍往附近应援,即指挥往宗哥城。”又言:“李蔺毡纳支遣人将文字称,青唐遣人前去迎接瞎养呡前来青唐为主,今闻青唐已乱,遣去人未敢回归。又缘瞎征已迁在青唐外城,万一瞎养呡乘虚领众径入青唐,其势方盛,未必肯归汉。既未归汉,既河北宗哥一带部族,势必须归瞎养呡。灼然之理,无可疑者。瞎养呡初领众来宗哥住坐,本望汉家与之为主,借助声势,平唃氏故土,今已失望,虽通归汉之意,心怀疑贰,未必有决然出汉之期。方在疲困,兵势未盛之时,宜速处置,不可少缓,亦未见招纳次第。观今青唐事势,已是离贰,瞎征决须归汉。若更添差人马应接,前去宗哥张耀声势,大事必集。”诏:“熙河兰会路经略司指挥王瞻且在邈川、宗哥、青唐城已来招纳未出汉部族,及具措置事件,申经略司相度施行。事毕,如可以归河州,即禀经略司措置。”经略司奏:“所称瞎养呡,即溪巴温次子陇拶。”时朝廷已有诏,罢王愍都统制,而愍未受诏也。(中华书局,1993 年,第 34 册,第 12223、12224 页)

《续资治通鉴长编》卷五一四元符二年八月丁酉:

八月二十八日,心牟钦毡与契丹、夏国公主以骑三百迎溪巴温入青唐,立其子陇拶为国主。夏人亦引五千余骑攻斯鲁丹、鼐宗堡,王瞻以蕃兵击走之。诏苗履、康谓、李澄选兵马同王瞻入取青唐。(中华书局,1993 年,第 34 册,第 12233 页)

《续资治通鉴长编》卷五一六元符二年闰九月庚午:

初,孙路度青唐未可下,请于朝廷,乞先修邈川及河南、北诸城,然后进师。(中华书局,1993 年,第 34 册,第 12263、12264 页)

《续资治通鉴长编》卷五一七元符二年冬十月己未:

皇城使、昌州刺史、权熙河兰会路钤辖、兼知河州、管勾洮西路沿边安抚司公事种朴战没。

初,苗履等自青唐还熙州,始闻属羌朗阿克章因河外叛,率鬼胪等族拒官军。胡宗回遣河州都监王吉将五百骑讨阿克章,全军没。又遣开封府界第八将魏钊讨之,钊亦败死。河州阙守,朴时守镇戎军,宗回请以朴知河州。诏朴星夜之官,同履等过河讨荡。履辞以兵少,不敢自巴赞渡河,乞赴河州与姚雄等递相照应。朴到州才二日,宗回檄朴讨阿克章急甚。朴以贼锋方锐,且盛寒,姑徐之。而宗回檄日五、七下,朴不得已而行。羌知朴来,设伏以待。朴逾一公城,堕羌伏中。羌望见朴中军旗帜,自高冈以劲骑横突之。山间路狭,首尾莫相应,朴为羌刺死,以马负尸去。将士皆号泣无战心,羌乘胜追北。我师遇隘,路险不可兼行,兵壅于隘口。羌以万骑来薄。有王舜臣者，先坐白草原冒赏夺官，摄第三将事，在军中。舜臣善射，有古枭将风，以弓挂臂，独立败军后。有六、七羌人马皆甲，先众骑来。舜臣前行曰："此六七骑必羌酋之尤桀黠者，今不先殪，吾军咸死于此矣。"乃宣言曰："吾令最先行者眉间插花。"引弓一发，矢中其面。三发殒三人，余三、四反走，矢皆贯其背，而万骑汹惧不敢前。舜臣因得整军向敌。须臾，羌复来薄。舜臣自申及酉，发矢千余，发无虚者。抵暮，军悉逾隘，舜臣血殷至肘矣。一公、错凿、讲朱、当标四城咸在重山复岭中，崖壁阻峻，惟微径仅通人行。羌既反，乃于阻峻处以水溉道，道滑不可登，故汉兵三入三败。自种朴之死，熙河将士气夺，无敢复言战者。河、岷及诸城寨堡日虞羌至，于是青唐道路不复通。（中华书局，1993 年，第 34 册，第 12303、12304 页）

《续资治通鉴长编》卷五一七元符二年冬十月戊辰：

权知一公城赵吉、押通远军蕃兵将王舜臣等，弃城逃归河州。朗阿克章围一公城凡四十日，苗履、姚雄统兵驻河州，不能救。城中无水，兼平日取粮于河州，自被围，城中粮乏，日杀马食肉饮其血。吉、舜臣等遣人求援十辈，辄为阿克章所擒。马且尽，乃帅众突围而出，转战百里，士卒获免十二三。朝廷知吉等力不敌，竟宥其罪。（中华书局，1993 年，第 34 册，第 12313、12314 页）

《续资治通鉴长编》卷五一八元符二年十一月癸未：

羌酋多罗巴等又与朗阿章相为犄角，乘冻渡河，攻讲朱城，数出膘哥、瓦吹、圆堡间，伺便寇钞。（中华书局，1993 年，第 34 册，第 12333 页）

《续资治通鉴长编》卷五一九元符二年十二月癸丑：

枢密院言："西蕃自唃厮啰以来，向化效顺，世受朝廷封爵。因董毡无后，阿里骨父子相继篡夺，今部族逼瞎征出汉，虽已立陇拶，寻亦归降。缘溪巴温、陇拶并系唃厮啰房族，非本族子孙。按右骐骥使赵怀德在河州，乃唃厮啰之嫡长曾孙，于董毡最是亲嫡子姓。今青唐已降敕命，建作鄯州，合如何措置？"诏："陇拶俟到阙朝见讫，已降朝旨，除河西节度使，差知鄯州军、州事，充西蕃都护；仍自今依府州折氏例，世世承袭知鄯州，管下部族，并令仍旧文法管勾。其赵怀义，除廓州团练使，同知湟州军、州事，兼本州管下部族同都巡检使。其逐州城寨，除通接鄯、湟州道路处，令熙河兰会路经略司次第精加修葺，差使臣兵马戍守。其余并令王赡、陇拶、王厚、赵怀义同相度，分布与近上忠白首领管勾。内青归论征、舍钦角四之类向汉有功之人，速具其力量功状等第以闻，当议依格优与官赏，兼差逐处本地分部族都同巡检。其王赡依旧熙河兰会路钤辖兼陇右沿边安抚都巡检使，充鄯、湟等州都护，仍与陇拶同管勾陇右军马司公事。其合留守戍兵马及应干合措置事件，并令经略司详细相度，条具奏听朝旨。仍令王瞻、王厚以诏旨明谕鄯、湟二州管下大小首领及部族，其溪巴温并小陇拶如能归顺，亦合优与官爵。内溪巴温如愿归鄯州与陇拶同处，或愿同小陇拶在溪哥城住坐，并听从便。令经略司依此转送恩信，分明晓谕，早令出汉。仍详具逐节已施行次第以闻。”（中华书局，1993年，第34册，第12348、12349页）

《续资治通鉴长编》卷五二〇元符三年正月戊寅：

枢密院言：“朗阿章元系河州蕃官，累立战功，兼昨收复邈川等处，有功未赏。本无背汉之心，止因前经略使措置乖方，致令逃背。已令河州存恤其家。及溪巴温、多罗巴虽曾拒官军，久未出汉，亦已累行招诱。”诏令胡宗回誊写蕃字，选差人赍付晓谕，若能翻然改图归顺，依前降指挥除授官职。朗阿章当议并未赏功绩优与迁补，多罗巴亦当优补名目。（中华书局，1993年，第34册，第12356页）

《续资治通鉴长编拾补》卷二一崇宁二年六月辛酉：

六月，厚、贯发总领蕃兵将官高永年、蕃兵将官李忠、河州将（卒）〔辛〕[①]叔詹、兰州将（卒）〔辛〕[②]叔献、兰州将（卒）[③]姚师闵刘仲武、通远军潘逢王用及王亨、党万等，提兵分道并进。谿巴温、谿赊罗撒诱群羌旅拒我师，我师稍衄，不能前。明日，休士鼓行，连日大捷，遂围湟州。部族漆令等二十一族大首领钦奖等五十余人，率小首领四百余人皆来降[④]。谿巴温、谿赊罗撒遁去，收复湟州并通川堡、通湟寨、省章峡、口堡、安陇寨、宁洮、乩当城、宁川堡、安川堡、南宗堡城寨十余所。（中华书局，第747、748页）

《续资治通鉴长编拾补》卷二二崇宁二年十一月乙酉：

十一月，朗阿章领河南部族寇来宾、循化城、安强寨，洮西安抚李忠战没。王

---

① 原文为“卒”。今据《资治通鉴后编》卷九五《宋纪九五》载：“崇宁二年六月甲子，我师至，望见城门不闭，偏将辛叔詹、安永国等争先入。”故改“卒”为“辛”，即“辛叔詹”。

② 原文为“卒”。今据《九朝编年备要》卷二七，大观二年夏五月庚戌载：“以复洮州功赐蔡京玉带。宣抚使童贯驻河州，遣统制官辛叔献领大兵自岷州入，贼兵远遁，遂复洮州。”《续资治通鉴长编》卷五〇七，元符二年三月乙丑载：“熙河第五将、前崇仪使辛叔献追三官勒停。”故改“卒”为“辛”，即“辛叔献”。

③ 原文为“兰州卒将姚师闵”。今据《九朝编年备要》卷二六崇宁二年六月载：“遣统制官高永年与蕃将新知熙州李忠、权兰州姚师闵及熙河诸将辛叔献等九人，提兵分道并进。”故删“将”后衍字“卒”。

④（宋）陈均：《九朝编年备要》卷二六，崇宁二年六月载：“而奇凌等二十一族及兰藏等皆来降。”（文渊阁《四库全书》第328册，第721页）

厚遣刘仲武、潘逵统兵救之，遇贼骨延岭，后鏖战，大捷，解循化城之围，首领瓦搒出降，余城寨兵皆败走。诏以熙河兰会则别为一路。（中华书局，2004 年，第 779 页）

《续资治通鉴长编拾补》卷二二崇宁二年十二月癸酉：

诏："别建熙河兰会路措置边事司，命皇城使、成州团练使、权发遣熙河兰会路经略司事王厚措置边事；入内皇城使、果州刺史童贯罢熙河兰会路勾当公事，差熙河兰会路同措置边事，仍兼领秦凤，得以节制兵将，应付兴发。"（中华书局，2004 年，第 781 页）

《续资治通鉴长编拾补》卷二三崇宁三年四月甲寅：

十一日，复安儿城，青唐首领伪公主青宜结牟乞降。（中华书局，2004 年，第 801 页）

《续资治通鉴长编拾补》卷二三崇宁三年四月丁巳：

十二日，王师入青唐城。十三日，复林金城谿兰宗堡。四月十二日，厚等奏，遵奉诏命统率大军，于今月九日收复龙支城。十一日，克复安儿城，节次具状奏闻去讫。于十二日五更初，统率大军自安儿前进出青唐峡，午时已来到鄯州城东门外下寨，寻遣高永年统领本将军马占据鄯州。及龟兹国伪公主青宜结牟驱率本州大小首领，于阗、回纥国般次出城迎降。寻当面犒劳抚慰，宣谕朝廷恩信，候令入城居住，占据州城了当，一行军马平安。谿赊罗撒与妻属多罗巴等逃走，未知所在，见行措置购捕次。（中华书局，2004 年，第 802、803 页）

《续资治通鉴长编拾补》卷二三崇宁三年四月庚申：

十三日，复林金城谿兰宗堡，越三日，大兵趋山南，山南大首领谿丁朴令骨及洛施军令结部领诸族诣军前降。（中华书局，2004 年，第 803 页）

《续资治通鉴长编拾补》卷二三崇宁三年四月辛酉：

十八日，复结啰城。十九日，复廓州，谿赊罗撒带多罗巴遁走，郭祖德追之，及于哥诺城，斩级数千。进兵令精谷，葩俄族大首领阿撒四率大小首领献酒军前，并洗纳等大首领阿厮结等悉来降。阿厮结在青唐海住坐，连夏国、龟兹，羌之最远者也。（中华书局，2004 年，第 803 页）

《续资治通鉴长编拾补》卷二八大观二年五月壬子：

自收复浪黎厮江诸族之后，有结毡庞籛者，帅羌兵万余逼峰贴峡寨而屯，官军即攘却之。继而围大通城、宣威城、顺宁寨，连彤山一带叛羌出没新边者数年不已。大观二年正月，以受八宝恩，改封赵怀德为顺义郡王、昭化军节度使、河南蕃部总领。河南蕃将缅什罗蒙为节度观察留后，赐名赵怀忠。五月，童贯奏："四月二十三日，臣遣统制官辛叔献、冯瓘等，统大军自岷州入洮州南境，逼鲁黎诸族，其首领结毡迎拒官军，以蕃字与臣，其辞倨甚。及谿哥城伪王子臧征扑哥欲与官军斗，亦无意出降。叔献等益整军逼之，诸羌骇散，遂具版筑城洮州，招纳洮州一带蕃部。命裨将潜率轻骑，破斫其城。前锋奄及，臧征扑哥不服鞍而奔丹寅岭，尽获其号、箭、旗、鼓、胡床、僭伪之物。臣因抚其部族，又遣统制官刘法、张诚、王亨自循化城，焦用诚、陈迪自廓州，分兵两路。刘法等盛兵威于前，焦用诚等捣其巢穴。及令陇右都护刘仲武于谿哥城对岸撒逋谷结桥过师，以顺义郡王赵怀德随军谕臧征扑哥以恩信，缘谿哥城皆怀德部族也。以兼箯党征立臧征扑哥，故啸聚纷然。臧征扑哥既东失鲁黎、结毡之援，穷迫不及所为，乃以银饰鞭遗怀德为投降之信，留谿哥城以候官军之来。五月三日，遣其弟荃厮波领河南首领撒厮全等来纳款。臣以其日遣诸将至谿哥城，受臧征扑哥降，复谿哥为积石军。”蔡京率百官称贺。诏俘臧征扑哥献京师，辅臣各进官一等，仍赐蔡京。诏曰：“昔我神考，肇开武胜，疆理西陲，惟时临洮，虽未克复，分置一道，以总其名，显丕圣谟，盖示必取。朕克笃前烈，告厥成功，远彻河源，奄有积石。名王系颈，版筑一新，壶浆载涂，民罔告病。眷兹硕画，实赖相臣。若非斥去，群疑曷由。发挥先志，威驰塞外，虏在目中，差次畴庸，宜居第一。蔡京可特许奏补一子一孙官，余依转官恩数。”

初，臧征扑哥以咒咀扇蕃俗居谿哥宗城，边吏既谓能动众心，必为边患。童贯欲实其事，遂会诸路进兵，仍遣刘仲武出奇兵取谿哥宗城，臧征扑哥迎降，并女弱才二十八人而已。初未尝有兵也，洎就禽，边吏张大其功，过为缘饰，以金纸糊桶为头冠，木椅为胡床，浅红绢为伞，种种皆非羌物。臧征朴哥至京师，援正任团练使、邓州钤辖，寻死于邓州。诏旨五月十二日童贯札子奏：奉敕宣抚熙、秦两路，措置收复积石军、洮州，并招诱谿哥伪王子臧征朴哥及河南一带部族等。臣至熙州，遵依御前处分及朝旨指挥，差本路经略使姚雄随臣赴河州，及差刘法充都统制，张诚、王亨充统制，总率将兵，分道前进，收复积石军，招纳部族。并遣顺义郡王赵怀德前去开导恩信，招纳伪王子臧征扑哥及谿哥一带未顺部族。及遣辛叔献、冯瓘统制将兵前去收复洮州，及招纳洮州一带蕃部。又遣陇右都护刘仲武领人马于谿哥对岸照应大军，并于撒逋谷口修桥。及臣密授方略，令相度乘机招纳。凭仗圣德。节次据刘法、赵怀德、辛叔献、刘仲武等申到已收复积石、洮州及招降到谿哥伪王子臧征扑哥出汉，并招纳谿哥、洮州一带部族，并各安帖住坐，见行兴工修筑。契勘先奉圣旨，今后立功之人，限三日保明奏闻，今来下项官等悉能上体圣意，究心宣力，克济事功，宜被赏典，伏望圣慈特赐详酌，先次一等优异推恩，所贵有以激劝。（中华书局，2004年，第940、941、942页）

二、唃厮啰家族世系表

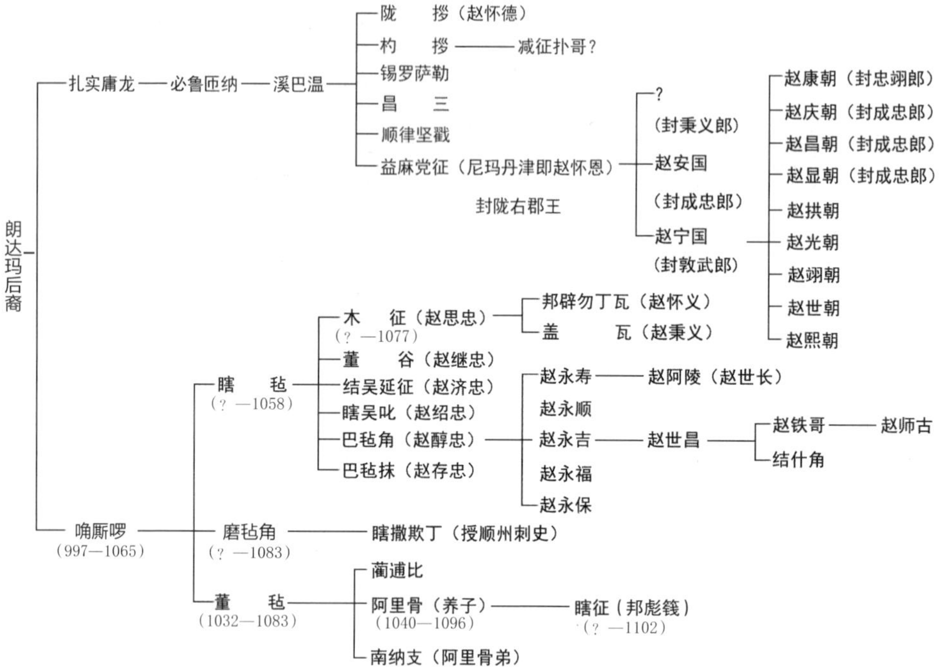

三、吐蕃人名、部族名、地名异译表

表 1 吐蕃人名异译表

《宋史》《宋会要辑稿》	《续资治通鉴长编》及其他
木征	摩正
瓜遇	伽裕勒
多香	都香
埋香	密香
青波	沁巴结

续表

《宋史》《宋会要辑稿》	《续资治通鉴长编》及其他
秃逋	透逋
屈尾	齐都尔都
甘遵	斡遵、格埒班珠、喝邻半祝
呵昔	格布锡
结兀	结瓦
结彪	结布
结金	结锦
结邻	结凌
怯陵	策凌
杓拶	杓赞
盖吼	噶斡
瞎毡	辖戬
瞎征	辖正
董菊	董矩
董古	董谷、董裕
董毡	董戬
鬼章、青宜结鬼章	果庄、青宜结果庄
鬼章青宜结	果庄青宜结
温逋	温布
陇拶	隆赞
抹罗	摩垒
阿笃	阿道
药熟	约苏

续表

《宋史》《宋会要辑稿》	《续资治通鉴长编》及其他
扶麻	布玛
野毡	叶占
那逋	纳布克
鲁遵	罗遵
厮铎	斯多
角蝉	居戬
尊麻	遵玛
洛吴	类吴
禄尊	罗卜藏
阎藏	雅尔藏
兰毡	纳其临占
格乌	哥吴
溪毡	溪展
赞普	沁布、嘉木布
唃厮啰	嘉勒斯赉
俞龙珂	裕罗格勒
俞龙七	裕罗勒齐
巴尔瓜	巴把瓦
巴金符	巴金摩
巴厮鸡	巴斯吉
巴斯铎	巴斯多
巴毡角	巴珍觉
巴毡抹	巴珍穆

续表

《宋史》《宋会要辑稿》	《续资治通鉴长编》及其他
巴金谒	巴金渴
巴纳支	巴鼐吉
厮铎督	斯多特
厮鸡波	斯吉特布
厮铎毡	斯多展
厮波温	乐斯波温
赏样丹	尚扬丹
赏斯门	尚斯门
阿厮铎	阿锡达
阿里骨	鄂特凌骨
木令征	本琳沁
木罗丹	摩罗木丹
密厮歌	密斯噶、容厮铎
撒逋渴、萨逋歌	实布格
李阿温	李阿旺隆
李磨论	李磨拉木
李立遵、立遵	李埒克遵、埒克遵
李巴全	李巴沁
郭厮敦	郭斡苏都、卦厮敦
蔺逋叱	凌卜齐
温逋奇	温布且
温溪心	温锡沁
刘王叔	刘旺诺尔

续表

《宋史》《宋会要辑稿》	《续资治通鉴长编》及其他
蒙罗角	蒙罗觉
溪巴温	溪巴乌、锡巴衮
尚波于	尚巴约
青厮扒	青斯巴
崔悉波	促勒锡卜
瞎吴叱	辖乌察
潘罗支	博罗齐
鱼角蝉	岳居戳、裕木扎卜沁
苏南结	索诺木节
苏奴尔	索诺尔
磨毡角	默戬觉
郢成结	郢成简
张小哥	张硕噶
结施卒	结日卜聚
结成抹	结成术
结叱兀、结兀兀	结察斡
结瓦龊、结兀龊	结斡磋
结麻令	令支结玛
结药密、结药	结约特
斯巴温	斯班
讷儿温	鼐尔温
南纳支	索诺木纳木扎勒
东厮鸡	楝锡

续表

《宋史》《宋会要辑稿》	《续资治通鉴长编》及其他
铺撒四、撒铺四	萨卜赛
篯罗结	绰尔结
邦彪篯	溪邦彪篯、溪邦贝昌
邦通支	帕勒布齐
钦波结	沁布结
钤令结	策凌结
冷鸡朴	隆吉卜
伦约斯	陇心谕药四
路黎奴	鲁哩努
斯多伦	撒陀龙
一声金龙、温郢成俞龙	伊实济鲁
兀征延声	乌戬新雅克
心牟钦毡	森摩乾展
心牟温鸡	森温济特
青归论证	青归论征结
青宜奢罗	青宜赊罗
边斯波结	毕斯布结
益麻党征	尼玛丹津、尼玛丹怎
掌牟睹逋	章穆辑卜
华尔河马	和尔阿木都
笃胪令结	多垒令结
折通葛支	折逋嘉施
李叱腊钦	李察勒沁

续表

《宋史》《宋会要辑稿》	《续资治通鉴长编》及其他
李撒耳君	李萨尔均
李赊罗抹	李沙勒玛
瞎药鸡罗	辖约格罗
瞎养兀尔	辖扬乌尔
陇逋了安	隆博罗安
陇谕药四	隆伦约斯
麻令一缩	玛哩伊磋
溪赊罗撒	锡罗萨勒
溪尊勇丹	溪遵勇丹
塔捉马洛	达马罗
沈阿当令	沈鄂特凌
软驴脚四	顺律觉依
结吴延正	结斡延正
马波叱腊	马波咱尔
何郎业贤	哈喇额森
耸昌厮均	松察克斯戬
苏南党征	索诺木丹怎
钦令征部	策凌扎卜
日逋吉罗丹	日布结罗丹
折逋喻龙波、折逋俞龙波	折逋游龙钵
叱腊党支令	且肅丹淋沁
温讷支郢成、温讷支郢成四	温纳木扎尔额沁　　温埸波讷令支
温声拉腊抹	温僧拉摩

续表

《宋史》《宋会要辑稿》	《续资治通鉴长编》及其他
禹藏郢成四	裕藏颖沁萨勒
溪论儿驴彪	溪鲁尔罗巴
董纳支蔺毡	董纳芝临占
邦辟勿丁瓦、兀丁呱	巴尔丕勒鄂丹斡　乌丹乌心
李波未裹瓦	李博木喇斡
拨藏党令结	巴勒藏达尔结
刘勇丹麦结古	刘勇丹济古
景青宜党令支	经沁伊达木凌节
鬼驴叱逋巴角	古勒察卜巴觉
瞎撒欺丁木征	辖萨斯鼎摩正
瞎斯丁木征	辖奇鼎摩正
灼蒙冒失卑陵	嘉木磋沙卜哩
叱纳党支令结	且鼎丹抹心令支结
欺南陵温籛逋	齐囊凌衮沁布
曲撒四王阿珂	吹斯伞王阿噶

表2　吐蕃部族名异译表

《宋史》《宋会要辑稿》	《续资治通鉴长编》及其他
日脚	日珠、日姜
鬼驴	古勒、鬼芦、郭罗克族
鬼留	圭族
耳金	额勒锦
剡毛	音摩

续表

《宋史》《宋会要辑稿》	《续资治通鉴长编》及其他
亚然	雅仁结
党留	党罗
麻毡	玛展
者龙	掺罗咙、咱隆
章埋	章迷、折密桑
妙娥	密鄂克
卫狸	魏狸
移逋	伊普
野利	野狸、野离、拽利
六谷	喽和斯
缅药	满裕克
擦父	才迭
者谷	德古
磋鹘	磋库
达谷	尔珠
明珠	敏珠尔
灭臧	密桑、嘉勒藏
哩恭	立公
陇逋、陇波	隆博
咩密	密克默特
咩逋	密本
马颇	马波
禹藏	裕勒藏

续表

《宋史》《宋会要辑稿》	《续资治通鉴长编》及其他
丰移	威伊特施
玛勒	马禄
张族	张香儿族
都罗、多罗	督六
鲁遵	罗遵
当遵	当宗
青归	青贵
空俞	崆裕勒
擦罗	纳克垒、捺罗
斯纳	洗纳、西纳、洗拿
硅族	鬼族
宗哥族	总噶尔族
离王族	哩旺族
他厮麻	图沙玛
药令族	裕勒凌族
王泥猪	王宁珠
龛谷族	康古族
兰家族	赖家族、懒家族
样丹族	杨丹族
乞当族	欺当族、锡丹族
厮鸡波	斯节博
迷般嘱	敏楚巴克
杓家族	勺家族

表3　吐蕃地名异译表

《宋史》《宋会要辑稿》	《续资治通鉴长编》及其他
拶家族	咱家族
禄斯结	罗斯结、讷斯结、鲁斯结
籛南族	齐暖族
神波族	仲也族
朴心族	布征族
添令族	漆令族
把扬族	把羊族
默星族	未星族
木令族	习令波
星罗舒克	星罗述
穆耳瑞巴	抹耳水巴
罗瞎力骨	穆尔锡里库
铺心把离族	布沁巴勒族
龛谷城	康古城
噶家城	拉家城
枭篦城	鸱枭城
宗哥城	总噶尔城
必利城	筚篥城
章川堡	漳川堡
笼竿城	陇干城
剡心城	多僧城
移公城、一公城	叶公城
吹麻城	吹莽城

续表

《宋史》《宋会要辑稿》	《续资治通鉴长编》及其他
西使城	西市城
武延川	乌尔戳咸巴川
郭莽寺	国门寺
野吴谷	鸦尔乌谷
猫牛城	牦牛城
历精城	哩沁城、林擒城、林金城
讲朱城	嘉木卓城
错凿城	磋藏城
巩令城	观凌城
敦波城	敦巴城
临谷城	林金城
五牟谷	鄂摩克谷
斫龙城	喀罗城
钱南城	齐暖城
溪哥城	锡勒噶尔城
南宗堡	鼐宗堡
乞神平	策撒丕勒
当标城	丹贝城、丹巴城
润努川	任努川
广吴岭	纲威岭
溪兰宗堡	伊兰鼐宗堡

参考文献

古籍（按书名字数、笔画排列顺序）

（明）宋濂等：《元史》，北京：中华书局，1976年。

（宋）王应麟：《玉海》，载文渊阁《四库全书》影印本，台北：台湾商务印书馆，1986年。

（汉）司马迁：《史记》，北京：中华书局，1959年。

（唐）李延寿：《北史》，北京：中华书局，1974年。

（汉）班固：《汉书》，北京：中华书局，1962年。

（元）脱脱等：《辽史》，北京：中华书局，1974年。

（宋）陈旸：《乐书》，载文渊阁《四库全书》影印本，台北：台湾商务印书馆，1986年。

（元）脱脱等：《宋史》，北京：中华书局，1977年。

（梁）沈约：《宋书》，北京：中华书局，1974年。

（明）岷峨山人：《译语》，载《丛书集成新编》，台北：台湾新文丰出版公司，1985年。

（清）张廷玉等：《明史》，北京：中华书局，1974年。

（唐）令狐德棻：《周书》，北京：中华书局，1971年。

（明）唐顺之：《武编》，载文渊阁《四库全书》影印本，台北：台湾商务印书馆，1986年。

（元）脱脱等：《金史》，北京：中华书局，1975年。

（唐）李延寿：《南史》，北京：中华书局，1975年。

（宋）米芾：《砚史》，载文渊阁《四库全书》影印本，台北：台湾商务印书馆，1986年。

（明）陶宗仪：《说郛》，上海：古籍出版社，1988年。

（宋）曾慥：《类说》，载文渊阁《四库全书》影印本，台北：台湾商务印书馆，1986年。

(宋) 孔平仲：《谈苑》，载文渊阁《四库全书》影印本，台北：台湾商务印书馆，1986年。

(唐) 杜佑：《通典》，北京：中华书局，1988年。

(宋) 郑樵：《通志》，载文渊阁《四库全书》影印本，台北：台湾商务印书馆，1986年。

(唐) 房玄龄等：《晋书》，北京：中华书局，1974年。

(唐) 姚思廉:《梁书》，北京：中华书局，1975年。

(唐) 魏徵等:《隋书》，北京：中华书局，1973年。

(清) 冯甦:《滇考》，载文渊阁《四库全书》影印本，台北：台湾商务印书馆，1986年。

(北齐) 魏收：《魏书》，北京：中华书局，1974年。

(宋) 黄庭坚：《山谷集》，载文渊阁《四库全书》影印本，台北：台湾商务印书馆，1986年。

(宋) 宋庠：《元宪集》，载文渊阁《四库全书》影印本，台北：台湾商务印书馆，1986年。

(宋) 刘敞：《公是集》，载文渊阁《四库全书》影印本，台北：台湾商务印书馆，1986年。

(宋) 李石：《方舟集》，载文渊阁《四库全书》影印本，台北：台湾商务印书馆，1986年。

(后魏) 郦道元：《水经注》，载文渊阁《四库全书》影印本，台北：台湾商务印书馆，1986年。

(宋) 毛滂：《东堂集》，载文渊阁《四库全书》影印本，台北：台湾商务印书馆，1986年。

(后晋) 刘昫：《旧唐书》，北京：中华书局，1975年。

(清) 戴锡章著，李蔚整理：《西夏纪》，济南：泰山出版社，2000年。

《西藏记》，载王云五主编《丛书集成初编》，上海：商务印书馆，1935年。

(唐) 赵璘：《因话录》，曾枣庄主编：《全宋文》，成都：巴蜀书社，1988年。

曾枣庄，刘琳主编：《全宋文》，上海：辞书出版社，2006年。

(清) 董诰等编：《全唐文》，北京：中华书局影印本，1983年。

（清）曹寅、彭定求等编：《全唐诗》，台北：台湾商务印书馆文渊阁《四库全书》影印本，1986年。

（宋）司马光：《传家集》，载文渊阁《四库全书》影印本，台北：台湾商务印书馆，1986年。

（宋）韩琦：《安阳集》，载王云五主编《丛书集成初编》，上海：商务印书馆，1935年。

（宋）张方平：《乐全集》，载文渊阁《四库全书》影印本，台北：台湾商务印书馆，1986年。

（南朝宋）范晔：《后汉书》，北京：中华书局，1965年。

（宋）吕祖谦：《宋文鉴》，载文渊阁《四库全书》影印本，台北：台湾商务印书馆，1986年。

（宋）范成大：《吴船录》，载文渊阁《四库全书》影印本，台北：台湾商务印书馆，1986年。

（南朝宋）僧法显：《佛国记》，载文渊阁《四库全书》影印本，台北：台湾商务印书馆，1986年。

（宋）王安中：《初寮集》，载文渊阁《四库全书》影印本，台北：台湾商务印书馆，1986年。

（宋）庄绰：《鸡肋编》，载文渊阁《四库全书》影印本，台北：台湾商务印书馆，1986年。

（宋）吴淑：《事类赋》，载文渊阁《四库全书》影印本，台北：台湾商务印书馆，1986年。

（宋）李远：《青唐录》，上海：古籍出版社《说郛三种》，1988年。

（清）康敷镕：《青海记》，载《中国方志丛书》，台北：台湾成文出版社，1985年。

（宋）张舜民：《画墁录》，载文渊阁《四库全书》影印本，台北：台湾商务印书馆，1986年。

（宋）吕颐浩：《忠穆集》，载文渊阁《四库全书》影印本，台北：台湾商务印书馆，1986年。

（宋）方勺：《泊宅编》，载文渊阁《四库全书》影印本，台北：台湾商务印书馆，1986年。

（魏）王弼撰：《周易注》，载文渊阁《四库全书》影印本，台北：台湾商务印书馆，1986年。

（清）郭京范纂：《岷州志》，载《中国西北文献丛书》第一辑《西北稀见方志文献》，兰州：学苑出版社，1991 年。

（宋）尹洙：《河南集》，载文渊阁《四库全书》影印本，台北：台湾商务印书馆，1986 年。

（宋）吕陶：《净德集》，载文渊阁《四库全书》影印本，台北：台湾商务印书馆，1986 年。

（宋）张耒：《柯山集》，载文渊阁《四库全书》影印本，台北：台湾商务印书馆，1986 年。

（宋）韩维：《南阳集》，载文渊阁《四库全书》影印本，台北：台湾商务印书馆，1986 年。

（南朝齐）肖子显：《南齐书》，北京：中华书局，1972 年。

《昭忠录》，载文渊阁《四库全书》影印本，台北：台湾商务印书馆，1986 年。

（宋）邵伯温：《闻见录》，载文渊阁《四库全书》影印本，台北：台湾商务印书馆，1986 年。

（宋）王溥：《唐会要》，载文渊阁《四库全书》影印本，台北：台湾商务印书馆，1986 年。

（宋）苏辙：《栾城集》，载文渊阁《四库全书》影印本，台北：台湾商务印书馆，1986 年。

（宋）秦观：《淮海集》，载文渊阁《四库全书》影印本，台北：台湾商务印书馆，1986 年。

（宋）曾巩：《隆平集》，载文渊阁《四库全书》影印本，台北：台湾商务印书馆，1986 年。

（清）嵇璜、曹仁虎：《续通志》，载文渊阁《四库全书》影印本，台北：台湾商务印书馆，1986 年。

（金）元好问：《遗山集》，载文渊阁《四库全书》影印本，台北：台湾商务印书馆，1986 年。

（宋）邹浩：《道乡集》，载文渊阁《四库全书》影印本，台北：台湾商务印书馆，1986 年。

（宋）郑獬：《郧溪集》，载文渊阁《四库全书》影印本，台北：台湾商务印书馆，1986 年。

（宋）刘攽：《彭城集》，载文渊阁《四库全书》影印本，台北：台湾商务印书馆，1986年。

（宋）袁甫：《蒙斋集》，载文渊阁《四库全书》影印本，台北：台湾商务印书馆，1986年。

（宋）罗愿：《新安志》，载文渊阁《四库全书》影印本，台北：台湾商务印书馆，1986年。

（宋）欧阳修、宋祁：《新唐书》，北京：中华书局，1975年。

（宋）吴泳：《鹤林集》，载文渊阁《四库全书》影印本，台北：台湾商务印书馆，1986年。

（宋）李复：《潏水集》，载文渊阁《四库全书》影印本，台北：台湾商务印书馆，1986年。

（元）郝经：载文渊阁《四库全书》影印本，台北：台湾商务印书馆，1986年。

（宋）司马光：《稽古录》，载文渊阁《四库全书》影印本，台北：台湾商务印书馆，1986年。

（清）觉罗石麟等监修、储大文等编纂：《山西通志》，载文渊阁《四库全书》影印本，台北：台湾商务印书馆，1986年。

（明）彭大翼：《山堂肆考》，载文渊阁《四库全书》影印本，台北：台湾商务印书馆，1986年。

（宋）王溥：《五代会要》，载文渊阁《四库全书》影印本，台北：台湾商务印书馆，1986年。

（清）王心敬：《丰川易说》，载文渊阁《四库全书》影印本，台北：台湾商务印书馆，1986年。

（元）索兰兮：《元一统志》，北京：中华书局，1966年。

（宋）杜绾：《云林石谱》，载文渊阁《四库全书》影印本，台北：台湾商务印书馆，1986年。

（清）鄂尔泰等监修、靖道谟等编纂：《云南通志》，载文渊阁《四库全书》影印本，台北：台湾商务印书馆，1986年。

（唐）欧阳询：《艺文类聚》，载文渊阁《四库全书》影印本，台北：台湾商务印书馆，1986年。

（元）马端临：《文献通考》，载文渊阁《四库全书》影印本，台北：台湾商务印书馆，1986年。

（宋）祝穆：《方舆胜览》，载文渊阁《四库全书》影印本，台北：台湾商务印书馆，1986年。

（元）马祖常：《石田文集》，载文渊阁《四库全书》影印本，台北：台湾商务印书馆，1986年。

（宋）魏泰：《东轩笔录》，载文渊阁《四库全书》影印本，台北：台湾商务印书馆，1986年。

（宋）王称：《东都事略》，载文渊阁《四库全书》影印本，台北：台湾商务印书馆，1986年。

（宋）苏轼：《东坡全集》，载文渊阁《四库全书》影印本，台北：台湾商务印书馆，1986年。

（清）许容等监修、李迪等编纂：《甘肃通志》，载文渊阁《四库全书》影印本，台北：台湾商务印书馆，1986年。

（宋）薛居正等：《旧五代史》，北京：中华书局，1976年。

（宋）王钦若、楊億等：《册府元龟》，载文渊阁《四库全书》影印本，台北：台湾商务印书馆，1986年。

（唐）白居易原本，（宋）孔传续撰：《白孔六帖》，载文渊阁《四库全书》影印本，台北：台湾商务印书馆，1986年。

《永乐大典》，北京：中华书局，1986年影印本。

（清）吴广成著，李蔚整理：《西夏书事》，济南：泰山出版社，2000年。

（宋）苏舜钦：《苏学士集》，载文渊阁《四库全书》影印本，台北：台湾商务印书馆，1986年。

（宋）陈元靓：《岁时广记》，载文渊阁《四库全书》影印本，台北：台湾商务印书馆，1986年。

（清）洪亮吉：《伊犁日记》，载《小方壶斋舆地丛钞》第二帙，杭州：杭州古籍书店，1985年。

（唐）吕温：《吕衡州集》，载文渊阁《四库全书》影印本，台北：台湾商务印书馆，1986年。

《宋史全文》，载文渊阁《四库全书》影印本，台北：台湾商务印书馆，1986年。

（宋）李攸：《宋朝事实》，载文渊阁《四库全书》影印本，台北：台湾商务印书馆，1986年。

（唐）段成式：《酉阳杂俎》，载文渊阁《四库全书》影印本，台北：台湾商务印书馆，1986年。

（宋）张载：《张子全书》，载文渊阁《四库全书》影印本，台北：台湾商务印书馆，1986 年。

（唐）沈亚之：《沈下贤集》，载文渊阁《四库全书》影印本，台北：台湾商务印书馆，1986 年。

罗振玉辑：《沙州文录》，上虞罗氏编印本甲子（1924 年）仲冬。

（宋）唐慎微：《证类本草》，载文渊阁《四库全书》影印本，台北：台湾商务印书馆，1986 年。

（宋）曾公亮、丁度等：《武经总要》，载文渊阁《四库全书》影印本，台北：台湾商务印书馆，1986 年。

（宋）江少虞：《事实类苑》，载文渊阁《四库全书》影印本，台北：台湾商务印书馆，1986 年。

（宋）洪皓：《松漠纪闻》，载文渊阁《四库全书》影印本，台北：台湾商务印书馆，1986 年。

（宋）袁褧撰：《枫窗小牍》，载文渊阁《四库全书》影印本，台北：台湾商务印书馆，1986 年。

（宋）范祖禹：《范太史集》，载文渊阁《四库全书》影印本，台北：台湾商务印书馆，1986 年。

（汉）孔安国传，（唐）孔颖达疏：《尚书注疏》，载文渊阁《四库全书》影印本，台北：台湾商务印书馆，1986 年。

（宋）范仲淹：《范文正集》，载文渊阁《四库全书》影印本，台北：台湾商务印书馆，1986 年。

（汉）郑玄注，（唐）贾公彦疏：《周礼注疏》，载文渊阁《四库全书》影印本，台北：台湾商务印书馆，1986 年。

《宣和书谱》，载文渊阁《四库全书》影印本，台北：台湾商务印书馆，1986 年。

《皇朝通志》，载文渊阁《四库全书》影印本，台北：台湾商务印书馆，1986 年。

（清）王士祯：《香祖笔记》，载文渊阁《四库全书》影印本，台北：台湾商务印书馆，1986 年。

（清）陈奕禧：《皋兰载笔》，载《小方壶斋舆地丛钞》第六帙，第九册，杭州：杭州古籍书店，1985 年。

（清）林则徐：《荷戈纪程》，载《小方壶斋舆地丛钞》第二帙，第二册，杭州：杭州古籍书店，1985 年。

(清) 倭仁：《莎车行记》，载《小方壶斋舆地丛钞》第二帙，第二册，杭州：杭州古籍书店，1985 年。

(清) 陈元龙：《格致镜原》，载文渊阁《四库全书》影印本，台北：台湾商务印书馆，1986 年。

(宋) 王安石：《临川文集》，载文渊阁《四库全书》影印本，台北：台湾商务印书馆，1986 年。

(明) 都穆：《铁网珊瑚》，载《四库全书存目丛书》影印本，济南：齐鲁书社，1995 年。

(宋) 陆游：《剑南诗稿》，载文渊阁《四库全书》影印本，台北：台湾商务印书馆，1986 年。

(唐) 李肇：《唐国史补》，载文渊阁《四库全书》影印本，台北：台湾商务印书馆，1986 年。

(宋) 司马光：《资治通鉴》，北京：中华书局，1955 年。

(宋) 韩淲：《涧泉日记》，载文渊阁《四库全书》影印本，台北：台湾商务印书馆，1986 年。

(宋) 司马光：《涑水记闻》，载文渊阁《四库全书》影印本，台北：台湾商务印书馆，1986 年。

(宋) 孙逢吉：《职官分纪》，载文渊阁《四库全书》影印本，台北：台湾商务印书馆，1986 年。

(宋) 赵昇：《朝野类要》，载文渊阁《四库全书》影印本，台北：台湾商务印书馆，1986 年。

(宋) 沈括：《梦溪笔谈》，北京：文物出版社，1975 年。

(宋) 韩琦：《韩魏公集》，上海：上海商务印书馆，1937 年。

(宋) 曾布：《曾公遗录》，北京：中华书局（藕香零拾本），1999 年。

黄永武：《敦煌宝藏》，台北：新文丰出版社，1981 年。

(宋) 慕容彦逢：《摛文堂集》，载文渊阁《四库全书》影印本，台北：台湾商务印书馆，1986 年。

格尔登泰、乌云达赉：《蒙古秘史》，包头：内蒙古人民出版社，2007 年。

(宋) 章如愚：《群书考索》，载文渊阁《四库全书》影印本，台北：台湾商务印书馆，1986 年。

（宋）欧阳修：《新五代史》，北京：中华书局，1974年。

（宋）朱辅：《溪蛮丛笑》，载文渊阁《四库全书》影印本，台北：台湾商务印书馆，1986年。

（宋）欧阳忞：《舆地广记》，载文渊阁《四库全书》影印本，台北：台湾商务印书馆，1986年。

（宋）张邦基：《墨庄漫录》，载文渊阁《四库全书》影印本，台北：台湾商务印书馆，1986年。

（宋）田况：《儒林公议》，载文渊阁《四库全书》影印本，台北：台湾商务印书馆，1986年。

（宋）文彦博：《潞公文集》，载文渊阁《四库全书》影印本，台北：台湾商务印书馆，1986年。

（宋）许翰：《襄陵文集》，载文渊阁《四库全书》影印本，台北：台湾商务印书馆，1986年。

（唐）释元应：《一切经音义》，载文渊阁《四库全书》影印本，台北：台湾商务印书馆，1986年。

（明）丘濬：《大学衍义补》，载文渊阁《四库全书》影印本，台北：台湾商务印书馆，1986年。

（明）王祎：《大事记续编》，载文渊阁《四库全书》影印本，台北：台湾商务印书馆，1986年。

（清）和珅等：《大清一统志》，载文渊阁《四库全书》影印本，台北：台湾商务印书馆，1986年。

（宋）乐史：《太平寰宇记》，载文渊阁《四库全书》影印本，台北：台湾商务印书馆，1986年。

（宋）王安石：《王荆公诗注》，载文渊阁《四库全书》影印本，台北：台湾商务印书馆，1986年。

（宋）王存：《元丰九域志》，北京：中华书局，1984年。

（唐）李吉甫：《元和郡县志》，载文渊阁《四库全书》影印本，台北：台湾商务印书馆，1986年。

（清）倪涛：《六艺之一录》，载文渊阁《四库全书》影印本，台北：台湾商务印书馆，1986年。

刘郁芬、杨思纂：《甘肃通志稿》，载《西北文献丛书》第一辑《西北稀见方志文献》，兰州：学苑出版社，1991年。

（明）徐应秋：《玉芝堂谈荟》，载文渊阁《四库全书》影印本，台北：台湾商务印书馆，1986年。

（唐）白居易：《白氏长庆集》，载文渊阁《四库全书》影印本，台北：台湾商务印书馆，1986年。

（清）阮葵生：《西番各寺记》，载《小方壶斋舆地丛钞》第六帙，第九册，杭州：杭州古籍书店，1985年。

（宋）陆游：《老学庵笔记》，广州：广东人民出版社历代小说笔记选，1984年。

（清）佚名：《兰州风土记》，载《小方壶斋舆地丛钞》第六帙，第九册，杭州：杭州古籍书店，1985年。

（清）陶保廉：《辛卯侍行记》，北京：中国国际广播出版社，2016年

（宋）苏颂：《苏魏公文集》，载文渊阁《四库全书》影印本，台北：台湾商务印书馆，1986年。

《宋大诏令集》，北京：中华书局，1962年圈点本。

（清）徐松辑：《宋会要辑稿》，北京：中华书局，1957年。

（清）徐松辑，刘琳、刁忠民、舒大刚、伊波校点：《宋会要辑稿》，上海：古籍出版社，2014年。

张维 ：《陇右金石录》，甘肃省文献征集委员会民国三十二年（1943年）校印本。

张维：《陇右金石录》，载《中国西北文献丛书》第七辑，兰州古籍书店影印出版，1990年。

《明太祖实录》，上海：古籍出版社，1992年。

《岷州乡土志》，载《陇右稀见方志三种》，上海：上海书店，1984年。

（宋）晁公武：《郡斋读书志》，载文渊阁《四库全书》影印本，台北：台湾商务印书馆，1986年。

（唐）封演：《封氏闻见记》，载文渊阁《四库全书》影印本，台北：台湾商务印书馆，1986年。

（宋）宋敏求编：《唐大诏令集》，载文渊阁《四库全书》影印本，台北：台湾商务印书馆，1986年。

（宋）吴曾：《能改斋漫录》，载《宋元笔记丛书》，上海：古籍出版社，1979年。

（元）袁桷：《清容居士集》，载文渊阁《四库全书》影印本，台北：台湾

商务印书馆，1986年。

王重民等：《敦煌变文集》，北京：人民文学出版社，1957年。

（宋）王辟之：《渑水燕谈录》，载《唐宋史料笔记丛刊》，北京：中华书局，1981年。

（清）毕源：《续资治通鉴》，北京：中华书局，1957年。

（清）嵇璜、曹仁虎等：《续文献通考》，载文渊阁《四库全书》影印本，台北：台湾商务印书馆，1986年。

（宋）孙觌：《鸿庆居士集》，载文渊阁《四库全书》影印本，台北：台湾商务印书馆，1986年。

（元）虞集：《道园学古录》，载文渊阁《四库全书》影印本，台北：台湾商务印书馆，1986年。

（宋）王林：《燕翼诒谋录》，载文渊阁《四库全书》影印本，台北：台湾商务印书馆，1986年。

（宋）陈均：《九朝编年备要》，载文渊阁《四库全书》影印本，台北：台湾商务印书馆，1986年。

（清）胡聘之：《山右石刻丛编》，太原：山西人民出版社，1988年。

陈庆英、仁庆扎西译注：《王统世系明鉴》，沈阳：辽宁人民出版社，1985年。

（宋）彭百川：《太平治迹统类》，载文渊阁《四库全书》影印本，台北：台湾商务印书馆，1986年。

（明）杨士奇等：《历代名臣奏议》，载文渊阁《四库全书》影印本，台北：台湾商务印书馆，1986年。

（清）赵一清：《水经注笺刊误》，载文渊阁《四库全书》影印本，台北：台湾商务印书馆，1986年。

《两朝编目备要》，载文渊阁《四库全书》影印本，台北：台湾商务印书馆，1986年。

傅增湘：《宋代蜀文辑存》，北京：图书馆出版社，2005年。

（宋）赵汝愚编：《宋朝诸臣奏议》，上海：古籍出版社，1999年。

（明）冯琦原编，陈邦瞻增辑：《宋史纪事本末》，载文渊阁《四库全书》影印本，台北：台湾商务印书馆，1986年。

（宋）邵博：《邵氏闻见后录》，载《唐宋史料笔记丛刊》，北京：中华书局，1983年。

（宋）陈振孙：《直斋书录解题》，载文渊阁《四库全书》影印本，台北：台湾商务印书馆，1986年。

（宋）范仲淹：《范文正集补编》，载文渊阁《四库全书》影印本，台北：台湾商务印书馆，1986年。

（宋）李直：《皇宋十朝纲要》，载文渊阁《四库全书》影印本，台北：台湾商务印书馆，1986年。

（清）纪昀、陆锡熊：《钦定河源纪略》，载文渊阁《四库全书》影印本，台北：台湾商务印书馆，1986年。

（宋）郭雍：《郭氏传家易说》，载文渊阁《四库全书》影印本，台北：台湾商务印书馆，1986年。

（清）徐乾学：《资治通鉴后编》，载文渊阁《四库全书》影印本，台北：台湾商务印书馆，1986年。

（宋）司马光：《资治通鉴考异》，载文渊阁《四库全书》影印本，台北：台湾商务印书馆，1986年。

（宋）袁枢：《通鉴纪事本末》，载文渊阁《四库全书》影印本，台北：台湾商务印书馆，1986年。

（清）顾祖禹撰，贺次君、施和金点校：《读史方舆纪要》，北京：中华书局，2005年。

（清）顾炎武：《天下郡国利病书》，载《四部丛刊三编》，上海：商务印书馆，1936年。

（明）徐纮：《明名臣琬琰续录》，载文渊阁《四库全书》影印本，台北：台湾商务印书馆，1986年。

（宋）李焘：《续资治通鉴长编》，北京：中华书局，2004年。

（宋）李焘：《续资治通鉴长编》，载文渊阁《四库全书》影印本，台北：台湾商务印书馆，1986年。

（宋）杜大珪：《名臣碑传琬琰之集》，载文渊阁《四库全书》影印本，台北：台湾商务印书馆，1986年。

《陇右稀见方志三种》，上海：上海书店，1984年。

（宋）李心传：《建炎以来朝野杂记》，载《丛书集成初编》，上海：商务印书馆，1935年。

（宋）李心传：《建炎以来朝野杂记》，载文渊阁《四库全书》影印本，台北：台湾商务印书馆，1986年。

吴景山：《安多藏族地区金石录》，兰州：甘肃文化出版社，2014年。

（清）黄以周等辑注，顾吉辰点校：《续资治通鉴长编拾补》，北京：中华书局，2004年。

王尧、陈践译注：《敦煌本吐蕃历史文书》（增订本），北京：民族出版社，1992年。

（宋）司马光：《温国文正司马公文集》，载《四部丛刊初编》，上海：商务印书馆，1935年

（清）严可均：《全上古三代秦汉三国六朝文》，北京：中华书局，1958年。

著作（按书名字数、笔画排列顺序）

杨万荣主编：《人文定西》，定西市博物馆，甘出淮字46号总548号（2014）32号。

天祝藏族自治县文学艺术联合会编：《文物天祝》，北京：中国文史出版社，2020年。

刘建丽：《甘肃通史》（宋夏金元卷），兰州：甘肃人民出版社，2009年。

尹伟先、杨富学、魏明孔：《甘肃通史》（隋唐五代卷），兰州：甘肃人民出版社，2009年。

杨建新、卢苇：《丝绸之路》，兰州：甘肃人民出版社，1988年。

达仓宗巴·班觉桑布著，陈庆英译：《汉藏史集》，拉萨：西藏人民出版社，1986年。

杨树森：《辽史简编》，沈阳：辽宁人民出版社，1984年。

郭厚安、李清凌主编：《西北通史》，兰州：兰州大学出版社，2005年。

钟侃、李范文：《西夏简史》，银川：宁夏人民出版社，1979年。

吴天墀：《西夏史稿》，成都：四川人民出版社，1980年。

王天顺等：《西夏战史》，银川：宁夏人民出版社，1993年。

〔俄〕列宁：《列宁全集》，北京：人民出版社，1957年。

周伟洲：《吐谷浑史》，银川：宁夏人民出版社，1985年。

王尧：《吐蕃文化》，长春：吉林教育出版社，1989年。

乐都县志编纂委员会：《乐都县志》，西安：陕西人民出版社，1992年。

王亚斌主编，王克生、刘继涛编撰：《庄浪金石》，北京：中国文史出版社，2015 年。

文春霞主编，李晓斌编撰：《庄浪文物》，北京：中国文史出版社，2018 年。

张博泉：《金史简编》，沈阳：辽宁人民出版社，1984 年。

周宝珠、陈振：《简明宋史》，北京：人民出版社，1985 年。

黄奋生：《藏族史略 》，北京：民族出版社，1989 年。

李华瑞：《中华酒文化》，太原：山西人民出版社，1995 年。

张晋藩主编：《中国法制史》，北京：高等教育出版社，2003 年

郭厚安、陈守忠：《甘肃古代史》，兰州：兰州大学出版社，1989 年。

杜建录：《西夏经济史》，北京：中国社会科学出版社，2002 年。

李蔚：《西夏史研究》，银川：宁夏人民出版社，1989 年。

第五世达赖喇嘛：《西藏王臣记》，北京：民族出版社，1983 年。

〔法〕石泰安著，耿昇译：《西藏的文明》，北京：中国藏学出版社，1999 年。

高文等：《全唐诗简编》，上海：上海古籍出版社，1993 年。

智观巴·贡却乎丹巴绕吉著，吴均等译：《安多政教史》，兰州：甘肃民族出版社，1989 年。

李华瑞：《宋夏关系史》，石家庄：河北人民出版社，1998 年。

〔日〕织田得能著，丁福保编纂：《佛学大辞典》，北京：中国书店出版社，2011 年。

青海省文联民间文学研究组搜集：《格萨尔王传——保卫盐湖之部》，西宁：青海人民出版社，1959 年。

张怡荪主编：《藏汉大辞典》，北京：民族出版社，1985 年。

中国科学院中国自然地理编辑委员会：《中国自然地理（地貌）》，北京：科学出版社，1980 年。

陈庆英、仁庆扎西译注：《王统世系明鉴》，沈阳：辽宁人民出版社，1985 年。

洲塔、乔高才让：《甘肃藏族通史》，西宁：青海人民出版社，2004 年。

〔苏〕克恰诺夫、李范文、罗矛昆著：《圣立义海研究》，银川：宁夏人民出版社，1995 年。

（清）吴广成撰，龚世俊、胡玉冰、陈广恩、许怀然校证：《西夏书事校

证》，兰州：甘肃文化出版社，1995年。

王天顺主编：《西夏地理研究》，兰州：甘肃文化出版社，2002年。

王曾瑜：《宋朝兵制初探》，北京：中华书局，1983年。

郭东旭：《宋代法制研究》，保定：河北大学出版社，1997年。

郭东旭：《宋朝法律史论》，保定：河北大学出版社，2001年。

陈守忠：《河陇史地考述》，兰州：兰州大学出版社，1993年。

刘建丽：《康輶纪行校笺》，上海：古籍出版社，2017年。

李逸文：《黑城出土文书》（汉文文书卷），北京：科学出版社，1991年。

藏学研究论丛编委会：《藏学研究论丛》（第3辑），拉萨：西藏人民出版社，1991年。

谭其骧主编：《中国历史地图集》（第五册），上海：中华地图学社，1975年。

谭其骧主编：《中国历史地图集》（第六册），上海：中华地图学社，1975年。

谭其骧主编：《中国历史地图集》（第七册），上海：中华地图学社，1975年。

中国大百科全书总编委会：《中国大百科全书》（中国历史），北京：中国大百科全书出版社，2009年。

杨建新、马曼丽：《西北民族关系史》，北京：民族出版社，1990年

汤开建、刘建丽：《宋代吐蕃史料集》(一)，成都：四川民族出版社，1987年。

刘建丽、汤开建：《宋代吐蕃史料集》(二)，成都：四川民族出版社，1989年。

全国农业区划委员会中国自然区划概要编写组：《中国自然区划概要》，北京：科学出版社，1984年。

中华孔子学会编辑委员会：《中华地域文化集成》，北京：群众出版社，1998年。

刘建丽：《宋代西北吐蕃研究》，兰州：甘肃文化出版社，1998年。

天祝藏族自治县藏语言文字工作办公室编著：《华锐地名文化探源》，西宁：青海民族出版社，2016年。

泾川县博物馆编：《泾川馆藏文物精华》，北京：中国文史出版社，2018

年。

冯加升、程溯洛、穆广文：《维吾尔族史料简编》（上下册），北京：民族出版社，1958年。

榆中县博物馆编：《榆中文物精品图集》，兰州：甘肃民族出版社，2018年。

张云：《上古西藏与波斯文明》，北京：中国藏学出版社，2005年。

〔法〕石泰安著，耿昇译：《川甘青藏走廊古部落》，成都：四川民族出版社，1992年。

天祝藏族自治县概况编写组：《天祝藏族自治县概况》，兰州：甘肃民族出版社，1986年。

杨建新：《中国西北少数民族史》，银川：宁夏人民出版社，1988年。

胡小鹏：《中国手工业经济通史》（宋元卷），福州：福建人民出版社，2004年。

格勒：《甘孜藏族自治州史话》，成都：四川人民出版社，1984年。

赵俪生主编：《古代西北屯田开发史》，兰州：甘肃文化出版社，1997年。

韩荫晟：《党项与西夏资料汇编》（上卷第一册），银川：宁夏人民出版社，1983年。

韩荫晟：《党项与西夏资料汇编》（上卷第二册），银川：宁夏人民出版社，1983年。

临洮县文体广电和旅游局编：《临洮非物质文化遗产》（图典），兰州：甘肃文化出版社，2019年。

刘建丽：《中国西北少数民族通史》（辽宋西夏金卷），北京：民族出版社，2009年。

赵松乔主编：《中国干旱地区自然地理》，北京：科学出版社，1985年。

杜建录：《西夏与周边民族关系史》，兰州：甘肃文化出版社，1995年。

李稳、杨海帆：《宕昌县理川区域史研究》，兰州：甘肃人民出版社，2015年。

王小甫：《唐吐蕃大食政治关系史》，北京：北京大学出版社，1992年。

李安宅：《藏族宗教史之实地研究》，北京：中国藏学出版社，1989年。

候仁之：《历史地理学的理论与实践》，上海：上海人民出版社，1979年。

庄浪县博物馆编：《庄浪博物馆文物精品图集》，兰州：甘肃人民出版社，2018年

庆阳市博物馆编：《庆阳博物馆文物精品图集 》，甘肃兴业印务有限公司，甘出准019字总1513号（2012）06号

刘建丽：《宋代西北民族文献与研究》，兰州：甘肃人民出版社，2004年。

祝启源 ：《唃厮啰——宋代藏族政权》，西宁：青海人民出版社，1988年。

郝春文编著：《英藏敦煌社会历史文献释录》，北京：社会科学文献出版社，2003年。

唐耕耦、陆宏基编：《敦煌社会经济文献真迹释录》，北京：全国图书馆文献缩微复制中心，1990年。

洲塔：《甘青藏族部落的社会与历史研究》，兰州：甘肃民族出版社，1996年。

甘南州文化广播影视出版局编：《甘南藏族自治州文物保护单位名录》，兰州：甘肃人民出版社，2015年。

王维伟主编：《陇东古石刻艺术博物馆精品文物图集》，兰州：甘肃文化出版社，2021年。

后 记

从初涉宋代吐蕃这一研究课题,直至这部专著的完成,其间竟持续了十多年之久。

1982年春毕业留校任教后,我便开始致力于宋代西北吐蕃的研究。由于这一时期、这一地域的吐蕃历史藏文典籍不载,而又零星散布于汉文史籍的茫茫文海之中,于是我将资料工作放在首位。留校伊始,便从事资料的搜集与整理工作,历经数个酷暑严寒,查阅了无数的史籍文献,辑录了数百万字的资料,终于出版了《宋代吐蕃史料集》(一)(二)两部史料著作(分别于1986年7月、1989年7月,由四川民族出版社出版)。这两部史料集的完成,对我进一步的研究奠定了扎实的文献史料基础,同时也是对自己的意志与毅力的培养与磨炼。

学术研究是一个永无止境的、不断发展完善的过程,需要不断思考,不断认识,不断深化,不断提高,才能得出科学的、符合历史发展规律的结论。在这两部史料集的基础上,我继续探讨宋代吐蕃,陆续撰写和发表了40余篇相关的学术著作,涉及宋代吐蕃的政治、军事、经济、宗教、风俗等诸多内容。又在多年研究的基础上,终于撰写成这部30余万字的专著,试图系统、全面、多层次地将宋代吐蕃的历史展现。

迄今书稿虽已完成,即将付梓刊行,但我心中仍忐忑不安。由于本人学识、功力、精力等等所限,有关宋代吐蕃的许多课题还有待于继续深入研究。拙作许多看法仅是自己一管之见,敬请方家不吝赐教指正。

本书在撰写过程中,得到甘肃省哲学社会科学规划办公室、西北师范大学科研处、历史系的大力资助与支持。甘肃文化出版社将本书列入年度出版计划,给予资助:社长谢国西、责任编辑李芳玲二位同志,为此付出了不少心力。我也得到许多师长、友人一如既往的关心、支持与帮助。著名学者、兰州大学民族学博士生导师杨建新教授于百忙之中审阅全稿,并为之作序;连菊霞、王革、强文学等青年老师与研究生帮我缮写或校对资料,在此谨向他们一并表示深切的谢意。

孔子曰:“三十而立,四十而不惑,五十而知天命。”本人生性驽钝率真,不晓宦海之浮沉,不识商潮之涨落,不谙权钱之妙用。虽已年届“知天命”,仍独钟于史学,“勤而述之”,努力探究。荀子云:“骐骥一跃,不能十步;驽马十驾,功在不舍。锲而舍之,朽木不折;锲而不舍,金石可镂。”今生今世,当以此自勉。

刘建丽

1998年2月16日于兰州

续后记

1998 年 4 月，在甘肃文化出版社的大力支持下，拙作《宋代西北吐蕃研究》一书得以顺利出版，并于 1999 年荣获甘肃省社科优秀成果一等奖，我的学术生涯也有了一个良好的开端。虽说“勤能补拙”，有一份耕耘，就有一份收获，但若无文化出版社的慧眼识别，慷慨允应，在财力不足的情况下，我的著作是无法及时出版的，更毋说以后的社科获奖等。是贵社给我搭建了一座平台，使我得以起飞。每每想起这些，总是非常感激，铭记在心。

拙作是对宋代西北吐蕃领域的初涉与试掘，浸透着我的心血、辛苦与付出。欣喜之余，我也深知存在很多不足与遗憾，每当我阅览原书，发现有疏误时，油然而生的愧疚、自责总是在心中缠绕、纠结……学术研究是一个永无止境、不断发展完善的过程，需要不断思考，不断认识，不断深化，不断提高，才能得出科学的、符合历史发展规律的结论。经数十年的努力学习与探究，虽有所进步，渐有新的感悟与认识，希望有机会，对拙作进一步的补充、修改、充实，尽量完善，这始终是我心中的愿望。

2017 年夏，我向时任总编的郧军涛提出《宋代西北吐蕃研究》(1998 年版)增订事项，得到充分理解与支持，并始了补充修订工作。二十多年前，科研条件简陋，亦无电脑，手写稿交出版社后，我也无底稿保存。如今再版，只能再将原书文字重新输入电脑，并在此过程中，边输、边予以补充、修改、订正，竟持续五六年。此修订主要以原著为基础、框架，在保留原著的基础上，做了以下几方面的工作。

第一，对原书未涉及与不足的内容，予以增加与补充。

原书共八章，现增订共九章。在第一章“西北吐蕃的形成”中，增加了地理环境的因素，并对嗢末、沙陀予以补充。第二章“宋代西北吐蕃部族及其分布”中，对吐蕃部族、堡寨、居地、作用等也做了不同程度的补充、修改与调整。第三章“西凉府吐蕃六谷联盟”与第四章“青唐吐蕃政权”，在保持原貌的基础上，对西凉府吐蕃民族构成、政权形成等有所补充、增加，对青唐吐蕃政权的形成与发展演变亦予以较详细的论述。第五章“宋朝的御边政策”中，对“西北民族关系的新格局”“宋朝御边政策的调整”等皆予修订与补充。第六章“宋朝经制西北吐蕃的”中，虽阐述了宋朝与西北吐蕃的“相互依存”关系，但对西北吐蕃政权体制、与其他民族关系没有涉及。现增加第七章“西北吐蕃政治体制与民族关系”，对六谷吐蕃联盟与唃斯啰政权体制、军事、蕃法、蕃兵，以及宋对吐蕃的律令法规等内容予以补充。这些律令法规涉及诸多内容，既是宋政府因地因时因事制法的具体表现，也是解决吐蕃内部纠纷的重要依据。对西北吐蕃与甘州回鹘、西夏、辽、金政权的关系重新审视与探讨，处于分散与不统一状况下的西北吐蕃，为了生存与发展，必然与周边宋夏辽金政权之间，也有频繁的交往与联系。并补充了金、元时期，陇南吐蕃状况、吐蕃行政机构等内容，因为这是宋代吐蕃在西北地区的延续与发展。在第八章“西北吐蕃的社会经济”中，不仅对原先内容修改、补充，尽力开发地方资源与突出经济特色，并且完善了对交通的论述，彰显甘肃在“丝绸之路”的重要地位。在第九章“西北吐蕃的文化”中，扩充了“赐姓名”“赐紫衣、师号”等汉化政策内容；探究了宋代西北吐蕃“尚白”“虎皮翻披”等习俗的变异与延续；增加了青海、甘肃至今仍在使用的诸多吐蕃地名；并将曾在熙河地区流行的“讶鼓”，流传于今甘肃岷县小寨等乡镇的“巴当舞”，今甘肃渭源县峡城等地、临洮县衙下集等乡镇的“拉扎节”“拉扎傩舞”，以及甘肃武山县滩歌镇“旋鼓舞”等民间风情习俗，也补充增入，试图探究其中蕴含的宋代吐蕃民族特色及其文化信息。

在拙作（1998 版）出版后二十余年中，文献整理工作成绩显著，《续资治通鉴长编》《宋会要辑稿》整理本的完成，使《宋史》与这两部文献中的吐蕃人名、地名、族名有部分的统一。加之在本书增订中关注了吐蕃人名、族名、地名的不同，故只保留原版附录中“吐蕃人名、部族名、地名异译表”，未增补新内容，并对“唃厮啰家族世系表”略以订正。

第二，对文献史料作了较深入的发掘与增补。

博物馆是人类物质文化与精神文化的重要载体，是一个国家、地区、城镇、民族的文化标志，其收藏品皆是人类社会发展与环境演变的历史再现。文物是人类文明的重要物证，反映了古代先民自强不息的奋斗精神与聪明智慧，是赋予我们子孙后代珍贵的文化遗产。文物承载灿烂文明，传承历史文化，维系中华民族精神。此修订版，重视甘肃省内地方博物馆藏品与考古遗址、石刻、钟铭等所具有的史料价值。虽时逢疫情，也陆续赴甘肃省兰州市，以及天祝县、合作市、夏河县、临夏市、定西市、白银市、榆中县、临洮县、武都区、平凉市、泾川县、庄浪县、庆阳市、环县等博物馆与北石窟寺、南石窟寺、西王母宫、合水县陇东古石刻艺术博物馆调研，踏勘了夏河县甘加乡八角城，定西青石峡、平西寨等遗址，收集并采用了诸多相关资料，如凉州地区唐代吐谷浑墓葬的考古发掘，《陇右金石录》所载原存于秦安县旧学署的《凉飔阁记》，铸于宋崇宁五年（1105年）陇西威远楼铜钟及其铭文，岷县、渭源、临洮等地非物质文化遗产巴当舞、拉扎节等，皆蕴有吐谷浑、吐蕃等民族信息，均在书中予以引用、论述。这些博物馆藏品与田野调查资料的采用，进一步扩大了文献史料范畴。原书"附录"中，只有《平戎策与和戎六事》《赵郡王墓志铭》《岷州广仁禅院碑》等吐蕃资料，现增入《平洮州诗碑》、李远《青唐录》、汪藻《青唐录》、甘肃武山县滩歌镇圈子阖摩崖石刻《政和八年伐木碑》、庄浪《大宋王家城新建城隍庙之记》碑等数种相关资料。

总之，对史料的发掘、增补、调整、充实、修改的内容较多，不再一一指出。认真校核书中引用文献史料，做了规范化的处理，并以注的形式，加以辨识与分析。采用的史料翔实、丰厚、准确，为增订版拙作奠定了扎实的基础。

第三，重视地名，并对涉及的堡寨城镇等地名，做了较详细的标注。

今甘肃、青海地区，曾是凉州吐蕃与青唐吐蕃聚集与繁衍生息之地，至今存留的诸多山地、滩湾、村落等名称，不仅记载着人类社会变迁与民族发展的历程，也是民族历史与社会记忆的延续。其内涵与外延，伴随着生存环境的演变而有所变异，即是历史文化路标，也是迁徙前行，生活场景痕迹的展现。原书虽对渭、原、仪、凤、熙、河、洮、岷、湟、鄯、廓、叠、宕等地名作了方位标注，但忽视了诸多堡寨方位的标注。历史即是时空的转换以及人物、事件、地域演变中的积淀。是书正是探讨"宋代"这一特定时期、"西北"这一特定地域的时空转换与特定"吐蕃"部族、人、事的演变与发展，而诸多州县堡寨城镇，正是转换与演变的重要人文与地缘因素。地名方位标注既是"地域标识"，也是史学研究的重要细节，突出了西北吐蕃的地域范畴与特色。书中涉及上百个地名，皆一一查阅，绝大多数地名都标识出方位。

经过认真修改与增订，是书既保留了原有特色，又以新面貌呈现。囿于本人学识、功力、精力等方面的局限，"心有余而力不足"，拙作仍存在许多疏漏，甚至谬误，许多看法仅是自己一管之见，敬请专家、学者不吝赐教指正。而且在宋代西北吐蕃领域，仍有许多值得继续深入发掘与研究的课题。拙作只是抛砖引玉，衷心希望有更多学者涉足，继续深入探讨、研究，期望更多新成果不断涌现。

《宋代西北吐蕃研究》（修订版）再次获得甘肃文化出版社、西北师范大学历史文化学院的大力支持，历史文化学院与甘肃文化出版社签订了出版合同，并赞助出版经费。去省内各地考察、调研时，也得到省内各地博物馆的支持，提供诸多资料。甘肃中医药大学定西校区的副教授杨继业夫妇二人陪同我考察青石峡、安西城古遗址；西北师范大学国际文化交流学院魏梓秋博士给予帮助，其研究生魏玉琛驾车陪同赴合作市、夏河县甘加乡与临夏市勘察调研；原北京师范大学硕士研究生秦钰同学曾陪同赴天祝考察；甘肃民族师范学院的格桑卓玛副教授送我中药红景天以适宜高原缺氧；天祝县宣传部徐世乾老师提供了相关大量资料；历史文化学院博士缪喜平帮我查找、下载文献，并提供地方博物馆的诸多信息；陇东学院的段友成副教授与庆阳二中的吕顺建校长，平凉一中的李生强校长与祁君虎、马乾龙老师，皆予以精心安排与陪伴……他们的理解、支持、帮助与付出，既为考察调研提供了便利，也丰富了是书内容。

增订版拙作即将付梓出版之际，向上述各位领导、师长、同学、朋友再次致以最真诚、最衷心的感谢！

刘建丽

2022年7月1日

于兰州西北师范大学历史文化学院

补 记

1977年,我三十周岁,这是我一生中刻骨铭心的记忆,最值得怀念与难忘的转折。曾经历坎坷、尝尽苦涩,如同黑暗中的小草企盼阳光,久旱的秧苗盼望雨露,在苦难中的煎熬与挣扎,终于迎来冰消雪融的"春天"——高考制度的恢复。1977年12月,我参加了高考,最终,被甘肃师范大学历史系录取,那种喜悦、那种兴奋、那种满足、那种期待……无法用言语述说。在困境中获得了希望,在苦涩中尝到了甘甜,我的大学梦终于圆了!

一

1978年3月,我与同学们进入甘肃师范大学历史系(今西北师范大学历史文化学院)学习。历史系素享声誉,是文化积淀深厚、人才荟萃的名系,我记的当时中国古代史专业有金少英、金宝祥、李庆善、王俊杰、陈守忠、郭厚安、赵吉惠、潘策、许孝德、吴德煦、曹怀玉、牛得权、路志霄、刘曼春、赵荧、侯丕勋、王震亚、赵向群等先生;中国近现代史专业有刘熊祥、吴廷桢、宋仲福、丁焕章、任效中、刘方义、徐世华、张海声等先生;世界史专业有龚泽铣、马英昌、张培德、洪聚堂、丘少伟、张少卿、张淡云、水天长、刘化民、吴英贵、贾太乙等先生,他们皆在历史系执教授课。陈秉章老师是我们七七届春季班的班主任,负责我们的日常管理。这些老师们各有专业造诣,学有所长,在史学界皆有名望与影响。那时,历史系设置的课程,是以"中国通史""世界通史"两门课为骨干,并以此为核心,开设了文献导读、秦汉史、宋元史、明清史、古籍文献学、历史教学法、图书馆学等各种专题、讲座以及专业外语课"史记选"(Selections from RECORDS OF THE HISTORIAN)。这些课程的设置,主次分明,相辅相成,虽不如今课程开设的缤彩纷呈,却凸现了历史系重视基础、稳健扎实的传统学风。上课时,任课老师亦各有特色,各显身手,讲述历代王朝的演变、更替,社会的沧桑、变迁,探析历史规律的作用……一块黑板,一支粉笔,尽显知识的风采,彰显教书育人的本色。

我无比珍惜这改变人生命运、来之不易的读书机遇,在历史系这片肥沃的土壤中，我与同学们似禾苗，沐浴阳光雨露，茁壮成长。“如饥似渴”地吮吸着一切知识营养，“无问西东”，只在意自己是否尽力。大二时，马英昌老师讲授世界近代史，他讲课声音洪亮，感情充沛，深受同学欢迎。在讲授“俄国史”时，马老师曾给我提供一本英文版的《俄国史》，并让我将其中关于俄国女皇叶卡捷琳娜的一章翻译出来，后又将译文让英语系的黄席群教授点评。这次英文译作，对我有很大的帮助与提高，从此，我便有了能将英语历史资料译成中文的信心与能力。大学四年级时，我发表了译文《北宋的吐蕃盟友——唃厮啰》(《西北史地》1981 年第 2 期)，以后又陆续有《脱列哥那 1240 年懿旨考述》(《西北史地》1985 年第 1 期)等译作刊发。毕业后，虽然我没有从事世界史的教学与科研，但每每想起马老师对我的栽培，总是心存感激，永世难忘。受众多老师的培育，历届无数历史专业的学生以及李华瑞、漆永祥、魏明孔、胡小鹏、刘进宝、赵艳林、王希恩、徐斌、李汀、张俊宗、黄泽元、郝润华、王锷、黄正林等，皆是这片沃土培育的丰硕成果、优秀人才，他们在各自领域、不同岗位发光发热，承袭“修身齐家治国平天下”的情怀，继续书写历史系的辉煌。

1982 年 1 月，机遇再次降临，好运再次垂青，我毕业留校任教了！从一名昔日“翻砂工”成为一名大学教师，能获得如此优越的学习与工作机遇，真是上天对我的眷顾、恩赐。留校伊始，我曾给陈守忠先生当过助教，陈先生是一位执着、耿直的学者，侧重于宋史研究，对乡土历史文化充满情感与热情。在我初入学术之始，混沌不清之时，先生为我指出了学术研究的方向，他是我研究宋代西北史的入门导师。陈先生去敦煌所任所长后，我又师从郭厚安先生，是其助教。郭厚安先生授课条理清晰，治学严谨，曾以一人之力，耗费数年心血，编辑《明实录经济资料选编》(83.5 万字)，中国社会科学出版社 1989 年出版。这种认真、严谨、一丝不苟的精神，对我的学术生涯有深刻影响。

20 世纪 80 年代初期，吴廷祯、赵吉惠二位先生曾任历史系正、副主任，吴廷祯先生让我去西安参加西北大学主办的西北史地学术研讨会，这是平生第一次出席学术会议，既拓宽了视野，体验了学术氛围，又结识了周伟洲、杨建新、马曼丽等先生，他们成为我终身师友，在学术之路上，给以很多帮助。1987 年夏，跟随赵吉惠、郭厚安等先生去四川成都、万县做项目，这是我第一次去成都，对所看到的景物、风情、美食等一切充满新鲜与好奇。此时，郭老师对我说：“想吃啥，我给你买。”这口吻、这话语，活脱脱的是父辈对子女的亲切与关爱，我的心顿时融化了，这句话温暖了我一生。此情此景此语，至今仍令我回味无穷，不禁眼眶湿润。

毕业留校后，因了解学术动态，经常查阅上海图书馆出版的《全国报刊索引》，从中获悉史金波先生诸多论文。20世纪80年代后期，我邮购了史金波先生《西夏文化》（吉林教育出版社，1986年）一书，阅读数遍。这本书使我对西夏文化有了初步了解与认识，拓展了学术领域，开启了我对党项民族、西夏政权启蒙式的影响。1994年夏，在宁夏银川市召开的西夏学国际会议上，我首次与史金波先生相识，从此受到先生的指导、关照、提携，多次推荐刊发论文，并将我撰写的有关论文引荐纳入"西夏学文库"论集卷中，由甘肃文化出版社结集（《西夏民族关系研究》2021年）出版。史金波先生亦是我学术道路上的良师益友，他潜心学术、刻苦勤奋、坚持不懈、矢志不渝的学术品格，永远是我学习的楷模。

赵艳林老师是我学术生涯中的挚友与学姐，她是刘熊祥先生的研究生，我俩同于1982年留校。因同从事教学，又因家庭有相似的不幸遭遇，我俩成为挚友。水天长、何莉曾是历史系主任与副书记，当我遭遇家庭变故时，她二位与艳林都给予了充分的理解、支持与帮助，给予我温暖，使我得以从容面对生活的残酷，渡过那段不堪回首的人生低谷。我也曾饱尝疾病的折磨，1998年1月，因长期伏案写作，过度劳累，患上第四五节至胝骨中央型腰椎间盘突出，使我双腿不能站立行走，卧床不起数月。就在此时，艳林老师来家中看望，并给我按摩腰腿，减轻疼痛，代我去医院取回了拍的片子与诊断报告。

回忆在西北师大学习、工作、生活的点滴往事，每当我陷入困境、无助之际，诸多挚友、学生皆伸出援手，鼎力相助，宛如一把硕大的伞，为我遮挡了袭来的狂风骤雨……这一切令我心动，不禁泪目，心怀无尽感激，无法用言语诉说，而我也只有不断完善自己，才能不负生命中所有的相遇。他们都是我终生的挚友、亲人，有你们真好!

数十年来，在人生道路上经受风霜雪雨，历经艰难，虽步履蹒跚，却一路走来，丝毫不敢怠慢松懈。始终坚守在教学一线，耕耘在教书育人的园地，从事宋代西北少数民族史的教学与科研，直至2009年8月退休。

二

我是芸芸众生中的一员，既不聪明，亦少才华，但我崇尚勤奋，坚信"勤能补拙"。在浩瀚的古籍文献中，有许多关于勤奋的格言，荀子《劝学篇》曰："骐骥一跃，不能十步；驽马十驾，功在不舍。锲而舍之，朽木不折；锲而不舍，金石可镂。"韩愈谓："业精于勤荒于嬉，行成于思毁于随。"（《旧唐书》卷一六〇《韩愈传》）宋人邵雍在《击壤集》卷九《弄笔吟》中也谓："人生所贵有精神，既有精神却不淳。弄假像真终是假，将勤补拙总输勤。”这些古人先贤的告诫，成为我勤奋、励志的座右铭。

我深谙自己的秉性，了解自己的优劣。我生性驽钝率直，不晓宦海之浮沉，不识商潮之涨落，不谙权钱之妙用。深知自己的劣势，有“二拙”，“一拙”年龄大，入学时已 31 岁，且有幼女，上大学的确不易。孔子《论语》曰：“吾十有五而志于学，三十而立，四十而不惑，五十而知天命。”这使我不因大龄而自惭。“二拙”学历低，我没有辉煌的学历光环，仅大学本科毕业、学士学位。我时时告诫己不如人，要克服这“二拙”，就必须用汗水、用刻苦、用勤奋、用执着加以弥补。书山无路勤为径，学海无涯苦作舟。始终存在的紧迫感，使我总觉时间短暂，不能荒废，定要抓紧，加倍努力。

“历史”是对世界和人类社会变化的叙述与记载，是人类在不同时期、不同地域所从事的一切实践活动。“历史学”则是对人类活动真实记载的寻觅、探索、研究，其文化积淀厚重，博大精深，蕴藏丰富，既是绚丽多彩的一门社会科学，也是一个枯燥的领域，仿佛深邃的崇山峻岭、浩瀚的汪洋大海，宝藏深藏其中，我却无从下手，采掘不到。我深切地体会到自己在历史学领域的“原始”与“苍白”，急切地想成长起来，虽想迈入史学门内，但无奈只能在门外徘徊。正如陈先生所告诫的唯一方法，即耐住寂寞，坐冷板凳，需用勤奋、执着改变自己的无知与混沌。

毕业初期，我曾跟随原西北民族学院历史系的汤开建老师编纂《宋代吐蕃史料集》一书。那时科研条件有限，《宋代吐蕃史料集》系自选课题，无经费，所查阅的文献史料又无钱复印，只能每天去甘肃省图书馆的古籍文献部研习史籍、整理文献，用数年的时间，查阅了相关的诸多古籍文献，一百多万字书稿全用笔抄写完成，且不止一遍。通过耙梳整理，我与汤开建老师合著出版了《宋代吐蕃史料集》(一)(二)两集，我的右手掌底部及中指结成厚茧，而中指关节因长期用力握笔，那时就已变形。我也曾跟随西北师范大学历史系的郭厚安、潘策先生，陕西师范大学赵吉惠、赵文润等先生，参加他们所主持的“中国儒学辞典”“中国儒学史”“两唐书辞典”“中华地域文化集成”等项目。只要老师邀请参加，我欣而应之，从不考虑兴趣爱好、专业是否对口，亦从不挑拣，并视为这是极其难得的学习与提高的机会。通过参与项目，拓展自己的领域，提高撰写水平与科研能力。

我深知外语是帮助自己了解世界、开阔视野的途径，早在 1976 前，我即拣起了高中时期学过的英语，将复习英语作为一种“消遣”。1976 后，我即参加了兰州大学业余外语班，于是白天上班，晚上听兰州大学外语系老师讲授英语课。我也努力扩充自己的知识范畴，大学期间，同学许允同介绍我认识了兰州大学历史系的纪宗安同学,从而借到了周丕显老师在兰州大学历史系讲授"史部目录学"与"敦煌学"的课堂笔记,全部抄写,随时翻阅,收获满满,至今保存。1986年秋季,我又在兰州大学历史系夜大旁听了杨建新教授讲授的"西北少数民族史"课程,从此,受到杨老师的点教、指拨与教诲。知识领域的扩充,使自己能够在这条道路上不断进步。21世纪初,杨老师给我提供了参与项目的机遇,于是《中国西北少数民族通史·辽宋西夏金卷》,便是在杨老师主持下,我撰写的一部著作。刘光华与李蔚教授也是兰州大学历史系的名师,我也受二位老师帮助与指导,多年来,他二人参与过我硕士生的论文指导与论文答辩,这皆是学习与提高的极好时机。刘光华教授也给我提供了参与课题的机遇,《甘肃通史·宋夏金元卷》便是在刘老师主持下,我撰写的著作。这两部书皆在2011年荣获甘肃省社会科学优秀成果一等奖。我的成长与进步浸润着上述老师的心血,每每想起,铭记在心,难以忘怀。

20世纪90年代,社会办学兴盛,教师工资不高,我也遭遇过钱包空空的尴尬,经济上时而亦捉襟见肘,如若闲暇外出讲课,或可得到一些经济补贴。但我心里明白,我所期望的不是经济的宽裕,而是早日有成果出现。我已无"来日方长"之优越,不能与青年人相比,我没有多余的时间与精力从事与教学、科研无关的事务。紧迫感促使我利用好时间,认真踏实地学习,希望能尽快提高,早日成才。我用勤奋、执着弥补了不足,也用汗水、心血增长了自信与能力。

三

从事历史研究,必须占有丰富的资料。一篇上乘的历史论文,或一部学术著作,首先必须拥有翔实而准确的资料,史料有误,便是硬伤,决不允许;其次才是体例、思路、布局、文字等。史料就像建筑中的沙石水泥等基本建筑材料,缺少这些,即便再完美的设计蓝图,也是纸上高楼、空中楼阁。史料有误的文章、著作,即学术上的豆腐渣工程,有损于价值。史料的重要性及其意义,不言而喻。

我对史料怀有发自内心的尊崇与敬畏,从史料入手,查阅、搜集与整理古籍文献,多看多写多参加项目,开启了自己的学术之路。在熟悉与掌握史料的基础上,我陆续撰写了《宋代吐蕃风俗述略》《宋夏战争中的秦州吐蕃》《宋对吐蕃的文化政策》《宋代对吐蕃居地的土地开发》等论文。正是在诸多文章的基础上,拙作《宋代西北吐蕃研究》35万余字,也伏案撰就,甘肃文化出版社1998年出版。书中明确指出:两宋时期,散居在今青海、甘肃等地的吐蕃部族,"既与青藏高原的吐蕃人有割不断的渊源关系,又与当地汉族或其他民族错居杂处,有千丝万缕的联系，西北吐蕃成为特定历史时期、特定地域的藏民族群体”(1998 年版第 1 页)。西北吐蕃在与各种势力的斗争中,求生存、求发展,与其他各种势力的结好与交恶,均受党项的崛起与宋夏战争的影响。党项族成为活跃在西北地区的一支强大势力,成为矛盾的焦点。宋夏战争则成为宋代西北民族关系发展的主线与主要矛盾,始终处于主导与支配地位,影响和制约着西北吐蕃的向背。

2006 年,中国社会科学院经济所魏明孔教授主持的国家出版基金“中华大典·工业典”项目开始启动,我受邀参加《食品工业分典》的编纂工作,实质上这又是大规模文献整理项目,我以个人之力,耗十年之功,查阅、收集、整理、校阅了上千万字的文献资料,编辑书目表,分类排序,增删厘定,补充修订,经过多道工序,历经艰难辛苦,终于在 2014 年交稿。约 400 万字的书稿,清样就重达十六七斤,又亲校样稿两遍，上海古籍出版社 2015 年 11 月出版。这部书自出版后获得好评,学者称赞“选取的史料多达数千种,编纂者在资料的收集方面可谓竭泽而渔,且编排科学,取舍有度,体例完备,系质量上乘的大型类书”(《中国经济史研究》“书讯”,2017 年 3 月 24 日)。

在搜集整理文献的数年岁月中,我对史料的辨识有了提高,对史料的敏感逐渐增强。2009 年申报并获批高校古籍整理委员会“康輶纪行整理”项目,即是在编纂“中华大典·食品工业分典”项目中产生、获批的高校古籍整理项目。因《康輶纪行》系姚莹赴藏途中撰写的行记,且因所携图书少,“惟携图说数种,未能博证”(《康輶纪行·自叙》),故书中史料疏误随处可见。为了提高此书的价值,我将“整理”改为“校笺”。“校勘”主要是针对底本的一些明显错字,据别本或文献校改,并说明依据。“笺”的内容,主要是探索材料的出处,纠正史料的错误,并对某些所引史料或文中涉及内容做些许补充。是书引用文献书目 280 余种,历时 9 年,九易其稿,于 2017 年 7 月,由上海古籍出版社出版。

文献史料是从事历史学研究的基础,只有扎实的文献史料功底,才能产出厚重翔实、高质量、高水平的成果。

四

我国地域广阔,历史悠久,人口众多,民风习俗各异,各族人民在广阔的地域中为了生存,进行着各种实践活动,形成史实丰富的这一客观现实。“存在决定意识”,要把史实演变成文献史籍、论文等各种史学研究成果,还须由人来记载、叙述、研究,这就体现出史学工作者的价值与作用。

我对史料的尊崇与敬畏，出于“实事求是”的宗旨，这是史学工作者的灵魂，亦即“史德”。要求史学工作者必以文献记载为依据，形成严格尊重史料的规则与心态，对史料一丝不苟，所有观点、分析、结论皆源自文献史料的记载，不空想臆测，言之有据，言之有物，一切以史料为基础，得出合理的解释与分析，且要有所发明与创新。中国传统文化推崇“道德、文章直合内外而备美，坤德之至盛者也”（《丰川易说》卷一《上经》）。清人亦谓：“从来道德、文章原非二事，能文之士必须先明理，而学道之人亦贵能文章。”（《圣祖仁皇帝圣训》卷五）在尊重史料、实事求是的氛围濡染中，史学研究者也应使自身品格得到升华，使“文章”与“道德”合一，切不可做“表里不一”的“两面人”。历史研究的诸多范畴与领域，是学者共享的资源、财富，决不应视为个人的专项垄断，不许别人涉入、“染指”。只有更多学者的积极参与开拓，共同研究探讨，才能开创学术研究的新局面。

我也担任过硕士研究生导师，培养过众多的硕士生。我深知研究生培养是教书育人的一个重要层面，要给研究生在三年的学习期间，提供充足的时间，让他们尽快地成长、发展，使他们早日成才。研究生是国家的财富，决不能将他们视为导师的资源，占用学生的时间，让学生为导师服务。我的项目、课题皆自己独立完成，即便是文字输入工作，也都自己去做，生怕过多地占用学生的时间，耗费学生的精力，影响他们的学习。

学者进行学术研究，从表象看，仿佛是孤立的个体行为，实质上，个体的学术是社会整体学术的组成，是与社会学术融为一体。只有关注学术动态，才能了解与掌握学术发展潮流和趋势，相辅相成，相互交流，既能开阔自己的视野，提高自己的认知水平，更能促进学术的发展与繁荣。我密切关注学术界研究动态，也要求学生养成了解学术动态的习惯，并传授查阅工具书的步骤与了解学术动态的方法，培养学生动手能力，要求学生尽可能多地了解、熟悉相关研究状况，自己也亲自动手查阅。21 世纪初，受邀参加杨建新教授主持编纂的《中国西北少数民族通史·辽宋西夏金卷》时，我查阅了 20 年研究动态，并逐一做了卡片记录。

我接受并深刻理解漆侠先生“大宋史”的学术理念，关注与宋朝同时并存的周边民族政权，将宋史研究的视野转移到宋代民族关系领域，界定到“西北地区”，并在这一领域坚持不懈，努力发掘。两宋虽是中国历史上又一个统一时期，但与汉唐不同，只是局部的统一。在宋朝周边，有沙陀、回鹘、契丹、党项、吐蕃、女真等诸多民族建立的政权。民族政权的发展与兴盛，虽使宋朝显露出相对“弱”的一面，但亦给宋朝的发展与周边民族的交往，提供了一个更广阔的空间，使宋朝历史的演变呈现多维立体化，亦更丰富多彩、别具特点。两宋时期是中国历史、中国民族史上的一个重要发展阶段，民族融合加速，经济高度发展，文化辉煌灿烂。

四十年来，我一直从事宋代西北吐蕃的研究，笔耕不辍，倾注汗水心血，自以问心无愧。今虽已年届耄耋，仍独钟于史学，“勤而述之”，不敢懈怠。遵循文献史料→论文→著作的学术途径，心存敬畏，谨慎小心。发表学术论文80余篇，独著、合著、主编、参编著作22部，项目、著作多有获奖。这虽是学术生涯艰难跋涉之路，却是扎实厚重之道，蹒跚前行的厚重足迹，也是人生自信、战胜厄运的挑战。我与勤奋牵手，是它成就了我！

我是一位平凡、普通的大学教师，既无名目繁多的头衔官衔，也无显赫耀眼的名声光环，从事教书育人的工作，奉行“踏踏实实做事，清清白白做人”的宗旨，与众多师友共同携手为教育事业的发展而耕耘；我是史学园地的一棵小草，虽无亮丽的色彩，也为园地的繁荣增添了一抹绿色。

感谢高考机遇的降临！感谢培育我的兰州市第一中学、西北师范大学历史文化学院！感谢亲爱的老师、同学、朋友给予的理解与支持，帮助与温暖！感谢已在天堂安息的父母！感谢亲爱的女儿及其家人给我提供了充足的时间！

刘建丽

2022年7月3日

于兰州西北师范大学